AF167971

FRODO B. MARKS

BAND 1
Die Reise beginnt

novum pro

Dieses Buch ist auch als
e-book
erhältlich.

www.novumverlag.com

Bibliografische Information
der Deutschen Nationalbibliothek:

Die Deutsche Nationalbibliothek
verzeichnet diese Publikation in
der Deutschen Nationalbibliografie.
Detaillierte bibliografische Daten
sind im Internet über
http://www.d-nb.de abrufbar.

Gedruckt in der Europäischen Union
auf umweltfreundlichem, chlor- und
säurefrei gebleichtem Papier.

© 2023 novum Verlag

ISBN 978-3-99131-833-0
Lektorat: Sandra Pichler
Umschlagfotos:
Svetlana Borokh, Vgorbash,
Dina Glushkova | Dreamstime.com
Umschlaggestaltung, Layout & Satz:
novum Verlag

www.novumverlag.com

Climate neutral
Print product
ClimatePartner.com/16547-2201-1002

Widmung

Gewidmet allen Suchenden. Denn wer sucht, der findet und wer anklopft, dem wird aufgetan.

Danksagung

Mein allergrößter Dank gilt natürlich meiner Mutter, die meine Reise auf diesem seltsamen Planeten erst möglich gemacht hat. Dann möchte ich all meinen lieben Freunden auf dieser Reise danken, ohne deren Hilfe und deren Liebe nichts, aber auch gar nichts möglich gewesen wäre. Ferner gilt mein herzlichster Dank all meinen unzähligen Lehrern. Was habt ihr euch doch für Mühe gegeben, damit wir uns in dieser Welt zurechtfinden konnten. Mein ganz besonderer Dank gilt meinen spirituellen Mentoren, die mich dazu ermuntert haben, diesen langen Text fertigzustellen und nicht auf halbem Weg aufzugeben. Last but not least danke ich der jungen Frau, in die ich mich verliebt hatte und die mich dazu animiert hatte, einmal über mein Leben nachzudenken sowie über eine Zeit zu berichten, die gerade zu verschwinden droht, doch in den Herzen vieler junger Menschen einen Platz gefunden hat. Ein herzlicher Dank gilt noch meinem Bruder, der mich stets mit Rat und Tat sowie mit viel Geduld begleitete. Vielen Dank natürlich all den fleißigen Händen, die es braucht, um ein Buch auf den Weg zu bringen. Mögen meine Leser die gleiche Freude und Liebe empfinden, die ich beim Schreiben fühlen durfte.

Vorwort

Ich schreibe, also bin ich. Das wurde zu meinem Motto, als man sich anschickte, das Leben auf dem gesamten Planeten zum Stillstand zu bringen. Ich saß damals an einem wunderschönen großen See; das Schwimmbad hatte plötzlich geschlossen und die Welt, so schien es, hatte für einen Moment den Atem angehalten. Eigentlich hatte ich vor, etwas zu zeichnen, als eine kleine Mädchenschulklasse im vorpubertären Alter auftauchte und mich als einziges männliches Wesen erkannt hatte. Sie fingen ein Spiel an, das „Hexenauge, sei wachsam" hieß und bei dem sie sich mir langsam, aber beständig näherten. Auf einmal spürte ich, dass ich zum Bestandteil einer Geschichte geworden war, und fing an, sie aufzuschreiben. Nach kurzer Zeit merkte ich, dass, wenn ich schrieb, auf einmal alles um mich herum zu einer Geschichte wurde, in der ich selbst ein wichtiger Bestandteil war. War es nicht immer schon so gewesen? Und hatte ich es nur einfach vergessen?

Auf Geschichte folgte Geschichte und so wurde ein kleines Buch daraus, das allerdings noch zu Hause in der Schublade liegt. Doch vom Schreiben konnte ich nicht mehr lassen und so schrieb ich das Buch, das Ihnen jetzt vorliegt. Die Geschichte einer verrückten Zeit, in der sich die Jugend aufmachte, dem „Normalen" den Kampf anzusagen.

Während sich ein großer Teil der „Normalen" nach „außen" wandte und mutig in das unendliche Weltall aufbrach, gingen sie mutig mithilfe der „Wunderdroge LSD" nach innen und entdeckten ebenfalls unendliche Räume und Möglichkeiten. Wie sie bald herausfanden, war dies seit ewiger Zeit bekannt und wurde von alten Kulturen immer schon so praktiziert. Sie waren nicht allein. Doch wie es so ist, lag es nahe, diese Möglichkeiten zu missbrauchen. So versuchte man bereits ganze Armeen kampfuntauglich zu machen, indem man ihnen LSD einflößte. So wurde eine Möglichkeit rasch kriminalisiert und eine ganze Jugend zu Kriminellen abgestempelt. Das „Normale" hatte begonnen sich zu wehren.

Doch möchte ich mit meinem autobiografischen Roman keinesfalls die Gefahren des Drogenmissbrauchs verharmlosen. Wie jede Sucht führt er zur Abhängigkeit und nicht in die erhoffte Freiheit. Doch könnte sie vielleicht in einer fernen Zukunft wieder dazu beitragen, ein Tor, das niemals ganz geschlossen war, zu öffnen und ein Bewusstsein dafür zu schaffen, dass uns dieser wundervolle Planet nicht gehört, sondern dass wir dazu aufgerufen sind, ihn wie ein wundervolles Raumschiff sauber und intakt zu halten, da wir sonst bald enorme Schwierigkeiten bekommen könnten. In diesen Sinn wünsche ich meinen Lesern einen guten und unterhaltsamen „Trip".

Frodo B. Marks

Ja, wo beginnt man am besten, wenn einen das Schicksal eines Tages auf eine große Reise schicken möchte. War es der Krieg, der alles durcheinander gewürfelt hatte? Der die Träume einer ganzen Generation in Schutt und Asche gelegt hatte? War es doch nicht der richtige Weg gewesen, wenn man Sehnsucht nach fernen Welten hatte, dort einzumarschieren, die Dörfer niederzubrennen und die armen Menschen, die dort ihr Leben hatten, zu schänden und zu ermorden?

Sollte man nicht doch lieber ganz vorsichtig mit wachen Augen und offenen Herzen die Grenzen überschreiten, in der Hoffnung, dort, im anderen Land Menschen zu begegnen, die einen willkommen heißen? Die einem vielleicht eine Tasse Tee anbieten und helfen, den Staub aus den Kleidern zu schütteln, um dich dann gestärkt und zuversichtlich weiterziehen zu lassen in der Hoffnung, das Ziel, ein anderer zu werden, zu erreichen.

Der Krieg, der wohl der grausamste war, den die arme Welt bisher erfahren musste, war noch nicht lange zu Ende, als er geboren wurde. Seine kleine Familie gehörte zu den Vertriebenen, die alles verloren hatten. Ein schönes Haus, liebe Freunde und ein gutes Leben. Sie gehörten zu den Unschuldigen, die nun die ganze Schuld zu tragen hatten.

Als sich seine etwas ausgehungerte, junge Mutter morgens zu Fuß auf den Weg in das nahegelegene Krankenhaus machte, schien eine fröhliche, warme Frühsommersonne und die Vögel zwitscherten ein hoffnungsvolles Lied. Die Welt begann sich gerade etwas zu erholen und die Trümmer vergangener Träume und Verbrechen wurden emsig beiseite geräumt, um etwas Neuem, das wohl aus Amerika kam, Raum zu geben. Nie wieder Krieg, das war wohl der Wunsch in fast allen Herzen.

Sie waren zusammen in einem kleinen Kellerzimmer, die Oma, die schon über achtzig Jahre alt war, der Papa, seine Schwester, die Mama und sein Bruder, der noch im Bombenhagel des zu Ende gehenden Krieges zur Welt gekommen war. Obwohl er bei den Geburten seiner eigenen zwei Kinder dabei war, lag es ihm fern, die Leiden einer jungen Frau nachvollziehen zu wollen. Doch wollte er den Versuch wagen, sich an seinen eigenen Schmerz – denn den musste das kleine Bündel Mensch, das da zwischen ihren Beinen herausgepresst worden war, wohl auch empfunden haben – zu erinnern. Sicher mussten beide die Ganzheit, die sie verbunden hatte, nun vollkommen aufgeben. War nicht das der eigentliche Schmerz? Sich zu trennen, die Last des großen Bauches wird ja irgendwann zu viel, um sich dann nach einem unerträglich schmerzvollen Weg, den Weg nach Golgatha gleich, wiederzufinden, in der Liebe einer Mutter, die nun eine andere war. Beide mussten wohl alles aufgeben, sich vollkommen vergessen, um nun das Neue zu werden, Mutter und Kind.

Der erste Lufthauch, der die Lunge füllt, der erste Schluck Milch aus ihrer zarten Brust. Viel hatte sie wohl nicht, denn es gab nicht genug zu essen in dieser noch immer unmenschlichen Zeit. Doch das Wichtigste, nämlich geliebt zu werden, wenn man das etwas trübe Licht dieses seltsamen Planeten erblickte, das bekam er schon. Es wäre ihnen zwar ein Mädchen lieber gewesen – denn er hatte ja einen großen Bruder. Diesen Makel, nicht ganz das richtige Geschlecht zu haben, wurde er auch nie so ganz los.

Doch gab es wohl auch Wichtigeres. Sie waren alle fleißig und emsig und bemüht, ihre Situation zu verbessern. Alle waren sie sehr kreativ, die Tante ging schneidern, der Papa baute Kaffeehaustische, deren Oberfläche aus Steinplatten aus einem nahegelegenen Steinbruch bestand. Er versah sie mit wunderbaren Ornamenten, kleinen Rehen und Pferden, auf denen manchmal eine kleine nackte Frau ritt. Auch malte er schöne Aquarelle, die das Kellerzimmer schmückten. Als eines Tages einer vom sogenannten Wohnungsamt vorbeikam, um sich ein Bild zu machen, ob sie denn wirklich eine richtige Wohnung benötigten – immerhin waren sie zu siebt in einem dunklen, kalten Kellerzimmer zu Hause –, meinte er nur etwas zynisch, was sie denn wollten. Sie hätten es doch ohnehin so schön und gemütlich.

So hatte seine Reise also begonnen. Denn diesen Planeten, genannt Erde, als Menschenkind zu betreten, war schon ein erstes echtes Abenteuer. Zum Glück hatten ihn alle lieb. Er wurde in kuschelige Tücher gepackt, von Schoß zu Schoß gereicht und an so manchen weiblichen Busen gedrückt, ob er nun wollte oder nicht. Gab es nun wirklich eine Erinnerung an diese Zeit oder vermischte sich nur alles mit den verschiedenen Schwarz-weiß-Fotos, die seine Tante so gern machte. Es war schwer zu sagen. Sicherlich war die Welt auch damals nicht schwarz-weiß, sondern so bunt wie jetzt. Er überlegte, wie er etwas Farbe in seine Erinnerungen bringen könnte, doch gelang es ihm nicht. Vielleicht sah man auch noch alles etwas anders, wenn man so frisch in diese neue Form gepresst war. Sicher verbrachte man die meiste Zeit noch mit Schlafen und Träumen und das Wachsein war noch etwas anstrengend, wie eigentlich immer in diesem menschlichen Leben. Wichtig war wohl die Sprache, die musste man schnell lernen. Doch wie tat man das? Bestimmt war das erste richtige Wort „Mama". Das fiel einem leicht und es schmeckte nach warmer Milch und Wärme und roch so gut nach Weiblichkeit. Ist das der Grund, warum man sich nach der Erdenwirklichkeit sehnt, Mama?

Doch die Mama hatte noch viele andere Aufgaben. Sie musste kochen, stricken, backen, Wäsche waschen. Hatte sie doch noch einen kleinen Jungen zu versorgen, der von seiner Ankunft nicht sonderlich begeistert war. Auch um seinen Papa musste sie sich kümmern oder er um sie. Familie eben. Die Welt war auch recht gefährlich. Man konnte herunterfallen, sich verbrennen, von Insekten gestochen werden und sich an allem Möglichen verletzen. Auch das Wort „Au" schien ein wichtiges, oft gebrauchtes Wort zu sein. Neben den vielen Dingen, die es nun zu lernen gab, begann er nun, langsam die seltsame Welt um ihn herum zu entdecken.

Offensichtlich gab es Lebewesen, die ganz anders waren und auch mit den menschlichen Kreaturen nicht viel gemeinsam hatten. Mäuse zum Beispiel waren nicht sonderlich gern gesehen. Irgendwie erschienen ihm die Tiere freier. Auch wenn sie in ständiger Angst lebten vernichtet zu werden. Trotzdem schienen sie gerade das zu tun, was ihnen so in den Sinn kam. Sie holten sich, was sie bekommen konnten, und mussten nur aufpassen, nicht dabei erwischt zu werden.

Dann gab es noch die sogenannten „Haustiere" wie Hunde und Katzen, die zwar auch so ziemlich das taten, was ihnen so gerade in den Sinn kam, die aber doch von ihren Menschen ganz schön abhängig waren. Sie mussten folgen – was er nun auch langsam lernen sollte. Die Hühner, die in der Nähe herum gackerten, mussten ständig Eier legen und sie liefen Gefahr, bald in irgendeinem Kochtopf zu landen. Am nächsten und interessantesten waren die Insekten für ihn, wenn er über die Wiese krabbelte. Sie lebten ein vollkommen anderes, eigenes Leben, waren noch ganz frei in ihrem Tun und nur – so wie er – durch ihre Kleinheit bedroht. Sie waren fast den Pflanzen ähnlicher, die dort noch im Überfluss wucherten. Doch konnten auch sie stechen, brennen und giftig sein. Am freiesten erschienen ihm die Vögel, die es damals noch im Überfluss gab. Sie waren auch die Lieblinge seiner jungen Mama. Sie beherrschten vollkommen die Lüfte und machten dabei auch noch eine herrliche Musik. Sie wurden von allen geliebt und verehrt. Nur die Katzen hatten wohl etwas gegen sie. Das Paradies war es wohl nicht, wo er gelandet war, eher ein Abenteuer mit ungewissem Ausgang.

So wuchs er langsam heran und lernte sich aufzurichten, was wie von allen Eltern dieser Welt gelobt und beklatscht wurde. Die alte Welt schien sich langsam zurückzuziehen und etwas Neues besetzte den freigewordenen Raum. Sie lebten in einer kleinen, etwas spießigen Stadt, in der noch der katholische Klerus das Sagen hatte, in der von Amerika besetzten Zone. Er nahm an, dass die meisten wohl froh darüber waren. Galt Amerika doch immer schon als das gelobte Land der Freiheit. Selbst die Ureinwohner, die sogenannten Indianer waren durchaus gern gesehene Gäste bei so mancher Faschingsveranstaltung. Wer hätte nicht gern einen reichen Onkel in Amerika gehabt. Leider hatten sie keinen.

Da sein Papa Künstler war, lernte er bald eine interessante Frau kennen, „eine Dame", wie er später als kleiner Junge immer betonte. Sie hatte ein Haus in der Stadt, in der eine Wohnung frei wurde, in die sie einziehen konnten. Ihr Bruder war Schauspieler und hatte wohl einmal einen großen Auftritt als Mephisto in Goethes Faust gehabt. Was immer zu viel Gelächter führte, wenn sich die Erwachsenen darüber unterhielten. Was allerdings noch viel interessanter war: Sie betrieb das einzige Kino der Stadt, das Stadtkino. Bestimmt liefen dort schon die Filme mit den amerikanischen Göttinnen der Leinwand, wie Marilyn Monroe und die vielen anderen. Die Frauen, die jeglichen männlichen Traum zu erfüllen schienen und doch unerreichbar waren. Die Träume hielten wohl der Wirklichkeit nicht stand, aber es tat gut, sie zu haben.

Er war eher noch damit beschäftigt, aus Bauklötzen Türme zu bauen. Auch mit seinem Dreirad um den runden Wohnzimmertisch zu fahren, machte viel Freude, da sich der Boden des Zimmers auf einer Seite um einiges nach unten neigte. So konnte er auf einer Seite des Tisches mit Schwung nach unten fahren, um dann auf der anderen mit etwas Anstrengung wieder hinaufzukommen, in der Vorfreude auf die nächste Talfahrt.

Noch etwas aus diesen fast noch unbeschwerten Tagen hatte sich in seinem kleinen Herzen eingeprägt. Es gab ein kleines Faschingsfest und neben einer asiatischen Königin, die Herrin des Hauses, und ihrer dreizehnjährigen Tochter Viola als japanischer Prinzessin war er, der Dreijährige, als kleiner Maharadscha verkleidet. Daran, als was die anderen gingen, konnte er sich kaum noch erinnern, doch schien alles etwas fernöstlich angehaucht. Der selbstgemachte Wein aus Johannisbeeren hatte bereits die Stimmung erheblich gehoben und er hatte sich unter dem mitten im Raum stehenden Wohnzimmertisch, dessen weiße Tischdecke bis zum Boden reichte, verzogen. So saß er nun, der kleine Maharadscha, in seinem eigenen kleinen Zelt und konnte das Geschehen durch einen schmalen Spalt beobachten. Auf dem Tisch über ihm wurden die fast ausgetrunkenen Weingläser abgestellt.

Jetzt kam sein älterer Bruder, der immer zu Scherzen aufgelegt war, auf die wunderbare Idee, ihm die Weingläser, in denen sich immer noch je ein Schlückchen Wein befand, nach unten in sein kleines Zelt zu reichen. So begann er Schlückchen für Schlückchen diese seltsame bittersüße Flüssigkeit zu trinken. Sie machte ihn irgendwie freier und größer. Draußen schien die Stimmung ihren Höhepunkt zu erreichen und die Musik, die wohl von einem alten Plattenspieler stammte, wurde wilder und wilder. Er rutschte auf seinem mitgebrachten Kissen mit seinem kleinen Po hin und her. Ja, er spürte deutlich, er musste es tun. Der Alkohol hatte ihm Mut gemacht. Er öffnete sein kleines Zelt und trat ins Licht. Alle blickten erstaunt zu ihm hin und wunderten sich, woher er auf einmal hergekommen war. Da er nun der Aufmerksamkeit der Anwesenden, vor allem der schönen Viola gewiss war, begann er zu tanzen.

Es hatte ihn erfasst und mit schlangenartigen Bewegungen warf er seinen kleinen Körper einmal nach vorn, dann wieder zurück, streckte seine kleinen Arme nach oben, wobei er seine Finger, einer balinesischen Tempeltänzerin gleich, nach außen bog. Alle blickten wie verzaubert auf ihn herab. „Das ist ja unglaublich, wo er das nur herhat", hörte er sie raunen. Die schöne Viola hatte sich spontan in ihn verliebt, war sie doch eine fernöstliche Prinzessin. Die Herrin des Hauses, eine edle Königin, meinte, er solle vielleicht Tänzer werden, denn sie hätte so etwas noch nie gesehen.

Erst als sein großer Bruder sie über seinen Alkoholgenuss aufklärte, erlangten sie ihre Fassung wieder. Er hatte wohl seine erste Bekanntschaft mit einer Droge gemacht und dass sie einen verwandeln konnte. Er war über sein normales kindliches Dasein hinausgewachsen und zu etwas Besonderem geworden. Wollte das Schicksal ihm das zeigen? Er wusste es nicht und begann weiterzuwachsen.

Eine neue Zeit hatte begonnen und sie war in dem Teil des Landes, in dem er lebte, einwandfrei westlich. Der sogenannte „freie Westen". Da es auch einen „unfreien Osten" gab, wie er viel später erfahren sollte, konnte man sich noch viel, viel freier fühlen. Auf einmal gab es eine neue Währung, die D-Mark, und das Glück war perfekt, wenn man sie denn hatte. Die Schaufenster der kleinen Läden waren auf einmal wieder voll, was seine lieben Eltern zu manch einer zynischen Bemerkung hinreißen ließ: „Wie kann das sein, gestern gab es noch nichts, nicht einmal Brot, und auf einmal dieser Überfluss?" Ja, es gab halt doch alles – das sogenannte „Wirtschaftswunder". Und wenn es auch kein Wunder war, so waren doch fast alle froh, dass es wieder Hoffnung gab. Die Herzen, vor allem die der jungen Frauen, begannen sich den schicken, lässigen Boys aus Amerika zuzuwenden, die so coole Dinge wie „Nylonstrümpfe" zu verschenken hatten. Während die ausgehungerten „Verlierer", die nach und nach aus ihren Gefangenschaften zurückkehrten, einen etwas schwereren Part zu spielen hatten. Da hatten es die Daheimgebliebenen etwas besser. Sie machten schnell wieder gute Geschäfte, und fuhren dicke Autos. Er hatte einen kleinen silbernen Mercedes von seinem Papa geschenkt bekommen. Der konnte sogar Kurven und Achter fahren, was seinen großen Bruder wohl sehr ärgerte. Denn *er* war der Liebling seines schon etwas älteren Papas.

Niemand wollte sich mehr an die Vergangenheit erinnern, auch wenn noch so manches Teil wie Stacheldrahtzäune oder Wachtürme unübersehbar herumstanden. Die Stacheldrahtzäune waren wohl auch noch in so manchen Herzen vorhanden und sie würden dort auch noch lange bleiben, vielleicht nie ganz verschwinden. Denn es gab ja noch ein anderes Deutschland. Das dunkle, dort, wo sich all das Böse zurückgezogen hatte. Doch davon wusste der kleine Knirps noch nichts. Denn die Kinderseele musste noch lernen zu unterscheiden.

Die etwas jüngere Schwester seines Papas, seine zweite Tante, hatte es mit ihrem Mann in das ferne Voralpenland verschlagen. Dort sollte es günstige Baugrundstücke für die „Vertriebenen" geben. So reifte bald der Plan heran, dort ein eigenes Haus zu bauen. Hatten sie doch ihr schönes großes Haus in der nun dunklen Welt zurücklassen müssen. Seinem Papa war es wohl nicht so ganz recht. Denn er liebte die etwas wärmere Landschaft Südböhmens, in die er hineingeboren worden war. Auch als Maler kam ihm die Juralandschaft mehr entgegen als das überwiegend grüne Allgäu. „Alles Spinat", wie ein Künstlerfreund meinte, den es auch in die Nähe verschlagen hatte. Er, der kleine Bub, spürte vor allen Dingen die Ferne, in die sein Papa immer für längere Zeit verschwand. Wie sehr er ihn doch vermisste. Die Sorgen, die schon groß genug waren als Künstler mit zwei kleinen Kindern und einer jungen Frau, wurden auch nicht gerade kleiner.

Schulden, Bauarbeiter, die nicht arbeiten wollten, eisig kalte Winter, die er jetzt auf einer Baustelle verbringen musste, setzten ihm sicherlich sehr zu, hatte er doch schon zwei Weltkriege hinter sich, und wollte doch nur malen. Doch tapfer zog er alles durch. „Damit ihr wieder ein Dach über dem Kopf habt." So wurde das Häuschen langsam fertig und er wurde krank. Eines Tages war es endlich so weit. Ein Möbelwagen fuhr vor und die paar „Habseligkeiten" wurden in Zeitungspapier gehüllt und sorgfältig darin verstaut. Er durfte vorne bei seinem Papa sitzen. Es war wohl seine erste wunderbare Autofahrt, dort hoch oben, in eine neue Zukunft und eine neue Welt.

Das große „Wirtschaftswunder" war voll im Gange, und sie waren ein Teil davon. Auf einer etwas höher gelegenen Ebene in der Nähe der kleinen Stadt war eine neue Siedlung entstanden, deren kleine Häuser den „Lego-Häuschen" glichen, die er später bauen würde. Alles war genormt und geplant, was seinen kreativen Papa wohl sehr ärgerte. Vor allem weil es wieder nur die einfacheren Leute mit wenig Geld betraf. Für ihn aber tat sich ein neuer Abenteuerspielplatz auf, der hauptsächlich aus riesigen Kiesbergen und Bauschutt bestand, und durch den Aushub des Kellers entstanden war. Man konnte dort, von hoch oben das ganze Gelände überblicken und wunderbar auf dem Po darauf hinunterrutschen, was allerdings nicht sehr gern gesehen wurde, da man sich dabei so furchtbar dreckig machte. Abgesehen von der kleinen verschlafenen, mittelalterlichen Stadt, an der der noch nicht einmal zehn Jahre zurückliegende Weltkrieg scheinbar spurlos vorübergegangen war, gab es ganz in der Nähe ein wildes Flusstal, das die Gletscher der letzten Eiszeit zurückgelassen hatten. Dort gab es noch Orchideen und vereinzelt sogar „fleischfressende" Pflanzen, was in seinem Kindergemüt wohl für einige Aufregung sorgte.

Alle waren fleißig am Tun und die abenteuerlichen Kiesberge verschwanden, wurden langsam zu einem Garten. Woher kam bloß diese unbändige Kraft, die das ganze Land, Ost wie West, ergriffen hatte? Man hatte das letzte Kapitel eines dunklen Buches gelesen und es für immer zugeklappt. Die Frauen hatten scheinbar die Nase voll von ihren Kriegshelden, die nun langsam getreten und geschunden heimgekehrt waren. Bei ihm im Westen waren die großen Befreier die Amerikaner, Engländer und Franzosen, während es im Osten die Russen waren. Zwischen beiden sollte bald eine Mauer errichtet werden, und ein neuer Feind war ausgemacht. Ging es doch nicht ohne? Oder waren ohne „Feinde" keine Geschäfte zu machen, da sie alle ihre Heimat verloren hatten. Aber was für eine Heimat war das, auf die man Bomben werfen konnte; und schufen sie auf ihren kleinen Grundstücken nun eine neue?

Von überall her kam jetzt Besuch in das kleine Haus. Wo fanden sie nur alle Platz? „Platz ist in der kleinsten Hütte", meinte stets seine junge Mutter fröhlich und es wurde diskutiert und philosophiert. Über Gott, die Welt und die Kunst und manchmal auch – wenn es die Kinder nicht verstehen sollten – in einer für ihn fremden Sprache. Die Sprache ihrer verlorenen Heimat. Sie waren ein wunderbar fröhlicher Haufen und nur manchmal störten nachts die Schreie der Schwester seines Papas die neu entstandene Idylle. Sie war auf der Flucht mehrfach vergewaltigt worden und hatte ihren Mann verloren.

Schon den Kindern zuliebe waren alle ständig bemüht, eine neue heile Welt zu erschaffen, um das vergangene Grauen zu verdrängen und zu vergessen. Doch war ihm dieses nicht trotzdem in die Wiege gelegt worden? Und hatte er es nicht mit der dünnen Nachkriegsmuttermilch aufgesogen?

Sein Papa wurde langsam krank. Er hatte sich wohl bei der Arbeit am Bau eine Blasenentzündung geholt und sie nicht richtig ausgeheilt. Er war ja auch nicht mehr der Jüngste, und zwei Kriege, vor allem aber seine Kriegsgefangenschaft in Sibirien im Ersten Weltkrieg als ganz junger Mann, dürften seiner Gesundheit nicht sonderlich zuträglich gewesen sein. Immer öfter wurde er müde und die Ärzte verabreichten ihm ein Mittel nach dem anderen. Sie halfen nichts, doch blieb er stets zuversichtlich und erklärte seiner jungen Frau, dass nun erst alles Gute beginnen würde.

So war in dem kleinen verschlafenen Städtchen eines Tages ein „Gläserner Zug" angekommen und sein Papa machte sich mit ihm auf den Weg, um diesem Wunderwerk, das dem einfachen Volk den Segen der modernen Technik näherbringen sollte, einen Besuch abzustatten.

Es war ein trüber, kalter Sonntagnachmittag, als sie an dem schmutzigen alten Bahnhof ankamen. Wie ein Raumschiff aus einer anderen Galaxie stand dieses schimmernde Gefährt auf den verrosteten Gleisen. Irgendwie wirkte es fehl am Platz. Sein Vater hob ihn die Eisenstufen des Einstiegs hinauf und sie standen in einer neuen Welt, von der er bisher nichts gewusst hatte. Alles war voll von technischen Geräten, sehr sauber und unantastbar keimfrei. Keine Welt für Kinder, das spürte er sofort. Interessant aber war eine metallisch glitzernde Kugel von etwa dreißig Zentimeter Durchmesser. Es war ein Satellit, der kurz zuvor von den Russen ins All geschossen worden war. Er hieß Sputnik und war damals in aller Munde. Sein Kinderherz, das bis jetzt nur an Kunst und Natur gewöhnt war, versuchte zu verstehen. Doch fühlte er vielmehr ein Unverständnis und eine Bedrückung. Sie betraten nun einen letzten Raum, in dem in einem Käfig aus Plexiglas die Kettenreaktion einer Atomspaltung simuliert wurde. Man hatte auf Röhrchen Tennisbälle verteilt, vielleicht etwa hundert. Sobald einer zu Fall gebracht wurde, berührte er den nächsten und so weiter. Das Ganze endete in einem Prasseln und auf einmal hüpften alle Bällchen durcheinander. So sollte die Explosion einer Atombombe auch schon kleinen Kindern nähergebracht werden. „Oh, wie niedlich, schau mal, die Tischtennisbälle, ist das nicht süß!" Ihn aber hatte ein mulmiges Gefühl ergriffen und ihm wurde schlecht. Schnell verließen sie den Zug, bevor er sich an der frischen Luft übergeben konnte. Das also war die Zukunft. Er hatte seine Kindheit an die Welt der Erwachsenen verloren.

Kurz darauf fuhr sein Papa in die Hauptstadt, um sich ernsthaft von Fachärzten untersuchen zu lassen. Es wurde Blasenkrebs diagnostiziert. Im Endstadium und nicht mehr heilbar. Und auf einmal war Vater aus seinem Leben verschwunden, denn er durfte ihn im Krankenhaus nicht besuchen. Er sah ihn erst wieder, als er in einem dunklen Sarg in ein schwarzes Loch versenkt wurde. Ein Lebensabschnitt war zu Ende. Die Schulzeit begann und ihn hatte es in zwei Teile zerrissen. Wer oder was sollte das entstandene schwarze Loch in seinem Herzen füllen?

Die Wochen des Wartens, an denen er den Stuhl an das Küchenfenster gerückt hatte, um auf die Straße zu blicken, um *ihn* zu erspähen, wenn *er* um die Ecke bog, mit seinem Mantel und dem schmucken Hut auf dem Kopf – bestimmt hatte er ein kleines Geschenk für ihn mitgebracht –, waren nun vorbei. Wie oft hatte er seine Mutter gefragt: „Wann kommt denn der Vati?" Und wenn sie dann ihre Tränen verbergend antwortete: „Bald, mein Kind, bald." Auch die Großmutter, die nun schon weit über achtzig war, wurde immer wieder vertröstet. Zum Glück vergaß sie schon alles und das sanfte Lügen wurde noch über die nächsten Jahre, bis zu ihrem Tod fortgesetzt.

Sein fünf Jahre älterer Bruder, der die Woche in einem Internat verbrachte und langsam begann, ein junger Mann zu werden, fing kräftig damit an, alles zu verdrängen. Was blieb ihnen anderes übrig. Sie waren ja noch so jung und noch existierte nur die Gegenwart. Wie bei ihrer alten Großmutter, die sie zärtlich „Mami" nannten. Irgendwann versiegten auch bei seiner jungen Mama die Tränen. Der Vati war jetzt im Himmel und sah auf sie herab. Sie liebten beide ihre überaus schöne Mutter sehr und statt eines älteren Mannes hatte sie jetzt zwei junge. Er hatte ihnen ein Haus und eine kleine Rente hinterlassen, von der sie leben konnten. Und seine beiden Schwestern waren auch noch da.

Das Wirtschaftswunder begann mächtig Fahrt aufzunehmen, doch sollte es für ihn immer den etwas faden Beigeschmack des Todes haben. Waren sie nicht glücklicher gewesen, als sie noch zu siebt in dem feuchten Keller lebten? Wie war es denn so, für seine junge attraktive Mama, in einem fremden Land mit zwei „Buben" in einer Kleinstadt, wo jeder jeden kannte, eine Witwe zu sein? Er konnte es nicht sagen und der Alltag und die Schule bestimmten nun sein Leben.

Sein geliebter Papa war ja nun hoch oben im Himmel und sah freundlich auf sie herab – wie man ihm stets versicherte. Doch abends, wenn er sich in sein sauber duftendes Bett legte und noch einen Gutenachtkuss bekam, geschah etwas anderes. Kurz bevor er einschlafen konnte, kam eine eigenartige Kraft auf ihn zu. Sie war ihm nicht fremd, aber doch von einer bestimmenden Stärke. Sie schien ihn aufzufordern, mit ihr zu gehen. Doch wie vor einer Reise in ein unbekanntes fremdes Land begann er, sich doch leicht davor zu fürchten. Hab keine Angst. Komm einfach mit. Ich bin doch bei dir, schien sie ihm liebevoll zuzuflüstern. Ja, er war bereit, wollte mit ihr gehen und ließ sich fallen. Ein mächtiger Strudel hatte ihn erfasst und zog ihn hinab, oder zur Seite, es war nicht ganz auszumachen. Dann wusste er nichts mehr. Die Tage waren voll von neuen Ereignissen. Die Schule hatte begonnen und er musste lernen, sich zu behaupten. Die anderen waren viel stärker als er, waren von hier und nicht von woanders zugezogen – so wie er. Sie hatten Väter, die etwas waren, und nicht einen toten Kunstmaler – so wie er. Von Kunst schien dort ohnehin noch niemand etwas gehört zu haben.

So suchte er sich einen Freund, der in der Nähe wohnte und schon einen Kopf größer war. Vor allem hatte er das, was er nicht besaß: einen Vater. Doch wenn es anfing, Nacht zu werden, er alle Rituale hinter sich gebracht hatte und endlich im Bett lag, da konnte er es kaum erwarten, dass die Stimme wieder kommen würde. Und sie kam. Wieder erfasste ihn der gewaltige Strudel und zog ihn weg. Wohin, das konnte er nicht sagen, denn am nächsten Morgen konnte er sich an nichts mehr erinnern. Wie lange das so ging, wusste er nicht mehr, denn die Zeit des Erwachsenwerdens, die langsam die Unendlichkeit der Kindheit zu verdrängen begann, war in seiner Kinderseele erst im Entstehen. Er wusste, dass er das niemandem erzählen konnte, und so blieb es ein Geheimnis zwischen dem magischen Strudel und ihm.

Erst viele Jahre später, als er eines Wintertags mit seinen eigenen kleinen Kindern – sein Töchterchen ging bereits in eine in der Nähe gelegene private Zauberschule – gemütlich in seinem Häuschen vor dem Fernseher saß, um eines seiner mitgebrachten Videos anzuschauen, konnte er sich wieder daran erinnern. Es war „Alice im Wunderland" von Walt Disney, dem großen Zauberer aus dem fernen Land der Freiheit. Auch sie, die wunderschöne Alice, war eingeschlafen und in ein Erdloch gefallen. Nachdem sie viel herumgewirbelt worden war, erwachte sie in einem unbekannten Zauberland, in dem nun alles anders war. Also gab es doch Menschen, die diesen Weg kannten. Hatte man ihn damals dorthin geholt, um ihn zu trösten und zu stärken? Damit er die anstrengende Welt von denen da oben überstehen konnte? Während der Holzofen des kleinen Zimmers fröhlich knisterte und er für seine lieben Kinder und der treuen Hündin Ronja Pfannkuchen buk, da hatte sich ein Kreis geschlossen. Auch wenn er allein mit seinen Kindern Weihnachten feierte, denn sie waren geschieden und lebten getrennt, war er doch der glücklichste Papa der Welt.

Er war so froh, einen Schulfreund gefunden zu haben. Er wohnte ganz in der Nähe in einer kleinen Wohnung. Seine Eltern gingen beide zur Arbeit, wie es damals so üblich war bei einfachen Leuten. Er und sein neuer Freund machten fast alles gemeinsam. Sie gingen zusammen den gleichen Schulweg und saßen all die Jahre im Klassenzimmer nebeneinander. Sie trafen sich fast jeden Tag nach den Hausaufgaben um gemeinsam ihre kleinen Abenteuer zu bestehen. Und stand er noch vor Kurzem am Küchenfenster, von wo man die Straße gut überblicken konnte, um auf seinen Papa, der nie mehr kam, zu warten, so stand er jetzt da, um auf ihn zu warten, seinen Freund. Wie gut, dass es ihn gab. Er war etwas größer als er und hatte dunkle Haare. Aber was noch viel wichtiger war, er wusste schon so viel mehr über die Welt da draußen, denn er hatte einen Papa und einen Fernsehapparat.

Dort in der kleinen Wohnküche, in der er oft zu Besuch war, war die große, weite Welt. Wie aufregend war es, wenn die Eltern es erlaubten, zu ihm zu gehen. Dann wurden die Vorhänge zugezogen und aus dem kleinen Holzkasten mit der grünlichen Glasscheibe vorne flimmerte eine magische, ferne Welt. Sie schien weit weg auf der anderen Seite eines großen Meeres. Die Jungs dort lebten auf großen Farmen in einer unendlich weiten Landschaft und erlebten die echten Abenteuer. Sie hatten Colts und Gewehre, die sie auch ständig benutzten. Seine Lieblingsserie war „Fury", die von einem schwarzen Hengst handelte, der äußerst gescheit war. Furys Freund war ein kleiner Junge in seinem Alter. So wie *er* wäre er gern gewesen und er hatte eine coole Hose, „Jeans" genannt, an. So träumten sie ihren Traum von der großen, weiten Welt, in die sie sicherlich einmal aufbrechen wollten, wenn sie erst einmal groß geworden waren. Auch bekam er von seinem Freund die Bücher von Karl May geliehen, sobald er sie denn ausgelesen hatte.

Doch viel wichtiger waren die Micky-Maus-Hefte, die er immer einen Tag später, nachdem sein Freund sie ausgelesen hatte, bekam. Er musste sie fast heimlich lesen. Denn es waren ja die sogenannten „Schundhefte" und von der Schule aus verboten. Doch gab es nichts Schöneres für ihn, als sich auf seinem Liegebett auf den Bauch zu legen, das bunte, fröhliche Heft vor sich und auf die Ellenbogen gestützt, die erste Seite aufzuschlagen. Da gab es vor allem Tick, Trick und Track, diese frechen Kleinen, die aber einwandfrei die Gescheitesten waren und ihrem etwas unterbelichteten Onkel Donald ständig aus der Patsche helfen mussten. Donald war kein Held, irgendwas ging immer schief in seinem Entenleben, doch bestand er die größten Abenteuer. Mit Piratenschiffen auf fernen Südseeinseln. Die Welt war so groß in diesen kleinen, frohen Heften. Auch die dauernde Liebe zu Daisy, an die er nicht so richtig rankam, prägte wohl sein späteres Leben. Wollte er wirklich so wie Donald werden? Er wusste es nicht, aber er fürchtete, es würde wohl so kommen. Aber lieber war ihm Donald, den ja alle mochten, als dieser Gustav, der immer Glück und auch bei Daisy die größeren Chancen hatte. Er kannte auch niemanden, der Gustav wirklich mochte. Doch würden ihm in seinen Leben noch viele Gustavs begegnen, die ihm die Daisys wegschnappen sollten. Dann gab es noch Dagobert, den alten Geizkragen, der autoritär mit seinem Geld alles beherrschte, Donald schamlos für seine Zwecke benutzte und ihn gleichzeitig wegen seiner Armut verachtete. Der konnte glücklich im Geld baden und hatte einen riesigen Geldspeicher, in den vor allem die etwas dämliche Panzerknacker-Bande eindringen wollte. Nein, dann doch lieber Donald. Aber zum Glück waren ja noch Tick, Trick und Track da, die alles checkten und die schwachsinnigen Erwachsenen heraushauen mussten. Bloß nicht erwachsen werden. Das schien ja ziemlich scheiße zu sein. Aber man würde es trotzdem werden, das stand außer Frage.

Zum Glück gab es ja noch Micky und Minnie, die ziemlich clever waren. Ob sie jemals wirklich ein Paar wurden, war nicht auszumachen. Aber verliebt waren sie wohl. Das hielt die Geschichte jedenfalls am Laufen. Kaum vorstellbar, dass sie jemals heiraten würden. Dann wäre ja die lustige Story zu Ende gewesen. Auch Goofy konnte man gern haben, auch wenn er nicht gerade der Hellste war, aber er hatte ja einen gescheiten kleinen Sohn und so kamen sie immer ganz gut durch und konnten den bösen Kater Carlo, der aber einen guten Sohn hatte, mächtig austricksen. Jedenfalls hatten sie alle sein Herz gewonnen und er begann, sich nach dem Land zu sehnen, in dem diese lustigen Gesellen zu Hause waren.

Sein großer Bruder begann ein Mann zu werden und stand, wenn er am Wochenende aus dem Internat nach Hause kam, immer noch länger vor dem Spiegel, um sich mit viel Gel die Haare nach hinten zu striegeln. In die Stirn wurde dann sorgfältig eine Strähne gehängt, eine sogenannte „Schmachtlocke" oder auch „Elvis-Tolle" genannt. Überhaupt wollten wohl alle jungen Männer so sein wie er, der „King", der mit seinem Hüftschwung die Mädels in Verzückung und die Eltern zur Verzweiflung brachte.

Eine neue Zeit brach sich Bahn und fing an, das verknöcherte Alte aus dem Weg zu räumen. Rock 'n' Roll war angesagt. Eine Kippe schräg im Mund wie James Dean und Kaugummi kauend die Jungs, die Mädels in engen Keilhosen und mit Pferdeschwanz, und alle ziemlich aufmüpfig. Erstaunt sah er diesem Treiben zu. Es wurde am heimischen Röhrenradio gedreht, bis man endlich den AFN, den Sender der Sieger fand. Die Stimmen der Sprecher und die beschwingte Musik strahlten eine angenehme Wärme aus. So wünschte auch er sich nichts sehnlicher als eines dieser kleinen Transistorradios, die man abends noch heimlich mit unter die Bettdecke nehmen konnte, um in eine weite, fremde Welt hineinzulauschen, die aus der Ferne des weiten Alls zu kommen schien, in das man sich gerade aufmachte. Und sein großer Bruder besorgte ihm eines.

Doch gab es scheinbar noch eine andere Welt, irgendwie dort draußen. Eine dunkle, böse, hinter einem Eisernen Vorhang, bedrohlich und Angst einflößend. Es gab wohl schreckliche Waffen, die ständig auf einen gerichtet waren. Riesige Bomben, die die ganze Welt und alles Leben verdampfen lassen konnten. Wenn eine solche Bombe auf einen geworfen wurde, sollte man sich rasch auf den Boden werfen und eine Aktentasche, falls zur Hand, über den Kopf halten.

Wie war es eigentlich für Mütter, die gerade einen mörderischen Krieg überlebt hatten und jetzt mit ihren Kindern vor einem neuen, noch grausameren standen? Wie konnte das sein, wo die Jungen doch nur ihr Leben leben wollten. Vor was hatten sie eigentlich Angst? Oder ging es um etwas ganz anderes? Er war noch zu klein, um sich solche Fragen zu stellen, und ging lieber mit seiner Mama in den Wald. Oder hätte er Fragen stellen sollen? Er hätte gern gewusst, welche Antworten er bekommen hätte.

Jedenfalls schien die Welt dort draußen eher eine Männerwelt zu sein, in der die Frauen wenig zu sagen hatten. Denn ihr Rat wäre sicher gewesen: Hört endlich auf damit, ihr braucht keine Waffen, um stark zu sein. Kommt einfach zu uns ins Bett, das reicht. Doch die anderen haben auch welche, riefen dann die ängstlichen Jungs. Und so blieb dann alles beim Alten; mal schauen, wer der Stärkere ist.

Der Rock 'n' Roll schien der einzige Ausweg aus diesem Dilemma zu sein. Er war stark, über alle Grenzen beliebt und von der Welt der Erwachsenen gehasst und verachtet. Aber man konnte gut Geld damit verdienen und die Jugendlichen von heute waren die Käufer von Morgen. Also los, *let's rock 'n' roll*.

Sein Bruder war zum Mann herangewachsen und in eine andere, große Stadt verschwunden. Wenn er heimkam, brachte er den Duft der großen, weiten Welt, in Form einer Packung Zigaretten mit. Auch *er*, der nun anfing, in die Pubertät zu kommen, hatte schon seine ersten Erfahrungen mit dem Rauchen gemacht. Etwas ältere, „schlimme" Mitschüler hatten ihm gezeigt, wie man das Rohr, das im Werkunterricht zum Flechten von Körben verwendet wurde, wie eine Zigarette rauchen konnte. Heimlich auf dem Klo probierte er es aus. Der Rauch schmeckte etwas säuerlich und hatte eine leicht betäubende Wirkung. Die größere Wirkung war wohl, etwas Verbotenes heimlich zu tun. Auch hatte er sich eine Tonpfeife gebaut, um sie mit seinem Freund – der wollte einen Indianerstamm gründen – in einem Wäldchen zu rauchen. Dazu hatte er aus dem Garten ein paar getrocknete Erdbeerblätter dabei, aber die Pfeife zog nicht richtig und außer einigen Hustenanfällen war nicht viel gewonnen.

Auch seine erste Zigarette – er hatte sie seinem Bruder geklaut – rauchte er heimlich. Doch wurde ihm nur etwas schwindlig und leicht schlecht. Wieso das Erwachen der Sexualität mit dem Konsumieren legaler Drogen zusammenfiel, blieb ihm immer ein Rätsel. Gehörte es wirklich zum Erwachsenwerden, sich auf diese Weise zu vergiften? Oder war es nur das Gefühl, etwas Verbotenes zu tun? Nur das erwachende Interesse am anderen Geschlecht war nicht wirklich an ein Alter gebunden. Denn den gleichaltrigen Mädchen wuchsen Busen und sie begannen mit dem Hinterteil zu wackeln.

Er wechselte jetzt auf eine andere Schule, in der man mit *Sie* angesprochen wurde. Die wilden Sechziger nahmen mächtig Fahrt auf. Im Radio hatte ein Lied sein Teenagerherz besonders erobert. „These boots are made for Walking" von Nancy Sinatra. Es hörte sich ziemlich aufmüpfig an, so als würde sie auf etwas herumtrampeln. War es ihr berühmter Vater, der sich wohl lieber dem Alkoholgenuss mit seinen Freunden hingab, als sich mit seiner Tochter zu beschäftigen, oder verabschiedete sie sich auf diese Weise von einem Liebhaber? Er konnte es nicht herausfinden. Aber sein Teenagerherz hatte sich in sie verliebt, so wie man es gern in diesem Alter tut. Denn sie war viel älter, sehr weit weg und in dem großen Land seiner Träume unerreichbar. Doch trug er ihr Bild in seiner so gut wie leeren Brieftasche, als wäre sie seine beste Freundin.

Bei einem Friseurbesuch, den er alle zwei Wochen absolvieren musste und den er sehr hasste, nahm er eine Illustrierte in die

Hände, denn er musste noch etwas warten. Beim Durchblättern fiel ihm ein mehrseitiger Artikel auf, der von vier jungen Männern handelte, die recht vergnügt in die Welt sahen und seltsamerweise lange Haare trugen. Es war eine angesagte Band, die mit ihrer Musik gerade die Welt und vor allem die Herzen der jungen Mädchen eroberte. Diese fielen bei ihren Konzerten reihenweise in Ohnmacht und kreischten verzückt dermaßen laut, dass die Musiker ihre eigenen Lieder nicht mehr hören konnten. Er hatte damit begonnen, ein junger Mann zu werden, was sich vor allem zwischen seinen Beinen bemerkbar machte, und eine wilde Zeit stand in den Startlöchern.

Ein seltsamer, befreiender Ruck war beim Anblick der Beatles, wie sich die Band nannte, durch seine erwachende Teenagerseele gegangen. Er beschloss, sich zu befreien und nun eigene Wege zu gehen. Die Musik, die er nachts heimlich unter seiner Bettdecke auf seinem kleinen Transistorradio hörte, half ihm sehr dabei. Auch das fordernde Gefühl, das sich zwischen seinen Beinen immer stärker bemerkbar machte, schien ihn anzuschieben. Weg von Mutter und Tanten und hinaus in die große, weite Welt.

Auch ein Faltboot, das er sich so sehr gewünscht hatte und das nun endlich silbern glänzend vor ihm stand, sollte dazu beitragen. Zum Glück gab es einen acht Kilometer langen Stausee gleich in der Nähe, der sich das ehemals wilde Flusstal hinaufschlängelte. Es gab nichts Schöneres für ihn, als sich vom Ufer, das ein kleiner Badestrand war, abzustoßen. Nun war er frei, um die spannende Welt, die ihn umgab, mit seinen eigenen Augen und Gefühlen zu entdecken. So begann er das Erforschen der wilden, manchmal noch urzeitlichen Natur mit dem Erforschen seines Körpers und seinen neu entstandenen Gefühlen zu verbinden. Was geschieht eigentlich mit einem, wenn die Sexualität erwacht?

Es geschah wohl in der vierten Klasse. Die Jungs, die damals von den Mädchen getrennt unterrichtet wurden und sogar in einem anderen Schulgebäude untergebracht waren, wurden auf jeden Fall noch aufmüpfiger, als sie es sowieso schon waren. Ein paar besonders Dreiste hatten in der Pause ein Spiel entwickelt, in dem sie, statt sich irgendwo abzuklatschen, den anderen zwischen die Beine griffen. Da er es auch einmal versuchte – was allerdings sein Freund nicht so gern sah –, bemerkte er schnell, dass alle dort etwas Steifes, Hartes hatten, einschließlich ihm. War das schlimm, fragte er sich. Doch irgendwie machte es auch Spaß.

Mit seinem Freund begann er darüber zu sprechen, dass man dort unten herumreiben konnte, bis eine seltsame schleimige Flüssigkeit daraus hervorquoll. Irgendwie hatte man eher das Gefühl, dass man es tun musste. So wie aufs Klo gehen, was man ja auch nicht so ganz freiwillig machte, man musste eben. Doch war es auch mit einem Geheimnis verbunden, über das vor allem die älteren Jungs Bescheid zu wissen schienen. Irgendwas hatte es mit den Mädchen zu tun, die aber in diesem Alter hauptsächlich mit Kichern beschäftigt waren.

Von Zuhause war keine Hilfe zu erwarten, denn sein großer Bruder hatte bereits eine feste Freundin und machte, wenn er heimkam, mächtig Ärger, denn seine Mama mochte seine Freundin nicht. Doch hatte ein etwas größerer Junge in seiner Klasse kleine Bildchen dabei, die er wohl aus einem Beate-Uhse-Katalog ausgeschnitten hatte, und bot sie für wenig Geld zum Verkauf an. Dort war etwas zu sehen, was man sonst nicht leicht zu sehen bekam. Ein Mädchen saß nackt mit gespreizten Beinen auf einem Stuhl und schien sich ebenfalls dort unten anzufassen. Mädchen taten es also auch. Der Anblick verstärkte das fordernde Gefühl zwischen den Beinen derart, dass es kaum noch ein Halten gab und man musste sofort aufs Klo rennen, um sich der Spannung in der Hose zu entledigen.

So war auf einmal etwas Neues in den Vordergrund gerückt und begann alles andere zu verdrängen. Auch die Mädchen begannen sich zu interessieren und die, die in ihrer Entwicklung etwas weiter fortgeschritten waren, was sich vor allem in den Wölbungen unter ihren Blusen und Pullis bemerkbar machte, hatten bald einen männlichen Begleiter gefunden, der meistens um einiges älter war. Überhaupt sah es so aus, als wäre auf einmal die ganze Gesellschaft in die Pubertät gekommen.

Jedenfalls war die Länge des Rocksaums auch bei den älteren Damen ein großes Thema. Bei den jungen begann er allerdings derart nach oben zu rutschen, dass es von den meisten Eltern und in der Schule verboten wurde.

Aber die neue Zeit war nun nicht mehr zu stoppen und die Musik, die immer wilder wurde, tat ihr Übriges dazu. Verzweifelt versuchte man „hüben wie drüben", die neuen Kräfte zu bändigen und in das Althergebrachte zu integrieren. Doch als er einen von der Schule organisierten Tanzkurs besuchte, in dem er unter anderem den Beatschritt erlernen sollte, und sich bei der Damenwahl dicke Bauernmädchen auf ihn stürzten, die nach Kernseife und Schweiß rochen, da wusste er, dass er aus dieser kleinbürgerlichen Idylle verschwinden musste.

Doch hatte er seine erste kleine Liebe gefunden. Sie war aus einer Klasse unter seiner, also etwas jünger als er, was aber in diesem Alter eher angenehm war. Da auch in der höheren Schule weiblich und männlich noch streng getrennt war und es auch noch keine Handys gab, war es nicht so einfach, sich eine Nachricht zukommen zu lassen. Eine der wenigen Möglichkeiten ergab sich in den Pausen. Zuerst mussten die männlichen Schüler im Pausenhof ihre Runden drehen. Kurz danach kamen die weiblichen dran, was die Spannung zwischen den Geschlechtern durchaus auf die Spitze trieb. War das die Absicht der Pädagogen? Jedenfalls wurde streng darauf geachtet, dass sich die Geschlechter nicht begegneten.

Doch ergab sich manchmal eine kleine Lücke, wenn das erste der Mädchen schnell hinausrannte und der letzte der Jungen etwas trödelte. Dann konnten sie sich, wenn die Aufsicht gerade nicht hinsah, ein paar Zettelchen zustecken. So erreichte auch ihn ein kleiner Brief mit einer Telefonnummer von einer Kleinen mit großen blauen Augen und fröhlichem Lachen. Sie war bestimmt nicht aus dem Städtchen, in dem er wohnte, eher aus dem Norden. Vielleicht aus dem Teil des Landes, aus dem auch die netten Beate-Uhse-Bildchen kamen. Sein Teenagerherz fing mächtig zu pochen an. Das war also die Liebe, von der sie alle redeten.

Obwohl ihn sein pochendes Herz fast in Stücke riss, schaffte er es, zum Hörer zu greifen und sie anzurufen. Es meldete sich eine etwas abweisende Männerstimme. Ein Major, ihr Vater, denn sie lebte in der sogenannten Soldatensiedlung, die etwas höher als sein Zuhause gelegen war. Sein Herz war schlagartig zu einem Eisblock gefroren. Er bekam sie aber doch ans Telefon und sie versprach, bei ihm vorbeizukommen, und sie wollten gemeinsam zum See spazieren gehen.

Als er das seiner Mama aufgeregt erzählte, dass ein Mädchen vorbeikommen würde, schien ihre Miene zu versteinern. Er war enttäuscht. Wie sehr hätte er sich gefreut, wenn sie ihn in den Arm genommen und sich mit ihm gefreut hätte. Aber sie sah ihn nur ernst und abweisend an und sagte etwas schroff: „Dann pass nur auf, sonst zahlst du dein Leben lang!" Ein eisiger Schrecken war in sein weiches, warmes Herz gefahren. Er wusste weder wofür noch wie viel er wohl zu zahlen hätte. Aber ein Keim des Schmerzes war in ihn gesenkt worden und sollte ihn nie mehr ganz verlassen. Aber erst einmal war die Sehnsucht größer und als sie draußen am Gartentor klingelte, eilte er schnell hinaus, um sie zu begrüßen. Als sie losgingen, drehte er sich nicht nach seiner Mutter um. Sie begannen sich etwas zu unterhalten und zum Glück war sie nicht so schüchtern wie er. Nach ein paar hundert Metern berührten sich ganz leicht ihre Hände und ein Schreck durchfuhr ihn kurz. War das schon etwas, wofür man zu zahlen hatte? Doch sie lächelte fröhlich und sie hieß Ilse Hummel, ein Name, den er nie wieder vergessen würde. Sie spürten beide, dass nun eine neue Zeit kommen würde. Ihre Zeit.

Eine Zeit ohne Lügen, ohne Zwänge und ohne beschissene Erwachsene, die einfach nichts kapieren wollten. Sie hatte ein kleines Feuer in seiner jungen Brust entfacht. Nein, sie mussten von hier weg, und er erzählte ihr, dass er in die große Stadt gehen wollte, um Künstler zu werden. Auch sie wollte abhauen, vielleicht in die Hauptstadt ihres geteilten Landes. Zwei trotzige, liebende Seelen hatten sich gefunden und sich etwas stark gemacht für die andere Zeit, die jetzt kommen würde. Sie hatten die Nase voll von den

Bomben, die ständig über ihren Köpfen schwebten und von den Lehrern, die ihnen nur Lügen auftischten, für eine Zukunft, an die sie selbst nicht zu glauben schienen.

Ihr Papa ließ sich schleunigst in eine andere Stadt, weit weg, versetzen. Lustigerweise an einen Ort, der „Amorbach" hieß. Sie ging dort auf eine alternative Schule, die ihr einigermaßen zu gefallen schien. Eine Zeitlang wechselten ihre Herzen einige Briefe, dann riss der kleine dünne Faden erst mal ab. Aber er würde sie wiedersehen.

Er beschloss, in die große Stadt zu gehen. Was aber nicht so einfach war. Denn er war noch nicht mal sechzehn Jahre alt. Doch das Schicksal öffnete eine schmale Tür. Ein paar seiner Mitschüler wollten auch in die große Stadt und meldeten sich zu einem Praktikum für die Ingenieurschule in einem großen Konzern an. Auch wenn er das nicht werden wollte, so war es doch die einzige Möglichkeit, der häuslichen Tristesse zu entweichen. Nein, er wollte auf keinen Fall hier versauern. Er musste weg, das spürte er jetzt ganz stark, jetzt, wo sie nicht mehr da war. Vielleicht würde er sie ja wiederfinden dort draußen in der großen Welt.

So sah er sich kurze Zeit später in einem äußerst tristen katholischen Lehrlingsheim wieder, das noch aus der Nazizeit zu stammen schien.

Der schwule Pfarrer, der das Heim leitete, hatte ihn, den schlanken jungen Mann mit den warmen braunen Augen gleich ins Herz geschlossen und freute sich sehr über den Neuzugang, der so gar nicht hierher zu passen schien.

Das Heim wurde mit einem militärischen Drill geführt. Sie schliefen zu acht in einen Raum, in vier Stockbetten. Geweckt wurde man um halb sechs Uhr am Morgen mit einer schrillen lauten Glocke. Dann musste man aus dem Bett springen und unter die eiskalte Dusche eilen. Nachdem man sich anschließend angezogen, die Bettlaken strammgezogen und das Bett darüber sorgfältig von Kante zu Kante ausgerichtet hatte – es wurde ständig von einem Aufpasser kontrolliert –, durfte man in den Speisesaal. Der dort angebotene lauwarme Pfefferminztee und der nach Abspülwasser schmeckende Kaffee ließen einen vom kommenden Tag nichts Gutes erhoffen. Dann musste er mit seinen Freunden zur Trambahn eilen, die um diese Zeit gerammelt voll war. Manchmal hing man noch halb draußen an der Tür, was den Vorteil hatte, dass man kein Ticket lösen musste. Mit etwas Glück war man wenigstens neben einer jungen Frau eingequetscht, was die Fahrt etwas angenehmer gestaltete.

In der großen Firma angekommen ging es schnell zum Umkleideraum, in dem in einen bleigrauen Spind der blaue Arbeitskittel hing. So uniformiert betrat man anschließend eine große helle Halle mit allerlei Maschinen und Werkbänken, auf denen in Reih und Glied Schraubstöcke standen. Nun begann der Arbeitstag, der in den ersten Wochen hauptsächlich darin bestand, einen würfelförmigen Eisenbrocken klein zu feilen.

Der Junge neben ihm war ein pfiffiger Geselle aus der Stadt, mit dem er sich etwas anfreundete. Er zeigte ihm auch, wie man mehrmals am Tag aufs Klo verschwinden konnte, mit einer Zeitung unter dem Arm, in dem jeden Tag ein anderes halbnacktes Mädchen abgebildet war. Dort konnte man sich dann seines beständigen Samenstaus entledigen. Bald hatte er das Gefühl, dass ihn nur das dieses absurd langweilige Leben ertragen ließ.

Um 16 Uhr 30 endete das Spektakel und man konnte nach Hause gehen, sofern man eines hatte. Irgendwann gegen 7 Uhr abends gab es etwas zu essen, was allerdings so ähnlich schmeckte wie das Frühstück und von ebenso missmutigen, schwarz gekleideten Ordensschwestern serviert wurde.

Nie hätte er gedacht, dass er sich so weit von seinen Träumen entfernen konnte. War das das Leben? Aber die Massen von Arbeitern, mit denen er täglich das Werkstor durchschritt, schienen glücklich und zufrieden. Nie konnte er sich vorstellen, ein ganzes Leben in einer dieser Hallen zu verbringen. Aber hatten sie eine andere Wahl? Wohl nicht, denn arbeitslos zu sein, war der größere Fluch. Er fand noch alles recht spannend und neu, war er doch in der großen Stadt angekommen.

Man konnte noch bis 9 Uhr abends über freie Zeit verfügen, die er meistens damit verbrachte, auf einer Bank zu sitzen und Zigaretten zu rauchen oder die riesige Stadt zu erkunden. Am Wochenende fuhr er mit dem Zug nach Hause, was sehr spannend war. Denn es war eine unbeaufsichtigte Zeit, die vor allem dazu genutzt wurde herumzulümmeln, zu rauchen und den dicken Max zu machen. Immerhin verdiente man ja schon etwas Geld. Jedenfalls waren einige mitreisende Mädchen davon angetan, denn man begann, nach Erwachsenem zu riechen, wozu der Alkohol, den man zu konsumieren begann, sein Übriges beitrug.

Er war ein Arbeiter geworden.

Es begann eine gewisse Bewusstseinsspaltung zu entstehen zwischen der „heilen Welt" dort draußen, in der es noch gute Luft, gutes Essen und saubere Wäsche gab, und der grauen tristen Großstadt mit ihrer vergifteten Luft, den schrecklichen Geräuschen und den ausdruckslosen, verhärmten Gesichtern ihrer Bewohner. Trotzdem begann er sich darauf zu freuen, am Sonntagnachmittag wieder zum Bahnhof zu gehen, in den Taschen frische Wäsche und etwas Essen von Mama, in den Zug zu steigen und sich erst einmal eine Zigarette anzuzünden. Erwachsenwerden hieß, sich zu vergiften und die falschen Götter der Kindheit hinter sich zu lassen.

Einmal musste er noch umsteigen, bevor ihn der schnelle Eilzug in die große Stadt brachte. Wenn er es geschafft hatte, früh genug aufzubrechen, konnte er noch in eines der großen Kinos oder in eine der riesigen Bierhallen gehen, die es dort im wilden Bahnhofsviertel gab. Meistens sah er sich einen der Western an, die damals Mitte der Sechziger sehr in Mode waren. Das waren die Männer, wie auch er gern einer sein wollte, aus diesem fernen Land der unbegrenzten Möglichkeiten. Neben den wilden, meist schmutzigen Kleidern, die sie anhatten, waren sie auch ständig am Rauchen und Saufen, pöbelten herum und waren jederzeit bereit, jemanden abzuknallen. Seltsamerweise wurden sie von schönen Frauen in engen Miedern und beachtlichen Brüsten angehimmelt. So musste man also sein, um an eines dieser Wunderwesen des Sex heranzukommen. Natürlich gewannen immer die Guten. Doch begannen sich mit der Zeit diese schmalen Grenzen zwischen Gut und Böse etwas aufzulösen. Man begann tatsächlich, immer wieder auch etwas Sympathie mit so manchen Schurken zu empfinden, was vor allem auch die Frauen betraf, die durchaus auch der dunklen Seite der Männlichkeit etwas abzugewinnen schienen.

Tief in seine Erinnerung hatte sich auch ein Western eingegraben, der „Maria und Maria" hieß. Zwei absolute Traumfrauen, die Sexgöttinnen dieser Zeit, führten sich genauso auf wie ihre männlichen Kollegen, die sie sogar zu guter Letzt alle in die Tasche steckten.

Irgendwie tat es gut, dies zu sehen, und er hatte sich jedenfalls, wie wohl viele andere, in sie verliebt. Aber sie waren ja so viel älter, unerreichbar fern und auch noch nur auf der Leinwand. Wie traurig, wenn wieder das Licht anging. Doch wollten sie sicher alle dahin, in dieses gelobte Land der unbegrenzten Freiheit.

Meistens kam er dann etwas zu spät im Lehrlingsheim an und bekam einen Rüffel. Schnell verschwand er in seinem Zimmer, verstaute schnell seine Sachen und zog sich, nachdem er sich die Zähne geputzt hatte, seinen Pyjama an. Er wusste genau, was er jetzt tun wollte, und er glaubte, die anderen auch. Zu diesem Zweck nahm er ein Taschentuch aus seinem Gepäck, um es vorsichtig unter sein Kopfkissen zu schieben. Denn auch wenn sie alle wussten, was sie gleich tun würden, so sollte es doch keiner merken.

Das Teil zwischen seinen Beinen begann schnell hart zu werden und wollte, dass man es rieb. Ein eigenartiger Geruch schien sich im Raum auszubreiten und erfasste jetzt alle. Auch wenn sie sich bemühten, es geheim zu halten, so taten sie es jetzt doch alle. Zum Glück kam bald die Erlösung in Form eines Schwalls glitschiger Flüssigkeit, die er versuchte auf das mitgebrachte Taschentuch zu bekommen, was nicht so einfach war. Es durften jedenfalls keine verräterischen Flecken entstehen, das war klar.

Es war die einzige Freiheit, die ihm vorerst geblieben war, doch schien es ihn jedes Mal dem Abgrund „Erwachsensein" ein Stück näherzubringen. Zumindest fühlte es sich wie eine Befreiung an, oder führte es schnurstracks in eine neue Sklaverei? „Pass bloß auf, sonst zahlst du dein Leben lang!", hatte seine Mama ihm mit auf den Weg gegeben. Würde sie recht behalten? Er wusste es nicht, doch schien der kleine Drache zwischen seinen Beinen eigene Wege gehen zu wollen. Abenteuerliche, dunkle und geheimnisvolle Pfade. Wohin sie ihn führen würden, musste sich erst noch herausstellen.

Während die ach so ferne Welt von Micky Maus und vom Wilden Westen riesige Flugzeuge über seinen Köpfen kreisen ließ, die fette Bomben an Bord hatten, die durchaus in der Lage waren, ein kleines Land wie das, in dem er wohnte, zu verdampfen, machten sich einige männliche junge Leute auf den Weg, sich die Haare wachsen zu lassen und schreckliche Beatmusik zu hören, während sich ihre weiblichen Mitbewohner anschickten, ihre Röcke auf ein Minimum zu verkürzen. Was unter dem größten Teil dieser verlogenen Gesellschaft blankes Entsetzen bis hin zu abgrundtiefem Hass erzeugte. Vielerorts begann man sich bereits in die alte Diktatur zurückzusehnen, in der man sie schnell in Gaskammern und Arbeitslagern verschwinden lassen konnte.

Er hatte noch in der „heilen Welt" seines Zuhauses, in dem er Klavier gespielt, Bilder gemalt und erste Gedichte geschrieben hatte, eines Abends einen Bericht über die „Gammler und Hippies" im Englischen Garten gehört. Wie elektrisiert war er aufgesprungen und zu seiner Mama gelaufen, die den Bericht ebenfalls gehört hatte. „Mama, ich weiß jetzt, was ich werden will", rief er in seinem noch kindlichen Eifer, „Gammler im Englischen Garten." Das blanke Entsetzen war ihr in das hübsche Gesicht gestiegen. „Bist du verrückt geworden?", herrschte sie ihn an. „Wie kannst du nur an so etwas denken!" Traurig ging er wieder in sein Zimmer. Er hatte sich so gefreut, endlich einen Ausweg gefunden zu haben. Nein, sie war keine Verbündete, und auch sein Freund schien davon nichts wissen zu wollen. Aber ihm war in einer Sekunde ein helles Licht aufgegangen. Es würde ihn dort hinbringen. Das hatte er kurz ganz tief in seinen jungen Herzen gefühlt. Ein Bild aus nun schon fernen Kindertagen stieg in seiner Seele auf. Auf einem seiner Wege – er war gerade sehr unglücklich – hatte man begonnen, alle Straßen und Gehwege mit schwarzem Teer zu überziehen und ihm die Kiesel und Pfützen, auf denen man im Winter so herrlich rutschen und im Frühling kleine Bäche mit kleinen Dämmen bauen konnte, wegzunehmen. Wie einsam er doch war in dieser Zeit.

So ging er den Weg allein, den Blick nach unten auf den dunklen Teer gerichtet, als er wie von einem hellen Lichtstrahl getroffen anhalten musste. Eine frische junge Löwenzahnblüte hatte sich durch den schwarzen, übelriechenden Asphalt gebohrt und lächelte ihn fröhlich an. „Hab keine Angst", schien sie ihm zurufen zu wollen. Wir sind stärker als *die*. Dankbar und erleichtert ging er weiter. Ja, wir sind stärker als die, das wusste er jetzt auch.

Einer der freundlichen Bomber, die beständig über ihren Köpfen kreisten auf der Suche nach den bösen Feinden, war über Andalusien im Süden Spaniens abgestürzt. Neben einer riesigen Fläche fruchtbaren Landes, das jetzt radioaktiv verseucht war, war eine der Bomben spurlos verschwunden. Ein Teil der verseuchten Erde wurde abgetragen und in Blechtonnen verstaut in das gelobte Land der Freiheit zurück gekarrt. Den ohnehin schon bitterarmen Tomatenbauern war ihre Ernte genommen und selbst der Diktator General Franco überlegte, sich die Freundschaft mit dem Land aufzukündigen, da er sich um den aufkeimenden Tourismus zu sorgen begann.

Er ging jetzt tapfer jeden Tag in die Fabrik und lernte interessante Dinge wie das Schmieden eines Hammers, der, wenn man ihn noch heiß und glühend kurz in Öl tauchte, Regenbogenfarben annahm. Auch alle Arten von Schweißen durfte er lernen, was teilweise nicht ungefährlich war. Langsam wurde er zum Mann und seine Künstlerhände begannen rau zu werden. Nach einem halben Jahr hatte er die „Grundausbildung" hinter sich gebracht und war zum „Städter" geworden. Der Leiter des Heimes bekam des Öfteren Freikarten für die Theater der Stadt geschenkt, woraufhin er interessierte junge Männer des Heimes dazu einlud. So begann er nach und nach eine andere, durchaus spannende Seite der großen Stadt kennenzulernen. Manchmal lud er sie dann noch in ein Lokal auf Bier ein und bot ihnen eine „Virginia", eine lange dünne Zigarre an, die ein etwas mulmiges Gefühl verursachte. Erwachsenwerden hatte etwas damit zu tun, Gifte aller Art möglichst unbeschadet wegstecken zu können. Auch mehr Alkohol zu sich zu nehmen, als man vertrug, war ein beliebtes Spiel. Konnte man dann nur noch lallend Blödsinn daherreden und kaum noch geradeaus gehen, gehörte man plötzlich dazu und man war einer von ihnen. Beliebt war durchaus auch, junge Frauen betrunken zu machen, um sie dann enthemmt zum Geschlechtsverkehr verführen zu können. Auch waren Tropfen im Umlauf, mit denen man jemanden komplett willenlos machen konnte, gab man sie heimlich in ein Getränk. Wie viele Kinder auf diese Weise gezeugt worden waren, wagte er sich nicht vorzustellen.

Neben den vielen Pillen, die es nun für alles und jedes zu geben schien, gab es auf einmal auch die magische Antibabypille. Sie hatte wohl hauptsächlich den Zweck, junge Frauen als Sexualobjekte schneller erreichbar zu machen. Denn es konnte ja nichts mehr „passieren". Für die Frauen erst einmal ein Segen, mussten sie sich nun nicht mehr Sorgen machen schwanger zu werden. Für die Männer wohl auch, denn das war es wohl, wofür man ein Leben lang zahlen musste.

Die sexuelle Revolution war schwer am Anrollen. Das Leben der arbeitenden Massen bestand hauptsächlich aus den drei Fs. Ficken, Fressen und Fernsehen. Während in seinem kapitalistischen westlichen Land eher das Fressen und Fernsehen im Vordergrund stand, war es im sozialistischen Osten wohl eher das Ficken. Denn zu Fressen gab es nicht genug und das Fernsehprogramm war zu schlecht, um es dem Ficken vorzuziehen. Doch leider hatte er von alldem nicht genug oder gar nichts.

In der riesigen Firma wurde man jetzt, nachdem man die Grundausbildung abgeschlossen hatte, in den einzelnen Abteilungen als billige Arbeitskraft eingesetzt. So fand er sich auf einmal in laut dröhnenden Hallen, neben meist ausländischen Arbeitskräften wieder. Rasch musste er lernen, gewisse eintönige Bewegungen zu vollführen. Denn Zeit war Geld. Je schneller man die stupide Arbeit verrichtete, je mehr konnte man verdienen. Riesige Maschinen stanzten Löcher oder Nieten in darunter gehaltene Blechteile, die anschließend in einem vergitterten Blechkorb landeten. Hatte man die Bewegung erst einmal einstudiert, konnte man bequem das Gehirn ausschalten und auf die herannahende Mittagspause hoffen. Das Kantinenessen, das man schnell in sich hineinschlingen musste, war auch nicht das Gelbe vom Ei, aber doch um einiges besser als das Essen im Heim. Langsam aber sicher hatte er das Gefühl, selbst zu einer Maschine zu werden.

Sein Ziel, Künstler und Hippie zu werden, war in die Ferne einer weit entfernten Galaxie abgerutscht, die man allenfalls noch erahnen konnte. Stattdessen hatte sich das erste Magengeschwür gebildet. Er spürte, dass er das alles wohl nicht mehr lange aushalten würde. Wie schafften es diese Massen an Werktätigen, die sich täglich mit ihm durch das enge Werkstor quetschten, eigentlich? Oder spürten sie nach ein paar Jahren nichts mehr? Waren sie innerlich schon tot und hatten alle Hoffnung aufgegeben? Doch im Gegensatz zu ihm hatten sie wohl ein Leben nach der Arbeit, einen Mann, eine Frau und Kinder, die es zu versorgen galt. Man sparte auf einen Fernseher oder ein Auto und freute sich auf das Wochenende oder den nächsten Urlaub. War das das Leben? Gab es einen Weg, der da hinausführte und wie hoch war der Wegezoll, wenn man ihn wagte zu gehen?

Gleichzeitig merkte er, dass von diesem Dasein als Werktätiger eine große Kraft ausging. Hatte man erst einmal gewisse Abläufe einstudiert, was meistens nicht sehr lange dauerte, so konnte man sich darin fast ausruhen. Zumindest war man bald frei, zu fühlen und zu denken, was man wollte. Alles unterlag einem gewissen Regelwerk, das einer Maschine gleich einfach und ruhig ablief. Würde es nicht einfacher sein, diesen Pfaden zu folgen, sich mittags mit seinen „Kumpeln" am Tisch über Frauen, Fußball und das Fernsehprogramm zu unterhalten, um dann nach der Arbeit in einer Kneipe zu verschwinden um gemütlich ein oder zwei Bierchen zu trinken?

Irgendwann würde er seiner Traumfrau begegnen, eine schöne Wohnung und Kinder haben, langsam alt werden und mit einer guten Rente auf Reisen gehen.

Doch irgendjemand hatte einen Keim von Freiheit in seine Jünglingsbrust gesetzt, der nun langsam in Bewegung kam und sich Raum schaffen wollte. Irgendwo da draußen war etwas in Bewegung gekommen. Studenten gingen auf die Straßen gegen einen fernen Krieg. Auch dass sein kleines Land, das zwischen zwei Machtblöcken lag, bis an die Zähne bewaffnet mit unvorstellbaren Waffen, die in Sekundenschnelle alles Leben auslöschen konnten – war das „normal"?

Nachdem er einige Abteilungen durchlaufen hatte, in denen er meistens seinen Arbeitsplatz neben fröhlich zwitschernden jugoslawischen Arbeiterinnen hatte, kam er eines schönen Tages in die „Lackiererei". Hier wurden vor allem verschiedene Metallgehäuse in heißes Trichloräthylen getaucht, um sie von Fett und Ölrückständen zu befreien. Hierzu musste man seinen Kopf über ein tiefes Becken halten, in dem per Knopfdruck die Metallteile für einige Zeit verschwanden und aus dem die äußerst giftigen Dämpfe einen umnebelten. Konnte man das wirklich über mehrere Jahre machen, fragte er sich. Denn es gab weder Masken noch irgendeine Schutzkleidung. Anschließend wurden die Teile mit ebenso übel riechendem Lack besprüht. Bald fiel ihm auf, dass die meisten Teile in einem undefinierbaren Grau oder Grün gespritzt wurden, für die „Nato" oder die „Bundeswehr", wie ihm sein Vorarbeiter, ein gut aussehender Mann unter dreißig mit einem charmanten Lächeln erklärte. Auf einmal ging ihm ein Licht auf, woran er in diesem riesigen Konzern, der sich gerade in einem kolossalen Aufschwung befand, gerade gearbeitet hatte. Baute auch er an den Bomben, die beständig über ihren Köpfen kreisten? Der junge Mann, der ihn in seine Arbeit eingewiesen hatte, schien sich mehr als üblich für ihn zu interessieren und sah ihn des Öfteren lange an. In der Pause kamen sie etwas ins Gespräch. Er erfuhr, dass er, sein Vorarbeiter, eigentlich Künstler, das heißt „Grafiker" war und nur aus finanziellen Gründen hier gelandet war. „Hier habe ich wenigstens auch etwas mit Farben zu tun", meinte er hinter seiner Brille und seinem Schnauzbart. So erzählte er ihm vertrauensvoll, dass sein verstorbener Vater ebenfalls Künstler gewesen sei und er es auch gern werden möchte. Da hatten sich zwei gequälte Seelen gefunden und er lud ihn zu sich nach Hause, in eine kleine Werkswohnung in der Nähe der Fabrik, ein.

Ein Urlaub bahnte sich an und seine Mama und er waren übereingekommen, noch einmal gemeinsam nach Italien zu fahren. Sie hatten sich für ein neues Hotel in einem kleinen Fischerdorf an der Adria entschieden, in dessen Nähe ein kleines Städtchen war, das als „Klein-Venedig" bekannt war. Er war schon öfter mit seiner Familie in Italien gewesen, doch noch nie allein mit seiner immer noch jungen und durchaus attraktiven Mama. Nach all den grauen, tristen Arbeitstagen freute er sich schon sehr auf den heißen Sand und das salzige Meer.

Der vollbesetzte Reisebus, der sie an das Ziel bringen sollte, schlängelte sich die alte enge Passstraße durch Österreich in Richtung Brennerpass empor, als er in einer engen Schlucht anhielt und sie alle aussteigen mussten. Aufgeregt unterhielt sich der Reiseleiter mit einigen Polizeibeamten, die die Straße gesperrt hatten. Scheinbar hatten Tiroler Freiheitskämpfer einen Bombenanschlag auf die gerade im Bau befindliche „Europabrücke" geplant, die die Fahrt nach Italien um ein Vielfaches verkürzen würde. Rasch wurden die nun verängstigten Passagiere in ein in der Nähe liegendes düsteres Lokal verfrachtet, um dort das weitere Geschehen abzuwarten.

Die aufkeimenden Urlaubsgefühle hatten sich verflüchtigt, doch begann sich bei ihm eine gewisse Abenteuerlust einzustellen. Scheinbar löste eine ungewisse Gefahr bei ihm eher ein Glücksgefühl aus, als dass es ihn in Angst und Schrecken versetzte. Oder war es das Gefühl, jetzt, da er ein junger Mann geworden war, auf die Frau an seiner Seite, die jetzt mit einer etwas blassen Nase ihm gegenübersaß, aufpassen zu müssen? Scheinbar konnte der Anschlag verhindert werden, denn mit einiger Verspätung wurde die Reise fortgesetzt.

Wie immer kam es ihm wie ein kleines Wunder vor, wenn der Pass überwunden war und sich die schmale Straße zügig hinabsenkte. Eine Wärme kam ihnen entgegen und schien noch unbekannte Sehnsüchte in ihm zu wecken. Was war das eigentlich für ein Land, das sich auf einmal in unbekannte Weiten vor ihm ausbreitete? Es schien sich in eine endlose flirrende Bläue zu verlieren, die einen leicht salzigen Geruch verströmte. Wie wohl schon viele Reisende zuvor, die aus dem grüngrauen Norden kamen, hatte eine tiefe Sehnsucht und ein hoffnungsvolles Verlangen sein junges Herz ergriffen und er konnte es kaum erwarten, den warmen, nach Muscheln riechenden Sand und das sich in endlosen Weiten verlierende Meer zu spüren.

Langsam kamen ihnen Häuser und Gärten entgegen, die ganz anders waren. Die Farben waren nun viel verwaschener, in leichtem Ocker und Graublau.

Auch etwas Rosa und helles Gelb waren darunter. Seine Malerseele begann zu jubeln. Ja, das war schön, das war rein. So, wie es war, war es gut. Auch die ersten Palmen und Oleanderbüsche, die vereinzelt am Straßenrand auftauchten, erfreuten ihn sehr. Es gab eine Heimat der Seele, die sich hier um das Mittelmeer drapiert hatte, geprägt von uralten Mythen und Geschichten längst untergegangener Kulturen. Immer noch schienen sich, einem leichten Nebel aus salzigem Meerschaum gleich, die alten Träume herabzubeugen und ihm zuzurufen: Wir sind noch da, wir werden immer da sein, denn wir haben gelebt und geliebt.

Der vollbesetzte Reisebus musste noch etliche Passagiere zu ihren verstreut liegenden Hotels und Pensionen bringen und sie waren nun fast die letzten Reisenden, die noch übrig waren. Die immer noch heiße Sommersonne neigte sich bereits dem Horizont entgegen, als der Bus vor einem modernen Hochhaus, das irgendwie mitten am Strand zu stehen schien, anhielt. Man hatte sie bereits erwartet und sie wurden auf das Herzlichste begrüßt. Mit einer Wärme, zu der wohl nur noch die Menschen des Südens fähig waren.

Das Hotel war vollkommen neu erbaut worden, von einem Mann mittleren Alters, der wohl als Teenager schon nach Amerika gegangen war, um sich dort am Bau schuftend seinen Jungentraum zu erfüllen, einmal das größte und schönste Hotel des kleinen Ortes, aus dem er stammte, zu besitzen.

Nun stand es da, stolz und frei und herrlich glitzernd wie aus einer anderen, fernen Welt, umgeben nur von weiten einsamen Stränden und

Dünen, hinter denen sich in endlosen Weiten einsame Zwiebel- und Karottenfelder erstreckten.

Als sein Blick vom Balkon ihres Zimmers, in das sie nun eingezogen waren und das hoch oben im vierten Stock lag, über die weiten Felder zum Horizont schweifte, um der gerade untergehenden Sonne noch ein kurzes Lebewohl hinterherzurufen, bemerkte er am benachbarten Balkon einen fröhlich im Wind baumelnden Bikini. Zum ersten Mal in seinem noch so kurzen Leben hatte er das Gefühl, am richtigen Ort zu sein. Als sie sich den Reisestaub abgewaschen hatten, begaben sie sich in den großen, modern eingerichteten Speisesaal. Der junge Kellner führte sie höflich an einen hübsch weiß gedeckten Tisch, auf dem eine Flasche Rotwein und eine mit Mineralwasser stand. Er war erstaunt, wie viele junge Leute anwesend waren. Der überwiegende Teil der Gäste kam aus Italien, was er durchaus als angenehm empfand. Nur ein paar wenige waren wohl aus dem Land, aus dem auch er kam, und sie fielen hauptsächlich durch ihr grobes, etwas überhebliches Benehmen auf. Alles hatte eine weite, weltmännische Atmosphäre, die wohl dem jahrelangen Aufenthalt in dem großen Land der Freiheit des Hotelbesitzers zu verdanken war. Man behandelte sie mit überaus liebenswertem Respekt und er hatte das Gefühl, dass man sie von Weitem für ein Paar halten konnte. Denn seine Mama hatte noch ein recht jugendliches Aussehen und er war stets bemüht älter zu erscheinen, als er wirklich war. Immerhin hatte er sich angewöhnt, Pfeife zu rauchen, was ihm, so hoffte er, das Aussehen eines Mannes von Welt verschaffen sollte. Endlich fühlte er sich von der Welt angenommen.

Am nächsten Morgen packten sie ihre Badesachen und machten sich zu dem naheliegenden Strand auf, wo fein säuberlich einige Sonnenschirme mit den dazugehörigen Liegestühlen aufgereiht waren. Nachdem er etwas in dem trüben Meerwasser geschwommen war, begann er sich neben seiner Mama auf seiner Luftmatratze auszustrecken. Er lag auf dem Bauch in seiner etwas knappen neuen, türkisblauen Badehose und wollte sich gerade damit beschäftigen braun zu werden, als sein Blick auf eine kleine Gruppe junger Leute fiel, die offensichtlich aus Italien stammte.

Ein junges Mädchen fiel ihm dabei sofort ins Auge. Sie hatte das Aussehen und die Ausstrahlung einer dieser Leinwandgöttinnen, die er noch vor Kurzem im Kino, in nicht erreichbarer Ferne, betrachten durfte. Jetzt saß sie da, keine zehn Meter von ihm entfernt. Sie hatte blondes, lockiges halblanges Haar, das etwas ins Bräunliche zu kippen drohte und mit ein paar goldenen Strähnen durchwirkt war. Ihre Augen hatten ein strahlendes, helles, warmes Braun. Sie hatte seine Blicke bemerkt und sah ihn kurz an. Als er in ihre Augen sah, durchfuhr ihn ein unbekannter bittersüßer Schmerz. Zum ersten Mal war er wie vom Blitz getroffen, wie man dazu wohl sagen würde und wie er es viele Jahre später erfahren sollte. Doch noch wusste er nicht, was mit ihm geschehen war. Nur eines wusste er sofort, er musste sie immer wieder ansehen, denn auf einmal gab es nur noch sie für ihn. Sie hatte den Bikini an, den er noch am Abend vorher so fröhlich im Abendwind baumeln sah.

Doch leider war sie um einiges älter als er, vielleicht sogar schon an die Zwanzig, und hatte einen jungen Mann an ihrer Seite, der von ebenso fremder, wilder Schönheit war. Auch er schien direkt einer Leinwand entsprungen. Vielleicht aus einem dieser neuen „Italo-Western", die gerade in Mode kamen. Die anderen jungen Leute waren etwa in seinem Alter und schienen viel Spaß zu haben. Zumindest waren sie alle beständig am Lachen und Herumalbern. Er stand auf, um sich im Meer etwas abzukühlen, denn ihr Anblick hatte auch ein leichtes Spannen in seiner ohnehin schon zu engen Badehose ausgelöst.

Als er kurze Zeit später an seinen Platz zurückkehrte und wieder damit begann zu ihr hinüberzusehen, stand der junge Mann, der sich später als ihr Bruder herausstellte, auf und kam die paar Schritte zu ihm herüber. Er lachte ihn an und fragte: „Do you speak English?" „Yes, a little bit", antwortete er und so lud er ihn ein, doch zu ihnen herüberzukommen. Sie würden gern ein Spiel spielen und er könne gern mitmachen.

Auch wenn er etwas schüchtern war, merkte er sofort, dass er nicht mehr anders konnte als mitzugehen. Denn die Göttin schien es befohlen zu haben. Er wurde rasch allen vorgestellt und konnte seinen Namen sagen. Sie hieß Rosaria und er wusste gleich, dass er diesen Namen sein Leben lang nicht mehr vergessen würde. Das Spiel, zu dem sie ihn geholt hatten, war so einfach wie aufregend. Aus etwas feuchtem Sand wurde ein kleiner Hügel aufgeworfen und auf die Spitze ein abgeschleckter hölzerner Stiel von einem Eis gesteckt. Jetzt durfte jeder der im Kreis sitzenden jungen Leute – sie waren etwa zu sechst oder zu siebt – der Reihe nach etwas Sand vom Unterteil des kleinen Hügels nehmen. Das dauerte etwa ein paar Runden und die Spannung begann einem Höhepunkt zuzueilen. Denn derjenige, bei dem der Eisstiehl herunterfiel, musste irgendetwas machen. Was, das wurde erst kurzfristig entschieden. Sie schienen es so einzurichten, dass er ihr näherkommen konnte. Ja, einmal hatten sie es sogar geschafft, dass er ihr einen leichten Kuss geben musste. Nun war es endgültig um ihn geschehen und er hatte sich in sie alle verliebt. Und in dieses wunderbare Land, in die so weiblich klingende, weiche Sprache und die herrliche Zeit, in der er lebte, dazu.

Gegen Abend saß er gern mit seiner Mama auf der Terrasse des Hotels in der warmen Abendsonne, trank einen Campari Soda, der von so herrlich blutroter Farbe war und in diesen süßen kleinen Fläschchen serviert wurde, die nur dieses wunderbare, warme Land hervorbringen konnte. Er liebte den bittersüßen Geschmack und rauchte genüsslich seine Pfeife dazu. Er war siebzehn Jahre alt und das Leben war schön. Er war über beide Ohren verliebt, auch wenn er davon nichts wusste, denn es war ihm noch nie zuvor so passiert. Vergessen war die kalte graue, steinerne Welt auf der anderen Seite der weißen hohen Berge, die man weit entfernt nur noch erahnen konnte. Doch schien auch er, der aus dem Norden kam, ein gewisses Interesse bei der Weiblichkeit geweckt zu haben.

So wurde er liebevoll in die kleine Gruppe von Teenagern aufgenommen, die zum größten Teil aus dem nahegelegenen Padua kamen. Spät abends saßen sie dann alle in der Hotellobby, in der auch eine Musikbox stand und hörten die Schallplatten einer neuen, anderen Zeit, die nun endlich auch für ihn angebrochen war. „All you need is Love, Love, Love" war nun kein Text mehr aus einer fernen Welt, sondern die Blume in ihren Herzen, die nun, da sie etwas Wasser bekommen hatte, zügig zu wachsen begann.

Bevor sie in den Süden aufgebrochen waren, hatte er seiner Mutter die Einwilligung abtrotzen können, die Fabrik verlassen zu dürfen und ein Studium an einer Schule für Gebrauchsgraphik beginnen zu können. So hatte er auch einen kleinen Aquarellkasten und einen Malblock dabei.

Eines Nachmittags begaben sich beide auf eine Wanderung in das nicht sehr weit entfernte Chioggia, das auch unter dem Namen Klein-Venedig bekannt war. Er hatte seine Malsachen, eine kleine Flasche mit Wasser und einen Becher dabei.

Im Gegensatz zu dem nicht sehr weit entfernten Venedig gab es hier so gut wie keine Touristen und man konnte ungestört etwas an dem Leben der Fischer und der einfachen Menschen, die hier lebten, teilhaben. Er vernahm so manchen anerkennenden Ausruf und herausfordernden Pfiff, der seiner hübschen jungen Mutter galt. Sie begann dann leicht zu erröten und etwas rascher zu gehen, indem sie sich noch fester bei ihm einhakte.

Sie gingen an den nach salzigen Fischen und nach Dieselöl duftenden Kanälen vorbei, stiegen über Berge von gelben Fischernetzen und betrachteten die bunten Fischerboote, die dort still auf ihren nächtlichen Einsatz warteten. „Ist das nicht malerisch", hörte er sie neben sich sagen und er konnte ihr nur zustimmen. Doch wagte er nicht, sich zu den Fischern zu setzen und seine Malsachen auszupacken. Er war nicht gewohnt, dass man ihm bei so einer intimen Beschäftigung zusah und wollte sich lieber ein verstecketeres Plätzchen suchen. „Nun mach endlich!", rief sie ihm nach einiger Zeit ungeduldig zu, denn sie wollten danach Eis essen gehen.

Auf einer dieser venezianischen Brücken, die von einer engen Gasse in die andere führt und von der man einen guten Blick auf das morastige grüne Wasser des Kanals hatte, in der eine einsame Gondel müde vor sich hindümpelte, wollte er es endlich versuchen. Zum Glück war so gut wie niemand auf der Gasse und so setzte er sich auf das Brückensims und packte seine Malutensilien aus. Sorgsam legte er den kleinen Block vor sich hin, klappte den Aquarellkasten auf und füllte etwas Wasser in den kleinen Plastikbecher. Er hatte keine Ahnung, wie er es bewerkstelligen sollte, so viel gab es da zu sehen um es auf ein so kleines Stück Papier zu zaubern. Vor allem hatte er bisher nur in seinem stillen Kämmerlein etwas für sich gemalt. Doch war ja sein verstorbener Papa Kunstmaler gewesen und das steckte wohl irgendwie auch in ihm. Aber daran dachte er nicht, er spürte, dass er etwas, das er noch nicht so richtig kannte, zulassen musste und begann mit dem ersten Pinselstrich.

Kaum hatte er angefangen, spürte er, dass jemand, der gerade vorbeigehen wollte, stehengeblieben war, um ihm bei der Arbeit zuzusehen. Es blieb ihm nun nichts mehr anderes übrig, als mutig weiterzumachen. Langsam hörte er um sich herum ein immer anschwellenderes Gemurmel. Scheinbar hatten sich inzwischen einige Zuschauer eingefunden, um ihn, den jungen Mann mit dem hübschen Gesicht, zu beobachten. Langsam färbte sich das Wasser in dem kleinen Becher und wurde trüb. Sofort begann sich nun eine dieser wunderbaren rundlichen italienischen Mamas nach vorne zu ihm durchzudrängen, denn es war jetzt schon eine dichte kleine Gruppe geworden, die sich auf der kleinen Brücke um ihn herum versammelt hatte. Aufmerksam hatte sie gesehen, dass sein Malwasser trüb geworden war und bot mit einem freundlichen Lachen an, ihm frisches zu bringen, worauf sie schnell in einem nahen Hauseingang verschwand und kurz darauf mit frischem Wasser zurückkam.

Er bedankte sich höflich und setzte sein kleines Werk fort. Mit wenigen Strichen war ein bescheidenes kleines Kunstwerk entstanden. Als er seinen Pinsel aus der Hand legte, um sich etwas unsicher umzusehen, was da um ihn herum geschehen war, hob ein anerkennendes Raunen an und die versammelte kleine Gruppe begann fröhlich zu applaudieren und sogar ein paar „Maestro, Maestro"-Rufe waren zu vernehmen. Er fing an leicht zu erröten, hatte er doch nur etwas unsicher ein kleines Aquarell gemalt. Aber jetzt wusste er, was er werden wollte. Er wollte Künstler werden, wie sein Papa, und nie wieder würde er diesen Moment vergessen. Er war mit Mut, Liebe und Zuversicht beschenkt worden, in diesem wunderbaren warmen weichen Land, das ihm irgendwie weiblich vorkam. Sie hatten ihn in ihr Herz geschlossen, das merkte er nun deutlich.

Die alten Fischer am Strand, luden ihn ein, mit ihnen Boccia zu spielen. Wenn er eine Kugel gut warf, freuten sie sich und feuerten ihn mit anerkennenden Worten an. Er wurde abends an die Bar auf einen Sambuca, einen süßen Anisschnaps, eingeladen und die jungen Mädchen fingen an, ihn zu umschwärmen. Zum Glück wurde seine schöne Mama ebenfalls von einigen Männern hofiert, sodass er sich nicht immer um sie kümmern musste. Doch für ihn zählte nur noch sie, die Göttin, in ihrer jugendlichen weiblichen Schönheit, die extra für ihn aus der Kinoleinwand gestiegen war, damit er sie leibhaftig betrachten konnte.

Wenn sie in der Nähe war, roch das ganze Hotel nach ihr. Es war ein Geruch, den er nicht beschreiben konnte, doch den er sein ganzes Leben lang nicht vergessen würde. Es war kein Parfüm oder sonst irgendein Duft, den die meisten Frauen benutzten, um nicht nach sich selbst zu riechen. Nein, es war ihre wunderbare Sexualität, die das ganze Haus und alle Räume zu erfüllen schien. Wenn sie in der Nähe war, roch nur er, der so endlos ewig in sie verliebt war, diesen etwas bittersüßen Duft, der sowohl verlockend als auch etwas gefährlich duftete. Tauchte sie auf in der Runde von jungen Leuten, die sich jeden Abend um die Musikbox versammelte, waren sie alle auf einmal wie verwandelt. Als hätte man sie etwas angehoben, in eine andere, wunderbare, aber auch gefährlichere Welt, von der er bisher noch nichts gewusst hatte, doch die manchmal schon in seinen Träumen und geheimen Wünschen vorgekommen war. War das die Welt der Erwachsenen, die er nun betreten sollte? Zum Glück holte ihn seine Mama beständig wieder zurück. Bei ihr musste er den großen Mann nur spielen, denn er war ja immer noch ihr Kind.

So saßen sie manchmal draußen auf der Veranda, bei einem Cappuccino. Dann holte er seine Tabakspfeife heraus und begann, sie vorsichtig zu säubern so, wie er es von seinem Freund aus der großen Stadt im kalten Norden gelernt hatte. Über was sie dann redeten, hätte er nun gern wieder gewusst, aber es fiel ihm nicht mehr ein.

Noch war er hübsch und ordentlich angezogen, mit einer grauen Hose, einem weißen Hemd. War brav gekämmt und frisch gewaschen. Nur den an den Ohren aufkeimenden Bart hatte er etwas mit einem dunklen Stift nachgezogen, denn er wollte unbedingt etwas älter erscheinen, als er war. Ach, hätte er doch schon etwas mehr Erfahrung mit dem anderen Geschlecht gehabt! Und ohne es zu wissen, vermisste er nun seinen Vater sehr. Wenn sie abends alle in der Lobby in den weichen Ledersesseln saßen, um die angesagte Musik von den Rolling Stones und Adriano Celentano zu hören, dessen coole raue Stimme sie alle in den Bann zog, fing sie an, im Geheimen mit ihm zu spielen.

Immer wurde ihr Zimmerschlüssel zum Spielobjekt. Mal verschwand er irgendwo, bis er auf einmal wieder in ihrer oder in der Hand ihres Bruders auftauchte. Überhaupt schien er sie nie ganz aus den Augen zu lassen und sie beständig zu bewachen. Vielleicht wollte sie ihm signalisieren, mit auf ihr Zimmer, das sie gemeinsam mit ihrem Bruder bewohnte, zu kommen. Was der aber auf keinen Fall zulassen sollte. Vielleicht hatte er den Auftrag von ihren Eltern bekommen, sie nicht aus den Augen zu lassen. Die erotische Spannung, die zwischen ihnen entstanden war, war nicht mehr zu übersehen. Doch war für ihn, den viel Jüngeren, alles noch ein seltsames Spiel, von dem er noch so gut wie keine Ahnung hatte, das er aber durchaus gewillt war zu erlernen. Dass er einfach zu dumm und zu schüchtern war, um das Richtige zu tun, ärgerte ihn sehr. Er musste erwachsen werden – und zwar schnell.

Doch in Wirklichkeit wachte er jeden Morgen in dem großen Doppelbett ihres Hotelzimmers auf, neben seiner jungen Mutter und mit etwas äußerst Hartem zwischen seinen Beinen. Nach wie vor konnte er sich der fordernden Energie dort unten nur auf dem Klo entledigen, denn das konnte er nicht mit seiner Mutter teilen, das wusste er auch. Das Klo duftete so stark nach ihr, denn sie wohnte ja nur ein Zimmer weiter auf dem gleichen Stockwerk. Allein an sie zu denken, ließ einen Schwall des glitschigen Nass, das so seltsam nach Pilzen und Walderde roch, aus seinem harten, steifen Glied herausschießen.

Wie in einem alten Märchen konnten sie nicht zusammenkommen, obwohl er es sich so sehr wünschte. Vielleicht hatte sie aber auch einen Freund oder Verlobten, der nur nicht hier sein konnte, denn so aufregend schön, wie sie war, konnte sie an jedem Finger zehn Freunde haben. Aber hieß das auch, dass man sie liebte? Vielleicht war ihr ja seine erbarmungslose Liebe ebenso neu wie ihm ihre erbarmungslose erotische Ausstrahlung. Waren sie vielleicht beide noch „Jungfrauen" auf diesem Gebiet? Nur jeder auf seine Weise? Sie war keine anbetungswürdige Madonna, aber auch kein verdorbenes „Flittchen", wie sexuell interessierte junge Frauen gern von ihren Müttern denunziert wurden. Sie war die erste wirkliche Frau und so großartig stark in ihrer Weiblichkeit, wie er es über lange, lange Zeit nicht mehr erleben würde. Aber davon wusste er zum Glück noch nichts. Doch würde sie ihm die Kraft geben, die er nun brauchte, um die endlosen steinigen Wüsten zu durchqueren, die das Leben bereithatte, das noch vor ihm lag.

Ihre Tage waren gezählt, denn sie sollte bald abreisen. Denn als er mit seiner Mama ankam, da hatte sie den größten Teil ihrer Ferien schon hinter sich. So ergab sich auch für sie beide ein letzter Tag. Er war gerade mit seiner Mutter im Hotelzimmer, um sich für den Strand fertig zu machen, als es leise an der Tür klopfte. Seine Mutter rief etwas sehr forsch: „Herein!", und als sich die Tür öffnete, betrat vorsichtig ihr Bruder das Zimmer und begrüßte sie mit einen fröhlichen „Buon giorno!" Er solle doch nach nebenan kommen, seine Schwester möchte sich von ihm verabschieden. Er erschrak und sagte etwas wie: „Ich komme gleich", zu seiner Mama, die ihm einen vorwurfsvollen Blick hinterherwarf. Leicht eingeschüchtert betrat er das benachbarte Zimmer, während ihr Bruder geschwind davoneilte.

Sie lag leicht bekleidet in ihrem Bett, das etwas zerwühlt aussah und lachte ihn froh an, er möge sich doch an ihren Bettrand setzen, denn sie würden in ein paar Stunden abreisen. Sie sprach in ihrem weichen, runden Englisch, in dem sie sich alle meistens unterhalten hatten. Alle Wünsche und Sehnsüchte durchfluteten in diesem Augenblick seine Seele. Was sollte er tun? Sie küssen?

Sich zu ihr legen? Was tat man in so einer Situation? Kaum dass er ein Wort herausbrachte. Sie merkte wohl, dass er noch tief in seinem Inneren ein kleiner Junge war und nahm seine Hand. Eine riesige Flut von Wärme wie das salzige weite Meer, in dem er täglich immer weiter hinausgeschwommen war, um seinen Mut und seine Ausdauer zu testen, durchflutete sein innerstes Sein. Sie richtete sich in ihrem Bett auf und gab ihm einen Kuss. Dann tauschten sie noch ihre Adressen aus und er verabschiedete sich. Sie wirkte etwas enttäuscht. Hatte er etwas falsch gemacht? Ach, hätte er doch einen Vater gehabt, der ihm gesagt hätte, was man tun sollte in so einer Situation.

So gern wäre er wie einer dieser Filmstars gewesen, der sie in die Arme genommen hätte, um sie stundenlang zu küssen. So blieb ihr kleines Treffen immer ihr gemeinsames Geheimnis. Vielleicht hatte er es auch nicht getan, weil Mama, die nebenan mit versteinertem Gesicht auf ihn wartete, ihn so gewarnt hatte. „Pass bloß auf, sonst zahlst du dein Leben lang!" Doch war er mächtig stolz, darauf, dass sie, diese wunderbare Göttin, ihn empfangen hatte und vielleicht war es auch genau dies, was zu gewähren sie bereit gewesen war. Als sich am späten Nachmittag alle ihre Freunde und auch er sich versammelt hatten, um ihnen, die in den Reisebus gestiegen waren, noch einmal zuzuwinken, fühlte er keine Trauer. Denn sie hatte ihn verwandelt und zu einem anderen gemacht. Einen, der zu sein, er sich nun anschickte. Und eines wusste er: Seine Mutter würde dann nicht mehr dabei sein. Doch ihre Warnung würde für immer wie ein Stachel in seinem Herzen bleiben.

Die Liebe, die Rosaria in ihm geweckt hatte, blieb. „All you need is Love, Love is all you need", war jetzt das Motto der neuen Zeit, die nun auch für ihn angebrochen war.

Als er am nächsten Tag, wie jeden Tag, mit seiner Mutter zum Strand ging, da sah er sie auf einer der Sanddünen, die den endlosen Strand säumten, in einem knappen Bikini stehen. Sie war so ganz anders. Sie war bestimmt ein Jahr jünger als er und von schlanker, zarter Gestalt. Sie hatte ein lustiges Gesicht und wuscheliges krauses Haar. Ihre braunen Augen funkelten ihn fröhlich an und er, der sich jetzt nicht mehr so unterlegen vorkam, hatte nun Mut genug, sie anzusprechen. Sie hieß Kitty und er war froh, dass es sie nun gab. Sie passte gut zu ihm und es war wunderschön, sie an die Hand zu nehmen und den leeren Strand entlangzugehen. Die sanften Wellen der grünen Adria umspülten ihre nackten Zehen und sie fingen an, nach Muscheln zu suchen, die es in dieser Zeit noch in Mengen gab. Mit ihr zu gehen, tat gut. Denn sie waren sich in ihrer Schüchternheit sehr ähnlich. Jetzt war er sogar der Erfahrenere, der das Steuer in der Hand hielt. Auch wenn nicht allzu viel zwischen ihnen geschah, so wurden sie doch enge Freunde, tauschten bald ihre Adressen aus und sie würden sich noch über eine längere Zeit kleine Liebesbriefe schreiben. Diesmal war wohl sie mehr in ihn verliebt, als er in sie. Das Pendel war in die andere Richtung ausgeschlagen und schien sich langsam einzupendeln.

Auch ihre Eltern und seine Mutter schienen mit dieser Verbindung einverstanden zu sein und sie wurden allgemein mit Wohlwollen betrachtet. Doch raunte man schon heimlich hinter seinem Rücken, er wäre ein „Casanova". Benannt nach einem berühmten Frauenhelden, der wohl einige Frauen in seinem Leben glücklich gemacht hatte. Doch eigentlich war er nur nach einem ewig kalten Winter zum ersten Mal etwas aufgetaut. Und froh und glücklich, unter jungen Menschen zu sein. Ja, er liebte sie jetzt alle gleichermaßen und sie hatten damit begonnen, auch ihn zu lieben.

Langsam neigten sich auch diese Ferien, die so anders waren, ihrem Ende entgegen. In den Strandbars, die es weiter unten, in Richtung des kleinen Badeortes gab, spielten abends kleine Bands die neue angesagte Beatmusik. Er hatte das Gefühl, dass es alle darauf abgesehen hatten, sich zu verlieben, ob jung oder alt. Selbst die vielen kleinen Kinder, die hier auch noch spät abends auf den Straßen waren und noch oft bis nach Mitternacht herumtollten, oder wenn sie dazu noch zu klein waren, einfach auf den Schultern ihrer Papas einschliefen, hatten ein fröhliches Funkeln in ihren Augen.

Wie anders doch die Menschen hier waren, als in dem graugrünen Land, aus dem er gekommen war. Dort verschwanden alle hinter eiskalten grauen Fassaden, die so grau wirkten wie die Gesichter ihrer Bewohner. Das Nachtleben, wenn es eines gab, fand fast ausschließlich in dunklen Gasthäusern statt, wo einsame Männer dumpf vor ihren Biergläsern saßen, um schmutzige Witze über die nicht anwesenden Frauen zu machen. Nein, so wollte er nicht werden. Er wollte diese wunderschöne weiche Sprache lernen und vielleicht später hierherziehen. Nach Turin oder Padua, von wo sie alle her waren, die ihn in ihr Herz geschlossen hatten, und Kitty heiraten, und viele lustige kleine „Bambini" in die Welt setzen.

Als auch Kitty wieder nach einer Woche nach Hause fahren musste und auch ihm nur noch einige wenige Tage blieben, lernte er noch ein deutsches Mädchen kennen. Sie war nicht sonderlich hübsch, aber es tat gut, sich wieder in seiner Sprache unterhalten zu können. Der Traum ging langsam zu Ende und die Wirklichkeit hatte ihn wieder fest im Griff. Seltsamerweise fühlte er sich in ihrer Nähe sehr wohl und so etwas wie Heimatliebe machte sich bemerkbar. Eine Zeitlang klapperten sie abends die Strandbars ab und gingen tanzen. War vielleicht auf der anderen Seite der riesigen Steinmauer, der Alpen, doch auch Leben möglich? Wenn es so wie mit ihr war, konnte es doch durchaus auch interessant werden, dachte er.

Spätestens jetzt war er bei den Einheimischen endgültig als „Casanova" verschrien, was ihm allerdings auch einige anerkennende Blicke der Männer und ein Lachen der Frauen einbrachte. Auch seine Mama war von einigen Männern hofiert worden, die sie allerdings erfolgreich abschütteln konnte. Doch als sie am Tag der Abreise in ihren Reisebus stiegen, um die Heimreise anzutreten, hatten sich alle versammelt, um sich zu verabschieden und ihnen zuzuwinken. Auch ein paar Tränen, die aber schnell weggewischt wurden, konnte er ausmachen. Beide wussten jetzt, dass es ihr letzter gemeinsamer Urlaub gewesen war und auch ihr schönster, wie sie sich auch noch viele Jahre später immer wieder versicherten.

Er war jetzt stolze siebzehn und immer noch Jungfrau. Hatte er etwas verpasst? Er wusste es nicht, denn er hatte die Liebe gefunden, und er wusste nun, dass er Künstler werden sollte, wie sein verstorbener Papa, von dem nur die Bilder, die er gemalt hatte, geblieben waren. Er hatte mithilfe seines älteren Freundes eine Mappe mit Bildern und Zeichnungen zusammengestellt. Auch das kleine Aquarell aus der Fischerstadt am warmen Meer war dabei. Damit hatte er sich bei einer Grafikerschule beworben und war herzlich von den jungen Dozenten aufgenommen worden.

Seine Zeit in der lauten grauen Fabrik ging langsam zu Ende. Er ging nicht mehr einsam und zusammengesunken die schmutzigen Straßen der großen Stadt entlang. Auch der manchmal aufkeimende Wunsch, sein junges Leben vorzeitig zu beenden, war einem hoffnungsvollen Stolz gewichen. Nein, es war noch nicht zu Ende. Hinter all den grauen Fassaden gab es noch etwas, das zu entdecken sich lohnte. Sie, die wunderbare Göttin des Südens, hatte ihn mit neuem Leben und neuer Hoffnung erfüllt. Er war mutiger geworden und als er sich an einer der riesigen Maschinen in der lauten Fabrikhalle wiederfand, fiel es ihm nun nicht mehr so schwer. Er tänzelte beschwingt um die riesige Drehbank herum und musste ständig lachen.

Sein pfiffiger Freund aus der großen Stadt hatte ihm gezeigt, wie man kurz vor Arbeitsschluss, wenn der Meister sich schon verzogen hatte, aus einem runden Messingstab ein paar Scheiben in der Größe von D-Mark-Stücken abstechen konnte, um sie dann in den damals noch einfachen Zigarettenautomaten in wertvolle Rauchwaren zu verwandeln. Es tat so gut, etwas Verbotenes zu tun, denn damit konnte man so gut all die anderen „normalen" Menschen zurücklassen. Ja, es begann ein etwas gefährlicheres, unbekanntes Leben. Das Leben war nicht mehr der Traum eines Hollywoodfilms. Nein, sie hatte ihm gezeigt, dass er selbst in diesem Film war. Es war Wirklichkeit geworden. Auch wenn noch viele Hürden zu nehmen waren, so hatte er diese erste genommen und die Bahn lag jetzt vor ihm. Sie war nicht mehr zu verfehlen. War es die sogenannte „schiefe" Bahn, vor der seine Mutter und die anderen Erwachsenen ihn immer gewarnt hatten? Aber hatten nicht sie, die der „richtigen" gefolgt waren, ein verbranntes Land und Berge von Leichen hinterlassen? Ihnen konnte man auf keinen Fall mehr vertrauen. Nein, es blieb ihm nichts anderes übrig, als sich einen eigenen Weg aus diesem Theater, Leben genannt, zu suchen.

Ein Verbündeter war der junge Mann aus der Fabrik geworden, der selbst gern Künstler geworden wäre, und der jetzt Vorarbeiter in der nach Chemikalien stinkenden Fabrik geworden war. Er war, wie er ihm eines Tages eröffnete, bisexuell und hatte sich scheinbar in ihn verliebt. Zwar wusste er nicht so recht, was bisexuell war, doch war es wohl so, dass seine Liebe zu ihm auch seine Sexualität miteinschloss. Er lud ihn gern nach der Arbeit zu sich ein und brachte ihm ein anderes Deutschland näher. Eines, von dem er bisher noch nichts gewusst hatte. Er hatte Platten von Joan Baez und Mahalia Jackson, die von einem anderen Amerika erzählten und ihm ohne Umwege direkt in sein Herz drangen. Sie rauchten ununterbrochen die extrem starken „Roth-Händle"-Zigaretten ohne Filter und er machte sich mit einem etwas zynischen Lächeln über die „kastrierten" Filterzigaretten lustig. Er besaß Unmengen von guten Büchern und Gedichten von Sartre und Camus und den angesagten Existenzialisten aus dem viel spannenderen und erotischeren Frankreich. Mit ihm lernte er die Theater der Stadt und die vielen Weinlokale kennen, die doch irgendwie anders waren als die Bierkneipen der Arbeiter. Er lernte, etwas gepflegt und intellektuell zu sein. Wie wenig er doch von der Welt wusste.

Er war für ihn wohl etwas wie ein Ersatzvater, der allerdings stets auch darum bemüht war, ihn ins Bett zu kriegen. Doch wie ein noch jungfräuliches Mädchen war er bemüht, das nicht zuzulassen. Mit seiner Hilfe fand er ein kleines, einfaches Zimmer bei einer älteren Dame, die zwei Zimmer ihrer stattlichen Wohnung an Arbeiter der großen Fabrik vermietete. Auch malten und zeichneten sie manchmal zusammen, und er konnte ihm verschiedene Mal- und Drucktechniken zeigen.

Nie war es langweilig und er genoss die künstlerische erotische Spannung, die zwischen ihnen lag, ohne sie ganz zuzulassen. Doch gab es auch Tage, an denen er nicht erwünscht war. Denn er hatte auch eine weibliche Geliebte, die über die Freundschaft zu ihm nicht sonderlich begeistert war. Nur einmal trafen sie beide zusammen bei ihm ein. Hatte er das arrangiert? Es schien so, denn er wollte unbedingt, dass beide bei ihm übernachteten. Während er mit ihr auf seiner Klappcouch zugange war und sein Stöhnen ihn am Einschlafen hinderte, weil er daneben auf dem Boden lag, überkam ihn eine so starke sexuelle Erregung, wie er sie bisher noch nicht gekannt hatte. War es ihre oder seine sexuelle Kraft, die ihn so erschütterte? Er wusste es nicht und es war ihm auch vollkommen egal. Denn sie kamen alle drei in einem unbändigen, kosmischen Augenblick.

Beide waren fast zehn Jahre älter als er – was eine lange Zeit in diesem Alter ist – und er begann, sich nach Gleichaltrigen zu sehnen. Auch wenn sie auch noch jung waren, so waren sie für ihn doch schon recht alt und aus einer anderen Zeit. Er hatte ihn auf einer dieser Demonstrationen gegen den Vietnamkrieg mitgenommen und da sah er sie zum ersten Mal, die wilden jungen Leute der neuen Zeit. Mit langen Haaren und wildem Blick und mit den jungen Frauen, die ihnen in nichts nachstanden. Ja, da musste er hin. So wie die wollte er sein. So voll von Zorn und Wut auf diese verlogene, nach Mord und Verrat stinkende Gesellschaft.

Doch schreckte er auch etwas vor den Knüppeln und Wasserwerfern der sogenannten Ordnungskräfte zurück. Er wollte doch nur malen und ein Künstler werden. War dies der Weg? Es schien so. Denn wenn man die ausgetretenen Pfade der Gewohnheit verlassen möchte, konnte es schnell sein, dass man im dichten Dschungel der Freiheit einigen Tigern und Schlangen begegnen konnte. Doch schienen auch die interessanten „Jungfrauen", die es zu retten galt, ihren Aufenthalt dort zu haben. Etwas Neues wollte sich Bahn brechen und der Zorn war wohl die treibende Kraft, die dies ermöglichen sollte.

Im weit entfernten China zettelte gerade der große Vorsitzende Mao die Kulturrevolution an und schickte die jungen Leute los, ordentlich mit den alten verkrusteten Strukturen aufzuräumen. Aber wie bei Teenagern so üblich, kannten sie in ihrem Rausch, nun Macht zu haben, bald keine Grenzen. Doch der Wunsch, endlich das Alte, das ja augenscheinlich nicht so ganz funktioniert hatte, hinauszutreiben, um etwas Neuem, Frischem und Jungem mehr Raum zu verschaffen, fing auch bei der Jugend des „freien" Westens etwas an, sich Zugang zu verschaffen. Zumindest fing es mächtig zu rumoren an und die kleine rote Mao-Bibel war auch hier an den Universitäten und den gerade im Entstehen begriffenen WGs zu finden. Auch sein bisexueller Freund hatte eine angebracht, die sie gemeinsam bei einem Glas Rotwein studierten. Viel verstand er nicht von den politischen philosophischen Gedanken, doch war es durchaus chic, das rote Büchlein dabeizuhaben.

Jetzt war auch er „links", obwohl er nicht so recht wusste, was das eigentlich sein sollte. Es schien auch etwas mit der sogenannten Arbeiterklasse zu tun zu haben, die ausgebeutet und unterdrückt wurde. Das Gefühl konnte er zwar durchaus verstehen, stand er ja selbst noch vor Kurzem am Fließband, sehnsüchtig auf die Uhr starrend, wann diese Folter endlich ein Ende haben würde. Doch bei den Arbeitern, mit denen er dann in der Kantine saß, konnte er keine revolutionären Gedanken feststellen. Sie interessierten sich für die wöchentlichen Fußball-Ergebnisse und die in den Zeitungen abgebildeten nackten Mädchen weit mehr, was er durchaus verstehen konnte.

Die revolutionären Gedanken in seinem Land hatten wohl mehr die Jugendlichen, die aus dem halbgebildeten, braven Bürgertum kamen und die noch einem Ideal des besseren Menschen folgen wollten. Jedenfalls begann es ordentlich in der Kiste zu rumoren. Die Haare der jungen Männer wurden länger und die Röcke der jungen Frauen fast täglich etwas kürzer. Eine Bewegung, die von vielen männlichen Wesen, vor allem den jüngeren, durchaus mit Wohlwollen betrachtet wurde. Nur die Väter und einige der sich noch getarnt gebenden „Nazis" fingen an, sich furchtbar aufzuregen. Die ersten Rufe nach den alten Arbeitslagern und KZs war wieder vereinzelt zu hören. Auch das schlimme Wort vom „Vergasen" war wieder zu vernehmen, was fast nicht zu verstehen war. Denn war doch der Österreicher, dem sie noch vor Kurzem zugejubelt hatten, selbst ein verkrachter Künstler ohne richtige Ausbildung, der gern bis in den späten Nachmittag im Bett lag, etwas mit einer wesentlich jüngeren Frau hatte und mit der er in wilder Ehe zusammenlebte.

Wie seltsam doch dieses Volk war, das sich jetzt wieder anschickte, die eigenen Kinder nach „drüben" zu verbannen. Denn dort, im bösen „Drüben", dem finsteren Teil seines geteilten Landes hinter dem Eisernen Vorhang, saßen die gequälten Brüder und Schwestern, denen man mit Paketen voll von Bohnenkaffee und Nylonstrümpfen aus der Patsche helfen musste. In was für einem schizophrenen Land er sich befand, konnte er bisher nur erahnen. Er beschloss nun, sich die Haare wachsen zu lassen und nicht mehr zu kämmen.

Die geliebten Freunde aus dem gelobten Land der großen Freiheit und der Micky Maus hatten wieder eine ihrer todbringenden Wasserstoffbomben verloren. Diesmal am Polarkreis, was ja nicht weiter schlimm war. Denn dort wohnte ja keiner, außer ein paar Eisbären. Auch wenn das Eis jetzt für ein paar Millionen Jahre verseucht war, schien das niemanden sonderlich zu bekümmern. Denn daran, dass es einmal auftauen könnte, dachte damals noch niemand. Außerdem hatte man ja schon ein ganzes Südseeatoll verstrahlt und zwei japanische Städte ausradiert. So konnte ja alles nicht so schlimm sein. Außerdem musste man es ja tun, da die Bösen auf der anderen Seite es ja auch taten. Wie du mir, so ich dir, schien das Motto sowohl der Christen als auch der Sozialisten zu sein. Er versuchte sich daran zu erinnern, ob er in der Schule nicht etwas anderes gelernt hatte. Doch fiel es ihm nicht mehr ein.

Er war froh, den blauen Mantel aus seiner Zeit als Arbeiter bald an den Nagel hängen zu können und freute sich schon wahnsinnig auf die Grafikerschule, die in einem alten Jugendstilhaus mit einer wunderschönen Fassade in der Nähe des Bahnhofs untergebracht war. Endlich, endlich schien sich ein Tor zu öffnen, er würde stolz und frei hindurchschreiten und dem leuchtenden Ziel, ein Künstler zu werden, ein Stück näherkommen. Schon bei dem Gedanken daran weitete sich die Brust, der Kopf wurde klar und seine Schritte wieder leicht und froh.

Er wollte die traurige Einsamkeit, in der er versunken war, die tristen Straßen des Arbeiterviertels, in dem das Lehrlingsheim lag, das er verlassen hatte, endgültig hinter sich lassen. Das war nicht seine Welt. Seine Welt war das strahlende Licht der Freiheit, in der er auch *sie* wieder treffen wollte, die zu vermissen, er sich nun anschickte. Ja, wo war sie? Und würde er sie finden, in diesem unüberschaubaren Meer aus grauen Steinen? Er wusste es nicht, aber etwas neues Unbekanntes hatte ihn ergriffen, dem er jetzt folgen musste, und er tat es gern.

Endlich war der so herbeigesehnte Tag, an dem die neue Schule beginnen sollte, gekommen. Er hatte sich in einen schicken Mantel geworfen, den seine Tante aus dem gewendeten Stoff eines noch von seinem Papa stammenden Mantels genäht hatte. Er schlang den langen weißen Wollschal, den seine Mama für ihn gestrickt hatte, um seinen Hals und zerzauste seine etwas länger gewordenen Haare, um nicht zu spießig zu erscheinen. So machte er sich auf den Weg.

Als er das alte Haus betrat und die knarzenden Holztreppen in den zweiten Stock nach oben stieg, begann sein Herz mächtig zu pochen. Was würde geschehen, wen würde er treffen und wie würden sie ihn aufnehmen? So viele Fragen. Vorsichtig öffnete er die große alte Eingangstür und spähte vorsichtig hinein. Es schien niemand da zu sein. Statt des Lärms einer Schule, den er erwartet hatte, verbreitete sich eine gähnende Stille. Langsam betrat er den weitläufigen Gang, an dessen Seiten sich große Räume befanden, die aber alle offensichtlich leer waren. Überall standen leere Wein- und Bierflaschen auf dem Boden. Langsam schritt er den Gang entlang, als er aus einem Raum am Ende ein paar Stimmen vernahm. Einige junge Leute, die allerdings einige Jahre älter waren als er, waren damit beschäftigt, ein Transparent zu malen, das sie wohl bei einer der nächsten Demos verwenden wollten.

Als er eintrat, sahen sie ihn etwas verwundert an und eine Studentin fragte ihn, was er denn suche. Er fragte, wo denn das erste Semester wäre, denn es würde doch heute die Schule anfangen. Sie begannen leicht zu lachen. Er sei wohl etwas zu spät dran, denn es hätte schon vor einer Stunde angefangen und sie wären alle schon beim Materialeinkauf in einem in der Nähe liegenden Künstlerbedarf. Schnell ließ er sich erklären, wo dieses Geschäft wohl wäre, und rannte los. Aus irgendeinem Grund hatte er sich um eine Stunde vertan. Das konnte auch nur ihm passieren, dachte er.

Als er das Geschäft kurze Zeit später außer Atem betrat, sah er sofort ein kleines Grüppchen junger Leute, die etwa in seinem Alter waren, um die Regale stehen, betreut von einer älteren Dame, die ihn verwundert anblickte. Er entschuldigte sich für seine Verspätung. Der Zug wäre nicht rechtzeitig angekommen und er hätte die Schule nicht gleich gefunden. Zwei der neuen Mitschüler lachten ihn freundlich an und er merkte sofort, dass sie es durchaus als sehr mutig fanden, gleich am ersten Tag eine Stunde zu spät zu kommen.

Sie war ein blondes Mädchen mit glattem Haar und frohen blaugrünen Augen, das er sofort total gern hatte. Und er war ein junger Mann mit braunen, halblangen glatten Haaren und einer randlosen Nickelbrille, die seinem etwas schelmischen Gesicht einen etwas ernsthaften Anstrich verlieh. Auch die beiden hatten ihn wohl gleich in ihr Herz geschlossen und hielten ihn für etwas frecher, als er in Wirklichkeit war.

Nun wusste er, er war hier am richtigen Platz, egal was sonst noch geschehen würde. Die beiden hießen Stella und Harry, dann gab es noch einen etwas Kleineren, den sie Müsli nannten, und irgendwie sah er auch so aus mit seinem blonden Lockenschopf. Er schien enormen Erfolg bei den jungen Frauen zu haben und war mit fünfzehn schon Papa geworden, was allerdings sein Vater irgendwie regeln musste. Wahrscheinlich mit einer erheblichen Zahlung an die Eltern des beteiligten Mädchens. Jedenfalls trug das dazu bei, dass man ihn mit gewissem Respekt behandelte. Auch Harry, der etwas größer als er war und eine makellose Figur vorweisen konnte, war durchaus ein Typ, den die Frauen attraktiv fanden. Beide hatten auch Schwestern und „normale" Väter. Auch die anderen Mitschüler waren durchaus nett und er war so froh, endlich unter Seinesgleichen zu sein. Jetzt musste er sich nicht mehr verstellen, denn sie waren sich in ihrem Anderssein durchaus sehr ähnlich.

Langsam begann sich auch die eigenartige Leere der Klassenräume aufzuklären. Die zwei netten, freundlichen jungen Lehrer, die seine Mappe und seine Bewerbung entgegengenommen hatten, waren in eine neue Schule, die sie selbst gegründet hatten, umgezogen. Bei dieser Gelegenheit hatten sie gleich alle verfügbaren Schüler mitgenommen, sodass nur noch das erste und das letzte Semester übriggeblieben war. So war die gute Lady, die Frau eines bekannten Kunstmalers, der schon verstorben war, in eine unangenehme Zwangslage gekommen. Sie musste nun einerseits den Schulbetrieb mit so gut wie keinen Einnahmen aufrechterhalten und hatte auch noch ihre besten Lehrer verloren.

Auch seine kleine Klasse, die in etwa aus sieben Leuten bestand, war über die neu entstandene Lage ziemlich enttäuscht. Sie waren alle äußerst jung und hoch motiviert, aber hatten nun das Gefühl, in etwas Altes, nicht mehr Lebensfähiges hineingeraten zu sein, während im angesagten Künstlerviertel der Stadt bereits die Zukunft am Wachsen war. Aber wie bei jungen Menschen so üblich, trugen sie es mit Humor und begannen damit, sich über alles lustig zu machen. Sie waren durchaus froh, endlich den zwanghaften Normen der normalen Schulen entronnen zu sein. Nur Harry, der zuvor eine private Zauberschule besucht hatte, empfand alles als durchaus normal.

Jedenfalls hatten sie sich beide sofort in Stella verliebt und waren stets darauf bedacht, in ihrer Nähe zu sein. Stella war eine äußerst coole, gescheite junge Frau aus guten Verhältnissen. Ihr Vater, ein Bankdirektor, und sie wohnten in einer großen alten Villa, in einer nicht sehr weit entfernten kleineren Stadt. Doch was ihn fast am meisten beeindruckte, war, dass sie sich kleine dünne Zigaretten selbst drehte. Außerdem war sie wohl schon öfter mit ihren Eltern in Frankreich gewesen, konnte etwas Französisch sprechen und hatte manchmal eine kleine blaue Packung Gauloises ohne Filter dabei. Der kleine Müsli war hauptsächlich damit beschäftigt, ein Mädchen zum Bumsen zu finden, was ihm äußerst leicht zu fallen schien.

Er war ein wenig enttäuscht, denn er hatte eigentlich vorgehabt, etwas zu lernen. Die erste Aufgabe, die sie gestellt bekamen war, „Apfel, Banane, Breze" zu malen, was schon wieder einige Lacher bei ihnen auslöste. Aber so leicht war das gar nicht und es stellte sich heraus, dass er gar nicht so schlecht war. Schließlich kam er auch nicht direkt von der Schule, sondern aus der Fabrik. War das vielleicht ein Vorteil? Jedenfalls hatte er zu arbeiten gelernt und musste sich erst langsam an die leichte, ungezwungene Art einer Kunstschule gewöhnen.

Aber wie soll man unterrichten, wenn einem die Lehrer ausgegangen sind? Doch erschien am nächsten Tag ein langer, sehr hagerer Mann um die dreißig mit sehr dünnen, knochigen Fingern. Er schien seit Tagen nichts oder nur sehr wenig gegessen zu haben. Als er das Klassenzimmer betrat, erfasste sie plötzlich ein leichtes Frösteln. Die etwas teenagerhafte kichernde Stimmung war verflogen, als hätte etwas den Raum verlassen. Er hatte etwas von einem ausgehungerten Raben im Winter und passte irgendwie gut zu der altertümlichen Schule, deren Zeichen ein schwarzer Rabe war.

Er war der Lehrer für Typographie und alle merkten sofort, dass es jetzt ernst wurde. Sie mussten immer wieder und wieder eine Schrift namens Antiqua mit einem Schriftpinsel, der sehr lange Haare hatte und unten gerade abgeschnitten war, mit schwarzer Tusche auf ein großes Blatt Papier auftragen. Es hatte etwas von alter asiatischer Schriftkunst und stammte wohl noch aus der altgriechischen oder altrömischen Epoche. Er war von Beruf Schriftenmaler und hatte, wie er versicherte, die Beschriftung im nahe gelegenen Hofgarten der alten Residenz gestaltet. Es waren Texte alter griechischer Philosophen wie Homer und Sokrates, die dort die Wände unter Bildern eines bekannten Malers schmückten.

Ganz ernst saßen sie nun da, das weiße Papier und die schwarze Tusche vor sich und bemühten sich, die ihnen gestellte Aufgabe sorgfältig auszuführen. Es war durchaus spannend festzustellen, wie der Pinsel durch eine leichte Drehung einen schönen runden Bauch erzeugen konnte, während er, etwas schräg gestellt, eine dünne schwarze Linie erzeugte. Damit die etwa vier bis fünf Zentimeter großen Buchstaben auch sicher stehen konnten, hatten sie alle unten einen kleinen abgerundeten Sockel, der etwas Ähnlichkeit mit einer alten griechischen Säule hatte.

In all dem Trubel der so neu auf ihn einströmenden Ereignisse verlieh ihm diese Übung eine gewisse Sicherheit. Auch konnte man mit etwas Disziplin durchaus schnell ein paar gute Ergebnisse erzielen. Jetzt merkte er deutlich, auch wenn er sich keine großen Gedanken darüber machte, den Vorteil, den die oft wochenlange Arbeit am Fließband in der großen Fabrik für ihn hatte. Denn im Gegensatz zu seinen etwas flatterhaften Mitschülern war er an harte, geregelte Arbeit gewohnt. Vor allem Harry, der Schüler der Zauberschule, hatte bald keinen Bock mehr auf die immer gleiche, sich ständig wiederholende Arbeit, die ja so gesehen mit Kunst nicht so viel zu tun hatte.

Da sie alle wenig Geld hatten, verzogen sie sich oft in der Mittagspause in ein in der Nähe liegendes Weinlokal. Dort konnte man – das hatte ihm sein bisexueller Freund verraten – den auf dem Tisch stehenden Brotkorb leer essen, wenn man den billigsten sauren Wein bestellte. Wenn man die Brotscheiben mit dem ebenfalls frei verfügbaren Senf bestrich, hatte man eine kleine Mahlzeit, die einem wieder etwas auf die Beine half.

Endlich kam etwas Schwung in den Schulalltag, als die erste Stunde in Aktzeichnen angekündigt wurde. Alle, vor allem die männlichen Schüler, begannen, fast euphorisch zu werden. Die Träume von schönen nackten Brüsten und mehr ließen doch wieder etwas an die Kunst glauben. So versammelten sie sich eines Tages in einem etwas größeren Raum, in dessen Vorderfront eine etwa einen Meter hohe Bühne errichtet war. Sie hatten alle ihre großen Zeichenblöcke und weichen Bleistifte dabei und warteten auf das große Ereignis.

Die Direktorin kündigte das in der Stadt sehr bekannte Model an, als sich ein Vorhang teilte und eine nackte Frau, die wohl schon die Siebzig überschritten hatte, lächelnd in den bereit gestellten Stuhl niederließ. Die Enttäuschung bei den männlichen jungen Schülern war nicht zu übersehen, während bei den jungen Frauen eine gewisse Erleichterung zu bemerken war. Harry konnte sich die Bemerkung nicht verkneifen, dass man ihr nur noch die vor Kurzem gemalte Banane zwischen ihre Beine stecken sollte. Wie ungerecht junge Leute sich gegenüber dem Alter doch benehmen. War sie doch in ihren jungen Jahren das perfekte Modell für einen der schönsten Brunnen der Stadt gewesen, auf dem sie nackt, als Europa auf einen wilden Stier reitet. Irgendwie war es aber ganz gut so, wie es war. So kamen keine sexuellen Gefühle auf und sie konnten sich auf die Arbeit konzentrieren, was schwer genug war.

Auch seine Besuche bei seinem älteren Freund wurden jetzt weniger. Doch als er eines Tages seine kleine Wohnung betrat, hatte er eine Wand in fröhlichen Farben, von Orange und in hellen Brauntönen mit lauter steifen männlichen Gliedern bemalt, unter denen lustig jeweils zwei Kugeln baumelten. Er freute sich wie ein kleines Kind über sein gelungenes Kunstwerk und er wusste nicht so recht, was er davon halten sollte. Sie hatten noch ein gemeinsames Projekt ins Auge gefasst, eine Kunstzeitung herauszugeben. Fleißig schrieben sie alle Galerien der Stadt an, worauf sie eine Zeitlang zu allen Vernissagen eingeladen wurden. Auch hatten sie sich zu einem Interview mit der berühmten älteren Schauspielerin Therese Giese eingeladen, bei der er andächtig zu ihren Füßen auf dem Boden saß und mit offenem Mund artig zuhörte.

Doch spürte er immer mehr, dass er viel lieber mit seinen gleichaltrigen Freunden zusammen war, mit denen er immer mehr anfing, sich in eine neue, andere Zeit einzufinden. Überhaupt hatten sie das dringende Bedürfnis, alles Alte und jegliches Gestern hinter sich zu lassen. Denn die neue Zeit, die jetzt überall zu keimen schien, hatte auch ihre jungen Herzen ergriffen. Die Dinge sollten sich ändern, und das bitte bald. Vor allem die coole Stella schob sie mächtig an und ihr zu folgen, war wohl nicht das Schlechteste.

Harry war jedoch der coolste Typ, den er je getroffen hatte. An ihm stimmte einfach alles. Er war an die ein Meter achtzig groß, hatte mittellange dunkelbraune Haare und braune Augen. Auch seine Figur war perfekt. Nicht zu stark, nicht zu dünn, irgendwie schien alles an ihm zu stimmen. Aber was ihn am meisten beeindruckte, war, dass er scheinbar vor nichts und niemandem Angst oder Respekt hatte. Er war voll und ganz er selbst. Lag es an dieser mysteriösen Schule, die er besucht hatte und über die man manchmal hinter vorgehaltener Hand tuschelte? Wie er ihn dafür beneidete. Immer mehr wünschte er sich, so zu sein wie er. Nicht zuletzt, weil Stella mehr auf ihn zu stehen schien als auf den zwar hübschen, aber doch recht schüchternen jungen Mann, der er nun mal war.

Stella war aber mindestens ebenso cool, wenn nicht sogar noch cooler. Sie hatte einen Papa, der Bankdirektor war, und lebte in einer alten großen Villa, knapp unterhalb eines Schlosses. Sie hatte auch etwas von einer Prinzessin, aber ohne wirklich hochnäsig zu sein. Doch ließ sie nie einen Zweifel daran aufkommen, dass sie es war, die das Heft in der Hand hielt.

Man musste sie lieben, doch hütete man sich auch etwas davor, ihr zu nahe zu kommen und das war durchaus gut so. Er war es überhaupt nicht gewohnt, mit weiblichen Wesen in einer Klasse zu sitzen. Schließlich war doch alles, was er bisher kennengelernt hatte, geschlechtlich getrennt. Kam seine Schüchternheit, die er immer bemüht war sich nicht anmerken zu lassen, daher? Aber Stella war dies egal. Sie war wie eine Schwester oder ein Kumpel, mit dem man Pferde stehlen konnte, und Harry auch.

Dann gab es noch die Gisela, die etwas zickig wirkte und aus einem anderen Teil seines Landes kam. Keiner mochte sie. Jürgen, also der Müsli, war einwandfrei der Liebste und Lustigste von allen. Ihn beneidete er auch. Denn er quatschte jedes Mädchen an, das ihm gefiel und hatte meistens auch Erfolg damit. Dann gab es noch einen etwas älteren Mann, bestimmt schon sechsundzwanzig, der irgendwie nicht dazu passte. Sein Vorname war Napoleon, der scheinbar eine farbige Mutter gehabt hatte und der allein durch seine Hautfarbe und seinen doch etwas protzigen Namen gar nicht das Gefühl aufkommen ließ, dazugehören zu wollen. Es war ein wilder Haufen, vereint in der Absicht, einen künstlerischen Beruf ergreifen zu wollen. Endlich fühlte er sich wohl und hatte neue Freunde gefunden.

Eines schönen Frühsommertages machten sie sich auf den Weg, der neu entstandenen Schule in dem angesagten Künstlerviertel der Stadt einen Besuch abzustatten. Wie ein kleines, verschwörerisches Grüppchen machten sie sich auf den Weg. Denn sie hatten vor, wenn es irgendwie möglich wäre, die alte, etwas angestaubte Schule zu verlassen und etwas Neues auszuprobieren. Als sie in die kleine Straße des etwas antiquierten Künstlerviertels bogen, das inzwischen auch schon aus seiner turbulenten Vergangenheit zu leben schien, fingen ihre Herzen doch etwas zu pochen an. Sie hatten etwas nicht so ganz Korrektes vor. Ähnlich wie die jungen Lehrer, die mit den Schülern der anderen Schule etwas Neues ins Leben gerufen hatten. Doch fühlten sie in ihrem Inneren, dass sie es tun mussten. Würden sie überhaupt angenommen?

An der richtigen Hausnummer angekommen, standen sie vor einem alten Mietshaus. Auf der gegenüberliegenden Straßenseite befand sich ein alter Trödelladen in dessen Innenhof Berge von alten Möbeln und alle Arten von Gerümpel zu sehen waren. Nirgends war ein Schild oder ein Hinweis auf eine Schule zu entdecken. Wo waren sie hier eigentlich gelandet? Sie gingen vorsichtig einige Schritte in die sandige Einfahrt hinein. In der Luft lag eine Wolke von angebranntem Grünkohl.

„Meinst du, wir sind hier richtig?", flüsterte Stella in Richtung Harry, der sich gelassen eine Kippe in den Mund gesteckt hatte. „Keine Ahnung", antwortete er gelangweilt, als ihr Blick auf ein etwas schlichtes Rückgebäude fiel, an dessen Eingangstür ein seltsames Logo in Form eines Kopfes zu sehen war, an dem vor allem die Umrisse eines Gehirns ins Auge fielen.

„Das muss es sein", sagte Stella. Das Gebäude wirkte nach außen äußerst klein, hatte aber einen ersten Stock und war, so wie es aussah, erst vor Kurzem errichtet worden. Es wirkte auf ihn eher wie eine kleine Firma oder wie Büroräume. Sie öffneten die verglaste Eingangstür und betraten einen schmalen Gang, an dessen Ende eine Treppe in das obere Stockwerk führte. Sofort kam ihnen von oben einer der jungen Lehrer entgegen, den er sofort wiedererkannte. Denn er hatte seine Bewerbungsmappe begutachtet und ihn für die Schule angenommen.

Er schien sie erwartet zu haben und als sie ihm ihr Anliegen vortrugen, auf seine Schule wechseln zu wollen, lachte er nur und meinte gut gelaunt, dass es dazu kein Problem gebe. Aber sie hätten andere Schulregeln entwickelt. Zum Beispiel gebe es keinen festen Stundenplan, eher Aufgaben, die sie zu erledigen hätten. Doch gebe es Angebote von Kursen, die sie annehmen konnten, oder auch nicht. Es sei ihnen mehr oder weniger freigestellt. Auch gebe es keine Noten, sondern eine kollektive Besprechung, bei der man sich über die Arbeit austauschen würde. Es gab nicht einmal eine Anwesenheitspflicht, aber man konnte zu den Öffnungszeiten durchaus zum Lernen und Arbeiten kommen. So viel Freiheit auf einmal war ja fast schon erschreckend, doch wehte ein neuer, anderer Geist durch die kleinen Fabrikräume. Ja, sie wollten den Schritt wagen, denn ihre jungen Herzen hatten einen Satz gemacht und wenn sie sich nach etwas wirklich sehnten, so war es Freiheit. Und die konnte man hinter dem abgestandenen Grünkohlgeruch durchaus schon erahnen.

Die Schule lag nicht weit entfernt von dem Park seiner Teenageträume. Wieder war eine kleine Hürde genommen. Er musste an die Botschaft des kleinen gelben Löwenzahns seiner Kindheit denken, der sich aller Widerstände zum Trotz durch den schwarzen stinkenden Teer gebohrt hatte. Etwas Neues würde beginnen und er würde ein Teil davon sein. Der Sommer stand kurz bevor und sie hatten sich zum Herbstsemester angemeldet.

Langsam geriet alles etwas aus den Fugen. Er hatte das Gefühl, dass es wohl viele dieser kleinen gelben Löwenzähne auf der ganzen Welt geben müsse. Denn es rappelte mächtig in der Kiste. Vor allem aus dem „gelobten Land der Freiheit" war ein deutlicher Aufschrei zu vernehmen, was ja auch kein großes Wunder war. Man hatte damit begonnen, ein kleines Land, das hauptsächlich von armen Reisbauern bewohnt war, vollkommen auszuradieren. Ja sogar die ganze Natur, die vor allem aus dichten tropischen Wäldern bestand, wurde mit Wolken aus giftigen Gasen überschüttet, damit man die dort in kleinen Hütten lebende Bevölkerung besser bombardieren konnte.

Überall auf der Welt begann man dagegen zu protestieren und auf die Straße zu gehen. Beteiligte man sich daran, musste man damit rechnen niedergeknüppelt, wenn nicht sogar erschossen zu werden. An den Universitäten und der Akademie rumorte es heftig und die Räume wurden von immer wilder aussehenden jungen Leuten besetzt. Aus dem nicht so weit entfernten London, dem angesagten Mekka der neuen Hippiebewegung, kamen eine neue Musik, Kunst und Mode, die mit allem Alten endgültig aufräumen wollte und es auch tat. Wie ein frischer, hoffnungsvoller Wind begann es ihre jungen Seelen durchzulüften. Die Eltern rieben sich etwas verzweifelt ihre Augen und fragten sich, was sie wohl falsch gemacht hätten.

Erst als ein Foto eines nackten, halb verbrannten kleinen Mädchens, das verzweifelt schreiend eine Dorfstraße entlanglief, durch die Weltpresse ging, schien auch die ältere Generation etwas aufzuwachen. Auch dass die sogenannten „Machtblöcke" der sich eisern gegenüberstehenden Systeme, getrennt durch den Eisernen Vorhang, über so viele Atomwaffen verfügte, dass man damit den ganzen Planeten für Tausende von Jahren unbewohnbar machen konnte, schien eher normal zu sein.

Nein, *normal* wollten sie lieber nicht mehr sein, das erschien langsam sogar den einfachsten jungen Menschen als zu verrückt. Wie konnten Lebewesen, die selbst Kinder hatten, sich in so viel Dummheit verrennen? Hatten sie doch gerade erst den Wahnsinn ihrer Taten am eigenen Leib verspürt. Geht's noch, dachten sie und begannen zornig zu werden. Denn es war ja ihr eigenes junges Leben, das da bedroht wurde und das Leben der jungen Frauen, die sie liebten.

Und doch waren auf einmal die die Feinde, die sich die Haare ein paar Zentimeter über die Ohren wachsen ließen. Die man wieder gern in Arbeitslager und KZs stecken wollte. Lag es am Erwachsensein, dass man aufhörte, etwas dazulernen zu wollen? Nein, nicht nur, es war die Gier nach Geld und Macht. Denn mit der permanenten Aufrüstung waren die größten Gewinne zu erzielen, die auch noch der einfache Arbeiter, der dafür einen Arbeitsplatz erhielt, selbst finanzierte. Doch davon wusste er zum Glück nicht viel, denn er wollte nur Künstler werden, wie sein so früh verstorbener Papa.

Was sich hinter dem Eisernen Vorhang abspielte, wusste man nicht so genau, aber es schien nichts Gutes zu sein. Dort schuftete man für die Moral eines *besseren* Menschen und sehnte sich dabei nach den *goldenen Kälbern* der sogenannten *freien Welt.* So war man doch lieber hier, wo es so tolle Dinge wie Autos, Kühlschränke und Waschmaschinen gab. Auch tolle Urlaubsreisen in das von einem Diktator regierten Spanien, der noch aus der Nazizeit stammte, oder in das von einer Militärregierung drangsalierte Griechenland waren wieder möglich. Dort konnte man, wenn man das nötige Kleingeld hatte, an hellen Ständen genüsslich sein Weinchen schlürfen, während in benachbarten Gefängnissen Menschen, die für Freiheit und Gerechtigkeit eintraten, gefoltert wurden. Die Brüder und Schwestern aus dem anderen Teil seines geteilten Landes wurden mit Stacheldraht und Minenfeldern daran gehindert, ihre Verwandten im anderen Teil zu besuchen, oder einfach gleich an der Grenze erschossen.

Doch wenn man jung ist, ist man eben jung. Und sie waren besonders jung, vielleicht auch weil so entsetzlich viele junge Menschen noch vor Kurzem ihr Leben verloren hatten – für Ehre und Vaterland. Und das wollten sie jetzt sicher nicht mehr. Es drängte sie, ihr eigenes Leben zu leben und das sollte möglichst nicht so sein wie das Leben ihrer Eltern, denen man irgendwie nicht mehr traute. Aber sie waren da, hatten wieder alle wichtigen Posten besetzt und die alten Strukturen nahtlos übernommen. Die Masken waren andere geworden, doch die Inhalte dahinter waren die gleichen.

Mit ihrem Studium der Gebrauchsgrafik standen sie genau dazwischen. Einerseits waren sie ja fast Künstler. Auf der anderen Seite waren genau sie es, die der Macht des Geldes vollkommen ausgeliefert waren.

Er hatte seinen Musterungsbescheid bekommen. Nachdem beim Termin ein netter Amtsarzt sein Geschlechtsteil befummelt hatte, wurde er als tauglich eingestuft. Wie er in seinem späteren Leben noch des Öfteren erfahren durfte, wurde jede Sehnsucht nach Liebe und Freiheit sofort hart bestraft. Nein, man wollte keine Jugend, die etwas anderes ausprobieren möchte. Es sollte doch bitte alles so bleiben, wie es bisher war. War es das etwa nicht wert, die Errungenschaften der neuen Zeit bis aufs Messer zu verteidigen?

Natürlich hatte er den Wehrdienst verweigert und musste vor Gericht erscheinen. Als er auf die Frage des Richters: „Wenn Ihre Freundin im Wald von einem Vergewaltiger angegriffen würde, würden Sie sie dann nicht verteidigen?", antwortete, dass beide Schwestern seines Vaters bereits vergewaltigt wurden, und zwar von Soldaten, hatte er damit wohl die falsche Antwort gegeben und wurde abgelehnt. Doch durfte er das angefangene Studium erst einmal zu Ende bringen.

Er begann heimlich sein männliches Geschlecht abzulehnen. Waren nicht die jungen Frauen besser dran? Sie wurden zu nichts gezwungen. Nicht nur dass die jungen Männer die Schuld ihrer Väter, einen Krieg verloren zu haben, aufgebürdet bekamen, sie wurden noch dazu verpflichtet, an einem künftigen, weitaus schlimmeren teilzunehmen. Jeder, der noch nicht vollkommen verrückt war, fragte sich, wie das sein konnte. Ja, sie waren noch da, die alten Offiziere des Niedergangs und hatten das Heft wieder fest in ihrer Hand. Doch jetzt waren sie die Guten und ihre Uniformen hatten eine andere Farbe bekommen. Musste er wirklich das Schicksal seines geliebten Papas teilen, dem es beide Weltkriege fast unmöglich gemacht hatten, Künstler zu sein? Als er es endlich sein konnte, war er verstorben. Sollte es ihm ähnlich ergehen? Noch ahnte er nichts von seinem Schicksal und freute sich darauf, endlich malen und zeichnen zu lernen.

Ein Freund suchte mit seiner Freundin einen Mitbewohner für eine Art WG in einem alten Haus, das nur eine halbe Stunde zu Fuß von der neuen Schule entfernt war. Die Gegend war nicht gerade die schönste, an einer verkehrsreichen Straße gelegen, an der einige Gebrauchtwagenhändler ihre alten Autos abgestellt hatten. Tag und Nacht fuhren Laster scheppernd und stinkend vorbei. In der anderen Richtung befand sich ein kleiner Park mit alten Bäumen und einem Kinderspielplatz – ein kleiner Trost.

Aber er war ohnehin der glücklichste junge Mann der Welt. Denn jetzt hatte er ein eigenes Zimmer, das nur neunzig Mark kostete. Endlich konnte er mit anderen jungen Leuten zusammenleben und seine neue Schule war nicht sehr weit entfernt. Eine neue

Zeit war angebrochen und sie machte sich zuerst in ihren Herzen bemerkbar. „All you need is Love". Der Song der vier Jungs aus Liverpool, der sie geweckt hatte, hatte seine Wirkung nicht verfehlt, auch wenn inzwischen ganz andere Scheiben anfingen sich auf ihren billigen Plattenspielern zu drehen.

Noch wollte er ein guter Student sein und viel lernen. Er strich eine Wand in Knallrot und zwei weitere in Grün an. Eine ließ er rosa, wie sie schon war, da ein alter schwerer Kleiderschrank davorstand. Unter den zwei hohen Altbaufenstern, die zur Straße hinaus zeigten, stellte er seinen Arbeitstisch auf. Er hatte auf ein paar alte Apfelsinenkisten zwei riesige Spanplatten gelegt und war bereit, etwas zu tun.

Das Bett war leider nur recht schmal und alt, mit rostigen Sprungfedermatratzen. Es sah nicht besonders nach freier Liebe aus. Aber die fand ohnehin nur in seinen Träumen statt. Ein Fluch schien auf ihm zu lasten. Immer war er der derjenige, der in die Mädchen über beide Ohren verliebt war, während Harry und Müsli mit ihnen bumsten. Er stand vor den Frauen wie vor einer riesigen Maschine, an der man Tausend Knöpfe drücken musste, um sie zum Laufen zu bringen, sodass er gar nicht erst damit begann, sie einzuschalten. Nicht dass sie es nicht wollten. Es gab ja die „große Freiheit" der Antibabypille, die es ja ermöglichen sollte, jederzeit, wann immer und möglich mit jeder Sex haben zu können. Was aber den Druck auf einen jungen Mann wie ihn, der nun schon fast neunzehn Jahre alt und immer noch Jungfrau war, immens erhöhte. Überhaupt schienen alle frisch und fröhlich am Bumsen zu sein, nur er nicht.

Marvin und Jenny, das Pärchen in der kleinen WG, bewohnten das Durchgangszimmer. Er hatte ihnen das Zimmer zur Straße hin abgetrotzt. Sie waren nicht sonderlich begeistert darüber und er war auch nicht sonderlich begeistert davon, dass er immer, wenn er aufs Klo oder in die schimmlige Küche musste, an einem ständig vögelnden Paar vorbeigehen musste.

Außerdem gab es noch einen französischen Studenten der Archäologie, der in einem kleinen vollgestopften Zimmer gleich neben dem Eingang hauste. Man traf ihn kaum. Höchstens manchmal in der Küche. Wenn man das Treppenhaus hinaufging, ächzten die Treppen bei jedem Schritt. Waren sie froh, dass endlich junge Füße emporhasteten? Die nicht nach links und nicht nach rechts sahen? Nur gerade aus, ihren Idealen und Träumen folgend?

Jedenfalls waren sie alle links, besonders Jenny und Marvin, die sich abends in einem kleinen Marionettentheater, in dem sie Stücke von Brecht spielten, etwas Geld verdienten. Oft kamen sie spät abends nach Hause, aßen noch etwas oder diskutierten bis tief in die Nacht, um dann unüberhörbaren Sex zu betreiben. Er beneidete sie sehr, denn er hätte es auch gern getan.

In der Schule saß er natürlich neben der Steinle, während Harry sich neben die Stella gesetzt hatte. Aber die Steinle war wenigstens fleißig und wollte etwas lernen. Doch leider ließ ihre künstlerische Begabung etwas zu wünschen übrig. Aber man konnte sich darauf verlassen, dass sie an ihrem Platz saß, wenn man in die Schule kam. Auch die coole, blonde Stella war sehr motiviert. Nur Harry schien alles andere im Kopf zu haben als zu arbeiten, und die Schule war wohl mehr dazu da, sich die Zeit auf angenehme Weise zu vertreiben. Immerhin waren sie ja jetzt Studenten im angesagten Künstlerviertel der Stadt und er hatte ein Zimmer in einer WG. Was für ein Wunder!

Marvin war ein echter Anarchist, zumindest führte er sich so auf. Jenny, seine Freundin, war eine richtige Frau mit einer festen, etwas bäuerlichen Figur und einem durchaus stattlichen Busen, was unübersehbar war, da sie oft nackt in der Wohnung herumlief. Ihnen kam er sich ziemlich spießig vor – was er wohl auch war. Auch wenn er nichts davon ahnte, hatte ihn der frühe Tod seines Künstlervaters zu etwas anderem gemacht, als er wirklich war. In der superkatholischen Restfamilie war Sexualität ein Tabu und die Ängste seiner im Krieg vergewaltigten Tanten hatten sicher auch bei ihm einige Spuren hinterlassen. Überhaupt hatte er das Gefühl, dass alle um ihn herum nur am Bumsen waren, nur er nicht. Langsam begann er damit, seinen erotischen Überdruck in die Kunst fließen zu lassen. Der Tod seines Vaters hatte etwas aus ihm herausgerissen. Zu früh war etwas zum Mann geworden und irgendwie nach oben gerutscht, während sich der untere Teil verselbstständigt hatte. Wo andere durchaus stümperhaft im Trüben fischten, waren für ihn die Zusammenhänge leicht sichtbar zu erklären. Es wurde viel diskutiert, über Gott, die Welt, und langsam lernte er sich einzumischen. Es war etwas faul in diesem Land, und in dieser Welt sowieso. Manchmal kam noch sein älterer Freund aus seiner Arbeiterzeit vorbei. Doch passte er nicht mehr so recht in die „neue" Zeit, die nun seine geworden war.

Eines schönen Sommertages kam Harry mit einem uralten 2CV daher, an dem die Vordertüren noch nach vorne aufzuklappen waren und man den Scheibenwischer noch mit der Hand betätigen musste. Er hatte ihn wohl in der Schweiz von einem Freund „ausgeliehen" und lud ihn und Müsli zu einer Fahrt Richtung Berge, zu einem riesigen See ein. Dort sollte es eine Insel mit einem Mädcheninternat geben, das er, wie er versicherte, mit seiner Anwesenheit glücklich machen wollte. So fuhren sie los, raus aus der Stadt, auf die Autobahn in Richtung Süden.

Harry freute sich über das Schweizer Kennzeichen und meinte, damit wären sie vor Kontrollen sicher. Überhaupt schienen sich Harry und Müsli gut zu verstehen und sie waren nur am Herumalbern. Sie hätten etwas zu rauchen dabei und er solle das doch auch mal probieren. „Danach fühlst du dich bestimmt etwas freier, nicht so verklemmt", meinten sie. Er fragte: „Was ist das?" „Das wirst du schon sehen; das machen jetzt alle." Scheinbar hatten sie beschlossen, ihn „anzuturnen".

Er wurde ganz aufgeregt, doch gab er sich große Mühe, es sich nicht anmerken zu lassen. Jetzt „cool" bleiben war, erst einmal die Devise. Sie hatten also nicht nur viel Erfahrung mit Mädchen, sie hatten auch etwas, das irgendwie verboten war, aber scheinbar guttat. Na gut, sagte er sich. Irgendwann hatte er die erste Zigarette geraucht und das erste Bier getrunken und war nach einer halben Flasche Schnaps ordentlich ins Schwanken gekommen, dann wird es ja jetzt auch nicht so schlimm sein.

Draußen lachte die Sommersonne, der Motor des alten 2CV schnurrte fröhlich vor sich hin und sie waren auf dem Weg Richtung Süden. Was sollte schon groß passieren? Trotzdem machte sich eine Stimme in ihm bemerkbar – wie so oft, wenn er etwas Verbotenes tun wollte: „Tu es nicht, das ist der Anfang vom Ende. Du wirst schon sehen, wo du landest. Willst du in der Gosse enden?" Woher kam diese Stimme und hatte sie vielleicht recht? Doch er wollte so sein wie seine Freunde. Mit einem geklauten Auto herumfahren und hübsche nette Mädchen bumsen. Außerdem war es bereits zu spät. Es war an der Zeit, etwas Neues auszuprobieren.

Als sie in der kleinen Stadt an dem großen See, der fast wie ein Meer wirkte, ankamen, drehten seine zwei Freunde erst mal eine dieser überlangen Zigaretten, „Tüte" genannt. Neben etwas Tabak wurde ein dunkler kleiner Brocken mit einem Streichholz vorsichtig erwärmt und zwischen Daumen und Zeigefinger in kleine Krümel zerrieben. Ein eigenartiger harziger Duft stieg auf, der irgendwie auch etwas bitter und gefährlich roch. Um eine etwas größere Fläche zu bekommen, hatte Müsli drei Zigarettenpapiere in einer bestimmten Ordnung aneinandergeklebt. Nun wurde die ganze Mischung aus Tabak und „Shit" darauf verteilt und das ganze an einer Seite abgeschleckt und zusammengerollt. Jetzt musste noch ein Filter aus einer dünnen Pappe gerollt werden. Meist aus einem Teil einer schnell aufgerissenen Zigarettenschachtel. Dann vorsichtig in das untere Ende der nach unten schmaler werdenden „Tüte", die nicht ganz verklebt war, hineingeschoben. Jetzt musste man noch ein, zwei abgeschleckte Zigarettenpapiere darum wickeln, um dem Ganzen etwas Festigkeit zu verleihen. Das Wichtigste war noch, alles gut zu verschließen, indem man das obere Ende der sich leicht nach oben hin breiter werdenden „Tüte" mit dem Zigarettenpapier leicht einknickte und in der Mitte zwirbelte, sodass ein kleiner Zipfel entstand. Fertig war der „Joint".

Das Ganze geschah mit immer nach allen Seiten gerichteten Blicken, denn man wollte vermeiden, beobachtet zu werden. Auch wenn der Großteil der Bevölkerung noch keine Ahnung hatte, so wussten sie doch, dass sie etwas Verbotenes anstellten. Aber genau dieses Gefühl schweißte sie zusammen. Denn man musste sich schon sehr vertrauen, um es gemeinsam zu tun. Er hatte auf einmal das Gefühl, zu dieser verschworenen Gemeinschaft zu gehören. Doch nur fast, denn er hatte ja noch nichts davon geraucht.

Sie stiegen aus, um die paar Schritte zu dem nahegelegenen Hafen zu gehen, in dem ein nicht allzu großes Schiff auf sie zu warten schien. Denn sie waren ja unterwegs zu der magischen Insel der Frauen, die ja ihr Ziel war und auf der scheinbar eine Schule für Mädchen sein sollte. Kaum hatte der kleine Dampfer abgelegt – außer ihnen schien niemand mitzufahren –, nahm Müsli die „Tüte" an einer etwas verborgenen Stelle des Schiffes heraus und begann, sie anzuzünden. Dazu wurde der kleine Zipfel mit etwas Spucke angefeuchtet und der kleine Falz des oberen Endes der Tüte vorsichtig angesengt. So konnte man ihn wie einen kleinen Deckel abheben.

Er gab ihn Harry, der das Ding lässig in den Mund steckte, und der hielt das entzündete Streichholz darunter. Tief sog er den hellen Rauch ein und begann sofort schelmisch zu grinsen. Er zog einmal, zweimal, dreimal und begann sich zu entspannen. Es sah so aus, als wäre eine Last abgefallen. Jetzt war Müsli an der Reihe, der, da er kein Raucher war, etwas mit einem Hustenreiz zu kämpfen hatte. Nach ein paar Zügen und großen Augen, die er dabei bekam, reichte er das Teil vorsichtig an ihn weiter. Nun gab es kein Zurück mehr, das wusste er sofort. Die leichte Furcht war einer weitaus größeren Neugier gewichen. Was würde geschehen? Er nahm es in seine Hand und steckte den Joint zwischen Mittel und Zeigefinger der rechten Hand, die er nun zu einer kleinen Höhle formte, die er mit dem leicht gewölbten Handballen der anderen Hand umschloss, so wie er es bei seinen Freunden abgeschaut hatte. Langsam bewegte er seinen Mund zu der durch Daumen und Zeigefinger entstandenen Öffnung und saugte daran. Eine kleine Wolke Rauch, der viel heftiger war als der Rauch einer Zigarette, drang tief in seine Lunge ein, und er musste mit einem Hustenreiz kämpfen. Nach was schmeckte das eigentlich, begann er sich zu fragen und sog nun, etwas sicherer geworden, ein zweites Mal.

Er merkte nichts und fragte sich, wozu der ganze Aufwand nötig war, als Harry eine lustige Bemerkung über seinen verwunderten Gesichtsausdruck machte. Auf einmal musste er lachen. Doch das Lachen war anders als sonst; es schien ihn in einen anderen Raum zu bringen, denn es war plötzlich überall, und alles war erfüllt davon. Was immer nun von einem der drei gesagt wurde, war dermaßen komisch und witzig, dass sie ein Gelächter nach dem anderen anstimmten, ähnlich wie bei zwölfjährigen Mädchen, die sich am Schulhof über Jungs lustig machen. Ein zweites Mal erreichte ihn nun das Gerät und jetzt wollte er es wissen – kam da noch mehr? Eigentlich fühlte er sich nicht unbedingt anders als sonst. Denn gelacht hatte er eigentlich immer schon gern. Doch hatte er noch nie zuvor das Gefühl gehabt, fast nur noch aus Lachen zu bestehen. Auch das normale Gefühl für Zeit gab es nicht mehr, waren sie schon Tage auf dem Schiff oder Wochen? Und wie kam er überhaupt hierher?

Müsli neben ihm hob seine Hand und streckte ihm das schon fast ganz abgebrannte Teil entgegen. „Joint?", fragte er aufmunternd mit einem leichten Bedauern in der Stimme, weil nun bald alles aufgeraucht war und ihn der Joint wohl nicht mehr erreichen würde. Es sei denn, jeder würde nur mal kurz daran ziehen, dann könnte es sich vielleicht noch einmal ausgehen.

Ja, sie waren jetzt eine Gemeinschaft. Sie hatten sich nicht nur eine Gefahr geteilt, sondern auch einen Zustand, den sie „stoned" nannten. Ähnlich wie zwei Liebende, die sich ihre Liebe teilen, von der nur sie etwas wissen. Sie fühlten sich wie kleine Kinder. Nur ihre verbotene Tat hatte sie nun erwachsen gemacht. Und schuldig, denn sie hatten ja etwas Verbotenes getan. Alles war nun anders, nicht nur sein Zustand, den er vergebens versuchte einzuordnen. Nein, er hatte ein neues Land betreten, das wohl einige Hoffnungen, doch auch einige Gefahren zu verbergen schien. Er hatte seine Unschuld wohl endgültig verloren. Doch hatte er sie überhaupt jemals gehabt? Leider nicht an ein Mädchen, wie er gehofft hatte, sondern an einen Zustand. Denn eines war gewiss: Er würde es wieder tun.

Das kleine Schiff legte an dem hölzernen Landungssteg an, und sie gingen etwas wackelig von Bord. Die kleine Insel bestand aus einem Dorf mit einer barocken Kirche, an der ein Kloster angeschlossen war. Das ehemalige Kloster war inzwischen zu einem Mädcheninternat umgebaut worden und sie begaben sich lässig dahinschlendernd an den Zaun, der das Internatsgelände umgab. Harry und Müsli begannen umgehend damit, sich nach attraktiven Mädchen umzuschauen. Sofort wurden sie erspäht und zwei durchaus ansehnliche junge Damen begannen sich ihnen zu nähern.

Müsli und Harry begannen eine lebhafte Unterhaltung und boten ihnen Zigaretten an, die sie etwas versteckt rauchten. Scheinbar hatten sie bereits mit ihnen eine Verabredung für den Abend getroffen. Er kam sich wie das berühmte fünfte Rad am Wagen vor und sein Gefühl, einer kleinen verschworenen Gemeinschaft anzugehören, war verflogen. Was machte er hier eigentlich?

Eine schrille Glocke ertönte, und alle Mädchen waren auf einmal verschwunden. Erst viele, viele Jahre später erfuhr er von einer bekannten Frau, die damals Schülerin des Internats war, dass alle strengstes Ausgehverbot bekommen hatten.

So begannen sie sich anders die Zeit zu vertreiben und lungerten gelangweilt auf der Insel, auf der nur ein paar Häuser standen, herum. Es war nicht möglich, unauffällig zu bleiben, das war klar und so war das Lachen einer gewissen Beklemmung gewichen.

Das letzte Schiff war zurück zum Ufer war abgefahren, und es begann dunkel zu werden. Die Wirkung des bittersüßen Gifts hatte nachgelassen und sie begannen, den letzten kleinen Krümel fertig zu rauchen. Was war zu tun? Von den Mädchen keine Spur, und es begann empfindlich kalt zu werden. Zwar gab es einiges Dickicht und etliche alte Bäume, die einen gewissen Schutz boten, doch hatten sie weder Decken noch Schlafsäcke dabei. Die ganze Insel schien von ihrer Anwesenheit zu wissen, nur sie taten so, als wären sie unsichtbar. Auf einem ihrer Streifzüge hatten sie eine alte Villa entdeckt, die sich von den anderen etwas schlichten Bauernhäusern abhob und die offenbar leer stand.

Harry, der scheinbar über die meiste Abenteurerenergie verfügte, hatte die Idee, den Versuch zu wagen, nach Einbruch der Dunkelheit hineinzugelangen. Die Idee, es zu tun, begann sie wieder zusammenzuschweißen.

Vorsichtig schlichen sie um das Haus herum, um ein Fenster zu finden, das sich vielleicht öffnen ließ. Doch waren sie alle mit Brettern vernagelt. Auch die schwere Eingangstür war wohl kaum zu knacken, ohne furchtbare Geräusche zu verursachen. Es war nun fast ganz dunkel geworden und nur ein paar weit entfernte Straßenlaternen, die am Ufer standen, spendeten etwas Licht, was aber kaum zu ihnen herüberdrang.

Da vernahm er einen leisen Ruf von Müsli: „Seht mal, ich habe etwas gefunden!" Sie eilten schnell zu ihm hin. Von ein paar Büschen überwachsen führten einige verwitterte Treppen zu einer Tür. „Das muss der Keller sein", meinte Harry. „Wenn wir da hineinkommen, dann schaffen wir es vielleicht auch ins Haus." Die alte Tür hatte nur ein einfaches Schloss und Harry versuchte sich mit einem gebogenen Stück Draht als Dietrich. Mit einem knarrenden Geräusch sprang die alte Tür auf, und er zog sie langsam auf, nicht ohne dabei ein knarrendes Geräusch zu verursachen. Sie starrten in einen dunklen, nicht allzu großen Raum. Er zündete ein Streichholz an. Außer einigen alten Flaschen war nichts zu sehen. „Muss wohl der Weinkeller gewesen sein", sagte Müsli. „Vielleicht ist ja noch was drin", erwiderte Harry. Die Stimmung hatte sich bei diesem Gedanken merklich gehoben und das Lachen begann sich langsam wieder einzustellen. „Sieh mal, Harry!" Er hatte eine alte Holzleiter entdeckt, die zu einer Klappe führte. „Na klar, die werden sich ja auch von oben den Wein geholt haben", meinte Harry mit einem Grinsen im Gesicht und stieg hinauf. Als er, die Spinnweben beiseiteschiebend, mit der Schulter dagegen drückte, gab sie tatsächlich knarrend nach.

Kurz darauf standen sie in einem heruntergekommenen herrschaftlichen Salon, der bis auf einen riesigen alten Kamin vollkommen leer war. Es war wunderbar. Auf einmal waren sie Schlossbesitzer. Sie hatten einen Kerzenstummel gefunden, den sie entzünden konnten, doch war Vorsicht geboten, denn es sollte ja keiner merken, dass sie da waren. Jetzt merkten sie erst, wie hungrig sie waren. Denn sie hatten außer ein paar Keksen den ganzen Tag nichts gegessen. Doch zum Glück hatten sie noch Zigaretten.

Harry und Müsli beschlossen, noch einmal zum Internat aufzubrechen. Vielleicht hatten es die Mädchen doch geschafft auszubrechen und sie konnten sie um etwas Essbares bitten. Er beschloss dazubleiben und etwas Feuer zu machen, denn es war inzwischen empfindlich kalt geworden. Als die beiden durch ein Fenster, das sich ja nun von innen leicht öffnen ließ, verschwunden waren, sah er sich in dem Raum um, der nur von einer Kerze, die sie in einer Ecke gefunden hatten, erleuchtet wurde. Es war ein Salon aus einer anderen, längst vergangenen Zeit, als noch Könige und Königinnen dieses wunderschöne, nahe an den steilen Felshängen der Alpen gelegene Land regiert hatten. Sie wurden bis zum heutigen Tag von der zumeist bäuerlichen Bevölkerung geliebt und verehrt, denn sie hatten sich fast alle mit der Kunst verbündet.

Der alte Parkettboden hatte schon an einigen Stellen Risse bekommen und wölbte sich von der Nässe des nahen Sees. Ein alter Stuhl, an dem der Sitzpolster herausgebrochen war, schien eine Möglichkeit zu sein, um ein Feuer in dem riesigen offenen Kamin zu entfachen. Vorsichtig begann er ihn zu zerlegen, immer darauf bedacht, keine Geräusche zu verursachen. Nun zog er los, um die anderen Räume zu inspizieren. Überall war alles voll Staub und Sand, der unter den Sohlen seiner Schuhe leise knirschte. In einer Ecke fand er ein paar vergilbte Zeitungen. März 1886, irgendwer hatte abgedankt, und ein möglicher Krieg stand wohl kurz bevor. Immer die gleiche Geschichte, dachte er, nie würde sich jemals etwas ändern. Vielleicht lag es ja in der Natur der Menschen, vor allem der Männer, gewalttätig zu sein.

Egal, er hatte etwas zum Anzünden gefunden. Auch einige morsche Bretter ließen sich wohl verwenden, wenn er ein paar Späne von ihnen abschaben würde. Zuversichtlich und etwas erleichtert kehrte er in den Salon zurück und ordnete seine Fundstücke in der alten Asche des Kamins. Es begann hauptsächlich zu qualmen und zu stinken, und er war froh, dass seine beiden Freunde noch nicht zurück waren. Harry, der anscheinend mit allen Wassern gewaschen war und alle Künste beherrschte, hätte sich bestimmt über ihn lustig gemacht. Wo waren sie überhaupt? Sicher lagen sie mit ihren Mädchen im Gebüsch und waren fröhlich am Bumsen. Er kam sich vor wie Aschenbrödel, das man vergessen hatte auf den Ball mitzunehmen. Aber er wusste sowieso nicht, wie es geht, das Bumsen. Irgendwie schämte er sich dafür, es noch nicht getan zu haben. Aber immerhin hatte er seinen ersten Joint geraucht. Das war ja vielleicht einmal ein Anfang, zumindest sah es ja so aus, als hätten die Jungs, die es taten, ganz schön Erfolg beim anderen Geschlecht. Doch vorerst inhalierte er den Rauch der angesengten Stuhlbeine, die er vergebens versuchte mit Pusten zu entfachen.

Als er es endlich geschafft hatte, dem Ganzen einige Flammen zu entlocken, hörte er Stimmen vor dem Fenster. Sie waren zurückgekommen. Ja, sie hatten die beiden getroffen. Sie waren durch das Klofenster gestiegen und einfach abgehauen, denn die ganze Schule hatte striktes Ausgangsverbot bekommen, seit sie auf der Insel waren. Ja, es wurde sogar mit einem Verweis von der Schule gedroht, sollte es doch eine wagen, es trotzdem zu tun. Müsli hatte etwas Brot und ein kleines Stück Käse für ihn dabei. Bestimmt hatten sie schon alles aufgegessen, doch war er ihnen sehr dankbar und schlang geschwind alles in sich hinein. Sie freuten sich über das kleine Feuer, das nun anfing, etwas Wärme zu spenden.

Während Müsli immer wieder seine Taschen durchsuchte, ob er nicht doch noch einen kleinen Krümel Hasch finden würde, hatte Harry die Eingebung, sich in dem Weinkeller, den sie zuerst betreten hatten, umzusehen, ob vielleicht noch einige brauchbare Flaschen darunter waren. Er öffnete die Bodenklappe und war kurz darauf mit der Kerze in dem dunklen Loch verschwunden. „Yeah!", ein Freudenschrei war zu vernehmen und kurz darauf erschien sein lustiger Teenagerkopf mit zwei verstaubten Flaschen in der Hand. „Oh, vielleicht etwas ganz Wertvolles, wo die Flasche ein paar Hunderter kostet." Seine Stimmung war merklich gestiegen. Nach einigen Anstrengungen hatten sie die Flasche aufbekommen. Es war ein alter Portwein. „Vielleicht schon hundert Jahre alt, und kostet ein Vermögen." Sie mussten auf einmal alle lachen.

Müsli hatte doch noch einen winzigen Krümel Hasch in seiner Jackentasche gefunden und auch wenn die Mädchen wohl nicht vorbeikommen würden, schien einem perfekten Abend nichts mehr im Wege zu stehen. Sie hatten etwas zu essen, etwas zum Rauchen und eine gute Flasche Wein. Sie saßen um das Feuer am Boden herum und erzählten sich Geschichten, die sich meistens um die Weiblichkeit drehten. Er konnte die Zeit nicht mehr einschätzen. Waren sie wirklich erst am Nachmittag hier angekommen? Es hätten auch Tage, ja vielleicht Monate sein können, oder ein ganzes Leben. Denn eines spürte er genau, nichts würde mehr so sein, wie es vorher war. Er war mit einem geklauten Auto mitgefahren, hatte Drogen konsumiert, war in eine alte Villa eingebrochen und jetzt tranken sie auch noch gestohlenen Wein, der übrigens köstlich schmeckte. Das Ganze auch noch auf der magischen Insel der Frauen, wo sich gerade wohl hundert Mädchen zu ihnen wünschten. Doch es war ihnen unter Androhung aller Höllenqualen verwehrt worden.

Langsam überkam sie eine grenzenlose Müdigkeit und er fand einen Schlafplatz auf dem Sims des offenen Kamins, dessen heiße Asche noch etwas Wärme spendete. Es war etwa dreißig Zentimeter breit und lag fast zwei Meter über den Boden. Er durfte sich sozusagen keinen Ausrutscher erlauben und Umdrehen war auch nicht angesagt. Auch gab es keine Decken und er begann sich auf eine harte kurze Nacht einzustellen.

Im ersten Morgengrauen schlichen sie aus dem Haus, in der Hoffnung, unbemerkt zu bleiben. Ein hoffnungsloses Unterfangen, wie sich bald herausstellen sollte. Sie gingen zum Bootssteg, um das erste Schiff zu besteigen, das sie wieder an Land bringen sollte.

Sie teilten sich gerade die letzte Kippe und betrachteten den orangen Sonnenaufgang, als sich ihnen ein kleines weißes Motorboot näherte. Als es in Sichtweite war, konnten sie den schwarzen Schriftzug an der Vorderseite entziffern: POLIZEI. „Scheiße", das war ihre einhellige Meinung und ein absolutes Unwohlsein hatte ihre jungen Seelen ergriffen. Die Klosterschwestern des Internats hatten die Polizei verständigt. Doch der einheimische Beamte, bei dem bei ihrem Anblick eher Vatergefühle aufkamen, war eher von den Klosterschwestern genervt, die wohl in allem, das einen Penis hatte, den Teufel vermuteten.

Trotzdem fragte er sie schroff, was sie hier machen würden. Harry, der niemals um eine schnoddrige Antwort verlegen war, erzählte etwas von seiner Schwester, der er etwas bringen sollte und dass sie leider das letzte Schiff am Abend verpasst hätten. Es klang alles sehr überzeugend und war ja auch zum Teil wahr. Er hatte begriffen, wenn man etwas Wahrheit in eine Lüge mischte, so wurde das Ganze wieder zu einer neuen Art Wahrheit.

Dem Polizisten war das Ganze wohl auch etwas zu lächerlich und als er und der kleine Müsli ihn auch noch treuherzig anlächelten, ließ er es bei einer mündlichen Verwarnung bleiben. Aber sie mögen gefälligst die Insel nicht mehr betreten. „Inselverbot", die Höchststrafe. Ihnen fiel ein riesengroßer Stein vom Herzen. Er hatte nun die schiefe Bahn betreten und sie war ganz schön rutschig.

Eigentlich wollte er nur Bilder malen und endlich mal mit einem Mädchen bumsen, denn dass er noch immer mit keinem geschlafen hatte, wuchs sich langsam zu einem dicken Problem aus. Stattdessen war er „kriminell" geworden und süchtig noch dazu. Denn das seltsame Kraut verlangte danach, wieder und immer wieder geraucht zu werden. Egal, sie hatten ein Abenteuer bestanden und eine kleine Geschichte erlebt, die man gut weitererzählen konnte. Das hatte durchaus auch einen Wert. Zudem hatte sie die Geschichte zusammengeschweißt und sie waren Freunde geworden. Endlich hatte er sein Ziel, ein Hippie zu werden, erreicht und er hatte ein sturmfreies Zimmer in einer WG. Was für ein Luxus in einer Zeit, in der die meisten seiner Freunde noch bei ihren Eltern wohnten und einen Haufen Ärger bekamen, wenn sie bekifft nach Hause kamen.

Sie stiegen in die alte Ente und tuckerten gemütlich zurück in die große stinkende Stadt. Er hatte sich verändert, das merkte er genau. Jetzt schlich er nicht mehr schnell an Marvin und Jennys Bett vorbei, sondern setzte sich zu ihnen, um mit ihnen einen Joint zu rauchen und über die überstandene, lustige Geschichte herzlich zu lachen. Der Rauch brachte sie zusammen und das nicht nur in ihrer kleinen Gemeinschaft. Überall auf der Welt war Ähnliches im Gange. Eine neue, andere Kultur brach sich einen Weg durch das verlogene Dickicht falscher Vorstellungen und Ängste. Das Beste war, dass es ohne den Rauch keinen Zugang zu ihrer Welt gab, sodass ihre Seelen endlich etwas durchatmen konnten. Sie waren jetzt ein Stamm, ein Clan, der wusste, dass er zusammengehörte und sie waren verdammt jung. *Forever young*, trau keinem über dreißig. Das war nun mal Gesetz. Ihr Gesetz, denn sie hatten ihre eigenen Regeln, die er jetzt lernen musste.

Als er sein Zimmer betrat, fand er sich einfach zu spießig. Er wollte nicht mehr so sein. Er spürte, dass er sich von etwas befreien musste. Zu viel Mutter war noch in ihm. So würde er nie zum Bumsen kommen, das wurde ihm klar. Nur das große Poster von Alfons Mucha, einem Maler des Jugendstils, dessen Frauenbilder, die so wunderschön waren und die Frauen in einer unglaublichen erotischen Würde darstellten, schien ihn zu inspirieren. Sie waren heilig und erotisch zugleich. War das die Erlösung aus seinem Dilemma. Er liebte seine Sexualität, doch fand er keinen Zugang zu ihrer. Hatten Frauen überhaupt eine Sexualität? Woher sollte er das wissen, wo er nur mit Frauen ohne Männer aufgewachsen war, die ihre Lust in der Kirche auszuleben schienen. Das wollte er jetzt ändern. Er kaufte sich eine Rolle billiger Raufasertapete und klebte mehrere Bahnen, die er in zwei Meter Länge abschnitt, aneinander, bis er eine etwa zwei mal zwei Meter große weiße Fläche hatte, die er an seine drei Meter hohe Wand nagelte.

Da er kein Geld hatte – wie fast alle, die er kannte –, kaufte er sich drei dicke Filzstifte, rot, blau und schwarz. Zuerst nahm er den schwarzen in die Hand und entfernte die Schutzkappe. Er musste sich auf die Zehenspitzen stellen und strecken, um den rechten oberen Rand zu erreichen. Dann begann er, eine geschwungene Linie bis in die linke untere Ecke zu ziehen. Irgendwie fühlte er sich befreit. Noch eine Linie, zwei Bögen, einen oberen, der etwas weiter unten in einen etwas größeren überging. Jetzt mit Blau den Schwung von der anderen Seite. Immer mit dem ganzen Körper, der sich dabei von ganz gestreckt bis tief nach unten kauernd bewegen musste. Fast war es ein Tanz, den er da vollführte. Er legte eine Platte dazu auf. Juliette Gréco, deren Chansons er so liebte. Linien an Linien fügten sich aneinander. Nun, da schon ein Geflecht entstanden war, nahm er den roten Stift. Jetzt kam Leben in das Bild. Es waren Adern eines lebendigen Teiles, das konnte er nun feststellen. Was zeichnete er da eigentlich? Er hatte sich bisher nur auf die Bewegung konzentriert, auf den Schwung, der ihn zu befreien vermochte. Eine wundersame Energie begann von dem Geflecht auszugehen und erfasste das wunderbare Teil zwischen seinen Beinen. Kam daher die Kreativität? Langsam, Linie auf Linie, sah er, was er da malte. Es war ein riesengroßes weibliches Geschlechtsteil, wunderbar lebendig, von pulsierendem Blut durchzogen. Wie durch ein großes Tor hätte man hindurchschreiten können. Nein, nicht hindurchschreiten, eher hineinschlüpfen, hineinrutschen – oder war er daraus hervorgeschlüpft? Linien auf Linien, die sich überschnitten und doch ergänzten, hatten ihn ergriffen und er wollte sich nur noch darin verlieren, sich hineinergießen. Doch war es auf eine andere Art als der Geschlechtsverkehr, das merkte er genau, auch wenn er sich durchaus danach zu sehnen begann, seinen Samen zu verspritzen. Er hatte sein erstes wahres Kunstwerk geschaffen, und sank erschöpft auf sein Bett.

Die Taten schienen eine gewisse Wirkung zu entfalten. Harry war wohl ein gewisser Auslöser davon. Er bewunderte dessen Stabilität und Selbstsicherheit. Lag es an dieser mysteriösen privaten Zauberschule, die er besucht hatte? Er fragte sich, wieso sein Freund irgendwie anders war. Nicht dass er irgendetwas Heiliges oder dergleichen an sich hatte. Nein, eher fast das Gegenteil. So wie alle anderen jungen Männer ging es auch ihm hauptsächlich darum, eine junge Frau ins Bett zu kriegen, was ihm sehr leichtfiel, denn sie standen auf ihn. Er war ein Mann der Tat und irgendeine noch so abstruse Aktion zu unmöglicher Zeit war wohl seine Art, sich künstlerisch auszudrücken. Man konnte über Veränderungen nicht nur nachdenken und philosophieren, man musste etwas tun.

Wie anders er selbst doch war. Ein Teil von ihm schien immer irgendwie über den Wolken zu schweben. Ihm war aufgefallen, dass er mit Leichtigkeit größere Zusammenhänge begriff, wo sich andere gern in Kleinigkeiten verirrten.

Jedenfalls hatte der Ausflug zu der Insel der Frauen, sein erster Joint, wie auch sein Wandgemälde eine gewisse Wirkung. Auf einmal füllte sich sein Zimmer und seine Freunde kamen nach der Schule bei ihm vorbei, um etwas zu rauchen und zu reden. Auch die Mädchen kamen, was ihn sehr stolz und glücklich machte. Es war 1968 und überall brodelte und köchelte es vor sich hin. Die Jugend war im Aufruhr. Die Universität wurde besetzt, mit Transparenten verhängt und in Berlin wurde der erste Student, der auch noch Ohnesorg hieß, erschossen. Ja, die Zeit ohne Sorgen, falls es sie jemals gegeben hatte, war wohl vorbei, und er schickte sich an erwachsen zu werden. Marvin hatte sich ein Schlagzeug aufgebaut, probte mit einer Band, und die Tür zu ihrem Zimmer blieb immer öfter offen.

Die Schule plätscherte so vor sich hin. Es war nicht allzu schwer, die Aufgaben, die ihnen wöchentlich gestellt wurden, zu bewältigen. Allerdings merkte er, dass es ihm lästig wurde, die ganze Zeit darüber nachzudenken, wie er diesen Buchtitel oder jenes Plattencover zu gestalten hätte. Das war nur die halbe Welt und Grafiker waren eigentlich keine Künstler. Sie waren irgendwo auf halber Strecke stecken geblieben, ja noch schlimmer: Sie mussten ihre Kreativität irgendwelchen Firmen andienen, die sie dazu benutzten die oft zweifelhaften Produkte zu vermarkten. Schon wieder stand er vor dieser Wand, vor der er noch vor Kurzem als Arbeiter gestanden hatte. Ja, hatten es die Leute in der Fabrik nicht doch besser? Denn sie mussten nicht groß darüber nachdenken, was sie taten. Sie taten es einfach, weil man es von ihnen verlangte und wenn um fünf die Glocken schrillten, ließen sie alles liegen und gingen ihren eigenen Interessen nach. Das Hauptproblem war, dass man für alles Geld brauchte. Alles war mit Geld verknüpft. Die Zigaretten, das wenige Essen, das man brauchte, die Miete, ja sogar das geliebte Dope – und das war sogar am meisten an das Geld gebunden. Zwar war Geld irgendwie neutral und hatte an sich keinen eigenen Wert, doch verschaffte es einem die Möglichkeiten, Dinge zu haben oder zu tun. Sie lebten alle mehr oder weniger von dem Geld ihrer Eltern und gingen ja noch zur Schule. Aber die Eltern wollten dafür auch etwas haben. Er hatte ja fast noch Glück, denn er bezog eine kleine Halbwaisenrente und das Geld seiner Mutter kam aus ihrer Witwenrente, die sein Vater hinterlassen hatte. Ein kleines Geschenk seiner künstlerischen Freiheit.

Ohne es zu wissen, war er ein wenig freier als sie, auch wenn es nicht direkt danach aussah. Denn seine etwas seltsame katholische Erziehung hatte einen tiefen Graben zwischen oben und unten aufgeworfen. Zwar waren in der wunderschönen Barockkirche der kleinen Stadt, in der er aufgewachsen war und die der barmherzigen Gottesmutter Maria geweiht war, durchaus einige nackte Busen und viele pralle Hintern kleiner Engelchen zu sehen.

Auch wenn er seine ersten kleinen Flirts mit Mädchen hatte, die auf der anderen Seite des Kirchenschiffes saßen und sich bereits etwas in der Sonntagshose zu regen begann, waren die Gedanken an das Geschehen da unten doch Sünden, die offenbar der direkte Einstieg in eine gruselige Hölle waren. Für die, die ganz oben saßen, wie Eltern, Lehrer, Bischöfe, Politiker und dergleichen, war dies ja ganz praktisch. Denn sie hatten nur noch einen weit entfernten Gott über sich, der sich wohl hauptsächlich mit den Geschehnissen in der Unterhose zu beschäftigen schien. Die gnädige Gottesmutter war immer noch Jungfrau und noch mit keinem Mann in Berührung gekommen. Bis auf einen, der es sich in ihrem Bauch bequem gemacht hatte. Er fragte sich, ob eine Frau auch eine erotische Beziehung zu dem kleinen männlichen Wesen dort drin haben konnte, oder war auch das verboten? Jedenfalls begann die Pubertät alles zu verdrängen und hinter dem sich entleerenden Samenstau begannen Eltern, Lehrer und der liebe Gott langsam zu verschwinden.

Doch irgendwelche Spuren hatten sie hinterlassen, das merkte er an seinen Freunden, die nicht mit so einer weltfremden Erziehung „gesegnet" waren.

Egal, eine neue Zeit war angebrochen und wie so oft war es die Kunst, diesmal vor allem die Musik, die etwas Neues zu verkünden hatte. Nicht nur dass sich einfach junge Leute mit ihren Instrumenten zusammenfanden und einfach zu spielen anfingen. Nein, sie verfügten mit ihren elektrischen Verstärkern über eine so große Kraft, die wohl eher an die Posaunen der Engel denken ließ, die die Mauern von Jericho einstürzen ließen. Auf schwarze Scheiben gepresst waren sie auch in seinem Zimmer angekommen. Was auch dringend notwendig war, denn immer mehr junge Leute kamen vorbei, um einen Joint zu drehen, Musik zu hören und das große Bild eines weiblichen Geschlechtsteils zu betrachten. Das Rauchen folgte immer einem gewissen Ritual.

Natürlich war derjenige, der was zum Rauchen mitbrachte, der Held – vor allem, wenn es gut war. Denn es gab schon einen enormen Unterschied zwischen einen „Schwarzen Afghanen", und einem „Grünen Türken". Doch ebenso wichtig war, wie sorgfältig der Joint gedreht wurde. Denn es bedurfte schon einiger Fingerfertigkeit, dies richtig zu machen. Jetzt kam er ins Spiel, denn es war sehr wichtig, mit wem man zusammensaß und wo. Es war sehr wichtig, sich zu vertrauen und sich an dem Platz, an dem man sich befand, sicher zu fühlen. Zwar konnte es durchaus geschehen, dass der Vermieter, ein einfacher Arbeiter, der das Haus wohl geerbt hatte und weit weg auf dem Land lebte, plötzlich in der Wohnung stand, da er einen Schlüssel hatte. Doch scheinbar mochte er junge Leute und war glücklich, wenn er einmal Jennys vollen nackten Busen sehen konnte.

Das Wichtigste war, dass es keine Eltern gab und dass man die Musik laut aufdrehen konnte. Meistens waren sie eine kleine Runde von vier, fünf Leuten, die es sich dann auf dem Boden im Schneidersitz gemütlich machten und sehnsüchtig auf die Fertigstellung der großen weißen Tüte wartete. Endlich wurde sie angeraucht und alle Augen richteten sich auf die Lippen des Rauchers. Wie oft würde er daran ziehen, wem würde er den Joint dann weiterreichen. Eine gewisse Spannung und Ungeduld war zu spüren. Zwei, drei tiefe Züge waren okay, vier oder fünf begannen problematisch zu werden. Egoist, na ja, er hat das Dope ja auch mitgebracht, kann er ja. Dann wanderte das Gerät in eine Richtung weiter. Irgendwie begann sich ein gewisser Sozialismus zu entwickeln, denn wie man sich in der kleinen Runde verhielt, war ausschlaggebend für das Glück und die Zufriedenheit seines Nachbarn oder seiner Nachbarin. Nicht gut angesehen war der oder diejenige, die, den Joint in der Hand, plötzlich zu plaudern begann, was zum Glück meistens erst in der zweiten Runde geschah. Hilflos sah man dann eine Zeitlang zu, wie der Joint langsam verglühte. Eine Katastrophe, die den oder diejenige etwas unbeliebt machte. Meistens war es eine Sie, oder auch nicht. Auch den letzten Zug zu bekommen, war in Ordnung. „Kann sein, 's es schon nach Filter schmeckt", meinte dann derjenige, der dies tat. Irgendwie hatte es etwas Archaisches, wie in alten, längst vergangenen Zeiten, so zusammenzusitzen und sich den Rausch zu teilen. Alle waren sich bewusst, dass es durchaus auch an ihnen lag, wie das, was jetzt auf sie zukam, sein würde.

Er hatte Glück, denn sie befanden sich ja in seinem Wigwam, was durchaus Vor- und Nachteile hatte. Der Vorteil war ganz sicher, dass er sich nicht um die Rauchwaren kümmern musste, denn sie kamen ja zu ihm, um in Ruhe etwas zu rauchen. Der Nachteil war, dass sie, wenn sie wieder gingen, ihn mit überquellenden Aschenbechern, zerkratzten Schallplatten und einem leer gefressenen Kühlschrank zurückließen. Meistens war er dann auch allein und erinnerte sich daran, dass er auch etwas für die Schule tun musste.

Einer von den beiden Lehrern, die die Schule gegründet hatten, war immer da. Er war irgendwas um die dreißig, hatte Frau und Kinder, sah mit seinem dicken Schnauzbart ganz gut aus und hieß auch noch Baum, was irgendwie vertrauenserweckend war. Ganz anders der andere Lehrer, der zwar im selben Alter war, doch hauptsächlich durch Abwesenheit glänzte. Vor ihm hatten sie alle ganz besonders Respekt. Ein echter Künstler, so wie es aussah. Gefürchtet waren seine Kurzauftritte, wenn er noch voll auf Koks war und von Ibiza kommend im Schnellgang die Klassen betrat, sich ihre Arbeiten kurz ansah und mit Schwung und einem roten Filzstift darauf herumkritzelte. Auf einmal wurden sie alle blass. Was waren sie doch für unbegabte Loser! „Achtung, der Condula kommt!" Sie waren auf einmal wie gelähmt. Die Mädchen bewunderten ihn sehr und die Jungs wollten sein wie er, denn er schien auch einen Haufen Geld zu verdienen. So manchen Werbeauftrag, den er an Land gezogen hatte, ließ er dann gern als Wochenaufgabe von den Schülern bearbeiten, um dann das beste Ergebnis für sich zu verwerten. Er war ihr Vorbild. Tatkräftig, unabhängig und skrupellos, um den reichen Arschlöchern, die es ja inzwischen in großer Anzahl gab, das zu viele Geld, das sie besaßen, aus der Tasche zu ziehen. Ein echter Werbeprofi halt.

Baum ließ sie machen, was sie wollten. Was kann man jungen Leuten um die zwanzig auch groß sagen? Sie mussten ohnehin ihren eigenen Weg finden und die Welt da draußen war kein Kindergeburtstag, sondern eher ein Haifischbecken, in dem sich neben einigen fetten Karpfen auch ein paar Piranhas tummelten. Im Moment war ihnen das ziemlich egal. Sie gingen auf eine Kunstschule, waren Studenten und begannen, immer mehr zu Hippies zu werden. Eine große Welle von Liebe und Freiheit, die aus dem Land der unbegrenzten Möglichkeiten über London bis zu ihnen herübergeschwappt kam.

Eine neue Wunderdroge wurde auf einmal zum Thema Nummer eins. Sie sollte angeblich das Bewusstsein verändern und man sollte zu neuen Einsichten gelangen. Ein Schweizer Wissenschaftler hatte sie entdeckt, als er an einem eigenartigen Pilz, der sich an Getreide bildete, Mutterkorn genannt, geforscht hatte. Doktor Hoffmann war sein Name, was durchaus vertrauenserweckend klang. Er hatte mehr oder weniger aus Zufall selbst etwas von der Flüssigkeit eingenommen, die er daraus extrahiert hatte. Auf seinem Nachhauseweg schien sich plötzlich etwas zu verändern. Ein eigenartiges Glücksgefühl überkam ihn und er begann, die Welt um sich herum mit vollkommen anderen Augen zu sehen. Alles schien miteinander verwoben und in einem himmlischen Gleichgewicht zu schweben. Sowohl die Farben wie auch die Klänge waren in einer Harmonie, die ihn mit einer großen Freude zu erfüllen schien. Da er auch Arzt für psychische Krankheiten war, begann er sich darüber Gedanken zu machen, ob diese Flüssigkeit, als Medikament eingenommen, nicht die Möglichkeit in sich barg, auch psychisch Schwerkranken Heilung zu verschaffen. Er war der Meinung, dass eventuell eine vollkommen andere positive Erfahrung die Möglichkeit in sich barg, zum Beispiel einen Depressiven von seiner Depression zu heilen. So gelangte die Substanz zu ein paar Professoren der weltberühmten Harvarduniversität. Unter anderem zu einem Professor Timothy Leary, der sie sogleich auszuprobieren begann.

Ebenso wie Doktor Hoffmann war er von dem Ergebnis dermaßen überrascht, dass er sofort mit einigen Studenten eine Forschungsreihe startete. Doch wie bei jungen Studenten üblich, konnten sie kein Geheimnis bewahren und weckten schnell das Interesse anderer junger Leute. Da ihnen die Rezeptur bekannt war, kamen sie bald auf die glorreiche Idee, die Substanz selbst herzustellen und in Umlauf zu bringen. Vielleicht waren auch kommerzielle Interessen damit verbunden, obwohl eher ein messianischer Gedanke im Vordergrund gestanden haben dürfte, anderen zu einer wichtigen neuen Einsicht zu verhelfen.

Jedenfalls verbreitete sich die neue Droge sehr rasch unter der Jugend, die danach hungerte, der stumpfen, verlogenen Welt ihrer Eltern, die sie ohne mit der Wimper zu zucken in einen mörderischen sinnlosen Krieg schickten, zu entkommen. Sie hatten vergessen, dass junge Menschen gern leben und lieber herumknutschten als in einem Dschungel, in dem sie nichts zu suchen hatten, andere junge Menschen zu erschießen. Wie ein Virus verbreitete sich die Droge schnell. Von Mund zu Mund sozusagen. Es dauerte nicht lang und sie war wieder an ihren Ursprungsort Europa zurückgekehrt.

So nahmen die Dinge ihren Lauf und eines wunderschönen Sommertags hatte Napoleon, der eine Klasse über ihnen war, etwas dabei, das sehr seltsam aussah. Es war ein weißes Löschpapier, auf dem in etwa drei bis vier Zentimeter Abstand jeweils ein Tropfen eingesickert war. „Das sind DOM-Trips, reines LSD", meinte er flüsternd. „Wollt ihr welche?" Irgendetwas begann in ihnen zu kribbeln, und sie wurden etwas blass um die Nase. Müsli und Harry lächelten ihn vorsichtig an. „Sollen wir es mal probieren? Wir müssen es aber bei dir tun. Was meinst du?" Ähnlich wie bei seinem ersten Joint hielten sich etwas Furcht und Neugier die Waage. „Was kosten die überhaupt?", fragte er in die Runde. „Fünf Trips zwanzig Mark", erwiderte Napoleon rasch; „das ist fast der Einkaufspreis, und das ist reines LSD, ganz sicher." Auch Stella war dazu gestoßen und ihre blauen Augen hinter ihrer blonden Mähne begannen zu leuchten. „Komm, wir nehmen sechs für zwanzig. Wir können Marvin und Jenny ja jeweils einen für fünf verkaufen; die haben ja etwas Kohle, was meint ihr?" Sie war ganz Geschäftsfrau und brachte alles wieder auf ein normales Level. „Okay, machen wir", war die einhellige Meinung. Auch Napoleon war nach etwas Schlucken damit einverstanden. Wenn sie erst einmal auf den Geschmack kommen, wollen sie bestimmt mehr davon, dachte er im Stillen und willigte ein.

Als sie die Schule verließen und sich auf den zwanzigminütigen Fußweg zu seiner Wohnung machten, neigte sich der warme Sommernachmittag bereits seinem Ende entgegen. Müsli wollte noch kurz in die Wohnung seiner Eltern, die auf dem Weg lag, um etwas Essbares aus dem elterlichen Kühlschrank zu besorgen. Sie erklärten sich im Gegenzug bereit, für Getränke zu sorgen, vor allem Orangensaft, der solle gut zum „Runterkommen" sein, hatten sie gehört. Harry wollte noch kurz loslaufen, um was zum Rauchen zu besorgen, denn ohne was zu rauchen wollten sie den Abend und die Nacht nicht verbringen. Auch Kippen mussten noch genug besorgt werden, denn sie waren sich nicht sicher, ob sie später auf Trip noch in der Lage dazu sein würden.

Ein wenig weiche Knie hatte er schon, als er den Schlüssel in das schwere Tor des alten Hauses steckte und die kleine verschwörerische Gemeinschaft die knarrende alte Holztreppe in den zweiten Stock emporstieg. Schon wieder war er drauf und dran, etwas Verbotenes zu tun, aber langsam hatte er auch Erfahrung darin. Wenn er recht überlegte, war doch schon das ganze Leben seit der Geburt so gewesen – etwas Verbotenes zu tun, nur dass man es am Anfang gar nicht wusste, dass es verboten war. Man tat einfach etwas und sah dann, was geschehen würde. Zum Glück waren sie ja immer noch Kinder, man musste es einfach tun.

Als sie die Tür öffneten, waren Marvin und Jenny bereits da und lagen nackt mit einem Joint in der Hand auf ihren Matratzen. Als sie ihnen von ihren Vorhaben erzählten, waren sie sofort begeistert. „Na klar machen wir mit!" Jenny hatte sich in ihrem Bett spontan aufgerichtet und zeigte stolz ihre wohlgeformten Brüste. Marvin begann sich vor lauter Vorfreude spontan hinter sein Schlagzeug zu setzen und ließ einen lauten Trommelwirbel vernehmen. „Wann soll es denn losgehen?", fragte Jenny, die einen mütterlichen Gesichtsausdruck angenommen hatte. Immerhin war sie mit ihren 22 Jahren die Älteste und durchaus eine Respektsperson, vor der sie alle etwas in die Knie gingen. „Wir müssen noch auf den Müsli warten", sagte Stella; „und ich muss um spätesten zehn Uhr gehen." „Das ist schade", sagte er, denn Stella zu sehen und in der Nähe zu haben, tat verdammt gut.

Es klingelte, und Müsli stand mit einer Plastik-Einkaufstüte vor der Tür. Jenny war in der Küche verschwunden, um für alle einen Tee zu kochen, und sie begaben sich in sein Zimmer, um sich dort auf den Boden zu setzen. Zum Glück hatte Müsli ein paar coole Platten mitgebracht und die untergehende Sonne warf ein freundliches warmes Licht auf die kleine Gemeinde.

Es war die Zeit, in der man sich anschickte, den Planeten Erde mit großen Anstrengungen und starker Willenskraft zu verlassen. Es war ein Wettlauf der Supermächte entstanden. Wer würde als Erster einen anderen Himmelskörper betreten? Der am nächsten gelegene war der Mond. Dorthin zu reisen, war schon ein alter Traum. Es wurden mutige Männer gesucht, die in eine winzig kleine Metallkapsel gequetscht und auf einem riesigen Tank mit einem hochexplosiven Treibstoffgemisch unter ihren Hintern diese Reise wagen würden. Die Hoffnung fast aller Menschen schien darauf gerichtet zu sein. Es schien nur ein weiterer konsequenter Schritt zu sein. Denn man besaß ja bereits Raketen, die in Sekunden Tod und Vernichtung an jeden gewünschten Platz dieses wunderbaren, herrlich himmelblauen Planeten bringen konnte. Auch war es für die Regierungen der Länder ein willkommenes Mittel, von ihren mörderischen, sinnlosen Kriegen abzulenken. Vielleicht war es doch eine gute Idee, sich zu anderen Planeten aufzumachen, da man ja konsequent bereit war, alles dafür zu tun, diesen hübschen – Erde genannt – unbewohnbar zu machen.

So manches Mal hatte er sich schon gefragt, wie dumm man eigentlich sein musste, den Ast, auf dem man saß, selbst abzusägen. Aber Weisheit war nicht unbedingt die Stärke dieser dumpfen Erdenbewohner, die immer noch Keulen schwingend vor ihren Höhlen standen. Weisheit war ja auch weiblich und die Strukturen dieser Keulen schwingenden Neandertaler offensichtlich männlich.

An was glaubten diese verstaubten, verknöcherten alten Säcke eigentlich, die sich einem christlichen Gott verschrieben hatten? „Du sollst deinen Nächsten lieben wie dich selbst", so predigten alte Männer in prächtigen weiblichen Gewändern, wenn sie geweihtes Wasser über Panzer verspritzten, in denen sie dann ihre eigenen Kinder in den Tod schickten, statt sie zu fragen, in was für einer Welt sie denn gern leben möchten. „All you need is Love", so hatten sie die vier Jungs aus Liverpool aufgeweckt, und sie hatten begonnen zu verstehen. Doch die Liebe, die sie in sich spürten, war eine andere. Sie war wirklich, nicht gelogen und stark wie ihre Verstärker und ihre elektrischen Gitarren und Schlagzeuge. Mit denen konnte man nicht lügen. Sie hatten sich abgesetzt mit ihrem Rauch und den kleinen Ritualen.

Jetzt wollten sie weiter gehen und einen Schritt in eine andere Dimension wagen, in der der Wahnsinn keinen Zugang mehr zur Normalität hatte. Sie hatten Verbündete dort drüben im gelobten Land der Freiheit, und überall. Sie waren nun bereit, sich ihnen anzuschließen, denn die treibende Kraft war die Liebe in ihren Herzen. Denn die Liebe ist ein Vertrauter der Jugend und es immer schon gewesen, von Anfang an. Was für ein Glück, jung zu sein in dieser Zeit. Wie verschworene Kinder saßen sie nun am Boden seines kleinen Altbauzimmers in der großen grauen Stadt und waren bereit, etwas Verbotenes zu tun.

Jenny hatte jedem eine Tasse Tee eingeschenkt und Müsli legte eine seiner Platten auf. „Yardbirds – For your Love, for your Love", tönte es vom Teller seines billigen Plattenspielers. „Lasst uns erst einmal einen bauen", war die einhellige Meinung und Stella, die das sehr gut konnte, schickte sich an, es zu übernehmen. Es tat so gut, ihr dabei zuzusehen. Ihre geschickten feinen Künstlerhände bereiteten alles sorgsam vor, während alle Blicke auf sie gerichtet waren. Ihre hellblonden glatten Haarsträhnen hingen ihr in ihr wunderbares ovales Gesicht, die sie ab und zu mit einem Pusten zur Seite zu schieben versuchte. Wie sehr er sie doch liebte. Doch hatte er auch großen Respekt vor ihr, da sie aus einem guten, wohlhabenden Hause stammte und in einer alten Villa unter einem Schloss lebte. Sie war von einem anderen Stern und es musste ein schöner Stern sein. Das spürten auch Harry und Müsli.

Als sie ihren Kopf hob, um mit ihrer rosa Zunge den Klebestreifen des Joints abzuschlecken und die Tüte sorgsam zu verkleben, meinte Jenny, die wie eine Mutter über der kleinen Runde thronte: „Sollen wir den Trip nicht schlucken, bevor wir den Joint rauchen?" Es klang sehr vernünftig, und sie war ja auch die Älteste von ihnen. „Du hast recht", pflichteten sie ihr bei, „dann kommen wir etwas langsamer drauf." Jenny hatte das weiße Löschpapier mit den Tropfen bereits in kleine Stücke geteilt und reichte nun jedem sein kleines rechteckiges Stück. Wie eine Hostie, die er einst in der Kirche bekommen hatte, legte er sie auf die Zunge und ließ sie langsam zergehen. Draußen begann es bereits dunkel zu werden.

Stella nahm nur einen halben, denn sie wollte ja noch heimfahren. Ihre Eltern machten sich sonst zu große Sorgen, denn sie war ein behütetes Einzelkind mit einem strengen Papa. Jetzt spülten sie das zerkaute Papier mit einem Schluck Tee herunter und Stella reichte ihm den ordentlich geformten Joint herüber. „Rauch du ihn an, wir sind ja bei dir", sagte sie lächelnd, und ihre warmen hellblauen Augen sahen ihn wissend an. Was für eine Ehre und was für ein Glück, dachte er und nahm das Geschenk dankend an. Er nahm zwei tiefe Züge. Es war etwas Gutes, das merkte seine Lunge gleich, denn sie hatte sich in der Zwischenzeit schon an so manches gewöhnt. Er reichte ihn an sie mit einem Lächeln, doch ohne etwas zu sagen, zurück. Nach einigen Zügen ging er weiter an Jenny, dann an Marvin. Müsli hatte die Platte umgedreht und der Joint erreichte nun Harry, der ihn bald an Müsli, der neben ihm saß, weiterreichte.

Etwas hatte sich verändert. Die Musik hörte sich irgendwie klarer an. So, als hätte man vorher nicht richtig zugehört. Seine Hände hatten einen leichten feuchten Film bekommen, der sich auf den ganzen Körper zu verbreiten schien. „For your Love, for your Love", sangen die Yardbirds nun schon zum zweiten Mal. Oder war es schon öfter? Etwas stimmte an der Zeit nicht. Der Gedanke an Zeit schien irgendetwas in Bewegung zu setzen. Auch die Formen, obwohl sie noch da waren, begannen sich zu verändern und mit der Musik, die jetzt irgendwie anders war, zu verschmelzen. Eine Kraft begann sich ihrer zu bemächtigen. Sie war ihm irgendwie vertraut, als würde er sie erkennen. „Hab keine Angst", schien sie zu sagen. „Wir kennen dich und du kennst uns, es kann dir nichts geschehen." Die Kraft schien ihn zu fordern, sie war stärker als er. „Komm", sagte sie und er kam. Ähnlich dem Orgasmus, wenn man an einem Punkt kommt, an dem es kein Zurück mehr gibt. Den man sich herbeisehnt, wie nichts anderes zuvor, aber den man auch etwas fürchtet, weil man auch weiß, dass es das Ende ist.

So merkte er, dass es nun kein Zurück mehr gab. Er flutschte durch eine Röhre oder einen Tunnel, wie durch den Geburtskanal und war plötzlich dort. Alice im Wunderland hatte doch recht, es gab dieses Land, und Kinder schienen es noch gut zu kennen. Zum Glück waren sie noch Kinder. Zeit und Raum der normalen Welt schienen dort nicht mehr zu existieren. Auch Klang und Farben waren nicht getrennt, sondern flossen ständig ineinander über. Alles war in ein wunderbares Licht getaucht, das sowohl außen wie auch in einem war. Auch alle Gefühle flossen zusammen zu einem einzigen Strom aus Glück und Liebe. Ja, Liebe schien der Schlüssel zu all diesem grenzenlosen Überfluss zu sein. Oder war Liebe die Ursache davon?

Jemand berührte seine Schulter. Es war Müsli. „Joint?", fragte er freundlich und reichte ihm eine neue Tüte. Verwundert blickte er auf. Hatte er gerade geträumt oder war er jetzt in einem eigenartigen Traum gelandet? Jetzt fiel es ihm wieder ein, sie hatten ja einen Trip geschluckt. Er musste lachen. Auf Trip einen Joint zu rauchen, kam ihm etwas überflüssig vor, wie eine Verschwendung von Ressourcen. Doch nahm er dankbar an. Es tat gut, dass die anderen da waren, und er liebte sie alle sehr. Überall lag jemand herum, manche halbwach, manche bereits weggetreten.

Müsli hatte „Iron Butterfly" aufgelegt, was sehr angenehm war. Denn das eine Stück „In-A-Gadda-Da-Vida" dauerte eine ganze Seite, sodass man sich gut hineinfallen lassen konnte. Er hatte sich ein dickes Honigbrot geschmiert und als er sich über den Plattenspieler beugte, tropfte ein dicker Tropfen Honig auf die Platte. Unverhofft blieb die Nadel darin stecken. Alle waren auf einmal wieder wach, da auf einmal keine Musik mehr zu hören war. „Scheiße, das war der Müsli!", Marvin war etwas zornig geworden und begab sich ins Nebenzimmer hinter sein Schlagzeug und begann wild zu trommeln. Es hörte sich ziemlich gut an, jedenfalls besser als sonst.

Überhaupt war alles besser geworden. Der Raum war jetzt viel größer und in ein warmes Licht getaucht und wenn man etwas aß, schmeckte es viel besser als sonst. Überhaupt machte sich auf einmal ein riesiger Hunger bemerkbar, „Fresstrip" genannt. Der Kühlschrank wurde leergeräumt und sie begannen, alles Mögliche in sich hinein zu stopfen. Wie eine Horde Schwangerer, die auch immer plötzlich auf alles Mögliche Appetit bekommen. Waren sie vielleicht schwanger?

Stella hatte erst einmal genug davon, außerdem dürfte ihr heimischer Kühlschrank etwas voller sein. „Willst du wirklich schon gehen?", meinte Harry. „Meinst du nicht, dass Eltern und Straßenbahn jetzt total uncool sind?" „Schon", erwiderte Stella, „aber ich bekomme sonst einen Haufen Ärger." Harry war nicht begeistert. Zu gern hätte er mit ihr noch Sex gehabt. Zum Glück hatte Müsli die Nadel wieder vom Honig befreit und sie wollten sich wieder auf die Reise begeben. „Ich fahr' dich." Harry war aufgesprungen, immerhin hatte er ja noch den „ausgeliehenen" 2CV. „Meinst du, dass du noch fahren kannst? Du hast ja immerhin einen ganzen geschluckt." Stella sah ihn etwas zweifelnd an. „Na klar, das kann ich immer." Er fragte sich insgeheim, wie er das wohl gemeint hatte.

Aber wie immer machte Harry einen ziemlich coolen Eindruck. Vielleicht war er ja gar nicht richtig drauf gewesen. „Na gut", Stella war froh, denn sie wohnte etwa dreißig Kilometer weit entfernt in einer kleinen Stadt. Sie drehte sich noch eine Zigarette und hatte etwas Mühe, in ihre Jacke zu schlüpfen. Bis auf ihre großen Pupillen war ihnen fast nichts mehr anzumerken. „Salü", Stella verabschiedete sich immer gern auf Französisch mit Küsschen links und rechts auf die Wange, was ihr den Anstrich einer Frau von Welt gab. Was sie übrigens auch war. Denn sie hatte schon mit ihren Eltern Urlaub an der Côte d'Azur gemacht. Ganz schön cool die Frau, dachte er und wäre gern wie Harry gewesen, den er auch ziemlich cool fand.

In der Zwischenzeit hatte sich Müsli an seine kleine Plattensammlung gemacht, die etwas seltsame, ganz unterschiedliche Platten beinhaltete. Neben Klassik – immerhin hatte er fünf Jahre Klavierunterricht hinter sich – gab es französische Chansons und eine Platte eines Wiener Kabarettisten namens Kreisler. Die hatte es ihm angetan. „Gemma Tauben vergiften im Park." Mit einer lieben runden Stimme wurden etwas bittere Geschichten des Wiener Alltags erzählt, was Müsli sehr gut gefiel. „Gut zum Runterkommen", meinte Jenny etwas süffisant und begab sich ins Nebenzimmer, in dem Marvin immer noch trommelte. „Ich mach' uns mal einen Kaffee", sagte sie und verschwand. „Gute Idee", rief er ihr noch nach.

Das war es also, dachte er bei sich. Eigentlich fühlte er sich großartig, wie von einer Last befreit. Überall am Boden lagen Dinge verstreut. Aufgerissene Zigarettenpackungen, überquellende Aschenbecher, halb ausgelaufene Safttüten, aufgerissene Chips*tüten, deren halber Inhalt noch auf dem dunklen Holzboden herumlag. Ganz schön chaotisch*, dachte er bei sich und fühlte sich wie nach einem Kindergeburtstag. Zum Glück kam keine Mutter mit dem Spruch: „Ja wie schaut's denn hier aus?", herein, sondern Jenny mit einer dampfenden Kanne Kaffee.

Langsam begann der Morgen zu grauen und die ersten Stadtgeräusche waren zu vernehmen. Er musste dringend aufs Klo. Alles kam ihm etwas seltsam unwirklich vor. Das war also die normale Welt. In dem schmalen Klo hing auch ein alter kleiner Spiegel und er sah sich in die Augen. Vollkommen überrascht bemerkte er, dass er nicht nur ein Gesicht hatte, sondern Hunderte, ja Tausende. Das alles war er? Er bekam einen Lachanfall, denn es sah irgendwie witzig aus. Auch als alten Mann hatte er sich kurz gesehen. Alles nur Einbildung? Das konnte ja nicht sein, oder? Jetzt begann er sich zu erinnern, dass er ja auf Trip etwas ganz anderes erlebt hatte. Eine vollkommen andere Wirklichkeit, denn dass es wirklich war, stand außer Frage, oder war es doch nur ein Traum, eine Fantasie gewesen? Gab es vielleicht verschiedene Wirklichkeiten, so wie man ja auch ins Kino gehen konnte? Während das Kino aber wirklich da war – man hatte sich ja ein Ticket besorgt –, verhielt es sich bei diesem Film durchaus anders. Da waren es Millionen von kleinen Bildchen, die nur die Illusion eines Ereignisses vermittelten. Denn niemand spazierte dort wirklich herum und doch war es fast wahrer und wirklicher als die trübe Normalität, wenn man das Kino wieder verließ.

Froh war er, als er das Klo wieder verließ, festen Boden unter seinen Füßen hatte und sich mit einer Tasse Kaffee wieder auf sein Bett legte. Am liebsten hätte er jetzt Sex gehabt, denn Marvin und Jenny hatten bereits damit angefangen und auch bei ihm war etwas zwischen seinen Beinen hart geworden. „Hast du auch eine Morgenlatte?", meinte Müsli. Er nickte mit dem Kopf. „Ich glaub', ich geh' dann mal heim", sagte Müsli; „hat doch Spaß gemacht, oder?" „Na klar, *Müsli, war doch super, machen wir wieder"* „Tschüs und bis später in der Schule, wenn ich ausgepennt habe." Er war froh, wieder allein zu sein. Dann konnte er sich wenigstens in aller Ruhe einen runterholen – was er dann auch tat. Dann verkroch er sich unter seiner Bettdecke und schlief erschöpft ein.

Als er wieder erwachte, war es bereits Mittag und er fragte sich, ob Lieben etwas mit Fallen zu tun hatte. „Falling in love" war zumindest der englische Ausdruck dafür. Jedenfalls hatte er begonnen, die gefallenen Engel, mit denen er die Nacht verbracht hatte, zu lieben. Sie waren jetzt seine neue Familie, denn sie teilten ein großes Geheimnis. Sie waren auf die „schiefe Bahn" geraten. Sie rutschten und rutschten, und am Ende war ein schwarzes Loch, auf das sie unweigerlich zusteuerten. Die Reise hatte unweigerlich begonnen. Doch war am anderen Ende ein fremdes, unbekanntes Land aufgetaucht. War es das „Wunderland" von Alice? Sie wurden immer mehr zu verzauberten Wesen, die anfingen anders auszusehen, sich anders zu kleiden und andere verbotene Dinge zu tun. Die neue Musik, die anfing, zu ihnen zu kommen, schien bereits von dort zu kommen. Noch nie zuvor hatte sie jemand zuvor gehört. Etwas hatte sie tief in ihrem Inneren getroffen und nicht mehr losgelassen. Sie waren sich sicher, auf dem richtigen Weg zu sein, auch wenn das Ende absehbar war.

Forever young war ihr neues Motto und fast keiner glaubte daran, älter als dreißig Jahre alt zu werden. „Trau keinem über dreißig", und wer wollte schon dorthin, wo einem keiner mehr trauen wollte?

Als er in die Schule kam, waren Stella und Harry bereits da. Stella hatte einigen Ärger bekommen. Scheinbar hatten ihre übergroßen Pupillen für Aufregung gesorgt. Denn wenn es früher das Schlimmste war, dass das liebe Töchterchen schwanger wurde – was ja dank „Pille" nicht mehr passieren konnte –, so war jetzt die größte Angst, dass sie Drogen nahm. Irgendwie fingen sie alle an, ein Doppelleben zu führen. War er noch vor Kurzem fast jedes Wochenende nach Hause gefahren, so war es jetzt noch alle zwei Wochen. Denn ein Wochenende brauchten sie jetzt für ihre „Trips". Das andere musste man in die sogenannte elterliche „heile Welt" eintauchen. Zwar entgingen auch seiner Mutter gewisse Veränderungen nicht, doch bemühte sie sich, sich nichts anmerken zu lassen. Es wurde immer unerträglicher, die alten Rituale aufrechtzuerhalten. Man spielte den braven Sohn so gut es ging, um dann, am Sonntagnachmittag, mit frischer Wäsche, etwas Futter und Geld wieder in der großen Stadt zu landen.

Etwas zum „Rauchen" aufzutreiben, fing an immer wichtiger zu werden. Es war die einzige Möglichkeit, den nervigen spießigen Geruch nach abgestandenem Grünkohl abzuschütteln. Nein, so ein Leben wollten sie nicht. Zum Glück gab es ja die Kunstschule, das lag noch irgendwie dazwischen. Doch wie sollte man zu Geld kommen, das man immer mehr benötigte. Denn jedes noch so kleine „Piece" kostete Geld. Geld und Liebe schienen sich irgendwie im Weg zu stehen. War es möglich, ein Leben ohne Geld zu führen? Vielleicht in weit entfernten Ländern, im Himalaya oder als Yogi am Ganges. Dann eher als wüster Räuber, der auf einem schwarzen Hengst, vermummt in ein schwarzes Tuch, fette Karawanen überfiel. Hier konnte man allenfalls noch ins Kloster gehen. Doch das erschien ihm zu schwul.

Künstler sein, war der einzige Ausweg. Etwas zu tun, was man sowieso gern tat, wie Musikmachen oder Malen. Damit konnte man sogar reich werden, wie es so manche angesagte Band gerade vormachte. Man musste etwas Neues ausprobieren und dazu war es notwendig, die alten Pfade zu verlassen. Die neue Wunderdroge LSD war jetzt in aller Munde. Zumindest bei denen, die es wissen wollten. Auch wenn in der etwas verschlafenen, im Bierdunst liegenden Stadt nicht viel davon zu spüren war, so hatte es in dem kleinen Künstlerviertel immer schon einen etwas freieren Geist gegeben, der durchaus, selbst von den einfacheren Einheimischen, toleriert wurde.

Der Sommer begann sich zu entfalten und die Ferien standen kurz bevor, als er einen Anruf bekam. Ilse, seine erste kleine Jugendliebe, rief aus Berlin an. Sie hatte bei seiner Mama angerufen und so seine Telefonnummer erfahren. Sie war inzwischen in der berühmten Kommune K1 gelandet, das große Vorbild aller Kommunen dieser Zeit. Dort, so hörte man, liefen alle nackig herum und schliefen auf großen Matratzenlagern. Wer wollte, fickte miteinander und alles wurde geteilt, sogar der eigene Körper. Junge hübsche Mädels waren daher gern gesehene Gäste. Er war mächtig stolz darauf, dass er eine kannte, die dort war und dass sie sogar ein wenig miteinander gegangen waren.

Sie fragte ihn, ob sie mit ihrem Typen bei ihm pennen könnte, denn sie wollten weiter nach Kreta, dem neuen Hippieparadies, trampen. Er war etwas enttäuscht, dass sie mit einem Freund kam. Doch willigte er natürlich gern ein und begann, sich auf das Treffen zu freuen. Berlin war fast die einzige Möglichkeit, der drohenden Einberufung zum Militär zu entgehen. Das war der Grund, weshalb sich dort wohl die interessantesten jungen Männer versammelten. Er hatte zwar den Wehrdienst verweigert, war aber bei der Gerichtsverhandlung durchgefallen. „Zu politisch" war wohl seine Argumentation, aber zum Glück war er bis zum Ende des Studiums zurückgestellt.

Der Vietnamkrieg war nun voll im Gange, doch hatte sich eine Wende angedeutet. Der Vietkong, der von fast allen Studenten unterstützt wurde, hatte erste Siege zu verzeichnen. Zum Militär zu kommen, galt es auf alle Fälle zu vermeiden. Auch wenn sie sich als Hippies der Liebe verschrieben hatten, standen sie in gewisser Weise mit den Vietnamesen im Dschungel an der Front. Es war nicht zu ertragen, dass arme Familien, die vom Reisanbau lebten, erschossen und verbrannt wurden.

In Berlin wurde auf einer Demonstration gegen den Vietnamkrieg der erste Student erschossen. Auch in seiner Stadt hatte es die ersten Toten gegeben. Auf was für einem verrückten Planeten lebten sie eigentlich? Was für Wahnsinnige waren da eigentlich an der Macht? Alte Männer schickten ihre eigenen Kinder in den Tod, für nichts. Auf der anderen Seite begann man sie langsam zu verfolgen, weil sie „Hasch" rauchten und „Drogen" nahmen. Hatte man noch vor Kurzem ihre Väter in einem ebenso sinnlosen Krieg auf Drogen an die Front geschickt. Die ersten großen Erfolge des sogenannten Blitzkriegs waren durchaus einer Droge namens Pervitin zu verdanken. Nahm man diese Wunderpille ein, so fühlte man sich unschlagbar und konnte mehrere Tage und Nächte wach bleiben. Auch den Frauen verabreichte man diese Droge gern in Form von Pralinen; sie sollte sexuelle Verkrampfungen mindern. Auch war durchaus ein Teil der Führerschaft von Drogen wie Morphium und Kokain abhängig. Nur der geliebte Führer selbst schien äußerst „clean" zu sein. Er schlief nur gern bis spät in den Tag hinein und berauschte sich an seiner Macht und den Klängen von Wagner Opern.

Mit den jugendlichen „Haschrauchern" konnte die Gesellschaft allerdings wenig anfangen. Sie lagen gern auf schmutzigen Matratzen, hörten ihre eigene Musik – die so ganz anders war – und dachten an die freie Liebe. Sie wollten weder in den Krieg noch in die Fabrik und begannen, für die neu entstandene Wohlstandsgesellschaft unbrauchbar zu werden. Hatten sie wirklich so viel Angst vor ein paar biblischen Gestalten mit langen Haaren und jungen Frauen, die sich aufgemacht hatten, sich zu befreien? Es schien so. Doch der Löwenzahn hatte keine Angst vor der schwarzen Teerdecke. „Wir sind stärker als die", hatte ihm die Blüte einst zugerufen, und er hatte nicht aufgehört, an sie zu glauben.

Ein paar Tage nach ihrem Anruf klingelte es gegen Abend an der Tür. Schnell eilte er den langen dunklen Gang entlang, um zu öffnen. Da stand sie vor ihm. „Hi", sagte sie lächelnd. „Können wir reinkommen?" „Na klar, kommt rein." Sie hatte sich stark verändert. Er hatte noch ein kleines Mädchen, das fast noch etwas rundlich war, in Erinnerung. Er fragte sich, wie viel Jahre wohl vergangen waren, als sie getrennt wurden. Sie war jetzt eine große, schlanke junge Frau geworden, fast etwas mager. Nur ihre lieben warmen Augen waren die gleichen geblieben.

Hinter ihr stand ein ebenso hagerer, langhaariger junger Mann, der wohl ein paar Jahre älter als er war. Sie gaben sich die Hand und gingen in sein Zimmer. „Schön hast du es hier", meinte sie und bewunderte sein großes Tapetenbild an der Wand. „Dann bist du ja doch Künstler geworden, wie du gesagt hast." Er nickte stolz. „Zumindest bin ich auf dem Weg. Ich geh' auf eine Grafikerschule." „Oh, wie schön", sagte sie und ihr Freund pflichtete ihr bei. „Und du?", fragte er sie. „Bist da, wo du hinwolltest, in der Hauptstadt." „Ja", sagte sie. „Wir haben uns in der Odenwald-Schule kennengelernt und sind eines Tages abgehauen. Es ging nicht mehr mit den Eltern." Er erzählte ihr, dass er schon fast zwei Jahre in der Fabrik hinter sich hatte und jetzt froh war, hier gelandet zu sein. „Das kann ich mir vorstellen." Ilse strahlte ihn an. „Dann läuft ja alles ganz gut. Hast du eine Freundin?" Er blickte etwas traurig. „Leider nicht so richtig." Auf einmal kam er sich wieder furchtbar verklemmt vor. Er wagte es nicht, ihr zu sagen, dass er mit über achtzehn noch mit keiner Frau geschlafen hatte und schämte sich deswegen sehr.

„Kommt, lasst uns erst einmal einen bauen", lenkte er ab. „Ja, eine gute Idee", meinte ihr Freund, während sie seine Platten durchsah und seine Lieblingsplatte von „Donovan" auflegte. „Den mag ich auch", sagte sie; „passt irgendwie zu dir"; und er fragte sich, wie sie das wohl meinte. Er machte für alle Tee und es begann ein gemütlicher Abend zu werden. Als später noch Marvin und Jenny dazukamen, entwickelten sich noch endlose Debatten über Politik und die arbeitende Klasse. Ilse hatte damit begonnen, aus Zigaretten den Tabak heraus zu drösen, denn sie wollte sie wieder mit einer Mischung füllen, um ohne viel Ärger über die Grenzen zu kommen. Man war langsam auf die Langhaarigen aufmerksam geworden und in Griechenland herrschte, zum Leidwesen der Bevölkerung, das Militär.

Am nächsten Tag brachen sie in aller Frühe auf, denn sie wollten noch nach Italien kommen. Er war etwas traurig und sollte sie nie wieder sehen.

Das zweite Semester war fast zu Ende und die Ferien in greifbare Nähe gerückt. Er hatte sich einen Ferienjob in einer großen Firma in der Nähe besorgt, um sich etwas Geld zu verdienen. Müsli hatte ihn überredet, mit ihm danach nach Italien zu trampen. Harrys Eltern schickten sich an, nach Amerika auszuwandern. Sein Vater, der Maschinen konstruierte, hatte dort einen gut bezahlten Job bekommen und wollte sich mit seiner Familie ein neues Leben aufbauen. Er wollte über die Ferien mit ihnen dorthin fliegen, um sich das Ganze mal anzusehen.

Marvin und Jenny wollten ebenfalls nach Griechenland, um ihren Hippie-Traum zu leben, und Stella flog mit ihren Eltern nach Andalusien. Doch zuvor hatten sie beschlossen, noch einmal einen Trip zu schlucken. Diesmal war es ein „Yellow Sunshine", der gerade in Mode war und direkt aus dem Mekka aller Hippies, aus Kalifornien, kam. Schon allein der Name klang vielversprechend.

So versammelten sie sich wieder an einem heißen Sommerabend in ihrer Wohnung. Müsli hatte zwei neue Platten dabei, von Pink Floyd und „It's a Beautiful Day", die ebenfalls aus Kalifornien kamen. Diesmal waren es winzig kleine orangegelbe Pillen, die besonders stark sein sollten. Sie kamen überein, es erst einmal mit einem halben probieren zu wollen. Aber wie, das war jetzt die

Frage. Jenny ging in die Küche und kam mit einem hölzernen Küchenbrett und einem großen Brotmesser zurück. Ihr Zimmer war äußerst unaufgeräumt. Neben einem etwas verdreckten Matratzenlager standen Marvins Schlagzeug und ein kleiner Tisch mit allerlei Farben, die in halb offenen Tuben und Gläsern herumstanden. Auf dem mit schmutzigen Kleidern übersäten Boden standen ein paar halb aufgegessene Teller mit den Resten ausgedrückter Zigarettenkippen. Alles schien von einer dicken Staubschicht überzogen zu sein. Marvin hatte inzwischen einen Joint gebaut, den sie erst einmal gierig in sich hineinsaugten. Von der aufgeheizten Straße drang der Lärm aufgeregter Autofahrer, die auf der Suche nach einem Freitagabendvergnügen waren.

Jenny begann nun, das riesige Messer bedrohlich über der kleinen Pille zu schwenken, während Marvin lustlos zu trommeln begann. Kann man „Yellow Sunshine" wirklich in zwei gleich große Teile schneiden, fragte er sich, während Jenny mit bestimmender Sicherheit das Messer ansetzte und zu drücken begann. Es geschah, was geschehen musste. Ein Teil der kleinen Pille sprang irgendwohin in das Nichts der vermüllten Wohnung. „Das war eine Scheißidee", Stella, die an Sauberkeit gewöhnt war, klang aufgebracht. Marvin, der bereits einen Ganzen geschluckt hatte, klang amüsiert: „Dann müssen wir halt suchen." Auch er selbst hatte bereits einen Ganzen eingeworfen, der schon langsam seine Wirkung zu entfalten begann. „Na dann los." Müsli hatte sich bereits niedergekauert und begann, den Boden abzutasten. Nun kauerten sie sich alle hin und begannen mit der Suche. „Ziemlich aussichtslos", meinte er. „Das nächste Mal nimm lieber einen Ganzen, immer diese blöde Sparerei, das bringt doch nichts."

Da der Trip langsam zu wirken begann, stellte sich heraus, dass die Geschehnisse auf dem Boden durchaus eine interessante Dimension hatten. Der Müll schien irgendwie zu leben und sich zu freuen, dass man ihm Aufmerksamkeit schenkte. „Leg doch mal eine Platte auf", sagte er zu Müsli, der sich in sein Zimmer aufmachte und erst einmal verschwunden war. Die sanften und doch eindringlichen Klänge von Pink Floyd schienen die Suche nicht unbedingt zu erleichtern, doch bestärkten sie den Eindruck, dass der Boden irgendwie zu leben schien. Überhaupt begann sowohl ihr Tun als auch die Wahrnehmung der Umgebung eine surreale Dimension anzunehmen, die sie bisher nur von Werken bekannter Künstler zu kennen schienen. Er fragte sich, ob diese wohl auch Drogen genommen hatten. Es schien so, denn alles begann eine gewisse Schönheit zu entfalten und man konnte sich durchaus an dem anmutigen Zusammentreffen einer zerdrückten Zigarette mit einem Rest Kartoffelbrei erfreuen. Wie viel Zeit vergangen war, schien ebenfalls nicht mehr zu interessieren.

Er fragte sich, was sie hier eigentlich taten, als Jenny plötzlich einen Schrei von sich gab: „Ich hab' ihn!" Tatsächlich hatte sie das kleine gelbe Teil gefunden und auch sogleich verschluckt. Die Reise konnte beginnen.

Auch er begab sich nun in sein Zimmer vor seine rosa Wand, an der nur das große Poster des Jugendstilmalers Mucha hing. Es zeigte eine wunderschöne junge Frau, deren Busen leicht zu sehen war. Kein Maler hatte je die Erotik einer Frau mit einer solchen fast heiligen Erhabenheit verbunden. Er sah die Frauen fast wie er, der ebenfalls in ihre Erotik stets verliebt war, ohne sie direkt sexuell zu begehren. War es das Schicksal des Künstlers, dem sich die wahre Schönheit nur in einer fast überirdischen Distanz entfaltet. Wie sehr er doch darunter litt, noch immer Jungfrau zu sein.

Als er sich Harry näherte, streckte dieser ihm seine Hände entgegen. „Komm", sagte er zu ihm, „siehst du das auch?" Er deutete auf die leere Wand. *Überall Palmen* und das blaue Meer. Ist es nicht wunderschön? Und da kommen auch schon die Bikini-Mädchen." Er sah zweifelnd auf die rosa Wand. „Ich seh's leider nicht, Harry." Es tat ihm leid, das hätte er auch gern gesehen. „Es ist so wunderbar warm hier." Er begann, sein T-Shirt auszuziehen, und drehte sich um. Müsli hatte gerade „It's a Beautiful Day" aufgelegt. So wie beim ersten Mal begann etwas an ihm zu ziehen, und er legte sich auf den Boden, um sich etwas zu entspannen. Die wunderbare Musik, die von einer anderen Galaxie zu kommen schien, brachte ihn auf direktem Weg dorthin. Auch wenn ihm kein Traumstrand mit wundervollen Mädchen begegnete, so fand er sich in einer wunderbaren Welt von Farben, Klängen und Gefühlen wieder, die ineinander zu verschmelzen schienen. Nichts war getrennt voneinander.

Auf einmal kam ein Lied mit einem eindringlichen Text. Eine reine Männerstimme, glasklar, über der eine engelsgleiche weibliche Stimme lag, sprach davon, man möge sich doch bitte an seine Geburt erinnern. „The day you were born", das Lied erfuhr eine gewisse Steigerung, ohne den Rhythmus zu verändern. Nur der Text änderte sich dahingehend, dass man sich jetzt daran erinnern sollte, als die Liebe geboren wurde. „The day love was born." Jetzt war es um ihn geschehen und er versank in einem endlosen Meer aus Liebe. Es war aber nicht nur ein Gefühl, es waren auch wunderbare Farben, voll aus sich selbst strahlender Lebendigkeit. Und die Musik war damit verwoben, ja, sie kam von dort. Sie war direkt von dort zu ihm gekommen, um ihm diese Botschaft zu überbringen.

Er fragte sich, wie dies möglich sein konnte, und öffnete die Augen. Auch sein Zimmer war wieder in ein goldenes Licht getaucht, seine Freunde waren wunderschön und strahlten eine große Liebe aus. Als er seine Hände betrachtete, erkannte er in einem kosmischen Augenblick, was für ein Wunderwerk doch dieser Körper war. Wie schön es doch war, diesen jungen Körper zu besitzen. War er nun dieser Körper oder das unbekannte Universum, in das er gerade hineingeblickt hatte? Wie gut, dass es diese wunderbare Musik gab, die sowohl von hier als auch von dort zu kommen schien.

In derselben Woche begann in der nicht sehr weit entfernten Universität ein Kongress über psychedelische Drogen, allen voran LSD. Es war gerade das Thema Nummer eins unter den Studenten. Es waren auch die bekannten Harvard-Professoren Timothy Leary und Doktor Evans-Wentz zu Vorträgen eingeladen. Unter anderem hatten sie eine Art Reiseführer für einen Trip nach dem „Tibetanischen Totenbuch" verfasst, was große Aufregung hervorrief. In einem nahegelegenen Insiderkino, in dem sonst spät am Abend Studentenhappenings stattfanden, in denen zu alten Agentenfilmen laut die Texte geschrien, geraucht und Bierflaschen auf die Leinwand geworfen wurden, zeigte man einen Film, in dem bekannte Wiener Künstler während eines LSD-Trips gefilmt wurden.

Auch sie hatten vor, einen kleinen Beitrag zu leisten, und Marvin hatte zu diesem Zweck ein altes Tonbandgerät in die Mitte seines Zimmers gestellt. Sie hatten sich vorgenommen, in den kurzen Pausen, in denen man den Tripzustand verließ, einen kurzen Bericht über ihre Wahrnehmungen abzugeben. So saßen sie um das Tonbandgerät herum und hatten sich erst einmal einen Joint gebaut. Als sie einige Züge genommen hatten, verschwanden sie wieder in diesem seltsamen Raum, der in seiner Fülle und seinem Reichtum nicht zu fassen war. Das Tonband lief und lief.

Als sie sich wieder an ihr Vorhaben erinnerten und anfingen, wieder festen Boden unter sich zu spüren, war der Joint leider ausgegangen und er fragte seinen Freund nach Feuer: „Hast du mal Feuer?", dann eine lange Pause und etwas Gelächter. „Hast du jetzt Feuer?", kam nach einiger Zeit die Antwort. So ging es wohl eine Zeitlang hin und her, bis das endlos sich wiederholende Schleifen des zu Ende gegangenen Bands zu hören war.

Als sie sich am nächsten Tag die Erkenntnisse ihrer universellen Exkursionen anhören wollten, war außer „Hast du mal Feuer?" und ein paar Zimmergeräuschen und etwas Gelächter rein gar nichts zu hören. Das, was sie erfahren hatten, war irgendwie nicht einzufangen gewesen. Die langen Pausen, in denen die großen Erkenntnisse stattgefunden hatten, waren der normalen Außenwelt nicht zu vermitteln. Ähnliches widerfuhr wohl den Wiener Künstlern, die sich für dieses filmische Experiment zur Verfügung gestellt hatten. Ein berühmter Bildhauer sprang vor einer riesigen Leinwand auf und ab und schien sich darüber zu freuen, dass er mit beiden Händen exakt das Gleiche zeichnen konnte und dabei beständig im Wiener Dialekt „der Mensch als Simultanwesen, der Mensch als Simultanwesen" rief und gab dabei eine etwas seltsame Figur.

Währenddessen hatte sich ein bekannter Maler, der zu einiger Berühmtheit gekommen war, indem er schöne Bilder einfach schwarz übermalte, ebenfalls schwarz gekleidet in eine Ecke eines leeren weißen Raumes gekauert, wo er sich stundenlang nicht rührte. Die Maler Hundertwasser und Ernst Fuchs malten fröhlich vor sich hin. Bei ihnen hatte man den Eindruck, dass der Zustand, in dem sie waren, eher das Normale war. Sie hatten bereits, wie viele Künstler vor ihnen, das „große Unsichtbare" auf ihre Leinwände gebracht.

Doch das größte Glück, dies zu tun, schienen einwandfrei die Musiker zu haben. Die Klänge, die nun von seinem alten, billigen Plattenspieler kamen, schienen direkt und ohne Umschweife von dort zu kommen. Musik zu machen, war also auf Trip möglich und sie begannen sich zu überlegen, ob sie das nicht auch tun sollten. Marvin stand auf und begab sich hinter sein Schlagzeug und trommelte einen leichten Rhythmus. Es tat gut, die immer gleichen Wiederholungen zu hören und er selbst fing an, es seinen Freunden gleich zu tun, und war eingeschlafen.

Als er montags den Vorplatz der Schule betrat kam ihm Stella entgegen. Immer wenn er sie sah, ging ein helles Licht in ihm auf. Es tat so gut, sie anzusehen. Ihr glattes hellblondes Haar, das ihr immer etwas in ihr ovales Gesicht fiel und die hellblauen Augen, die darunter fröhlich hervorblitzten, hatten es ihm angetan. Sie hatte eine Sommerbluse mit großen Blüten an und trug einen hellblauen Minirock über lila Strumpfhosen, die in dunkelblauen Stiefeln steckten.

Unter dem Arm hatte sie ein paar Platten eingeklemmt. „Cream und Jimi Hendrix musst du dir unbedingt anhören", meinte sie beschwörend. „Echt der Hammer. Kannst ja später zu mir kommen. Dann können wir sie zusammen anhören", erwiderte er und sie willigte ein. „Vielleicht kommen ja Harry und Müsli auch mit." Er wusste, dass er und Harry gleichermaßen in sie verknallt waren, und sie mochte wohl beide gern. Sie wirkte manchmal etwas unnahbar, wie von einem anderen Stern.

Sie hatten den Auftrag bekommen, einen Schriftzug für eine neue Kneipe, die ganz in ihrer Nähe im Londoner Hippie-Stil entstehen sollte, zu entwerfen. Der etwas anrüchige Name sollte „Drugstore" sein und sie hatte die Idee, ob sie beide nicht zusammen einen Entwurf abliefern sollten. Er fand die Idee ausgezeichnet und freute sich darauf, mit ihr an einem Tisch sitzen zu können.

Jeder skizzierte vor sich hin und sie unterhielten sich dabei. Die Schrift, die damals schwer in Mode war, war etwas an den weichen runden Schriften des Jugendstils angelehnt. Stella wusste auf jeden Fall Bescheid und sie einigten sich auf ein lang gestrecktes Oval, in das sie die dickbäuchigen Buchstaben hineinquetschten. Baum, ihr Lehrer, trat hinter sie und war begeistert: „Der gefällt mir; ich glaube, den nehmen wir, ich muss ihn aber erst Condula zeigen." „Ich werde ihn später mit nach Hause nehmen und eine Reinzeichnung anfertigen", sagte Stella mit einem frohen Lachen. Auch er war ganz fröhlich geworden, denn er liebte sie sehr.

Sie machten sich auf den Weg zu ihm, um sich ihre Platten anzuhören. Die heiße Sommersonne brannte noch auf die staubige graue Straße. Harry und Müsli wollten etwas später nachkommen und noch etwas zum Rauchen besorgen. „Eine gute Idee", wie Stella verschmitzt meinte. Das fand er auch. Als sie die Wohnung betraten und den schmalen Gang an der Küche, in der ein alter Gasherd stand, entlangliefen, schlug ihnen ein entsetzlicher Gestank entgegen. Ein riesiger Berg von Plastiktüten, die mit Müll gefüllt waren, hatte sich aufgehäuft. „Jeder behauptet, er würde immer den Müll runtertragen und jetzt macht es gar keiner", sagte er entschuldigend. Stella hielt sich die Nase zu, und er begann sich etwas zu schämen. Auch der Gang durch Marvins und Jennys Zimmer war nicht sehr erhebend, sodass sie es schnell durchquerten.

In sein Zimmer, das etwas aufgeräumter war, schien noch eine warme Spätnachmittagssonne. Er ging zu den großen Altbaufenstern und riss sie auf. Sofort strömte die heiße Stadtluft mit ihrem Großstadtlärm herein. Jetzt, wo sie da war, fühlte er sich wohl. Alles erschien ihm weiter und größer als sonst, wenn er allein nach Hause kam.

„Magst du einen Tee?", fragte er sie vorsichtig. „Ja, sehr gern." Sie begann, seine Platten durchzublättern, während er in der Küche verschwand, um heißes Wasser zu machen. Als er mit den zwei Tassen, in denen jeweils ein Teebeutel hing, wiederkam, hatte sie bereits „Cream" aufgelegt. „Das musst du dir anhören, total gut", sagte sie. Die Musik war irgendwie „überirdisch". „Die müssen es voll auf LSD aufgenommen haben", sprach Stella mit verklärtem Gesichtsausdruck. „Tun sie das nicht alle inzwischen", meinte er. „Ja, bestimmt", sagte sie, „sogar bei den Konzerten und nicht nur sie, das Publikum doch auch. Weißt du, dass sie ein riesiges Festival planen, in einem Ort namens Woodstock in Amerika? Dort wollen sich alle treffen. Hunderttausende und alle auf Trip. Stell dir diese Energie vor. Ich glaube, der ganze Planet verändert seine Umlaufbahn. ‚Love and Peace' und die hören endlich mit ihren Scheißkriegen auf und lassen uns in Ruhe." Sie war ins Schwärmen gekommen und ihre hellblauen Augen hatten einen überirdischen Glanz angenommen. „Meinst du", sagte er etwas zweifelnd. Denn die anderen hatten gerade ein ganzes Dorf voll Frauen, Kindern und alten Leuten ausgerottet. Mi Lai war der traurige Name und die Bilder der niedergeschlachteten Mütter und kleinen Kinder waren gerade durch die Weltpresse gegangen.

Sie hatte Jimmy Hendrix aufgelegt und die amerikanische Nationalhymne klang verzerrt und zerschmettert durch den Raum. Er war unheimlich stark, er würde es mit allen aufnehmen; niemand konnte ihn aufhalten, das war klar. In Stellas Augen waren Tränen aufgestiegen. Wie die kleine Sonnenblume, die er einmal getroffen hatte, schien auch sie ihm zu zurufen: Hab keine Angst, wir sind stärker als die. Wie froh er doch war, sie getroffen zu haben. Er überlegte, ob er ihr nicht einen Kuss geben solle, als es an der Tür klingelte. Als er aufmachte, standen Harry und Müsli davor. „Wir haben was zum Rauchen dabei", sagte Müsli. „Ja fein, kommt rein", sagte er und freute sich auf den Joint.

Stella baute einen ihrer wundervollen Tüten und während sie rauchten und Müsli die neuen Platten auflegte, eröffnete ihnen Harry, die Augen fest auf Stella gerichtet, dass er in die USA fliegen würde, seine Family besuchen. Um den Flug etwas günstiger zu gestalten, wolle er ein halbes Kilo Hasch mitnehmen. Stella fiel aus allen Wolken und brach in Tränen aus. „Bist du wahnsinnig?!", rief sie laut. „Das kannst du nicht machen. Weißt du, was passiert, wenn sie dich erwischen? Meinst du, es lohnt sich wegen ein paar hundert Mark einige Jahre in einen amerikanischen Knast zu verbringen?" Harry blickte sie gelassen an. „Sie erwischen mich nicht", sagte er jetzt ebenso laut. „Ich werde mir die Platte auf den Rücken kleben, da kommen sie beim Abtasten nicht hin. Das habe ich gesehen." „War wohl in einem Agentenfilm mit Eddie Constantin." Jetzt mussten sie alle lachen. „Und wann willst du das machen?", fragte Stella, die langsam wieder ihre Fassung zurückgewann. „In einer Woche", erwiderte er. „Wäre schön, wenn wir es hier machen könnten, muss auch erst mal die Kohle auftreiben und das Dope besorgen."

Irgendwie war ihnen die Laune vergangen. Etwas zu rauchen, war das eine, aber größere Mengen zu schmuggeln, war doch etwas anderes. Das merkte man sofort. „Typisch Harry", meinte Müsli im Hintergrund. „Der will es hart, findet das wohl männlich." Er grübelte nach. War es das? Wollte er unbedingt Stella beweisen, wie männlich er doch war, sich einer solchen Gefahr auszusetzen? So konnte man also auch das Herz einer Frau gewinnen, indem man ihr etwas Angst machte, um ihr dann zu zeigen, was für ein toller Held man doch war. Sie verabredeten, sich hier in seinem Zimmer in einer Woche wieder zu treffen. Irgendwie freute er sich nicht besonders darauf.

Er hatte mit seinem Ferienjob in einer Zweigstelle eines großen Konzerns ganz in der Nähe begonnen. Die Arbeit war recht einfach. Er saß in einem kleinen weißen Raum an einem Fotokopiergerät und wartete, bis eine nette Sekretärin vorbeikam und ihn mit einem Stapel Dokumente versorgte, die er dann zu vervielfältigen hatte. Den Job hatte ihm Müslis Schwester besorgt. Er war sozusagen eine Urlaubsvertretung. Wie angenehm es doch war, in dem hellen Raum zu sitzen und nur dem gleichmäßigen Geräusch der Maschine zu lauschen. Alle Sorgen waren auf einmal weit weg und er verdiente sogar etwas Geld für die Ferien mit Müsli.

Als er die ihm überbrachten Dokumente einmal näher betrachte-te, stellte er fest, dass es sich fast ausschließlich um Pläne für die Rüstung handelte. Da waren niedliche Panzer, fein säuberlich gezeichnet, abgebildet. Auf anderen waren kleine Kampfjets zu se-hen. Schon wieder war er aus Versehen der Macht zu nahegekom-men. Was sollte er jetzt tun? Er hatte die Arbeit angenommen und brauchte dringend das Geld. Doch ein Teil von diesem Räderwerk zu sein, war alles andere als erheiternd. Seine Hippieseele hatte ein schlechtes Gewissen bekommen. So fühlte es sich also an, wenn man zwar Bescheid wusste und trotzdem weitermachte. War al-les, was mit Geld zu tun hatte, mit diesem Konflikt verbunden?

Er dachte an Harry – nein, er mochte nicht tauschen. Er würde weitermachen, seine Zeit absitzen und mit den freundlichen Se-kretärinnen ein paar nette Worte wechseln. Nach der Arbeit würde er ruhig nach Hause gehen. Vielleicht einen kleinen Joint rauchen und gute Musik hören, so wie alle anderen auch. Der Gedanke an Harry saß aber wie ein Stachel in seinem Fleisch. Er wusste genau, dass Stella ihn deswegen bewunderte. Auch wenn sie es nicht zu-gab. Immer dieser Harry – er vögelte die Frauen, in die er verliebt war. Klaute Autos und brach ein, und er selbst war dazu verdammt, zuzusehen und allenfalls mal mitzumachen. Sein Wunsch, wie er zu sein, wurde immer stärker. Aber er war nicht Harry.

Er mochte am liebsten zu Hause sein, an seinem großen Arbeits-tisch sitzen und schöne Bilder malen. Das war *er*. Doch er fürchtete, dass dies wohl nicht langen würde, um ein nettes Mädchen ins Bett zu kriegen. Das Schlimmste aber war, dass er noch immer Jung-frau war, obwohl er schon auf die neunzehn zuging. Umso länger er es hinauszögerte, desto schlimmer wurde es. Es war zum Kot-zen. Das Einzige, was blieb, war der bittersüße Rauch, der einen angenehm entspannt zurücklehnen ließ, ohne an irgendetwas zu denken. Eigentlich war es durchaus angenehm, eine Arbeit zu ha-ben. Man konnte aufhören nachzudenken; denn das erledigten ja andere für einen.

Nun waren sie es also geworden. Kriminell und rauschgiftsüch-tig. Der absolute Albtraum aller Eltern. Zwar war man bemüht, wenn man in das traute Heim zurückkehren musste, um sich mit Futter und etwas Geld einzudecken, ein einigermaßen gesittetes Bild abzugeben, was auch meistens gelang. Frei nach dem Motto:

„Ich habe nichts gegen lange Haare, aber gepflegt müssen sie sein."
Er hatte Glück, denn seine Mutter war ziemlich weit entfernt in einer anderen Stadt und sie hatte ja zwei Kinder von einem Kunstmaler bekommen, was übrigens stolz in goldenen Lettern auf seinem Grabstein vermerkt war.

Doch für seine Kinder wollte man sicher nur das Beste und das war sicher nicht ein Lotterleben als Künstler in der großen Stadt. Aber er ging ja noch zur Schule und so genau wollte sie es auch gar nicht wissen, was er so trieb. Ihr sehnlichster Wunsch war wohl, dass er ein nettes Mädchen kennenlernen möge, die ihn schon auf den richtigen Weg bringen würde. Er konnte es verstehen, denn eigentlich war es auch sein Wunsch.

Ihm fiel Stella ein. Sie war doch der Prototyp einer guten Schwiegertochter. Fleißig, gescheit, hatte wohlhabende Eltern und sah auch noch zum Verlieben gut aus. Er nahm sich vor, sie einmal seiner Mutter vorzustellen.

Doch da draußen in der kleinen Stadt war alles so furchtbar spießig, sodass er immer froh war, in den Zug zu steigen, um in die große dreckige Stadt zurückzufahren. Viel schlimmer dran waren eigentlich seine Freunde, die – bis auf Harry – noch bei ihren Eltern wohnten. Ein absoluter Albtraum war – noch halb auf Trip – mit der Sehnsucht nach dem elterlichen Kühlschrank im Bauch Mama oder – noch schlimmer – Papa zu begegnen. Das konnte einen fast unweigerlich in die Nähe eines der gefürchteten Horrortrips bringen. Da konnte man sich nur noch schnell mit ein paar Broten in sein Zimmer verziehen und eine Platte auflegen. Wie wohl bei allen Jugendlichen war eine tiefe Kluft zwischen ihren Welten entstanden.

Doch hatte auch ihre Hippiebewegung durchaus Vorläufer. Auch Drogen waren schließlich in den vergangenen Zeiten etwas Normales gewesen. Auch kamen sie langsam dahinter, dass alte Kulturen und Religionen Drogen für ihre Ritualen benutzt hatten. Ja das ganze Hasch kam ja aus den arabischen Ländern, wo es durchaus etwas Alltägliches war, eine Wasserpfeife zu rauchen. Dort war nur der Alkohol des Teufels, was er angesichts aggressiver Betrunkener durchaus nachvollziehen konnte.

Langsam flatterten durchaus interessante Bücher in ihre Kommunen. Es gab eine brauchbare Beschreibung von Baudelaire, die „Pforten der Wahrnehmung" hieß. Auch der Schriftsteller Aldous Huxley war durchaus unter den Hippies beliebt, obwohl sie sich wünschten, seine „Schöne neue Welt" nicht mehr erleben zu müssen. Sartre und Camus und die für die Frauenbewegung wichtige Simone de Beauvoire waren natürlich ein Muss, obwohl das Intellektuelle nicht unbedingt das Seine war. Eher noch Hermann Hesse, dessen „Sidharta" man gelesen haben musste. Ihm war das etwas zu „schwul" und er bevorzugte den „Steppenwolf" und fürchtete, dass das auch seine Zukunft sein könnte. Interessanter fand er die Schriften indischer Gurus wie Sri Aurobindos „Der integrale Yoga" und ein Buch von Yogananda, das alle gelesen haben mussten.

Überhaupt schienen die psychedelischen Reisen ein gewisses Interesse für Religion zu wecken. Selbst die vier netten Jungs aus Liverpool, die den Stein irgendwie ins Rollen gebracht hatten, verzogen sich, zum Erstaunen ihrer Anhänger, nachdem sie eine Platte auf LSD produziert hatten, zu einem freundlichen alten Mann mit weißem Bart nach Indien. Überhaupt weckte die indische und später auch die buddhistische Religion das Interesse der Drogenkonsumenten. Was auch durchaus verständlich war. Denn einen tanzenden Shiva oder einen Flöte spielenden Krishna, der von hübschen Mädchen umringt war, konnte man sich eher vorstellen als eine männliche Leiche, die an einem Balken hing. Auch die Anbetung eines Shiva Lingams, eines steif aufgerichteten männlichen Glieds, gefiel ihm sehr, denn das war auch das Beste an diesem männlichen Dasein. Und hatte er nicht als Gegenstück dazu eine riesige Muschi an die Wand gemalt?

Das Hauptthema in dieser Zeit war Bewusstseinserweiterung. Doch war es bestimmt kein neues Thema unter den Menschen, denn immer gab es schon welche, meist von den „Normalen" belächelt oder verachtet, die über festgefahrene Horizonte hinausfuhren, um manchmal mit Schätzen, oder zumindest neuen Erkenntnissen, zurückzukehren. Die Raumfahrt steuerte ihrem Höhepunkt entgegen und das Ziel, durch das All zu fernen Planeten zu fliegen, war in greifbare Nähe gerückt.

In seiner Welt begannen die Rolling Stones die vier aus Liverpool zu verdrängen. Vielen war es suspekt, dass die vier, die so schnell mit ihren Lovesongs zu Weltruhm gelangt waren, auf einmal „heilig" wurden. Vor allem die jungen Frauen waren etwas enttäuscht und wendeten sich den wilderen Jungs zu, die einfach sexyer waren. „Sympathy for the devil" war ein provokantes Gegenstück zu den indischen Gurus, die sich über die weltweite Aufmerksamkeit ins Fäustchen lachten. Begann das Ganze schließlich jetzt auch für sie eine durchaus lukrative Angelegenheit zu werden.

Der Sommer war nun voll im Gang und die heiße Julisonne brannte auf die jetzt fast verlassene Stadt. Alle, die es nur irgendwie konnten, waren an das Mittelmeer gefahren. Denn der langersehnte Urlaub war endlich da. Sie waren alle noch einmal zu ihm gekommen, bevor ihre kleine Gemeinschaft sich in alle Winde zerstreuen würde.

So saßen sie nun alle etwas bedrückt am Boden und Stella baute etwas missmutig eine Tüte. Harry, der auch etwas blass um die Nase war, knallte die Platte Hasch, die er besorgt hatte, auf den Boden. „Grüner Türke", meinte Müsli etwas abfällig. „Auch nicht gerade das Gelbe vom Ei." „Was Besseres hab' ich nicht bekommen", erwiderte Harry etwas gereizt. „Hoffentlich kein Kopfwehshit", Stella klang etwas aufgebracht, denn sie fand die ganze Geschichte überhaupt nicht gut. „Den Grünen strecken sie gern mit Mehl oder, wenn du Pech hast, mit Strychnin." „Was soll ich machen, es gab keinen anderen und der war der Billigste." Die Stimmung war an ihrem Tiefpunkt angelangt. „Scheißkohle", war die einhellige Meinung aller, als der Joint zu kreisen begann. Der Krümel, der in ihren Taschen gelandet war, hatte schon so viele Hände berührt, dass er sich jedes Mal verteuert hatte. Nirgends war der schmerzhafte Kapitalismus mit all seiner Härte für sie mehr zu spüren als beim Dope, das sie so sehr benötigten.

Harry und Stella waren aufgestanden und Harry hatte sich sein Hemd ausgezogen. „Du musst mir helfen", bat nun Harry Stella. „Wir müssen die Platte irgendwie am Rücken befestigen, da kommen sie beim Abtasten nicht hin." Stella, die schon wieder den Tränen nahe war, begann jetzt die kleine Platte, die mit mehreren Schichten Plastikfolie umwickelt war, mit einem breiten Klebestreifen festzukleben. Sie begann nun, seinen muskulösen männlichen Oberkörper mit dem breiten Klebeband zu umwickeln. Man sah ihr an, dass sie ihn gern berührte. „Tut das nicht weh?", fragte sie, denn das Ganze sah nun wie ein großer Verband aus. „Geht so", meinte Harry in seiner etwas schnoddrigen Art. Es schien ihm Spaß zu machen und er witterte bereits Abenteuerluft.

„Ich muss leider los." Harry hatte sich wieder angezogen. „Mein Flugzeug geht gleich in der Früh und ich muss noch packen." Stella konnte nun nicht mehr an sich halten und begann bitterlich zu heulen. „Viel Glück, du verrückter Typ. Komm ja heil wieder und lass dich nicht von denen unterkriegen. Versprichst du mir das?" „Na klar, *Mädchen, in ein paar Wochen bin ich mit der Kohle wieder zurück, versprochen.*" Jetzt waren sie alle aufgestanden, um ihn noch einmal zu drücken und ihm alles Gute zu wünschen. Er war einwandfrei ihr Held und sie wollten, dass er wiederkommt, denn sie mochten ihn sehr. „Ich geh' noch ein Stück mit." Stella hatte rasch ihre Hippietasche gepackt und sich die Tränen aus den Augen gewischt. Jetzt waren sie wieder cool und hatten nichts zu verlieren. Wir sind stärker als die. Das wussten sie. Er musste noch eine Woche arbeiten. Dann würde auch er mit seinem Freund zu einem kleinen Abenteuer aufbrechen.

Da standen sie nun. Jeder mit einer unförmigen Tasche ausgestattet an der Autobahnausfahrt Richtung Süden. Ihr Herz war ziemlich am Pochen, denn die Aussicht, endlich aus der Scheiße rauszukommen, konnte schon ziemlich glücklich machen. Müsli hatte einen „Geheimtipp" dabei. Ein braunes Fläschchen Hustentabletten. „Wenn du davon fünfzehn nimmst, bist du wie auf Trip, nur nicht so stark. Außerdem fällt es nicht so auf und kostet weniger." „Cool", sagte er, obwohl er etwas Zweifel hatte, und Medizin nicht so sein Ding war. Aber sie nahmen ja alle ständig irgendwelche Pillen gegen alles. Alles, was mit Aufputschen zu tun hatte, wie zum

Beispiel Speed, war schwer in Mode. Anschließend brauchte man natürlich wieder was zum „Runterkommen", was bei den jungen Frauen sehr beliebt war, die dann mit etwas glasigen Augen in der Gegend herumtapsten. Also warum nicht auch Hustentabletten?

Jeder hatte eine große Flasche Cola dabei und Müsli kippte den Inhalt der Pillendose in seine hohle Hand. „Genau dreißig, jeder fünfzehn, das dürfte reichen." Er selbst begann, eine nach der anderen runterzuschlucken, doch schien die letzte nicht richtig rutschen zu wollen und er hatte das Gefühl, dass sie ihm im Hals stecken geblieben war.

Jetzt stellten sie fest, dass sie nicht die einzigen waren, die auf einen „Lift" warteten. Eine ganze Reihe junger Leute stand im Abstand an der Straße. Trampen war unter den Hippies mindestens so angesagt wie Kiffen. Die meisten waren Pärchen oder zwei Mädchen, die schnell mitgenommen wurden. Zwei junge Männer hatten es da etwas schwerer. Nach etwa einer Stunde war es endlich soweit. Eine junge Frau hatte ein Einsehen und öffnete ihnen die Wagentür. „Wo wollt ihr hin?", fragte sie mit einem Lächeln, das hauptsächlich Müsli galt, der sich gut mit Frauen verstand. „Nach Italien", meinte er lachend. „Okay. Ich fahr' nach Kufstein, steig ein." Das war ja schon mal was, dachte er. Von da ist es nicht mehr weit zum Brennerpass und dann ging es ja nur noch bergab. Das Gefühl, dass ihm eine Pille im Hals steckengeblieben war, hatte sich deutlich verstärkt und alles hatte jetzt irgendwelche Punkte bekommen. Fast wie ein Bild der Impressionisten, nur dass die Punkte jetzt wie ein Raster wirkten.

„Merkst du was?", fragte ihn Müsli. „Weiß nicht", sagte er, „alles hat so komische Punkte und außerdem glaube ich, dass mir eine Tablette im Hals steckengeblieben ist. Sie geht weder runter noch wieder raus." „Scheiße, ich hab' dafür starkes Herzklopfen. Hoffe, dass mein Herz das aushält."

Ein paar Stunden später fanden sie sich auf einem kleinen schattigen Parkplatz wieder, an dem nur wenige Autos vorbeikamen. Die meisten fuhren schnell weiter, als sie die zwei sahen. In diesem eigenartigen Land schienen langhaarige Hippies noch unbeliebter zu sein als bei ihnen zu Hause. Stunde um Stunde verging, sie hatten so gut wie nichts gegessen und das Cola war längst ausgetrunken.

„Ich glaube, hier stehen wir noch in drei Tagen, was sollen wir tun?", fragte er seinen Freund. „Weißt du, dass wir schon fast acht Stunden hier stehen? Also übernachten möchte ich hier nicht." Plötzlich hielt ein kleiner Fiat 600 mit zwei Männern darin, Italiener, sie könnten mit ihnen bis zum Lago di Garda mitfahren. „Ja klar!" Sie quetschten sich auf den engen Rücksitz und dankten den Göttern, endlich wieder unterwegs sein zu können. Nie wieder Österreich, war ihre einhellige Meinung, auch wenn Müsli seine Platte „Gemma Tauben vergiften im Park" so sehr mochte. Müsli versuchte sich mit den Männern auf Englisch zu unterhalten, während er müde die Augen schloss. Er fühlte sich wie ein ausgebranntes Chemielabor und nahm sich vor, keinen „Perakon"-Trip mehr auszuprobieren.

Das sanfte Gemurmel der zwei Italiener sowie das Schnurren des Motors ließen ihn in eine Art Schlaf versinken, von dem er erst halbwegs erwachte, als sie den großen See erreichten. Das Gefühl der im Hals steckenden Pille war noch da. Er fühlte sich etwas fiebrig und irgendwie krank. Die zwei Männer, die wohl schon über dreißig und offensichtlich ein homosexuelles Paar waren, hatten sie zum Essen eingeladen. Irgendwie war ihm die Situation peinlich. Da saßen sie nun, die zwei Hippies mit langen Haaren und schon etwas verdreckt, an einem dieser weiß gedeckten italienischen Restauranttische mit einer Speisekarte in der Hand, die sie nicht lesen konnten, vollgepumpt mit Codein und von den anderen Gästen argwöhnisch beäugt. Er stand dermaßen neben sich, dass er fast nicht mitbekam, was er da auf dem Teller hatte. Nur die begehrlichen Blicke der beiden Männer klebten an ihm wie Spinnweben.

Es war bereits spät am Abend und die beiden Männer beschlossen, nicht mehr weiterzufahren und sich hier ein Zimmer zu suchen. Sie seien herzlich dazu eingeladen, bei ihnen zu übernachten. Während es Müsli in Erwägung zu ziehen schien, begann er regelrecht in Panik zu geraten. Auf keinen Fall hatte er Lust auf Sex mit Männern. Lieber wollte er irgendwo am Strand schlafen. Sie blieben höflich, bedankten sich für die Fahrt und das Essen und machten ihnen klar, dass sie lieber im Freien schlafen wollten. Sie wechselten ein paar Blicke, als hätte man einem Hund den Knochen weggenommen und erklärten sich einverstanden, sie am nächsten Morgen noch ein weiteres Stück mitzunehmen.

In einer dunklen Ecke am Strand rollten sie ihre Decken aus und er war heilfroh, die Natur, zu der er immer schon Vertrauen hatte, um sich herum zu spüren. Müsli war etwas sauer. Er hätte wohl ein Bett vorgezogen. „Wegen ein wenig Sex, ist doch halb so wild." Man merkte, dass er ein Stadtkind war. Am nächsten Morgen wurden sie noch bis in die große Ebene mitgenommen und standen in der größten Mittagshitze an einem vermüllten Parkplatz, an dem kaum Autos vorbeikamen. War das die Rache der zwei für die verdorbene Liebesnacht? Es schien so, denn es war aussichtslos, in den nächsten Stunden mitgenommen zu werden, da in Italien vor drei Uhr Nachmittag niemand unterwegs sein würde.

So saßen sie auf ihren Taschen und begaben sich von Zeit zu Zeit an den Straßenrand, um nach einem Auto Ausschau zu halten. „Schau mal", rief Müsli auf einmal erschreckt und deutete auf den Berg achtlos hingeworfener Plastiktüten. „Hast du das gesehen? Da sind Ratten!" Ja, jetzt hatte auch er eine entdeckt. Immer wenn sie aufstanden und sich von ihren Taschen entfernten, kamen sie schnell hervor, um zu schauen, ob nicht etwas Fressbares zu finden wäre. Jetzt waren sie im Süden angekommen. War es wirklich erst zwei Jahre her, dass er hier in der Nähe, in einem freundlichen Hotel, hübsch angezogen auf der Terrasse saß und Pfeife rauchte? Jetzt war er rauschgiftsüchtig, kriminell, saß ziemlich verdreckt, hungrig und durstig zwischen Ratten am Straßenrand. „So schnell kann es gehen, ich habe dich gewarnt", hörte er die Stimme seiner Mutter in seinem Kopf sagen. Hatte sie recht? Trotz allem fühlte er sich frei und ein leichtes Lachen gluckste aus ihm heraus. „Komm, lass uns einen kleinen Joint drehen." Auch Müsli musste lachen. „Ratten! Wenn das meine Eltern sehen würden!" Sie rauchten und lachten, bis plötzlich ein Auto hielt und sie an den Ort, zu dem sie hinwollten, mitnahm.

Da standen sie also, an der Pforte der Träume der „normalen", arbeitenden Klasse – einem riesigen Campingplatz, hübsch mit

Pinien bewachsen. Sofort fielen ihnen die vielen hübschen Bikini-Mädchen auf, die mit Handtüchern und Kofferradios bepackt lässig umherschlenderten. Es gab es also doch, das Paradies. Wie Reihenhäuschen standen die großen Hauszelte da, dicht an dicht und fein gepflegt, in denen die Mamas damit beschäftigt waren, den lästigen Sand aus ihren Zelten zu fegen. Alles war fest in deutscher und holländischer Hand.

Als sie die endlosen Reihen abgeschritten hatten, fanden sie endlich das Zelt von Müslis Eltern. Alles war so ordentlich und sauber, dass er sich sofort an seine Mama erinnerte. Irgendwie kamen sie sich fehl am Platz vor. Auch wenn es guttat, sich erst einmal zu duschen und eine warme Mahlzeit zu bekommen, die natürlich aus der Heimat mitgebracht worden war, begann er sich etwas unwohl zu fühlen. Zu viel heile Welt – das war es also, was er hatte. Denn er kannte den Platz schon seit vielen Jahren. Müsli hatte alles, was er selbst nie gehabt hatte. Einen jungen Papa, eine attraktive Mama und noch eine attraktivere Schwester, die ein paar Jahre älter war. Mit ihr gingen sie erst einmal an den weitläufigen Sandstrand, um zu schwimmen. Wie immer tat es gut, im Sand zu liegen und den leicht bekleideten Frauen zuzusehen. Alles war wunderbar und doch schienen sie irgendwie nicht mehr so richtig dazuzugehören. Er begann, sie alle zu beneiden. War es nicht auch das, wonach er sich in seinem tiefsten Inneren sehnte? Eine heile Familie, eine gute Arbeit, ein Auto und nachts eine schöne Frau, mit der man bumsen konnte. Er begann zu zweifeln, ob er das jemals haben würde. Hatten ihn die vielen Drogen nicht schon viel zu weit davon entfernt?

Doch die Idylle hatte auch ihre Schattenseiten. Am Abend wurde gestritten, wer den Abwasch machen sollte. Die Ravioli waren zu lang gekocht. Die Schwester ging mit einem Holländer aus dem Nachbarzelt. Der Vater war auch nicht sonderlich davon begeistert, noch einen Mitesser zu haben, und was er von seinem Sohn hielt, der bereits mit fünfzehn ein Mädchen geschwängert hatte, wollte er lieber nicht wissen. Überhaupt hatte er bald das Gefühl, dass ohne Vater zu sein, durchaus auch Vorteile zu haben schien.

Sie bekamen in einer Ecke des Zelts zwei Luftmatratzen zur Verfügung gestellt und nahmen sich vor, nicht allzu lange zu bleiben.

So wie bei ihm, wenn er ab und zu seine Mama besuchte, so hatte sich auch bei Müsli eine gewisse Bewusstseinsspaltung aufgetan. Sie waren Hippies geworden und hatten begonnen, den Ritualen der sogenannten „heilen Welt" zu misstrauen. War es nicht eine Scheinwelt, die sich ihre Eltern da aufgebaut hatten, unter deren Oberfläche es ständig brodelte und zischte, der Erdkruste ähnlich, die nur einer dünnen Apfelschale gleich ein endloses Meer aus flüssigem Magma bedeckte? Doch jeder noch so kleine Ausbruch konnte die Illusion sofort zerstören. War es nicht besser, gleich in dem Bewusstsein zu leben, auf einer Feuerkugel zu sitzen? Die Drogen hatten sie verändert, das stand fest. Aber wohin die Reise sie führen würde, war noch unklar. Doch gab es kein Zurück. So standen sie ein paar Tage später wieder an einer Autobahnauffahrt in Richtung Florenz, der Stadt vergangener Wunder. Sie waren ja *Kunststudenten*, also gab es einen triftigen Grund und es war ja von Anfang an ihr Ziel gewesen.

Wieder standen sie an einer Autobahnauffahrt und hielten ihren Daumen vergeblich in die staubige Sommerhitze. Nach etwa einer Stunde hielt ein Auto mit einem etwas seltsamen Mann mit Schnauzbart. Er war mittleren Alters und machte einen fahrigen, unsicheren Eindruck, der sich sofort auf sie übertrug. Er würde sie nach Florenz mitnehmen, müsse aber vorher noch zu seinem Haus, um etwas Wichtiges abzuholen. Sie stiegen mit einem mulmigen Gefühl im Bauch ein, hatten aber bei dem geringen Verkehrsaufkommen keine andere Möglichkeit.

Nach einer etwa einstündigen Fahrt bog er in eine kleine Landstraße ein, die durch eine anmutige Landschaft mit Weinbergen und kleinen Äckern führte. Der seltsame Mann begann immer nervöser zu werden und Müsli fragte ihn auf Englisch, ob es denn noch weit wäre, denn sie fuhren schon fast eine halbe Stunde in eine andere Richtung. Der Mann wurde sichtlich immer fahriger und begann zu schwitzen. Nein, sie würden bald da sein, dann könnten sie sich etwas ausruhen. Der Gedanke, nun mitten in einer fremden Landschaft einem Fremden, dem sie nicht vertrauten, ausgeliefert zu sein, machte jetzt auch sie nervös. Aber sie waren zu zweit und in ihm begann das Kämpferherz – das er noch an einer verborgenen Stelle besaß – zu klopfen. Etwas schien der Mann zu verbergen.

Der Wagen hielt vor einem modernen, nicht übermäßig großen Haus und er lud sie ein, mit ihm einzutreten, denn es würde noch eine Zeitlang dauern, bis sie weiterfahren könnten. Sie saßen an einem dunklen großen Holztisch und er goss ihnen etwas Limonade in die bereitgestellten Gläser. Jetzt bat er sie aufzustehen und mit ihm in das angrenzende Zimmer, das sich als Schlafzimmer herausstellte, zu gehen. Jetzt war es klar, was er von ihnen wollte. Ihre langen Haare und ihr hübsches Aussehen hatten ihn auf eine eindeutige Idee gebracht. Sie könnten sich schon mal hinlegen und etwas ausruhen. Er müsse noch etwas erledigen. Während sich Müsli nicht viel dabei zu denken schien und sich schon mal hinlegte, begann er langsam zornig zu werden.

Er ging wieder zurück in den Raum mit dem großen Tisch, als der Mann auf ihn zukam und sich den Schweiß von der Stirn wischte. Er sah ihn mit flehendem Blick an und versuchte ihm seine Jeans aufzuknöpfen. Jetzt packte ihn der Zorn. Er wollte das nicht und fand es ziemlich unverschämt, dass er ihre Hilflosigkeit ausnützen wollte. Wo sollten sie denn hin, in dieser fremden Abgeschiedenheit? Er begann ihn anzuschreien, er solle sie sofort zurück an die Autobahn bringen. Denn er wusste, dass er hinter seiner schlanken freundlichen Gestalt einige Stärke besaß. Wenn er sich wehren musste, konnte er weit über sich hinauswachsen.

So ging es also den jungen Frauen, wenn sie allein unterwegs waren. Dass es ihnen genauso ergehen konnte, damit hatte er nicht gerechnet. Dass langhaarige junge Männer die Begierden gewisser Männer weckten, das wusste er schon; und was war schon dabei, sie gewähren zu lassen. War es nicht ein konsequent weiterer Schritt auf der schiefen Bahn, auf die er nun mal geraten war? Doch ganz weit entfernt war noch eine leise Stimme, die meinte, dass Sexualität etwas mit Liebe zu tun haben sollte und wo Abhängigkeit war, konnte Liebe nicht gedeihen. Ein Irrtum aus lang vergangenen Zeiten? Oder ein Relikt aus alten Hollywoodfilmen? Doch er war ja noch so jung. Sein Zorn hatte Wirkung gezeigt und er ließ von seinem Vorhaben ab und brachte sie zurück zur Autobahn. Müsli benahm sich wie ein kleiner Junge und daher war er zum erwachsenen Aufpasser mutiert. Eine Rolle, die er früh gelernt hatte und die er wohl nie ganz verlieren sollte.

Gegen Abend erreichten sie endlich die schöne Stadt und sie versuchten, noch etwas Essbares aufzutreiben und sich einen Schlafplatz zu suchen. In einem kleinen Park entdeckte er die Möglichkeit, hinter einer hohen Lorbeerhecke unentdeckt verschwinden zu können. Es wurde eine ausgesprochen unruhige Nacht. Denn, immer wenn sie sich anschickten, endlich einzuschlafen fing es im trockenen Laub, das sie umgab, zu rascheln an. Das Rascheln kam unweigerlich näher und hörte erst auf, wenn einer von ihnen energisch auf den Boden klopfte, was allerdings nicht zu laut erfolgen durfte. Denn auf dem Kiesweg in der Nähe drehte beständig ein Parkwächter seine Runden.

Wieder einmal hatten sie am Morgen das Gefühl, kein Auge geschlossen zu haben. In einem kurzen Moment, in dem der Wächter verschwand, ergriffen sie die Gelegenheit, um zu verschwinden. Sie tranken in einer kleinen Bar in der Nähe einen Kaffee, der nur in diesem Land so wunderbar schmecken konnte. Den Tag verbrachten sie damit, die berühmten Sehenswürdigkeiten und Galerien zu durchstreifen. Doch die Stadt machte auch müde und ohne ein Zimmer zum Ausruhen und sich zu säubern, wurde alles sehr anstrengend. Sie hatten auch nichts mehr zum Rauchen und beschlossen, das letzte Geld zusammenzukratzen und mit dem Nachtzug wieder nach Hause zu fahren.

Aber sie hatten ihr Ziel erreicht und hatten ein paar Geschichten zu erzählen. Auch wenn sie mit Harrys und Stellas Erlebnissen kaum mithalten konnten. Auch Marvin und Jenny waren aus Kreta wieder zurück. Das dortige Hippieparadies war vom Militär geräumt worden. Kiffende, nackte junge Leute vertrugen sich halt nicht so recht mit den schwarzgekleideten Popen und den uniformierten Generälen.

Die Ferien waren vorbei und sie trafen sich auf einen Kaffee im neuen „Drugstore", einer wunderbaren Hippie-Glitzerwelt mit vielen Spiegeln und verschlungenen Holzmöbeln, die sehr an die Zeit des Jugendstils erinnerten. Stella und er hatten den fröhlichen Schriftzug dazu entwickelt, aber außer der Ehre hatten sie nichts dafür bekommen. Trotzdem waren sie beide mächtig stolz darauf und er war dankbar, eine größere Verbindung mit ihr zu haben. Sie hatten beschlossen, noch weitere Projekte gemeinsam zu machen. Es tat so gut, ihr an dem kleinen runden Kaffeehaustisch gegenüberzusitzen und ihr dabei zuzusehen, wie sie sich eine dünne Zigarette drehte.

Stella eröffnete die Runde: „Ich war mit meinen Eltern in Marbella. Lauter reiche Schnösel. Ziemlich langweilig, aber ganz gute Bars mit cooler Musik. Einen netten jungen Amerikaner habe ich getroffen und wir sind dann die meiste Zeit zusammen rumgehangen." Nun wanden sich alle Blicke Harry zu, der sich seine Nickelbrille erst einmal geraderückte. „Ja, das mit der Einreise ging alles ganz glatt. Bis Woodstock bin ich leider nicht gekommen und dann haben sie mich mit dem Dope total gelinkt." Jetzt waren sie alle etwas aufgeschreckt. Denn sie hatten alle etwas Kohle investiert. „Wie ist das denn passiert?" Stella zog nervös an ihrer Zigarette. „Ich glaube, ich nehme vorsichtshalber gleich eine Valium zur Beruhigung."

„Tja", hob Harry an. „Ganz einfach, ich hab' ein paar Typen getroffen, die das Zeug kaufen wollten. Mit denen bin ich dann mitgegangen und wir haben noch was geschluckt und ein paar Joints geraucht. Dann hatte ich einen totalen Blackout und als ich wieder zu mir gekommen bin, waren die Typen und das Dope weg." „So eine Scheiße", *Müsli klang etwas erbost. „Ich war dann zwei Wochen bei den Eltern. Die haben angefangen*, sich ein Haus zu bauen, und ich habe gearbeitet, um die Kohle wieder reinzukriegen. Ihr bekommt also euer Geld wieder zurück." Müsli war erleichtert und Stella war froh, dass alles gut ausgegangen war. „Hauptsache, du bist nicht im Knast gelandet", meinte sie zuversichtlich. „Hätte schlimmer ausgehen können." Darüber waren sie sich alle einig.

„Und ihr zwei?", hob Harry etwas spöttisch an. „Wie war es in Italien?" „Eigentlich ganz okay", sagte er lachend. „Bis auf, dass wir fast von einem Schwulen vergewaltigt worden wären, aber Müsli hätte es vielleicht gefallen." Jetzt mussten sie alle herzlich lachen und waren froh, wieder beisammen zu sein. „Na dann los", Stella war aufgestanden. „Das nächste Semester wartet." Sie bogen in die schmale Seitenstraße ein und verschwanden in ihrer kleinen Schule.

Die erste Aufgabe, die sie gestellt bekamen, war, eine Illustration zu einem Märchen mit dem Titel „Das einsame Lämmchen" zu erstellen. Die vorgegebene Technik war Linolschnitt. Damit konnte er etwas anfangen, das merkte er sofort. „Das einsame Lämmchen" war absolut sein Thema. Ach, wie gut es tat, eine kleine Aufgabe zu haben und an seinem übergroßen Arbeitstisch zu sitzen. Auf seinem Plattenteller beschwerte sich „Melanie", die er so gern hörte, darüber, dass ihre Lieder so oberflächlich abgenudelt wurden. Wie recht sie doch hatte.

Er hatte sich ein quadratisches Stück Linoleum besorgt, etwa dreißig mal dreißig Zentimeter, und saß da und überlegte. Er würde fast alles schwarz lassen. Nur rechts unten würde er einen kleinen Lichtfleck herausheben, in dem das Lämmchen stehen sollte. Nur etwa fünf Zentimeter groß. Es sollte wirklich einsam wirken, aber dem Betrachter durchaus in die Augen blicken. Nur ganz am oberen Rand wollte er mit dem Messer viele kleine Stücke herausschneiden, so als wären doch noch viele andere da. Eigentlich alles um die schwarze Platte herum sollten sie sein, die da waren, aber es vielleicht nur nicht wussten. Nachdem er einige Zeitschriften nach einem geeigneten Lämmchen durchgeblättert hatte, fand er eines in einer Werbung für ein Wollwaschmittel. Jetzt konnte er sich an die Arbeit machen. Es war so schön, etwas Kreatives zu tun. Das war es, was er immer machen wollte.

Am nächsten Freitag wurden die Wochenarbeiten immer vor allen Schülern präsentiert und besprochen. Jeder konnte seine Meinung dazu abgeben. Da es keine Noten gab, zählte nur das Wort der anwesenden Gemeinde. Die Arbeiten wurden an eine große Korktafel gepinnt. Der von allen geachtete und gefürchtete Condula war von seiner bescheidenen kleinen Arbeit recht angetan und lobte, dass er es mit einfachen Mitteln geschafft hatte, das Gefühl der Einsamkeit, aber nicht der Ausweglosigkeit darzustellen. Sein Ansehen in der Klasse war gestiegen und er spürte, dass das, was er fühlte und dachte, durchaus auch Erfolg haben konnte. Das einsame Lämmchen hatte ihn etwas aus seiner Einsamkeit geholt. Das neue Semester konnte beginnen.

Die Schule tröpfelte so vor sich hin. Sie lernten neue Techniken, zum Beispiel eine Folie auf ein Portraitfoto zu legen, um dann mit dem Rapidographen, einem einer Füllfeder ähnlichen Gerät, exakte kleine Punkte zu machen, die das Bild in Rasterpunkte zerlegte. Wie bei Fotos einer Zeitung. Er hatte sich ein Bild von der jungen Hildegard Knef vorgenommen, was seine Freunde verwunderte. „Wieso nicht einen jungen Popstar?", fragte ihn Stella. „Ich weiß auch nicht", antwortete er. „Ich mag ihr etwas verlebtes Berliner Gesicht." Vielleicht dachte er auch an ihren Film „Die Sünderin", in dem sie einem Maler nackt Modell gestanden hatte, was zu riesigen Protestaktionen seitens der katholischen Kirche geführt hatte.

Hatte er deswegen noch mit keiner Frau geschlafen, weil er so katholisch aufgewachsen war? Wie verlogen sie doch alle waren. Auf der anderen Seite war gerade eine riesige Aufklärungswelle am Anrollen, die ihm die Sache allerdings nicht gerade erleichterte. Wie kann man sich, vollgestopft mit Informationen, so empfindlichen Teilen wie den Geschlechtsteilen nähern? In dieser Richtung wurde alles immer ausweglosr für ihn. Alle waren schon so weit und ständig am Bumsen. Zumindest redeten sie alle von nichts anderem. Er schämte sich so, dass er nicht mitreden konnte. Je länger er auf das erste Mal wartete, umso schlimmer wurde es. Derweil hatte er die sexuelle Energie, wie alle Jungs, sehr gern und musste sich mindestens einmal am Tag seines Samenstaus entledigen. Es war zum Kotzen. Ihm blieb nichts anderes übrig, als die sexuelle Energie in seine Kreativität fließen zu lassen. Vielleicht sollte er doch gleich Mönch werden. Aber dazu war er wiederum zu gern verliebt.

Die Situation war einfach ausweglos und am besten war es, einen Joint mit Freunden zu rauchen. Warum brachte eigentlich

Müsli nie eines seiner Puzzles mit, die er ständig aufgerissen hatte, wie er immer erzählte.

Eines Tages kam ein Brief mit Trauerrand ins Haus. Der Freund aus der Zeit als Arbeiter, der in ihn verliebt gewesen war, hatte es beim dritten Selbstmordversuch endlich geschafft. Er hatte zuvor noch eine junge Frau geheiratet, was ihm wahrscheinlich den Rest gegeben hatte. Er selbst hatte ihn nie traurig oder deprimiert erlebt und so wollte er ihn auch in Erinnerung behalten. Er fühlte keine Trauer. Es war alles schon so ewig lange her und er war jetzt ein anderer geworden. Was ein paar Jahre ausmachen, wenn man noch so jung ist, dachte er bei sich. Jedenfalls hatte er es wenigstens geschafft, nicht älter als dreißig zu werden.

Er hatte beschlossen, den Führerschein zu machen und sich möglichst bald ein billiges Auto anzuschaffen. Das war damals noch keine große Sache. Ein paar Fahrstunden, etwas lernen und dann konnte es losgehen mit der großen Freiheit. Marvin hatte es geschafft, als zweiter Schlagzeuger in einer angesagten Undergroundband unterzukommen, und so wurden sie zu seinem ersten Konzert in einer bekannten Kellerkneipe eingeladen. Als seine Freunde durften sie mit hinter die Bühne, wo jeder erst einmal einen Tropfen LSD auf die Zunge geträufelt bekam. Es hatte irgendwie etwas Religiöses, so vor den großen Meistern der Musik zu stehen und die Zunge herauszustrecken. Dann begaben sie sich wieder unter das Publikum und harrten der Dinge, die da kommen sollten.

Wie immer dauerte es einige Zeit, bis man anfing, etwas zu merken. Das LSD war ganz anders, als er es bisher gewohnt war. Bisher hatten alle Trips bei ihm zu Hause stattgefunden. Nur mit Leuten, denen er vertraute und die er auch mochte. Jetzt war er umgeben von fremden Gesichtern. Hatten sie auch etwas genommen? Man konnte es nicht wirklich einschätzen. Die meisten standen gelangweilt mit einem Bier in der Hand herum und machten Small Talk. Endlich betrat die Band die Bühne. Lauter wilde Gesellen mit langen Haaren und Bärten. Beeindruckend waren die zwei Schlagzeuger, die wie zwei Maschinen eines Raumschiffes auf ihn wirkten.

Nachdem alle ihre Plätze eingenommen hatten, trat einen Moment Stille ein und eine wunderschöne Hippie-Prinzessin mit hohen Stiefeln und einem langen blumigen Gewand stakste die Treppe zur Bühne hoch, von einem Gitarrensolo begleitet. Jetzt spürte er, wie der Trip begann. Das Raumschiff begann, die Motoren zu zünden, und bereitete sich auf den Abflug vor. Die zwei Schlagzeuger begannen mit einem schweren langsamen Rhythmus, als wollten sie die vertraute Erde doch nicht verlassen. Auf einmal setzte die zarte vibrierende Frauenstimme, unterstützt von den E-Gitarren und dem Bass, ein. Sie schien von einem anderen Planeten, der unerreichbar fern war, zu kommen und sie gleichzeitig dorthin locken zu wollen. Jetzt begann das Schiff, anfangs noch etwas schwerfällig, abzuheben.

Auch er merkte jetzt, dass es kein Zurück mehr gab. Sie hatten sich alle auf eine Reise begeben und die bunten Sterne fremder Galaxien prasselten an ihnen vorbei. Nur die Kapitänin, die mit ihrer Stimme den Kurs vorgab, schien das Ziel, das in der Ewigkeit zerrann, zu kennen. Wie lange er auf dieser galaktischen Reise war, konnte er nicht sagen. Es gab keine Stücke, wie man es sonst gewohnt war – nur diese Reise, von der man sich wünschte, dass sie nie enden möge. Ließ ein Schlagzeug in seiner Anstrengung etwas nach, so fühlte das andere sich gefordert, wieder für Kraft zu sorgen.

Sie hatten wohl an die zwei Stunden ein Stück gespielt und er wusste, dass er an einem kosmischen Ereignis teilgenommen hatte. Wieder gelandet, gab es einen frenetischen Applaus, der an die Brandung des Ozeans erinnerte. Doch als das Licht anging und man sich in dem dunklen Kellerraum wiederfand, erwachte man wie aus einem wunderbaren Traum. Die Wirklichkeit dagegen war hart. Die Gesichter, die einem gerade noch vertraut erschienen waren, hatten wieder die Form steinerner Masken angenommen. Als sie hinaus in die dunkle kalte Herbstnacht traten und sich bemühten, wieder „normal" zu sein, überkam sie Gefühl, einwandfrei den falschen Planeten erwischt zu haben.

„Lasst uns zu mir gehen", sagte er schnell zu Harry und Müsli, „und was rauchen und einen Tee trinken." Sie waren einverstanden und machten sich schnell auf den Heimweg. Nachts auf Trip, in den Straßen der großen Stadt konnte es schnell zum Horrortrip werden. Und eine Bullenparanoia war das Letzte, was sie gerade brauchen konnten.

Sie wussten, dass sie verfolgt würden, denn sie waren inzwischen zum Underground geworden. Im Underground war man irgendwie geschützt. Man hörte andere Musik, war ständig am Rauchen, hatte meistens nichts zu essen und vor allem kein Geld. Man schlief auf dreckigen Matratzen am Boden und, wenn man Glück hatte, nicht allein. Doch davon war er leider noch weit entfernt. Er hatte zwar schon einige fremde Galaxien durchforscht, aber noch keine Muschi von innen. Konnte man doch nicht alles haben ... „You can't always get what you want, but if you try, sometimes you'll get what you need." Sie saßen noch etwas zusammen, rauchten ein, zwei Joints und tranken Tee. Keine feste Freundin zu haben, war echt Scheiße. Darüber waren sie sich ziemlich einig.

Es war Ende Oktober geworden und ziemlich kalt. Am nächsten Tag war seine Fahrprüfung, und er hatte, wie immer vor Prüfungen, einige Magenschmerzen bekommen. Die schriftliche Prüfung hatte er jedoch bereits bestanden.

Als er am nächsten Morgen die Tür zur Straße öffnete, war ein kleines Wunder geschehen. Alles war weiß. Es hatte über Nacht zwanzig Zentimeter geschneit. Niemand hatte mit so viel Neuschnee um diese Jahreszeit gerechnet und so waren die Straßen nicht geräumt. Als er mit dem Fahrlehrer und dem Prüfer den engen VW-Käfer bestieg und anfing loszufahren, war es das größte Problem, so langsam zu fahren, dass man nicht ins Rutschen kam. So krochen sie in Schrittgeschwindigkeit um ein paar Häuserblöcke, bis der Prüfer die Nase voll hatte. „Jetzt noch Einparken", meinte er genervt. „Nichts leichter als das", dachte er sich. Denn vom Randstein des Straßenrands war unter der dicken Schneedecke absolut nichts zu sehen. Wie gewünscht parkte er ein und hatte seinen Schein. Immer wenn er diese Geschichte erzählte, musste er lachen. Welche Engel hatten ihn da wieder durchgewunken ...

Kurz darauf verkaufte Müslis Schwester ihren kleinen Fiat 500 für hundertfünfzig Mark. Er bettelte seine Tanten an, die ihm unter die Arme griffen, und hatte kurz darauf sein erstes eigenes Auto. Doch mit der gewünschten Freiheit war es erst einmal vorbei. Denn er musste nun andauernd irgendjemanden irgendwohin fahren. So war es mit Besitz. Entweder man teilte es mit allen oder man hatte aufgehört, ein Hippie zu sein. Etwas zu besitzen, das andere nicht hatten, war auf jeden Fall verdächtig.

Doch auch der große Revolutionär Marvin neben ihm hatte seine Freundin und sein Schlagzeug. An beides ließ er keinen heran. Der Spruch „Wer zweimal mit derselben pennt, gehört schon zum Establishment" war nicht bis in ihre kleine WG vorgedrungen. Überhaupt schien der ganze Sozialismus eher in den Köpfen stattzufinden und entwickelte sich eher zu einem riesigen Egotrip. Auch die Trips, die sie in zweiwöchigen Abständen erlebten, hatten sich verändert. Immer mehr Speed wurde beigemischt. Das hatte zur Folge, dass man sich kaum noch entspannt zurücklegen konnte, um die wunderbare Welt des erweiterten Bewusstseins zu genießen. Ständig war man genötigt, irgendetwas zu unternehmen. Aktion Trip war angesagt, was Harry sehr gefiel, ihm aber ziemlich auf die Nerven ging.

Die Schule war ihr Rettungsanker. Sie gab ihnen Halt und Freiheit zugleich. Außerdem wurde der Beruf, den sie erlernten, immer angesagter. Die Werbeagenturen wuchsen zu den heimlichen Königen der Industrie heran. Ohne gute Werbung ließ sich kein Produkt mehr verkaufen. Von allen Seiten wurde man von riesigen Plakatwänden bedrängt, auf denen meist leicht bekleidete junge Frauen einem etwas andrehen wollten. Fotomodell zu werden, war für die Mädchen das Traumziel geworden, um dem trostlosen Alltag der Arbeitswelt zu entfliehen.

In dieser Branche ging es nun vor allem darum, den reichen „Pfeffersäcken" möglichst viel Kohle aus der Tasche zu ziehen. Ihn interessierte diese Welt nicht wirklich. War sie doch ein Teil dieser verlogenen Scheinwelt, die sich überall, einem Krebsgeschwür gleich, ausbreitete.

Die Schule hatte ihn wach gemacht, nicht nur die Drogen. Er begann mitten in das Herz der Gesellschaft zu schauen, die vor allem aus Haben und noch mehr Haben bestand. Doch etwas haben, das wollten auch sie. Die neuesten Platten, einen besseren Plattenspieler, eine coolere Jeans. Und wenn man eine Freundin hatte, begann alles ganz schön teuer zu werden.

Im Osten wurde der Sozialismus probiert, in dem alle gleich sein sollten und in dem alle gleich nichts hatten. Ein durchaus verlockendes Angebot, wenn man dafür auch nichts tun müsste. „Strawberry Fields forever and every one." In Wirklichkeit musste man noch mehr in dunklen, vergifteten Fabriken arbeiten und konnte sich dann anschließend nur den selbst produzierten Scheiß kaufen. Das Einzige, was in beiden Teilen der Republik absolut gut lief, war die Aufrüstung. Nur dass man im gelobten Land der Gleichheit drei Jahre zum Militärdienst musste. Und so, wie es schien, hatten sie nicht mal was zum Kiffen.

Nach wie vor sah er nur einen Ausweg, um aus dem sich anbahnenden Dilemma, Künstler zu werden, herauszukommen. Die Kunst stand wieder einmal hoch im Kurs, und Künstler wurden hoch verehrt. Vor allem wenn sie schon tot waren. Harry hatte ihn einmal eines schönen Sommerabends an den großen Boulevard geführt, an dem abends Künstler ihre Werke bei Kerzenlicht der Öffentlichkeit zeigten und wo sie diese durchaus schnell in Geld umsetzten. In dicken Trauben drängten sich Menschen um die langhaarigen, wild aussehenden Typen, die mit ihren tollen Frauen lässig vor ihren Bildern standen oder rauchend, mit einer Flasche Rotwein in der Hand, herumsaßen. Sie waren die wahren Könige, das merkte er sofort. Das wollte er auch einmal sein. Das hatte er sich jetzt fest vorgenommen.

Doch im Moment fühlte er sich noch wie eine im Kokon eingesponnene Raupe, die zwar schon ahnte, dass sie ein Schmetterling werden würde – aber ihre Zeit war noch nicht gekommen. So saß er andächtig zu Füßen eines Künstlers aus England, der einen etwa eineinhalb Meter großen Holzschnitt präsentierte. Der zeigte ein eng umschlungenes, nacktes Pärchen, das die runde Kugel des Yin-und-Yang-Zeichens ausfüllte. Er verkaufte es ein paarmal am Abend für jeweils ein paar Hundert Mark und verdiente an einem Abend so viel wie ein Arbeiter im ganzen Monat. Außerdem drängten sich schöne Frauen um ihn herum und er konnte tun und lassen, was er wollte. Ein echter König seiner selbst, in seinem Königreich „Kunst" genannt.

Der Schlüssel zur Kunst war ohne Zweifel die Weiblichkeit. Man brauchte also unbedingt eine „Muse", sonst ging nichts, das war ihm schon lange klar. Denn alles auf diesem Gebiet war weiblich. Nicht nur *die* Kunst, es war auch *die* Malerei, *die* Literatur, *die* Musik, ja sogar *die* Weisheit. Das Wissen war allenfalls das Kind der Weisheit. Doch schienen sich alle mehr für das wankelmütige, stets pubertierende Kind zu interessieren, statt die wundervolle schöne Mutter in den Arm nehmen zu wollen. Die Weisheit war so grenzenlos wie das Universum, das keinen Anfang und kein Ende hatte. Vielleicht lag es daran, dass man sie leichtfertig übersah. Denn vor allem die Männer schienen sich vor ihrer wahren Größe zu fürchten. Auch *die* Natur war weiblich, wie *die* Erde und in seinem Land *die* Sonne. Wenn er recht überlegte, war so gut wie alles, was er liebte, weiblich. Doch wo war *sie*?

Auf einem ihrer Trips, die sie nun fast jedes zweite Wochenende hatten – es war wohl ein „Purple Haze", der viel versprach –, fiel ihm ein bunter Schulatlas in die Hand – „Die Geschichte der Erde". Als er das große Buch aufschlug, fiel sein Blick auf eine Seite mit Dinosauriern, rauchenden Vulkanen und warmen Meeren mit Urwäldern. Darüber stand in großen Lettern: „Als die Erde noch jung war". Sofort entstand auch ein Bild dieser wirklichen Zeit in seinem Geist und er musste lachen. Es stimmte einfach. Da war die Erde noch jung. Ihm kam es so vor, als wäre sie allenfalls gerade in der Pubertät, in der man ja anfängt, alles Mögliche auszuprobieren. Das pralle Leben schien keine Grenzen zu kennen und sich richtig auszutoben. Das Blut floss in Strömen und die riesigen Tiere, die unmögliche, gefährliche Formen angenommen hatten, hatten wohl nichts anderes zu tun, als sich zu vermehren, zu fressen und sich gegenseitig an die Gurgel zu fahren. In seinem Inneren spürte er eine unbändige Lebenslust aufsteigen. Es hatte nichts mit Gut oder Böse zu tun. Es war einfach das noch nicht gebändigte Leben, das sich in einer noch ziemlich unwirtlichen Umgebung mit großer Kraft ausbreitete.

Auf einmal wusste er, dass nicht nur er eine Kindheit und eine Pubertät hatte. Nein, es war der ganze Planet Erde, der diese Zustände durchmachte. Er fragte sich, in welchem Zustand sie gerade jetzt waren. Ziemlich *erwachsen* kam ihm die ganze Geschichte gerade nicht vor. Eher machte es den Eindruck wie Kinder, die anfingen sich erwachsen zu geben, was ja bekanntlich wesentlich grotesker als das *normale* Kindsein wirkte. Zum Glück legte Müsli eine Platte von Pink Floyd auf und er war wieder in der Gegenwart gelandet. Oder war es die Zukunft, von der sie sangen und spielten? Noch nie hatte dieser Planet so eine Musik vernommen. Jedenfalls war diese Musik irgendwie außerirdisch. „The dark side of the Moon". Was war es doch für ein Glück, in dieser neuen Zeit jung zu sein?

„Kommt, lasst uns einen bauen", sagte er zu Stella, die ihn mit ihrem verträumten Valiumblick ansah. „Ja, gern, gute Idee." Sie kippte den Inhalt ihrer Hippietasche auf den Boden, um noch nach einem Krümel „Shit" zu suchen. Verwundert sah er auf die Schätze unbekannter Weiblichkeit, die sich da vor ihm ausbreiteten. Neben dem bekannten Valium und einer Packung Antibabypillen sah er erstaunt auf das Durcheinander von Kaugummis, Taschentücher, Lippenstiften und ein paar noch nicht gebrauchter Damenbinden. Eine eigene Welt, dachte er und war froh, dass sie in seiner Nähe war. Ein tiefes Gefühl von Dankbarkeit, am Leben zu sein, bemächtigte sich seiner Seele. Ja, er liebte sie auf seine Weise. Ein Glück, dass es sie gab.

Langsam wurden die fleißig errichteten Atomkraftwerke und die immer giftigere Luft zum Thema. Der „Club of Rome", eine Ansammlung andersdenkender Wissenschaftler und Philosophen, unterstützt von ein paar Künstlern, hatte ein dickes Buch verfasst, das „Die Grenzen des Wachstums" hieß. Darin wurde unter anderem darauf hingewiesen, dass eine ungebremste, wirtschaftliche Entwicklung, „Fortschritt" genannt, in absehbarer Zeit durchaus Folgen auf die Umwelt, wenn nicht sogar auf das Klima, haben könnte. Das war natürlich Öl ins Feuer der Gläubigen, die sich schon im Nirwana einer sauberen Zukunft sahen, in der ihnen das „heilige Atom" alle Probleme abnehmen würde.

Die langhaarigen, bärtigen Zweifler, die noch das Bild des verbrannten Hiroshima im Kopf hatten, mit dem sie als Kinder aufgewachsen waren, wurden schnell als drogensüchtige Spinner abgetan. Auch wenn kaum einer von ihnen daran glaubte, dann noch am Leben zu sein, gab es dennoch schon die ersten jungen Mütter und Väter, die sich natürlich für ihre Kinder eine etwas andere Zukunft wünschten. Sofort wurde ihnen vorgeworfen, dass sie doch auch gern mit dem Auto fahren und mit dem Flugzeug fliegen. Und der Strom für ihre Verstärker kam eben nicht aus der Steckdose, sondern aus einem sauberen Kraftwerk. Das Ungleichgewicht war nicht zu übersehen. Dort die riesige Staatsmacht mit ihren Armeen, Polizeikräften und einer geballten Ladung Geld. Und dort ein paar pubertierende junge Spinner im Drogenrausch, die sich anmaßten, Einblick in größere Zusammenhänge gewonnen zu haben. „All you need is Love" und Blumen im Haar, das wird sich schon wieder geben. Doch hatten sie auch begriffen, dass damit auch einiges an „Kohle" zu scheffeln war? Es schien auch eine seltsame Kraft von ihnen auszugehen, denn allerorten ließen sich die Männer ein wenig die Haare wachsen und selbst Fußballspieler liefen mit einer Mähne auf dem Kopf im Stadion auf.

Wieder musste er an den kleinen Löwenzahn denken, der sich durch den schwarzen Teer gebohrt hatte. „Wir sind stärker als die, hab keine Angst", hatte er damals dem verängstigten dünnen Jungen zugerufen, der gerade seinen geliebten Vater verloren hatte. Jetzt saß er hier und sie waren schon zu fünft, und manchmal zu siebt, und dort draußen gab es so viele, Tausende wie ihn, in allen Ländern. Hatten auch sie den kleinen Löwenzahn gesehen? Er wusste es nicht.

Eines Tages – es war kurz vor Weihnachten – stand auf einmal der Hausbesitzer in der Wohnung. Jenny hatte gerade noch Zeit, sich ein Oberteil über ihre stolze Brust zu ziehen. Er war wie meistens gut gelaunt, konnte er doch noch einen kurzen Blick darauf werfen. „Ihr müsst leider ausziehen", eröffnete er das Gespräch. „Mein Neffe möchte mit seiner Freundin die Stadt ziehen und ich habe ihm die Wohnung zugesagt." Marvin und Jenny waren etwas blass um die Nase geworden. „Und wo sollen wir hin?" Jenny stand nun mit erhobenem Kopf vor ihm. Sie würde keinen Schritt weichen. Sie war bereit zum Kampf. „Aber ich habe eine gute Nachricht für euch. Die alte Frau in der Wohnung über euch ist gestorben. Wenn ihr wollt, *könnt ihr dort einziehen." Sie sahen sich an. „Ok*ay", sagte Marvin, „dann lasst sie uns mal ansehen."

Die Wohnung war etwas kleiner und unter dem Dach, mit schrägen Wänden. Außerdem hatte sie nur noch zwei Zimmer und eine kleine Küche. „Sie ist dafür etwas billiger", meinte der Vermieter.

„Auf jeden Fall nehmen wir diesmal nicht das Durchgangszimmer, das musst du diesmal nehmen." „Scheiße", sagte er, denn darauf hatte er wirklich wenig Lust. Er ging noch einmal den schmalen dunklen Gang zurück zu der kleinen Küche. Der Raum sah furchtbar aus. Ziemlich verdreckt, mit einem großen Kohleherd, der fast den ganzen Raum einnahm. Jenny sah verzweifelt aus. „So können wir aber nicht kochen. Das ist ja noch schlimmer wie unten." „Nein, der Herd kommt noch raus und ich werde die Wände noch verputzen", sagte der Hausbesitzer. Sie waren ziemlich frustriert, denn es sah nicht gerade nach einer Verbesserung aus. „Ich hab' eine Idee", meinte er etwas zaghaft. „Wenn der Herd rauskommt, könnte ich doch die Küche als Zimmer benutzen und die Küche machen wir auf den Gang." Sie sahen sich alle etwas zweifelnd an. „Das wird aber verdammt eng." Jenny war nicht sonderlich begeistert. „Aber ihr könnt dann das andere Zimmer noch an jemanden vermieten. Dann wird es für uns alle etwas billiger." Das war das richtige Argument, auf einmal hellten sich alle Mienen auf. Okay, so machen wir das. Allen war geholfen. Er hatte ein eigenes Zimmer ganz für sich und Marvin und Jenny mussten es nicht mehr ertragen, dass andauernd jemand durch ihr Zimmer latschte.

„Ihr habt sowieso noch zwei Monate Zeit." Auch der Hausbesitzer war froh, eine Lösung gefunden zu haben. Jetzt freuten sie sich alle auf das neue Jahr und den Frühling, der dann bald kommen würde.

Langsam begann sich sein kleiner Freundeskreis zu vergrößern. Müsli hatte einen schlanken, hoch aufgeschossenen jungen Mann mitgebracht, den er in einer Teestube, die ein junger Engländer aufgemacht hatte, kennengelernt hatte. Er hieß Volker, doch alle nannten ihn Gandolf. Er war wohl viel in England unterwegs gewesen und seine Freunde dort hatten ihm wohl diesen Namen verpasst. Denn dort war es bereits unter den Hippies in Mode gekommen, J. R. Tolkiens „Herr der Ringe" zu lesen. Einwandfrei war er Gandolf der Graue, ein Zauberer, der zu den unmöglichsten Zeiten bei seinen kleinen, unschuldigen Hobbits auftauchte, um sie mit einer magischen Zauberpfeife, Jillom genannt, zu erfreuen.

Oft, wenn sie abends noch gemütlich bei ihm bei einem Tee zusammensaßen und sich seine unmögliche Plattensammlung anhörten, stand Gandolf plötzlich vor seiner Wohnungstür. Meist in einen langen, weiten dunklen Mantel gehüllt, einen lustigen Hut auf dem Kopf. Hinter seiner runden Nickelbrille war ein schmales blasses Gesicht zu sehen, aus dem zwei fröhliche Augen heraus funkelten. Wenn er dann das Zimmer betrat, den Hut abnahm und sich seine etwas dünnen graublonden Haare aus der hohen Stirn wischte, trat eine gespannte Stille ein. Er wusste, dass er der Zauberer war und sie die kleinen Hobbits, die er jetzt mit seinen magischen Kräutern verzaubern wollte. Nachdem er seinen langen, weiten Mantel abgelegt hatte, indem er zuvor noch die tiefen Taschen nach allerlei seltsamen Dingen, die er vor ihnen ausbreitete, durchsucht hatte. Nun breitete er ein altes, etwas zerschlissenes Brokattuch in ihrer Mitte aus und stellte eine Kerze in die Mitte. Alle Anwesenden hatte inzwischen eine andächtig gespannte Stimmung ergriffen.

„Leg doch mal King Crimson auf", sagte er leise zu Müsli. „Aber nicht allzu laut." Müsli drehte sich um, um nach der Platte zu suchen. „Sollen wir nicht lieber warten, bis wir was geraucht haben?", sagte Gandolf verschmitzt. „Du hast recht, warten wir noch ein wenig, ich mache inzwischen noch etwas heißes Wasser für einen Tee." Als er wieder kam, goss er Gandolf etwas heißes Wasser in eine schöne Teeschale, die mit seltsamen Zeichen versehen war.

Langsam versenkte Gandolf einen seidenen weißen Beutel darin. „Das ist Mu-Tee aus sieben Kräutern, kommt aus dem Himalaya." Eine Aura von Weisheit schien ihn jetzt zu umgeben. Die andächtige Spannung hatte sich noch gesteigert.

Nun legte er vorsichtig seine Jillom-Pfeife, die in ein indisches Tuch mit einigen braunen Teerflecken eingewickelt war, vor sich auf den Boden. Daneben ein etwas zerlesenes Taschenbuch „I Ging" und eine weiße rechteckige Packung Zigaretten „Lord Extra", die er langsam öffnete. Darin lagen in goldenes Papier gehüllt schneeweiße Zigaretten, von denen er zwei in seine knochige Hand nahm. Er hielt sie in der linken Hand, wie ein Pärchen, eng aneinandergedrückt, um dann mit seiner rechten, die inzwischen zwei Streichhölzer entzündet hatte, um eine größere Flamme zu erhalten. Mit der Flamme fuhr er in etwas Abstand unter die zwei Zigaretten, die er dabei mehrmals wendete, damit etwas Feuchtigkeit und einige giftige Dämpfe daraus entweichen konnten. Jetzt wurden die Zigaretten langsam geöffnet und der Tabak auf das Buch „I Ging" gestreut. Er entnahm nun einem abgewetzten Lederbeutel ein dickes „Piece" wunderbaren schwarzen Afghanen, den er ebenfalls mit einer Streichholzflamme erwärmte, um sie dann über dem Tabak zu zerbröseln.

Harry begann zu gähnen. Man merkte genau, dass es ihm zu lange dauerte. Er war definitiv eher der Schneller-Joint-Typ. Langsam wurde die Mischung fertig, indem Gandolf mehrmals etwas Mu-Tee über den Tabak spritzte, um die entgangene Feuchtigkeit wieder zurückzuführen. Dabei schien er einige Zaubersprüche zu murmeln. Langsam wurden sie alle etwas ungeduldig. Er bemerkte es und begann sich etwas zu beeilen. „Das Wichtigste ist die richtige Mischung, da sollte man sich etwas Zeit nehmen", meinte er etwas belehrend. Sie waren einwandfrei die kleinen Kinder, die noch etwas zu lernen hatten. Jetzt wurde noch rasch aus etwas Alufolie ein kleiner Würfel geformt und mit Einschnitten versehen. Vorsichtig öffnete er nun das Tuch, in das seine heilige Pfeife eingewickelt war.

Alle Blicke waren jetzt gespannt darauf gerichtet. Was dann zum Vorschein kam, übertraf alle Erwartungen. Ein tabakbraunes, knochenähnliches Gebilde, das am oberen Ende silbern schimmerte. „Ein Wildschweinzahn", lachte Gandolf, als er ihre erstaunten Gesichter sah. „Extra für mich angefertigt, von meinen englischen Freunden." Ja, er war ein Zauberer, das stand nun fest. Nun wurde das Aluteil in den Zahn geschoben und die Mischung darauf verteilt. Das fleckige Tuch, das als zweiter Filter diente, wurde um das untere Ende gewickelt und das Gerät in beide Hände genommen, indem man Daumen und Zeigefinger als Mundstück benutzte.

Gandolf hob nun das Ganze hoch über seinen Kopf und sprach laut eine Zauberformel, um das Jillom dann mit einem Augenzwinkern zu überreichen. Auch er hob es nun über seinen Kopf und setzte es an seinem Mund. Gandolf hatte nun nochmals zwei Streichhölzer entzündet, die er jetzt darüber hielt, während er den Rauch in sich hineinsog. Es war, als würde man in einen Lift steigen, der einen mit rasanter Geschwindigkeit in den hundertsten Stock eines Hochhauses beförderte. „Om Namah Shivaya" – das war es, dachte er, während sich eine seltsame Gelassenheit in ihm ausbreitete. Man merkte, dass Gandolf viel in England gewesen war; und die große, weite Welt des einst riesigen Reiches hatte einen Weg in sein kleines Zuhause gefunden.

Harry und Müsli, die immer bemüht waren, ihm endlich zu einem sexuellen Abenteuer zu verhelfen, hatten beschlossen, ihn eines Abends in eine Kneipe mitzunehmen, die einen eindeutigen Ruf hatte. „Doch vor Mitternacht brauchst du da gar nicht hingehen", meinte er mit einem weltmännischen Gesichtsausdruck. Ihm fiel es denkbar schwer, jetzt, im kalten Winter, die gute Stube zu verlassen, in der ein alter, stinkender Ölofen etwas behagliche Wärme verbreitete. „Muss das sein", bemerkte er zweifelnd. „Ich müsste auch noch dringend etwas für die Schule tun." Er versuchte, sich aus der Schusslinie zu nehmen, denn dunkle Kneipen bei Nacht waren wirklich nicht sein Ding. Es half alles nichts, sie hätten schon etwas mit einer Frau ausgemacht, die sie dort treffen wollten. „Die ist okay, mit der kannst du immer, die verlangt auch nicht viel." Er merkte, dass ihm wohl nichts anderes übrigblieb als mitzugehen. Er wollte doch auch so ein cooler Boy sein, so wie Harry.

So zogen sie los in die dunkle, kalte Nacht hinein. Das angesagte Lokal lag in der verwinkelten Altstadt, die er noch nie zuvor betreten hatte. Die Häuser waren in gewisser Weise kleiner und die engen Gassen waren wie aus einer längst vergangenen, alten Zeit. Ab und zu kamen ihnen stark angetrunkene Männer entgegen, die sich meist grölend und laut lachend stützten. Ein süßlicher Geruch nach Erbrochenem durchzog die feuchten Gassen, in denen in mancher finsteren Nische eine weibliche Gestalt fast zu verschwinden drohte. Er wollte nur noch heim, in sein einsames Bett, und das Kätzchen, das ihn oft abends besuchte, streicheln. Das war eindeutig nicht seine Welt.

Eine Gasse endete vor einer fast ganz schwarzen Hauswand, in der sich plötzlich eine schwere Eisentür, die er zuvor nicht bemerkt hatte, einen Spalt öffnete. Ein Schwall warme, nach billigem Parfüm und Tabak riechende Luft drang daraus hervor. Wie eine Python, die ihr Maul schon weit geöffnet hatte. „Kommt herein, macht es euch gemütlich", schien sie ihnen zuzurufen, doch ihre Absicht war ihm klar. Sie würden verdaut werden und allenfalls als widerlicher Kot das Tageslicht erblicken.

Der Türsteher, ein bulliger Mann mit fast ganz schwarzer Hautfarbe, sah sie geringschätzig an. Doch als Harry ihm mit seinem *American English* den Namen der Frau sagte, zog ein kurzes Lächeln über sein aufgedunsenes Gesicht und sie wurden eingelassen. Die Musik, die nun immer lauter wurde, hatte eine magische Anziehungskraft. Sie gingen eine steile Treppe nach unten, an deren Seite einige engumschlungene Paare standen und sich küssten. Meist waren es ein dunkelhäutiger Mann und eine weiße Frau, die sich da in einer eindeutigen Position befanden. Nun betraten sie einen nicht allzu großen Kellerraum, an dessen gegenüberliegendem Ende sich eine kleine Bühne befand, auf der ein paar farbige Musiker und eine dunkelhäutige Schönheit die auch unter jungen Leuten angesagte Soulmusik machten. Die Tanzfläche war dichtgedrängt von Paaren überfüllt, die ihre Becken wild kreisen ließen. Meistens waren es dunkelhäutige Männer, GIs aus der amerikanischen Kaserne, die sich für die Nacht ein „German

Frollein" suchten. Eindeutig ging es hier nur um Sex. Doch die Musik war gut und zog auch ihn in ihren Bann.

Er stand in einer dunklen Ecke und hoffte, dass ihn keine der üppigen, stark geschminkten Frauen ansprechen würde. In anderen dunklen Nischen saßen weiße Männer mit anderen Männern gemischter Hautfarbe in Gespräche vertieft und Geldscheine und kleine Päckchen wechselten die Hände. Für Dealer war eine *Connection* zur amerikanischen Kaserne eine wahre Goldgrube. Sie kauften so gut wie jede Droge und das zu fast jedem Preis. Dort konnten sie ganze Kilos in kurzer Zeit loswerden und das ohne jegliche Gefahr, da die Polizei, was die Amerikaner betraf, beide Augen zudrückte.

Harry hatte allen ein Bier besorgt und war zu einer jungen, noch nicht einmal dreißigjährigen Frau gegangen, die er zu kennen schien. Sie war irgendwie anders. Sie war nicht oder nur kaum geschminkt. So gut war es in der roten, mit dicken Tabakschwaden durchzogenen Luft nicht zu sehen. Sie hatte braune etwa schulterlange Haare mit einem Pony, unter dem ein paar warme braune Augen etwas traurig hervorblickten. Sie hatte seinen Blick bemerkt und lächelte leicht. Sie schienen sich über ihn zu unterhalten, und sie machte den Eindruck, als wäre sie mit irgendetwas einverstanden. Müsli unterhielt sich angeregt mit einer etwas jüngeren, vollbusigen Frau. Auch sie schienen mit irgendwas übereingekommen zu sein.

Das dunkle, warme rote Licht, die vielen dunkelhäutigen Menschen, die weiche Soulmusik und die Stimmen der fremden Schönheiten begannen, ihn etwas zu verändern. Eindeutig roch es hier überall nach Sexualität und nur darum schien es hier zu gehen. Langsam bewegte er sich zu Harry und der jungen Frau hin. „Das ist Karin", stellte Harry sie ihm vor. „Sie hat uns für morgen Abend zu sich eingeladen, wenn du Lust hast." Er war neugierig geworden. Eine Einladung zu einer schönen, interessanten Frau, da hatte er nichts dagegen. „Sie ist auch Künstlerin", bemerkte Harry, um ihm seine letzten Zweifel zu zerstreuen. Er sah sich schon in einem gemütlichen Atelier mit interessanten Künstlerinnen bei einem Tee über Gott und die Welt redend und willigte gern ein.

„Hast du Lust, etwas zu tanzen?" Karin sah ihn mit ihren gro-ßen braunen Augen an. „Aber gern", sagte er etwas schüchtern. Sie schien ja fast zehn Jahre älter zu sein als er, also fast schon wieder alt. Sie gefiel ihm sehr, doch kam er sich neben ihr wie ein kleiner Junge vor, der er letztlich auch war. Das Tanzen tat gut. Auf einmal waren die vielen Menschen um ihn herum auch nicht mehr fremd. Ja, sie lächelten ihm zu und sie zu berühren, machte fast Spaß. Die Musik war stark und sehr weiblich. Voll von einer anderen Liebe, die er bisher noch nicht kennengelernt hatte.

Er war sich allerdings auch nicht ganz sicher, ob sie nicht eine unbekannte Gefahr in sich barg. Doch die Python hatte bereits damit begonnen, ihn zu verdauen. Er verabschiedete sich schnell von seinen Freunden und machte sich auf den Heimweg. Begann er wieder auf der schiefen Bahn etwas weiter hinab zu rutschen, fragte er sich, als er zu Hause allein in seinem Bett lag. Oder sollte er lieber damit beginnen, endlich ein richtiger Mann zu werden? Er fasste sich zwischen die Beine, wo sich etwas Hartes bemerkbar gemacht hatte. Der kleine Drache dort hatte eigene Ziele, das war ihm klar. Wer würde den Sieg davontragen? Oder gab es diesen *Fight* nur in seiner Einbildung? Langsam sank er in einen unruhigen Schlaf.

Tags darauf trafen sie sich in der Innenstadt vor dem Haus, in dem Karin ihre Wohnung hatte. Diesmal war Napoleon dabei, der etwas älter als sie war und ihnen die ersten Trips verkauft hatte. Das Haus, in dem sie lebte, unterschied sich nur darin von den nicht sehr vertrauenserweckenden Häusern, dass es noch um einiges schäbiger war. Sie öffneten die alte morsche Tür und gingen einen finsteren Gang entlang, zu einer noch finsteren Treppe. Harry und Napoleon schienen den Weg gut zu kennen und machten ein paar anzügliche Bemerkungen über Karin. Irgendwie begann er sich unwohl zu fühlen und wäre am liebsten umgekehrt.

Im ersten Stock angekommen blieben sie vor einer Wohnungstür stehen und Harry betätigte die Klingel. Er hörte, wie sich Schritte näherten, und Karin öffnete die knarrende Tür einen winzigen Spalt. „Ach, ihr seid es." Sie schien etwas erleichtert. „Kommt rein. Ihr müsst noch etwas warten, ich muss noch etwas erledigen."

Sie wurden zu einem kleinen Raum geführt, in dem lieblos einige Stühle herumstanden. Er wurde den Eindruck nicht los, dass es sich um eine Art Wartezimmer handelte. Seine Träume von einem gemütlichen Treffen mit interessanten Künstlerinnen hatten sich nun endgültig in Luft aufgelöst.

Schüchtern fragte er Harry: „Was machen wir hier eigentlich?" Sie begannen alle zu lachen und Müsli meinte Augen zwinkernd: „Mach dir keine Sorgen, es ist schon alles bezahlt." Verwundert sah er in die Runde, die sich nun über seine Naivität nicht mehr einkriegen konnten. „Was meinst du denn? Karin wird es uns besorgen. Du kannst dir was von ihr wünschen, wenn du dran bist." Es sah so aus, als hätte Napoleon sie für ihre Dienste mit ein paar Drogen bezahlt. Nun begannen sie zu warten und Müsli baute einen kleinen Joint. Er begann zu überlegen, was er denn gern von ihr haben würde, und kam irgendwie nicht dahinter, da er in dieser Wohnung mit den Jungs, die anfingen dreckige Witze zu erzählen und abwertende Bemerkungen über Karin zu machen, keinerlei sexuelle Gefühle bekam. Er begann sich zu schämen, doch war er nun gefangen.

Zuerst verschwand Napoleon und blieb etwa zwanzig Minuten weg, bevor er mit einem Lächeln erschöpft zurückkam. Dann ging Harry und es dauerte etwa genauso lang. Er hatte immer mehr das Gefühl, beim Zahnarzt zu sein, und hoffte nur noch darauf, dass er nicht bohren würde.

Nun war er an der Reihe, ging langsam die paar Schritte zum angrenzenden Wohnzimmer und öffnete vorsichtig die Tür. Inmitten eines großen Zimmers, das nur wenig beleuchtet und über so gut wie keine Einrichtung verfügte, saß sie, in der Mitte auf einem weichen Lehnstuhl. Sie begrüßte ihn freundlich und bat ihn, ihr seinen Namen zu sagen, den sie wieder vergessen hatte. Ihr Gesicht wirkte jetzt älter, als er es bei dem roten, schummerigen Licht in Erinnerung hatte. Dunkle Ringe hatten sich unter ihren freundlichen grauen Augen gebildet und die Wangenknochen standen hervor, als hätte sie schon längere Zeit nichts gegessen, was auch durchaus der Fall war. Sie hatte ein schlichtes dunkles Wollkleid an und bat ihn, auf dem Stuhl neben ihr Platz zu nehmen. Nun schweifte sein Blick in die rechte dunkle Ecke des Zimmers, wo er ein schlichtes Bett mit zerwühlter Bettwäsche ausmachen konnte. Daneben stand ein kleines weißes Gitterbett, das mit ein paar Tüchern abgedeckt war.

„Wir müssen etwas leise sein", flüsterte sie. „Meine Tochter ist gerade eingeschlafen. Wie willst du es haben?", fragte sie leise. Er stand wie angewurzelt da und begann rot zu werden. Ein bittersüßes Schwert war in sein Herz gefahren und er konnte ihr keine Antwort geben. „Wir müssen auch nichts machen, wenn du nicht willst", meinte sie lächelnd. „Setz dich einfach her, dann reden wir etwas. Erzähl mir, was du machst." Erleichterung machte sich in ihm breit und er setzte sich hin. Er erzählte ihr von der Schule und dass er später einmal Kunstmaler werden möchte wie sein verstorbener Papa. Sie erzählte ihm, dass sie das auch gern geworden wäre. Sie hatte sich sogar bei der Akademie beworben. Doch die hätten sie abgelehnt. Jetzt hielt sie sich mit Dienstleistungen für Männer über Wasser, denn sie müsse für ihre kleine Tochter sorgen.

Als sie dies sagte, begann sich in dem kleinen Bettchen etwas zu rühren und ein leises Babyschnaufen war zu vernehmen. Sie stand auf, ging zu dem Bettchen und nahm das winzige Bündel heraus. „Ich glaube, sie hat Hunger. Macht es dir etwas aus, wenn ich ihr die Brust gebe?" „Nein, natürlich nicht, das habe ich schon bei der Frau meines Bruders gesehen." Sie setzte sich wieder in ihren weichen Stuhl und schob das Kleid etwas nach unten. Eine hübsche, nicht allzu große Brust mit einer sehr großen Brustwarze kam zum Vorschein. Das kleine Baby sah ihn kurz an, bevor es sich mit der Brust zu vergnügen begann. Gern hätte er sich jetzt zu ihren Füßen gesetzt, ihre Knie umfasst und ein paar Tränen vergossen. Denn eine Liebe, die wehtat, hatte sein junges Herz getroffen. Sie legte das satte Baby wieder zurück, das nun bald tief und fest zu schlafen begann.

Jetzt ging sie schnell zu einem kleinen Tisch und brachte ein paar Blätter Zeichenpapier mit. „Ich möchte dir noch ein paar Bilder von mir zeigen und wissen, was du dazu sagst." Er nahm sie in die Hand. Es waren einfache Bleistiftzeichnungen von Männern, die sie wohl kannte und einige Bilder von Tanzenden, vielleicht aus der Bar, in der sie ihre Nächte verbrachte. „Sie sind sehr expressiv", meinte er etwas altklug. „Ich glaube, ich geh' jetzt wieder, aber bitte sag meinen Freunden nicht, dass wir nichts Sexuelles gemacht haben", bat er sie. Sie lachte: „Mach dir keine Sorgen, es ist alles bezahlt und was wir machen, steht uns frei. Es gibt viele Männer, die nur etwas reden wollen, weil sie das meistens zu Hause nicht können. Komm wieder, wenn du magst." Sie ging mit ihm zur Tür und gab ihm einen kleinen Kuss auf den Mund. „Es war schön mit dir." Nie hätte er sich träumen lassen, dass er ein halbes Leben später ihre Tochter einmal fragen würde, ob er bei ihr schlafen könne. Da war Karin aber schon längst an Krebs gestorben.

Es war schon weit nach Mitternacht, als er endlich in sein schmales Bett sank. Er schimpfte sehr mit sich. Wie konnte man nur so schüchtern und verklemmt sein? Er würde nie ein richtiger Mann werden, das stand nun endgültig fest. Nachdem er diese Chance vergeben hatte, wollte er jetzt nur noch eines: ein Mönch werden. Er würde sich eine kleine Hütte mitten im Wald bauen, eine braune Kutte anziehen und nur noch gescheite Bücher von weisen Menschen lesen. Täglich würde er eine Schale Haferbrei essen und das Om singen, oder etwas Ähnliches, und seine Freunde würden die Tiere des Waldes sein.

Seltsamerweise kamen in der nächsten Zeit immer öfter junge Frauen bei ihm vorbei. Harry brachte eines Tages Mi mit, eine edle, schöne junge Frau mit starkem Geist und klarem Verstand. Auch sie hatte die private Zauberschule besucht und war gerade dabei, sich auf das Abitur vorzubereiten. Müsli hatte Pipa mitgebracht, ein blondes, elfengleiches Wesen, das von ihren Freunden zärtlich Schneeflittchen genannt wurde. Sie war bereits mit sechzehn von zu Hause abgehauen, nur mit einem Schlafsack und ihrer geliebten Schildkröte im Ärmel ihres grünen Parkas. Ihr Ziel war ein altes, halb verfallenes Kloster in Marseille, in dem sich Hippies aus aller Welt eingefunden hatten. Kurz nach ihrer Ankunft wurde das Kloster von der Polizei geräumt, sie mit ihren Freunden verhaftet und wegen „Vagabundage" eingesperrt. Sie war schon damals eine Heilige mit einem riesigen liebenden Herzen für alle Tiere. Vor allem für die Verwundeten, die sich nicht mehr wehren konnten. Sie wurde mithilfe der deutschen Botschaft nach Nizza gebracht, wo sie von ihren besorgten Eltern im berühmten Hotel „Negresco" abgeholt, in dem vor Kurzem noch die „Stones" abgestiegen waren.

Leider war er nicht zu Hause, als sie ihn besuchten. Mit ihr würde er fast zehn Jahre seines jungen Lebens verbringen. Doch davon wusste er noch nichts. Stella, die gern mit ihm zusammenarbeitete, hatte sogar einen echten Auftrag an Land gezogen. Sie sollten für ein Herrenmodegeschäft namens „Harrys" ein riesiges Schaufenster mit Buchstaben, die sie aus lila Plastikfolie ausschnitten, in ihrer selbst entworfenen Hippieschrift bekleben. Es gestaltete sich als ziemlich schwierig. Doch als sie es in einem einzigen Nachmittag geschafft hatten und dafür zweihundert D-Mark bekamen, waren sie mächtig stolz. Es machte so viel Spaß, mit ihr zusammenzuarbeiten, denn sie war nicht nur schön und stark, sie war auch über alle Maßen gescheit und einwandfrei ein Hippiemädchen. Meinte es das Leben vielleicht doch nicht so schlecht mit ihm? Es war nun schon Ende Januar geworden und langsam mussten sie sich auf den Umzug vorbereiten. Ein neuer Abschnitt würde beginnen und er fing an, sich darauf zu freuen.

Irgendwie begann sich in dieser Zeit alles um den berühmten Orgasmus, auch liebevoll „Orgie" genannt, zu drehen. Zwar wusste vermutlich jeder Junge, was ein Orgasmus war – denn meistens waren dann überall klebrige Flecken, die man schnell abwischen musste –, doch wie es sich mit dem weiblichen Geschlecht verhielt, konnte er nur erahnen. Allerdings vernahm er fast jede Nacht das immer lauter werdende Stöhnen, das aus Marvin und Jennys Zimmer zu ihm drang und das meistens in einem gemeinsamen Schrei endete. Die zwei wussten jedenfalls, wie das geht.

Von Harry bekam er den Tipp, sich dabei ein Fußballspiel vorzustellen. Das könne dabei helfen, nicht zu früh zu kommen, denn das würden die Mädels nicht so gern haben, wenn man vor ihnen kam.

Müsli, der sich einfach wie ein kleiner Junge vor jedes Mädchen stellte, das ihm einigermaßen gefiel, und sie einfach nett fragte, ob sie mit ihm bumsen möchte, und damit fast immer Erfolg hatte, wunderte sich sehr darüber, dass er keine fand, die mit ihm ins Bett gehen wollte.

Hätte er doch wenigstens die Bravo gelesen, als er noch ein kleiner Teenie war. Doch er hatte damals nur ein Lexikon, in dem er unter G wie Geschlecht nachschlagen konnte. Dort waren fein säuberlich so schöne Dinge wie innere und äußere Schamlippen zu sehen, die in eine Art Schlauch hineinführten, an dessen Ende sich etwas mit irgendwelchen Eierstöcken befand. Auch das abgebildete männliche Geschlechtsteil war durchaus interessant. Es gab eine Eichel mit Vorhaut, einen Schwellkörper und unten dran die Hoden im Hodensack, die so etwas wie Samen hervorbrachten. Bei der wissenschaftlichen Betrachtung dieser durchaus wichtigen Teile wurde immer etwas ziemlich hart zwischen seinen Beinen und wollte unbedingt ans Tageslicht. Man musste ihm gehorchen, seine Hose öffnen und daran reiben, bis eine seltsame Flüssigkeit hervorkam. In der Hoffnung, dass seine Mama, die im Raum daneben fleißig am Stricken war, nichts davon mitbekommen hatte. Doch was genau die Frauen und Mädchen machten, das konnte er leider nur ahnen. Micky Maus und Winnetou taten es jedenfalls nicht.

Zum Glück tauchten langsam so nette kleine Bücher auf wie „Wie bastle ich mir einen Orgasmus", in denen die Mädchen dazu aufgefordert wurden, es doch auch mal selbst zu versuchen. Auch sie konnten scheinbar an sich herumreiben, bis sie kamen. Ein kleiner Trost, wie er fand. Doch nützte es ihm wenig, wenn es bereits alle machten und nur er von nichts eine Ahnung hatte.

Glücklicherweise gab es die Joints und sonstige Drogen, und Sex war auch nicht alles. Konnte Sex doch durchaus fatale Nebenwirkungen wie ungewollte Schwangerschaften und Geschlechtskrankheiten haben. Leicht konnte es geschehen, dass sie die Pille vergessen hatte oder das Kondom undicht oder gerissen war. Dann folgte schnell auf ein kurzes Vergnügen ein ziemlich langer

Stress. Wenn nur die blöde Liebe nicht wäre. Denn verliebt war er schon gern und das schien ihm wieder etwas leichter zu fallen als den anderen. Aber einfacher war es auch nicht. Egal, welcher Sucht man sich hingab, es blieb eine Suche. Die Suche nach einem verlorenen Paradies? Oder lag es vielleicht noch vor ihnen? Oder waren sie sogar mitten drin? Er begann sich auf den nächsten Trip zu freuen, denn dort war alles ganz anders und sie waren inzwischen ganz schön viele, die dieses „Raumschiff" bestiegen und mit großen Augen und liebenden Herzen von dort zurückkehrten.

Die meisten ihrer Gespräche drehten sich inzwischen darum, was eigentlich mit ihnen geschah, wenn sie auf Drogen waren. War es nur ein Rausch, gleich dem übermäßigen Alkoholkonsums, der einen von angelernten Verhaltensmustern befreite und dazu brachte, einen anderen, freieren Teil seiner selbst hervorzubringen? Oder hatte diese unbekannte Substanz wirklich die Möglichkeit, ein Tor in eine unbekannte, ferne Welt zu werfen? Wo könnte diese Welt, die so viele wunderbare Schönheiten aufwies, denn überhaupt sein? Jedenfalls war es etwas, das nicht wirklich von einem getrennt zu sein schien. Denn wie sollte man sonst Zugang dazu haben. Hatten sie überhaupt ein gemeinsames Erlebnis? Oder machte jeder für sich etwas vollkommen anderes durch?

Die Platten, die sie dabei auflegten, hörten sie jedenfalls gemeinsam. Sie folgten den Tönen ihrer Bands wie einem Pfad, den die Musiker vorangeschritten waren. Überhaupt war es ein Phänomen, wie sich junge Leute, die meistens auch eher aus einfachen Verhältnissen kamen und sich das Gitarre- oder Schlagzeugspielen meistens auch noch selbst beigebracht hatten, zusammenfanden, um eine Band zu gründen. Natürlich konnten sie auf dem vorangegangenen Blues und Rock 'n' Roll aufbauen. Aber das, was sie dann hervorbrachten, war so anders, dass sie aus einer fast überirdischen Quelle zu schöpfen schienen, die noch kurz zuvor allenfalls einzelnen Genies zugänglich war. Die Genialität war nun allen, die guten Willens waren, zugänglich und ihre Herzen nahmen diese Botschaft dankbar auf. Aber man brauchte scheinbar recht junge Ohren, um das, was da gesagt und gesungen wurde, zu verstehen.

Manchmal fragte er sich, ob sie denn wirklich alle das Gleiche hörten wie er. Einmal – sie hatten gerade einen starken Hasch-Tee getrunken, der gerade seine Wirkung zu entfalten begann – merkte er, dass Zeit und Geschwindigkeit sich aufzulösen begannen. Wenn er zu sprechen versuchte, kamen zwar die Worte, doch stieß er bei seinen Freunden auf einiges Unverständnis, sooft er seine Frage auch wiederholte. Überhaupt war es ja ein Phänomen der Drogen, dass sie jegliches Gefühl für Normalität zu sprengen schienen. Ein Tisch, der einem noch kurz zuvor als durchaus stabil erschienen war, konnte sich in bunte Strukturen auflösen, die sich auch noch in einem kosmischen Takt zu bewegen begannen. Es kam einem ziemlich nutzlos vor, noch Bilder zu malen, denn da schien bereits ein Maler, der über unbegrenzte Mittel verfügte, am Werk gewesen zu sein. Natürlich waren diese Eindrücke nicht greifbar, sondern konnten sich jederzeit in etwas anderes verwandeln. Es konnte geschehen, dass jemand, der nicht wusste, was mit ihnen los war, gerade den Raum betrat und sich sofort alles in eine dunkle, unangenehme Struktur verwandelte.

Man begann in gewisser Weise in zwei oder mehreren Welten zu leben und sich zu fragen, welche der Wirklichkeiten wohl die wirklichere sei. Künstler wie Musiker und Maler, und natürlich auch Dichter und Denker, kamen damit scheinbar noch am besten zurecht. Sie hatten es sich immer schon zur Aufgabe gemacht, andere Realitäten hervorzuzaubern und damit auch einige Erfolge erzielt.

Andere, die dies nicht hatten und während des Trips vielleicht noch nach Hause zu ihren Eltern mussten, hatten es wesentlich schwerer. Man musste dann derartig schnell auf „normal" umschalten, dass es der Landung einer Raumkapsel auf der Erde gleichkam. Gerade eben war sie schwerelos in den endlosen Weiten des Alls geschwebt – ihren Heimatplaneten als liebenswerte kleine blaue Kugel unter sich –, schon krachten sie auf die harte Oberfläche des Ozeans und mussten sich aus der engen Kapsel quetschen und sich in Quarantäne begeben. Von einem Heer von Reportern umgeben, die lästige Fragen stellten, wie: „Wie war es da oben?"

Die Mondlandung war erfolgreich geglückt. Amerika und die freie Welt hatten bewiesen, dass sie doch besser waren als die in der Dunkelheit lebenden Bösen. Die westliche Welt war erleichtert. „Ein kleiner Schritt für den Menschen, doch ein großer für die Menschheit." Außer ein paar schwarzen Steinen und etwas Sand hatten sie jedoch nicht viel gefunden. Allenfalls die wichtige Erkenntnis, dass diese kleine blaue Kugel dort unten in der unendlichen Schwärze, auf der sie ihre geliebten Frauen und Kinder zurückgelassen hatten, ein unermesslich großer Schatz war, der allenfalls allen Wesen gehörte, denen er Zuflucht geboten hatte. Eine Erkenntnis, die sich leider nicht so bald durchsetzen würde.

Doch vom Baum dieser Erkenntnis genascht zu haben, war nicht ganz ungefährlich. Nachdem man ihnen auf einigen Paraden zugejubelt hatte und sie als Helden verehrt wurden, befand man sich trotz allem in den alten Strukturen wieder, in denen das stolze Land der unbegrenzten Möglichkeiten gerade in einem anderen kleinen Land ein ganzes Dorf mit Müttern und kleinen Kindern ausgerottet hatte. Es waren wohl an die fünfhundert Leichen, die dort vor ihren kleinen armseligen Hütten herumlagen. War dies nicht schizophrener, als einen Tisch in seiner atomaren Struktur zu sehen, der eher einem impressionistischen Gemälde glich? Aber sie waren ja noch so jung und würden schon noch verstehen lernen.

Langsam wurde es Zeit, an den Umzug zu denken. Der alte Herd in seinem neuen Zimmer – das keine zwölf Quadratmeter hatte – war verschwunden und darunter war nun ein großer Fleck aus Sand und Erde entstanden. Der Hausbesitzer meinte, er könne darauf noch etwas Beton gießen, doch das würde dann noch lange dauern, bis es im Winter trocknen würde. Er selbst war der Meinung, es würde auch so gehen und einen Teppichboden darüberlegen. Heimlich war er froh, noch ein wenig „Natur" unter sich zu haben und freute sich darauf, endlich etwas ganz für sich allein zu haben.

Nun hatte er auch noch zu allem Überfluss sein erstes kleines Auto bekommen. Seine Verwandten hatten dies ermöglicht. „Freie Fahrt für freie Bürger." Es konnte also losgehen. Doch eines hatte er nicht bedacht. Langte zuvor das wenige Geld, das er bekam, kaum für Brot und Spaghetti, so langte es noch weniger für Benzin. So mussten sie, wenn sie etwas damit unternehmen wollten, erst einmal nachts losziehen, um Sprit zu klauen.

Das war eine „Action" ganz nach Harrys Geschmack, der alle Formen von Abenteuer, „Actiontrip" genannt, über alles liebte. Sie mussten dann bis zwei oder drei Uhr morgens warten. „Drei ist am besten", meinte Harry, der in solchen Dingen die meiste Erfahrung hatte. „Da pennen die alle noch." Ohne etwas Speed und einige Joints war dies kaum zu machen. So zogen sie dann mit einem Kanister und einem langen Stück Gartenschlauch los. Nachdem sie sich ganz normalgebend um ein paar Häuserblocks und einen dunklen Park geschlichen hatten, in dem auch ein interessanter Kinderspielplatz lag, auf dem man, auf Trip, auf einem metallenen Karussell über das Rad des Lebens meditieren konnte, durchquerten sie gebückt einen ausgetrockneten Wassergraben bis zu einem Parkplatz. Jetzt begann der spannendste Teil des Abenteuers, an dem das Herz heftiger zu pochen begann. Nur wenige Straßenlaternen verbreiteten ein trübes Licht. Geduckt schlichen sie zu der dunkelsten Seite des Parkplatzes.

„Wir müssen ein Auto finden, bei dem die Seite mit dem Tankdeckel im Dunkeln liegt – und bloß keinen Diesel!" Harry war zweifelsohne in seinem Element. Sie fanden einen alten Käfer, ganz im Abseits, in einer finsteren Ecke. „Okay, du schaust, ob keiner kommt, den Rest mache ich." Gebückt tastete sich Harry an der Karosserie bis zum Tankdeckel vor, um ihn dann vorsichtig aufzuschrauben. Jetzt steckte er langsam den Schlauch in den Tank und ging tief in die Hocke, den kleinen Kanister neben sich. Er steckte das andere Ende in den Mund und begann fest daran zu saugen und bekam augenblicklich einen Hustenanfall. „Scheiße, der ist fast leer. Gehört bestimmt einem Studenten." Sie mussten beide lachen. „Also auf zum nächsten."

Der nächste Wagen sah etwas teuer aus und hatte zum Glück vollgetankt. Harry begann noch einmal fest zu saugen und hatte kurz darauf den Mund voll Benzin, das er sofort wieder auf den Boden spuckte. Mit dem Daumen hatte er den Schlauch gleich wieder verschlossen und nach unten in den Kanister gehalten. Dort wurde der Daumen schnell vom Schlauch genommen, in die Öffnung gesteckt und die fallende Flüssigkeit zog nun die im Tank verbliebene mit sich, und einer kleinen Quelle gleich sprudelte das wertvolle Nass hervor. „Das haben wir geschafft. Jetzt schnell zu dir. Ich muss mir den Mund auswaschen. Das ist vielleicht ein Scheißgeschmack." Er wischte sich den Mund und spuckte ein paarmal aus. „Zünde jetzt bloß keine Kippe an, sonst fliegst du noch in die Luft." Sie mussten lachen und machten sich schnell aus dem Staub. „Actiontrip". Auch nicht schlecht, dachte er sich, kommt da noch mehr?

Endlich war es so weit und sie konnten die Wohnung, die ein Stockwerk höher lag, beziehen. Viel musste er nicht mitnehmen, denn das Zimmer, das er bisher hatte, war möbliert. So packte er seine Malsachen, den billigen Plattenspieler und seine Platten in einen Sack mit Klamotten und begab sich auf die Reise in ein neues Leben. Das winzige Zimmer war kalt und leer. Es gab keine Heizung und das Mansardenfenster hatte einen großen Sprung, durch den der kalte Winterwind blies. Marvin und Jenny hatten ihm ein paar alte Matratzen geschenkt, die er sorgfältig unter der Dachschräge ausbreitete. Endlich konnte er auf dem Boden schlafen und das Matratzenlager war so groß, dass sogar noch jemand bei ihm übernachten konnte. Endlich war er ein kleiner Hippie geworden und der „Summer of Love" würde nun auch zu ihm kommen, so hoffte er.

Gegenüber seiner Schule war ein riesiger Trödelmarkt, der von einem alten Mann betrieben wurde. Dort war er schon öfter mit Harry und Stella umhergestreift, um sich die wundersamen Dinge aus längst vergangenen Zeiten zu betrachten. Jetzt bat er die beiden, ihn zu begleiten, denn er benötigte noch dringend einen Schreibtisch und einen Stuhl zum Arbeiten. Das hatte er sich für die nächste Zeit fest vorgenommen. Jetzt musste er nicht mehr durch Marvin und Jennys Zimmer gehen und ihnen beim Vögeln zusehen, und bestimmt kam niemand mehr mit Dope vorbei, dachte er.

In dem riesigen Berg aus alten Möbeln fand er einen kleinen Schreibtisch aus dem letzten Jahrhundert und einen alten runden

Wiener Kaffeehaussessel. Er bekam beides für zwanzig Mark. Denn der alte Mann hatte ein Herz für die armen Kunststudenten. Sie wollten fast schon gehen, als sein Blick auf ein altes Harmonium fiel. „Das ist ja cool; ich kann doch etwas Klavier spielen", sagte er zu Stella, die ihm einen anerkennenden Blick zuwarf. „Dann kauf es doch", sagte Harry fröhlich. „Dann machen wir Musik bei dir. Das macht bestimmt Spaß." Er setzte sich hin und versuchte darauf zu spielen. Die Tasten waren bis auf zwei ganz okay. Nur die Blasebälge, die man beständig treten musste, schienen einige Löcher zu haben und schnauften fürchterlich. „Ist bestimmt nicht billig", sagte er etwas traurig. Denn seine Brieftasche war schon ziemlich leer und er wollte sich noch was zu essen kaufen. „Ich frag' mal. Außerdem kann ich dir auch was leihen." Stella wollte wohl, dass er spielte, und ging zu dem alten Mann. „Er will fünfzig Mark dafür. Ganz schön teuer, finde ich. Ich hab' ihn aber auf vierzig heruntergehandelt. Geht doch, oder?" Ihre hellen blauen Augen, die so viel Liebe in sich bargen, strahlten ihn an. „Ich geb' dir das Geld. Wenn du was überhast, kannst du es mir ja zurückgeben. Ich glaube, das wollte zu dir." Wie sehr er sie doch liebte, die kleine starke Frau mit dem großen Herzen. Der alte Mann mit dem dichten grauen Bart lächelte sie an. „Ich hab' jemanden, der bringt euch später alles vorbei."

Er war glücklich, jetzt Musik machen zu können. Das hatte er sich immer schon gewünscht. Er gab Stella einen Kuss. „Danke, Stella, du bist ein Schatz." Sie lachte. „Dafür komme ich mal vorbei und du musst mir was vorspielen." Scheinbar hatte sein Wunsch, jetzt mehr er selbst zu werden, eine Wirkung gezeigt. Er kam sich viel vollständiger vor. Irgendwie mehr ganz. Harry half ihm, die Sachen in den dritten Stock zu schaffen, und sie setzten sich hin und bauten erst einmal eine Tüte. Ein Schritt war gemacht und er fragte sich, was da jetzt noch alles kommen würde.

Die Jugend, zu der er ja auch gehörte, war mächtig in Aufruhr. Die Demos, die in großer Regelmäßigkeit stattfanden, wurden immer heftiger. Hauptsächlich ging es gegen den unmenschlichen, sinnlosen Krieg, den das „gelobte Land der Freiheit" gegen das kleine, arme Vietnam führte. Die Rufe „Ho Chi Minh" – der Führer der Kommunisten in Nord Vietnam – wurden lauter und lauter und Che Guevara, der attraktive Revolutionsführer, war ihr Held. Er hatte es zum Finanzminister des kommunistischen Kuba gebracht und sein Bild zierte sogar die Geldscheine Kubas. Sie hatten sich eine Menge Feinde geschaffen und befanden sich ungewollt in einer Art Krieg mit dem Rest der Gesellschaft. David gegen Goliath, drängte sich ihnen auf. Denn sie hatten nichts als ihre Herzen und langsam eine mächtige Wut im Bauch. Denn man wollte ihnen nicht einmal ihr bescheidenes, kleines Leben gönnen. Die hatten alles. Unbegrenzt viele Waffen und alles Geld. Sie beherrschten alle Strukturen und verteilten die Energie, die sie zum Leben benötigten. Sie hatten nur sich selbst. Ein paar Gitarren und den Kopf voller Ideale einer Welt des Miteinander ohne Waffen und Stacheldraht. Immer mehr wurden sie wegen der Drogen verfolgt. Aber wie immer wurden die Kleinen verhaftet und schikaniert, während man die Großen laufen ließ. Die hatten das Geld, und Geld war Macht.

Gern stürzte man sich auf schmächtige kleine Hippie*mädchen*, um ihnen einen kleinen Brösel Hasch zu entreißen, mit dem sie dann um die Ecke fuhren, um ihn selbst zu rauchen. Die Jagd auf sie hatte – von der Presse freudig unterstützt – schon längst begonnen. Auch wenn der größte Teil von ihnen eher Gandhis Spuren der Gewaltlosigkeit folgen wollten, setzte ein ungeduldiger Teil, der meist älter war, auf Aktionen. Auch sie sollten spüren, dass sie verletzlich waren. Ihm gefielen die Demos, die meistens mit Schlagstöcken und Wasserwerfern beendet wurden, nicht so sehr. Natürlich fühlte er sich mit seinen Brüdern und Schwestern solidarisch, doch war es fast unmöglich, nicht an einen Punkt zu kommen, an dem man anfing, einen gewissen Hass zu empfinden.

Auch begann ein gewisser Unterschied zu entstehen zwischen ihren gefeierten Idolen der Musik, denen sie bedingungslos zu folgen gewillt waren und die anfingen, in dicken Autos herum zu fahren, und in schicken Villen wohnten, und ihren Bewunderern, die teilweise in Abbruchhäusern auf dreckigen Matratzen ein kümmerliches Leben fristeten.

Nur auf ihren Trips und wenn sie ihre Joints rauchten, verschwanden diese Grenzen. Da waren sie eins und Brüder und Schwestern im Geiste. Immer mehr verließen ihr Zuhause und ihre Eltern, und versammelten sich in den großen Städten. Schliefen in den Parks oder in den wenigen WGs. San Francisco war einwandfrei das neue „Mekka" der Hippies und Stella wollte unbedingt eines Tages dorthin ziehen. Auch seine Stadt, die einen wunderschönen großen Park besaß, wurde zu einem beliebten Sammelpunkt. Alle angesagten Bands kamen hier vorbei und einige der männlichen „Götter" verliebten sich in ein blondes waches Hippiemädchen, das dann bald auf den Titelbildern der angesagten Magazine zu finden war. Mit ihnen war viel Geld zu verdienen, was doch für etwas Schutz sorgte. Denn wer schlachtet schon eine Gans, die goldene Eier legt? Aber wie es so ist, man ist eben in der Zeit jung, in der man eben jung ist. Und ihre Zeit war eben die Hippiezeit. Aber davon wussten sie nichts. Es war einfach so und weil es so war, tat man eben Dinge, die man jetzt eben tat und es war gut so.

Er hatte sein kleines Zimmer mit einer billigen Raufasertapete tapeziert und lag nun zum ersten Mal unter dem schrägen Mansardendach auf seinem Matratzenlager, das er mit ein paar Decken und Kissen ausgestattet hatte. Eine Reihe von Bildern durchzog seine Seele. Nicht nur das kleine Kellerzimmer, in das er hineingeboren worden war, hatte eine gewisse Ähnlichkeit. Es war noch ein anderes Bild aus den fast noch glücklichen Tagen der Kindheit, als sein Papa noch am Leben war. Wie immer saßen sie alle im Wohnzimmer des neu errichteten Hauses und Vaters bester Freund, ein Professor der Kunst und ebenfalls Maler, der an einer Schule unterrichtete – er war durch eine Kinderkrankheit nur von zwergenhafter Gestalt mit einer überaus schönen Frau und seinen wundervollen Kindern – war wie so oft zu Besuch.

Er hatte ein großes Buch des beliebten Zeichners Wilhelm Busch mitgebracht. Neben den vielen lustigen und manchmal ganz schön bösen Geschichten von Max und Moritz, die jeder kannte, war eine Zeichnung in seiner Kinderseele hängen geblieben. Ein alter kauziger Mann war gerade dabei, in ein großes Weinfass zu klettern, von irgendwelchen bösen Buben genervt. Darunter stand „Diogenes, der kroch ins Fass und sprach, das kommt von das." Diese Zeichnung sorgte für viel Gelächter und er fragte mit seiner Kinderstimme: „Vati, wer ist Diogenes?" Er bekam die Antwort: „Ach, das war ein Philosoph im alten Griechenland." „Und was ist ein Philosoph?", hakte er nach. „Ach, weißt du, der sitzt herum und denkt über alles nach." Etwas hatte ihn tief im Inneren berührt und er hatte den Wunsch, so etwas wie ein Philosoph zu werden. Als er ein andermal von der gleichen Runde gefragt wurde, was er denn einmal werden möchte – eine seltsame Frage, wie er damals fand –, antwortete er mit fester lauter Stimme „Nichts. Einfach nur essen." Alle waren platt. Nur seine Mama fragte leise: „Und wer wird für dich kochen?" Alle fingen zu lachen an und stürzten sich wieder in ihre Erwachsenengespräche.

Ein anderes Bild fiel ihm noch ein. In der Grundschule, die damals noch Volksschule hieß – er war vielleicht zwölf oder dreizehn und sein Vater war schon lange gestorben –, gab es die Aufgabe, eine Bildbeschreibung zu machen. Es gab verschiedene Kunstwerke zur Auswahl und er entschied sich für das von allen geliebte Bild des Biedermeiermalers Karl Spitzweg, „Der arme Poet". Ein etwas schrulliger Mann lag im Morgenmantel mit Schlafmütze im Bett einer kleinen Mansarde, durch die der Winterwind pfiff. Einen Regenschirm über sich gespannt, denn das Dach war wohl auch undicht. Er hatte ein Buch auf seinem Schoß und einen Stift in der Hand und in seinem Gesicht spiegelte sich etwas anderes. Denn seine Seele war wohl in anderen Gefilden, über die er wohl gerade ein Gedicht schrieb. Einwandfrei war er selbst jetzt zum armen Poeten geworden. Oder zu Diogenes im Fass. Das Schicksal hatte seine Schatten vorausgeworfen.

Sein Blick fiel auf den halben Meter Bücher, die er fein säuberlich auf dem Boden aufgereiht hatte. Ja, da waren sie noch, die vier kleinen Bände mit dem weißen Umschlag, die er sich mit gerade mal fünfzehn Jahren gewünscht hatte. Es waren kurze Abhandlungen mit Weisheiten der Philosophen Sokrates, Seneca, Buddha und Konfuzius. Er hatte sie damals interessiert gelesen. Auch das dicke wertvolle Buch, das er seiner Mutter gegen alle Widerstände abgetrotzt hatte, war noch da: „Kundalini Yoga, über die ‚Schlangenkraft'." Er hatte es damals kaum gewagt, es zu öffnen. Die wenigen Bilder über die Chakren, magische Zeichen, die an verschiedenen Körperteilen verzeichnet waren, hatten ihn tief bewegt und mit etwas Furcht erfüllt. Hatte er sich in seinen Träumen zu weit vorgewagt? Noch immer brauchte er Mut, um das Buch aufzuschlagen. Aber es war da, das war das Wichtigste. Würde er vielleicht eines Tages ein Yogi werden, ein Erleuchteter, von denen es scheinbar irgendwo im fernen Himalaya noch welche geben sollte?

Er stand auf und setzte sich an den kleinen Schreibtisch unter dem zerbrochenen Fenster und begann zu zeichnen. Eine seiner Trip-Erfahrungen war es gewesen, die dem Erleben anderer Dimensionen scheinbar wie ein dunkler Berg an falsch verstandenem Wissen im Weg zu stehen schien. Hauptsächlich war es wohl die angelernte Religion und sogenannte Moral, die da im Wege stand. Doch war diese wundersame Substanz namens LSD anscheinend in der Lage, diese Barriere außer Kraft zu setzten.

Wie konnte man dieses Problem als Bild umsetzen? Er hatte eine Idee – nahm seine Buntstifte und begann zu zeichnen. Der Berg sollte ein Gehirn werden, das grau und mächtig in einer schönen Sommerlandschaft stand. Lange hatte er in allen möglichen Zeitschriften nach einer Vorlage gesucht und endlich in einem medizinischen Bericht, den ihm seine Nachbarin – eine junge Medizinstudentin – geliehen hatte. Zwar hatte das Zeichen seiner Schule ebenfalls ein Gehirn im Logo, doch war dies nur ein abstraktes goldenes Gebilde in einem Kopf. Er wollte es ganz realistisch als graue Masse haben, die fast das ganze Bild einnehmen sollte. Es dauerte eine geraume Zeit, die ganzen eigenartigen Windungen, die eher einem Darm glichen, zu malen. Doch ging es mit den feinen Stiften, die er dafür benutzte und die er immer wieder anspitzen musste, recht gut. Hinter dem Gehirn wollte er einen Strahlenkranz in einem warmen Sommerhimmel anbringen. Die Strahlen machte er deutlich und mit harten Linien, wie es eher der Popkultur seiner Zeit entsprach. Das Gehirn verdeckte praktisch die aufgehende Sonne, die man nur noch an ihrer Wirkung zu erkennen schien. Doch war es ihr Licht, das die Sommerlandschaft hervorgebracht hatte. Das Bild war nicht sehr groß, vielleicht vierzig mal vierzig Zentimeter, und er saß bis tief in die Nacht daran. Er fragte sich, ob es wohl jemand verstehen würde, und wenn nicht, so sah es wenigstens hübsch aus. Am nächsten Morgen besah er es nochmal und war zufrieden. Er nahm einen Reißnagel und heftete es an die morsche Wand. Das war es, dachte er sich. Jetzt war er angekommen.

Doch das Gehirn war nicht sein größtes Problem. Zwar merkte er, dass die Gedanken das Handeln und vor allem das Fühlen stark beeinflussten, doch war es in so jungen Jahren eher noch umgekehrt. Das Fühlen beeinflusste eher das Denken. Zum Glück waren ihre Herzen noch recht unschuldig und die Liebe, nach der sie sich sehnten, war noch etwas durchaus Natürliches. Wenn sie zusammensaßen und einen Joint rauchten, ging es ja nicht darum, sich gemeinsam einer Droge hinzugeben. Man wollte mit seinen Freuden vor allem ein Gefühl teilen. Ähnlich wie man in der arabischen Welt in alten Zeiten beim gemeinsamen Mahl den besten Bissen seinen Freunden in den Mund schob und nicht sich selbst. So wünschte man beim Teilen des Rauchs ebenfalls seinem Freund oder der Freundin ein schönes Highsein. Joints heißen ja nicht umsonst „Joints", denn es geht dabei ja um das Teilen und Erfahren mit seinen Freunden.

Mit Trips verhielt es sich nicht viel anders, doch war es etwas schwieriger, die Erfahrung, die man machte, als allgemein zu betrachten. Es war aber unbedingt empfehlenswert, in einer Umgebung des Vertrauens, mit Leuten, die man mochte, auf Reisen zu gehen. Alles, was Angstzustände verursachte, galt es strikt zu vermeiden, denn das konnte schnell in einem Horrortrip enden. Den Horrortrip hatten ja gerade ihre Eltern hinter sich gebracht. Sie sollten eigentlich am besten wissen, was zu vermeiden war. Doch leider hatten sie die alten Strukturen, die hauptsächlich auf Gewalt und Angst beruhten, noch nicht aufgegeben. Sie hatten nur ein dickes Make-up darübergelegt. Um sich vor der Angst zu schützten, legte man sich schnell wieder neue „Panzer" aus Macht und Geld zu. Doch brodelte und zischte es darunter mächtig weiter. Auch der Schutz kollektiver Ideologien und Religionen brachte nur einen zeitlich begrenzten Schutz, wie sie ja vor Kurzem erfahren hatten. Die sogenannte Jugend war dagegen aufgerufen, neue Wege zu gehen. Die Wege, die offensichtlich in Chaos und Zerstörung geführt hatten, durften auf keinen Fall noch einmal beschritten werden.

Doch wer würde sie führen – und wohin? Sie hatten entdeckt, dass das, was sie suchten, in ihnen selber war. Die Trips, die sie erlebten, führten nicht von ihnen weg und woanders hin, sondern direkt in sie selbst hinein. Auch dies war keinesfalls ein leichter gefahrloser Weg. Denn die Dämonen, die es sich in ihrem Inneren bequem eingerichtet hatten, mussten erst einmal gefunden werden. Waren sie böse? Waren sie gut? Oder lösten sie sich bei näherer Betrachtung einfach auf? Wie gut, dass es die etwas Älteren gab, die über ihre Musik in ihre Zimmer kamen. Sie schienen mit den Dämonen zu spielen, ja sogar zu tanzen. Er beschloss, sich auf die Suche nach seinen eigenen zu machen. Was geschehen würde, wusste er nicht.

Einer von den dicksten und fettesten Dämonen hatte sich jedenfalls dort unten zwischen seinen Beinen eingenistet. Nicht dass es unangenehm war, dass dort etwas fordernd, seit geraumer Zeit hart wegstand. Eher waren es die Probleme, die anfingen damit einherzugehen. Dass man selbst daran herum rieb, bis sich die milchig-schleimige Flüssigkeit hervor goss, war erst einmal nicht so das Problem. Eher, dass man es heimlich tun musste, wo es doch etwas war, das sich so stolz und frei anfühlte. Obwohl es jeder Junge in seinem Alter tat, wurde man doch eher als Loser angesehen, wenn man es nicht mit einer Frau gemeinsam machte. Ein „Wichser" zu sein, war unter „Männern" mindestens ein ebenso großes Schimpfwort, wie „schwul".

An diesem Punkt wurde eine ziemlich einfache Sache zu einem riesigen Problem. Nicht nur, dass in dem katholisch religiösen System, in dem er aufgewachsen war, so ziemlich alles, was damit zu tun hatte, eine „Sünde" war und mindestens direkt in Hölle führte. Fast noch größer war die Schande, es nicht zu tun. Wer nicht mindestens einmal am Tag mit irgendjemandem am Bumsen war, konnte so gut wie überhaupt nicht mitreden. Die etwas älteren Hippies – und sie waren fast alle älter – fanden die sexuelle Revolution großartig und stürzten sich mit Begeisterung auf jedes kleine Hippiemädchen. Etwas Hasch, die richtige Musik und man hatte freie Fahrt.

Nicht so einfach war es dagegen in seinem Alter. Wer da noch keine Erfahrungen gesammelt hatte, konnte sich so ziemlich abschreiben. Doch der kleine Drache dort unten hatte so seine eigenen Vorstellungen und es sah so aus, als hätten die jungen Frauen ein ähnliches Problem. Jedenfalls strebten sie alle nach Freiheit und Befreiung, denn sie waren ja vom großen Land der unbegrenzten Freiheit befreit worden. Der Schlüssel zu ihrer persönlichen Freiheit lag jedenfalls auch in einer befreiten Sexualität. Dies war ja auch nichts besonders Neues, gab es doch einige wissenschaftliche Abhandlungen darüber, wie von dem berühmten Arzt Doktor Sigmund Freud und seinem Schüler Wilhelm Reich. Dessen Schriften waren unter den Hippies sehr beliebt.

Doch wie sah es in der Wirklichkeit aus? Während die jungen Männer anfingen, einen Leistungsdruck aufzubauen – denn man musste ja nicht nur sich selbst, sondern auch das, worauf man lag, zum Orgasmus bringen –, musste man auf jeden Fall auch dafür sorgen, dass nichts „passierte". Denn mit einer ungewollten Schwangerschaft war es mit dem freien Hippieleben erst einmal vorbei. Es gab zwar jetzt die sagenhafte Pille, doch die konnte ja auch mal vergessen werden, was wohl einige Frauen auf die Idee brachte, sich so einen Mann zu krallen, den sie sonst nicht bekommen hätten. Für die Männer war das wohl der größte Albtraum. Entweder mussten sie eine Abtreibung irgendwo in einem Hinterhof im Ausland finanzieren oder ein Leben lang nur noch für die Alimente arbeiten. Beides hatte so viel mit freier Liebe zu tun wie die Atombomben mit „Love and Peace".

Ihm tat das Teil zwischen seinen Beinen, das er eigentlich ganz gern hatte, leid. Ein Ausweg wäre vielleicht gewesen, es mit einem anderen Jungen zu tun. Aber schwul zu sein, war schlimmer, als Pest und Cholera zugleich zu haben. Er beschloss daher, es wohl lieber die nächste Zeit allein zu tun. Das war die einfachste Lösung. Zum Glück gab es den bittersüßen Rauch, den man so gut mit seinen Freunden teilen konnte. Es gab Wichtigeres zu tun und er wollte ja Maler werden. Dazu brauchte man erst einmal nur Pinsel, Farbe und Papier.

In das freigewordene Durchgangszimmer war eine mit Marvin und Jenny befreundete Lady eingezogen. Sie war schon unerreichbar fern alt. Mindestens fünfundzwanzig. Sie ging auf die Uni und hatte schon die halbe Welt bereist. Jedenfalls hingen überall bunte, große indische Tücher und über ihrem mit schönen Decken und Kissen belegten Matratzenlager hing ein weißes Moskitonetz, das einem königlichen Baldachin glich. Irgendwie passte sie nicht so recht in diese ärmliche Umgebung, denn offensichtlich stammte sie aus einer etwas bessergestellten Familie. Doch wie viele zog auch sie es vor, eine Zeitlang lieber auf alten Matratzen auf dem Boden zu schlafen.

Jedenfalls war sie wie fast alle Hippies, die schon älter waren, weiter. Eines Abends, als er die alte, knarrende Wohnungstür geöffnet hatte und den schmalen dunklen Gang hinunterblickte, bemerkte er, dass sie ihre Zimmertür geöffnet hatte. Sie hatte ein paar Kerzen angezündet, die ein warmes Licht verbreiteten. Von ihrem etwas besseren Plattenspieler klangen die zarten Klänge eines indischen Sitar. Sie war nackt, aber nicht allein. Auf ihrem Schoß saß ein ebenfalls wunderschöner nackter junger Mann mit langen Haaren und einem edlen Gesicht, einem jungen Ritter aus vergangenen Zeiten gleich. Wie sie ihm später erklärten, praktizierten sie Tantra, eine östliche Form des Yoga, in dem es darauf ankam, die sexuellen Energien der Partner ineinanderfließen zu lassen, ohne einem Orgasmus hinterher zu jagen. Vielmehr ging es darum, die so entstandene Schlangenkraft nach oben steigen zu lassen, um dann in einem seligen Glücksgefühl zu verweilen. Der Duft süßer Räucherstäbchen erfüllte die ganze Wohnung. Er ging in sein kleines Zimmer, legte sich auf seine Matratze und zündete sich eine Zigarette an. War es das, was in dem geheimnisvollen Buch stand, das er als Teenager erworben hatte? Doch waren auf den wenigen bunten Abbildungen keine Partner zu entdecken. Wie wenig er doch von der Welt wusste … und viel davon hatte er bisher auch noch nicht gesehen.

Ein eigenes Auto zu besitzen, erwies sich zunehmend als äußerst unangenehm. Immer öfter musste er nun jemanden irgendwo abholen, der oder die plötzlich zu faul zum Gehen war. Die „Knutschkugel" Fiat 500 erwies sich darüber hinaus als etwas unpraktisch. Bei einer seiner ersten Fahrten bei strömendem Regen – der Scheibenwischer hatte den Geist aufgegeben – war er verkehrt in eine Einbahnstraße gefahren. Mit hoher Geschwindigkeit kam ihm ein großer Mercedes entgegen und begann wild zu hupen. Mit quietschenden Reifen hielt er zehn Zentimeter vor seinem winzigen Auto an, stieg aus und begann ihn wild zu beschimpfen. Es war ein Geschäftsmann um die vierzig, der allein schon beim Anblick eines Langhaarigen rotsah. Wahrscheinlich war seine Tochter mit so einem von zu Hause abgehauen. „Ich hole die Polizei!", schrie er so laut, dass einige Passanten stehen blieben und ein Mann Ende zwanzig aus einem angrenzenden Lokal auf die Straße gerannt kam. Auch er wurde laut und begann ihn, der vollkommen eingeschüchtert im Regen stand, zu verteidigen. Nach einigen heftigen Wortwechseln ließ der Geschäftsmann von seinem Vorhaben ab und fuhr weiter. Er bedankte sich und der andere lud ihn zur Beruhigung auf einen Kaffee ein. Er wusste Bescheid. Denn beide hatten etwas geraucht und da war es das Letzte, etwas mit den Bullen zu tun zu haben.

Die „Freiheit", ein Auto zu besitzen, hatte jedenfalls direkt in die Sackgasse geführt. Nicht nur, dass sie jetzt alle auf sein Zimmer kamen, um sich „frei" zu fühlen, jetzt musste er sie auch noch in der Gegend herumfahren oder sein kleines Fahrzeug herleihen, denn angeblich teilte man sich ja in seinen Kreisen alles. Er kam zu dem Schluss, dass es besser wäre, nichts zu besitzen, denn man besaß es in Wirklichkeit nicht. Es war einwandfrei umgekehrt. Man wurde nun von etwas besessen.

Harry kam öfters vorbei und holte ihn aus seinem Elfenbeinturm direkt auf die Erde zurück. Ihm wurde es schnell zu langweilig. Er brauchte immer Action. So lernte er nach und nach die „reale"

Welt um ihn herum kennen. Beliebt war es, nachts loszufahren, um sein Geschick an den beliebten Flipperautomaten auszuprobieren. Die kleine Metallkugel, die man mit einer Feder an der Seite nach oben schnellen lassen konnte, hatte etwas Magisches. Wenn sie wie von Zauberhand geführt langsam, wie in Zeitlupe in das bunte Feld tropfte, um an ein eingebautes Hindernis zu stoßen, konnte man erst einmal nichts mehr tun. Bei jeder Berührung ging mit einem lustigen klirrenden Geräusch ein Zahlenwerk in Gang, das anfing, Punkte zu zählen. Die an den Hindernissen angebrachte Elektronik, die aus druckempfindlichen Bändern bestand, schleuderte den glänzenden Metallball hin und her. Je mehr Berührungen stattfanden, umso größer wurden die Zahlensummen an der mit hübschen Bikini-Schönheiten geschmückten Rückwand. Doch wie auch immer, irgendwann näherte er sich der Schwerkraft folgend einer am unteren Ende befindlichen Öffnung. Jetzt begann der Moment, in dem sich das Adrenalin bemerkbar machte. Mit zwei sich an den Seiten befindlichen Knöpfen konnte man zwei Hebel betätigen, die den „Pin Ball" wieder nach oben schnellen lassen konnten, sodass das Spiel von Neuem begann. Er konnte aber durchaus leicht sang- und klanglos durch die Öffnung entschwinden. Dies war der Moment, in dem man mit einem lauten „Scheiße"-Stöhnen in die Knie ging, um dem Teil einen Tritt zu versetzen. Versuchte man das Ganze mit einem Schlag oder durch Schütteln zu manipulieren, kam, mit einigen Geräuschen versehen, ein *Tilt* und das Teil fiel komplett aus. Immer gab es ein paar etwas abgenutzte Geräte, die allerdings sehr beliebt und selten frei waren. Die konnte man mühelos bewegen und den Ball lang im Spiel halten.

Der Sinn war, außer sein Geschick unter Beweis zu stellen, eine möglichst hohe Punktzahl zu erreichen, die es ermöglichte, ein Freispiel zu erreichen. So konnte man mit etwas Geschick und geringem finanziellen Einsatz einen ganzen Abend verbringen. Interessant war die Mischung aus Zufall und Geschicklichkeit. Man brauchte eben beides, fast wie im richtigen Leben. War das Leben vielleicht ein Flipperspiel, bei dem es darum ging, möglichst lang in einem spannenden Spiel zu bleiben? Denn je länger man spielte, umso mehr Lichter gingen an. Man konnte eigentlich nichts gewinnen, sondern nur den eigenen finanziellen Einsatz möglichst gering halten. Jedenfalls passte es in seine Zeit und war unter den jungen Leuten recht beliebt.

Harry war schon zu einem halben Amerikaner geworden, seit seine Familie endgültig dorthin gezogen war. Er hatte sogar schon eine ID-Card und konnte sich als einer von dort ausweisen. Nach wie vor war er für ihn ein echtes Phänomen. Seine Schnodderigkeit und sein nicht gespieltes Selbstbewusstsein beeindruckten ihn nach wie vor. Lag es doch an der wundersamen „Zauberschule", die er besucht hatte? Immer wenn er davon erzählte, stellte er sich eine ins Licht getauchte Burg vor, umgeben von einer undurchdringlichen, dornenreichen Rosenhecke, wie in einem Märchen. Nur mit dem richtigen Zauberwort konnte man hindurch, um dort die verwunschene Prinzessin zu befreien. Wie gern wäre er doch auch auf so eine Schule gegangen.

Doch hatte er die verzauberte Prinzessin, die auch auf so eine „Zauberschule" ging und den Prinzessinnen-Namen Mi trug, zu ihm in die kleine kalte Mansarde gebracht. Was für ein Wunder, dachte er bei sich, als er sie zum ersten Mal sah. Sie war von einer außergewöhnlich zarten Schönheit und hatte doch etwas Starkes, Herrschendes an sich. Vielleicht war es auch ihre leicht gebogene Nase, die ihrem blonden Lockenkopf und den stahlblauen Augen einen gewissen Stolz verlieh. Sie bastelte gerade an ihrem Abitur und wollte dann Medizin studieren. Langsam begann sich sein Zimmerchen wieder zu füllen und er wurde aufgefordert, auf seinem Synthesizer etwas zum Besten zu geben – was er auch anfangs noch recht schüchtern, aber gern tat. Dann packte Mi ihre weiße Blockflöte aus und begann mit einer sehnsuchtsvollen Melodie mitzuspielen. Harry, der sich derweil anschickte, einen kleinen Joint zu bauen, meinte: „Wir brauchen unbedingt noch mehr Instrumente." „Das fände ich auch cool", meinte er lächelnd. „Vielleicht wird ja noch eine Band aus uns." Sie lachten und rauchten erst einmal die Tüte, die nun fertig war. Mi musste immer früh nach Hause, denn sie hatte einen unheimlich strengen Vater.

Nur Harry war noch geblieben, um ihn in einen seiner Pläne einzuweihen. „Ich kenne da einen kleinen Laden", begann er vorsichtig. „Die haben neben ein paar ausgeflippten Klamotten auch einige Instrumente aus aller Welt herumliegen. Was hältst du davon, wenn wir nachts dort einsteigen und uns welche holen?" Wie immer hatte es Harry auf seinen Adrenalinspiegel abgesehen und sein Herz begann etwas lauter zu pochen. „Findest du das gut, wegen ein paar blöder Instrumente in den Knast zu kommen?", meinte er zweifelnd. „Das ist aber ganz leicht", erwiderte Harry rasch. „Ich hab' mir alles angesehen. Man muss nur über ein Eisentor klettern, dann kommt man in einen dunklen Hinterhof, dort, in einem kleinen Anbau liegt der Laden. Nur mit einer einfachen Tür; die bekomme ich leicht mit einen Dietrich auf." „Und dann?", fragte er leise. „Dann nehmen wir uns, was wir brauchen, und hauen wieder ab. Du fährst das Fluchtauto." Da haben wir es wieder, dachte er sich. Scheißauto. „Und wann willst du es machen?", fragte er etwas genervt. „Wenn du willst, noch heute Nacht." „Und um welche Uhrzeit?" „Ich denke, zwischen zwei und drei wäre gut, und heute regnet es. Da ist bestimmt niemand mehr unterwegs." Immer dieser Harry, dachte er sich, doch war sein Herz hin und her gerissen, von der Möglichkeit eines Abenteuers und der leichten Furcht, gefasst zu werden. Aber er wollte auf keinen Fall irgend so eine Lusche sein, die immer nur Sprüche klopft und dann heim zur Mama ging. „Okay, aber ich fahre nur das Auto. Den Rest machst du und jetzt rauchen wir erst einmal was. Wir haben noch ein paar Stunden Zeit." Er legte „In-A-Gadda-Da-Vida" auf, mit dem langen Schlagzeugsolo, und sie begannen sich etwas zu entspannen.

Um zwei Uhr nachts machten sie sich auf den Weg. Am liebsten wäre er zu Hause in seinem Bett geblieben. Aber mitgefangen, mitgehangen, so war es nun mal. So wie man eine Freundin bekam, wenn man mit ihr ins Bett ging, so hatte man sicher einen Freund, wenn man mit ihm Pferde stehlen konnte. Irgendwie waren sie immer noch kleine Jungs und das, was sie taten, hatten sie im Grunde immer schon getan, etwas Verbotenes.

Als sie mit seiner kleinen „Knutschkugel" in die dunkle Seitenstraße des Künstlerviertels einbogen, wurde es ihm dann doch etwas mulmig. Es war doch etwas anderes, als die kleinen Streiche ihrer Kindheit. Er hielt vor einem großen schmiedeeisernen Tor an. Kein Mensch war um diese Zeit mehr auf der Straße.

„Und was willst du jetzt tun?", fragte er seinen Freund. „Ich klettere schnell da rüber und versuche, das Türschloss zu knacken. Wenn du willst, kannst du im Auto warten oder du kommst später nach. Ganz, wie du willst." „Na gut, dann viel Glück." Harry packte seine Tasche, die er sich lässig über die Schulter warf, kletterte schnell über das zwei Meter hohe Tor und verschwand im Dunkeln. Er steckte sich eine Zigarette zwischen die Lippen und sog den Rauch tief in seine Lungen. Er hatte sie fast aufgeraucht, als er das kleine flackernde Licht einer Kerzenflamme wahrnahm. Nun wurde er doch neugierig und stieg aus seinem Auto. Mit ein paar Schritten war er beim Tor, begann schnell hinaufzuklettern und sprang mit einen Satz auf der anderen Seite hinunter. Harry hatte es wirklich geschafft und die Tür stand einen Spalt offen. Vorsichtig begab er sich in das Innere.

Zweifelsohne roch es hier sehr weiblich. Es war ein liebevoll eingerichteter kleiner Laden, in dem an einigen Kleiderständern interessante weibliche Kleider aus fernen Ländern hingen. Alles strahlte eine liebevolle Wärme aus. Er bekam ein schlechtes Gewissen. „Harry, das können wir nicht tun, das gehört bestimmt einer Hippiefrau. Der nimmt man doch nichts weg." Harry sah ihn erstaunt an. „Ich dachte, du brauchst ein paar Instrumente. Außerdem kenne ich die. Die hat genug Kohle." Er sah sich um und in einem Regal standen ein paar marokkanische Bongos. „Die könnte ich schon brauchen", sagte er. „Dann nimm sie", war die knappe Antwort. „Ich nehme ein paar Kleider für die Frauen mit. Die freuen sich bestimmt." Schnell steckte er die Bongos und eine doppelläufige Flöte in seine Tasche, als sein Blick auf ein seltsames Kleidungsstück fiel. Es war ein sackähnlicher Kittel aus einem wollähnlichen Stoff mit einer langen Kapuze. „Sieht aus wie für einen Mönch", sagte Harry. „Der ist aus Marokko. Die laufen dort alle so herum und kiffen den ganzen Tag. Der passt zu dir, nimm ihn mit." Sie fingen an zu kichern. An einer Wand hing ein Ring mit Schellen, wie sie fast alle Hippiebands benutzten. „Den können wir auch noch brauchen." Langsam war er auf den Geschmack gekommen. „Macht doch Spaß, oder?" „Ja, aber lass uns bald verschwinden." Ihm gefiel noch eine rote samtene Pluderhose und eine kurze bestickte Weste. „Die nehm' ich für die Jenny mit", sagte er. Auch Harry hatte ein paar Sachen in seine Tasche gestopft und konnte es sich nicht verkneifen, noch einen Blick in die Kasse zu werfen, die allerdings bis auf ein paar Münzen leer war.

Schnell verschwanden sie, an die dunkle Hauswand gedrückt, zu dem Tor, über das sie schnell stiegen, und warfen ihre Taschen auf der anderen Seite hinab. Zum Glück sprang der Motor gleich an und sie fuhren rasch davon. Obwohl alles gut gegangen war, begann er sich schlecht zu fühlen. Er dachte an die junge Frau, die bestimmt ihren kleinen Laden sehr liebte und alle ihre Schätze mühevoll zusammengetragen hatte. Doch er sagte nichts. Es war nun mal geschehen. Warum machte er so etwas? Er wollte doch nur zu Hause sein und Bilder malen.

Die marokkanische „Dschellaba" war genau das, was er sich gewünscht hatte. Sie war aus dichter Kamelhaarwolle und gerade jetzt im Winter wunderbar warm. Ein fast noch größerer Vorteil war, dass er darunter nackt sein konnte, was ein herrliches Gefühl war. Die arabischen Wüstenbewohner wussten schon, was sie taten. Außerdem kam ja der meiste bittersüße Rauch ebenfalls von dort und gehörte einfach zu deren Kultur, die sicherlich nicht die schlechteste war. Wie lange sie sich wohl noch halten würde, angesichts des expandierenden und alles niederwalzenden „Fortschritts"? Auch wenn es noch nicht wirklich ein Thema war, so war es doch schon abzusehen, dass nicht nur wertvolle Kulturen und Gebräuche auf der Strecke bleiben würden, sondern auch viele Arten und Tiere, und an deren Ende wohl auch der Verursacher, der Mensch. So dumm konnte man gar nicht sein, um sich das nicht ausrechnen zu können.

Unter vielen jungen Paaren machte sich der Gedanke stark, dass man in diese Welt lieber keine Kinder mehr setzten sollte. Doch wie immer waren sie ja nur ein paar drogensüchtige Spinner, die so dachten. Die meisten hatten nur ein Ideal – und das hieß Geld. Die, die unbegrenzt viel davon hatten, sich auf ihren Yachten herumtrieben, umgeben von hübschen „Miezen", „Playboys" genannt, waren die wirklichen Helden. Sie, die zwar nichts anderes taten, nur halt ohne Geld, waren die „Gammler", vor denen man sich ekelte. Der schlimmste Albtraum aller Eltern von hübschen Töchtern war es, dass sich ihr liebes Töchterchen in so einen verliebte. Natürlich gab es inzwischen auch viele, die mit ihrer Musik Geld wie Heu scheffelten. Doch an die ranzukommen, war auch für manche Schönheit nicht so einfach.

Ob man mit Malerei dahin kommen konnte, glaubte er nicht so recht. Denn Malerei begann bereits wieder ein alter Hut zu werden. Aber er hatte es sich halt vorgenommen, es wenigstens zu probieren. Er kaufte sich von seinem letzten Geld zwei große Leinwände. Etwa hundertzwanzig mal hundertzwanzig Zentimeter und eine einfache Staffelei. Er hatte sich ein kleines Quadrat aus Papier ausgeschnitten und fuhr damit auf seiner verschmierten Malunterlage herum, bis er einen Ausschnitt gefunden hatte, der ihm gefiel. Es machte Spaß, denn auch er hatte entdeckt, dass alles Kunst war. Es waren nur ein paar Linien, die sich durch das darauf liegende Lineal verwischt hatten. Das war's, dachte er sich und begann, das Ganze auf die große Leinwand zu übertragen.

Während sich nackte junge Frauen hinter gefrorenen Glasscheiben, im angeblichen Drogenrausch, daran herumkratzten, um damit Werbung für ein amerikanisches Getränk zu machen, versuchten sie mit der Schuld ihrer Väter fertigzuwerden. Er hatte ja fast Glück, dass seiner nicht mehr am Leben war, denn das war wohl das größte Problem seiner jungen Generation. Konnte man denen, die noch vor Kurzem das größte Verbrechen der Menschheitsgeschichte begangen hatten, noch vertrauen? Auch wenn die meisten von alledem angeblich nichts gewusst hatten oder einfach noch zu jung, also „verführbar" waren, so waren sie doch noch da und hatten wieder das Sagen. Sie waren offensichtlich die Garanten für Recht, Ordnung und Sauberkeit gewesen und siehe da, sie waren es wieder. Dass sich hinter so mancher sauberen und schicken Uniform ein mörderisches Schwein verborgen hatte, war längst vergessen. Sie wollten, ja, sie mussten anders sein und neue andere Wege gehen, denn das, was geschehen war, durfte sich auf keinen Fall wiederholen.

Wieso auf einmal bisher unterdrückte und ausgebeutete ferne Kulturen in ihr Leben Einlass gefunden hatten, wussten sie nicht so genau. Vielleicht, weil sie die Unschuldigsten in einer von einem mörderischen Krieg zerstörten Welt waren. Nun saß seine Generation in schäbigen Behausungen auf alten Matratzen auf dem Boden, meistens ohne Geld und rauchte ihre Pfeifchen. Sie hatten ihre Trommeln und Gitarren um sich herumgestellt und träumten von einer Welt in Harmonie und Liebe. So etwas war aber seit den Zeiten von Jesus schon immer ein gefährliches Unterfangen gewesen und so hatten auch sie schon bald mit einer „Kreuzigung" zu rechnen.

Aber zum Glück waren sie noch jung und gingen zur Schule. Nach wie vor war es ein großes „High", dort auf Stella zu treffen. Sie war definitiv die Stärkste von ihnen allen und sie zu sehen, war wie die Sonne sehen nach einer finsteren, kalten Nacht. Sie trafen sie draußen vor dem Drugstore und nachdem sie sich eine Cola bestellt hatten, holte sie eine Packung Gauloises ohne Filter aus ihrer Hippietasche und bot ihnen eine an.

„Wir haben einen neuen Auftrag", fing sie etwas aufgeregt an. „Es soll ein großes Musiktheater entstehen, nicht weit von hier, mit dem Namen ,Blow Up'. Wie der Film, den ihr bestimmt auch gesehen habt, und unsere Schule soll wieder den Schriftzug gestalten, wie findet ihr das?" „Ja supertoll, und was für Musik soll es sein?" Sogar Harry war etwas aufgewacht. „Ja unsere Musik natürlich. Was denkst du? Sie sollen alle kommen, sogar Jimmy Hendrix." Ihre hellblauen Augen strahlten vor Begeisterung, während sie hastig an ihrer Zigarette sog. „Okay, das ist eine gute Nachricht", sagte er leise. „Dann los an die Arbeit." Harry, der es liebte, etwas Verbotenes zu tun, hatte noch eine Idee. „Was haltet ihr davon, wenn wir uns einen Presseausweis selber machen? Dann kommen wir in die

Veranstaltungen umsonst rein." Sie blickten erstaunt zu ihm hinüber. „Und wie soll das gehen?" Müsli war auf einmal wieder hellwach geworden. „Nichts leichter als das. Den Entwurf machen wir mit „Letraset". Wozu haben wir das gelernt? Und dann davon Fotokopien. Das sieht dann aus wie gedruckt." „Und für welche Zeitung?" Stella blickte etwas skeptisch. „Wir nehmen eine aus Amerika, die es noch nicht gibt." Harry blickte ihn herausfordernd an. „Du wolltest doch schon mal eine Kunstzeitung herausgeben, soviel ich mich erinnern kann. Lass dir was einfallen." Er dachte kurz nach. „Was haltet ihr von ‚International Art News New York'? Ist mir gerade eingefallen." „Wow, das hört sich verdammt gut an und ist auch weit weg. Da kommen die nie drauf." Harry war begeistert. „Und ich hab' eine amerikanische ID-Card. Damit schaffen wir es bestimmt." „Und wer soll es machen?", fragte er. „Du natürlich", war die einstimmige Antwort. „Das ist wieder typisch", sagte er etwas kleinlaut. „Du hast die Ideen und ich soll sie ausführen." „So ist es nun mal", sagte Harry und sah ihn hinter seiner Nickelbrille verschmitzt an. Sie fingen alle an zu lachen. „Da haben wir ja jetzt einiges zu tun, los, an die Arbeit." Sie zahlten und machten sich auf den Weg zu ihrer Schule, die nur ein paar Straßen weiter weg lag.

Als er am späten Nachmittag sein Zimmer betrat, wartete bereits die große weiße Leinwand, die er auf die Staffelei gestellt hatte, auf ihn. Er setzte sich davor und zog mit einem Bleistift und mithilfe eines Besenstiels ein paar horizontale Linien auf die weiße Fläche, nicht ohne ein leichtes Kribbeln im Bauch zu verspüren, das er oft bekam, wenn er etwas tat, das er noch nie zuvor getan hatte. Er hatte das strahlende unschuldige Weiß entweiht. Ein schmerzhafter Moment, der nicht ganz frei von einer gewissen Schuld war.

Jetzt gab es kein Zurück mehr. Vorsichtig schraubte er ein paar Tuben Ölfarbe auf, die er noch von seinem Vater hatte. Eine weigerte sich standhaft sich öffnen zu lassen. Tief in seinem Inneren konnte er sich noch schwach daran erinnern, was sein Vater dann immer getan hatte. Er zündete ein Streichholz an, hielt die Flamme mit etwas Abstand unter die festsitzende Kunststoffkappe und drehte sie etwas hin und her. Die Wärme hatte die eingetrocknete Farbe etwas gelöst, sodass er sie jetzt mit einem Tuch mühelos abschrauben konnte. Auf einem weißen Porzellanteller verteilte er nun jeweils einen Klecks aus einer Tube in gebührendem Abstand darauf.

In die Verschlusskappe eines Marmeladenglases gab er nun etwas Terpentin, das sofort einen etwas betörenden Duft entfaltete, der ihn sofort an seine frühe Kindheit erinnerte. Damals saß er, sooft es ihm erlaubt war, zu Füßen seines verehrten Vaters und sah ihm dabei zu, wie er ein Bild malte. Den Duft, der dabei die Wohnung durchzog, würde er nie wieder vergessen. Es roch sowohl nach Arbeit als auch nach einem geweihten Raum, einem fremden Tempel ähnlich, was die dabei entstehende, angespannte Stille noch unterstrich.

Er tauchte seinen flachen schwarzen Pinsel vorsichtig in das Terpentin, um ihn dann mit etwas Farbe zu vermischen. Er setzte die flache Seite des Pinsels an dem Bleistiftstrich an und zog die Farbe nach unten. Von nun an sah er sich nur noch selbst etwas verwundert dabei zu, was er tat. Denn ähnlich einem Musiker, schien nur ein Teil von ihm etwas zu tun. Von einem anderen Teil hatte etwas Besitz ergriffen und tat etwas mit ihm. War es das, warum er Künstler werden wollte? Denn der Teil, der anfing, seine Hand zu führen, war einwandfrei der interessantere an ihm.

Die Stunden waren rasch verflogen und er war weiter gekommen, als er gedacht hatte. Es entstand wirklich ein echtes Bild, er konnte es kaum fassen. Was wohl seine Freunde sagen werden, dachte er sich, legte seine Platte mit Chansons von Juliette Gréco auf und zündete sich eine Zigarette an. Er hatte schon den ganzen Tag kaum etwas gegessen, doch verspürte er keinen Hunger. Eine seltsame Kraft hatte von ihm Besitz ergriffen und würde ihn wohl nie mehr loslassen.

Er beschloss, sich noch etwas an sein neu erworbenes Harmonium zu setzten, vor dem er den gleichen Respekt empfand wie vor der weißen Leinwand. Er begann die zwei Blasebälge mit seinen Füßen zu treten und sie begannen entsetzlich zu fauchen, da sie einige kleine Risse hatten. Es fühlte sich an, als würde man einen kleinen Drachen treten, der davon nicht sonderlich begeistert schien. Da er in seiner Kindheit Klavier spielen gelernt hatte, begann er vorsichtig mit einer Terz. Erstaunt hörte er einen orgelähnlichen Klang, der gleichmäßig den Raum erfüllte. Dann dazu das Gleiche mit der linken Hand, die den dunklen Teil beherrschte. Je mehr Tasten er zu drücken begann, desto schneller musste er treten, da die heruntergedrückten Töne mehr Luft verbrauchten. Es hatte irgendwie etwas Feierliches, fast Religiöses, was ihm nicht so recht behagte. Schnelle Folgen konnte er kaum spielen, da die alten Tasten nicht so recht gehorchen wollten. Interessant fand er, einen ganzen und einen halben Ton aneinanderzulegen, sodass ein etwas flirrender Klang entstand, der etwas Außerirdisches hatte. Damit konnte er etwas anfangen, und dazu einen Ton mit der linken Hand als Rhythmus schlagen. Das könnte funktionieren, dachte er sich. Da können auch die anderen mitmachen. Denn sie hatten sich ja vorgenommen, gemeinsam zu musizieren. Müde und erschöpft sank er auf seine Matratze und zog die dünne Decke über seinen jungen schlanken Körper, nicht ohne sich kurz nach einem anderen warmen zu sehnen und war bald eingeschlafen.

In seiner kleinen Schule begann sich alles immer mehr um das Image zu drehen. Nicht nur das der Firmen, die sie einmal betreuen sollten, die ein neues Image und dazu dringend Leute benötigten, die ihnen ein solches verpassten. Auch sie selbst waren gefordert, sich ein solches zu verpassen. Das fing bei der Frisur und der Kleidung an und hörte auf beim Auto, das man fuhr, und welche Freunde man hatte.

Das Hippieimage war gerade ziemlich angesagt und so liefen fast alle Typen mit langen Haaren herum. Auch musste man wenigstens einmal an einem Joint gezogen haben, auch wenn man ihn nicht inhaliert hatte, wie viele in späteren Jahren glaubwürdig versicherten. Die Klamotten, die man anhatte, sollten durchaus etwas legerer, wenn nicht sogar etwas „gammelig" sein. Im Grunde begann eine gewisse Schlamperei ein gutes Image zu sein. Die angesagten Rockstars waren jedenfalls modische Vorreiter und sorgten mit langen Mähnen und wildem Aussehen, das sich oft in fantasievollen bunten Kleidern zeigte, für Furore. Immer mehr waren Jeans, die unten weit geöffnet am Boden schliffen, unter den Jacken zu sehen. Jetzt in der kalten Jahreszeit waren es bunte Schaffelljacken, deren helle Fransen an den Ärmeln herausragten. Die jungen Frauen hatten auch jetzt im Winter extrem kurze bunte Röcke an, die sie aber, der Temperatur geschuldet, über ebenso bunten Strumpfhosen trugen. Auf ihren oft wilden Lockenköpfen befanden sich riesige, schlabbrige Hüte oder einfach nur ein bunt bestickte Stirnbänder. Die Füße steckten oft in hohen Stiefeln und gern war die ganze Figur, die der Zeit entsprechend fast ausgehungert dünn sein sollte, in langen dunklen Mänteln oder Umhängen. Angesagte Jeans- und Klamottenläden schossen aus dem Boden und man saß gern mit einer Gitarre im Park, um dann in der Mittagspause etwas zu rauchen.

Inzwischen hatten sie gelernt. wie man Firmen ein Logo inklusive Visitenkarten und Briefbögen verpasst. Auch das sportliche Design eines neuen Skis, den Titel eines blutrünstigen Krimis und ein Konzertplakat für eine Rockgruppe hatte er ganz gut hingekriegt.

Auch Stella, die Fleißigste und Ordentlichste unter ihnen, hatte bereits mit dem Entwurf für das Logo des sagenumwobenen „Blow Up" begonnen. Diesmal hatte sie die Hippiebuchstaben in einen Kreis gequetscht, was ziemlich gut aussah.

Er hatte sich an seinen Schultisch gesetzt und, da Dozentin Steinle gerade nicht da war, mit dem „Presseausweis" begonnen. Er nahm sich seinen Studentenausweis zum Vorbild und ordnete die Buchstaben von „International Art News New York" wie einen Rahmen mit dicken Buchstaben außen herum an. In das Mittelfeld würde noch das Passfoto sowie die Adresse der Zeitung kommen. Er fragte Harry, was für eine Adresse er denn hineinschreiben solle. Er überlegte und entschied: „Was hältst du von Hudson Drive, Queens New York?" „Hört sich verdammt gut an. Das nehmen wir", antwortete er und für einen kurzen Moment hatte er das Gefühl, dort zu sein. Schon als kleiner Junge hatte er einmal ein Bild mit vielen Hochhäusern gemalt und sein Herz hatte damals auf eine seltsame Art zu klopfen begonnen, ähnlich wie jetzt.

Er hatte noch zwei Zeilen für die Unterschriften eingefügt. Eine für den „Art Director" und eine für den Mitarbeiter, also sie selbst. Er zeigte den Entwurf Harry, Stella und Müsli. Sie waren mit ihm zufrieden. „Davon machen wir dann Kopien und eine Plastikhülle herum, und fertig ist der Scheiß." Stella klang begeistert. „Lasst es uns bitte bald mal ausprobieren." Müsli begann zu drängeln. „Nächste Woche ist ein Konzert von ‚Vanilla Fudge'. Die magst du doch so gern." Müsli blickte ihn fröhlich dabei an. Dass er die Gruppe total gernhatte, stimmte und er willigte ein. „Ihr könnt ja später noch bei mir vorbeikommen", sagte er, „dann können wir noch alles besprechen."

Wieder hatte er etwas Verbotenes getan, aber er fühlte sich ganz gut dabei. Sie würden niemandem damit schaden und Geld für die teuren Tickets hatten sie sowieso keines. Das war halt ihr Image – so wie „Bonnie und Clyde". Die waren ja gerade auch schwer in Mode.

Als er am späten Nachmittag nach Hause kam, standen Marvin und Jenny bereits halb nackt in der „Küche", die inzwischen in dem engen Gang vor seinem Zimmer lag, und waren dabei, sich ein Frühstück zu brutzeln. Er wagte einen vorsichtigen Blick in den Kühlschrank, der wie immer ziemlich verdreckt und fast leer war. „Könnt ihr mir ein paar Eier leihen?", fragte er Jenny, die lächelnd nickte. „Kannst auch einen Kaffee haben, wenn du magst. Der ist gerade fertig." Er nahm die alte, verkrustete schwarze Pfanne und gab etwas Margarine hinein, stellte sie auf die blaue, leicht fauchende Gasflamme und schlug drei Eier hinein, die er mit einer Gabel verrührte. In seinem Zimmer fand er noch ein Stück hartes Brot und begann, seinen Hunger zu stillen.

Er betrachtete sein Bild, das schon einigen Fortschritt zu verzeichnen hatte. Im Grunde war es eine abstrakte Landschaft, die aus horizontalen Linien bestand. Oben hatte er viel Grau verwendet, das, je weiter es nach unten ging, in verschiedene Grüntöne überging. Die so entstandenen Flächen waren alle etwas verschoben und er hatte sie beim Ausmalen nochmals abgetönt, sodass sie eine gewisse Tiefe angenommen hatten. Er hatte gemerkt, dass es ihm Spaß machte, den Betrachter etwas in die Irre zu führen. Dass das „Motiv" von seiner verschmierten Malunterlage stammte, würde er allenfalls seinen Künstlerfreunden erzählen. Harry, der vor allem auf den Dadaismus abfuhr, würde es bestimmt gefallen. Müsli, der gerade damit beschäftigt war, ein Schachbrett mit seinen „Kopffüßler"-Figuren zu entwerfen, bestimmt auch.

Auf die „Kopffüßler" war er gekommen, weil er morgens auf der Straße, noch halb auf einem Trip, die „normalen" Leute immer nur mit einem riesigen Kopf, an dem unten nur noch ein paar verkümmerte Füße hingen, wahrgenommen hatte. Jedenfalls waren sie „verkopft", das war klar. Er hatte in einer ähnlichen Situation eher das Gefühl, dass alle eine Maske trugen, die hart, steinern und grau aussah. Offensichtlich waren sie stets bemüht, ihre Wirklichkeit zu verbergen. Wie sie wollte sie auf keinen Fall werden. Das hatten sie sich vorgenommen. Sie wollten das sein, was sie wirklich waren und das auch der Außenwelt zeigen. Doch wie weit konnte man damit gehen, ohne Schwierigkeiten zu bekommen? Man musste es ausprobieren, das war klar.

Es hatte an der Tür geläutet und als er öffnete, stand Gandolf der Graue vor der Tür. Er war natürlich nicht grau, sondern eher hellblond. „Darf ich reinkommen?", fragte er. „Ich habe auch etwas Feines für dich mitgebracht. Ich war gerade mal wieder in Old England." „Klar, komm rein", sagte er. „Es kommen nachher noch ein paar Leute, vielleicht machen wir etwas Musik." Gandolf betrat sein kleines Zimmer, warf seine schwere Tasche auf den Boden und zog seine Stiefel aus. „Du willst bestimmt eine Tasse Tee. Ich setz' dann schon mal Wasser auf." „Na klar. Nimm den." Er reichte ihm ein weißes kleines Säckchen. „Das ist Mu-Tee. Der ist sehr gesund und kommt aus Japan." Er hing das Päckchen in seine braune Teekanne und goss das heiße Wasser darüber. Als er das Zimmer wieder betrat, hatte Gandolf schon seine Rauchutensilien auf ein schönes Tuch auf dem Boden ausgebreitet.

„Schau mal, was ich für dich in London gefunden habe." Er nahm einen kleinen bestickten Beutel aus seiner großen Tasche und öffnete ihn sorgsam. Vorsichtig zog er mit zwei Fingern ein schneeweißes Etwas daraus hervor. „Das ist jetzt dein Jillom", sagte er feierlich. „Es ist aus Meerschaum und man kann es sogar in der Mitte auseinanderschrauben. So kannst du es leicht in die Hosentasche stecken. Ich finde, dass es gut zu dir passt." „Boah, das ist aber schön. Vielen

Dank, das ist echt nett von dir." „Da habe ich noch etwas, aber das möchte ich dir nur leihen." Er hatte ein Buch herausgenommen, das in ein wertvolles Tuch gewickelt war, und packte es vorsichtig aus. In dicken Lettern stand „Lord of the Rings" darauf, von J. R. Tolkien. „Das lesen sie gerade alle auf der Insel", sagte er geheimnisvoll lächelnd. „Das wird dir gefallen. Davon habe ich ja meinen Spitznamen." Verwundert sah er ihn an. „Ich glaube, dazu sind meine Englischkenntnisse zu dürftig", sagte er, nachdem er einen Blick in das dicke Buch geworfen hatte. „Dann werde ich dir eben kurz erzählen, worum es sich dreht, während ich uns etwas zum Rauchen vorbereite."

Er begann zu erzählen. Vom Auenland und den kleinen Hobbits, die dort in Frieden lebten. Von Frodo, dem Liebsten unter ihnen, der dazu auserwählt war, den von Sauron dem Bösen geschmiedeten Ring der Macht zu vernichten. Von dem Volk der Elben, die noch über geheime Kräfte verfügten und den Orks, verwunschene Elben, die von den bösen Zauberern erschaffen waren. Von Zwergen und Königen und, und, und, bis er nicht mehr folgen konnte.

Gandolf war inzwischen mit dem Jillom fertig, als es wieder an der Tür läutete. Harry, Müsli und Mi waren gekommen. „Genau im richtigen Moment!", rief er ihnen zu. „Gandolf ist schon da." Nun saßen sie alle im Kreis auf den Boden und er schenkte ihnen eine Schale heißen Tee ein. Ein Zauber hatte sich in der kleinen Mansarde breitgemacht. Waren es die Geschichten oder die wunderschöne Mi, die einer Elbenfürstin aus dem Buch glich? Sie hatten alles Licht bis auf ein paar Kerzen gelöscht und er legte „King Crimson" auf. Diesmal reichte er Mi das Jillom zum Anrauchen. Es ging einmal durch die Runde und auf einmal waren sie dort, in dem verwunschenen Märchenreich. Gandolf war natürlich Gandalf. Mi die Elbenfürstin, und er war wohl Frodo, so wie er aussah und aus dem Auenland kam er ja auch. Wenn er Frodo war, dann musste Harry Sam sein. Sein treuer starker Gefährte, der ihn nie im Stich lassen würde. Müsli war sicher Pippin, so albern wie er manchmal unterwegs war. Die Reise konnte beginnen.

„Wollen wir nicht etwas Musik machen?", ließ sich Mi vernehmen. Sie hatte bereits ihre weiße Blockflöte ausgepackt. Harry lehnte sich etwas zurück und schnaufte leicht. „Ich bin nicht sonderlich musikalisch", brummte er vor sich hin. „Dann nimm halt die Bongos", sagte er. „Ein wenig trommeln wirst du wohl können." „Setz du dich erst mal an deinen Synthesizer", lachte Harry. „Dann sehen wir weiter." Er stand auf und setzte sich vor sein altes Harmonium. Seine Finger waren vor Aufregung etwas feucht geworden, denn er musste jetzt den Anfang machen. „Wie gut, dass ich schon etwas probiert habe", dachte er sich und begann, die zwei Blasebälge zu treten, die mächtig zu schnaufen begannen. Alle Blicke waren jetzt gespannt auf ihn gerichtet, und Gandolf hatte bereits aus seiner Manteltasche seine Maultrommel hervorgekramt. Harry trommelte etwas nervös mit zwei Fingern auf der Bongo.

Nun spielte er, was er sich ausgedacht hatte, und begann erst mit der linken Hand, mit einem Finger, einen Rhythmus zu schlagen. Bum, bum, bum, bum. Immer gleich, nicht zu schnell und nicht zu langsam. Er wartete, bis sich alle darauf einstellen konnten. Harry und Müsli, die den Schellenkranz genommen hatten, konnten sich leicht darauf einstellen und Gandolf ließ sich mit dem Brummen der Maultrommel vernehmen. Es war eine gewisse Grundlage geschaffen, die einem etwas überhöhten Pulsschlag glich und etwas Forderndes hatte.

Jetzt begann er mit der rechten Hand einen gleichmäßigen Ton zu erzeugen. Es war ein C, das etwas Freundliches hatte, und er hoffte, dass Mi darauf reagieren würde, denn sie war ein hohes C, was sie zum Glück auch tat. Jetzt konnte nichts mehr schiefgehen und ein leichtes Glücksgefühl machte sich in ihm breit. Jetzt ging er vorsichtig mit dem Mittelfinger auf ein E und kurz darauf noch auf ein G. Es war ein sonniger Dreiklang entstanden, zu dem Mi leicht eine wundersame Melodie erfinden konnte. Den Rhythmus mit der linken Hand hatte er beibehalten, doch hatte er begonnen, die Töne zu wechseln. Er merkte deutlich, dass die Luft für mehr nicht reichen würde, denn je mehr Tasten er drückte, umso fester musste er mit den Füßen treten. Doch hatten sie sich bald, so unterschiedlich sie waren, gefunden.

Seine Zimmertür öffnete sich leicht und die Gesichter von Marvin und Jenny waren zu sehen. „Können wir auch mitspielen?", fragten sie leise. Er nickte, ohne sein Spiel zu unterbrechen. Jenny hatte einen kleinen Gong mitgebracht und Marvin eine etwas abgeschabte Gitarre. Jetzt füllte sich der Raum, die Töne fingen an zu tanzen und wollten zu seinem kleinen Mansardenfenster hinaus über die Dächer fliegen. Immer weiter, immer höher, bis hinauf zu den Sternen und dort bleiben. Doch immer wieder kamen sie zurück, um neuen Schwung zu holen und wieder hinaufzusteigen in die Höhen, dorthin, wo das Glück zu Hause war. Denn ihre Herzen hatten sich gefunden. Wie lange sie spielten, war nicht mehr auszumachen. Denn Zeit und Raum hatten sich in Freude verwandelt. Doch irgendwann hörten sie erschöpft auf und sanken auf die Matratzen. „War doch ganz okay für den Anfang", sagte er trocken. „Ja, ging so", ließ sich Marvin, der schon oft in einer Band gespielt hatte, vernehmen. „Amon Düül für Arme", warf Jenny ein und sie mussten alle lachen. „Gandolf, bau doch noch was", sagte er und alle waren damit einverstanden.

Als sie alle gegangen waren, streckte er sich müde auf seiner Matratze aus und sah sich nochmal sein weißes Meerschaum-Jillom an. Wollte ihm Gandolf wirklich damit sagen, dass er Frodo, der kleine Hobbit, war, von dem er berichtet hatte? Sie hatten nicht darüber gesprochen. Es war nur ein seltsames Gefühl in ihm entstanden, das er eigentlich gern verdrängt hätte. Zwar liebte er seine kleinen Abenteuer, vor allem wenn er mit seinem Freund Harry unterwegs war. Doch davon, dass das Schicksal der Welt davon abhängen würde, dass Frodo den dunklen Ring der Macht am Ende der Welt einschmelzen musste, davon wollte er eigentlich nichts wissen.

Vorsichtig legte er das kleine zarte Ding beiseite und zog sich die Decke über den Kopf. Zum Glück gab es Stella. Sie war die Einzige, die, obwohl sie ein Hippiemädchen war, mit beiden Beinen fest auf dem Boden stand. Sie hatte ein wunderschönes Emblem für das neue „Blow Up" entworfen und freute sich wie ein Honigkuchenpferd, dass es angenommen wurde. Sie war die Beste von ihnen. Davon waren sie alle überzeugt und sie waren stolz auf sie.

Sie lud ihn ein, sie einmal in der kleinen Stadt, in der sie wohnte, zu besuchen. „Meinst du das ernst?", fragte er sie etwas verwundert. „Na klar", sagte sie. „Wir können dort was rauchen und wenn du magst, einen Trip schlucken." „Und was sagen deine Eltern dazu?", fragte er etwas zweifelnd. „Ach, die sind ganz cool", meinte sie „und ich habe ein großes Zimmer." „Wir sollten aber mit dem Auto fahren. Vielleicht leiht uns Harry seinen 2CV. Meine ‚Knutschkugel' hat mal wieder den Geist aufgegeben – die Kupplung." Sie fragten Harry und er gab ihnen den Schlüssel. „Ist aber so gut wie kein Sprit mehr drin", sagte er. „Das ist okay", meinte Stella, „das übernehme ich. Ich hab' noch genug Kohle." „Sollen wir das LSD gleich nehmen? Dann sind wir schon etwas drauf, wenn wir ankommen." „Können wir machen", meinte sie. „Aber nur eine halbe Dosis." Er war froh, denn Eltern während eines Trips zu treffen, war nicht so sein Ding, aber mal mit Stella allein unterwegs zu sein, war echt eine Auszeichnung.

Als sie den Stadtrand erreicht hatten, fing es langsam zu wirken an und sie mussten über jeden Scheiß lachen. Er sah andauernd Tramper am Straßenrand stehen und war froh, dass sie sich als Pfosten, die die Straße markierten, erwiesen.

In der kleinen Stadt angekommen hielten sie vor einem riesigen Hügel, auf dem ein altes Schloss stand. Er war verblüfft. „Da wohnst du?" Oder war er schon wieder auf so einer komischen Märchenebene gelandet? Auf Acid musste man ja echt mit allem rechnen. Sie prustete etwas und schob sich ihre weiße Wollmütze zurecht.

„Nicht im Schloss, aber im Haus dort davor." Jetzt sah er es. Es war eine alte, ziemlich große Villa, die sich an die Mauer drängte, die das Schloss umgab. Er war wie verzaubert. Da kam sie also her, diese wundersame Hippie-Traumfrau. Jetzt wunderte ihn nichts mehr. Er hatte etwas weiche Knie bekommen. Wer war sie? Ihre wunderschönen hellblauen Augen strahlten glücklich und sie gingen den kleinen Weg nach oben, und erreichten bald das Haus. Irgendwie war es wie sie. Es war schön und hatte große Fenster, die nach Süden blickten, und war in einem warmen Gelborange-Ton gestrichen. Es sah freundlich und doch auch so stark wie sie aus.

Er hatte sich extra etwas schöngemacht, ein Jackett angezogen und seinen „Humphry Bogart"-Hut aufgesetzt, den er noch von seinem Papa hatte.

Vor der großen Tür angekommen erwartete sie schon ihre Mama, denn sie hatte kurz zuvor angerufen. Sie war eine liebe, etwas rundliche Frau, die ihn belustigt anschaute. „Sie gehen also mit meiner Tochter in die gleiche Schule, sie hat schon von Ihnen erzählt." „Hoffentlich nichts Schlimmes", sagte er schnell und Stella stupste ihn in die Seite. „Mögt ihr einen Kaffee? Ich hab' auch einen Kuchen gebacken. Stella, dein Papa kommt später. Er ist noch in der Bank. Aber kommt doch erst mal rein." Irgendwie kam er sich vor wie in einem Film aus den Fünfzigern. So richtig heile Welt. Als sie im Haus waren, schubste ihn Stella schnell zur Treppe. „Wir kommen später runter", sagte sie zu ihrer Mama. „Ich zeig' ihm erst einmal mein Zimmer." Ihr Zimmer war riesengroß und hell – und fast keine Einrichtung drinnen. An einer Wand gegenüber den zwei großen Fenstern hatte sie auf dem Boden ihr Matratzenlager aufgeschlagen, das mit einer bestickten, dicken weißen Decke überzogen war. Darüber hatte sie ein Poster von Jimmy Hendrix, den sie so sehr liebte, aufgehängt. Vor ihrer Matratze lag ein großer weiser FloJenny mit ein paar Kissen, auf die sie sich setzten. „Schön ist es bei dir", sagte er und ein Strom von Liebe schoss ihm ins Herz. Sie setzte sich zu ihm und begann, einen kleinen Joint zu bauen. Jetzt merkte er, dass er sie liebte.

„Wie geht es dir? Magst du Musik hören?", fragte sie sanft. „Eigentlich ganz gut. Was hast du denn?" Sie ging zu ihrem Stoß Platten und zog eine von Donovan hervor. „Den magst du doch so gern." „Ja, das stimmt", sagte er und streckte sich etwas aus. Wie kam er eigentlich hierher und wer war diese schöne Prinzessin an seiner Seite? Gab es wirklich Wunder. Donovan sang mit seiner keltischen Stimme ein wunderbares Lied von Atlantis, was mit dem Refrain endete, dass vielleicht dort am tiefen Meeresgrund *sie* warten würde. „She may be." Nun war es endgültig um ihn geschehen. Er vergrub sein Gesicht in ihrem Bett und ein Strom von Tränen brach sich ihre Bahn.

„Ich glaube, wir müssen runter. Mein Papa ist gekommen. Wir müssen ihm Hallo sagen." Sofort war er wieder auf dem Boden der Tatsachen gelandet. In diesem Zustand ihrem Vater zu begegnen, machte ihm etwas Angst. „Na gut, dann wollen wir mal." Sie gingen die Treppe hinunter, die ihm auf einmal steiler vorkam, und betraten ein großes Wohnzimmer, in dem in der Mitte ein mächtiger Esstisch stand, an dessen Ende ein gesetzter älterer Mann saß. Er stand auf, um ihn zu begrüßen und die Hand zu drücken. „Ihr geht zusammen auf die Schule, hat mir meine Frau erzählt", bemerkte er etwas desinteressiert. „Ja, wir sind Freunde und haben schon einiges zusammen gemacht", sagte sie. „Wollt ihr vielleicht was essen?", fragte die Mama und sie sagten nicht nein, denn darauf hatten sie vollkommen vergessen.

Sie saßen nun etwas verklemmt um den großen Tisch, aßen ein paar Brote und bemühten sich, etwas Small Talk zu betreiben. Eine leichte Frostschicht hatte sich auf ihre Seelen gelegt und er war froh, wieder zu ihr nach oben zu dürfen.

„Eltern während eines Trips sind doch nicht das Wahre", sagte er zu ihr und sie stimmte ihm zu. „Ist schon nüchtern manchmal kaum zu ertragen." Sie mussten etwas kichern. In ihrem Zimmer angekommen drehten sie sich noch einen kleinen Joint und machten es sich auf ihrem Bett bequem. Sie legte eine Platte von Jimmy Hendrix auf und sie kuschelten sich unter ihre Decke, ohne sich auszuziehen. So verblieben sie eng aneinander gedrängt bis zum Morgengrauen.

Dann zog er seine Jacke an und gab ihr noch einen Kuss auf die Wange. „Ich muss los", sagte er leise. „Besser, ich bin schon weg, wenn alle aufstehen." „Ja", sagte sie kurz. „Ich bring' dich noch runter." Unten angekommen umarmten sie sich lang. „Komm gut heim. Wir sehen uns dann in der Schule." Als er in der kalten Februarluft stand, war er auf einmal wieder hellwach. Er stieg ins Auto und fuhr los.

Als er ein Stück gefahren war, musste er an sie denken und sofort kam der Trip wieder. Die Pedale fühlten sich wie Gummibärchen an und das ganze Auto begann so zu riechen. Alles war irgendwie rosa mit etwas Knallgrün. Ja, er liebte sie und sie waren immer noch Kinder. Auch wenn sie sich schon so erwachsen vorkamen. Wie lange die Fahrt dauerte, konnte er nicht mehr feststellen, denn in einem Auto aus Gummibärchen war das schwer einzuschätzen. Irgendwann würde er in seinem Zimmer aufwachen und nicht mehr so recht wissen, was geschehen war. Nur den Geschmack von Gummibärchen hatte er noch lange im Mund.

Gegen Mittag läutete es an seiner Tür, und Harry stand mit einer Tüte Brötchen davor. „Ich brauche den Autoschlüssel. Wie war's?" Er bat ihn herein und braute erst einmal eine Kanne Kaffee. Er erzählte ihm, dass er dauernd gedacht habe, sie sei eine verwunschene Märchenprinzessin, die in einem Schloss wohne, was ja auch irgendwie gestimmt hatte. Dass er in ihrem Bett einen Weinkrampf statt eines Orgasmus bekommen hatte, erzählte er lieber nicht. Aber dass ihm die Pedale des 2CV beim Heimfahren wie aus Gummibärchen vorgekommen waren, erzählte er schon. Harry begann herzlich zu lachen. „Das wundert mich nicht. Die sind schon total ausgeleiert. Ein Wunder, dass man noch damit fahren kann." „Deswegen das Schweizer Kennzeichen; denn TÜV würdest du keinen mehr bekommen." Sie lachten beide.

„Harry, sag Stella bitte, dass ich heute nicht in die Schule komme. Ich bin zu k. o. und außerdem möchte ich noch an meinem Bild arbeiten." Er sah sich nach dem Bild um, das in der Ecke des Zimmers stand. „Finde ich ganz gut. So was lässt sich bestimmt gut verkaufen." „Und wie findest du das?" Auf seinem Schreibtisch hatte sich über Nacht ein Ei auf einem Bogen verschmierten Zeichenpapiers festgeklebt. Er hob es hoch und zeigte es ihm. „Das ist es", sagte er lachend und hängte es an die Wand. „Mit so was kannst du echt berühmt werden." Er mochte ihn und er wusste, dass er mit Stella geschlafen hatte. Doch schien sie das irgendwie noch mehr zu verbinden. „Dann bis später. Wir kommen am Abend vielleicht noch vorbei."

Er begann über das Erlebte der letzten Nacht nachzudenken. Wieso schlief sein bester Freund mit der Frau, die er liebte, und nicht er? Es nervt, dachte er sich. So wie es aussah, überkam ihn die Liebe in seinem Herzen so stark, dass sie, wenn sie sich bemerkbar machte, nichts anderes mehr gelten ließ. Sie war wie ein Falke, der brav mit seiner über die Augen gezogenen Kappe dasaß. Nahm man diese Kappe ab, das heißt, man gab ihm eine gute Droge, so breitete der Vogel sofort seine großen Schwingen aus und schwang sich über die Wälder, um hinauf zu den Wolken zu fliegen. Immer höher, immer weiter, bis er die weißen Nebel durchbrach, um dann hoch im hellen Sonnenlicht seine Kreise zu ziehen. Immer höher, immer weiter, die Mühsal und Trauer von denen da unten zu vergessen.

Doch der Fluch jeder Droge war, dass ihre Wirkung nachließ und man sich wieder hinabbegeben musste. Doch wie nach einer langen Reise, von der man wieder zurückkehren musste, waren nur die im Vorteil, die gar nicht erst aufgebrochen waren. So ging es auch ihnen. Noch hatten sie Eltern, Schule und Freunde, die sie wieder auffingen. Doch manche begannen bereits, alles zu verlieren, und stürzten immer tiefer und tiefer. Sie hatten vergessen, dass sie Falken waren und es immer bleiben würden.

Doch hielt ihn das wirklich davon ab, endlich mit einer Frau zu schlafen? Oder war es die Angst, dann kein Falke mehr sein zu können. Er liebte die erotischen Abbildungen der Zeitschrift „Konkret", die er sich manchmal kaufte. Er mochte die Brüste, die ihm so fröhlich entgegenkamen, und das kleine Wäldchen dort zwischen den Beinen. Ja, er liebte die runden Pos, die so anders waren als seiner, und das, was sich zwischen seinen Beinen bemerkbar machte, liebte er auch.

An diesem Tag vollendete er sein erstes Ölbild auf Leinwand. Er wusch seine Pinsel in Terpentin aus und setzte sich davor. Er war mit sich zufrieden, denn es war ein richtiges Bild geworden und er wusste, dass er das jederzeit wiederholen konnte. Doch das Blatt mit dem Ei, das er mit einem Nagel an die Wand gehängt hatte, gefiel ihm besser. Doch hatte er den Schritt gewagt, ein Künstler zu werden, und er begann sich auch so zu fühlen. Er spürte, dass dies wohl der einzige Weg sein würde, ein halbwegs freies Leben zu führen. Die Teenagerzeit ging langsam zu Ende und das, was sie am meisten fürchteten, Erwachsene zu werden, würde wohl unweigerlich kommen. Zum Glück war es noch nicht so weit. Wann würde er seine „Unschuld", die er so mächtig zu verteidigen versuchte, verlieren?

Er liebte seine kleine Gemeinde, die sich nun fast täglich am späten Nachmittag bei ihm einfand. Fast immer begann Gandolf mit seiner Zeremonie und nachdem sie etwas Mu-Tee getrunken hatten, begannen sie ihre Musik zu machen. Sie hatten bemerkt, dass es guttat, irgendwann das Streben nach Harmonie zu verlassen und in eine Phase des Chaos überzugehen, in dem jeder tat, wonach ihm gerade war. Oft artete es in einer wilden Wolke aus Klang aus, die dick und fett über die Dächer der alten Stadt schwebte. In dieser Phase hatte jeder das Gefühl, ein Meister zu sein, denn es gab niemanden mehr, der etwas konnte oder nicht konnte. Jeder war er selbst und war gut und schön in dem, was er war. Irgendwann fanden sie sich dann wieder, um erneut eine einfache Melodie zu finden, um dann erschöpft auf ihre Kissen zu sinken. Sie nannten es „Free Jazz", nicht ohne sich dabei etwas über sich selbst lustig zu machen. Es tat einfach nur gut und sie konnten etwas von der Freiheit, nach der sie sich so sehr sehnten, Wirklichkeit werden lassen.

Doch die Freiheit in der Kunst zu suchen, genügte Müsli und Harry nicht. Während Müsli beständig nach der sexuellen Befreiung suchte und eifrig die Schriften von Wilhelm Reich, einem Schüler Sigmund Freuds, studierte, versuchte Harry seine Grenzen in der „realen" Welt um ihn herum auszutesten. Er beneidete beide, denn sie standen dem wirklichen Leben wesentlich näher, als er es jemals tun würde. Erst viel, viel später sollte er erfahren, dass alle ihn bewundert hatten. Wie so viele in dieser Zeit hatte er von einer anderen Wirklichkeit gekostet, die ihm allerdings keineswegs fremd war. Doch wie ein unbekanntes, fremdes Meer hatte sie durchaus ihre Tücken und Gefahren. Eines wurde ihnen jedenfalls klar: Man musste sich hier wie dort anders verhalten, um nicht in die Gefahr des Untergangs zu gelangen. Noch schien sie ihre fast noch kindliche Unschuld vor Schäden zu bewahren.

Doch gab es auch schon die ersten Verluste in ihren Reihen zu beklagen. Andere, „schlimme" Drogen wie Heroin und Kokain, die noch ein halbes Jahrhundert zuvor als Heilmittel galten und von der High Society genutzt wurden, hatten sich eingeschlichen. Doch nach jedem „High" kam bald ein „Down". LSD und ähnliche Drogen waren für diese Art von Rausch nicht sonderlich geeignet und diejenigen, die nach einer Art besonderem Vergnügen suchten, sahen sich sehr bald getäuscht. Eines war ihnen aber allen bald bewusst: Man konnte nichts erleben, was nicht als Möglichkeit in einem selbst bereits verborgen lag.

Immer mehr Schriften erreichten sie in ihren kleinen Zimmern auf ihren schmutzigen Matratzen. Ja, es gab sie und hatte sie immer gegeben: die Menschen, die in eine andere Welt blicken wollten. Ja, es wurde ihnen klar, dass die Einnahme der das Bewusstsein erweiternden Substanzen in vergangenen Kulturen etwas ganz Normales war. Allerdings war es einer Priesterkaste vorbehalten und an strenge Rituale gebunden. Einfach so zu Hause und mit Spaß war schon ganz schön neu. Aber jung zu sein, ist immer neu und schön und wer sonst als die Jugend ist bereit, sich auf etwas Neues einzulassen? Aber darüber dachten sie nicht so sehr nach. Es war eben ihre Zeit und die war eben so, und das war auch gut so.

Gandolf sorgte immer wieder für Überraschungen. So brachte er von seinen Reisen auf die „Insel" auch eine neue Philosophie der Ernährung mit, die „Makrobiotik". Ein weiser Mann aus dem fernen Japan, der die Welt in Yin und Yang unterteilte, also dem männlichen und dem weiblichen Prinzip, hatte festgestellt, dass die Gesellschaften der modernen Welt auf dem besten Weg war, zu sehr in das Yin zu rutschen. Das war, was die Ernährung betraf, vor allem der übermäßige Konsum von Kaffee und Zucker. Die Auswirkungen waren unübersehbar. Neben einer gewissen Hyperaktivität mit dem Drang, immer mehr und mehr zu erzeugen und immer schneller und schneller zu werden, waren auch diverse Krankheiten wie Herzbeschwerden und Fettleibigkeit damit verbunden.

Er war der Ansicht, dass man mit einer Ernährung, die auf das Yang abzielt, wieder ins Gleichgewicht kommen könnte. Dazu gehörte das Weglassen aller Nachtschattengewächse und fast sämtlicher Südfrüchte. Grundnahrung war vor allem brauner Reis, Buchweizen und andere Getreidesorten. Als Gemüse sollte man vor allen Dingen

Wurzeln aller Art genießen, die dann noch in gutem Sesamöl angebraten wurden. Auch starke Sojasauce wie Tamari war auf jeden Fall Yang, Doch fast der größte Schatz war Gomasio. In einer Pfanne wurden Sesamkörner mit Meersalz leicht angeröstet und dann in einem Mörser zerquetscht. Dies konnte man dann gut auf ein Margarinebrot oder auf das angerichtete Essen streuen. Was am Anfang etwas kompliziert klang, entpuppte sich schnell als eine Vereinfachung. Er merkte schnell, dass er sich nach so einem Mahl stärker fühlte. Dazu wurde Drei-Jahres-Tee serviert, der fast wie eine etwas bittere Suppe schmeckte. Es tat gut, die Essgewohnheiten der Kindheit zu verlassen. Obwohl die Ernährung keine so große Rolle gespielt hatte und man eher froh war, überhaupt etwas zu essen zu bekommen.

Manchmal hatte er das Gefühl, als würde sich die ganze Welt in seiner kleinen unbeheizten Mansarde ein Stelldichein geben. Viele der Hippies, die ja meistens viel älter waren als er, fingen an, mit alten, bunt bemalten Bussen die Welt zu bereisen, immer auf der Suche nach neuen Erfahrungen und guten Rauchwaren.

Sie hatten sich bei ihm verabredet, denn sie wollten unbedingt vor dem großen „Vanilla Fudge"-Konzert noch ein paar „Kekse" backen und einen „Tee" brauen, den sie irgendwie mit hineinzuschmuggeln hofften. Sie hatten alle zusammengelegt und Gandolf, der die besten Connections hatte, kam mit einem ziemlich großen „Piece" Schwarzen an. Marvin und Jenny waren auch mit von der Partie und Jenny hatte schon in einer Schüssel etwas Schokoladenteig vorbereitet. Nun kam Meister Gandolf an die Reihe, um das Werk zu vollenden. Vorsichtig hatte er das wertvolle Piece von der schützenden Folie befreit und der bittersüße Duft strömte ihnen entgegen. Immer noch konnte er diesen Geruch nicht einordnen. Es roch nicht wirklich verlockend, auch nicht beängstigend. Eher wirklich fremd, wie eine fremdländische dunkle Frau, der man nicht widerstehen konnte, von der man sowohl großes Glück als auch großes Leid erfahren würde. Jedenfalls wollte sie mit großem Respekt und Hochachtung behandelt werden.

Während Jenny noch fleißig rührte, hatte Gandolf bereits eine Kerze angezündet und auf einen silbernen Suppenlöffel ein Stück des dunklen Harzes gelegt. Nun fügte er etwas Flüssigkeit hinzu und hielt den Löffel mit etwas Abstand über die Flamme. Langsam begann sich der kleine Brocken zu erhitzen und kleine Bläschen stiegen vom Grund des Löffels auf. Sie hatten jetzt alle ihre Köpfe darüber zusammengesteckt und verfolgten die wundersame Verwandlung. Denn der Brocken hatte sich in der Flüssigkeit aufgelöst. Mit einer schwungvollen Bewegung goss er jetzt schnell das Ganze in den Teig, den Jenny schnell weiterrührte. Das wurde noch ein paarmal wiederholt, bis alle der Meinung waren, dass es genug war. Bei Keksen konnte man weder die Dosierung noch die Wirkung genau abschätzen und das Ganze hatte immer etwas von einem Kindergeburtstag oder Weihnachten. Jenny hatte noch etwas Eischnee unter die Masse gehoben, damit die Plätzchen nicht zu hart wurden. Sofort fingen sie gemeinsam an, kleine Hügel zu formen und sie auf dem Backblech zu verteilen.

Jetzt brauchten sie dringend erst einmal eine Pause und Stella drehte einen ihrer wunderbaren Joints. Gandolf wollte unbedingt noch einen Tee und begab sich in die Küche. Er folgte ihm, denn er wollte unbedingt sehen, wie er das tat. Es war fast so ähnlich, nur dass diesmal das erhitzte Hasch in einen Topf mit gutem indischem Tee gegossen und noch einmal kurz erhitzt wurde, sodass sich alles gut verband. Er füllte alles in eine Thermoskanne, die er in seiner tiefen Manteltasche versenkte.

Die Kekse waren fertig und verströmten einen wundervollen Duft. Sie konnten es kaum erwarten, dass sie sich abkühlten, und schoben sich die noch fast zu heißen Kekse in den Mund. „Kommt, lasst uns aufbrechen." Harry war schon etwas nervös. „Dann sind wir schon dort, wenn sie zu wirken anfangen." Schnell zogen sie sich ihre schönsten Hippieklamotten an und machten sich auf den Weg.

Als sie die graue Straße betraten, fing es leicht zu regnen an. Es war Ende Februar und man begann bereits den kommenden Frühling zu riechen. Vor allem hatte sich das Zwitschern der Vögel verändert, als sie an dem kleinen Park, der ganz in seiner Nähe lag, vorbeigingen. Irgendwie begannen sie sich bereits zu locken und dachten bestimmt schon an die Nester, die sie bald bauen wollten.

Gandolf hatte zwei Eintrittskarten besorgt, worüber er sehr froh war, während es Harry und Stella mit ihren neuen „Presseausweisen" versuchen wollten. Sie hatten sich ein paar Kameras umgehängt und sahen fast wie richtige Reporter aus. Gandolf, der fast einen Kopf größer war als er, ging mit weit ausladenden Schritten, die ihn nötigten, schneller zu gehen, als er eigentlich wollte. Sie hatten Harry und Stella bereits abgehängt und waren etwa schon zwanzig Minuten gegangen, als er Gandolf fragte: „Merkst du schon was?" „Was soll ich merken?", fragte der verschmitzt zurück. „Von dem Keks, meine ich. Bei mir fängt es, glaube ich, schon an." „Vielleicht sollten wir mit einen Schluck Tee etwas nachhelfen", ließ der sich vernehmen. „Wir sind bestimmt noch einmal so lang unterwegs." Er war damit einverstanden und sie setzten sich auf eine Bank. Gandolf zog die metallene Kanne aus der tiefen Innentasche seines weiten Mantels, die er extra für solche Zwecke eingenäht hatte, und goss ihnen einen Becher voll der dunkelbraunen heißen Flüssigkeit ein. Dann steckten sie sich noch eine Camel ohne Filter in den Mund und gingen weiter.

Langsam begann sich die Welt um ihn herum zu verändern. Irgendwie war ihm die Zeit abhandengekommen und er wusste nicht mehr so recht, wo er eigentlich war. Nur seine Füße gingen beständig neben den etwas größeren seines Freundes einher. Das Wasser der Pfützen, in die er trat, begann sich leicht lila zu verfärben, während die Tropfen, die dabei wegflogen, leicht rosa oder türkis wirkten. Er begann darüber nachzudenken, als sie in eine Straße einbogen und das Gebäude sahen, in dem das Konzert stattfinden sollte. Es war ein fest stehender Zirkus, der in letzter Zeit vor allem in den Wintermonaten für Rockkonzerte genutzt wurde. Eine riesige Masse Menschen, die in etwa in ihrem Alter waren, drängte sich bereits vor dem Eingang und immer mehr strömten von allen Seiten hinzu. Er heftete sich an den weiten Mantel seines Freundes, der erhobenen Hauptes zügig dem Eingang entgegenschritt. Ohne Zweifel war er, Gandolf der Graue, aus einem fernen unbekannten Land und sie wurden ohne Zögern und mit großer Höflichkeit eingelassen.

Im Eingangsbereich, der etwas im Halbdunkel lag, standen ein paar vielleicht brusthohe runde Kaffeehaustische aus hellem Marmor und Gandolf fragte ihn, ob er noch etwas trinken möchte, er würde ihnen zwei kleine „Guiness" besorgen. Er sagte kurz so etwas wie: „Ja, gern", und hatte das Gefühl, die gewohnte Wirklichkeit zu verlassen. Lässig stellte er sich an einen freien Tisch, die Arme und seinen Kopf darauf gestützt, als sein Blick auf einen Tisch fiel, der etwas abseits in einer dunklen Ecke stand. Dort stand eine junge Frau. Ein brauner Afrolockenkopf umrahmte ein sehr blass wirkendes Gesicht und die Augen waren dick mit Kajal umrahmt. Doch als er ihr in die Augen sah, erfasste ihn ein gewaltiger Wirbel aus Sehnsucht, Liebe und Schmerz, wie er ihn noch nie zuvor erlebt hatte. Er begann sich aufzulösen und trieb mit nahezu Lichtgeschwindigkeit einer fernen unbekannten Galaxie entgegen, deren Ende nicht mehr auszumachen war.

„Hier, es hat etwas länger gedauert." Gandolf hatte die Getränke vor ihn auf den Tisch gestellt und begann einen Schluck zu nehmen. „Hast du die gesehen", sagte er zu ihm und deutete in die Ecke, in der sie immer noch stand und ihn interessiert betrachtete. „Ach die kenne ich", sagte Gandolf. „Das ist Marietta, die ist öfter in der Teestube. Hast du auch gesehen, was da neben ihr steht." „Nein, wieso, was ist da?" „Schau genau hin, dann wirst du es sehen." Seine Augen, die begonnen hatten, nur noch Sterne zu sehen, gewöhnten sich langsam an das Halbdunkel und dann sah er es auf einmal. Sie hatte sich mit einem Arm auf der Tischplatte aufgestützt, und an die Kannte gelehnt standen zwei Krücken. „Sie hatte Kinderlähmung und ein Bein ist so gut wie nicht vorhanden. Sie muss schon fast ihr ganzes junges Leben auf Krücken gehen. Lass uns hingehen und sie begrüßen. Sie ist eine total coole Frau."

Er war wieder auf dem Boden gelandet, doch war es schon zu spät. Er hatte sich bereits verliebt und wusste, dass es wehtun würde. Ein bittersüßes Schwert hatte sich in sein weiches Herz gebohrt und ein dunkler Engel hatte wohl noch Lust dabei empfunden, es beim Herausziehen noch ein paarmal zu drehen. Dabei war wohl ein Stück Metall abgebrochen und war in der Wunde verblieben. Nie wieder würde diese Wunde ganz verheilen.

Sie gingen zu ihrem Tisch und Gandolf stellte ihn vor. Sie reichte ihm ihre zarte Mädchenhand und er sah, dass sie ihre Fingernägel schwarz lackiert hatte. „Gehen wir zusammen hinein?", fragte er sie etwas schüchtern und sie nickte mit dem Kopf. Mit einer schnellen Bewegung drückte sie an ihr rechtes Knie und ein lautes Knacken war zu vernehmen. Etwas schien eingerastet zu sein. Dann nahm sie ihre Krücken und humpelte mit einer gewissen Leichtigkeit, als wäre es das normalste von der Welt, neben ihnen her. Sie betraten den runden Zirkusraum, der schon mit ein paar Tausend Menschen gefüllt war, und auf einen Schlag begannen die Kekse und der Tee ihre volle Wirkung zu entfalten.

Sie hatten in den vorderen Reihen einen guten Platz gefunden, an dem sie etwas außen sitzen konnten. Sie hatte den Mechanismus ihres Beines, das schlaff an ihr herunterhing, wieder gelöst und die Krücken neben sich abgestellt. Ihre linke Hand berührte fast zufällig sein rechtes Knie, woraufhin er sie kurz verwundert anblickte. Gandolf hatte ihr noch einen Tee aus seiner Thermokanne angeboten, den sie dankbar mit einem Lächeln annahm.

Was dann geschah, sprengte dermaßen sein Wahrnehmungsvermögen, dass er bis heute nicht wirklich verstand, was geschehen war. Der Raum hatte sich fast ganz gefüllt und eine nervöse Unruhe, wie sie manchmal vor einem nahenden Gewitter fühlbar ist, hatte sich der ganzen Menschenmenge bemächtigt. In der Mitte der Manege, in der sich sonst wilde Tiere und Gaukler tummelten, war eine riesige Bühne errichtet worden. Darauf erhob sich eine gigantische Mauer aus Verstärkern wie ein Turm. In der Mitte der Bühne war noch einmal eine etwas kleinere Bühne. Darauf ein Schlagzeug mit einem gigantischen Gong, das nichts zu wünschen übrigließ. Davor ein Moog-Synthesizer, dessen Sound die Band auszeichnete – und die er schon deswegen so schätzte. Links davon ein Mikrofon, an dem der Bass lehnte, und rechts das Gleiche mit der Sologitarre.

Er hatte bereits jeglichen Sinn für Zeit und Raum verloren, als endlich die Band unter frenetischem Applaus die Bühne betrat. Die vier jungen Männer, deren wilde Haarmähnen weit über die Schultern fielen, hatten sich ihrer Instrumente bemächtigt und der junge Mann hinter dem Moog-Synthesizer begann den ersten Ton zu spielen, dann den zweiten, den dritten … Die elektronischen Vibrationen vermischten sich zu einem stampfenden Rhythmus, der das weite Rund des Zirkusgebäudes mitsamt seinen Insassen in Schwingung versetzte. Es war für ihn, als würde er in einem riesigen Raumschiff sitzen, das gerade den Antrieb gestartet hatte.

Nun übernahm der Maschinist, der hinter dem Schlagzeug saß, seine Arbeit und fügte gekonnt seine Basstrommel in die rhythmische Schwingung ein. Jetzt begannen die zwei äußeren Navigatoren, die den Kurs bestimmen sollten, ihre Arbeit. Das Schiff und seine zwanzigtausend Mitreisenden hatten sich für den Abflug bereit gemacht, als der Sologitarrist mit einem hellen Ton seiner E-Gitarre einen Stern in einer weit entfernten Galaxie anpeilte und das riesige Schiff ohne zu zögern den Heimatplaneten verließ. Der Raum, den sie durchquerten, war keineswegs dunkel und kalt, sondern angefüllt mit Trillionen warmer Lichter, die scheinbar auch noch sehr lebendig waren. Waren es vielleicht bewohnte Planeten, an denen sie mit unvorstellbarer Geschwindigkeit vorbeirasten? Er befand sich nun in einem goldgelben, strahlenden Raum, der irgendwie nach Vanillebonbons roch.

Als er zu Marietta rüber schaute, die recht zufrieden aussah, ergriff er ihre etwas kalte Hand. Wie froh er doch war, dass sie da war. Gandolf schubste ihn von der anderen Seite an und reichte ihm einen Becher mit dem nun schon fast kalten Hasch-Tee. Er musste lachen, denn scheinbar gab es diese wundervollen Dinge auch am anderen Ende der Galaxie. Marietta hatte heimlich einen kleinen Joint gedreht, den sie ihm verdeckt, mit darüber gehaltener Hand zuschob. Doch hatte die Band ihr endgültiges Ziel noch nicht erreicht, sondern nur einen kurzen Zwischenstopp eingelegt, der allerdings mit tosendem Applaus belohnt wurde. Die Reise hatte aufs Neue begonnen und die warmen Töne des Synthesizers trugen sie wie ein Schiff über eine warme weite See. Zu anderen Ufern bestimmt und zu lieben Menschen, die mit Körben voll mit süßen leckeren Früchten auf sie warteten.

Jetzt konnte er auch Harry und Stella sehen, die in der ersten Reihe bei den Fotografen einen Platz gefunden hatten und mit ihren Kameras herumfuchtelten. Es hatte also geklappt. Der Planet, den sie erreicht hatten, war also auch ihr Planet. Ja, sie schienen von dort zu kommen und hatten sich hier, nach einer endlos langen Reise, wiedergetroffen. Denn der Planet, von dem sie aufgebrochen waren, war der Planet der Liebe und sie hatten den Auftrag, aus diesem ausgebeuteten zerstörten Planeten ebenfalls einen Planeten der Liebe zu machen. Der Schlagzeuger hatte mit einem Solo begonnen, das er langsam aufbaute; es wurde immer schneller und komplexer. Er konnte es nicht fassen, wie ein einzelner Mensch – oder war er gar kein Mensch, sondern ein Engel? – so viele Dinge gleichzeitig tun konnte. Der Rhythmus steigerte sich immer mehr und mehr, bis er an seinem Höhepunkt angelangt war und der Engel seine Schlagstöcke in den Himmel wirbeln ließ. Abwechselnd warf er den rechten, dann den linken Stock etwa sechs Meter wirbelnd in die Höhe, um dann, ohne den Rhythmus zu unterbrechen, weiterzuspielen. Wie eine riesige Welle brandete Applaus auf, während die Band sich wiederfand, um nun sein Lieblingsstück zu spielen: „Must be the season of the witch […], the hippies out to make it rich." Seine und Mariettas Hand hatten sich fest umschlossen und ihre starke weibliche Erotik begann zu ihm herüber zu fließen. Er wusste nicht mehr, wo er gerade war. War es ein Traum oder war er jetzt in einem Traum gefangen, der wehtat? Das Konzert war zu Ende.

Harry und Stella waren zu ihnen vorgedrungen. „Geh'n wir noch zu dir?", fragte Stella. „Ja, gern", sagte er. „Marietta, kommst du mit?" Sie sah ihn wie ein verwundetes Tier an. „Ich kann nicht so weit gehen und meine Eltern machen sich Sorgen, wenn ich nicht heimkomme. Treffen wir uns doch morgen in der Teestube." „Ja, super, toll! Dann bis morgen, so gegen acht, okay?" Er sah ihr in die dunkelbraunen Augen und sah ihren Schmerz, der nun auch seine

Seele erfasst hatte. Sie nahm ihre Krücken und humpelte langsam hinaus, ohne sich noch einmal umzusehen.

Sie stapften gemeinsam nach Hause und Harry erzählte, wie leicht sie mit seinen „Presseausweisen" hineingekommen waren. Sie hatten sich einer ganzen Gruppe von Presseleuten angeschlossen. Harry hatte noch seine amerikanische ID-Card gezeigt, was die Kontrolleure enorm beeindruckt hatte. Er hörte kaum zu und sah die meiste Zeit schweigsam zu Boden. „Was ist los mit dir?", fragte Stella in seine Richtung. „Ich weiß auch nicht. Vielleicht der Tee und die Kekse", antwortete er etwas zaghaft. Doch eine seltsame neue Art von Liebe hatte sein Herz besetzt. Sie nahm ihm fast den Atem, sodass es wehtat. War das der Anfang vom „Erwachsenwerden"? Wenn ja, dann wollte er unbedingt noch etwas damit warten.

Zu Hause angekommen saßen sie noch etwas zusammen, tranken Tee und rauchten noch etwas. Sie unterhielten sich über das Konzert und was sie alle zutiefst ergriffen hatte. Doch ihm war seine fast kindliche Leichtigkeit abhandengekommen. Er musste sie wiedersehen, das war ihm klar. Doch Sehnsucht und Furcht hielten sich absolut die Waage. Sie verabschiedeten sich und Stella sah ihm zum Abschied tief in die Augen und er konnte darin eine leichte Trauer entdecken. Wie konnte man nur so glücklich und unglücklich zugleich sein, fragte er sich und schlief erschöpft ein.

Er hatte lange geschlafen und nur wenig gegessen, als er sich am Abend langsam in Richtung Teestube aufmachte. Sie lag an einem kleinen rechteckigen Platz, auf dem einige große Bäume standen, die aber zu dieser, noch immer kalten Jahreszeit, keinerlei Grün zeigten. In den vielen grauen Häusern, deren Fassaden abweisend wirkten, waren nur zwei Fenster mit einem warmen Licht erleuchtet. Er öffnete die schmale Eingangstür und stand in einem gemütlichen Raum mit ein paar Tischen, die ganz unterschiedlich waren. Auf jedem stand ein Glas, in dem sich eine Kerze befand. Sie war nicht da, doch saß an einem Tisch sein Freund Gandolf, in einem Gespräch mit einem bärtigen jungen Mann. Er trat dazu und Gandolf stellte ihn dem Mann vor. Er war der Besitzer der Teestube und kam aus England. Der junge Mann, Mel war sein Name, schien

Gandolf gut zu kennen und behandelte ihn mit großem Respekt. Er bestellte einen Earl Grey und lauschte der Unterhaltung, die auf Englisch geführt wurde. Er verstand nicht sehr viel, doch schienen sie sich auf eine etwas geheimnisvolle Weise über das Buch „Lord of the Rings" zu unterhalten. Manchmal fiel das Wort Frodo, wobei sie ihn flüchtig von der Seite her anblickten.

Er hatte gerade ein paar kleine Schlucke genommen, als die Tür aufging. Alle Blicke richteten sich sofort in diese Richtung – und da stand sie. Sie hatte einen langen schwarzen Rock an, der ihr geschientes verletztes Bein fast verdeckte. Sie war eine Königin. Die Königin des Schmerzes und alle waren aufgesprungen um sie willkommen zu heißen. Der Besitzer eilte zu ihr an die Tür und bat sie unterwürfig herein.

Sie sah in seine Augen und sofort begann die noch frische Wunde in seinem Herzen zu bluten. Auch er war aufgestanden, hatte ihr einen Stuhl zurechtgerückt und nahm vorsichtig ihre Hand. Sie setzte sich neben ihn – was nicht ohne ein Knacken ihrer Prothese ging. Gandolf wechselte noch rasch ein paar Worte mit Mel, dem Besitzer, der mit dem Kopf nickte. Sie sollten alle aufstehen und sich in ein Nebenzimmer begeben, das von einem dicken Vorhang aus Brokat verdeckt war. Dort könnten sie in Ruhe ein Jillom rauchen. Er würde dann zu ihnen stoßen und ihnen ein makrobiotisches Gericht servieren. So saßen sie also in einem gemütlichen Zimmer mit alten Möbeln aus rotem Samt und aus einem Lautsprecher war leise indische Sitarmusik zu hören. Sie hatte es sich auf einem kleinen Sofa bequem gemacht und sah ihn gelassen an. „Es ist hübsch hier", meinte sie leise und er lächelte sie an.

Gandolf hatte seinen Wildschweinzahn gerade gut gefüllt, als leise die Tür aufging und Mel, der Engländer, mit einem großen Tablett erschien und es vor ihnen auf den Tisch stellte. Neben einer großen Kanne Drei-Jahres-Tee waren einige gut gefüllte Schüsseln und drei kleine chinesische Schalen zu sehen, die er vorsichtig vor ihnen abstellte und daneben eine Papierserviette mit Essstäbchen abstellte. Gandolf *überreichte ihr das* Jillom zum Anrauchen und als er sah wie gekonnt sie daran sog, machte sein Herz einen Satz. Ja, er hatte sich wirklich in sie verliebt, das stand außer Frage. In seiner Zeit gab es Leute, die „durchblickten" und andere, die absolut keinen Durchblick hatten. Sie jedenfalls blickte durch, das stand außer Zweifel.

„Darf ich mich zu dir setzen?", fragte er sie und sie nickte leicht lächelnd mit dem Kopf. Jetzt sah er, dass ihr schöner Mund, der wie eine dunkelrote Kirsche strahlte, einen bitteren Zug angenommen hatte. Er ließ sie trotz ihrer jungen achtzehn Jahre älter erscheinen. Wieder durchbohrte das Schwert sein Herz und aus der Wunde tropfte etwas Blut. War es ihr Schmerz, den er so tief in seinem Inneren spürte? Sie begannen das wunderbare Mahl zu essen. Die große Schüssel mit dampfendem braunen Reis, das gebratene, mit Tamari gelöschte Gemüse, die warme indische Musik, die im Hintergrund lief, hüllte sie in eine Wolke tiefer Zufriedenheit, in der die Zeit nur noch die Rolle spielte, dass man den Wunsch hatte, sie möge nie zu Ende gehen.

„Ich muss leider gehen", sagte sie nach einiger Zeit. „Morgen ist wieder Schule." „Ich auch", sagte er. „Wenn du magst, gehe ich noch ein Stück mit dir." „Ja, gern." Sie standen auf und das Knacken ihrer Beinprothese zerriss die wohlige Stille. Sie nahm ihre beiden grauen Krücken und er half ihr in den langen dunklen Samtmantel. Die Luft war feucht und kalt. „Es wird bald Frühling", sagte sie etwas traurig, als sie neben ihm her humpelte. Zu seiner Überraschung ging sie schneller, als er erwartet hatte. Doch konnte er weder ihre Hand nehmen noch konnte sie sich bei ihm einhängen. Ihre Behinderung war eine kaum zu überwindende Barriere.

„Lass uns telefonieren", sagte sie und sie tauschten ihre Telefonnummern aus. „Komm mich doch besuchen", sagte er. „Ich wohne allerdings im dritten Stock." Sie sah ihn von unten her an. „Das wird schon gehen." Und wieder begann die Wunde in seiner Brust zu schmerzen. „Dann bis bald." Sie sahen sich in die Augen und er bückte sich etwas, um ihr einen leichten Kuss auf ihre Kirschlippen zu geben. „Ja, bis bald." Es klang etwas traurig und sie verschwand in der Straßenbahn.

Zu Hause angekommen legte er „It's a Beautiful Day" auf und fragte sich, warum das Leben so schwer sein konnte. Es war unmöglich, mit ihr Mitleid zu haben, denn sie war viel stärker als er.

Sie war bereits durch die Hölle gegangen. Das war klar und doch war sie eine wunderschöne junge Frau geblieben. Jetzt musste er wohl langsam mal zum Mann werden. Doch das hatte er sich wirklich etwas anders vorgestellt.

Zu seinem Glück schneite am nächsten Tag sein großer Bruder herein, der inzwischen schon Frau und Kinder hatte und ihm alle heiligen Zeiten einen Besuch abstattete. Viel konnte der mit der Hippiezeit allerdings nicht anfangen, war er doch fünf Jahre älter als er und war bereits in seinem normalen Leben gefangen, gegen das er selbst sich noch standhaft wehrte. Doch gefiel ihm seine abstrakte Landschaft und bot ihm hundertfünfzig Mark dafür an. Natürlich sagte er nicht nein und freute sich tierisch über das Geld. Er hatte drei Tage daran gemalt, was ihm Freude gemacht hatte. Davon konnte er zwei Monatsmieten bezahlen und sich sogar eine neue Leinwand kaufen. Die Dinge begannen sich positiv zu entwickeln und er freute sich bereits auf das neue Bild, das er malen wollte. Langsam wurde es Frühling und er hatte sich ein paar Blumen an die Wand gemalt.

Nachmittags kamen seine Freunde vorbei; sie rauchten, machten Musik und redeten über Gott und die Welt. Die Erfahrungen mit den Drogen hatte sie alle verändert und, so jung sie auch waren, so hatte es sie auch älter und weiser gemacht. Wichtig waren die kleinen Gemeinschaften, die überall entstanden waren. So wie eine gute Band ihre Kräfte zusammenlegen musste, um wirklich gute Musik zu machen, so lernten auch sie, dass sie nur zusammen nicht untergehen würden. Es war außerordentlich wichtig zu teilen, sei es den Platz, den Rauch oder ihre Erfahrungen. Die Kraft, die sie in sich spürten, verband sie alle. Überall auf der Welt. Immer mehr brachen jetzt auf, um an die Quellen der Weisheit, die sie immer noch im fernen Osten vermuteten, zu gelangen. Denn von dort kam ja auch das gute Dope, das sie alle gern rauchten.

So war auch ein dänisches Pärchen mit ihrem alten Hippiebus aufgebrochen, um sich an den fernen Quellen mit ein paar Kilos einzudecken. Auch hatten sie etwas LSD dabei, das sie an einem geeigneten Ort einnehmen wollten. Am Ende ihrer weiten beschwerlichen Reise kamen sie in ein kleines bitterarmes Land, in dem sie auf Reste einer uralten Kultur trafen, in der es noch normal war, dass lebende Götter auf goldenen Thronen saßen und von ihrem Volk geliebt und verehrt wurden.

War es das sagenumwobene „Shambala", das sie gefunden hatten? Wie durch ein Wunder konnten sie an einer großen Zeremonie teilnehmen, die zugleich eine religiöse Einweihung war. Dem großen Lehrerkönig waren sie aufgefallen und sie wurden zu einer Audienz gebeten. Dort konnten sie von ihrer Welt und dem Aufbruch der Jugend berichten, und von ihren Erfahrungen, die sie mit LSD gemacht hatten.

Lachend forderte sie der Meister auf, der von einer ungeheuren Stärke und Präsenz war, ihm doch eine dieser Wunderpillen zu überlassen. Er würde sie bei der nächsten Zeremonie einnehmen und ihnen dann davon berichten. Sie nahmen sich vor, es auch zu tun und kamen also am nächsten Tag wieder zu der Zeremonie. An dem Meister war keinerlei Veränderung festzustellen, doch sahen sie ihn jetzt in all der Pracht und Herrlichkeit vergangener Zeiten. Als sie am nächsten Tag wieder zu einer Audienz gebeten wurden, begrüßte sie der Meister lachend.

Der Zustand, den sie durch die Droge erreichen wollten, unterschied sich in keiner Weise von dem Zustand, in dem er immer war. Sie hatten die geheimnisvolle Quelle gefunden und begaben sich überglücklich auf die Heimreise, um aller Welt davon zu berichten. Sie würden eines Tages auf der ganzen Welt Gemeinschaften errichten und Tausende junge Leute würden ihrem Ruf folgen.

Andere suchten nach Erleuchtung in Indien und fanden so manchen weisen „Guru", der ihnen dann meistens nahelegte, das Kiffen bleiben zu lassen und auf übermäßigen Sex zu verzichten. Deswegen hielten es viele lieber mit den „Jillom-Babas", die eher die untere Stufe des Yogi-Systems bildeten.

Das Alte hatte dem Neuen den Stab weitergegeben. Doch davon wussten sie noch nichts, dort oben in der kleinen Mansarde auf fünfzehn Quadratmeter ohne Heizung. Man konnte den nahenden Frühling schon fast riechen, auch wenn man sich um diese

Jahreszeit in dieser Gegend nie so ganz sicher sein konnte. Doch er würde kommen, das begann man zu spüren, denn die Röcke wurden bereits wieder kürzer. Es gab eine große Ausstellung in einem nahegelegenen „Kunsttempel" und die ganze Schule hatte sich zu Fuß aufgemacht, um dort hinzupilgern. Ein paar Straßen weiter betraten sie den großen Park, an dessen Ende das riesige Gebäude stand.

Er ging neben Stella, die wie immer guter Dinge war und ihm erzählte, dass sie sich etwas in einen Mitschüler, der neu dazu gekommen war, verliebt hätte. Er war gerade dabei, eine neue Band zu gründen, was die meisten Mädchenherzen in dieser Zeit erheblich schneller schlagen ließ.

Sie gingen an einem munter dahinfließenden Bach entlang und ab und zu schimmerte schon etwas Grün durch das gelbe Wintergras. Der „Kunsttempel", den sie zu erreichen wünschten, stammte noch aus der Zeit des sogenannten Tausendjährigen Reichs, das noch gar nicht so lange zurücklag. Auch wenn das „Reich" nicht so lange gehalten hatte, so sah das Gebäude durchaus noch so aus, als würde es in tausend Jahren immer noch da stehen. Die riesenhafte endlos lange Säulenhalle mit ihren hohen eisernen Eingangstoren hatte eher etwas Abweisendes, als dass man dahinter fragile Kunstwerke vermuten würde.

Zwar hatte sein Vater dort, als er noch ein kleines Kind war, im Rahmen einer Ausstellung der Künstlervereinigung, einmal ein paar Aquarelle ausgestellt. Doch schien das Gebäude für eine andere Art von Kunst gedacht worden zu sein. Es bedurfte einiges an Kraft, die schwere Eisentür in Bewegung zu bringen, und Harry hatte diese schwere Arbeit übernommen, was sie etwas zum Lachen brachte. Nun standen sie in einer überdimensionalen Halle, die eher Macht als Freude ausstrahlte. Man begann sich irgendwie klein und unwichtig zu fühlen und das schien durchaus auch der tiefere Sinn dieses Gebäudes zu sein.

Der Maler, dessen Ausstellung sie besuchen wollten, hieß Miró und war in seiner Zeit ein hochbezahlter, berühmter Künstler. So standen sie kurze Zeit später, nachdem sie die Tickets gelöst hatten, wieder vor riesigen Bildern, zu denen sie aufsehen mussten. Doch anders als die riesigen Hallen strahlten die Kunstwerke eine fast kindliche Heiterkeit aus. Denn sie waren in einem wunderbaren Blau, was dem Blau des Himmels wie auch dem weiten Blau der Côte d'Azur entsprach. Stella, die Frankreich sehr liebte, war entzückt und fast den Tränen nahe.

Auch wenn diese Bilder von einem etwas übertrieben großen Format waren, so strahlten sie das Gegenteil von Macht, sondern Liebe und Heiterkeit aus. Er fühlte sich befreit und erleichtert. Es gab sie also doch, die „wahre" Kunst. Vor allem ein Bild hatte es ihm besonders angetan und er stand lange rätselnd davor. Auf einer blauen Fläche von sicherlich dreißig Quadratmetern war nur ein senkrechter dünner weißer Strich zu sehen. Unweigerlich fragte man sich, warum er gerade dort, rechts außen, war. Beim längeren Betrachten konnte er feststellen, dass in einigem Abstand links davon ebenfalls ein weißer Strich gewesen sein musste, der aber dick mit blau übermalt worden war. War das gewollt? Oder wollte der Maler die weiße Linie nach längerer Betrachtung einfach woanders haben? Beides kam ihm irgendwie absurd vor, da der Strich auch sehr fahrig und zittrig wirkte.

Unwillkürlich musste er an den kleinen Löwenzahn aus seiner Kindheit denken. „Wir sind stärker als die, und das kannst du auch." Er kam sich unerwartet reich beschenkt vor, doch wusste er nicht ganz, warum. Kann Kunst Mut machen? Bei ihm hatte sie das getan. Als sie langsam wieder durch den Park zurückschlenderten, setzten sie sich noch etwas auf die braun-grüne Wiese und Stella baute noch eine kleine Tüte.

Sein Blick schweifte über die weite Fläche, an deren Horizont er zwei Weidenbäume ausmachen konnte. Sie hatten einwandfrei die Form von Kugeln, die gerade anfingen etwas grün zu werden. Darüber war ein etwas kühl-blauer Himmel mit einigen dicken weißen Wolken. Da hatte er sein neues Bild, das er vorhatte zu malen. Er würde zwei hellgrüne Kugeln auf ein paar horizontale braun-rot-grüne Flächen setzen. Eine würde links nur halb in die Leinwand ragen, während die andere rechts ganz zu sehen sein würde. Darüber das Blau des Himmels, in dem zwei dicke Wolken zu sehen sein würden. Diesmal umgekehrt, die linke ganz und die rechte zur Hälfte gerade aus dem Bild hinausziehend. Die Wolken würde er knallrosa malen und dazwischen allenfalls etwas Weiß. Wie ein leichter Nebel, der aufsteigt.

Schon ein wenig kitschig, dachte er sich, aber auch poppig. Er wollte unbedingt bald damit anfangen, denn es sollte fertig sein, wenn ihn Marietta besuchen würde. Was hatte sie nur an sich, das ihn nicht mehr loszulassen schien? Ab und zu trafen sie sich, um einen Kaffee zu trinken und ein Stück des Weges zusammen zu gehen.

Eines Tages eröffnete sie ihm, dass sie nicht mehr zu Hause bei den Eltern wohnen wolle. Ihre Eltern und vor allem ihr Vater war mit ihrer Lebensweise nicht einverstanden. Er musste etwas lächeln, denn welche Eltern waren schon mit der Lebensweise seiner Generation einverstanden. Sie fand es toll, dass er unbedingt Künstler werden wollte und bereits damit begonnen hatte.

Er hatte sie zu sich eingeladen, denn sie wollten sich an einem der nächsten Wochenenden mit seinen Freunden treffen und vielleicht zusammen einen Trip erleben. „Komm, wenn du Lust hast", sagte er. „Wir machen bestimmt etwas Musik, das ist meistens recht lustig." „Ich komme gern", sagte sie. „Ruf mich vorher an, wenn es so weit ist." „Ja, ganz sicher, ich freue mich schon." Wieder gingen sie auseinander und wie immer hinterließ sie einen Schmerz in seiner Brust.

Er fragte sich, wie lange es nun schon her war, dass er sich auf den Weg gemacht hatte, den heiligen Gral oder zumindest den goldenen Blumentopf am Ende des Regenbogens zu finden. Was war ihm nicht schon alles auf seiner Reise dahin begegnet? Nach außen hin waren sie wohl die „Hippies" und „Gammler", vor denen besorgte Väter ihre Töchter warnten. Doch sie selbst wussten, dass sie die Speerspitze einer neuen Zeit waren, die unweigerlich eines Tages kommen würde. Denn die Zeit war im Wandel.

Musste er wirklich noch diesen weiten Weg zum Schicksalsberg gehen, um dort den Ring der Macht einzuschmelzen? Was für Schlachten galt es noch zu schlagen? Und welches Monster sollte er noch töten müssen? Wem würde er noch Vertrauen können? Und wer waren seine Feinde? Wie froh er doch war, dass sie da waren, seine Freunde, die er so sehr liebte. Es tat so gut, ihre jungen Gesichter zu sehen und sich ihre Abenteuergeschichten anzuhören, wenn sie am späten Nachmittag bei ihm vorbeischauten, um sich auf seine Matratze zu setzen. Immer hatte irgendwer etwas zum Rauchen dabei und das Lachen war ihr bester Freund.

Ja, sie waren jung, ausgehungert und etwas unterernährt. Doch das war ihnen nicht so wichtig. Sie hatten andere Sorgen im Kopf – nicht nur wegen ihrer Eltern, die von alldem nichts erfahren durften. Sie sorgten sich um den Planeten, dem gegenüber sie sich verantwortlich fühlten. Denn die eine oder andere junge Frau wollte vielleicht doch einmal ein Kind bekommen. Aber schien es in dieser Welt der Bomben, der Kriege und der giftigen Fabriken nicht sehr angebracht. Die ältere Generation wunderte sich über solche Gedanken. Ging es ihnen nicht besser? Hatten sie nicht inzwischen Kühlschränke, Waschmaschinen und Fernseher, und konnten mit ihren Autos ans Meer fahren? Was wollten diese langhaarigen Spinner eigentlich und wieso hatten sie die hübschesten Mädchen? Doch wie immer, so spürte halt auch jetzt die Jugend, dass irgendetwas schieflief, denn es war ja ihre Zukunft und die ihrer Kinder, die da gerade meistbietend verscheuert wurde.

Zum Glück waren sie sehr, sehr laut und die Türme ihrer Verstärker bei ihren Konzerten wurden immer höher und höher. Und da sich das auch gut verkaufen ließ, wurden manche von ihnen auch reicher und reicher. Einem Teil von ihnen ging alles nicht schnell genug und sie fingen an, sich offen einen Kampf mit dem verkrusteten System zu liefern, was erst einmal nur ins Auge gehen konnte. Sie glaubten mehr an einen friedlichen Protest und dass man, wenn man andere Verhaltensweisen leben würde, vielleicht einen Keim in den Boden legen könne, der eines Tages in ferner Zukunft, wenn die Zeit gekommen war, aufgehen könnte. Doch Geduld ist nicht unbedingt Sache der Jugend.

Und so kam Harry auf die glorreiche Idee, eine große Menge LSD in das Trinkwasser zu kippen, damit alle, ob sie wollten oder nicht, ihr Bewusstsein erweitern mussten. Ihm schien das weniger sinnvoll. „Was ist, wenn sie dann alle auf den Horrortrip kommen und sich gegenseitig abstechen? Sie werden sich nicht plötzlich alle um den Hals fallen und sich Blümchen schenken." Mi schaltete sich ein: „Du hast aber keine besonders gute Meinung von deinen Mitmenschen." „Vielleicht kommen sie ja alle auf den Sextrip?" Müsli war auf einmal ganz in seinem Element. „Und was, wenn der Trip wieder nachlässt? Dann ist alles wie zuvor. Nur dass alle schwanger sind – bringt doch nichts." Jenny, die Frau mit dem größten Verstand von ihnen hatte wie immer recht und sie verwarfen die Idee. „Ich fand es eine gute Idee", sagte Harry etwas kleinlaut. „Ich finde, das wäre eine reine Verschwendung. Sollen sie doch ihr Bier trinken und sich dann die Maßkrüge über den Kopf hauen, dann wäre das Problem auch gelöst und wir machen lieber wieder eine Party." Marvin hatte recht. Er hatte einen ausgeprägten politischen Verstand und wusste, wovon er sprach.

Er, dessen größte Sehnsucht es war, sie alle unter einen Hut zu bekommen, meinte letztlich: „Dann lasst uns doch erst einmal einen bauen und etwas Musik machen." Damit waren alle einverstanden.

Ihre Musik wurde immer besser. Er hatte entdeckt, dass eine raumfüllende Vibration entstand, wenn er einen ganzen und einen halben Ton zusammenlegte. In die konnte sich Mi mit ihrer Flöte gut hineinbewegen. Immer wichtiger wurde der freie Teil, in den sich jeder in sein eigenes Chaos hineinfallen lassen konnte, ohne Rücksicht auf Harmonien und sonstige Zwänge. Doch auch daraus musste man sich nach einiger Zeit wieder befreien, um sich dann, zwar schon etwas erschöpft, wiederzufinden und das Ganze mit einigen angenehmeren Klängen und Rhythmen zu Ende zu bringen. Immer mehr angesagte Bands griffen diese Idee der Befreiung auf und so fanden sie sich auf so mancher Platte in gewisser Weise wieder.

Ja, sie waren alle miteinander verwoben und spielten sich die Bälle zu, ohne viel davon zu wissen. War das die ferne Zukunft? Und wie fern würde sie sein? Jeder würde machen, was er wollte, und man würde doch zu einem befriedigenden Ganzen finden, in dem auch der Humor seinen Stellenwert hatte. Denn meistens, wenn sie danach auf ihre Matratzen fielen, mussten sie lachen. Oh ja, es war durchaus schön, so jung zu sein.

Doch wie alles im Leben hatte auch der Konsum der Drogen seinen Preis. Nicht nur, dass man ohne sie nicht mehr auskam. Es wurde auch nicht gerade leichter, welche zu bekommen. Denn die Gesellschaft begann langsam die zersetzende Wirkung zu verspüren und brachte sich mit immer mehr Verboten in Stellung. Wurde man am Anfang noch belächelt und sogar in gewisser Weise toleriert, so begann man jetzt aus Angst, alle in das kriminelle Eck zu schieben. Die Dealer wurden zum Erzfeind erklärt und so übernahmen die wirklich kriminellen Banden, die mit Drogen selbst nichts am Hut hatten, das lukrative Geschäft.

Noch lebten sie in ihrem unschuldigen Traum von einer besseren Love-and-Peace-Welt. Doch stand der Drache „Geld" schon da. Würden sie ihm entkommen können? Oder würde er sie alle mit Haut und Haaren verspeisen? Die Welt war im Wandel, das war klar. Doch wohin würde die Reise gehen?

Er hatte sich eine weitere Leinwand im gleichen Format besorgt und sein neues Bild angefangen. Die Kunst war die einzige schützende Rüstung, die ihm noch blieb, und er war seinem Vater sehr dankbar, dass er sie ihm vererbt hatte. Sie würde ihn retten, das war klar. Denn nur ein Künstler konnte sich noch einigermaßen frei bewegen. Vorsichtig begann er mit den braun-rot-grünen Flächen die den Boden bilden würden, auf dem die Kugeln stehen sollten. Vielleicht einen kleinen Streifen dunkles Blau dazu, der leichte Schimmer von Wasser. Die grünen Kugeln waren leicht und schnell gemalt, ebenso die fetten großen rosa Wolken.

Jetzt würde er eine Pause machen, eine Zigarette rauchen und sich einen Kaffee brauen. Dann vielleicht Marietta anrufen und sie würden nachmittags durch den Park schlendern, so gut man das auf Krücken eben machen konnte. Sie würde dann mit hoch zu ihm kommen. Geht das überhaupt, dachte er bei sich. Drei Stockwerke, dann würden sie auf seiner Matratze sitzen, Musik hören und etwas rauchen. Er würde ihr das angefangene Bild zeigen und sie nach ihrer Meinung fragen. Vielleicht würde sie bleiben und …

Das Klingeln des Telefons riss ihn aus seinen Tagträumen. Sie war dran und sie verabredeten sich. Wieder spürte er diesen Schmerz in seiner Brust. War das die Liebe? Und warum tat es so weh? Oder war es das, wovor ihn seine Mama immer gewarnt hatte? Er zog sich einen Pullover an, den noch seine Mutter liebevoll gestrickt hatte. Darüber sein altes Jackett und noch den alten Hut seines verstorbenen Papas. Er würde sie treffen – und was dann?

Der beginnende Frühling zeigte sich von seiner besten Seite und als sie den kleinen Park in der Nähe seines Hauses betraten, waren bereits die ersten kleinen gelben Blumen zu sehen. Sie ging schnell, trotz ihrer Krücken, und er musste dieses Mal nicht langsamer gehen. Er erzählte ihr, dass er gerade an einem neuen Bild arbeiten würde und wenn sie Lust hätte, könnten sie nach ihrem Spaziergang bei ihm noch einen Tee trinken, um ihre Meinung dazu zu hören. Sie willigte ein, aber sie könne nicht allzu lange bleiben, sie müsse noch etwas für die Schule tun.

Als sie an dem kleinen Spielplatz vorbeikamen, der ziemlich bald auf der linken Seite zu sehen war, fragte sie ihn, ob er Lust hätte, mit ihr ein wenig zu schaukeln. „Das kann ich ganz gut", meinte sie. „Da vergesse ich mein Bein. Als ich noch kleiner war, habe ich mir immer gewünscht, ich wäre ein Vogel und könnte das hier vergessen." Sie zeigte auf ihr rechtes Bein, das keine Muskeln hatte. Wieder spürte er den Schmerz in seinem Herzen. War es ihr Schmerz, der angefangen hatte, zu seinem zu werden?

„Ja, gern", sagte er schnell. „Wir gehen manchmal noch nachts hierher, wenn der Trip schon etwas nachgelassen hat, und fahren mit dem alten eisernen Karussell." Sie lachte. „Das kann ich mir gut vorstellen, die großen Jungs." Sie gingen die paar Schritte zu den Schaukeln. Sie setzte sich auf eine und gab ihm ihre Krücken. „Soll ich dich anstoßen?", fragte er und als sie mit dem Kopf nickte, legte er geschwind die Krücken beiseite und trat hinter sie. Wie gut es tat, ihre schmalen Schultern zu berühren. Ein warmer Strom erwärmte sein Herz. Ein leichter Schubs und sie begann sich nach vorne zu legen, um Schwung zu holen. Er spürte die Freude, die sie durchströmte, denn jetzt war sie frei. Ein kleiner Vogel, der sich immer höher in die Lüfte schwang und nie mehr auf die Erde zurückkehren wollte.

Jetzt konnte er den feinen Duft erfassen, der sie umgab und ihre Weiblichkeit einhüllte. Nie mehr wollte er damit aufhören. Einfach nur stehen bleiben und ihr beim Fliegen helfen. „Komm, schaukle doch auch." Sie deutete auf die Schaukel daneben. „Ich komme schon allein zurecht." Er ließ sie widerstrebend los, setzte sich auf die zweite Schaukel und tat es ihr nach. Nach einiger Zeit hörten sie auf und gingen noch ein paar Wege zu einem nahe gelegenen Hügel, von dem man über die Dächer der Stadt blicken konnte. Dort setzten sie sich auf einen großen Stein und rauchten gemeinsam eine Zigarette.

Sie erzählte ihm, dass sie einen Freund hätte, mit dem sie auch manchmal schlief, aber es wäre nichts Ernstes. Da war er kurz wieder, der Schmerz. Aber sie waren ja Hippies und da war es normal, dass jeder mit jedem schlief, ganz wie einem danach war. Er meinte, das wäre ihre Sache, und wagte es nicht, ihr zu gestehen, dass er noch nie mit einer Frau geschlafen hatte. Irgendwie kam er sich etwas dumm vor und sie gingen langsam zurück zu seiner Wohnung. Ja, sie würde noch zu ihm nach oben kommen. „Ich möchte doch sehen, wie du wohnst, und deine Bilder möchte ich auch gern sehen." Er öffnete die schwere Haustür und sie begaben sich auf den langen Weg nach oben. Doch war es anders als sonst. War er gewohnt, immer zwei Stufen zu nehmen und fast nach oben zu laufen, so mussten sie jetzt des Öfteren anhalten, damit sie sich etwas ausruhen konnte.

Noch immer konnte er nicht verstehen, wieso so eine schöne junge Frau auf Krücken gehen musste und das nicht mal vorübergehend, sondern schon ihr ganzes junges Leben lang. Warum, fragte er sich und es brach ihm fast das Herz. Sie hatte sich wohl daran gewöhnt. Es war halt so. Es war eben ihr Leben und sie war entschlossen, das Beste daraus zu machen. Als sie endlich oben angekommen waren und er die Wohnungstür aufschloss, standen Marvin und Jenny bereits im Gang und waren gerade dabei, sich etwas zu essen zu machen. Sie sahen die beiden verwundert an. Noch nie war er allein mit einer Frau nach Hause gekommen. Er stellte sie kurz vor und stellte schnell den verbeulten Aluminium-Wasserkessel auf den alten verschmutzten Gasherd. Dann öffnete er seine Zimmertür und sie traten ein. „Etwas klein, aber gemütlich", ließ sie sich vernehmen, setzte sich auf seinen einzigen Stuhl und sah sich interessiert um. Er nahm ihr den langen Mantel ab und sie zog ihre Stiefel aus. „Du kannst dich ruhig auch auf die Matratze setzen" sagte er vorsichtig. „Das ist vielleicht etwas bequemer." Sie lächelte und ihre dunkelbraunen Augen hatten einen warmen Glanz angenommen.

Aus der Küche war das Pfeifen des Teekessels zu hören. „Mach du erst einmal den Tee. Dann machen wir es uns bequem, okay?" Er verschwand in der Küche und als er mit der Teekanne und zwei Tassen wiederkam, hatte sie sich bereits auf seinem Bett auf dem Bauch liegend ausgestreckt und blätterte in einen Buch über den Surrealismus, in dem auch ein Bild von Frida Kahlo abgebildet war, das sie gerade eingehend betrachtete. „Die Königin des Schmerzes", sagte er leise, und sie sah ihn mit ihren Kajalaugen von unten her an, als wollte sie sagen: „Was weißt *du* schon von Schmerz?" Wieder brach die Wunde in seinem Herzen auf und ein Blutstropfen quoll daraus hervor. „Musste Liebe so wehtun?", fragte er sich im Geheimen. Doch laut sagte er: „Lass uns erst einmal eine Tasse Tee trinken und eine Platte auflegen. Magst du Juliette Gréco?" Sie lachte. „Das ist zwar nicht so meines, aber es passt gerade ganz gut. Ich hab' auch noch ein kleines Rauchpiece dabei und ich könnte uns einen Kleinen bauen, wenn du magst." „Gern", sagte er, denn er liebte Frauen, die einen guten Joint bauen konnten. Er legte sich neben sie und sah ihr gespannt dabei zu, wie sie geschickt den Joint baute. So edel und sauber, wie er es bisher selten gesehen hatte. „Du hast Talent für so was", sagte er schmunzelnd, und sie mussten beide lachen.

Sie lagen beide auf dem Bauch auf seiner alten Matratze, rauchten und blätterten in dem Buch. Wie schön es war, ihren Körper zu spüren und ihre Weiblichkeit zu riechen. Ein Glücksgefühl ungeahnten Ausmaßes durchzog seine Seele und er rückte noch etwas näher an sie heran, was ihr durchaus zu gefallen schien. Nun wagte er, die Hand auf ihren schmalen Rücken zu legen und langsam über ihre dünne Baumwollbluse zu streichen. Sie hob leicht den Kopf und sah ihn von der Seite her an. „Darf ich mal deine Platten sehen?" Sie erhob sich, um zu dem Stapel Platten zu gelangen, der neben dem Plattenspieler an der Wand stand. „Ja, natürlich", sagte er. „Such dir etwas aus. Viel ist es nicht." Sie blätterte herum und fand eine Platte von Pink Floyd, die er auch sehr gern hörte.

Die ruhige Musik löste etwas die Spannung und sie legte sich wieder zu ihm, und schwang ihr gesundes Bein über das seine. So lagen sie eine geraume Zeit, ohne sich zu rühren. Nur die wärmende Lust begann wie eine goldgelbe Sonne sein ausgehungertes Dasein zu durchströmen. Nicht sie war behindert, sondern er, denn noch nie zuvor hatte er so ein Glücksgefühl erfahren.

Wie viel Zeit vergangen war, konnte er beim besten Willen nicht mehr sagen, als sie sich von ihm löste und sagte: „Ich muss jetzt gehen, aber ich komme gern wieder, wenn du magst." „Das ist schade", sagte er. „Du kannst gern bleiben, wenn du möchtest." „Das ist nett, aber ich muss nach Hause, das habe ich versprochen." Sie zog sich an. Draußen war es recht dunkel geworden. „Ich geh' noch mit zur Tram, wenn du magst." „Aber sicher, tu das und ruf wieder an, ja?" Sie gab ihm einen Kuss und sie brachen in die kühle Frühjahrsnacht auf.

Es hatte etwas zu regnen begonnen und das alte Kopfsteinpflaster funkelte in den schönsten Farben. „Ich hab' ein kleines Auto", sagte er. „Ich muss es nur reparieren. Die Kupplung. Dann können wir mal rausfahren." „Das machen wir, dann bis bald." Sie stieg in die Tram und winkte ihm noch einmal kurz zu.

Jetzt fühlte er sich allein. War das der Preis? Wie wenig er doch wusste von diesem seltsamen Leben. Als er wieder in sein Zimmer kam, war es kalt und leer. Nur der Filter von dem Joint, den sie gedreht hatte, lag noch einsam im Aschenbecher. Er nahm ihn heraus, um daran zu riechen, und sah erfreut noch etwas Lippenstift an seinem Ende. Ein kleiner Hauch von Leben.

Er kramte die Platte von Melanie hervor, die er so sehr liebte. Auch wenn er die Texte nicht ganz verstand, so verstand er doch, wovon sie da sang. Ihre etwas traurigen und leicht trotzigen Texte gingen direkt in sein ausgetrocknetes Herz und machten es weich und warm. Er setzte sich vor seine Staffelei, um an den dicken rosa Wolken weiterzuarbeiten. Bald würde er fertig sein und was dann?

Es klopfte an der Tür und Harry schaute auf einen Sprung vorbei. „Kannst du mir helfen, das Auto zu reparieren? Ich würde gern mit Marietta mal rausfahren." Er willigte ein und sie verabredeten sich für den nächsten Tag. „Ich schau', ob ich am Schrottplatz ein Kupplungsseil auftreibe." „Dann bis morgen." Er war wieder gegangen. Er hatte das Gefühl, dass die einfache Zeit, in der er in seine braune Kutte geschlüpft und die Kapuze über den Kopf gezogen hatte, irgendwie vorbei war.

Er legte sich nackt auf seine Matratze und fasste sich zwischen die Beine. Das war wenigstens noch da, zum Glück. In der Schule ging es flott voran und Stella strahlte vor Freude, da das legendäre „Blow Up" endlich eröffnen würde und sie dazu eingeladen war. Ihre hellblauen Strahleaugen hatten einen warmen Glanz bekommen, als sie aufzählte, wer alles zur Eröffnung kommen würde. Ab jetzt würde es dort jede Woche Konzerte von den besten Bands geben und es gab einen Ausweis, mit dem man umsonst hineinkonnte. „Der ist leicht zum Nachmachen." Harry war in seinem Element, als er das kleine Kärtchen sah. „Ein paar Fotokopien und eine Folie drum herum, und fertig. Zu irgendetwas muss die Schule von Nutzen sein." Sie liebten ihn wegen seiner schnodderigen Art. Er hatte wirklich vor nichts und niemandem Respekt. Außerdem sah er gut aus, konnte so ziemlich alles. Von Segeln, Autorennen fahren, Tennisspielen und allerlei Dinge reparieren, was ihn bei den Frauen sehr beliebt machte. Außerdem liebte er Tiere, vor allem Hunde, und sie liebten ihn. Ja, so wie er wäre auch er gern gewesen.

Müsli hatte wohl alle zwei Tage ein anderes Mädchen im Bett und hatte sich einen Orgon-Kasten gebaut, nach den Anweisungen des „Sex-Gurus" Wilhelm Reich, der natürlich aus Wien stammte. Damit sollte man die nachts verbrauchte Energie wieder aufladen können. „Gemma Taubenvergiften in Park" war ja auch seine Lieblingsplatte von dem Wiener Komponisten Georg Kreisler, die er sich gern anhörte, wenn er bei ihm vorbeikam. Dann rauchten sie eine „A3", die es nur am Bahnhof gab und scheußlich schmeckte, dafür aber so gut wie nichts kostete.

Was sie auch gemeinsam gern hörten, war eine kleine Single des verehrten Bertolt Brecht, auf der er selbst sang. „Der Mensch ist gar nicht gut, drum hau ihn auf den Hut, hast du ihm auf den Hut gehaut, dann wird er vielleicht gut, denn für dieses Leben ist der Mensch nicht gut genug, darum hau ihn eben ruhig auf den Hut." Dem konnten sie nur zustimmen und sie freuten sich, dass jemand aus der älteren Generation, der sie sonst sehr misstrauten, durchaus mit ihnen einer Meinung war.

Der Frühling war nun nicht mehr aufzuhalten und seine kleine „Knutschkugel" war repariert. Er holte Marietta ab, sie wollten etwas ins Braungrüne fahren und eine halbe Dosis Acid im Wald schlucken. Wenn man Glück hatte, könne man vielleicht irgendwelche Waldgeister sehen, die es überall geben sollte, meinte sie mit einem wissenden Gesichtsausdruck. Sie schmiss ihre grauen Krücken auf den Rücksitz und sie fuhren los, nicht ohne vorher die kleine Pille mit etwas Wasser hinunterzuspülen. „Es dauert ja etwas, bis es kommt, und dann sind wir schon dort und brauchen nicht zu warten", meinte sie und fing an, einen kleinen Joint zu drehen, den sie beim Fahren rauchen wollten. Doch mussten sie zuerst noch ein paar Straßenschluchten durchqueren, die abwechselnd links und rechts neben ihnen aufragten. Er fragte sich, ob sie nicht eigentlich schon in Mordor waren und wo genau der „Schicksalsberg" lag, als sie langsam den Stadtrand erreichten und sie zum ersten Mal so etwas wie Weite empfanden. Auch wenn die vielen Strommasten und Fabrikschornsteine wenig romantische Gefühle aufkommen ließen.

Kurz musste er an das wilde Flusstal seiner Kindheit denken, bevor sie alles niedergebrannt und einen Stausee daraus gemacht hatten. Er erzählte ihr davon und sie sah ihn erstaunt von der Seite her an. „Ich bin in der Stadt aufgewachsen und die Natur war mir immer etwas fremd. Es ist auch ziemlich beschwerlich, mich dort auf den Krücken zu bewegen." Wieder spürte er kurz den Schmerz in seiner Brust, den das Schwert hinterlassen hatte. Man müsste sie auf Händen tragen, dachte er sich, oder sie auf ein Pferd in die Höhe heben und davonreiten, zu einen Turm, wo eine gute Zauberin wohnt, die sie endlich von diesem Fluch befreien würde.

Jetzt waren nur noch Hügel und Wälder zu sehen und das angenehme Gefühl, sich langsam aufzulösen, das die Droge verursachte. Es veranlasste ihn, in einen kleinen Waldweg abzubiegen. Sie fuhren tiefer und tiefer hinein und die Bäume zu beiden Seiten schienen lebendig zu werden und ihnen zuzuwinken. „Ganz schön abgefahren", sagte sie und nahm seine Hand. „Steigen wir aus", meinte er kurz und öffnete die Tür, die ein stöhnendes Geräusch von sich gab. Er ging zu ihrer Seite und öffnete ihre Tür, holte ihre Krücken vom Rücksitz und half ihr beim Aussteigen. Das Knacken ihrer Beinprothese, das immer erst einrasten musste, bevor sie sich fortbewegen konnte, durchbrach die Stille des Waldes.

Erstaunt stand sie vor einer riesigen Eiche, deren starke Wurzeln dick mit hellgrünem Moos bewachsen waren. „Ich glaube, ich habe einen gesehen", sprach sie aufgeregt. „Was hast du gesehen?", antwortete er. „Einen Zwerg", sagte sie. „Sah irgendwie nett aus, mit grünen Pluderhosen und roter Mütze." Er sah in ihre Richtung auf den Boden. „Ich sehe nichts. Lass uns etwas tiefer in den Wald gehen. Vielleicht gibt es noch mehr."

Sie gingen langsam etwas tiefer hinein und eine warme Dunkelheit umgab sie jetzt. Nur das beständige leise Zwitschern der Vögel und ein leichtes Rauschen des Windes waren noch zu hören. Sie schien irgendetwas zu folgen und nickte ab und zu mit dem Kopf, als würde sie sich mit jemandem unterhalten. Er beschloss, sie nicht zu unterbrechen, und folgte ihr langsam. Ihre Krücken sanken in das tiefe weiche Moos und den feuchten Waldboden. Die Zeit hatte wieder einmal aufgehört zu existieren und nun sah er, mit wem sie da redete. Es sah so aus wie drei kleine Gestalten, die irgendwie altmodisch gekleidet waren, und einer winkte ihr, ihm zu folgen. Ihn schienen sie gar nicht zu bemerken. Sie waren augenscheinlich nur an ihr interessiert. Er fürchtete sich etwas, dass sie sich verlaufen könne, denn er musste auf sie achtgeben, das war klar. Auch die Bäume und Pflanzen hatten sich verändert. Sie schienen sprechen zu können und ihre Äste und Zweige waren wie Arme und Hände, die ihnen zuzuwinken schienen.

Die vielen Tautropfen, die überall zu sehen waren, glänzten in allen Farben wie Diamanten und Edelsteine. Vor einer großen Buche, an deren Fuß eine kleine Höhle war, blieb sie stehen und drehte sich langsam nach ihm um. „Sie sind weg", sagte sie etwas verzweifelt. „Ich sollte ihnen folgen, doch ich konnte nicht. Sie haben es verstanden und einer hat gesagt: ‚Du bist noch nicht soweit. Du musst umkehren.' Und dann waren sie verschwunden. Ich glaube, ich habe mich in den einen etwas verliebt." Er lachte. „Ich glaube eher, dass er sich in dich verliebt hat. Aber seine Höhle ist wohl etwas zu klein für dich." Jetzt mussten sie beide herzlich lachen und machten sich auf den Rückweg.

Sie wussten, dass sie diejenigen waren, vor denen ihre Eltern sie gewarnt hatten. Sie waren irgendwie froh, wieder im Auto zu sitzen. Die Dämmerung hatte bereits eingesetzt und es begann recht kühl zu werden. Obwohl in dem Zustand, in dem sie sich noch befanden, die Temperatur nicht wirklich eine Rolle spielte. Ähnlich, wie man in einen Traum frieren oder fast verdurstend durch eine Wüste wandern konnte, ohne das gemütliche Bett zu verlassen, so verhielt es sich wohl auch mit den Trips, die sie ab und zu nahmen. Ob der Traum nun gut werden würde oder vielleicht ein Albtraum, hing von vielen Bedingungen ab. Jemand, der jung und verliebt war, hatte wohl einen besseren Traum, als jemand der von Schuldgefühlen geplagt wurde, weil er vielleicht in dem erst vor Kurzem zu Ende gegangenen Krieg ein paar Frauen und Kinder ermordet hatte. So verhielt es sich auch mit der Umgebung und den Leuten, mit denen man zusammen war. „Trau keinem über dreißig" war keinesfalls nur ein leerer Spruch, sondern die nackte Realität, in der sie damals lebten. Denn auch wenn alle bekanntlich von allem nichts gewusst hatten, so konnte man doch sehr deutlich hinter den Masken, die sie sich inzwischen aufgesetzt hatten, oft das verzerrte Bild der Angst und der Schuld erkennen. Die ganze verlogene Gesellschaft hatte sich ja inzwischen eine neue Maske aus Fortschritt und Wohlstand zugelegt und war immer noch geneigt, über Leichen zu gehen, um ihre Wahrheit und ihre Ziele durchzusetzen.

Sie hatte ihre Krücken auf den Rücksitz geworfen und sie fuhren den holprigen Waldweg, der teilweise noch mit Gras bewachsen war, wieder in Richtung Hauptstraße. Sie sah kurz seitlich aus dem Fenster und lächelte leicht. „Da war er nochmal und hat mir zugewunken." Ein paar Tränen hatten sich in ihren Augen gebildet. „Lass uns zu dir fahren, mich friert." Sie zog ihren schwarzen Samtmantel etwas enger um ihre schmalen Schultern und setzte die Kapuze auf.

Er bog in die Hauptstraße Richtung Stadt ein. Die vielen Lichter, die auf einmal um ihn herum waren, trafen ihn wie kleine Geschosse aus einer anderen fremden Welt. Er bat sie, ihm eine Zigarette anzuzünden, und wie bei der Fahrt zu Stella begann er, am Straßenrand lauter Tramper zu sehen, die offensichtlich mitfahren wollten. „Das sind doch nur Pfosten, die die Straße begrenzen", lachte sie. „Außerdem haben wir doch sowieso keinen Platz." Als sie die Stadtgrenze erreicht hatten, erzählte sie ihm von ihrem Wunsch, bei ihren Eltern auszuziehen. „Ich halte das einfach nicht mehr aus, mich dauernd verstellen zu müssen. Ich möchte mir eine kleine Wohnung suchen. Meinst du, ich kann bis dahin bei dir wohnen?" Sein Herz machte einen Satz. „Findest du es nicht etwas eng bei mir?" Sie sah ihn an. „Weißt du, eng ist es nur im eigenen Herzen. Ich fühle mich wohl bei dir. Wir werden schon etwas Spaß zusammen haben." „Und wann soll das sein?", fragte er etwas nervös. „In ein paar Wochen. So Anfang Mai. Ich muss noch ein paar Dinge regeln." „Ja, okay, super, wir kriegen das schon hin. Ich freue mich, hast du viele Sachen?" „Nö, geht so." Sie waren angekommen und etwas Neues schien anzufangen.

Langsam wurde ihnen klar, dass sie nicht mehr unsichtbar waren. Die langen Haare und das doch etwas andere Outfit konnte man jetzt nicht mehr übersehen. Der Drogenkonsum machte sie noch dazu zu „Kriminellen", was Harry zu dem Ausspruch hinreißen ließ: „Wenn sie uns sowieso für kriminell halten, dann können wir es auch sein.

Auf dem Weg zur großen Freiheit gab es keine Tabus, das hatten sie in den vielen Filmen, die aus dem Land der „großen Freiheit" kamen, gelernt. Sie wussten, dass sie die „Guten" waren und die anderen die „Bösen", auch wenn die „anderen" sie am liebsten gesteinigt und verbrannt hätten. Noch um einiges schlimmer war es hinter dem sogenannten Eisernen Vorhang, wo sich ebenfalls junge Menschen auf den Weg gemacht hatten und mit selbstgebastelten E-Gitarren westliche Rockmusik spielten. Sie wurden von der Straße gezerrt, zusammengeschlagen und in Gefängnisse gesteckt, wo ihnen die langen Haare abgeschnitten wurden. Denn anders als bei ihm, im goldenen Westen, konnte man dort mit ihnen kein Geschäft machen. Die Musiker der Band „Plastic People of the Universe" aus der Sowjetunion landeten für Monate in einer Gefängniszelle und hatten noch Glück, dass sie nicht für immer verschwanden. In seinem wunderbaren Land der „Demokratie" und des „Fortschritts" hielten es viele nicht mehr aus und begannen damit, sich den Weg mit Gewalt freizukämpfen. Sie würden bald ebenfalls hinter Gefängnismauern landen, denn kein System schien es auszuhalten, dass man nicht mit Begeisterung seine Werte vertrat. Doch gab es jemals eine Jugend, die nicht etwas anderes wollte, als ihre Vorväter? Vor allem, wenn es so in die Hose gegangen war wie der „Allmachtstraum" ihrer Väter, den sie jetzt wohl in der „Wirtschaftsmacht" weiter träumten. Sie hatten nur ihre Musik und das „Gift", das ihnen ein Tor geöffnet hatte und sie zu einer verschworenen Gemeinschaft zusammenschweißte. Egal, an welchem Ort auf diesem Planeten sie sich gerade befanden. Ihm, in seiner kleinen „Mönchszelle" lag es fern, etwas im Außen zu verändern. War er nicht selbst das größte Hindernis auf den Weg dorthin, in das gelobte Land, das sich so wunderbar manchmal auf seinen „Reisen" auftat und seine winzige Mansarde in einen Tempel aus Licht und die Musik, aus seinem billigen Plattenspieler, in mächtige Engelschöre verwandelte? Waren nicht dort seine wahre Heimat und der Planet, auf dem er sich gerade befand, nur ein vorübergehendes Abenteuer mit ungewissem Ausgang? Wie so viele wäre er gern dortgeblieben. Doch war er froh, wenn

sie wieder gelandet waren in der „Realität", dort Freunde vorzufinden, die mit roten Augen einen Joint drehten und einen Kaffee kochten. Würde sie ihn retten, mit ihren Krücken, um sich davon endgültig zu verabschieden? War es nicht auch er, der hier auf
„Krücken" ging, in einer seltsamen Welt aus Beton und Glas. Auch
sein Freund Harry ließ es nicht zu, dass er zu weit ging und holte
ihn immer wieder zurück in diese Welt, in der er sich einfach besser auskannte als er selbst.

Mi hatte Harry und ihn zu ihren Eltern zum Mittagessen eingeladen. Und hungrig, wie sie immer waren, hatten sie zugesagt. An
der Tür wurden sie von einer etwas dünnen, leicht traurig wirkenden Frau freundlich begrüßt und mussten ihre Schuhe ausziehen,
bevor sie einen hellen großen Raum betraten, in dessen Mitte ein
Esstisch aus dunklem Holz stand. An seinem Ende saß ein großer
kräftiger Mann, mit einem unbeweglichen Gesicht. Er war ein an-
erkannter Arzt und ein absoluter Patriarch wie aus biblischen Zeiten, dem sich alle zu unterwerfen hatten. Neben ihm hatte ihr etwas jüngerer Bruder Platz genommen, der ebenfalls dunkle Haare
hatte. Er fragte sich, wieso Mi von so einem engelhaften Blond
war. Alle schienen sich vor ihm – den alles überragenden Vater –
zu fürchten. Auch er fühlte sich unter diesen strengen Augen bis
auf die Knochen durchschaut. Zum Glück kannte er solche Zustände noch aus seiner nicht so weit entfernten Kindheit und hatte in
dieser Zeit „gute Manieren" gelernt. Trotzdem begann sich wie damals sein Magen unwillkürlich zu verkrampfen. Wusste er, dass seine hübsche Tochter oft nach der Schule zu ihm zum Kiffen kam?
Wahrscheinlich erzählte sie nur, dass sie etwas Musik machten.

Auch der schnodderige Harry, der sonst zu jeder Schandtat
bereit war, hatte sich gebeugt und war bemüht, einen guten Eindruck zu hinterlassen. Die Atmosphäre wirkte äußerst angespannt,
sodass man sich davor fürchtete, mit Messer und Gabel den Teller
zu berühren und ein Geräusch zu verursachen. Sie erzählten bemüht von ihrem Studium und erfuhren, dass beide Kinder dazu
verdonnert waren, ebenfalls Ärzte zu werden. Ihm fiel es schwer
zu verstehen, dass dies die gleiche Mi war, die bei ihm in seiner

kleinen Mansarde am Boden saß und gierig am Joint saugte, um dann befreit und fröhlich auf ihrer Flöte zu spielen. Doch ging es damals fast allen so, die noch zu Hause wohnen mussten. Welten, wenn nicht sogar Galaxien lagen zwischen hier und der Welt, die sie sich so sehr herbeisehnten. Wie weit würden sie kommen mit ihren Träumen und was würden sie aufgeben müssen, um zu überleben? Viele würden ihrem jungen Leben lieber ein Ende setzen, als diesen unendlich langen Marsch durch die Wüste der „Realität" zu gehen.

Sie waren froh, wieder vor die Tür zu treten und sich, nachdem sie um die Ecke gebogen waren, eine Zigarette anzuzünden. Als sie ein Stück gegangen waren, begann Harry: „Ich muss dich etwas fragen. Mi hat sich schon vor einiger Zeit in einen Typen verliebt, der jetzt Schwierigkeiten mit der Polizei bekommen hatte und in die Schweiz geflohen, sozusagen untergetaucht war. Ich glaube, er hat irgendetwas Politisches gemacht." Erstaunt sah er seinen Freund von unten ins Gesicht. „Die Mi, das glaube ich nicht, die ist doch die „Brave". Bist du dir sicher?" „Stille Wasser, du weißt ja, na egal, wir haben einen Plan ausgeheckt, denn sie will unbedingt von zu Hause abhauen und zu ihm ziehen. Das darf aber niemand mitkriegen, verstehst du." Ja, er hatte verstanden, seine kleine „Familie", die immer zu ihm kam, begann sich aufzulösen. „Wir brauchen dein Auto, oder noch besser ist, wenn wir sie beide in die Schweiz bringen, denn es ist ja dein Auto." Sein Herz begann etwas schneller zu pochen. Waren das jetzt wieder die zwei, die gerade brav am Tisch ihrer Eltern gesessen waren? „Und wann soll das sein?", fragte er zögerlich. „Marietta *möchte bald zu mir ziehen." „In den nächsten Tagen, wir geben dir noch Bescheid, oder wir kommen bei dir vorbei, okay?"*

Er hatte das unbestimmte Gefühl, schon wieder in eine Falle getappt zu sein. Das sah einwandfrei schon wieder ganz nach einer „Harry-Geschichte" aus. Sein Plan bestand doch eigentlich nur daraus, Bilder zu malen, die Schule gut weiterzumachen und mit Stella mal ins „Blow Up" zu gehen. Auf der anderen Seite begann es schon wieder irgendwo zu kribbeln, denn auch diese Abenteuer konnte man lieben.

Einige Tage später trafen sie sich in seinem kleinen Zimmer, um einen Plan zu schmieden. Mi sah etwas gestresst aus und hatte ein paar Sorgenfalten auf ihrer hellen Stirn bekommen. Auch ihr blondes Engelshaar, das sie immer so sorgfältig kämmte, war etwas in Unordnung geraten.

Er hatte eine große Kanne Tee gekocht und Harry war gerade dabei, einen Kleinen zu bauen. „Wie gehen wir vor?", fragte er beiläufig in die Runde. „Wir können keinesfalls vor Mitternacht los." Mi klang etwas atemlos, als hätte sie etwas mit dem Herzen. „Ich muss mich aus dem Haus schleichen, am besten durch mein Zimmerfenster. Zum Glück ist es im Parterre. Harry kommt in den Garten und hilft mir dabei mit dem Rucksack und du wartest mit deinem Auto, etwas vom Haus entfernt auf der Straße." „Und was ist, wenn jemand aufwacht?", *hörte er sich sagen. „Vielleicht dann doch lieber erst um ein Uhr, oder zwei."* Harry hatte den kleinen Joint fertig und bereits angeraucht. „Dann sind wir im Morgengrauen an der Grenze. Wir dürfen auf keinen Fall die Pässe vergessen." „Ob die uns überhaupt reinlassen? Es ist doch keiner von uns einundzwanzig." „Aber wenigstens über achtzehn." Man merkte Mi die behütete Tochter aus gutem Hause und die Anspannung an. Sie musste ihn schon sehr lieben, das war ihm klar und ihnen allen stand ja der „Summer of Love" bevor, auch wenn sie davon keine Ahnung hatten.

„Und wer zahlt den Sprit?", wagte er zu fragen. „Ich habe etwas gespart, das müsste reichen." Mi, die inzwischen einige Male tief inhaliert hatte, wirkte wild entschlossen. „Aber wir nehmen nichts zu rauchen mit, oder?"

Er war etwas besorgt, denn er musste wohl die ganze Nacht fahren. Harry ließ sich vernehmen: „Wir ziehen vorher noch einen durch und nehmen ein kleines Rauchpiece mit für unterwegs." Sie erklärten sich einverstanden und Mi erklärte sich bereit, noch für etwas Futter zu sorgen. „Und wann genau geht es los?" „In drei Tagen." „Und wann kommen wir wieder? Du weißt doch, dass Marietta zu mir ziehen will." „Wir bleiben nur so lange, bis wir wieder fit sind, und Mi bleibt ja sowieso dort." „Na dann ist ja alles klar."

213

Er war froh, dass nun etwas Ruhe einkehren würde und legte eine Blues-Platte auf. Seit er Marietta getroffen hatte, schien alles irgendwie durcheinanderzukommen. Aber sie waren es Mi auf jeden Fall schuldig und der Liebe sollte man keine Knüppel zwischen die Beine werfen.

Endlich war der fragliche Tag gekommen und sie saßen noch alle bei ihm zusammen, tranken Tee und rauchten gemütlich etwas. Marvin und Jenny fanden das Ganze etwas schräg und machten sich etwas Sorgen. Harry war guter Dinge und hatte eine Einkaufstüte voll mit Chips, Keksen und Getränken besorgt. Mi war bald gegangen, um zu Hause noch einen guten Eindruck zu hinterlassen. Sie würde noch fleißig Hausaufgaben machen und nebenbei ihren Rucksack packen. Harry meinte: „Ein Uhr ist eine gute Zeit, wir brauchen mit deiner „Knutschkugel" sicher vier Stunden bis zur Grenze. Dann treffen wir noch auf die Nachtschicht, die schon darauf wartet, endlich heimzudürfen. Die haben sicher keine große Lust mehr auf Ärger."

Müsli, von dessen großer Schwester der kleine Fiat 500 war, mischte sich ein: „Vergesst nicht, nach dem Öl zu schauen, und die Heizung geht auch nicht gescheit. Nehmt lieber noch ein paar Decken mit und vergiss nicht die Fahrzeugpapiere und den Führerschein." Er sah sich im Zimmer um und überlegte, was er noch alles mitnehmen wollte. Den dünnen Schlafsack, den Gandolf hiergelassen hatte und ein paar Decken. Seinen grünen Parka und sein abgewetztes Jackett, das müsste reichen. „Wir sollten noch ein paar Schachteln Zigaretten besorgen. Wer weiß, ob wir nachts noch was finden." Harry war damit einverstanden und tigerte sofort los. Jenny drückte ihm noch ein kleines in ein Taschentuch eingewickeltes Piece in die Hand und ein Buch. Er sah sie erstaunt an und las dann den Titel: „Das Tibetanische Totenbuch, ein Reiseführer von Professor Timothy Leary und Doktor Evans-Wentz." Sie lachten über seinen erschrockenen Gesichtsausdruck. „Ist gerade in Mode. Wenn du es nicht liest, kannst du es ja als Unterlage zum Joint drehen benutzen." Jetzt lachten sie wieder alle herzlich. Jenny, die mit zweiundzwanzig Jahren ihre „Mama" war, hatte wieder einmal den Nagel auf den Kopf getroffen.

Harry kam etwas feucht zurück. „Ein Scheißwetter" sagte er. „Hat den Vorteil, dass nicht viel los sein wird und keine Bullen auf der Straße." „Wir tun doch nichts Unrechtes. Mi *fährt doch freiwillig mit oder ist es eine Entführung?*", sagte er. „Es ist wohl beides. Mi fühlt sich wohler bei dem Gedanken, sie sei entführt worden. Du kennst sie doch. Sie hat noch nie irgendetwas Falsches gemacht." „Dann wird es Zeit." Marvin lachte etwas verhalten, denn sie alle liebten Mi so, wie sie war – das blonde, schöne Mädchen, das so wunderbar auf ihrer weißen Blockflöte spielen konnte.

„Meinst du, sie kommt wieder?", fragte er etwas traurig in die Runde. „Ich weiß es nicht. Sie hat sich halt verknallt, aber ich glaube schon, dass sie noch das Abi machen möchte." Jetzt war ihm etwas leichter ums Herz. Eines Tages würden sie wieder zusammensitzen, einen Trip schlucken und Musik machen. Marvin, Jenny und Müsli verabschiedeten sich. Es war nun schon zwölf Uhr geworden und sie begannen langsam nervös zu werden. „Ich mach uns noch einen Kaffee", sagte er. „Und dann geht es los."

Nun standen sie auf der kalten, nassen Straße und quetschten sich in das winzige weiße Auto. Harry hatte wirklich etwas Mühe, seine langen Beine unterzubringen. „Hättest dir auch was Größeres kaufen können", meinte er lachend. „Wenn ich Kohle hätte, würde ich auch mit einem Rolls-Royce fahren." Sie mussten beide lachen. „Wäre auch super, Mi wie eine Königin in die Schweiz zu fahren. Das hätte sie auch verdient." Sie fuhren etwas weiter aus der Stadt und langsam an dem Haus vorbei, das schon ganz im Dunkeln lag. Ein leichter Nieselregen hatte alles in einen feuchten Nebel getaucht und er fuhr etwa hundert Meter weiter, Harry aussteigen zu lassen, der schnell in der Dunkelheit verschwand.

Nach kurzer Zeit kamen beide mit eiligen Schritten wieder. Es hatte also geklappt. Rasch warf sie ihren Rucksack auf die Rückbank und quetschte ihren schönen weiblichen Körper hinterher. Da sie ihre Beine nicht ausstrecken konnte, legte sie sich quer auf den Rücksitz und sie fuhren los.

Die Straßen waren leer und ein feuchter Nebel erschwerte die Sicht. Wie Müsli vorhergesagt hatte, funktionierte der Scheibenwischer nicht richtig und ihm fiel es schwer, durch die verschmierten Scheiben noch irgendetwas zu sehen. „Das kann ja heiter werden", grummelte er vor sich hin. Er begann sich bereits nach seiner Matratze zu sehnen, auf der hoffentlich auch bald Marietta liegen würde.

Sie hatten den Stadtrand erreicht und fuhren jetzt auf der breiten Landstraße in Richtung Westen, auf der ihnen nur selten ein anderes Auto entgegenkam. „Scheiße, die Heizung geht wirklich nicht", ließ sich Harry vernehmen und er reichte Mi eine warme Wolldecke, in die sie sich einwickelte. Es war schön, so eine wertvolle „Fracht" zu transportieren. Ein leichtes Glücksgefühl überkam ihn jedes Mal, wenn er sie in dem kleinen Rückspiegel sehen konnte.

„Wie lange brauchen wir bis zur Grenze?" In ihrer Stimme lagen die ganze Sehnsucht und Hoffnung ihrer Generation, endlich aus all den Zwängen und Mustern auszubrechen und etwas Neues, Unbekanntes anfangen zu können. Er würde schon sehnsüchtig auf sie warten, sie in die Arme nehmen – sie, die tapfere Heldin, die sich mit ihrer Tat wohl einigen Ärger eingehandelt hatte.

„Meinst du, du kannst uns einen Kleinen bauen?" Harry hatte seinen Kopf nach hinten gedreht und sah sie lächelnd an. Er liebte sie wohl auch und es war wohl für sie beide nicht so leicht, sie zu einem anderen Mann zu bringen. Aber was tut man nicht alles, wenn man liebt …

„Ja klar", sagte sie mit ihrer hellen Engelsstimme. „Ich brauche nur eine Unterlage." „Sieh mal in meine Tasche, da ist das Taschenbuch von Jenny." Sie bückte sich und wühlte vorsichtig in seiner Tasche, zog es hervor und las den Titel: „Das Tibetanische Totenbuch." „Ich wusste gar nicht, dass du dich dafür interessierst." Ihrem blassen Gesicht war die Überraschung durchaus anzusehen. „Das hat mir Jenny mitgegeben. Ist gerade in Umlauf, eine Art Reiseführer für einen LSD-Trip." „Klingt spannend", sagte sie. „Wollen wir das mal probieren?" „Weiß nicht, aber nicht hier, vielleicht mal zu Hause, wenn du mal wiederkommen solltest." Sie legte das Buch auf ihren Schoß und begann, einen kleinen Joint zu bauen. „Ich glaube, den können wir jetzt brauchen." „Lasst uns auf dem *nächsten Parkplatz halten, mir sind schon die Beine eingeschlafen und außer-*

dem muss ich dringend pinkeln." „Ich auch", erklang Mis Stimme. „Ich bin auch schon mit dem Joint fertig."

Er steuerte einen dunklen Parkplatz an, der in einem Waldstück verborgen lag, und sie stiegen schnell alle aus. Mi ging nur ein paar Schritte und kurz konnte er ihren wunderschönen weißen Po sehen, bevor er sich schnell abwendete. Nun stellten sie sich zu dem kleinen weißen Auto und zündeten sich den Joint an. Niemand war weit und breit zu sehen.

„Harry, wie lange brauchen wir noch?", fragte Mi. Harry sah auf seine Uhr. Es war bereits zwei Uhr morgens. „Bei der Geschwindigkeit sicher noch drei Stunden, soll ich mal fahren?" Er sah ihn an und er hatte nichts dagegen. „Mi, wenn du willst, kannst du mal vorne sitzen." Sie tat es und er legte sich mit angezogenen Beinen auf die enge Rückbank, und döste bald weg. Er lauschte dem warmen Brummen des Motors und den Stimmen seiner Freunde und war bald eingeschlafen.

„Hey, Mann." Die Stimme seines Freundes brachte ihn wieder in die Wirklichkeit zurück. „Wir sind gleich an der Grenze. Ich glaube, es ist besser, wenn du wieder fährst." Er rieb sich die Augen und gähnte. „Wie weit ist es noch?", fragte er und sah durch die beschlagenen Fenster nach draußen. Es war immer noch dunkel. Nur ein leichter grauer Schimmer kündigte den kommenden Tag an. „Wie spät ist es?" „Etwas vor fünf, wir sind gut in der Zeit." Auch Mi hatte wohl etwas geschlafen und begann langsam, ihre blauen Augen zu öffnen. Ein herzhaftes Gähnen folgte. „Halt bitte an, ich muss mal."

Harry suchte den nächsten Parkplatz und hielt an. Sie begannen, sich aus der kleinen blechernen Dose, die sie so weit getragen hatte, zu entfalten, was nicht ohne ein Stöhnen abging, da die Muskeln ziemlich eingeschlafen waren. Wie immer tat ihr Anblick einfach nur gut und sie verschwand schnell in den Büschen. Auch er und sein Freund taten das, was sie tun mussten, und zündeten sich eine Zigarette an.

„Ein Kaffee wäre jetzt nicht schlecht", ließ sich Harry vernehmen und Mi, die sich gerade wieder ihre Jeans hochzog, stimmte mit ein. „Besser, wir fahren erst über die Grenze. Dann haben wir es geschafft. Dann gibt es Kaffee genug." Sie waren alle damit einverstanden und er quetschte sich hinter das kleine weiße Steuer und sie fuhren los.

Bald hatten sie die Grenze erreicht und es war so, wie Harry es vorhergesagt hatte. Die zwei Grenzposten waren mindestens genau so müde wie sie und freuten sich schon darauf, nach Hause zu ihren Frauen ins Bett steigen zu dürfen. Die drei jungen Leute in dem kleinen Auto blickten so freundlich und sahen so ordentlich aus, dass sie sie nach einem kurzen Blick auf die Papiere durchfahren ließen. Harry hatte das Talent, immer im entscheidenden Moment wie die Unschuld in Person auszusehen. Mi war die angehende junge Ärztin aus gutem Haus und er das Lämmchen sowieso.

Sie hatten es geschafft und Mi stieß einen Freudenschrei aus: „Danke, ihr Lieben", und gab jedem von ihnen einen Kuss. Die Fahrt hatte sich also gelohnt. „Wo müssen wir denn überhaupt hin?", fragte er Mi. „Nach Basel, halten wir an der nächsten Tankstelle, dann rufe ich Christian mal an." Christian also hieß er, dachte er sich und fürchtete sich etwas davor, sie in seine Arme sinken zu sehen. Immer das Gleiche, dachte er sich. Er war in sie verliebt und schlafen taten sie dann mit einem anderen.

An einer Tankstelle bekamen sie sogar einen Kaffee und Mi versank in ein Gespräch mit ihrem Freud, in dem viele freundliche Worte wie „Schatz" zu hören waren. Der Morgen begann zu grauen und es sah so aus, als würde es heute keine Sonne geben. Als sie zum Auto kam, hatten ihre Wangen eine hübsche rötliche Farbe angenommen. „Es ist nicht mehr weit", sagte sie. „Vielleicht eine Stunde, meint Christian. Dann gibt es erst einmal Frühstück." Jetzt war sie auf einmal ganz „Frau" und das Mädchen lag wohl noch zu Hause im Kinderzimmer. Sie hatte einen Schritt getan und ihre zwei Freunde hatten ihr dabei geholfen. Doch jetzt würde sie allein weitergehen, das war klar.

Die Wunde in seinem Herzen hatte sich wieder bemerkbar gemacht. Ein kleiner Blutstropfen quoll daraus hervor und fiel in seinen Schoß. Er begann etwas Heimweh zu bekommen, doch wollten sie erst einmal frühstücken.

Sie hielten vor einer alten Villa in einem Vorort. Noch war so gut wie kein Grün an den Sträuchern des kleinen Vorgartens zu sehen. Doch kaum hatte er den Motor ausgemacht, öffnete sich bereits die Haustür, zu der ein paar Stufen nach oben führten, und ein großer junger Mann mit dunkelblonden Locken und einem markanten Gesicht erschien. Er war älter als sie, das merkte man sofort, bestimmt schon fünfundzwanzig. Geschwind eilte er die Stufen herunter, um Mi, die sich gerade aus dem Wagen gefaltet hatte, in den Arm zu nehmen. Auch Harry schien er zu kennen und schüttelte ihm freundlich die Hand. Ihm, der etwas unsicher danebenstand, warf er nur einen etwas abschätzigen Blick zu und erst als Mi ihn vorgestellt hatte, ging er ein paar Schritte auf ihn zu, um ihn zu begrüßen.

„Kommt doch erst einmal herein. Ich habe uns ein Frühstück vorbereitet. Ihr seid bestimmt hungrig." Sie sagten nicht nein und betraten die etwas unaufgeräumte Wohnung, in der, außer einem großen Tisch und ein paar Stühlen unterschiedlicher Machart, kaum Möbel standen. In einem danebenliegenden Zimmer waren einige Matratzen verstreut, wie es in den meisten WGs dieser Zeit üblich war. Hier würden sie also ihrer Liebe Ausdruck verleihen, dachte er sich etwas bekümmert, während er mit Harry allein zurückfahren würde.

Ob sie einmal wiederkommen würde, in sein kleines Reich am Ende der Welt, mit ihrer weißen Flöte? Wieder hatte jemand die Wunde in seinem Herzen zum Bluten gebracht und eine Träne, die sich auf den Weg machen wollte, wurde schnell wieder heruntergeschluckt.

Sie setzten sich an den großen Tisch, der Brötchen, Eiern und eine große Kanne Kaffee bot. Mi erzählte aufgeregt von ihrer langen Fahrt und ihren eingeschlafenen Beinen, während Christian sich anschickte, eine große „Tüte" zu drehen. Er hatte wohl schnell aus Deutschland verschwinden müssen und war hier in dem Haus der Mutter eines Freundes untergekommen. Seine Geschichte hörte sich sehr aufregend an und sie begannen über die politischen Verhältnisse zu diskutieren. Er war wohl politisch etwas aktiv gewesen, wie viele Studenten in dieser Zeit, und hatte sich nicht nur die Gummiknüppel, sondern auch die Rache des Staates zugezogen. Auf jeden Fall ein Held, nicht nur in den Augen der wohlerzogenen Mi, die neben ihm saß und seine Hand hielt.

Es wurden Pläne geschmiedet. Sie würden vielleicht nach Paris gehen, um sich dort der starken linken Bewegung anzuschließen, und aus seinen kraftvollen Worten klang die Hoffnung einer ganzen Generation, dass sich doch endlich etwas ändern würde. War es nicht die Aufgabe jeder jungen Generation, etwas verändern und vorwärtsbringen zu wollen? Und waren sie nicht zu allen Zeiten aufgestanden, um für ihre Ideale einer besseren Menschheit zu kämpfen?

Harrys Idee, alle irgendwie auf „Trip" zu schicken, stieß allerdings auf Ablehnung. Auch die Idee, mit Kunst etwas verändern zu wollen, wurde eher belächelt. „Das haben schon viele versucht. Jetzt hängen sie bestenfalls im Museum, während sie, als sie noch am Leben waren, fast verhungert sind. Außerdem, wer kann sich denn ‚Kunst' überhaupt leisten? Doch wieder nur die, die auf die eine oder andere Art das arbeitende Volk ausnutzten." Nein, man müsse schon wirkliche Aktionen setzten, um einen Machtwechsel herbeizuführen. Die Debatten wurden immer hitziger und sie beschlossen, etwas hinaus ins Grüne zu fahren, um sich ein wenig abzukühlen. „Wir können ja ein paar Instrumente mitnehmen", meinte Mi, der die Debatten auch etwas zu viel geworden waren. „Ja, gut", sagte Christian, der aufgestanden war. „Ich kenne in der Nähe einen alten Steinbruch, der eignet sich gut für so was." Sie packten einige Sachen zusammen, quetschten sich in das kleine Auto und fuhren los.

Der Steinbruch, der nicht sehr groß war, umhüllte sie wie ein alter Tempel, dessen Kuppel der etwas blassblaue Frühlingshimmel war. Es hatte aufgehört zu regnen, doch lag die Feuchtigkeit noch in der Luft. Sie setzten sich auf einige herumliegende Felsbrocken in einen Kreis und rauchten erst einmal eine Friedenspfeife.

Harry hatte in der Mitte ein kleines Feuer entfacht, dessen Rauch ihnen etwas in den Augen brannte. Christian hatte seine Gitarre mitgebracht und Mi ihre Flöte ausgepackt, als ein Moped durch die schmale Einfahrt gefahren kam. „Das ist Sonja", ließ sich Christian vernehmen. „Ich hab' sie angerufen. Sie hat noch eine Trommel und ein paar Rasseln dabei."

Sonja hatte dunkelbraune Haare und ein braungebranntes Gesicht. Oder war sie vielleicht sogar eine Indianerin? Zumindest sah sie so aus, denn ihre Wangenknochen lagen etwas höher und sie hatte eine leicht gebogene Nase, was ihrer Schönheit aber nur eine interessante Note verlieh. Neben einer afrikanischen Trommel, die sie auf ihrem Schoß transportiert hatte, hatte sie in einer bunten Tasche noch zwei Rasseln und ein paar Schellen dabei.

Nun waren sie ein Indianerstamm, der gewillt war, sich den Erdgeistern zuzuwenden, denn die schienen sich an solchen Orten durchaus wohlzufühlen. Erstaunlicherweise hatte das Feuer seit ihrer Ankunft aufgehört zu qualmen und brannte jetzt munter vor sich hin. Christian fing mit seiner Gitarre an, einige an einen alten Blues erinnernde Akkorde zu spielen, in die ihn bald Mi, indem sie ihn von der Seite her ansah, mit einer zarten Melodie umgarnte. Sie liebten sich, das war nicht zu übersehen und zu überhören.

Sonja, die sich erst noch eine Zigarette gedreht hatte, begann nun, mit ihrer Trommel einen langsamen weichen Rhythmus zu spielen, der tief aus der feuchten Erde zu kommen schien. Wie immer, wenn Menschen, die sich noch nicht gut kennen, anfangen Musik zu machen, begann erst einmal eine Zeit des Hörens und des Sichfindens.

Der Atem der Erde begann sich mit ihrem Atem zu vermischen und Sonja ließ nun ihre weiche, warme Stimme einfließen. Es klang wie ein Lied aus uralten, fernen Zeiten, als ihre Vorfahren noch um die Geister der Erde wussten und ihnen dankbar waren. Nun waren sie in ihren Herzen eins geworden und Harry und er stimmten in den jetzt schneller werdenden Rhythmus ein. Wie immer in solchen Momenten hatte auch sie etwas ergriffen. Taten sie wirklich, was sie da taten? Oder tat irgendetwas es mit ihnen? Es war müßig, darüber nachzudenken, denn sie hörten beseelt ihrer eigenen Musik zu und hatten nur den aufrichtigen Wunsch, nie mehr damit aufzuhören. Wie lange sie da saßen und den immer wiederkehrenden Wellen der Rhythmen lauschten, die aus ihren Fingern und Herzen flossen, wussten sie bald nicht mehr, doch war die Sonne längst versunken, als sie zu einem Ende kamen und zu lachen anfingen. „Das hat aber gutgetan", lachte Sonja fröhlich und sie stimmten alle mit ein und machten sich auf den Heimweg.

Wieder in der alten Villa angekommen erfasste sie ein riesengroßer Hunger. „Wir könnten Spaghetti kochen", war Christian zu vernehmen. „Wer hilft mir beim Kochen?" Mi war sofort dabei und Sonja wollte unbedingt die Soße machen, da sie ein spezielles Rezept wusste mit vielen magischen Kräutern.

Harry stöberte in der Plattensammlung und entschloss sich für „Jethro Tull", weil da so ein wunderschönes Flötensolo darauf war, denn er wollte Mi, die sich um das Geschirr kümmerte, eine Freude machen.

Als sie dann bald um den großen Holztisch saßen, den dampfenden Topf Nudeln in der Mitte, da hatte er das Gefühl, endlich angekommen zu sein. Ja, das war jetzt seine „Familie", die er sich immer gewünscht hatte. Jeder nahm sich so viel er wollte und es wurde gelacht und gescherzt, während sich ihre Gesichter zu röten begannen, denn der Kaminofen strahlte eine wohlige Wärme aus.

Nachdem sie nun alle satt waren, wurde schnell der Tisch abgeräumt und das geliebte Rauchwerk ausgepackt. Auch eine wundervolle Flasche Rotwein stand auf dem Tisch und sie begannen fröhlich zu rauchen und zu trinken. Nachdem viel über die gesellschaftlichen Zustände und ihre Auswirkungen auf ihr Leben diskutiert worden war, begannen sie über ihre Erfahrungen mit magischen Kräutern und Drogen zu reden.

Sonja hatte ein spannendes Buch von einem bekannten Wissenschaftler studiert, in dem der ausführlich schilderte, dass für die außergewöhnlichen psychedelischen Erfahrungen, die sie alle machten, einzig eine kleine Drüse, die sich im Hinterkopf des Menschen befinden sollte, verantwortlich war. Die sogenannte „Zirbeldrüse". Diese war, so hatte er erforscht, in den letzten Jahrhunderten immer mehr verkümmert. Nur noch einzelne Individuen schienen, wie ein Relikt aus vergangenen Tagen, noch über eine aktive Drüse zu verfügen. Diese bewirkte angeblich, eine andere Wahrnehmung zugänglich zu machen. Scheinbar verfügten Menschen alter vergangener Kulturen noch über eine intakte, die sie befähigte, über den eingeschränkten Tellerrand der Erdgebundenheit hinauszusehen. Es konnte aber durchaus sein, dass nur einzelne Individuen darüber verfügen, die dann eine sogenannte „Elite" darstellten, die dann als Priester, Zauberer und große Könige verehrt wurden. Wann die Evolution damit begann, sie verkümmern zu lassen, und warum, blieb noch weitgehend unerforscht.

Harry ließ sich vernehmen: „Ich habe gehört, dass man sie mittels eines kleinen chirurgischen Eingriffs wieder aktivieren könne. Man müsse nur ein winziges Loch in die hintere Schädeldecke bohren, dann wäre man sozusagen immer auf Trip." Sonja, die das Thema aufs Tapet gebracht hatte, antwortete: „Ja, es soll schon einige Mutige gegeben haben, die dies getan haben." „Und was haben wir davon?", warf er in die Runde. „Es ist doch so schon der reinste Horrortrip um uns herum, der würde ja nicht auf einmal verschwinden." „Du hast recht", Christian schnupperte Morgenluft. „Es müsste sich vorher die Gesellschaft vollkommen verändern. Weg von einem Ich und hin zu einem Wir. Sozusagen einen neuen ‚Sozialismus'." „Aber sind unsere Eltern nicht gerade mit so etwas kläglich gescheitert?", ließ sich Mi vernehmen. „Ja, Militär, Gewalt und Mord waren vielleicht nicht die richtigen Mittel, so eine Idee durchzusetzen." „Und jetzt wäre es legitim?", fragte er in die Runde. „Christian, nicht wir haben mit Gewalt begonnen, sondern gegen uns wurde Gewalt ausgeübt", argumentierte Harry. „Also tun wir nichts. Und lassen es zu, dass alles so bleibt wie es ist." Er antwortete: „Vielleicht sind wir zu früh dran, mit unseren Träumen, und es wird noch einige Generationen brauchen. Die verfügen dann vielleicht wieder um eine intakte Drüse und tun aus diesem Grunde einfach andere Dinge." Sonja meinte: „Aber vielleicht haben sie bis dahin schon alles zerstört. Sie haben schon jetzt so viele Bomben, dass sie den gesamten Planeten in Stücke reißen könnten." Christian stimmte ihr zu: „Deswegen können wir es nicht darauf ankommen lassen. Wir müssen Aktionen setzen, die darauf hinweisen, dass mit diesem Wahnsinn endlich Schluss gemacht werden muss." „Und was soll das sein, so wie in der K1 den Richtern vor die Nase kacken?", scherzte Harry. Sie begannen alle herzlich zu lachen.

Mi ließ sich leise vernehmen: „Vielleicht sollten wir erst mal einen bauen." Alle erklärten sich damit einverstanden und Sonja legte eine Platte von den „Doors" auf. Das Thema war noch lange nicht ausgequatscht und Harry überlegte, ob er sich nicht einer solchen Operation unterziehen sollte. Mi war dagegen, denn nicht nur, dass etwas schiefgehen konnte, es war letztlich zweifelhaft, ob es auch wünschenswert war, permanent in einem solchen Zustand zu sein.

Er warf ein, ob es nicht auch eventuell Praktiken gäbe, wie sie die alten Yogis in Indien ausübten, und verwies auf sein Buch über Kundalini-Yoga, das er noch immer nicht gelesen hatte.

Sonja verwies auf Riten und Gebräuche von indianischen Schamanen, die mit geheimnisvollen Tränken, Trommeln und Tänzen ebenfalls gute Ergebnisse erzielt hatten.

Mi, die noch auf der privaten Zauberschule war, erzählte, dass der Gründer, ein europäischer Weiser, der Meinung war, man könne auch mit der richtigen Weisheit durchaus gute Resultate erzielen. Worauf er einwarf, dass ihn einmal in der Grundschule der mathematische Lehrsatz „Zwei Parallelen treffen sich im Unendlichen" über die gesamte Schulzeit hinweggerettet hatte.

Bei diesem Thema steuerte Christian bei, man müsse auf jeden Fall die Energien bündeln und es ginge so nicht weiter, dass immer nur alles dem logischen Intellekt unterworfen sein dürfe. Es müssten endlich auch einmal die zu Worte kommen, die Weisheit als einen Zustand erfahren hatten, der durchaus auch glücklich machen könne, und das wollten sie doch letztendlich alle sein. Mi warf ein, dass dies aber nicht auf Kosten anderer geschehen dürfe, womit sie wieder beim Thema Sklaverei und Ausbeutung durch das Kapital gelandet waren.

Die Aschenbecher fingen an überzuquellen und bei ihm breitete sich eine unendliche Müdigkeit aus. Sie beschlossen, sich auf die Matratzenlager zu begeben und den Abwasch am nächsten Tag zu machen. Zum Glück waren sie alle da und krochen unter ihre Decken. Sofort begann er einzuschlafen. Irgendwer drückte ihm sein Knie ins Kreuz und ein Po berührte ihn sanft. Er war glücklich und schlief sofort ein.

Irgendwann am nächsten Tag wachten sie nacheinander auf, denn der Duft von frischem Kaffee, den Sonja gebraut hatte, stieg ihnen in die Nase und ließ sie an etwas Gutes denken. Er ging in die Küche und steckte sich eine Zigarette ohne Filter an. Eine etwas trübe Sonne schien durch das große altmodische Küchenfenster, das dringend einmal geputzt gehörte. Er erklärte sich bereit, den Abwasch zu übernehmen, und Sonja war froh darüber. Denn bei allen revolutionären Gedanken überließen das die Männer doch lieber nach wie vor den Frauen.

Langsam versammelten sie sich wieder um den Tisch und Harry war losgezogen, um frische Brötchen zu besorgen. „Nach dem Frühstück müssen wir aber wieder los", sagte er zu ihm, bevor er davoneilte. „Geht klar", rief er ihm noch zu, bevor er verschwand.

Sie saßen noch bis in den Nachmittag zusammen und redeten und rauchten, bis Sonja als Erste aufbrach. Das war das Zeichen und so standen auch sie auf, um sich zu verabschieden. Es tat weh, Mi, mit der sie so viel Zeit verbracht hatten, zurückzulassen. Jemand hatte wieder an dem Schwert in seiner Brust gedreht und wieder war ein roter Blutstropfen daraus hervorgequollen und auf den nackten weißen Marmorboden der „Realität" gefallen, um dort in tausend kleine Spritzer zu zerfallen. Doch lächelte er, als er sie noch einmal in die Arme nahm. Die Träne, die sich bemerkbar machen wollte, hob er sich für später auf. Vielleicht für abends, wenn er allein auf seine Matratze sinken würde – denn er war doch ein Mann!

Wie froh er doch war, seinen Freund Harry an seiner Seite zu haben. Der machte noch ein paar flapsige Bemerkungen, bevor sie in die etwas trübe Nachmittagssonne traten. Der Frühling machte sich nun deutlich bemerkbar, was man durchaus am aufgeregten Zwitschern der Spatzen in der alten Hecke ausmachen konnte. Sie zwängten sich in das kleine Auto und sahen noch einmal zu Mi hoch. Sie stand auf der Treppe vor der halb offenen Haustür und sah etwas blass aus. Harry ließ den Motor an und sie winkten noch einmal, bevor sie losfuhren.

„Die kommt eh bald wieder", warf Harry etwas trocken ein. Die muss doch noch ihr Abi machen. „Aber mutig ist sie", sagte er und etwas Liebe begann wieder die Oberhand über den Schmerz zu gewinnen. „Außerdem verträgt sich Verliebtheit und Alltag meistens nicht besonders." „Deswegen langt es mir auch meistens, verliebt zu sein. Ich glaube, ich habe zu viel Angst davor, dass die Liebe an der Wirklichkeit zugrunde geht." „Bis eine kommt und dich nicht mehr loslässt. Dann ist es vorbei mit dem Vergnügen." Harry lachte etwas bitter. „Tja, irgendwann wird es wohl so kommen", sagte er schnell. „Lass uns von etwas anderem reden, ich bekomme sonst noch den Depri." „Ich glaube, wir rauchen erst noch einen. Christian hat uns etwas ‚Proviant' mitgegeben." „Besser erst nach der Grenze, in aller Ruhe. Sonst lassen sie uns nicht mehr rein."

Zum Glück ging alles problemlos und die Schweizer waren wohl froh, sie wieder loszuwerden. An einem Parkplatz hielten sie an und nahmen eine Stärkung zu sich, die alles wieder etwas leichter werden ließ, als Harry das Gespräch eröffnete: „Wie du weißt, sind meine Eltern nach Amerika gegangen. Mein Vater, der Erfinder ist, hat dort einfach mehr Möglichkeiten als in dieser spießigen BRD, wo du für jeden Furz Tausend Genehmigungen brauchst. Wenn ich die Schule zu Ende gemacht habe, werde ich auch gehen. Wenn du willst, kannst du nachkommen und wir machen uns dort eine coole Zeit."

Er war erst einmal ziemlich sprachlos, denn damit hatte er nicht gerechnet. Wie immer bei Harrys Ideen, begann sein Herz heftiger zu schlagen. „Meinst du wirklich, man könnte so den ganzen kleinkarierten Geschichten ein Schnippchen schlagen … Ich werde es mir durch den Kopf gehen lassen", sagte er rasch, doch der Virus der „Freiheit" hatte ihn bereits infiziert. Da war sie wieder, diese Idee, allem entrinnen zu können. In einem Land, in dem alles möglich schien.

„Marietta wollte doch zu mir ziehen", sagte er etwas traurig. „Komm, wir haben doch noch ein ganzes Jahr Zeit, da kann noch viel passieren, weißt doch, wie die Frauen sind. Wenn sie etwas Besseres gefunden haben, sind sie sowieso weg." Er wusste zwar nicht, wie die Frauen sind, aber er hatte sich vorgenommen, es herauszufinden.

Als sie endlich abends in die große Stadt zurückkamen, kam sie ihm irgendwie verändert vor. Sie hielten in der engen grauen Straße am Ende der Welt, in der schon so viel geschehen war und stiegen aus. Mi würde fehlen, das war ihnen klar, doch wollten sie beide nicht darüber reden. Aber merkte man nicht immer erst, wie wichtig jemand war, wenn er nicht mehr da war?

„Komm noch mit hoch", sagte er zu seinem Freund und war froh, dass der wenigstens noch da war. Sie eilten die alte knarrende Holztreppe nach oben. Wie immer war im zweiten Stock das Licht ausgefallen und es roch etwas säuerlich nach Würsten mit Grünkohl. Der typische Geruch dieser alten Mietshäuser. Wie schön es doch bei Christian gewesen war, als sie noch alle zusammen um einen großen Tisch saßen. Er öffnete die alte Wohnungstür, deren verrostete Scharniere einen seltsamen Ton von sich gaben, und auf einmal standen sie in dem hellen Gang, der zur Küche geworden war. Aus dem mit Kerzen erleuchteten Zimmer der wunderschönen „Lady" kam herrliche indische Musik von „Ravi Shankar" und der Duft indischen Weihrauchs erfüllte die ganze Wohnung. Sie hatte sich in ein wunderbares Tuch gehüllt und war gerade dabei, ein duftendes Curry zuzubereiten.

„Hey", begrüßte sie die zwei freundlich und nahm sie in den Arm, „Wenn ihr wollt, *könnt ihr gleich mitessen, es ist genug da.*" Sie sagten nicht nein und wuschen sich rasch den Staub von ihren Gesichtern. Er zog noch schnell seine samtene grüne Pluderhose und seine bestickte Weste an und sie begaben sich in ihr Zimmer. Es war wie ein kleiner Tempel aus „Tausend und einer Nacht" eingerichtet. An den Wänden hingen große, bunt bedruckte Tücher mit magischen fremden Zeichen und über ihrer Matratze auf dem Boden, auf der wunderbar bestickte Decken und Polster lagen, war ein Moskitonetz gespannt, das wie ein Baldachin in einem alten Schloss wirkte.

Sabrina, die hier erst vor Kurzem eingezogen war, kam mit ein paar duftenden Schalen, in denen wunderbare Dinge wie gebratener Reis und ein Curry aus verschiedenen Gemüsen war. Sie drückte jedem eine Schale mit Essstäbchen in die Hand, wünschte ihnen einen guten Appetit und forderte sie auf, noch ein heiliges „Om" mit ihr zu singen. Es fiel ihnen erst einmal schwer, ihrem Wunsch zu folgen, doch angesichts der wundervollen Mahlzeit, die sie zubereitet hatte, folgten sie etwas holprig ihrem Verlangen. Seltsamerweise tat es irgendwie gut und er fühlte sich wie von einem alten Schmerz befreit.

Während sie aßen, die ungewohnten Stäbchen etwas ungeschickt in den Händen haltend, begann Sabrina von ihren Reisen in ferne Welten zu erzählen, in denen alles so vollkommen anders sein sollte, dass sie vergaßen, in welch einem Land sie gerade jetzt waren. Doch gab es sie überhaupt, diese sogenannte Wirklichkeit, die sich selbst mit einer winzig kleinen Pille in etwas vollkommen anderes verwandeln konnte? Er erzählte ihr von dem Buch, das er von Jenny bekommen hatte, dem „Tibetanischen Totenbuch".

Sie begann zu lachen. „Das ist von mir, das habe ich ihr geschenkt. Seltsam, dass es den Weg zu dir gefunden hat. Dann will es eben zu dir, willst du es nicht einmal lesen?" Etwas zaghaft gestand er ihr, dass *er* sich davor fürchte. „Das ist normal", sagte sie. „Wir fürchten uns alle vor dem Tod, obwohl er unser bester Freund ist. Im Grunde fürchten wir uns vor jeglicher Veränderung, obwohl alles ständig im Wandel ist. Dieses Gefühl kannten die Inder zum Beispiel überhaupt nicht. Dort ist der Wandel, das Werden und Vergehen ein ganz normaler Prozess, der das Leben eben selbst ist. Nur wenn etwas erstarrt, ist es tot. Im Grunde fürchten wir uns davor. Doch genau diese Angst lässt uns erstarren. Davor wird in dem Buch gewarnt, denn das, was wir anstreben, all das Glück, das wir suchen, ist in Bewegung. Ja, die Bewegung selbst ist das Glück."

Das war endlich auch etwas für Harry, der schon etwas gelangweilt in die Polster gesunken war. „Dann ist es doch auch gut, mal schnell nach Italien zu düsen oder nach Amerika, oder einfach nur mal raus aus der Stadt."

Sabrina musste lachen. „Das habe ich zwar nicht gemeint. Aber du hast recht und es macht uns ja auch glücklich. Doch vergessen wir dabei oft, dass wir dabei von vielen Dingen wie Straßen und Tankstellen abhängig sind und der Schmerz ist riesengroß, wenn wir plötzlich mit Motorschaden auf der Autobahn hängen bleiben." Jetzt mussten sie alle herzlich lachen und Harry machte den Vorschlag, doch erst mal was zu rauchen. Wie auf ein Stichwort öffnete sich die Wohnungstür. Marvin und Jenny kamen herein und gesellten sich zu ihnen.

Sie saßen noch lange zusammen und rauchten und tranken Tee, bis er zufrieden auf seine schmutzige Matratze sank. Beim Einschlafen dachte er noch kurz daran, dass nun bald Marietta kommen würde. Sein kleines Herz machte einen leichten Satz und er schlief ein – nicht, ohne sich kurz zwischen die Beine zu langen. Es war noch alles da. Was für ein Glück.

Am nächsten Morgen begab er sich wieder einmal auf den Weg zur Schule. Er hoffte, nicht zu viel versäumt zu haben und freute sich schon sehr darauf, endlich Stella wiederzusehen. Sie war ein echter Fels in der Brandung und schien fast als Einzige das Studium ernst zu nehmen. Sie wollte Grafikdesignerin werden und freute sich sehr darauf.

Wie gern er sie doch hatte, dachte er, als er an dem kleinen Park vorbeilief, der auf seinem Weg lag. Unter einem Strauch, der sich gerade anschickte große lila Blütenknospen hervorzubringen, sah er zum ersten Mal *sie* – ein großes, schlankes junges Mädchen, etwa in seinem Alter. Sie saß an einem Baum gelehnt auf ihrer Schultasche und war in ein Buch vertieft. Sie war von einer wunderbaren, zarten Schönheit. Wie eine Madonna von Leonardo da Vinci durchfuhr es ihn. Zu schön, um wahr zu sein, dachte er und sie sah kurz auf, ein zartes Lächeln umspielte ihren weichen Mund. Er musste an das dicke Kunstbuch denken, das ihm sein Vater hinterlassen hatte und in dem er als kleiner Junge gern geblättert hatte. Immer wieder war er an einem Bild hängen geblieben: „Maria Selb Dritt", das zwei schöne Frauen und ein kleines Kind zeigte. Alle sahen äußerst klug aus. Doch ihn hatte immer wieder der weise und doch auch gütige Ausdruck der „Mutter Gottes" angezogen. Sie stand als Mutter fest im Leben und schien doch erfüllt von einer überirdischen Liebe, die allen Schmerz vergessen ließ.

Er ging rasch weiter und hatte den Vorfall bald vergessen. Im Vorhof der kleinen Schule standen schon Stella, Harry und Müsli beisammen und Harry und Stella hatten eine selbstgedrehte Zigarette im Mund. Müsli hatte er noch nie mit einer Zigarette gesehen, allenfalls rauchte er Joints. Stella war ganz aufgeregt: „Ich fand es einfach scheiße, dass ihr einfach weggefahren seid. Ihr hättet doch was sagen können." Sie begannen sich etwas zu schämen und er entschuldigte sich. „Es war eine ziemliche Nacht- und Nebelaktion. Wir mussten jemandem zur großen Liebe verhelfen." Diese Entschuldigung wurde akzeptiert. „Na wenn das so ist." Sie gab jedem einen leichten Kuss und hatte ihnen verziehen. „Es fängt gleich ein Vortrag von einem bekannten Werbepsychologen an. Den sollten wir nicht versäumen. Lasst uns reingehen."

Der kleine Saal war schon gut gefüllt, doch fanden sie ein paar Plätze in der ersten Reihe. Auf einer leicht erhöhten Plattform stand ein Mikrofon, auf das ein Scheinwerfer gerichtet war. Condula, der Boss der Schule, betrat den Raum, gefolgt von einem etwas älteren Mann mit leicht ergrauten langen Haaren. Sofort wurde es still, denn vor Condula hatten sie alle großen Respekt. Er kannte alle Größen der Branche und war mit dem berühmten Designer Luigi Colani befreundet. Er stellte den Mann kurz vor.

Das Thema war „Visuelle Manipulation über das Unterbewusstsein". Unter anderem wurde von einem Experiment berichtet, in dem man in einem normalen Spielfilm eine kurze Sequenz einer Schokowerbung eingebaut hatte, die vom normalen Bewusstsein nicht wahrgenommen wurde. Trotzdem wurde dann dieses Produkt von einem großen Teil des Publikums erworben. Somit war erwiesen, dass man jederzeit unbemerkt das Bewusstsein manipulieren konnte. Dies könne man dann durchaus auch für politische Zwecke benutzen. „Mit anderen Worten, meine Damen und Herren, seien sie sich bewusst, dass sie die zukünftig Mächtigen sein werden. Denn ohne gezielte Werbung wird es bald niemandem mehr möglich sein, seine Ware oder seine Ideen zu verkaufen." Es wurde heftig und begeistert applaudiert. Ja, sie waren bald diejenigen, die an der Schaltstelle zur Macht sitzen würden und über das Wohlergehen, den Aufstieg und den Fall von Menschen und Parteien mitentscheiden würden.

Er war etwas in seinem Stuhl zusammengesunken und fühlte sich denkbar unwohl. Hieße das nicht auch, dass sie alle bereits selbst manipuliert wurden? Waren nicht auch sie bereits dem System auf den Leim gegangen? Irgendetwas in seinem Inneren begann sich zu wehren. Er wollte weder manipuliert werden noch andere manipulieren. Als sie sich wieder im Schulhof trafen und sich eine Zigarette anzündeten, verkündete er seinen Freunden stolz, dass er wohl nie diesen Beruf ausüben möchte. Er wolle lieber Künstler werden. „Du bist doch schon einer", sagte Harry lachend. „Wir sind alle welche", meinte Stella. „Aber es ist doch gut zu wissen, woran man ist." Sie stimmten ihr zu und verabredeten sich für den nächsten Tag bei ihm. „Vielleicht wird es mal wieder Zeit für einen Trip", meinte Müsli. „Zum Durchspülen, das ist doch sowieso alles „mind fucking". Sie pflichteten ihm bei und fingen zu lachen an. „Okay, dann bis morgen."

Zu Hause angekommen warf er sich erst einmal auf seine etwas ranzige Matratze, legte „Deep Purple" und „Stairway to Heaven" auf. Sie bauten also eine Treppe zum Himmel. Oder waren sie die Treppe? Jedenfalls gefiel ihm der Gedanke ganz gut und die Musik war der Wahnsinn.

Er zündete sich eine Camel ohne Filter an und überlegte sich, was er als nächstes Bild malen könnte. Denn wenn man Maler werden wollte, so musste man wenigstens auch malen. Er blätterte etwas lustlos in einer „Konkret", die ihm Marvin überlassen hatte, und fand ein Foto, das ihm sehr gefiel. Eine nackte junge Frau lief barfuß eine hohe Düne hinauf, sodass fast nur ihr wunderschönes, sehr weibliches Hinterteil zu sehen war. Abgesehen davon, dass es ihm schon vorher sehr gut gefallen hatte und dass sich bei diesem Anblick immer das Teil in seiner Jeans zu schwellen begann, hatte er jetzt sein neues Bild vor Augen. Es würde ein längliches Hochformat werden, um die Bewegung der laufenden jungen Frau noch zu unterstützen. Sie würde er im oberen Drittel platzieren, sodass man das Gefühl bekam, dass sie ihr Ziel, den Streifen hellblauen Himmel, schon erreicht hatte. Der ganze untere Teil sollte im sandigen Beige bleiben, in dem nur die in hellem Graublau gehaltenen Fußabdrücke zu sehen waren. Der unterste würde fast die Größe der dargestellten Figur bekommen. War sie auf der Flucht? Das Hinterteil dominierte das ganze Bild, während der Rest der Figur fast vollkommen verschwunden war. Ein absoluter Männertraum, dachte er sich und war froh, dass das Foto aus einer linken Studentenzeitung stammte und nicht aus dem „Playboy". Aber wahrscheinlich waren sich die Männerfantasien sowieso überall ziemlich ähnlich, und auch zu allen Zeiten die gleichen gewesen. *Sex sells*, das hatte er auch in der Schule gelernt und er war überzeugt, dass sich das Bild gut verkaufen müsste. War das nicht sowieso des Rätsels Lösung? Man tat, was man gern tut, und einen weiblichen Hintern malen, würde er wirklich gern. Und vielleicht bekam man noch etwas Geld dafür. Außerdem würde er damit keinen Schaden anrichten, dachte er sich. Gegen Abend, er hatte sich bereits die Leinwand besorgt, rief Marietta an. Wieder spürte er den Schmerz in seiner Brust. War es ihr Schmerz oder nur seiner? Sie klang etwas aufgeregt. Ihr Vater war vollkommen aus dem Häuschen geraten, als sie ihm erzählt hatte, dass sie zu ihm ziehen wollte. Er hatte gedroht, ihr kein Geld mehr zu geben und wollte sie in ihr Zimmer einsperren.

„Ich halte das alles nicht mehr aus", beteuerte sie am Telefon. „Wir müssen noch etwas warten, bis sich die Wogen wieder geglättet haben", sagte er. Sie stimmte ihm zu. „Am Wochenende kommen meine Freunde. Wir wollen eventuell einen Trip schlucken. Vielleicht schaffst du es ja irgendwie rauszukommen." „Was für einen Trip?", fragte sie interessiert. „Einen Psilocybin, wenn wir sie bekommen können, den hatten wir noch nie." „Der ist aus Pilzen", stellte sie fest und er stimmte ihr zu. „Ich schau', dass ich es schaffe, vielleicht bleibe ich dann auch." Seine Gefühle waren vollkommen in Aufruhr geraten. Was hatte er sich da wieder eingebrockt? Bald würde es wohl vorbei sein mit seinem beschaulichen „Mönchsein". Doch die Freude, nicht mehr allein zu sein, begann langsam Oberhand zu bekommen.

Der Mai rückte immer näher, was man durchaus auch an den immer kürzer werdenden Röcken der jungen Frauen bemerken konnte. Stella hatte eine enge verwaschene Jeans an, die sich erst ab dem Knie zu weiten begann und zum Boden hin etwas länger sein musste, damit sie auf dem Asphalt schleifen konnte. Dort begann sie unweigerlich dreckig zu werden und auszufransen. Oben herum hatte sie meistens ein enges T-Shirt an, durch das man gut ihre wohlgeformten Brüste sehen konnte, denn es war absolut out, so etwas wie einen BH zu tragen. Um ihren schlanken Hals hingen einige Ketten wild durcheinander und an einem Lederband hing ein großes, rundes Hippiezeichen. An ihren Handgelenken waren viele meist dünne Armreifen zu sehen, die ein angenehm klirrendes Geräusch von sich gaben, wenn sie sich damit ihre blonden Strähnen aus dem Gesicht wischte.

Er liebte es, wenn sie so dasaß, in dem Café an der Ecke, vor sich ein Café au Lait, und sich eine ihrer extrem dünnen Zigaretten drehte. „Willst du nicht mit mir nächste Woche ins ‚Blow Up' gehen? Es spielt eine Band, die ich unbedingt sehen möchte: ‚Aflag of Seagull'?", fragte sie ihn beiläufig. „Ja, gern", antwortete er. „Wir haben ja unsere gefälschten Ausweise, da kommen wir auch umsonst rein, aber vorher gibt es noch ein kleines Fest bei mir. Wenn du magst, kannst du auch kommen." Sie sagte, sie wisse es noch nicht genau, aber sie werde sehen.

In der Schule war die Stimmung am Höhepunkt. Man wollte eine Aktion starten, um auf ihre Schule aufmerksam zu machen. Ein junger schlanker Österreicher, der ein Semester unter ihnen war, sollte an einem bekannten öffentlichen Platz in der Innenstadt, als lebendes Denkmal des noch immer beliebten König Ludwigs II. des kleinen Landes, in dem sie lebten, aufgestellt werden. Er sollte dort verhüllt auf einem Sockel stehen, um dann mit echter Blasmusik und einer Ansprache eingeweiht und dann feierlich enthüllt zu werden. Die Presse und das Fernsehen wurden benachrichtigt und er hatte ein wunderbares Bild des jungen Königs, das er von seiner Tante bekommen hatte, beigesteuert.

Die Aufregung war ziemlich groß. Man musste noch entsprechende Gewänder auftreiben, wobei sie beim gegenüberliegenden Trödler fündig wurden. Langsam wurde es eng mit den Terminen und auch die Wochenaufgabe war noch zu erledigen. Ein Buchumschlag für einen Krimi musste entworfen werden. Er wollte dafür rot und schwarz auf eine Glasplatte schmieren, dann ein Papier darauflegen und mit einer Walze durchdrücken. Eine Monotypie, wie es ihm einmal sein bisexueller Freund gezeigt hatte.

In der Mittagspause legten sie sich in den großen Park, der um die Ecke lag, um etwas zu rauchen. Jetzt, da es etwas wärmer wurde, hatte sich der Park mit jungen Reisenden aus aller Welt gefüllt, denn seine Stadt war das San Franzisco des Nordens geworden. Die Welt war im Wandel, das war nicht mehr zu übersehen, und er war irgendwie mitten drin.

Er kaufte sich auf dem Heimweg beim Künstlerbedarf eine Leinwand. Sie war ein Meter zwanzig hoch und vierzig Zentimeter breit. Darauf sollte irgendwann das neue Bild entstehen. Er freute sich darauf, denn das Motiv erschien ihm doch sehr inspirierend. Kam nicht die ganze Lust an der Kreativität von dort unten, zwischen seinen Beinen? Doch nur die Künstler schienen sie zu etwas anderem wie neue Musik, Gedichte oder Bilder machen zu können.

Allerdings war der Preis hoch, denn keine Partner hielten es lange bei ihnen aus. Das Leben an der Seite eines Künstlers war wohl eine Zeitlang spannend, doch für jemanden, der das Bedürfnis nach Sicherheit und Geborgenheit hatte, war es auf längere Zeit kaum zu ertragen. Doch machte er sich darüber keine allzu großen Gedanken. Eher fragte er sich, wie es wohl sein würde, wenn sie bei ihm wohnen würde. Er war nicht daran gewöhnt, jemanden um sich zu haben, und die Zeit, die er mit seiner Mutter verbracht hatte, war fast noch zu nah.

Doch begann es auf der anderen Seite überall mächtig zu kribbeln bei dem Gedanken, dass sie in seinem Bett liegen würde. Furcht und Freude gaben sich ein heißes Gefecht. Doch die Freude auf etwas Neues, Unbekanntes gewann langsam die Oberhand.

Es gab so viel zu lernen und das, was er in der Schule lernte, war davon noch das Geringste.

Seine ganze Generation wusste genau, dass nur sie das Glück hatten, diese kleine Lücke zwischen Himmel und Erde erwischt zu haben und dass es nicht lange dauern würde, bis dies vorbei war. Glaubten sie deswegen, dass sie nicht älter als höchsten fünfundzwanzig werden würden oder ging es allen Jugendlichen in dieser Zeit gleich und es war eben jetzt nur *seine* Zeit?

Wie wichtig es doch war, in dieser Zeit Freunde zu haben, die das Gleiche taten, die gleichen Sorgen hatten und die sich so wie er vor dem Erwachsenwerden fürchteten. Doch das Älterwerden war wohl nicht aufzuhalten, oder?

Gegen Abend kam noch Gandolf vorbei und er sah ihm mit Andacht und Erstaunen bei seiner Zeremonie zu. Was geschah eigentlich mit einem, wenn man diesen bittersüßen Rauch in sich einsog, als würde man gierig an Mutters Brust saugen? Man schien sich in einen anderen Zustand zu katapultieren, der auf jeden Fall nicht unangenehm war. Man fühlte sich entspannt und manchmal auch ziemlich heiter. Man hörte die Musik besser und konnte richtig in sie hineinfallen. Aber es war wichtig, mit Freunden zusammen zu sein, die einen mochten, wenn nicht sogar ein wenig liebten. Überhaupt war die Liebe der sichere Mantel, der einen die gefährlichen Klippen umschiffen ließ.

Sie waren süchtig, das war ihnen klar. Doch wer süchtig ist, befindet sich meistens auch auf der Suche – und das waren sie jedenfalls alle. Eines Tages würden sie wohl den Preis dafür zu zahlen haben. Noch waren sie unschuldige Kinder, die gern beisammensaßen in ihrer kleinen Welt, die immer größer zu werden schien.

„Gandolf, wie ist das eigentlich mit Frodo gewesen?", fragte er seinen Freund, der so viel mehr wusste als er. „Warum musste ausgerechnet er diese schwere Aufgabe übernehmen?" Gandolf überlegte lange und strich sich über seinen noch etwas schütteren Bart. „Ich denke, sie haben wohl keinen Dümmeren gefunden", lautete seine Antwort und er lachte dabei recht herzlich. „Nein, das war ein Scherz", sagte er schnell, als er seine enttäuschten Augen sah.

„Er war wohl der Einzige, der genug Mut hatte und sich ein ziemlich reines Herz bewahrt hatte. Das hatten übrigens seine Gefährten, mit denen er loszog, auch. Aber er verfügte über ein altes, verborgenes Wissen, das nur in ihm schlummerte. Vielleicht musste er diese Fahrt auch tun, um sich selbst zu finden, und hat nur ganz nebenbei die Welt gerettet." Er begann wieder recht herzlich zu lachen. „Vielleicht wollte J. R. Tolkien auch nur ein spannendes Buch schreiben und endlich damit reich werden." Jetzt lachten sie beide recht herzlich und er legte eine Platte von „King Crimson" auf. Sie versanken in den wundervollen, noch nie zuvor gehörten Klängen einer Musik, die sowohl aus der Zukunft als auch aus der Vergangenheit gleichzeitig zu kommen schien.

Wie eigentlich alle lebte er in der Zeit, in der er eben lebte, und wie jede einigermaßen wache Jugend bemerkten auch sie, dass irgendetwas nicht stimmte in dieser Wirtschaftswunderwelt. Schon als Kind war ihm immer wieder aufgefallen, dass zwar überall schöne Worte gepredigt wurden, doch getan wurde etwas vollkommen anderes. So durfte man beim Essen bei Tisch nicht reden und möglichst keine Geräusche machen, während die Erwachsenen sich prächtig über ihren Stuhlgang unterhielten und fleißig schlürften und schmatzten. In der Kirche, die er besuchen musste, wurden weise Worte von Liebe mit viel Weihrauch und goldenen Kanzeln gepredigt, während man kurz darauf, sobald man die Tür hinter sich gelassen hatte, über seine werten Mitmenschen vom Leder zog und keine Bosheit ausließ.

Wie ein Geschwür hatte sich die Verlogenheit in der Bevölkerung ausgebreitet. Statt dass man sich die begangenen Verbrechen bewusst machte und sich in die Möglichkeit einer neuen anderen Zukunft, unter dem Motto „Nie wieder Krieg" auch den eigenen Kindern eine Chance lassen würde, hatte man bereits mit neuer Aufrüstung begonnen und einen großen Teil des Wohlstands mit irrsinnigen Waffenexporten erwirtschaftet.

Jetzt, wo sie da saßen, in seiner kleinen Mansarde ohne Heizung, begann das wunderbare Land der „großen, unbegrenzten Freiheit" damit, einem kleinen armen Land den Wald, in dem sie ihre Hütten hatten, mit giftigem Nebel zu entlauben, sodass für die nächsten Jahrzehnte, ja vielleicht Jahrhunderte die Babys ohne Arme oder Beine oder mit deformierten Köpfen zur Welt kommen würden. Die Eltern würden sich schuldig fühlen und nicht die kriminelle Vereinigung, die dies verursacht hatte. Die würden wohl noch mit Orden behängt und mit Geld und Ehren in den Ruhestand versetzt werden.

Gleichzeitig war man mithilfe eines deutschen Ingenieurs, der schon unter dem Großen Diktator die „Wunderwaffe" gebaut hatte, kurz davor, auf den Mond zu fliegen. Nicht weil man von dort vielleicht die bessere Aussicht auf den zarten, wundersamen blauen Planeten hatte, sondern weil man befürchtete, die bösen „anderen" könnten vor ihnen dort sein. Sie würden etwas schwarze Schlacke mitbringen, die sie aus jedem verrußten Ofen hätten kratzen können und als Zeichen ihrer männlichen Macht etwas „Schrott" zurücklassen.

In der Zwischenzeit würde man mit Maschinengewehren auf die eigenen Kinder, die für „Love and Peace" auf die Straße gingen, schießen und sie hinter Gitter bringen. Das also war die ach so schöne Hippiezeit, von der man später noch mit verklärten Augen reden würde. Wie viele von ihnen noch sterben würden, weil sie nicht die Kraft hatten, diesem Wahnsinn der Macht weiter zu widerstehen, war noch unklar, doch würden es viele sein. Ihnen würde man kein Denkmal setzten. Nicht einmal eines aus Eisen, denn sie waren ja selber schuld. Doch noch waren sie vereint, unschuldig und hatten ihre kindliche Seele noch nicht an den Meistbietenden verkauft. Und mutig waren sie allemal, auch wenn man es ihnen vielleicht nicht so recht ansah.

Die langen Haare hatten die Unterschiede der Geschlechter etwas aufgehoben. Auch begannen sich die männlichen Hippies durchaus auch mal etwas bunter anzuziehen. Auch sich mit Halsketten und Armreifen zu schmücken, war durchaus im Bereich des Möglichen. Einzig und allein der Bartwuchs, der allerdings bei vielen noch etwas schütter hervorkam, und die meist etwas verdreckten Jeans ließen einen jungen Mann von einer jungen Frau unterscheiden. Die hatten ein Vergnügen daran gefunden, den Rest der „normalen" Bevölkerung mit maximal kurzen Röcken in die Verzweiflung zu treiben.

Der männliche Teil der Bevölkerung war verzweifelt, weil er ständig auf seine Sexualität hingewiesen wurde, die er doch so zu verbergen hoffte, während die Ehefrauen der Männer, die meistens alt und hässlich waren, sich davor zu fürchten begannen, sie an ein so junges Flittchen zu verlieren.

Die Stimmung war teilweise recht aufgeheizt, woran die Boulevardpresse nicht unschuldig war. So konnte es durchaus geschehen, dass ein junges hübsches Mädchen auf der Straße angespuckt wurde. Auch dass man sie gern wieder in ein „Arbeitslager" gesteckt, wenn nicht sogar „vergast" hätte, war durchaus in manchen Köpfen hängengeblieben. Die sanftere Variante war wohl der Wunsch, sie sollen doch nach „drüben" gehen. Damit war wohl der Eiserne Vorhang gemeint, auf dessen anderer Seite die bösen Kommunisten in ewiger Dunkelheit in finsteren Löchern hausen müssen.

Eigentlich hätte das ganze Land auf die Couch eines österreichischen Psychiaters gehört, der ihnen etwas Kokain verabreichen und ihnen empfehlen würde, sich mit ihrer verkorksten Sexualität zu beschäftigen und ihre Frauen einmal zu fragen, warum sie keinen Orgasmus bekamen.

Sie waren leider ganz auf sich gestellt und hatten damit begonnen, sich selbst zu heilen. Doch ging es wohl mehr darum, dieser allumfassenden Krake Wohlstand irgendwie unbeschadet zu entfliehen. Ein hoffnungsloses Unterfangen, da sie ständig darauf hingewiesen wurden, dass auch ihr Strom aus der Steckdose kam. Eigentlich gab es nur noch einen Fluchtweg, der frei war, und der war, diesen Planeten so schnell wie nur möglich wieder zu verlassen. Ja warum, würde man sie fragen. Wir haben doch fast alles. Einen Kühlschrank, einen Fernseher und so weiter. Schon fast wieder genug zu essen, und er müsste antworten: Der Mensch lebt nicht von Brot allein.

Was war es eigentlich, wonach sie so begierig suchten, wenn sie so zusammensaßen? Etwas Rauch miteinander zu teilen und wunderbare Musik zu hören? Sie redeten viel über eine bessere Welt, in der man vielleicht mehr Gewächshäuser als Waffen bauen könnte. Auch über freie Schulen und Universitäten redeten sie, in denen es bei der Vermittlung von Wissen hauptsächlich um das Wissen an sich und nicht um einen Zweck gehen sollte. Auch sozialistische Utopien von der Gleichheit der Menschen waren im Umlauf und wurden von der „normalen" Bevölkerung als Teufelszeug verurteilt. Wie gern hätte man noch Scheiterhaufen gehabt, auf denen man die neuen Hexen verbrannt hätte. Aber in den Köpfen würden die Scheiterhaufen und Gaskammern noch lange Zeit existieren. Man schickte sich an, zum Mond zu fliegen, aber dass die Erde eine kleine zerbrechliche Kugel in einem endlosen dunklen Raum war, würde man wohl nie begreifen. Sie würden weiter auf einer kleinen Scheibe wohnen, auf der einfach kein Platz war für junge Leute, die einfach nur ihr Leben leben wollten.

„All you need is Love" und wieder zerriss eine Wasserstoffbombe ein Stück von diesem schönen, seltenen Planeten, der ja scheinbar denen gehörte, die am wenigsten im Hirn hatten.

„Weißt du, warum die Dinosaurier ausgestorben sind?", fragte eines Tages die Stella den Harry, der etwas verwundert hinter seiner Nickelbrille hervor blinzelte. „Zu viel Panzer, zu wenig Gehirn."

Er musste lachen und dachte an das Bild, das er gemalt hatte. Dort versperrte das graue Gehirn das Wesentliche, das einwandfrei dahinter lag, so wie einem das Büro und der Schreibtisch den Blick auf die ganze weite Landschaft verbargen. Und wenn sie es einmal doch hinaus schafften in die weite Natur, dann hatten sie das Büro im Kopf und sahen wieder so gut wie nichts. Doch was ging es sie an? Sie hatten ihre eigenen Sorgen. Die Sorgen ihrer verkorksten Kindheit und die Schäden, die daraus erwachsen waren. Die galt es zu heilen und dafür hatten sie erst einmal nur sich.

Heute wollten sie also zu ihm kommen und gemeinsam auf eine Reise mit unbekanntem Ziel gehen. Er hatte schon früh damit begonnen, seine kleine Bude etwas aufzuräumen. Die Hippieblumen, die er unterhalb der Dachschräge an die Wand gemalt hatte, machten sich ganz gut. Darunter standen sein billiger schwarzer Plattenspieler, seine paar Platten und Bücher. Stolz war er auf seine zehn Bände über die Geschichte der Malerei. Dort war auch das Bild mit der Madonna von Leonardo da Vinci versteckt, das er manchmal noch vor dem Schlafengehen eindringlich studierte. Etwas an ihrem Gesichtsausdruck berührte ihn jedes Mal ganz tief in seinem Inneren. Irgendwie schien sie kein wirkliches Alter zu haben, doch war er auch etwas zu jung, um dies richtig einordnen zu können. Noch sah sie wirklich gut oder barmherzig aus, eher in sich gefestigt, als hätte sie alle Weisheit dieser Erde in sich vereint. Jedenfalls konnte man ihr bedingungslos folgen, wenn man auch nicht so genau wusste, wohin. Sie war eben eine Mutter, doch schien sie auch nicht so viel älter als er zu sein. Er wischte den Staub, der sich darüber gebildet hatte, sorgfältig ab.

Jetzt nahm er das kleine Gerät, mit dem man lästige Fussel und Krümel vom Boden bekommen konnte, indem man stetig damit hin und her fuhr und damit eine Bürstenwalze, die sich darin befand, bewegte. Auf die Apfelsinenkiste, die als Tisch diente, legte er sorgfältig ein buntes Tuch und stellte ein paar Tassen darauf, die er vorher sauber gewaschen hatte. Er verteilte ein paar Sitzkissen auf dem Boden und überlegte kurz, wer wohl alles kommen würde. Es könnten schon sechs oder sieben werden. Jedenfalls wird es ganz schön eng, dachte er. Die einzige Rettung war das Matratzenlager, das war eigentlich ziemlich groß und darauf konnten notfalls fast alle sitzen, auch wenn sie sich dabei berühren mussten.

Er hatte noch einige Kekse und etwas Brot und Käse besorgt und hoffte, dass die anderen auch irgendetwas mitbringen würden, was sie ja immer taten. Jedenfalls hatte noch nie wirklich etwas gefehlt, außer vielleicht Zigaretten, die meistens irgendwann ausgingen. Dann musste sich ein Tollkühner opfern, um in dem Zustand die drei Stockwerke hinunter auf die Straße zu gehen, in der Hoffnung, dabei niemandem zu begegnen.

Schnell putzte er noch das zerbrochene Fenster. Er hatte die zerbrochene Scheibe durch ein Stück Pappe ersetzt. Irgendwann würde es der Vermieter reparieren, hatte er versprochen. Als Heizung fungierte ein roter kleiner Heizlüfter, der aber meistens entweder zu warm oder zu kalt wurde und einem mit seinem Geräusch irgendwann auf die Nerven ging.

Hier also wollte Marietta einziehen. Er konnte es immer noch nicht so recht glauben. Auch dass sie jeden Tag mindesten ein-

oder mehrmals die steilen Treppen mit ihren Krücken bewältigen musste, machte ihm Sorgen. Ob sie ihn liebte, fragte er sich kurz. Wenn er ehrlich war, so wusste er so gut wie nichts von der Weiblichkeit. Sie war ein fremdes, fernes Land, in das man gern reisen würde, von dem man aber auch nicht so ganz wusste, was einen dort erwarten würde. Gab es vielleicht giftige Schlangen dort? Oder andere seltsame Ungeheuer? Jedenfalls gab es kein Zurück mehr, das war klar. Sie würde kommen und sein Leben würde ein anderes sein, das war auch klar.

Zufrieden legte er den Besen beiseite, mit dem er den letzten Schmutz aus den Ecken gekehrt hatte, setzte sich an den kleinen Schreibtisch und zündete sich eine Camel an. Die weiße Leinwand stand noch sorglos in der Ecke. Er wollte unbedingt noch damit beginnen, bevor Marietta kommen würde. Auf einem weißen Blatt Papier fertigte er eine kleine Skizze an. In der unteren Hälfte fehlte etwas. Da war zu viel leerer Raum. Er würde dort einfach einen dicken Balken setzen, vielleicht etwas schräg, das würde dem Ganzen auch die sexistische Tendenz nehmen. Aber es gab eigentlich auf dieser Welt nichts Schöneres als einen wohlgeformten weiblichen Hintern. Zumindest gab es so gut wie keine Maler, die das nicht auch so sahen. Aber so würde es besser sein. Denn plötzlich dominierte der schräge Balken und zog erst einmal den Blick auf sich und sie würden sich sofort fragen, was der dort zu suchen hatte.

Das Problem war gelöst und er setzte sich noch etwas an sein Harmonium. Die Blasebälge zu seinen Füßen begannen zu röcheln, als er sie trat, doch konnte er einige eindringliche Töne hervorzaubern. Jetzt konnten sie kommen und er freute sich darauf.

Sein Herz war schon den ganzen Tag am Pochen. Immer wieder ging er in seinem kleinen Zimmer auf und ab. Da noch etwas Staub wischen, die Bücher neu ordnen und die Schallplatten noch einmal putzen. Alle hatten vom vielen Gebrauch schon einige Kratzer abbekommen. Müsli hatte versprochen, die Drogen zu besorgen, und er hoffte, dass alles gut gehen würde. Er fragte sich, was eigentlich wirklich passierte, wenn sie so eine unscheinbare kleine Pille schluckten und warum sie so scharf darauf waren.

Natürlich war es nur eine kleine Party, bei der man eben zusammenkam, um das zu tun, was man damals in seiner Zeit eben gern tat. Die Gemeinschaft war jedenfalls sehr wichtig, dass man etwas mit Freunden teilte, die man gern hatte. Besser war es, nicht mit Pärchen zusammen zu sein, weil diese eine eigene Insel im Universum zu bilden schienen. Sie hatten ihre eigene Struktur gebildet und sich in gewisser Weise abgesondert. Der erste Schritt in Richtung Normalität. Nicht umsonst war die Familie die Keimzelle der Gesellschaft und wurde vom Staat gefördert. Auf Trip waren sie eher lästig, weil sie an einem gewissen Punkt immer Unfrieden stifteten. Sie hatten eben etwas, das die anderen gerade nicht hatten, und trugen selten zu einen entspannten Wir-Gefühl bei. „Wer zweimal mit derselben pennt, gehört schon zum Establishment" war durchaus eine – wenn auch etwas überspitzt ausgedrückte – Tatsache.

Besitz jeglicher Art, auch der eines Menschen, schien durchaus hinderlich auf den kosmischen „Reisen" zu sein. Waren sie deswegen zu Feinden der Gesellschaft geworden? Aber jeder besaß doch irgendetwas – und sei es nur die coolere Jeans. Dass sie alle so gut wie kein Geld hatten, verband sie auf jeden Fall und auch, dass sie sich irgendwie von ihren Eltern lösen wollten, für die irgendwie das Schlimmste passiert war, das Eltern scheinbar passieren konnte: nämlich, dass ihre Kinder rauschgiftsüchtig und somit kriminell geworden waren. Auch dass es ihre Töchter mit dem Sex nicht so genau nahmen, war für die Väter wohl der absolute Horror. Da war ihnen dann doch die Diktatur mit ihren Millionen von Toten fast noch lieber gewesen. Oder glaubten sie insgeheim doch noch an den „Endsieg"? Das Wirtschaftswunder war jedenfalls nicht mehr zu stoppen und ähnlich wie in der Generation ihrer Eltern konnte man entweder mitmachen und darin erfolgreich sein oder man würde ausgesondert werden und in irgendeiner Klinik oder im Gefängnis landen.

Stella und Harry kamen als Erste. Sie hatten einwandfrei den meisten Boden unter den Füßen und er war heilfroh, dass es sie gab. „O Alter, du hast dich ja mächtig ins Zeug gelegt", flachste sein Freund, indem er sich voll auf sein Bett setzte. Stella lachte mit ihren fröhlichen hellblauen Augen und strich sich ihre blonden Strähnen aus dem Gesicht. „Wir haben dir was mitgebracht", sagte sie und stellte eine Tüte mit Obst, Chips und ein paar Flaschen Orangensaft auf den Boden. Dann zog sie noch aus ihrer großen Hippietasche eine Schallplatte hervor. „Für dich", sagte sie lächelnd. Auf dem Cover war eine große schwarz-weiß gefleckte Kuh abgebildet. „Die neue von Pink Floyd", sagte sie. „Die ist verdammt gut." Irgendwie passte die Platte zu ihr, kam sie doch auch vom Land und sah immer so gesund und frisch wie eine Kanne mit Milch aus. Er wusste schon jetzt, dass es eine seiner Lieblingsplatten werden würde. Schon allein, weil sie von ihr kam.

Er liebte auf jeden Fall beide, den braunen Harry mit der Prinz-Eisenherz-Frisur und der runden Nickelbrille, der nur Unsinn im Kopf zu haben schien, und die hellblonde Stella, die gerade dabei war, sich eine ihrer superdünnen Zigaretten zu drehen.

Er hatte die Platte vorsichtig ausgepackt und die Nadel auf die Rille des Randes gelegt. Ein leichtes Rauschen und Knistern waren zu vernehmen, was das Herz immer in erwartungsvolle Aufregung versetzte. Eine wunderbare Welle von lebendiger Liebe und unendlicher Sehnsucht wogte durch die kleine Mansarde und sie saßen auf einmal auf einer rosa Wolke, ähnlich der Wolke, die er auf sein Bild gemalt hatte, das über ihnen an der Wand hing. „Wie findest du es?", fragte er Stella etwas schüchtern. „Super cool, du wirst bestimmt noch ein berühmter Maler." Sie lachten. „Mir gefällt *das* besser", sagte Harry und zeigte auf die gegenüberliegende Wand, an der immer noch der verschmierte weiße Karton mit dem aus Versehen kleben gebliebenen Ei hing. „Du weißt ja, ich stehe auf Dadaismus und von Beuys wirst du ja vielleicht auch schon gehört haben. Da ist jeder ein Künstler und alles ist Kunst." „Das ist bestimmt richtig", sagte er. „Aber ‚alles' *lässt sich wahrscheinlich nicht verkaufen.*" „*Zumindest nicht, wenn du nicht auf der Akademie warst, dann schon eher.*"

Stella hatte es auf den Punkt gebracht und Harry hatte damit begonnen, einen Joint zu drehen, als es an der Tür klopfte und Gandolf der Graue das Zimmer betrat. Er war etwas außer Atem und erzählte, dass ihn zwei Männer verfolgt hätten. „Wahrscheinlich vom RD. Ich hab' uns was Schönes zu rauchen besorgt und hatte echt Schiss, dass sie es mir abnehmen. So bin ich durch den Park und konnte sie endlich abhängen." Sie sahen sich an und Harry flüsterte etwas wie „Bullenparanoia".

Sie kicherten, während Gandolf auf dem Wiener Kaffeehaussessel, der vor seinem Schreibtisch stand, Platz nahm und vergeblich versuchte, seine langen Beine irgendwie unterzubringen. Er wühlte in seiner großen Manteltasche und brachte neben einigen leckeren Köstlichkeiten, die er im Supermarkt „billig eingekauft" hatte ein ansehnliches Stück schwarzen „Schimmel-Afghan" zum Vorschein. „Das Feinste vom Feinen", wie er versicherte. Wie immer waren sie von seinem Auftritt beeindruckt. Er war eben Gandolf der Zauberer und sie waren allenfalls die kleinen Hobbits, und das war auch gut so.

Er war inzwischen in der kleinen Küche auf dem Gang verschwunden, um eine große Kanne heißen Tee zuzubereiten, als es abermals an der Tür klopfte. Der kleine Müsli stand vor der Tür und strahlte ihn unter seiner blonden Lockenpracht freundlich an. „Ich hab' sie bekommen", flüsterte er leise. „Allerdings für fünf Mark das Stück." „Komm erst mal rein, ich mach' gerade eine Kanne Tee. Stella und Harry sind auch schon da." Er trat in das Zimmer und warf seinen grünen Parka in die Ecke, in der sich jetzt schon einige Jacken und Mäntel stapelten. Er setzte sich in die Nähe des Plattenspielers und packte seine „Schätze" aus: ein paar gelbgrüne Pillen, die er in einem kleinen Beutel versteckt hatte.

Stella hatte sich bereits in ein Buch über Surrealismus vertieft und hob ihren Kopf. „Was sind das für welche?", fragte sie heiter. „Psilocybin. Habt ihr euch doch gewünscht, oder?" Sie begann in ihren Taschen nach etwas Geld zu graben und überreichte ihm den Fünfer. Harry hatte wie so oft kein Geld dabei und Gandolf wollte es mit einem „Piece" verrechnen, als die Klingel der unteren Haustür ging. Er drückte den Türöffner und ging in das Treppenhaus hinaus. Er hörte die schwere Tür ins Schloss fallen und dann das leise beständige Klicken, das immer näher kam. Sie kam also doch.

Sein Herz begann wild zu pochen und doch machte sich gleichzeitig der Schmerz der alten Wunde in seiner Brust bemerkbar. Tat Liebe wirklich so weh? Es war ganz still in dem halbdunklen Treppenhaus. Nur das Tick, dem ein kurzes Tock folgte, war zu vernehmen. Dann eine Pause, sie hatte wohl den ersten Stock erreicht und musste etwas verschnaufen. Schmerz und Liebe rangen in seiner Brust. Noch war unklar, wer die Oberhand gewinnen würde. Das Tick-Tock kam unweigerlich näher und näher. Wieder eine Pause, jetzt war sie nur noch zwei Treppenabsätze von ihm entfernt. Er sah über das hölzerne Geländer und konnte bereits ihren braunen Wuschelkopf ausmachen. „Marietta!", rief er etwas vorsichtig in die Tiefe. Doch hatte sie ihn schon gehört und hob ihm ihr wunderschönes Gesicht entgegen. Sie hatte sich etwas geschminkt und das dunkle Rot ihrer Lippen lächelte ihn an. „Ich bin gleich da!", rief sie ihm zu und er hatte das Gefühl, dass das Tick-Tock etwas schneller wurde. Er eilte ein paar Stufen zu ihr hinunter, gab ihr einen leichten Kuss auf die Wange und hakte sich bei ihr ein. Doch schüttelte sie ihn schnell wieder ab. „Ich brauche keine Hilfe", sagte sie mit erhobenem Haupt. „Geh du nur schon voran, ich bin gleich da." Schon hatte sie ihm die erste Lektion in Sachen Liebe erteilt. Sie würde ihm helfen und nicht er ihr.

Als sie oben angekommen war, betraten sie nun beide das kleine Zimmer und die Gespräche, in die alle gerade vertieft waren, verstummten sofort. Harry war aufgestanden und nahm sie kurz in den Arm. Gandolf strahlte über das ganze Gesicht. „Schön, dass du gekommen bist", sagte er verschmitzt und sah ihn dabei etwas schelmisch von der Seite her an. Ihm hatte er es ja auch zu verdanken, dass er sie kennengelernt hatte. Sie setzte sich etwas mühsam auf ein dickes Sitzkissen, löste einen Mechanismus in der Schiene, der ihrem Bein, das so gut wie keine Muskeln hatte, Halt gab. Es war ein lautes Geräusch sich ineinanderschiebender Metallteile zu hören, doch jetzt konnte sie das Bein etwas anwinkeln. Sie hob ihren Kopf und sah mit ihren großen warmen braunen Augen in die Runde. „Ja dann kann ich ja mit dem Jillom anfangen", ließ sich Gandolf vernehmen, und er eilte geschwind in die Küche, um ein paar Tassen und Schalen zu besorgen.

Müsli kümmerte sich um seine kleine etwas zerkratzte Plattensammlung, als sich seine Zimmertür einen Spalt breit öffnete und Jenny ihr etwas bäuerliches Gesicht mit den klugen Augen hereinsteckte. „Können wir noch mitmachen? Das Theater ist heute ausgefallen." „Natürlich, Platz ist in der kleinsten Hütte, hat meine Mama immer gesagt." Marvin und Jenny waren nämlich Puppenspieler und arbeiteten in einem kleinen, sehr angesagten Marionettentheater, das vornehmlich von linken Studenten besucht wurde, und unter anderem Stücke von Bertolt Brecht aufführten. Sie waren erst aufgestanden und hatten noch eine Runde gebumst, als sie noch etwas angeschlagen sein Zimmer betraten. Jetzt waren sie zu acht. Er hatte sieben Gäste. Harry „der Abenteurer", Stella „die Wissende", Müsli „der Liebende", Gandolf „der Zauberer", Marietta „die Starke", Marvin „der Revolutionär" und Jenny „die Mutter". Jeder hatte wohl etwas, das wie ein Keim auch in ihm zu schlummern schien. Seine weibliche, erotische Seite ging jedenfalls auf Krücken, das war klar.

Gandolf hatte seine Zeremonie beendet und sie überlegten, ob sie den „Trip" lieber gleich einwerfen sollten oder noch etwas warten wollten. Sie stimmten darüber ab und die Mehrheit war für gleich. Er goss jedem eine Tasse Tee ein und Müsli hatte „It's a Beautiful Day" aufgelegt.

„Auf eine gute Reise." Sie lachten sich zu und spülten die kleine gelbgrüne Pille hinunter. Keiner wusste wirklich, was nun geschehen würde. Da es bereits zu dämmern begonnen hatte, zündete er ein paar Kerzen an, die nun das Dachzimmer in ein warmes Licht tauchten. Er fragte in die Runde, woraus denn dieser „Trip" eigentlich sei, denn sein geliebtes LSD war es ja nicht.

Stella, die von Kräutern einiges verstand, klärte ihn auf. „Das sind eigentlich kleine Pilze, die so gut wie überall wachsen. Selbst unseren Großeltern waren sie durchaus noch als ‚narrische Schwammerl' bekannt und die ‚Schamanen' der ganzen Welt haben sie zu ihren heiligen Zeremonien verwendet. Das, was wir genommen haben, *dürfte allerdings Chemie sein, so wie LSD ja auch. Wir essen ja auch kein Mutterkorn mehr. Doch wenn früher ein Müller nicht aufgepasst hatte, konnte es durchaus sein, dass ein ganzes Dorf auf „Trip" gegangen ist. Du kannst dir vorstellen*, wie das manchmal ausgegangen ist. Denn jede Droge verstärkt nur das, was bereits als Anlage in dir vorhanden ist. Es wird nur deutlicher, es ist eine Reise in das eigene Bewusstsein."

Gandolf überreichte ihr, um ihr seinen großen Respekt zu erweisen, das Jillom zum Anrauchen. „Möge es dich weiterhin zur Weisheit führen. Denn wie du ja weißt, ist die Weisheit ein Zauberin." Ihre hellblauen Augen waren kurz noch heller geworden. Sie hob es kurz an der Stirn vorbei über ihren wohlgeformten Kopf und sagte ein „Om". „Mögen uns hilfreiche Geister beschützen und uns stärken für das, was uns noch begegnen wird." „Amen", sagte Harry, dem das Ganze etwas zu feierlich wurde und nahm ihr das Jillom aus der Hand. Er dachte wohl eher daran, mit ihr zu knutschen oder mehr. Die zwei hatten es faustdick hinter den Ohren.

Jetzt waren Marvin und Jenny an der Reihe. „Auf unsere Revolution und den ‚Comandante Che'." Sie mussten lachen und Jennys Augen wurden etwas feucht, denn sie liebte ihn sehr. Nun hob Gandolf seinen Wildschweinzahn über den Kopf. „Om Namah Shivaya", tönte es von seinen Lippen, bevor er einen tiefen Zug nahm.

Jetzt war *er* an der Reihe. „Auf die Liebe, die ewige", sagte er leichthin und sah zu Marietta hin, die neben ihm saß und ungeduldig darauf wartete, endlich dranzukommen. „Auf die Benachteiligten", sagte sie, denn das Jillom war schon ziemlich ausgeraucht und musste bereits noch mal angezündet werden.

Endlich hatte es Müsli erreicht, der sich in der Verzweiflung, der Letzte zu sein, bereits die nackten Frauen in einem seiner Kunstbücher ansah. „Auf uns", sagte er, „und alles, was uns verbindet", und sie wussten alle, was er damit meinte.

Jedenfalls waren sie jetzt erst einmal alle stoned und sanken auf die herumliegenden Kissen und Matratzen. „Will noch jemand einen Tee?", fragte er in die Runde und da alle mit dem Kopf nickten und Harry ein fröhliches Grunzen von sich gab, verschwand er in der Küche, die direkt vor seiner Zimmertür lag. Als er wieder zurückkam, war bereits ein kunstvoll angefertigter Zwei-Finger-Joint im Umlauf, den Marietta hergestellt hatte. Bei diesem „Kunstwerk" münden zwei nicht allzu kleine Joints in einem Filter. Das hatte er bisher nur bei ihr gesehen und seine Liebe zu ihr war noch um etwas Stolz angewachsen. Frauen, die einen Joint anfertigen konnten, liebte er mehr als sich selbst, denn er war etwas ungeschickt darin und seine Joints hatten nie diese Schönheit und Würde wie die von ihnen gedrehten.

Er setzte sich und goss jedem einen feinen Darjeeling ein, den Gandolf mitgebracht hatte. „Was geschieht eigentlich mit uns, wenn wir auf ‚Trip' sind?", fragte er in die Runde. Denn er hatte bereits zu wirken begonnen. Wieder war es Stella, die Gescheiteste von ihnen, die zu einer Antwort ansetzte und sich dazu aufrichtete, während sie den Joint, der sie gerade erreicht hatte, an Harry weitergab. „So viel ich herausgefunden habe, beginnt sich das Bewusstsein von dem, was wir sind, zu verändern, um etwas anderem, was wir aber auch sind, mehr Raum zu geben. Im Grunde dürfte es sich so ähnlich beim Schlaf verhalten. Wir lassen etwas unter der warmen Bettdecke zurück, um in eine andere, in die Welt der Träume einzutauchen. Was dann wirklich geschieht, wissen wir nicht. Doch manchmal, wenn wir wieder im Aufwachen sind, erleben wir noch Reste davon, die uns erstaunlich wirklich vorkommen."

„Dann erleben wir also nichts anderes als unsere Träume?", fragte er vorsichtig. „Ach deswegen wache ich immer mit einer Morgenlatte auf", feixte Harry, dem das alles zu wissenschaftlich war. Stella warf ihm einen strafenden Blick von der Seite zu und fuhr weiter: „Wie auch immer, im Grunde kann man nichts erleben, was nicht mit einem selbst zu tun hat." „Und wenn jetzt jemand zur Tür hereinkommt und mir ein Messer in den Rücken sticht, hat das dann auch etwas mit mir zu tun?" Marvin der Kämpfer war etwas aufgebracht, denn er hatte vor Kurzem noch bei einer Demo einen Gummiknüppel verspürt. „Du meinst unsere ‚Wirklichkeit', in der wir täglich leben? Die hängt natürlich ab von dem, was du tust. Du hättest ja statt auf eine Demo auch in den Wald gehen können." „Dann wäre mir dort wahrscheinlich ein Ast auf den Kopf gefallen. Meinst du das?" „Ich dachte, wir reden über das, was auf Trip geschieht", ließ sich Marietta vernehmen. „Denn meiner fängt bereits ganz schön zu wirken an." „Und was merkst du?", fragte er sie. „Ihr seht auf jeden Fall alle recht putzig aus. Wie Zwerge aus dem Wald." „Pass bloß auf, dass dich der Zwerg, den wir gesehen haben, nicht holt. Ich laufe dir bestimmt nicht noch mal hinterher." „Ach, ihr wart im Wald." Müsli kicherte beständig. „Nicht, was du denkst", sagte er schnell und verheimlichte, wie gern er sie im weichen Moos geküsst hätte. „Wir waren auf Zwergensuche und sie hat welche gefunden. Einer wollte sie verschleppen, doch sie passte nicht in seine Zwergenhöhle." „Um sie zu vergewaltigen", Harry hatte sich aufgerichtet. „Zwergen kann man nicht trauen. Die denken immer nur an Sex." „So wie du", ließ sich Stella vernehmen und sie begannen alle zu lachen. Gandolf, der wie der einzige Erwachsene unter ihnen wirkte, richtete sich auf und sagte in einem väterlichen Ton: „Ich glaube, ich mach' uns jetzt erst einmal ein Jillom, bevor wir weite reden. Ich glaube nicht, dass wir noch viel reden werden, wenn wir erst einmal drauf sind. Merkt ihr eigentlich schon was?" Jenny antwortete, während sie mütterlich in die Runde blickte: „Also ich merke noch nichts, aber wenn ich euch so ansehe, so seid ihr doch schon voll drauf." „Müsli, leg doch mal ‚King Krimson' auf, dann sehen wir bestimmt mehr als nur Zwerge." „Ich hätte gern ein paar Feen und Elfen", warf Harry ein. „Dann bestell dir welche." Stella war etwas eingeschnappt, da sie ihre intelligenten Ausführungen nicht zu Ende bringen konnte. Sie holte eine Tüte Chips aus ihrer Tasche hervor und öffnete sie mit einem lauten Knall, indem sie mit beiden Handflächen dagegen schlug. „Vielleicht waren es auch Placebos", meinte sie etwas sarkastisch, „und ihr bildet euch nur ein auf, irgendetwas drauf zu sein."

Sie waren verstummt und hörten nur noch die Musik und das Knirschen der Kartoffelchips zwischen ihren Zähnen. Was war eigentlich, wenn sie recht hatte und sie sich das alles nur einbildeten? Es waren inzwischen schon so viele falsche „Trips" in Umlauf, denn viele begannen bereits, das große Geschäft zu wittern. „Also ich finde es schon gut", sagte er bescheiden und legte sich auf den Boden zu Mariettas Füßen, die Krücken neben sich und schloss die Augen.

In dem Moment überkam ihn eine Welle aus pink-goldenem, lebendigem Licht, das irgendwie keine Grenzen kannte. Alles, was einem hier andauernd so auf die Nerven ging, schien es auf einmal nicht mehr zu geben. Die Musik hatte ihren Höhepunkt erreicht und der Krimson-King erschien mit seinem ganzen Gefolge. Seine Halle war so unendlich groß und schön – oder war sie winzig klein? Es schien bei ihm nichts dergleichen zu geben. Alles war da, doch nichts war getrennt von irgendetwas, auch wenn alles im ständigen Fluss zu sein schien, so war es doch gleichzeitig immer da. Eine unendliche Welle aus Glück und Liebe hatte ihn erfasst und er öffnete vorsichtig die Augen.

Gandolfs fröhliches Gesicht mit den wissenden Augen hatte sich etwas über ihn gebeugt und überreichte ihm seinen kostbaren Wildschweinzahn. „Jetzt weißt du aber, dass sie echt sind, oder?" Zum Glück waren sie alle noch da und er war endlos froh, ihre schönen jungen Gesichter zu sehen. Ja, sie waren wie die sieben Töne einer Tonleiter um ihn herum, drei weibliche und vier Männliche, und er war wohl der immer wiederkehrende achte.

„Wollt ihr noch einen Tee oder so?", fragte er seine Freunde und als sie wieder mit dem Kopf nickten, verschwand er schnell in der kleinen Küche. Auch Marietta war aufgestanden und mit einem lauten metallischen Klicken rastete ihre schwere Lederprothese ein. „Kannst du mich stützen?", sagte sie zu ihm. Ich muss aufs Klo. Eine Welle von Liebe, die mit Schmerz verbunden war, erfasste seine Seele. Ja, er liebte sie und sie würde bald zu ihm ziehen. Er nahm vorsichtig ihre Hand und führte sie langsam zu seinem Mund. „Schön, dass du gekommen bist", sagte er leise und roch an ihren braunen Locken. Es würde etwas Neues anfangen, das spürte er genau. Doch war er dem auch gewachsen? Sie öffnete die Tür zu der schmalen dunklen Toilette und warf ihm einen aufmunternden Blick zu, bevor sie in der Dunkelheit verschwand.

Es war nun schon weit nach Mitternacht und in die kleine Gemeinschaft war etwas Unruhe eingekehrt. Ein unbändiger Hunger hatte sie ergriffen und man begann damit, alle mitgebrachten Futtermittel in sich hineinzustopfen. Ähnlich wie bei Schwangeren spielte weniger die Reihenfolge eine große Rolle als die verschiedenen Geschmacksrichtungen. Die Intensität war auf wundersame Weise gesteigert. Wenn man in eine Orange biss, fühlte man nicht nur das Zerplatzen der einzelnen Fruchtzellen. Ja man konnte förmlich dieses kosmische Ereignis sehen.

Überhaupt schienen sich jegliche Art von Gefühlen mit den anderen Wahrnehmungen zu vermischen. Das, was man hörte, war in gewisser Weise auch das, was man sah und schmeckte. Harry hatte die „Kuhplatte" von Pink Floyd aufgelegt und das Stück, bei dem sie alle nach einem Trip zusammensaßen und zu leiser Gitarrenmusik heiter frühstückten, war genau die Musik, die jetzt passte.

Jenny war in der Küche verschwunden und der Duft von frisch aufgebrühtem Kaffee zog durch die kleine Altbauwohnung, die für kurze Zeit, oder eine kleine Ewigkeit, zu einem wunderschönen Palast geworden war. Marietta machte sich daran, einen Joint zu drehen, was ihn dazu brachte, sie noch mehr zu lieben. Harry hatte seinen Kopf auf Stellas Schoß gelegt und sog genüsslich an einer Zigarette, während Stella herzhaft in einen roten Apfel biss. Gandolf hatte seine Maultrommel aus seiner tiefen Manteltasche ausgegraben, begann sie in den Mund zu stecken und darauf zu spielen, während auf der Schallplatte gerade eine Hündin mit der Musik mitheulte.

Es war also rundherum gemütlich. „Wie bei den Hobbits", lachte Gandolf etwas verschmitzt. Er sah kurz zu ihm auf. Hatte er nicht erzählt, dass Frodo nun bald aufbrechen und furchtbare Abenteuer bestehen musste, um in ein Land, das Mordor hieß, zu gelangen, wo bestimmt keiner hinwollte?

Doch schnell war der dunkle Schatten wieder verschwunden und Marietta reichte ihm ihren wunderschönen Joint. Er hob ihn kurz über seine Stirn, bevor er gierig daran sog. Es war ihm, als würde er ihre Liebe in sich einsaugen, die allerdings etwas bitter schmeckte.

„Wollen wir nicht etwas Musik machen?", fragte er vorsichtig in die Runde. „Ja, bitte spiel uns doch was", sagte Stella und Marvin stand auf. „Okay, dann hole ich meine Gitarre." Er setzte sich vor sein altes Harmonium und begann mit einem Ton, vorsichtshalber war es ein C. Das klang einfach zu sauber, fast erschreckend nach dieser Nacht. Also ein Cis dazu. Schon besser, dachte er. Das flirtte etwas und war nicht mehr so leicht festzuhalten. Mit der linken Basshand suchte er ebenfalls nach einem tiefen C, denn falsch sollte es am Anfang nicht unbedingt klingen. Aber so konnte er einen pochenden Rhythmus halten, der etwas schneller als ein Herzschlag sein sollte, denn er hoffte sehr darauf, dass ihm jemand hilfreich und unterstützend beistehen würde, was auch geschah. Denn Marvin hatte begonnen, im gleichen Rhythmus an der G-Saite zu zupfen. Jetzt fing er an, seiner rechten Hand freien Lauf zu lassen. Langsam begann sich der Raum mit verschiedenen Klängen zu füllen, doch fehlte einwandfrei die Flöte von Mi.

Langsam hatte sich eine Art stampfender Rhythmus entwickelt, in der die Melodie keine große Rolle mehr spielte. Er war froh darüber, denn so konnte er sich innerlich etwas entspannen. Sie machten, was ihnen Freude bereitete, und das war gut so. Wieder war das Gefühl für Zeit vollkommen verschwunden, doch hatten sie wieder zur „Landung" angesetzt und waren wieder die Gemeinschaft, mit der sie aufgebrochen waren. Zusammen sind wir stark, das wussten sie.

Durch das zerbrochene Dachfenster zeigte sich das erste graue Licht des Morgens und eine Amsel, die sich auf die Regenrinne gesetzt hatte, begann mit ihrem Morgenlied. Gandolf schickte sich an zu gehen und versprach später wieder zu kommen, doch müsse er erst einmal ausschlafen. Auch Müsli zog es nach Hause, außerdem hatte er noch ein Date mit einer schönen jungen Frau. Harry und Stella waren auf seiner Matratze eingeschlafen und auch Marietta lag hingegossen auf einem Ende seines Betts. Sie hatte ihre Beinprothese abgeschnallt, die jetzt wie ein fremdes Ungetüm neben seinem Bett lag. Sie sah jetzt so hilflos aus, wie ein kleines Kind. Er nahm eine Decke, die seine Mutter ihm gestrickt hatte, und deckte sie damit zu. Marvin und Jenny waren in ihr Bett verschwunden. Er quetschte sich zwischen alle und schlief selig ein, froh und glücklich, dass sie alle da waren.

Irgendwann am Nachmittag wachten sie wieder auf. Sein Po hatte sich an die Stella gedrückt und sein Kopf lag an Mariettas Hüfte. Er konnte sich nicht erinnern, jemals glücklicher gewesen zu sein. War man deswegen auf diesem seltsamen Planeten, weil man so etwas erleben wollte? Warum lagen sie nicht alle auf Matratzen und schmusten miteinander? Aber nein, sie schossen sich lieber gegenseitig tot und die, die das nicht mehr wollten, waren die Bösen. Er legte seine Lieblingsplatte von „Vanilla Fudge" auf und wartete sehnsüchtig auf sein Lieblingslied „Season of the Witch".

Marietta nahm ihre Beinprothese und legte sie an ihr muskelloses Bein, schnallte sorgsam die Lederriemen darum und ließ sie mit einem heftigen metallischen Klacken einrasten. Bei diesem Geräusch drehte sich unweigerlich die verbliebene Schwertspitze in seiner Brust um und wieder fiel ein Tropfen Blut auf die feuchte Erde. Wie konnte so etwas eine so schöne junge Frau von knapp achtzehn Jahren treffen? Irgendwie war sie für ihn zum Sinnbild seiner zutiefst verwundeten Generation geworden. Sie wurden verhöhnt, verspottet und trugen doch nur die Schuld ihrer Eltern mit sich herum.

Stella hatte sich bei dem Geräusch mit einem Ruck aufgesetzt und wühlte in den herumliegenden Trümmern der vergangenen Nacht, die verstreut auf dem dünnen Teppichboden herumlagen. Nach einiger Zeit fand sie noch einen Krümel und fragte Harry nach einer Kippe, die er ihr gern gab. „Ich bau' uns erst mal einen. Kann vielleicht jemand Kaffee machen?" Er stand sofort auf, um ihrem Wunsch nachzukommen. Marietta musste dringend aufs Klo und humpelte wieder an ihm vorbei. Noch nie hatte er sie wegen irgendetwas jammern hören. Nur der etwas herbe Zug um ihren wunderbaren roten Mund, der sie etwas älter erscheinen ließ, verriet etwas von ihren Schmerzen. Er hätte sich gern vor ihr auf den Boden geworfen, um sie um Vergebung zu bitten, aber er berührte sie nur sanft an ihrer nackten Schulter.

„Der Kaffee ist bald fertig", rief er und war froh, etwas für sie alle tun zu können. Wie auf ein Kommando klopfte es an der Tür. Gandolf war wieder da. Sie freuten sich alle, seine hoch aufgeschossene Gestalt und sein blasses Gesicht mit der runden Nickelbrille zu sehen. Er hatte sich eine große Tasche in seinen Mantel genäht, in der er zu wühlen begann. „Ich hab' euch ein Frühstück mitgebracht." Seine graublauen Augen funkelten, als er begann, teure Delikatessen auf das kleine Tischchen zu legen. Kaviar, ein teurer französischer Käse, die teuerste Butter, die es gab, etwas Lachs und einen teuren Schinken. „Eier konnte ich nicht klauen, das wäre aufgefallen", lachte er. „Aber einen Sack Brötchen habe ich noch richtig gekauft." Sie freuten sich alle sehr über das kleine Wunder. Auch Marvin und Jenny waren bei dem Kaffeeduft aufgewacht und setzten sich zu ihnen. So waren sie nun fast alle wieder zusammen, bis auf Müsli, der ja sein Date hatte.

„Und wie war der Trip für euch?", fragte er in die kauende Runde. „Ich fand es okay", antwortete Stella. „Ich habe total viele schöne Sachen gesehen, die echt eine Reise wert waren." „Ich auch", verkündete Marietta. „Mich hat echt der Zwerg aus dem Wald besucht und diesmal durfte ich sein Reich betreten. Es waren wunderbare riesige Hallen voll von unermesslichen Schätzen da, doch durfte ich leider nichts mitbringen." Gandolf war hellhörig geworden. Denn auch in seinem Buch „Lord of the Rings" traf Frodo auf Zwerge, die in unermesslich wundervollen Hallen wohnten. „Wohin hat er dich da gebracht?", fragte er sie. „Das war recht seltsam. Soviel ich mich erinnern kann, musste man durch ein Loch im Boden. Ich fürchtete mich etwas davor, aber er war sehr charmant und meinte, dass ich keine Angst zu haben brauchte. Lass dich einfach fallen und deine Krücken kannst du ruhig wegschmeißen, denn dort brauchst du keine. Ich habe ihm vertraut und sofort war ich dort, ich glaube, ich konnte dort sogar fliegen." Ihr war vor Aufregung etwas Röte in das blasse Gesicht gestiegen, was ihre Schönheit noch unterstrich.

„Und du, Harry?", fragte Gandolf. „Kannst dir ja denken, dass ich wieder auf einem Traumstrand mit wahnsinnig schönen Hippiemädchen war, die mich die ganze Zeit verwöhnt haben." Er lachte und wischte sich dabei etwas Kaviar von den Lippen, während ihn Stella mit einem leicht vorwurfsvollen Blick belegte. „Männer", war ihr kurzer trockener Kommentar und sie steckte sich den Joint zwischen die Lippen. Marvin und Jenny erzählten, sie hätten zusammen den Puppenspieler aller Puppenspieler getroffen. Einer, der alle Puppen, die es jemals gab und geben wird, in seinen Händen hielt. Doch konnten beide nicht genau sagen, ob es ein Mann oder eine Frau war. „Aber vielleicht gibt es dort so etwas wie männlich und weiblich überhaupt nicht." „Das wäre aber durchaus schade", ließ sich wieder Harry vernehmen und alle mussten lachen.

„Und wie ist es dir ergangen?" Marietta war neugierig geworden und sah ihn herausfordernd an. „Als Müsli die ‚King Krimson' auflegte, war ich auf einmal in seinem Reich und sah ihn mit seinem ganzen Gefolge auf einem wunderbaren Thron sitzen, der irgendwie aus Gummibärchen zu bestehen schien. Aber alles war so lebendig, harmonisch und wild zugleich. Überhaupt gab es dort keinerlei Gegensätze. Aber auch nicht die Harmonie, wie wir sie uns vorstellen. Es war irgendwie alles so, wie man es sich wünscht." „Das würde ja auch erklären, warum wir alle etwas anderes und doch auch irgendwie das Gleiche erlebt haben." „Weise gesprochen, Gandolf der Graue", ließ sich Jenny vernehmen. „Ich habe mich schon gefragt, ob wir, wenn wir den gleichen Trip nehmen, auch das Gleiche erleben. So klingt das ganz gut. Damit könnte ich leben, und was war so deiner?" „Ich muss ganz ehrlich sagen, dass ich euch nur die ganze Zeit angeschaut habe. Denn ihr wart so wunderschön, als würdet ihr alle schon im Paradies sein. Ich hatte einfach das Gefühl, dass ich auf euch aufpassen möchte." „Ja, Papi", sagte Marietta fast etwas zornig. „Wir können schon ganz gut auf uns selbst aufpassen." „Ich finde das super", hörte er Stella erwidern. „Vielleicht hatten wir alle deswegen einen so guten Trip und dein Frühstück war auch ganz super." Sie hatte das Gefühl, ihn etwas in Schutz nehmen zu müssen. Außerdem ahnte sie, dass er nicht alles sagte, was er gesehen hatte. Vielleicht hatte er einen Blick in die Zukunft getan, wie es bei Zaubern so üblich ist und es war nicht ganz so schön, wie ihre Träume gewesen. „Jedenfalls waren wir erfolgreich", schloss Gandolf das Gespräch. „Ich mache uns jetzt ein wunderschönes Jillom." Dagegen hatte niemand etwas einzuwenden und sie schlürften noch genüsslich ihren nun schon lauwarmen Kaffee.

Nachdem sie noch ein paar Stunden so herumgelegen waren, verabschiedeten sich Stella und Harry. „Mittwoch Konzert im ‚Blow Up'. Nicht vergessen, die sind echt gut." Stella warf ihm noch zum Abschied einen Handkuss zu. „Ja, klar", erwiderte er und gab ihn zurück. „Aber wir sehen uns ja noch in der Schule." Auch Marietta war aufgestanden und hatte ihre Krücken bereits in die Hand genommen. Er zog sich schnell seine Schuhe an. „Ich bring' dich noch runter, okay?" Sie sah ihn stolz von oben herab an. „Das musst du nicht, aber ich freue mich."

Im Treppenhaus hängte sie sich bei ihm ein und Schritt für Schritt, Treppe für Treppe bewegten sie sich langsam nach unten. Auf der Straße angekommen bückte er sich und nahm sie in den Arm, um sie zu küssen. Ihr dunkelroter Lippenstift hatte sich etwas verschmiert, als er seinen Mund auf ihren drückte. „Wann ziehst du denn zu mir?", fragte er sie noch einmal. „Ich denke, so in zwei Wochen", sagte sie lächelnd. „Da fängt der Mai an, das ist, glaube ich, eine gute Zeit für so was." Das fand er auch und ließ sie gehen.

Schnell sprang er die steilen Holztreppen wieder nach oben und saß nun mit Gandolf allein in seinem Zimmer. Der hatte bereits etwas aufgeräumt und die überquellenden Aschenbecher ausgeleert. „Einen Tee?", fragte er kurz und Gandolf nickte. Es war bereits dunkel geworden, als sie gemütlich im Schein einer Kerze zusammensaßen, rauchten und Tee tranken. „Erkläre mir doch bitte noch mal den Grund für Frodos Reise. Warum musste er das geliebte Auenland verlassen?" Gandolf ließ sich Zeit, strich sich ein paarmal übers Kinn und antwortete. „Es ging um Macht", fing er vorsichtig an. „Der dunkle Herrscher hatte einen Ring verloren, den die Elben einst geschmiedet hatten. Mit diesem konnte er, wenn er ihn finden würde, alles kontrollieren und unterdrücken. Nur jemand, der mit Macht überhaupt nichts am Hut hat, konnte ihn nehmen, zum Feuerberg in sein düsteres Reich bringen und ihn dort in das Feuer des Vulkans werfen. Und das war nun mal nur Frodo Beutlin." „Und wieso konnte Frodo der dunklen Macht widerstehen?", fragte er nochmals. „Er war der Einzige, der ein reines Herz hatte, und so klein er auch war, verlieh es ihm eine ungeheure Stärke. Und er hatte gute Freunde, vor allem Sam, der geschworen hatte, ihn niemals im Stich zu lassen. Er war der Inbegriff der Treue, wie es nur ein Freund sein kann. Er hatte einen mächtigen Zauberer zum Freund und viele, die ihm unterwegs helfen würden. Aber es stand immer auf des Messers Schneide, denn der dunkle Herrscher hatte seine Augen überall."

Ihm war bei dieser Geschichte etwas mulmig ums Herz geworden. „Musste er das tun oder hätte er auch nein sagen können?" „Manchmal geschehen Dinge einfach und es scheint egal, ob du es willst oder nicht, die Zeit ist dafür reif und plötzlich ist man ein Teil einer Geschichte und mittendrin; und wenn du erst mal drin bist, gibt es meistens kein Zurück. Irgendwann bist du dann auch schon zu weit zum Umkehren, dann musst du weiter, immer weiter, so wie wir. Hast du erst einmal eine dieser Pillen geschluckt, bist du unterwegs und du bist so wie Frodo auf deine Freunde angewiesen, oder so wie Marietta, die einen kleinen Führer gefunden hat, dem sie vertrauen kann. Doch um dort bestehen zu können, musst du eben alle Krücken ablegen und du brauchst noch ein einigermaßen reines Herz, das ihr ja noch zu haben scheint, wenn auch auf verschiedene Weise."

„Wie ist es denn mit den Frauen?", fragte er interessiert. Gandolf ließ ein Stöhnen vernehmen. „Es gab ein paar weise Frauen, die ihn gerettet und gestärkt haben, und oft hing es von ihnen ab, ob es weiterging oder nicht. Aber letzten Endes musste er die Tat selbst tun und selbst da musste ihm das Schicksal helfen. Denn auch er war nicht stark genug für den letzten Schritt, aber lass uns noch etwas rauchen, etwas Musik hören und froh sein, dass wir hier unter dem Dach sitzen und Freunde haben." „Ja", sagte er. „Ohne die Freunde möchte ich nicht auf ‚Trip' sein, aber ich fand es auch total schön, dass die Frauen da waren. Sie haben so eine gute Energie, als hätten sie vor nichts und niemand Angst." „Ja", sagte Gandolf zum Schluss. „Das liegt vielleicht daran, dass sie die Träger des Lebens sind. Sie geben es unter Schmerzen von einer Generation an die nächste weiter. Ohne sie würde alles erstarren und die Erde wäre wohl rasch ein eiskalter Mond. Aber lass uns von etwas anderem reden. Wann will Marietta zu dir ziehen? Ich finde das äußerst spannend mit euch beiden." „In fast zwei Wochen", sagte er. „Wenn der Mai beginnt, hat sie gesagt." „Ja das ist wirklich eine gute Zeit für so etwas", meinte sein Freund verschmitzt und reichte ihm den tabakgelben Wildschweinzahn. Er hob ihn über seine Stirn, ließ ein lautes „Om" vernehmen und sog den bittersüßen Rauch genüsslich in sich ein. Etwas Neues hatte begonnen und es war gut so.

Er hatte mit seinem neuen Bild begonnen. Das längliche Format ließ sich schlecht auf die Staffelei stellen und so stellte er es einfach schräg an die Wand und setzte sich auf ein Sitzkissen davor. Er nahm die Zeitschrift und schlug die Seite mit dem Foto der jungen Frau, von der man nur das Hinterteil sehen konnte, auf. Sofort zog ein angenehm warmer Strom an seinem Körper von unten nach oben. Ja, das war es, was er malen wollte. Dieses so wundervolle Gefühl, das er dort zwischen seinen Beinen verspürte. Die Energie schien ihn zu beflügeln, ja, scheinbar schien alle Lust, etwas Neues zu erschaffen, von dort zu kommen. War es nicht immer schon das gewesen, was die Künstler über alle Jahrhunderte beflügelt hatte?

Er hatte immer noch mit keiner Frau Sex gehabt, was so manches seelische Leid nach sich gezogen hatte. Doch nun wollte er diesen wunderbaren Strom in seine noch so jungen Hände fließen lassen und er machte sich ans Werk. Zuerst fertigte er eine Skizze mit Bleistift an, um sie dann auf die noch so unschuldig weiße Leinwand zu übertragen. Es tat so gut, die weiblichen Formen mit dem Bleistift leicht zu streicheln. Als er vorsichtig zwischen den Pobacken hochfuhr, wünschte er sich für einen Moment, *sie* würde vor ihm stehen und er könnte seine Nase dorthin bewegen, um *ihren* Geruch einzusaugen, wie ein Schmetterling den süßen Nektar einer wunderschönen Blüte. Ein Bein war angewinkelt und stemmte sich in den warmen Sand, während das andere Bein sich ihm noch entgegenstreckte.

Das Teil in seiner Jeans war etwas dicker und härter geworden und er überlegte kurz, ob er nicht den Stift weglegen und den kleinen Drachen in seiner Hose freilassen sollte. Nein, er musste noch etwas arbeiten. Er begann die füllige Haarpracht, die sich über die schon fast entrückten schmalen Schultern schmiegte und etwas im Sommerwind zu wehen schien, zu skizzieren. Er musste alles vereinfachen, sich auf die wesentlichen Umrisse beschränken, es sollte ja ein poppiges Bild werden und kein „alter Meister".

Das war es überhaupt, was er lernen musste, die Dinge zu vereinfachen und sich auf das Wesentliche zu beschränken. Außerdem würde er so damit eher fertig sein. Etwa zehn Zentimeter vom oberen Bildrand entfernt würde ein Streifen Himmel zu sehen sein. Er würde ein helles Blau nehmen, sehr hell, und irgendwie unbedeutend, denn das Wesentliche war das, was darunter zu sehen war. War es sexistisch, was er tat? Er wusste es nicht, er wusste nur, dass es ihm Freude bereitete.

Das Wesentliche würde der etwas quer verlaufende, etwa ebenfalls zehn Zentimeter breite Streifen sein, der leicht schräg von links oben nach unten rechts verlaufen würde. Er überlegte, welche Farbe er nehmen sollte. Es würde wohl auf ein sehr dunkles Blau hinauslaufen – oder doch ein dunkles Rot? Es war noch zu früh, um sich festzulegen. Er quetschte ein paar Farbtuben auf den alten Teller und begann, ein helles Blau zu mischen, das er am oberen Rand auftrug. Jetzt tastete er sich vorsichtig mit einem schmalen Pinsel an die weiblichen Formen heran. Wieder begann sich etwas in seiner Hose zu regen. Da er nun mit der Figur fast fertig war, beschloss er, seine Hose zu öffnen und seiner Lust freien Lauf zu lassen.

Erlöst sank er auf seine Matratze und konnte noch einen Geruch von *ihr* wahrnehmen, die noch vor Kurzem dort gelegen hatte. Mehr Leben gab es nicht, dachte er bei sich, als diese wundervolle Flüssigkeit in sich zu tragen und sie wie aus einem kleinen Vulkan aus sich herausschießen zu lassen. Auch er trug Leben in sich, das hinauswollte, um etwas zu finden. Ein neues Land, einen neuen Stern, oder einfach nur *sie*. Er lag noch eine Zeitlang so da und rauchte eine Camel ohne Filter, als es an der Tür klopfte.

Harry war gekommen. Er hatte etwas zum Rauchen mitgebracht und das Bild schien ihm zu gefallen. „Du machst dich. So was kannst du bestimmt gut verkaufen", sagte er etwas spöttisch. „*Sex sells*, das haben wir ja auch in der Schule gelernt. Ich hoffe, du hast nicht vergessen, dass morgen das Konzert ist. Stella freut sich schon total." „Ja klar, ich freue mich auch, wir kommen bestimmt mit unseren gefälschten Ausweisen rein." „Auf jeden Fall, zu irgendwas muss die Schule ja gut sein. Komm, lass uns später zum Flughafen fahren und ein wenig den Fliegern beim Landen und Starten zuschauen. Hast du Lust?" „Okay, können wir machen. Aber ich glaube, ich habe keinen Sprit mehr." „Dann klauen wir halt welchen, wenn es dunkel ist. Weißt ja inzwischen, wie das geht. Kannst es ja auch mal probieren. Musst ja was lernen." Harry lachte trocken und er musste einstimmen, auch wenn er den Geschmack des Benzins bereits in seinem Mund zu spüren glaubte.

So schlichen sie sich also wieder einmal zu dem Parkplatz, der zum Glück halb im Dunkeln lag. Er öffnete den Tankdeckel eines großen dunklen Wagens und stellte den leeren Kanister leise darunter auf den Boden. Nun reichte Harry ihm das Stück Gartenschlauch und er führte es vorsichtig in die kleine Öffnung ein. Ein leichtes Gurgeln war zu hören, zum Glück war der Tank halb voll. Jetzt setzte er seinen Mund an die Öffnung und begann kräftig daran zu ziehen. Sofort hatte er den Mund voll Benzin. Das war der Preis, den sie zu zahlen hatten. Sofort spuckte er die übel schmeckende Flüssigkeit auf den Boden und verschloss schnell den Schlauch mit dem Daumen. Nun musste er sofort den Schlauch in den Kanister stecken und der Sog der fallenden Flüssigkeit zog das Benzin aus dem Tank. Schnell hatte sich der kleine Kanister gefüllt und sie schlichen gebückt im Schatten einiger Büsche davon.

„Das hast du gut gemacht." Harry, der für diese Dinge sein Lehrmeister war, klopfte ihm anerkennend auf die Schulter. „Ich muss mir zu Hause sofort den Mund ausspülen, das Zeug schmeckt ja widerlich." Harry lachte. „Alles hat halt seinen Preis, aber wir können zum Flughafen." „Wir können ja ein Flugzeug klauen", sagte er halb im Scherz, doch wenn er ehrlich war, traute er Harry sogar das zu.

Schnell füllten sie den Tank seines kleinen Fiats und er spülte sich den Mund mit Leitungswasser mehrmals aus. Doch der fade Geschmack blieb noch eine geraume Zeit. „Kann ich mir eine Zigarette anzünden oder explodiert dann das Ganze?" Sie mussten lachen und er merkte, dass er in der Achtung seines Freundes etwas gestiegen war. Es war wohl die gemeinsame Tat, die die „Männer" verband und der Spruch „Mit dem oder der kannst du Pferde stehlen" hatte sich wieder einmal bewahrheitet.

Sie zwängten sich in das winzige Auto und fuhren aus der Stadt zum nahegelegenen Flughafen. Als sie näherkamen, sahen sie schon die Scheinwerfer der herabsinkenden Flugzeuge und eine frohe Stimmung machte sich in ihren Herzen Luft. Irgendwie spürte er auch eine leichte Wehmut in der Stimme seines Freundes, als dieser sagte: „Nicht mehr lang, dann hebe ich auch ab." Hatte er doch seine ganze Familie dort irgendwo da draußen am anderen Ende der Welt. „Komm, lass uns am Zaun entlangfahren, der an der Landebahn entlanggeht und noch einen rauchen."

Sie fuhren einen schmalen Feldweg entlang, der halb im Dunklen lag. Es war schon weit nach Mitternacht und weit und breit niemand zu sehen. Zufrieden rauchten sie ihren Joint, als Harry den Einfall hatte, über den Zaun, der etwa drei Meter hoch war, zu klettern, um auf der anderen Seite auf die Landebahn zu gelangen und den Luftzug und das Rauschen der Triebwerke über sich zu spüren. Er hatte das Gefühl, dass sein Freund jetzt wohl ein wenig übertreiben würde, doch ließ der sich von seinem Plan nicht mehr abbringen. „Also gut, ich mache mit, aber auf die Landebahn geh' ich nicht." Harry sah ihn etwas schief von der Seite an. „Okay, also los."

Die Nacht war wärmer, als er gedacht hatte, als sie sich aus dem Auto quetschten und sich erst einmal ihre Beine, die fast eingeschlafen waren, ausschüttelten. „Also los!" Harry hangelte sich geschwind an dem Maschendrahtzaun empor und war ebenso schnell auf der anderen Seite wieder auf dem Boden. Nun war er an der Reihe und jede Menge Adrenalin begann durch seine Adern zu schießen. Die Füße fanden in den Drahtschlaufen gut Halt. Nur an den Händen tat es etwas weh. Auch er hatte das obere Ende bald erreicht, das zum Glück ohne Stacheldraht war und sich bei seinem Gewicht deutlich nach unten durchbog.

Sein Freund rannte sofort los und war in der Dunkelheit verschwunden, als sich ein Düsenflugzeug langsam herabsenkte und zur Landung ansetzte. Nun sah er die weit entfernte kleine Figur auf die Landebahn rennen und sich auf den Asphalt legen, während das Flugzeug über ihn hinwegrauschte. Er hatte es geschafft. Wie mutig sein Freund doch war. Es schien niemand bemerkt zu haben und er kam wieder zurück geschlendert. Er ließ sich nichts anmerken, als wäre es das Selbstverständlichste gewesen, nur seine Augen hatten ein strahlendes Leuchten bekommen.

In ihrer Nähe stand eine ausrangierte viermotorige Propellermaschine, wohl zum Verschrotten abgestellt. „Lass uns versuchen, ob wir da reinkommen." Sein Freund hatte wohl noch nicht genug Abenteuer erlebt oder wollte er, dass sein kleiner Freund auch noch etwas Besonderes erleben sollte? Immer noch war niemand auf sie aufmerksam geworden und sie gingen zu der alten, schon etwas verrosteten Maschine. „Das wäre es. Die müsste man wieder in Gang setzen und einfach abdüsen." „Abschwirren wäre wohl besser, die hat keine Düsen." Sie lachten herzlich und zündeten sich eine Zigarette an.

Sie ließen ihre Blicke über das weite Gelände schweifen, auf dem gerade eine Maschine zum Start ansetzte. Niemand war zu sehen, das Wachpersonal schlief wohl gerade, ein Glück. An der alten Maschine war eine metallische Treppe angelehnt, die sie nun vorsichtig hinaufstiegen und wie durch ein Wunder war die Tür zum Inneren nur angelehnt. Sie kletterten hinein und er stand zum ersten Mal im Inneren eines Passagierflugzeugs. Ein erhabenes Gefühl machte sich in ihm breit. Die Hoffnung und das Herzklopfen der vielen Passagiere waren noch deutlich zu spüren. Er strich liebevoll über die verstaubten roten Ledersessel, es war wundervoll.

Wie schön wäre es, wenn sich sein Freund nun in das Cockpit hinter das Steuer setzen, die Motoren anlassen und sie auf das Rollfeld hinausfahren würden, um in die Nacht abzuheben? Eine weit entfernte Sirene ließ sie aus ihren Träumen aufschrecken und als sie zu der Tür hinaussahen, bemerkten sie ein gelbes blinkendes

Licht, das sich ihnen rasch näherte. „Scheiße, sie haben uns entdeckt. Schnell, wir müssen es noch zum Auto schaffen."

Sie rutschten die Leiter hinunter und rannten zum nahegelegenen Zaun. Schnell war der Maschendrahtzaun überwunden und schon saßen sie im Auto, das zum Glück sofort ansprang. Er raste, so gut man das mit seiner „Knutschkugel" konnte, den Feldweg in Richtung Wald, während das blinkende und heulende Fahrzeug noch eine Zeitlang neben ihnen herfuhr, bevor es ärgerlich wendete. Sie verschwanden im dunklen Wald, hielten an und lachten aus vollem Herzen. „Das war doch wieder ganz cool, oder? Besser als Kino." Das fand er auch und sie fuhren auf Schleichwegen wieder nach Hause.

Sie trafen sich wieder vor dem „Blow Up", für das sie das Logo entworfen hatten, das nun als riesengroße Leuchtschrift an der Wand des würfelförmigen Betonklotzes hing. „Dafür hätte ich eigentlich lebenslang freien Eintritt verdient", meinte Stella und zog dabei fest die Luft durch ihre hübsche Nase. „Den hat garantiert der Condula", sagte Harry trocken, „aber wir haben ja unsere Ausweise, das wird reichen."

Sie lachten und betraten das Foyer, das in poppigen Orangetönen gehalten war. Der Raum war schon gut mit jungen Leuten voll und man war gerade dabei, die rote Kordel, die den Eingang versperrte, zu öffnen. Sofort quetschte sich der ganze Pulk durch die schmale Öffnung und als sie ihre Ausweise vorzeigten, lachte er sie an. Er hatte das Gefühl, dass der Türsteher durchaus Bescheid wusste und sie trotzdem freudig einließ. Er war einer von ihnen, das war klar und sie hatten nichts zu befürchten.

Harry machte sich sofort auf den Weg zur Bühne und er ging mit Stella die Treppe nach oben, von wo man vom Balkon aus einen guten Blick auf die Bühne hatte, die wie eine dunkle Ebene aussah, auf der viele glitzernde, verchromte Gegenstände zu sehen waren. Alles sah sehr geheimnisvoll aus und ein gewisses Knistern der elektrischen Spannung war zu vernehmen.

„Kennst du die Gruppe?", fragte er sie. „Ich habe sie einmal in London gesehen und fand, sie ist der reinste Wahnsinn; vor allem der Gitarrist hat mir gefallen und ich glaube, ich habe mich etwas in ihn verliebt." „Dann möchtest du also Groupie werden", lachte er und sie sah ihn vorwurfsvoll von der Seite an. „Auf jeden Fall möchte ich schauen, dass ich nach dem Konzert hinter die Bühne komme. Kannst ja mitgehen." „Ich glaube nicht, dass ich mich in einen Musiker verliebe", war seine Antwort.

Der Raum, der im Halbdunkel lag, hatte sich nun bis auf den letzten Platz gefüllt und die knisternde Spannung war noch größer geworden. Dies war wohl der Moment, an dem die Band schon hinter dem Vorhang stand und ebenfalls von dieser Spannung erfasst wurde. Denn sie alle da draußen waren letztlich wegen ihnen und ihrer Musik gekommen. Bestimmt zögerten sie alles noch etwas hinaus, um die Spannung zu erhöhen, um dann im richtigen Augenblick, nachdem sie angekündigt und den ersten Beifall genossen hatten, mit großen selbstbewussten Schritten die Bühne zu betreten.

Als Clive, der Gitarrist, die Gitarre in die Hand nahm und der erste Ton zu hören war, sah er, dass ihre Augen etwas feucht geworden waren und ihr blasses Gesicht hatte rosa Wangen bekommen. Dann ist es also wahr, dachte er sich, sie hatte sich verliebt und niemandem etwas davon gesagt. Wieder schien seine kleine Gemeinschaft einen Knacks zu bekommen. Sie machten wundervollen, manchmal etwas weichen, melancholischen Rock, der sich oft nach weitem Meer und grünen Inseln anhörte, auf denen sich rothaarige Frauen ihre Männer, die dort draußen auf hoher See verschwunden waren, zurücksehnten. Und als Clive mit seiner E-Gitarre den wehmütigen Schrei einer Möwe nachmachte, war es vollkommen um sie geschehen und ein Schwall Tränen schoss aus ihren wunderschönen himmelblauen Augen. Ja, das war Liebe und er nahm sie in den Arm und hoffte, dass sie mit ihm glücklich werden würde. Das Konzert war zu Ende und Stella war sofort verschwunden. Er würde sie wohl nicht so schnell wiedersehen. Als er langsam die Treppe nach unten ging, stand am Ende sein Freund Harry. Zum Glück war er noch da und sie beschlossen noch eine Runde Flippern zu gehen.

Es war nun schon fast eine Woche vergangen und die kleine Schule kam ihm so leer vor ohne *sie*. So gingen sie statt zur Schule oft lieber in den Park und hörten den immer mehr werdenden Hippies zu, die mit ihren Gitarren und Trommeln unterwegs waren. Manchmal, wenn er auf dem Nachhauseweg an dem kleinen Park, der in seiner Nähe lag, vorbeiging, an dem auch ein modernes Gymnasium lag, sah er sie. Wieder saß sie unter dem Baum, dessen lila-rosa Blüten sich nun weit geöffnet hatten. Sie sah ihn kurz an, als er vorbeischlenderte. Sie war einfach nicht zu übersehen mit ihren braunen Locken und den warmen hellbraunen Augen. Hatte er sich getäuscht oder hatte sie ihn wirklich kurz angelächelt? Er ging weiter, doch ihr Bild hatte sich bereits in ihm festgesetzt.

Einen Tag vor der Denkmalenthüllung des geliebten Königs, der für so viele wunderbare Schlösser in diesem kleinen schönen Land verantwortlich war und der als Irrer in den Tod getrieben wurde, weil er Geld lieber für Kunst statt für Krieg ausgegeben hatte, tauchte Stella wieder auf. Sie war wohl eine Zeitlang mit der Band umhergezogen und wirkte etwas zerzaust, aber glücklich. „Clive musste mit der Band wieder nach England, aber ich komme im Sommer nach, habe ich ihm versprochen." Jedenfalls waren sie alle glücklich, dass sie wieder da war, und so machte sich am nächsten Tag ein seltsamer Zug auf den Weg in die Innenstadt.

Sie hatten sich alle mit Gewändern eingekleidet, die irgendwie aus dieser Zeit stammen sollten und die sie beim Trödler aus alten Truhen gezogen hatten. Er hatte sich einen Zylinder aufgesetzt und Stella trug ein altes Kleid mit weiten Röcken und vielen rosa Spitzen. Sie hatte sich einen großen Strohhut mit einer hellblauen Schleife aufgesetzt und das Gesicht weiß geschminkt. Harry hatte sich eine Melone auf den Kopf gesetzt und trug einen schwarzen Mantel mit goldenen Knöpfen. Irgendwie sah er wie ein amerikanischer Gangster aus, aber die hat es zu dieser Zeit wohl auch gegeben.

Der junge Mann aus Österreich, der als König enthüllt werden sollte, war wunderschön anzusehen mit seiner blauen Uniformjacke, den vielen goldenen Knöpfen und den Epauletten auf den Schultern. Man hatte ihm rosa Wangen geschminkt und das Haar nach hinten gekämmt, das allerdings blond war. Er führte die kleine Kolonne an, die sich jetzt auf den Weg zu dem großen Boulevard machte, der in die Stadt führte. Überall blieben die Menschen stehen, um den seltsamen Umzug anzusehen. „Ja hamma denn scho Fasching?", hörte er vereinzelte Stimmen rufen.

Als sie auf dem Platz des Ereignisses ankamen – es war der Platz, auf dem das Aktmodell aus der ersten Schule als Europa auf einem Stier ritt –, hatten bereits ein paar Mitschüler einen hölzernen Sockel aufgestellt, der himmelblau gestrichen war. Auch die Blasmusik mit ihren goldglänzenden Instrumenten war schon eingetroffen und hatte bereits damit begonnen, einige schräge Töne von sich zu geben. Ebenso waren einige Pressefotografen und das Kamerateam eines regionalen Senders erschienen. Der junge Mann wurde auf den Sockel gestellt und mit einem großen seidigen Tuch in ebenfalls blauer Farbe verhüllt. Das Motto der ganzen Aktion lautete: „Der König lebt", und es wurden einige salbungsvolle Worte gesprochen. Jetzt begann die Blasmusik, einen etwas traurigen Marsch zu spielen, und Condula, ihr Lehrer, zog heftig an einer Schnur. In seiner ganzen Pracht stand da nun der schöne junge Mann im warmen Sonnenlicht des nun schon zu Ende gehenden Aprils. Alle johlten und applaudierten aufs Heftigste und die Blasmusik spielte nun eine fröhliche Polka. Auch das Bild des jungen Königs, das er von seiner Tante ausgeliehen hatte, stand nun in einem goldenen Rahmen im prallen Sonnenlicht.

Die Aktion war ein voller Erfolg und ihre kleine Schule war auf einen Schlag bekannt, denn in allen Zeitungen würde am nächsten Tag ein großer Artikel stehen. Denn der „Kini", wie Ludwig II. noch liebevoll genannt wurde, war immer noch der König der Herzen in Bayern, und sie hatten eine Unterrichtsstunde in Public Relations erhalten. Seine Lehrer waren doch irgendwie genial und alle waren froh, diese kleine unscheinbare Schule gefunden zu haben.

Sie gingen durch den großen Park zurück und setzten sich auf eine Wiese, um etwas zu rauchen. Wie würde es weitergehen? Der Sommer und somit die Sommerferien waren nicht mehr weit und die Mädchen der kleinen Gemeinschaft waren alle verliebt. In ein paar Tagen würde Marietta zu ihm ziehen und er hatte noch einiges zu tun. Doch hatte er immer noch Harry, Müsli und Gandolf.

Aber Müsli war beständig auf der Jagd nach seinen Mädchen und Harry war auf der Suche nach neuen Abenteuern.

Wieder zu Hause nahm er sich seine Leinwand vor. Der Po der jungen Frau war ihm gut gelungen und auch die Sanddüne, in der ihre Fußabdrücke zu sehen waren – er hatte sie in einem hellen Graublau gemalt –, waren fertig. Jetzt nahm er sich den Balken vor, den er in den Vordergrund stellen wollte. Er würde ihn doch rot malen, zwar ein etwas dunkles Rot, aber immer noch so etwas wie eine Warnung oder ein Stoppschild. Es sollte jedenfalls den Blick vollkommen auf sich ziehen und den Betrachter erst einmal abhalten, nach oben zu blicken, und wenn, so war er doch gewarnt. Denn Nacktheit war nicht vorgesehen in dieser glücklichen Gesellschaft; es sei denn, man konnte damit Zigaretten oder zuckersüße Getränke verkaufen. Ansonsten war man es höchstens in der Badewanne des Badezimmers, dessen Tür man allerdings fest verschließen musste. Zwar hatte es schon vor etwa fünfzig Jahren eine Bewegung gegeben, in der einige Verrückte nackt auf irgendwelchen Bergen herumhüpften und auch der geliebte „große Diktator" ließ gern riesige nackte Männerstatuen aufstellen, die heroisch in die Ferne blicken. Er stellte sich vor, warum sie nicht nackt in den Krieg gezogen waren, wie es noch die allseits verehrten „alten Griechen" taten. Vielleicht hätten sie dann lieber mit ihm einen gemeinsamen Orgasmus erlebt, statt ihre Gegner zu ermorden. Aber diese muskulösen Riesen aus gemeißeltem Stein ließen beim besten Willen keine erotischen Gefühle aufkommen, eher wollte man sie schnell in eine schicke Uniform stecken und ihnen einen scheußlichen Stahlhelm auf ihren kahl geschorenen Kopf setzten. Doch war inzwischen einiges in Bewegung geraten und in einigen fortschrittlichen Kommunen lief man bereits splitternackt durch die Gegend und der „Normalbürger" konnte sich nicht genug darüber entsetzen, aber ohne dann doch heimlich die ihnen entgegengestreckten Hintern eingehend zu betrachten.

Er selbst hatte durchaus Schwierigkeiten, sich vor anderen nackt zu zeigen. Als Kind hatte er nämlich gelernt, dass alles unterhalb der Brust die Hölle war. Erst viel später sollte er erfahren, dass die Priester, die dies verkündeten, es selbst nicht so genau nahmen. Doch Ängste, die einem als Kind tief in die Seele gedrückt worden waren, konnten einen ein Leben lang nicht mehr verlassen – und das schien der Zweck dieser Übung gewesen zu sein.

Man musste also diesen Warnbalken, der breit und deutlich zu sehen war, überschreiten, um zum Wesentlichen des Bildes zu gelangen. Jetzt war es fertig und konnte trocknen. Später würde er noch etwas Firnis darüber streichen und es dann, bevor Marietta kommen würde, an die Wand hängen. Er war jetzt ein Kunstmaler wie sein Vater und wartete darauf, was nun geschehen würde.

Während er mühsam versuchte, sein kleines Schiff der Liebe im Wasser zu halten, damit es nicht an den vielen schroffen Klippen, die ihn umgaben, zerschellte, breitete der bekannte Filmemacher Rainer Werner F. sein dickes Ego über der verschlafenen Stadt aus. Wenn er aus seinem Dachfenster sah, konnte er ihn ein paar Blocks weiter auf dem Balkon eines modernen Wohnblocks halb nackt mit seinen Schauspielerinnen und Schauspielern herumalbern sehen. Er war wohl etwas älter und hatte mit den kiffenden Hippies nicht viel gemein – es sei denn, dass er sie für seine sexuellen Ausschweifungen benutzte. Ihn interessierte das wenig, doch hatte er immer sehr schöne junge Frauen um sich geschart, die sich an warmen Tagen ohne BH auf seinem Balkon rekelten.

Nur noch wenige Tage, dann würde er Marietta von zu Hause abholen und sie würde wohl einige Zeit bei ihm in seiner winzigen Bude wohnen. Freute er sich oder hatte er ein wenig Angst davor? Sie hatte trotz ihrer Behinderung eine starke Wirkung auf Männer, das war nicht zu übersehen. Doch die Aussicht, mit einem Mädchen das Bett zu teilen, erfüllte ihn mit Hoffnung und Stolz. Vielleicht hätte er ihr erzählen sollen, dass er noch nie mit einer Frau geschlafen hatte, und bestimmt würde er irgendetwas falsch machen. Auch dass er das, was er bisher heimlich allein gemacht hatte, auf einmal mit jemandem machen sollte, den er kaum kannte, verwirrte ihn etwas. Aber er hatte sich ja auf eine eigenartige Weise in sie verliebt und so wie er hoffte, auch sie in ihn.

Von Tag zu Tag wurde er etwas nervöser. Sie würden also den Versuch wagen, Mann und Frau zu spielen, denn eigentlich waren sie ja fast noch Kinder. Noch einmal übermalte er die Blüten, die er an die Wand gemalt hatte, und versuchte, sie noch schöner zu machen. Was brauchte eine junge Frau eigentlich? Zwar hatte er in Stellas Tasche, als sie diese ausgeleert hatte, ein paar Damenbinden gesehen, aber die einzige Frau, mit der er bisher zusammengewohnt hatte, war seine Mama. Ach, wäre es schön gewesen eine Schwester zu haben, wie Harry und Müsli, die sich mit dem weiblichen Geschlecht viel leichter taten.

Immer wieder putzte er die staubigen Ecken, richtete die wenigen Bücher und Platten her und merkte, dass er so gut wie nichts besaß. Aber er hatte immerhin ein kleines Auto und das war eigentlich sehr viel in seinen Kreisen. Marvin und Jenny hatten auch nichts außer ihren alten Matratzen und dem Schlagzeug, auf dem sich Marvin manchmal austoben konnte. Sie waren einwandfrei ein glückliches Paar, auch wenn sie sich manchmal lautstark fetzten. Das schien wohl zu einer Beziehung zu gehören. Mit Freunden war alles irgendwie einfacher, doch auch unter Freunden war das Thema Frauen immer präsent. Sie waren eben Menschen und keine Götter – Gott sei Dank.

Er fürchtete sich davor, die Liebe, *die er* in seinem Herzen spürte, nicht leben zu können. Wie leicht war es doch für seine Freunde, die unentwegt Liebe machten? Er hatte nicht das Gefühl, dass Liebe etwas war, das man herstellen konnte. Für ihn war es eher wie ein Fluss, der immer da war. Man konnte sich hineinbegeben, oder auch nicht. War man erst einmal drinnen, wusste man nicht, was er mit einem machen würde. Konnte man die sanfte Wärme des Wassers genießen, oder trug einen eine tiefe Strömung zu unbekannten Ufern? Gab es spitze Klippen, an denen man sich verletzen konnte, oder giftige Ungeheuer, die irgendwo tief auf dem Grund fast unsichtbar hinaufsteigen konnten, um einen zu verletzen? Aber vielleicht taten das ja seine Kameraden, wenn sie sich so leicht und locker auf jede Gelegenheit stürzten, die sich ihnen bot.

Nervös ging er in seinem Zimmer auf und ab. Morgen würde er sie von ihrem Zuhause abholen. Er putzte noch einmal die Fenster, hängte das Bild, das nun fertig war, an die Wand neben das Bild mit den dicken rosa Wolken, das nun schon ferne Vergangenheit war. Noch einmal strich er mit seinen Händen über die Decke, die er auf der alten Matratze ausgebreitet hatte. Er war noch hinuntergelaufen und hatte einen Strauß roter Rosen besorgt. War das schon zu viel, fragte er sich. Auch etwas zu essen, ein paar Packungen Nudeln, Ketchup, etwas Butter und Käse, damit sie nicht gleich hungern mussten.

Er hatte das Gefühl, dass er sich auf einmal um jemanden kümmern musste, was ihm bisher völlig fremd war. Seine Gedanken kreisten mehr um sie, als ihm lieb war, und ließen wenig Raum für etwas anderes.

Spät am Abend kam noch Gandolf vorbei und sie rauchten noch etwas, hörten Musik und unterhielten sich. „Freust du dich gar nicht?", fragte er. „Ja doch", antwortete er. „Aber ich fürchte mich auch ein wenig davor." „Seltsam", sagte Gandolf mit einem verschmitzten Lächeln unter seiner Nickelbrille. „Alle beneiden dich. Du bist der Einzige von uns, der plötzlich mit einer Frau zusammenlebt." „Aber ich habe noch nie mit einer Frau Sex gehabt", wagte er zu sagen. „Und soviel ich weiß, ist sie sexuell ganz schön aktiv. Ich habe einfach Schiss davor, alles falsch zu machen." „Frauen sind nicht so; sie spürt, dass du sie liebst und das ist für sie erst einmal das Wichtigste. Außerdem bist du nicht jemand, der anderen sagt, was sie tun und lassen sollen. Das ist erst einmal ein Stück Freiheit für sie. Die Frauen wollen sich genauso wie wir befreien. Von all dem Schutt und Ballast, den sie in uns aufgehäuft haben. Ihr probiert etwas aus und sammelt neue Erfahrungen, das ist alles. Mach dir keinen Kopf." „Frodo hatte keine Freundin, oder?", fragte er ihn. „Darüber ist nichts bekannt", lachte Gandolf, „aber Sam hat geheiratet und Kinder bekommen."

Der Mai hatte begonnen und eine warme Frühlingssonne lachte vom Himmel, als er sein kleines Auto noch einmal durchputzte, um dann zu ihr zu fahren. Sein junges Herz überschlug sich fast vor Hoffnung und Zweifel. Er stieg ein und betätigte den Anlasser. Zum Glück sprang das Auto sofort an. Zum ersten Mal hatte er das Gefühl, ganz auf sich allein gestellt zu sein. Würden seine Freunde ihn überhaupt noch besuchen, wenn sie bei ihm wohnte?

Er dachte an sie. Würde sie bereits am Fenster stehen und aus ihrem Kinderzimmer hinaussehen, ob er kommt? Sie hatten noch einmal telefoniert und eine schroffe Männerstimme hatte sich gemeldet. Es war wohl ihr Vater, der sie ungern ans Telefon rief. Er merkte jetzt, dass er eigentlich nicht viel von ihr wusste. Sie war eben Marietta, ein Hippiemädchen, das auf Krücken ging und gern mit den Jungs kiffte. Wie benebelt fuhr er durch die engen Straßen der großen Stadt. Ihre Eltern wohnten etwas außerhalb in einem dieser spießigen Reihenhäuser, wo man seine Nachbarn kaum grüßte, obwohl man mit ihnen Tür an Tür wohnte.

Es war nun schon fast Mittag, als er endlich die richtige Straße fand und vor ihrem Haus stehen blieb. Er schaltete den Motor aus und stieg aus. Sie stand bereits an der Tür und hatte sich hübsch zurechtgemacht. Ihre Lippen waren dunkelrot geschminkt und ihre Augen stark mit Kajal umrandet. Um sie herum standen ein paar Taschen und ein großer Spiegel. Sie hatte den alten, etwas abgenutzten Rahmen mit billiger Goldfarbe gestrichen und das Glas war an einigen Stellen schon etwas blind. Er überlegte, wie er das alles in sein kleines Auto einladen sollte, und ging auf sie zu.

Im Hintergrund sah er eine etwas verhärmte ältere Frau stehen, der einige Tränen über die Wangen liefen, die sie schnell wegwischte. Marietta ging stolz und aufrecht, nahm einen Rucksack auf ihre Schultern und humpelte auf ihn zu. Er ging zur Eingangstür, schnappte sich die restlichen Taschen und klemmte sich den großen Spiegel unter den Arm. Die ältere Frau stand nur da, ohne ihn zu grüßen, und er hatte auf einmal das Gefühl, in einem unwirklichen Geisterfilm zu sein. Kaum hatte er einige Schritte in das pralle Sonnenlicht getan, als im oberen Stockwerk das Fenster aufgerissen wurde und neben wüsten Beschimpfungen und Flüchen ein Eimer mit stinkenden Fäkalien auf ihn geschüttet wurde. Mit einem großen Satz konnte er sich gerade noch aus der Schusslinie bringen. „Das ist mein Vater", sagte sie voll Verachtung. Auf einmal fühlte er sich beschämt und niedergeschlagen, doch der Trotz und die Verachtung, die er von ihr spürte, sprang wie ein Funke auf ihn über. Er würde sie beschützen und sie zeigten beide mit dem Mittelfinger nach oben, und stiegen ein.

Zum Glück hatte sein Auto ein kleines Dachfenster, durch das der große Spiegel gerade noch gepasst hatte. Die Taschen lagen auf dem Rücksitz und auch ihre Krücken ragten noch wie zwei außerirdische Antennen aus dem Dach. Sie zündete zwei Zigaretten an und steckte ihm eine in den Mund. Er startete den Motor und sie fuhren los, in eine neue, unbestimmte Zukunft hinein, ohne sich noch einmal umzusehen.

„Was war eigentlich mit deinen Eltern los?", fragte er, als sie schon ein Stück gefahren waren. „Die machen sich große Sorgen. Leute wie du sind die absolut Bösen für sie. Sie sind an allem schuld. Dass ich Hasch rauche und gern abends weggehe – und du bist wohl so was wie der Schlimmste, weil du ja nicht mehr bei den Eltern wohnst wie die meisten anderen. Da vermuten sie alles, was sie sich in ihrer Fantasie an Perversem ausdenken können." Er lächelte etwas müde und verbarg, dass ihm diese Szene nahegegangen war. Trotzdem fühlte er sich in ihrer Nähe auf einmal stark.

Der warme Wind blies durch die geöffneten Autofenster und die engen staubigen Straßen waren auf einmal nicht mehr so schmutzig, sondern weit und leer; und die Menschen, die darauf gingen, schienen auf einmal zu lächeln. Er hielt vor dem alten grauen Haus und der Lärm der nahen, staubigen Hauptstraße war wie das Rauschen eines fernen Meeres. Er schämte sich etwas, dass er ihr nicht eine Villa mit Meerblick bieten konnte, sondern nur ein schäbiges Mansardenzimmer mit ein paar billigen Matratzen.

Sie stiegen aus und stellten ihre Sachen auf die Straße. Der alte Spiegel lachte ihn etwas schelmisch an. „Ist das wirklich alles, was du brauchst?", fragte er sie zweifelnd. „Mal sehen", sagte sie. „Du hast ja auch nicht zu viel Platz." Er musste lachen. „Da hast du recht", sagte er. „Mehr als herumliegen kann man eigentlich nicht. Wir müssen halt was rauchen, dann geht es vielleicht." Sie stimmte ihm zu. „Ich hab' was dabei, damit feiern wir erst einmal."

Er hatte nichts dagegen und sie begaben sich auf den steilen Weg nach oben. Schritt für Schritt mühten sie sich die Treppe hinauf, denn der schwere Rucksack auf ihren schmalen Schultern machte es ihr nicht gerade leichter. Er ging einen Schritt hinter ihr, den Spiegel unter einem Arm geklemmt und die Taschen unter dem anderen. Sie musste ihre Krücken immer eine Stufe weiter setzen, um dann ihren schmalen Körper nachzuziehen. Immer wieder war das Knacken ihrer Prothese zu hören. Der metallische, klickende Klang drang direkt in sein Herz und die Wunde, die wohl niemals ganz verheilen würde, hatte sich wieder geöffnet. Ein roter Tropfen, der die Farbe ihres Lippenstiftes hatte, war auf den schmutzigen Boden gefallen und dort in fast unsichtbare kleine Tröpfchen zersprungen. Niemand hatte es bemerkt. Nur sie warf ihm, etwas außer Atem, einen warmen Blick zu. In jedem Stockwerk legten sie eine Pause ein. „Weißt du, als ich klein war, wollte ich immer ein Vogel sein, der von Ast zu Ast fliegt, in den blauen Himmel hinein. Jetzt, in deiner kleinen Dachwohnung komme ich der Sache schon etwas näher."

Endlich standen sie vor der Wohnungstür und er sperrte die Tür auf. Ein noch nie vorher wahrgenommener Duft schien die enge Wohnung zu erfüllen. War das wirklich der Platz, den er erst vor Kurzem verlassen hatte? Alles war irgendwie anders, als hätte sich ein anderer, ihm unbekannter Geist an die Arbeit gemacht. „Vielleicht war dein Zwerg schon hier und hat sauber gemacht?" „Sieht so aus", lachte sie und öffnete seine Zimmertür. Ihr Blick fiel auf den Strauß Rosen, den er in einer Ecke auf den Boden gestellt hatte. Sie sagte nichts, doch nahm sie seine Hand, sodass er ihr dabei helfen konnte, sich auf der Matratze niederzulassen. „Schön hast du es gemacht und dein neues Bild gefällt mir gut." „Ich mach' uns einen Tee", sagte er. „Kannst ja schon etwas auspacken." Er sah sie noch einmal an. Wie ein verletzter wunderschöner Vogel saß sie da, irgendwie zerbrechlich und doch stark. Er war froh, sie etwas allein lassen zu können und verschwand in der Küche.

Als er nach einiger Zeit mit einer großen Kanne Tee und zwei Schalen das Zimmer wieder betrat, hatte sich bereits alles verändert. Sie hatte den Spiegel an die Wand gestellt und einen schwarzen Seidenschal darum drapiert. Davor hatte sie in einer schönen, etwas abgewetzten Ledertasche ihre Schminksachen ausgebreitet. Verwundert sah er auf die seltsamen geheimnisvollen Dinge herab. Auch über das halb zerbrochene Fenster hatte sie ein buntes indisches Tuch in warmen Brauntönen gehängt und eine schwarze Kerze, die auf einem verkrusteten Messingleuchter stand, angezündet. Eine seltsame Magie ging von ihrem Tun aus. Ein indisches Räucherstäbchen verbreitete einen bittersüßen Geruch und sie war gerade dabei, einen Joint zu drehen.

Er stellte die Schale neben sie und goss ihr einen Tee ein. Sie hatte ihre Prothese abgeschnallt und saß mit angewinkelten Beinen am Rand der Matratze. Er zog sich seine Schuhe aus und krabbelte an ihr vorbei, ebenfalls auf seine Matratze. „Ich leg' eine Platte auf", sagte er und robbte auf dem Bauch zum Plattenspieler. „Die Kuhplatte von Pink Floyd, ist das okay?", fragte er. Sie war einverstanden und nahm einen Schluck Tee.

Er robbte neben sie und sah ihr beim Bau des Joints zu. „Was meinst du, wie froh ich bin, dass ich nicht Angst haben muss, dass die Tür auffliegen könnte und mein Vater plötzlich im Zimmer steht?" „War es so schlimm?", fragte er. „Möchtest du bei deiner Mutter im Kinderzimmer rauchen?", fragte sie spöttisch. Nein, das konnte er sich beim besten Willen nicht vorstellen. Er konnte sich an den Bewegungen ihrer Hände nicht sattsehen. Vorsichtig erwärmte sie das Stück Hasch, das sie mitgebracht hatte, um es dann in den vorbereiteten Tabak zu krümeln. Ein wohlig warmer Duft verbreitete sich im Zimmer. Geschickt rollte sie das Papier zu einer langen Rolle zusammen und leckte sie mit ihrer rosa Zunge ab. Ja, er liebte sie und das, was sie tat; und jetzt war sie also da. Ein kleines Wunder, wie er meinte. Sie legte sich auf den Rücken und zündete sich den Joint an. Er legte sich neben sie und ihre Hüften berührten sich leicht. Sie steckte ihm den Joint in den Mund und gab ihm einen leichten Kuss. „So kann man es aushalten", sagte sie und er musste ihr zustimmen.

Die Musik, ihr Duft und der bittersüße Rauch taten ihre Wirkung und er konnte sich nicht erinnern, jemals so glücklich gewesen zu sein. Das kleine Zimmer, das ihm immer klein und eng vorgekommen war, hatte sich zu einer warmen, weichen Höhle erweitert. Er legte seinen Kopf auf ihre junge Mädchenbrust und sog begierig ihren Geruch ein. Hatte er schon einmal etwas so Gutes gerochen? Es war der Geruch der Weiblichkeit, den man, wenn man ihn einmal gerochen hatte, nie mehr vermissen möchte.

„Weißt du, dass über uns nur noch der Himmel ist?", flüsterte sie. „Ja, das stimmt", sagte er ebenso sanft, „Wir wohnen unter dem Dach." Und für einige Zeit senkte er sich zu ihnen herab. Das war also die Liebe, doch er wusste genau, dass er sie noch nicht kannte und spürte irgendwo, dass sie wohl auch mit Schmerz verbunden sein würde. Er nahm ihre zarte Hand, die so zerbrechlich schien und drückte sie fest.

Sie richtete sich auf. „Magst du noch einen Tee?", fragte sie ihn zärtlich. Er sah in ihre braunen Augen. „Ja, gern", sagte er und sie goss ihm eine Schale voll ein. Er war nur noch lauwarm. „Ich glaube, ich bekomme einen fürchterlichen Hunger, hast du was zu essen?" fragte sie. „Ich könnte uns Spaghetti machen", sagte er und war froh, dass er etwas eingekauft hatte. „Komm, wir machen zusammen was. Wir sollten sowieso mal wieder aufstehen." Draußen war es bereits dunkel geworden. „Dann los", sagte sie und sie verschwanden in der Küche. Er setzte einen Topf Wasser auf und gab etwas Salz hinein. Der alte Gasherd war mit Essensresten verkrustet. Niemand hatte wirklich Lust gehabt, ihn jemals sauber zu machen. Er merkte, dass sie das nicht sonderlich störte.

„Hast du irgendetwas wie Gemüse?" Sie blickte ihn von unten an, die rechte Hand auf die Krücke gestützt und mit der linken eine schwere Eisenpfanne auf eine der bläulichen Gasflammen schiebend. „Ich glaube, es sind nur ein paar Zwiebeln da und etwas Tomatenmark." „Das wird reichen", sagte sie und nahm sich eine dicke Zwiebel, um sie zu schälen. Auf dem Kühlschrank neben dem Gasherd lag ein Holzbrett, auf das sie die geschälte Zwiebel legte. „Lass mich das machen", sagte er schnell, doch sie sah in strafend an. Sie wollte ihm unbedingt zeigen, dass sie keinerlei Hilfe benötigte und hatte nun beide Krücken an die Wand gelehnt, um die Hände frei zu bekommen. Doch musste sie jetzt ihren schmalen Körper gegen den Kühlschrank drücken, um nicht umzufallen.

Er sah ihr erstaunt zu, wie geschickt sie mit den Dingen umging. Schnell hatte sie die Zwiebel in feine Streifen geschnitten, gab etwas Öl in die Pfanne und sofort war ein angenehmes Zischen zu vernehmen. „Pass auf, dein Wasser kocht." Er hob den Deckel vom Topf und sah das heiße Wasser vor sich, das schon in großen sprudelnden Wellen auf ihn zukam. Er öffnete die große Packung Spaghetti und senkte sie vorsichtig in das heiße Wasser, als er hörte, wie sich ein Schlüssel in die Wohnungstür schob und sie mit einem knarrenden Geräusch aufsprang. Marvin und Jenny waren nach Hause gekommen. „Da kommen wir ja genau richtig", freute sich Marvin. „Ihr könnt gleich mehr machen, wir haben auch Hunger." „Ich mache sowieso die ganze Packung, das dürfte reichen", sagte er und Marietta verkündete, dass sie noch die restlichen Zwiebeln schneiden werde. „So ist es halt in einer WG", sagte er. „Das Futter ist immer schnell weg und niemand hat Lust einzukaufen."

Marietta rührte heftig in der Pfanne und hatte sich nebenbei eine Zigarette angezündet. Er hoffte, dass die Asche nicht in die Zwiebeln fallen würde, die bereits einen wunderbaren Duft in der Wohnung verbreiteten und Marvin veranlassten, mit einem Joint in der kleinen Küche, die sich am Gang befand, vorbeizuschauen.

Rasch begann er mit einem Kochlöffel, der auch nicht gerade der sauberste war, die Spaghetti, die gerade dabei waren zusammenzukleben, umzurühren. Die Zwiebeln waren nun kurz davor anzubrennen, als Marietta eine ganze Tube Tomatenmark darüber quetschte, das Ganze geschwind verrührte und mit Wasser löschte, was von einem lauten Zischen begleitet wurde. „Habt ihr irgendwelche Gewürze?", fragte sie Marvin, der mit dem Joint in der Hand zusah. „Reich mir mal den Joint." Marietta wirkte etwas ungehalten. Marvin reichte ihr den Joint, der schon fast aufgeraucht war und begab sich in sein Zimmer, um mit etwas Pfeffer und einem Gläschen Oregano zurückzukommen. „Viel ist das ja nicht gerade", sagte sie. „Ich glaube, ich muss mal einkaufen gehen."

Die Nudeln waren fertig und er goss das heiße Wasser in das kleine Waschbecken an der Wand. Eine Dampfwolke stieg auf, in der Marietta für einen kurzen Moment verschwand. Er kippte etwas Öl in den Topf mit den Nudeln und rührte ein paarmal um. „Die Soße ist fertig", ließ sich Marietta vernehmen und Jenny hatte bereits vier Teller angeschleppt, die sie jetzt zu füllen begann. „Wir können auch bei uns essen, wenn ihr wollt." Sie wollten, und begaben sich in das Zimmer der beiden.

Das Zimmer der beiden war ganz anders als seines. Zwar dominierte das Matratzenlager, doch war es wesentlich größer und heller als seines. Unübersehbar war das Schlagzeug, das in einer Ecke stand und das Wichtigste war. Marietta war erstaunt, als sie es sah. „Spielst du in einer Band?", wandte sie sich an Marvin, während sie sich setzte und ihre Prothese auf Knickmodus schaltete. „Ja. Ich spiele manchmal das zweite Schlagzeug bei Amon Düül und manchmal bei Embryo." Sie sah ihn bewundernd an. „Und was machst du, Jenny?", fragte sie und schaute die schon etwas Ältere, die immer so gesund wirkte, an. Sie war die Einzige von ihnen, die schon mit ihren zweiundzwanzig Jahren volljährig war. „Ich helfe manchmal in einem Laden aus und abends spielen wir beide im ‚Kleinen Spiel', dem Marionetten Theater, nicht weit von hier." „Können wir da nicht mal mitgehen?" Sie sah ihn an und er wunderte sich, dass er selbst noch nicht dort gewesen war. „Natürlich, gern, wann immer du willst."

Die Spaghetti schmeckten himmlisch, was natürlich auch an ihrem wahnsinnigen Hunger lag. „Deine Soße ist göttlich." Marvin schlürfte genüsslich eine Nudel in sich hinein. „Obwohl ich nicht an Gott glaube." Sie lachten und stopften die Nudeln in sich hinein, bis sie nicht mehr konnten. Jetzt sahen sie sich weiter im Zimmer um. Über ihrem Bett, das recht zerwühlt und fleckig aussah, hing ein großes Poster von „Comandante Che", der inzwischen wohl in allen WGs herumhing. Darunter noch ein paar kleinere Bilder von Hồ Chí Minh und Rudi Dutschke. Marvin und Jenny waren auch politisch aktiv und standen dem SDS nahe. Auf der gegenüberliegenden Wand hatte Marvin ein großes Wandbild angefangen, das in einer comichaften Art einige politische Abläufe darstellen sollte. Einwandfrei konnte Marvin besser zeichnen als er. Im Vergleich zu ihm führten sie ein wesentlich wilderes Leben – das meistens nachts stattfand. Sie standen wesentlich mehr mit beiden Beinen auf der Erde. Vielleicht lag es daran, dass Jenny vom Sternzeichen her Jungfrau war.

Sie saßen noch bis weit nach Mitternacht bei den beiden und redeten über Gott und die Welt, rauchten und tranken Tee, bis Marietta zu gähnen anfing. „Ich glaube, ich muss ins Bett, ich hab' zwar die Schule geschmissen, aber der Tag war doch ganz schön anstrengend; kommst du mit?" Sie stützte sich auf seiner Schulter ab und er reichte ihr die Krücken. „Ja natürlich, lasst uns ins Bett gehen." Seltsam, dachte er. Das fühlt sich so an, als wären sie schon immer ein Paar gewesen.

Sie gingen die wenigen Schritte zu seinem Zimmer und als sie es betraten, kam es ihm irgendwie gar nicht mehr so recht wie seines vor, denn jetzt war es auch ihres. Schnell drehte er den kleinen Heizlüfter an, denn es war recht kühl in dem Zimmer geworden. Sie hatte ihre Krücken ans Harmonium gelehnt und er half ihr dabei, sich auf den Rand der Matratze zu setzen. Mit einigen geschickten Handgriffen entledigte sie sich ihrer Prothese und hervorkam, wie aus einer Muschel, ein etwas hilflos wirkendes Stück Bein, das eher einer Flosse glich. Es war wesentlich kürzer als das andere und hatte fast keine Muskeln. Wieder spürte er den Schmerz in seiner Brust. Sie war doch noch so jung und so hübsch. Wie konnte so etwas nur passieren? Sie ließ sich nichts anmerken und tat, was sie immer tat – als wäre alles nur seltsam im Auge des Betrachters. Das war nicht sie. Sie war der junge schöne Vogel, der bereit war, zu fliegen und ihn mitzunehmen.

„Leg doch die Platte von den Doors auf, die ich mitgebracht habe. Ich bau' uns noch einen kleinen Gute-Nacht-Joint." Er legte die Platte auf und begann sich seiner Jeans zu entledigen. Sie hatte sich ihr Kleid über den Kopf gezogen und saß jetzt nur mit einem dünnen T-Shirt und einem knappen Höschen bekleidet im Bett und begann damit, den Joint zu drehen. Als Unterlage hatte sie das „Tibetanische Totenbuch" von Leary gewählt.

Sie legten sich nebeneinander aufs Bett und sie zündeten sich den Joint an. Ihre Körper berührten sich sanft und er spürte ihre Wärme in sich aufsteigen. War er jemals schon derart glücklich gewesen? Er drehte sich zu ihr und nahm ihr den Joint von den Lippen. Als er jetzt ihrem Gesicht so nahe war, überkam ihn ein zartes Verlangen, sie zu küssen. Sie sah ihn etwas spöttisch an. „Rauch doch erst einmal weiter", lachte sie. „Außerdem bin ich schon ziemlich müde." Er drehte sich wieder auf den Rücken und sog an der Tüte. „Du hast recht. Vielleicht sollten wir bald schlafen. Ich muss morgen zur Schule."

Sie streckte ihm ihr ganzes Bein entgegen und fuhr mit dem Fuß zärtlich an seinem Schienbein entlang. Wieder spürte er diese wohlige Wärme in sich aufsteigen und hatte einfach nur den Wunsch, dass es so bleiben möge, wie es war. „Du kannst mich schon anfassen", lachte sie neckisch. Kurz überlegte er sich, ob er es ihr gestehen sollte. Er verwarf rasch den Gedanken, denn wie sollte er ihr klarmachen, dass eigentlich *er* auf Krücken ging und nicht sie, denn sie hatte schon mit Männern geschlafen.

„Was hältst du davon, wenn wir nach dem Joint einfach nur schlafen. Ich bin schon wahnsinnig müde." Er drückte den Joint im Aschenbecher aus und schaltete die Lampe, die am Boden stand, aus. Jetzt brannte nur noch eine Kerze. Als er sich über sie beugte, berührte seine Brust zum ersten Mal die ihre. Er wunderte sich, wie weich sie doch war, und blies die Kerze aus.

Jetzt war nur noch das leise Rauschen der nahen Hauptstraße zu hören, das durch die zerbrochene Fensterscheibe drang. Er drehte sich zu ihr und roch ihren warmen Körper. Ein süßes Verlangen machte sich zwischen seinen Beinen bemerkbar. Zart legte er seine Hand auf ihren nackten Bauch und begann, ihr dünnes T-Shirt langsam nach oben zu schieben. Sie gab ein leichtes Stöhnen von sich und legte ihre schmale Hand auf seine Hüfte. Seine Hand hatte den unteren Rand ihrer Brust erreicht und er war überrascht, wie sanft sich das anfühlte. Jetzt hatte er ihre Brustwarzen erreicht, die sich sofort zusammenzogen und hart wurden. Wie eine unbekannte Frucht standen sie aufrecht da und er musste sie mit seinen Lippen berühren.

Er beugte sich über sie und schob ihr Hemd ganz nach oben bis an ihren Hals. Ihre Hand war inzwischen in die Richtung seines Pos gewandert. Seine Lippen berührten die harten Brustwarzen und er streckte seine Zunge heraus, um den Geschmack der fremden Frucht zu probieren. Der kleine Drache war inzwischen zu beachtlicher Größe herangewachsen und wollte unbedingt Feuer speien.

Nun musste er unbedingt wissen, was sie dort weiter unten hatte und ließ seiner Hand freien Lauf, um das fremde Gebiet zu erforschen. Seine Fingerspitzen schoben sich vorsichtig in ihr Höschen und hielten kurz an, als sie an ein Wäldchen stießen. Was hatte sie dort für ein wundervolles Gebüsch. Ein seltsam fordernder Geruch erfüllte nun das ganze Gebiet. So also roch das versprochene Paradies. Ja, dorthin wollte er, das war sicher. Doch das Wäldchen ließ ihn nicht mehr los. Er wollte verweilen, doch zurückziehen konnte er seine Hand nicht mehr. Also bewegte er sie noch weiter. Sie hatte inzwischen seine Pofalte erreicht und schien gewillt, ebenfalls eine Forschungsreise zu starten. Je weiter er seine Hand jetzt nach unten bewegte, desto mehr hatte er das Gefühl, sich einem Kraftwerk zu nähern, das eine unbekannte, aber deutliche Energie zu produzieren schien.

Jetzt hatte er den oberen Rand der geheimnisvollen Quelle erreicht. Die Energie war eindeutig feucht und warm. Seine Finger strichen über eine Wölbung, die sich ihm entgegen schob. Er war verwundert, wie nass es dort war, doch strahlte diese fast heiße Nässe eine so starke Energie aus, dass er die Hand wieder zurückzog. Sie hatte inzwischen seinen Wunderstab erreicht und strich vorsichtig darüber. Doch als er seine Hand zurückzog, tat sie das Gleiche.

Jetzt musste er es versuchen und er legte seinen Körper auf ihren. Doch als er sie mit der Spitze seines Schaftes berührte, entlud sich das gesamte Kraftwerk. Als hätten sich zwei unterschiedlich geladene Pole, die unter Hochspannung standen, auf einmal mit einem gigantischen Funkenregen entleert. Der kleine Drache hatte seine ganze Kraft hinaus gespien und alles war jetzt feucht und glitschig. Sie hatte kurz gestöhnt und er hatte ein schlechtes

Gewissen, weil er nicht einmal ganz in sie eingedrungen war. Sie beugte sich über ihn und gab ihm einen zarten Kuss.

„Das war recht schön", sagte sie zärtlich mit der Stimme einer Wissenden, die einem jungen Schüler erst einmal alles verzieh. Doch er war stolz, dass er es bis dahin geschafft hatte. Er würde morgen mit Stolz erhobenen Hauptes in die Schule gehen, denn er war jetzt keine Jungfrau mehr, dachte er. Sie hatte sich eine Zigarette angezündet und schob sie ihm in den Mund. „Jetzt lasst uns endlich schlafen", sagte sie und kurze Zeit später hörte er ihre ruhigen Atemzüge, und gleich war er ebenfalls eingeschlafen.

Als er irgendwann wieder aufwachte, lag sie bereits auf dem Bauch, ausgestreckt vor ihrem großen etwas blinden Spiegel und war gerade dabei, etwas Make-up mit einem dicken Pinsel auf ihr von ein paar roten Pickeln getupftes Teenagergesicht aufzutragen. Bewundernd sah er ihr dabei zu. So viel Weiblichkeit in seinem Bett beeindruckte ihn über alle Maßen.

Sein Blick ging an ihrem nackten Rücken hinab und blieb an ihrem schwarzen Höschen hängen, das etwas verrutscht ihren süßen Po freigab. Er musste ihr einen Kuss darauf geben, was er auch tat. Sie lachte. „Kannst du uns einen Kaffee machen? Der würde jetzt guttun." Sie war die Chefin, das war klar und er hatte ihr Reich betreten. An ihr war keine Spur von Hilflosigkeit zu merken, im Gegenteil, denn in ihrem Reich war sie die Herrscherin. Er stand auf und machte eine große Kanne Kaffee. Als er zurückkam, setzte er sich zu ihr und schenkte ihr eine Tasse ein. Sie war gerade dabei, sich die Fingernägel schwarz zu lackieren, und bat ihn, doch einen kleinen Morgenjoint zu drehen. Schnell kam er ihrer Bitte nach.

Eigentlich wollte er nicht in die Schule, doch fing ein neuer Kurs an, den er unbedingt nicht versäumen wollte. Sie sollten lernen, wie man eine Radierung anfertigte und das interessierte ihn sehr. Er zog sich an, gab ihr einen Kuss auf die Stirn und hatte auf einmal den leichten Geschmack von Puder und Creme im Mund. „Also bis heute Abend", sagte er und verschwand. Noch nie war er so beschwingt die graue Straße in Richtung Schule gegangen wie an diesem Tag. Vor dem Gymnasium, an dem sein Weg vorbeiführte, sah er *sie* mit einigen anderen Schülerinnen stehen. Sie sah ihn ruhig an, ohne das Gesicht zu verziehen, und sagte etwas zu ihren Freundinnen, die zu kichern anfingen und sich die Hand vor den Mund hielten. Er streckte sich kurz und fing an etwas schneller zu gehen. Wer war sie? Und wieso hatte sie angefangen, ihn zu beunruhigen.

Einige Straßenzüge weiter hatte er sie bereits vergessen und dachte an Marietta und die erste Nacht, die er so mit einer Frau verbracht hatte. Weit bin ich ja nicht gekommen, dachte er sich, aber ein Anfang ist gemacht. Vielleicht würde sie ihm ja noch etwas aus ihrem endlos großen Reich zeigen, wovon er ja gerade mal den Eingang besichtigt hatte. Trotzdem fühlte er sich, als hätte er bereits das ganze Königinnenreich erobert, als er den Schulhof betrat und sofort auf Stella und Harry stieß, die ihn beide vergnügt ansahen. „Na, wie war es?" Scheinbar wussten schon wieder mal alle alles. „Marietta ist bei mir eingezogen", sagte er nebenbei und versuchte, es sich nicht anmerken zu lassen, wie stolz er darauf war.

In dem kleinen Saal seiner Schule hatte der Lehrer bereits einiges vorbereitet. Jeder durfte sich eine Kupferplatte nehmen, die etwa die Größe einer Postkarte hatte. Jeden bekam eine bläulich schimmernde Nadel in die Hand, dazu ein Fläschchen mit blauem Lack und einen Pinsel. Nun erklärte er ihnen, wie sie vorzugehen hätten. Zuerst mussten sie die Platte von allem Fett reinigen und polieren, bis sie glänzte. Dann sollten sie das blaue Fläschchen öffnen und mit dem Pinsel die schimmernde Fläche blau einfärben. Nicht zu dick, nur eine dünne Schicht, durch die man aber nicht mehr sehen durfte. Das sollten sie erst einmal tun und er würde dann wieder kommen und nach ihnen sehen. Eigentlich sah das recht schön aus, der blaue Lack auf dem goldschimmernden Kupfer und es war recht schnell erledigt. Sie gingen schnell in den sonnenerleuchteten Hof, um eine Zigarette zu rauchen.

Harry nahm ihn beiseite und sah ihn ernsthaft an. „Bei Marietta musst du vorsichtig sein. Die schläft mit vielen Typen. Nicht dass du dir eine Geschlechtskrankheit einfängst. Nimm lieber einen Pariser." Da war er wieder, der Schmerz in seiner Brust, und er fand sich aus all seinen romantischen Träumen gerissen. Das Wort Geschlechtskrankheit hatte all das Wundervolle dieser Nacht zerstört. War das Harrys Absicht, der ihm sein Glück nicht gönnte, oder hatte er recht? Dass sie mit einem Typen schlief, hatte sie ihm ja erzählt, doch hatte er nicht allzu viel darüber nachgedacht. In ihrer Welt hatte ohnehin niemand Anspruch auf einen anderen, doch das war reine Theorie. In Wirklichkeit flogen meistens die Fetzen oder flossen die Tränen, wenn eine oder einer mit einer anderen schlief. Er hatte das unbestimmte Gefühl, dass das Glück der Zweisamkeit wohl doch nicht ewig dauern könnte.

Wieder in dem kleinen Saal zurück, saßen sie nun vor ihren jetzt trockenen blauen Platten und der Lehrer betrat das Geschehen. „Jetzt nehmt die Nadel und kratzt vorsichtig das Bild, das ihr haben wollt, in den Lack. Versucht aber, das Metall möglichst nicht zu verletzen, und bedenkt, dass ihr alles spiegelverkehrt zeichnen müsst. Denn der Druck erscheint genau anders herum." Jetzt hatten sie ein Problem. Nicht nur, dass sie sich überlegen mussten, was sie zeichnen sollten, es musste auch noch andersherum sein. Ein leichtes Stöhnen war zu vernehmen. „Ihr könnt es aber auch zu Hause fertig machen, wenn ihr wollt."

Er war erleichtert und das hatte er auch vor. Außerdem hatte er schon wieder Lust, Marietta zu sehen. „Können wir mit?", fragten Müsli und Harry und zum ersten Mal freute er sich nicht wirklich darüber. „Na klar, kommt mit und lasst uns noch etwas rauchen." Sie brachen in die Richtung seiner Wohnung auf und er merkte, dass es nicht mehr nur seine war. Als sie sein Zimmer betraten, war es leer und kalt. Marietta war weg. Nur ihre Kleider, die zerwühlt in einer Ecke lagen und der schon etwas verblichene Duft ihrer Weiblichkeit waren noch da. Etwas bedrückt setzten sich seine Freunde auf die Matratze.

„Sieht schon etwas anders aus bei dir." Harry versuchte, die Stimmung etwas anzuheben. „Tja, ich lebe halt nicht mehr allein hier." Er merkte, dass er sich nach ihr zu sehnen begann. „Lasst uns etwas rauchen. Sie kommt bestimmt irgendwann wieder, sie ist ja frei, soweit man mit Krücken frei sein kann." „Ganz schön scheiße, wenn einem so etwas passieren muss", sagte Müsli schnell." Er merkte, dass es nicht mehr so zwischen ihnen war wie zuvor und in seinem Herzen war die erste Bitterkeit zu spüren.

Sie saßen noch eine Zeitlang etwas lustlos zusammen und hörten die Scheiben, die sie mitgebracht hatten. Als es anfing dunkel zu werden, wurde er unruhig. „Ich glaube, ich möchte jetzt lieber allein sein", sagte er. „Ich muss noch die Radierung für die Schule fertig machen." „Weißt du schon, was du machen wirst?", fragte Müsli neugierig. „Ich glaube, ich zeichne eine nackte Frau", sagte er schnell. Harry lachte etwas spöttisch. „Du hast ja jetzt ein Modell." Er überlegte kurz. „Ist vielleicht eine gute Idee, aber spiegelverkehrt?" „Na das ist doch egal. Weiß doch keiner, wie herum du das gemacht hast." Sie lachten wieder ihr altes befreiendes Lachen und wussten doch, dass es nicht mehr so wie früher werden würde.

„Na ja, noch ein paar Wochen, dann ist das Semester vorbei", sagte Harry und stand auf. „Und ich werde zwanzig. Die Teenagerzeit ist dann auch vorbei." „Ja, wir werden alt." Müsli hatte wieder sein strahlendes Kinderlächeln aufgesetzt, dem die Mädchen nicht widerstehen konnten. „Okay, wir sehen uns morgen in der Schule, verschlaf nicht wieder und viele Grüße an Marietta."

Er setzte sich an seinen Schreibtisch und versuchte, nicht auf sie zu warten. Was wusste er schon von ihr? Eigentlich nichts und wenn er ehrlich war, wollte er gar nichts wissen. Sie hatte Eltern, das hatte er zu spüren bekommen, und der Fluch ihres Vaters saß noch in seinen Knochen. Warum hatte er sich ausgerechnet in sie verliebt, wo er doch genau wusste, dass diese Liebe nur Schmerzen bringen würde?

Er versuchte, einige Zeichnungen zu machen. Wie sollte er sie zeichnen? Gern hätte er ihren nackten Busen gezeichnet. Sie musste sich auf das Bett legen, unten herum ein Tuch, das ihre Beine verhüllte. Vielleicht würde sie auch gar nicht mehr kommen. Bestimmt hatte sie noch andere Freunde. Er musste aufs Klo zum Pinkeln und stellte fest, dass es wehtat. Auch war der Urin von einer seltsamen weißen Farbe. Er erschrak etwas. Was war passiert?

Er machte sich eine Tasse Tee und setzte sich wieder hin. Er sollte eigentlich mit der Radierung anfangen, sie müsste morgen fertig sein. Er würde einfach ein nacktes Mädchen aus dem Kopf zeichnen. Die Sonne war längst untergegangen. So war es also, wenn man auf eine Frau wartet.

Er legte sich auf sein Bett und zündete sich eine Zigarette an, als er das kratzende Geräusch eines Schlüssels in der Wohnungstür hörte. Kurz darauf öffnete sich die Zimmertür und sie steckte ihren braunen Lockenkopf herein und lächelte. „Schön, dass du da bist", sagte sie. „Ich hab' uns noch etwas zum Rauchen und zum Essen besorgt." Er stand auf, um sie in den Arm zu nehmen. Sie warf ihre Krücken auf den Boden und fiel ihm um den Hals. Sie setzten sich beide auf den Rand der Matratze und sie begann, ihre Prothese abzuschnallen. Ja, er liebte sie, er liebte ihre Schwäche und ihre Stärke gleichzeitig. Immer noch war es für ihn kaum auszuhalten, sie so hilflos zu sehen. Nicht, dass sie so wirkte, es war einfach die Tatsache, dass sie nicht einfach so aufspringen konnte. Es tat so in der Seele weh und doch vertrug sie wohl alles, nur kein Mitleid.

Er erzählte ihr von der Aufgabe, die er für die Schule zu machen hatte und dass er sie gern zeichnen würde. Sie freute sich über seinen Vorschlag und willigte ein. „Aber zuerst rauchen wir noch was und ich muss auch noch ein Brot essen." „Was hast du mitgebracht?" Sie holte Brot, Butter und Käse und eine Tüte mit Trauben aus ihrer Umhängetasche. „Das müsste vorerst reichen." Er schmierte ein paar Butterbrote, während sie einen Joint bastelte. „Lass ihn uns erst nach dem Essen rauchen." Sie war einverstanden.

Der Raum war wieder groß und weit, seit sie wieder da war. So schnell war es also gegangen, dass er nicht mehr allein sein wollte. Sie aßen die Butterbrote, den Käse und die Trauben und er legte eine Platte mit ruhiger Gitarrenmusik auf. Dann streckten sie sich auf dem Bett aus und sie gab ihm den Joint zum Anzünden.

„Ich muss dich etwas fragen. Ich habe heute Abend Schmerzen beim Pissen gehabt und der Urin war fast weiß. Was könnte das sein?" Sie errötete etwas. „Ach du Scheiße", sagte sie und richtete sich auf. „Das hatte mein Freund, mit dem ich Schluss gemacht habe, auch, bevor ich zu dir gezogen bin. Aber er wollte unbedingt noch einmal mit mir schlafen. Ein letztes Mal. Ich wollte nicht, aber dann ist es doch passiert. Ich glaube, er hat mich mit was angesteckt und jetzt hast es du. Das tut mir leid." „Wir müssen morgen zum Doktor und das Ganze anschauen lassen. Wenn wir Pech haben, ist es ein Tripper." Das war ja heiter, dachte er. Die erste Nacht mit einer Frau in seinem Leben und dann gleich so etwas. War es vielleicht der Fluch ihres Vaters, der ihn getroffen hatte?

Das Stück Metall in seinem Herzen begann sich zu melden, doch nahm er ihre Hand und sah sie an. „Du bist schön", sagte er. Ich möchte dich jetzt zeichnen. Sie war froh, dass er nicht böse war, und setzte sich aufrecht an die Wand, zog ihr Oberteil aus und legte sich eine bunte Decke um die Hüften. „So vielleicht", strahlte sie ihn an. Er konnte ihr einfach nicht böse sein, setzte sich an den Tisch, nahm seinen Block und fing zu zeichnen an. Die Zeichnung, die er von ihr angefertigt hatte, legte er vor sich auf den Schreibtisch und fing an, das Motiv in die blaue Platte zu kratzen. Er musste vorsichtig sein, denn nur die Lackschicht sollte angeritzt werden. Verwundert sah er unter dem blauen Lack das glänzende Kupfer zum Vorschein kommen. Man konnte geschwungene Linien zeichnen und schraffieren, sodass man später wohl einen Grauton erreichen würde. Er arbeitete die ganze Nacht.

Sie war längst eingeschlafen, als er zu ihr unter die Decke kroch. Hatte er den roten Balken, den er sich selbst gemalt hatte, überschritten? Und musste er jetzt dafür einen Preis bezahlen? Aber es tat so gut, ihren warmen Körper zu spüren und ihren Duft einzuatmen. Sie gab ein leises Stöhnen von sich und legte ihren Arm um seine Hüfte. Glücklich schlief er ein.

Am nächsten Tag in der Schule hatte der Lehrer schon für jeden Schüler eine Kunststoffschale vorbereitet. Jeder hatte seine Platte dabei und der Lehrer goss nun etwas Säure in jede und bat sie, jeweils ihr Teil hineinzulegen. Die Säure würde nur das Kupfer angreifen und die Flächen, die vom Lack geschützt waren, so belassen, wie sie waren. „Das dauert nun einige Stunden", sagte er und sie gingen hinaus in die Sonne, um eine Zigarette zu rauchen.

Er nahm seinen Freund Harry zur Seite und gestand ihm sein Pech mit Marietta. „Ich hab' dich aber gewarnt", sagte er mit einem etwas bitteren Lachen. „Aber denk dir nichts, das hatte ich auch.

Das wird ein Tripper sein. Ich kenne einen Arzt, die Adresse habe ich von Mi. Der kümmert sich, ohne viel zu fragen, um solche Sachen." Er schrieb ihm eine Adresse auf einen Zettel und drückte sie ihm verstohlen in die Hand.

„Was macht ihr?" Stella kam angeschlendert. Sie hatte sofort gemerkt, dass da etwas nicht stimmte. Er konnte es nicht verhehlen, dass er schon wieder zu einer Art Geheimbund gehörte und auch noch stolz darauf war. Wieder verband ihn ein kleines Geheimnis mit seinem Freund. Jetzt gehörte er irgendwie dazu. „Ach, nichts Besonderes", sagte er, doch er spürte, dass etwas Vertrauen verloren gegangen war.

Die Platten mussten noch bis in den späten Nachmittag in ihrem Säurebad liegen und so ging er zu einer Telefonzelle und rief den Arzt an. Eine seltsam traurige Frauenstimme meldete sich und er schilderte sein Problem. Für sie schien es das Normalste von der Welt zu sein und gab ihm gleich einen Termin für den nächsten Nachmittag. „Und wenn ich sie bitten dürfte, keinerlei weiteren sexuellen Kontakt zu haben." Da war er wieder, der dunkelrote Balken, und wieder tat es weh. Er hatte seine Unschuld verloren und das Reich der Erwachsenen begann, ihn willkommen zu heißen.

Am späten Nachmittag nahmen sie ihre Platten aus dem Säurebad und putzten sie mit einem Reinigungsmittel wieder blank. Jetzt waren die eingekratzten Linien als Vertiefungen in der Platte eingraviert. Sie mussten nun ein dickes weißes Papier einweichen und konnten nach Hause gehen. Am nächsten Tag würden sie einen ersten Druck wagen und sie würden zum ersten Mal sehen, was sie gemacht hatten.

Auch wenn es im Schritt immer mehr wehtat, hatte er doch Sehnsucht, sie wiederzusehen, und eilte nach Hause. Mit großen Schritten eilte er die alte Holztreppe nach oben und betrat die Wohnung. Sie war da, laute Musik tönte aus seinem Zimmer und sie stand in der Küche und war gerade dabei, ein leckeres Reisgericht vorzubereiten. „Du kommst genau richtig." Er nahm sie in den Arm. „Ich hab' auch schon wahnsinnigen Hunger." „Dann setz dich schon mal rein. Es ist gleich fertig."

Sie war jetzt seine kleine Frau und er liebte sie sehr. Er hatte die Tür offen gelassen und konnte ihr dabei zusehen, wie sie geschickt mit einer Hand im Topf herumrührte. Dabei hatte sie eine Krücke unter die linke Achsel geklemmt, um die rechte Hand frei zu haben. Ihr zuzusehen, war Glück und Schmerz gleichzeitig. War das die Liebe, die immer auch wehtun musste? Wenigsten hatte er jetzt einen Schmerz, den er mit ihr teilen konnte.

Sie schaffte es wirklich, mit einer Krücke und einer freien Hand zwei Teller in das Zimmer zu tragen und vor ihm auf den Boden zu stellen. „Vielleicht kannst du den Topf und den Reis bringen? Das ist doch etwas zu schwer für mich." „Es duftet ja schon wunderbar", sagte er. Sie hatte einen großen Topf Reis gekocht, dazu ein Curry mit viel Zwiebeln, und war recht stolz auf ihr Ergebnis. Er legte eine Platte mit indischer Sitarmusik auf und setzte sich ganz nah zu ihr, sodass er sie berührte.

Er nahm den zu großen Schöpflöffel, gab ihr einen davon auf ihren Teller und dann sich. Das gebratene Curry verteilte sie. „Ich hoffe, es schmeckt dir." „Ganz bestimmt", sagte er und sie ließen es sich schmecken. Zufrieden ließen sie sich auf die Matratze sinken und er erzählte ihr, dass er morgen einen Termin beim Arzt haben würde und sie keinen Sex haben sollten. Sie lachte, denn sie hätte auch einen Termin und legte ihren Kopf auf seine Brust. Eigentlich war er irgendwie froh, dass es so war, wie es war, und sie schliefen ein wenig.

Am späten Abend kam noch Gandolf vorbei, sie rauchten fröhlich und hörten Musik. Sein Leben war irgendwie wirklicher geworden und Gandolf sah ihn vergnügt hinter seiner Nickelbrille an, als wäre er mit den Ereignissen durchaus zufrieden.

Am nächsten Morgen stand er früh auf, machte sich eine Tasse Kaffee und ließ sie friedlich weiterschlafen. In der Schule angekommen hatte sich seine Klasse schon ganz aufgeregt in dem kleinen Saal versammelt. Der große Tag der Überraschungen war gekommen. Zuerst mussten noch die eingeweichten Papiere zwischen alte Zeitungen gelegt werden, damit sie nicht ganz nass waren.

Also hatten sie noch etwas Zeit und standen unter dem Vordach der Schule, denn es hatte zu regnen begonnen. Überhaupt schien es ein furchtbar grauer Tag zu werden. Stella fragte sie, was denn mit ihnen los sei, sie sähen heute so anders aus. Er traute sich nicht, es ihr zu sagen, dass er wegen Marietta zum Arzt gehen musste und auch Harry hielt dicht. „Ich bin ja schon gespannt, was ihr gemacht habt." Sie versuchte die Stimmung wieder etwas anzuheben. „Ich hab' nur ein paar Striche gekratzt. Das ist doch auch Kunst", sagte er etwas verächtlich. Sie gingen wieder hinein und der Lehrer erklärte ihnen, was jetzt zu machen wäre. „Zuerst müsst ihr die Platte mit Druckfarbe einfärben. Dazu nehmt ihr eine kleine Walze und etwas Druckfarbe, die ich euch auf eine Glasplatte gebe. Dann müsst ihr die Farbe wieder von der Platte bekommen, am besten mit dem Handballen, sodass die Farbe in den Ritzen verbleibt. Wenn ihr das gemacht habt, sehen wir weiter." Jeder beschäftigte sich jetzt mit seiner Platte, bald hatten alle schwarze Hände und Stella eine schwarze Nase, da sie sich daran gefasst hatte. Ihr Lehrer hatte inzwischen eine schwere Presse angeschleppt, die hauptsächlich aus zwei großen Walzen und einem Brett bestand, die von einem großen Rad gedreht wurden. Nun konnte nacheinander jeder seine Kupferplatte darauflegen. Darauf wurde das feuchte Papier gelegt und das Ganze mit großem Druck durch die Presse gezogen.

Jetzt kam der große Moment. Vorsichtig zog er das weiße Blatt nach oben und drehte es um. Eine junge halbnackte Frau schaute ihn an. „Die ist aber schön." Stella hatte ihm über die Schulter gesehen. „Vor allem der Busen." Harry gefiel das kleine Bild ebenso. Stella hatte ein Portrait von ihrem Lieblingsmusiker Jimmy Hendrix hingekriegt, doch am besten gefielen ihm die paar Kratzer von Harry. Wie immer hatte er den meisten Mut bewiesen und das war eigentlich das Wesentliche an seiner Kunst.

In einer Stunde musste er beim Doktor sein und er machte sich auf den Weg. Der Stadtteil, in dem er seine Praxis hatte, lag auf der anderen Seite des Flusses, der die Stadt in zwei Teile zerschnitt. Langsam stieg er das steile Ufer hinauf und betrachtete eingehend den etwas zerlesenen Stadtplan. Alle Straßen hatten Namen französischer Städte. Er suchte die Pariser Straße. Was für eine Ironie, dachte er sich. Hätte er einen Pariser genommen, dann hätte er jetzt diese Probleme nicht.

Das Stadtviertel wirkte verschmutzt und ärmlich, und das graue Regenwetter förderte seine niedergedrückte Stimmung. Er hatte die Straße, die einen freudlosen Eindruck machte, gefunden und betrat einen grauen Hinterhof. Die braungraue Fassade des alten Hauses mit den dreckigen Fensterscheiben gab ihm den Rest. Alles sah anders als vertrauenerweckend aus. Er schleppte sich müde die schmutzigen Stufen nach oben in den ersten Stock. Es war eine geheime Adresse, in der auch illegale Abtreibungen vorgenommen werden konnten. Ein Tipp von Harrys Freundin Karin.

Er öffnete die schwere Holztür und stand in einem im Halbdunkeln liegenden Raum, in der eine Frau mit traurigem Gesicht saß. Er erklärte ihr sein Anliegen und konnte sich in ein finsteres Wartezimmer setzen, in dem noch zwei etwas verlebte Frauen saßen. Ohne Zweifel hatte er seinen Tiefpunkt erreicht und hatte nur noch den Wunsch zu fliehen. An ferne weiße Strände, an blaue Meere, wo er nackt im Sand liegen konnte, neben sich das Mädchen seiner Träume, die ihm gerade eine süße Frucht in den Mund steckte – als ein dicker hässlicher alter Mann das Zimmer betrat und ihn aufforderte mitzukommen.

Was jetzt geschah, war nicht der Strand mit dem sanften warmen Meer. Er musste sich auf eine etwas fleckige Pritsche legen und seine Hose ausziehen. Jetzt beugte sich der Arzt, der nach Alkohol roch, über ihn und erklärte, dass er einen Abstrich machen müsse. Dafür wäre es vorteilhaft, wenn er etwas Sperma absondern könne, und langte ihm an sein Geschlecht. Alles zog sich vor lauter Schreck zusammen und der Arzt begann daran herumzufummeln. Irgendwie schaffte er nach einiger Zeit, etwas eitrige Flüssigkeit herauszubekommen, und verschwand hinter einem Mikroskop.

Er zog sich seine Hose wieder an und der Doktor eröffnete ihm, dass er einen Tripper hatte. Er müsse einen Monat lang Antibiotika nehmen und würde wohl die ganze Zeit Schmerzen beim Wasserlassen haben. „Und auf keinen Fall Sex", sagte er noch freundlich zum Abschied und überreichte ihm ein Rezept. Er war froh, das

Gebäude zu verlassen, und lief eiligst nach Hause. So hatte er sich die Liebe eigentlich nicht vorgestellt und ein erster Zweifel hatte sich in sein Herz geschlichen. Ja, jetzt war er einer von ihnen – den Männern – und ein fader Geschmack breitete sich in seinem Mund aus. Doch ging kein Weg mehr zurück, jetzt musste er weitergehen und der Weg schien durch eine endlose Wüste zu führen.

Als er nach Hause kam, war niemand da. Wo war sie schon wieder? Was machte sie und mit wem traf sie sich? Sie war frei und konnte kommen und gehen, das hatte er ihr versprochen. Und doch verlangte sein Herz nach ihr. Wenn er sich vorstellte, wie sie sich nachts die drei Stockwerke zu ihm hochquälte, um dann auf feuchten Matratzen, in einem kleinen Zimmer bei einem verrückten Typen wie ihm zu pennen, der nicht einmal was Gescheites zu rauchen oder zu essen hatte, dann wurde ihm ganz anders und der Schmerz in seiner Brust wollte sich in einen warmen Strom verwandeln.

Er warf sich auf sein Bett und begann zu schluchzen. Er strich über die kleine Kuhle, die ihr schmaler Körper hinterlassen hatte und schlief ein, ohne sich seine Kleider auszuziehen.

Spät in der Nacht öffnete sich leise die Tür und sie kam vorsichtig herein, bemüht, ihn nicht aufzuwecken. Sie legte fast geräuschlos ihre Beinschiene ab und schob ihren warmen Körper unter seine Decke. Sie war wieder da. Was für ein Wunder. Er würde sie nicht fragen, wo sie gewesen war. Er liebte es, sie morgens vor dem Spiegel liegen zu sehen, ihre kleine Tasche vor sich ausgebreitet, in der sie ihre Schminke und Lippenstifte hatte. Sie ließ sich dafür viel Zeit, denn für sie war es einwandfrei das Wichtigste vom Tag. Auch wenn sie ein Bett teilten, so schien sie doch von einem anderen fernen Planeten zu sein, und das war gut so. Konnte man diesem Planeten überhaupt nahekommen, ohne sich zu verletzten?

Die Nachricht, dass sie keinen Sex haben dürften, schien sie nicht weiter zu bekümmern. Sie würde ohnehin tun, was ihr beliebte, denn sie hatte gelernt, ihren Willen durchzusetzen und ihr Anderssein – nicht das tun zu können was die anderen taten – hatte sie stark gemacht. Alle, die sie kannten, hatten großen Respekt vor ihr. Sie war eben Marietta die Verwundete, die gewillt war, dem Leben, das sie so sehr liebte, die Stirn zu bieten.

Er braute ihr einen Kaffee und eilte hinunter, um ihr einige Brötchen zu besorgen. Es war Wochenende und sie überlegten, etwas hinauszufahren. Vielleicht an einen See, denn die Sonne schien. „Das machen wir, vielleicht kann man schon ins Wasser. Ich hab' auch noch einen kleinen Krümel", sagte sie und lachte. Eilig packten sie einige Sachen zusammen und er freute sich schon, sie in ihrem schwarzen Badeanzug zu sehen.

Sie waren schon ein eigenartiges Paar. Wenn sie in seinem Bett lagen, war sie so jugendlich, doch wenn er mit ihr auf der Straße ging und sie neben ihm humpelte, hatte er das Gefühl, mit einer alten Frau unterwegs zu sein. Wie gut, dass er sein kleines Auto hatte, in ihm waren sie gleich und ganz normal. Sie fanden einen schönen Platz mit etwas Schatten und breiteten ihre Decke aus. Die umherliegenden Badegäste blickten sie verwundert und etwas ängstlich an. So gut wie jeder bekam wohl ein schlechtes Gewissen, wenn er einen „Krüppel" sah. Doch eine schöne junge Frau auf Krücken war wohl für die meisten etwas zu viel und sie sahen schnell in eine andere Richtung.

Sie musste sich ihren Badeanzug im Liegen anziehen und dazu ihre Prothese ablegen. Kurz konnte er ihr kleines braunes Wäldchen sehen und freute sich. Doch sofort spürte er ein schmerzhaftes Ziehen zwischen seinen Beinen. Was für ein Teufel hatte ihn nur in so eine Situation gebracht?

Er nahm sie auf seine Arme, trug sie zum Wasser und setzte sich mit ihr in das seichte Wasser. Sie planschte etwas mit den Zehen und er setzte sie zwischen seine Beine ins Wasser. „Warm ist aber anders." Eine Möwe zog ihre Bögen und sie sah ihr sehnsüchtig nach. Der Vogel landete geschickt vor ihr und sah sie erstaunt an. Hatte er gespürt, dass sie so gern mit ihm getauscht hätte? „Ein Fisch zu sein, *fände ich auch schön*", sagte sie und sah auf ihr verletztes Bein, das einer Flosse ähnlich herabhing. Er konnte sie sich gut als Meerjungfrau vorstellen. Sie würde keine Krücken mehr benötigen und wäre eine Gleiche unter Gleichen, auch wenn sie bestimmt die Hübscheste sein würde. Sie seufzte tief. „Lass uns auf die Decke legen und etwas essen." Er war einverstanden und trug sie in den Schatten.

Als sie so auf der Decke lag in ihrem Badeanzug und das Handtuch auf ihr verwundetes Bein legte, schien alles wieder normal. Niemand würde bemerken, dass etwas anders war. Das waren wohl ihre glücklichsten Momente – so zu sein wie alle. Er war froh, sie so glücklich zu sehen, und gab ihr einen Kuss. „Das dürfen wir noch", sagte er und sie sah ihn fröhlich an.

Ja, die Liebe ging auf Krücken in dieser seiner Zeit und er war froh, dass es so war. Das Leben hatte sie in ein Bett gesteckt und wenn sie manchmal spät in der Nacht heimkam, leise die Tür öffnete, ihre Krücken auf den Boden legte, um sich möglichst geräuschlos ihre Prothese abzuschnallen, um dann leicht wie eine Feder unter seine Bettdecke zu kriechen, und er ihren warmen Körper spürte, da wusste er, dass der Himmel doch nicht so weit weg war, wie er gedacht hatte. Jetzt waren sie zwei verwundete Vögel in einem Nest. Er bewunderte ihren Mut. Nie sah er eine Träne über ihr schönes ovales Mädchengesicht rollen, das manchmal so viel reifer wirkte.

Seltsamerweise war er stolz auf seine Krankheit, denn er hatte sie von ihr bekommen. Auch die Schmerzen, die er bekam, wenn er auf das Klo musste, stimmten ihn heiter. Sie war da und nur das war wichtig. Jeder von ihnen hatte seine Wunde zu zeigen. „Zeige deine Wunden" hieß ein Kunstwerk eines großen Künstlers in dieser Zeit. Er war Künstler geworden, als er, zerbrochen und halb verbrannt, von Nomaden aufgefunden und wieder geheilt wurde. Das Fett und der Filz, in das sie ihn gehüllt hatten, wurde zum Wichtigsten in seinem Leben.

Die Bäume waren nun grün und die Kastanien standen in ihrer weißen Pracht. Sein Mansardenzimmer wurde endlich warm und man konnte jetzt Tag und Nacht das Fenster geöffnet halten. Manchmal gingen sie in den Park, der nur ein paar Straßen entfernt lag. Ein seltsames Paar. Sie zog dann ein langes Sommerkleid an, das ihre Wunde etwas verbarg. Es fiel ihm schwer, so langsam neben ihr herzugehen. Wie gern würde er loslaufen und herumspringen. Auch dass er nicht einfach den Arm um ihre schmalen Schultern legen oder sie an der Hand nehmen konnte, was Pärchen so gern machten, tat ihm irgendwie weh.

Sie hatten einige Runden auf dem kleinen Kinderkarussell gedreht und machten sich weiter auf den Weg zu einem Hügel am Ende des Parks, als er *sie* wiedersah. Diesmal stand sie aufrecht an einen Kastanienbaum gelehnt, von dem bereits die ersten weißen Blütenblätter wie Schneeflocken herabfielen. Auch diesmal hatte sie ein Buch in der Hand und sah ihn mit ernstem Blick an. Marietta sah zu ihm auf. „Kennst du die?" „Nein", sagte er nur knapp und sah weg. Doch ihr Bild hatte sich bereits in sein Herz geprägt. War es Zufall, dass er sie nun schon dreimal gesehen hatte? „Lass uns weitergehen", sagte er schnell.

Sie hatten den Hügel erreicht, auf dem viele Büsche mit Rosen standen. Auch gab es ein paar kleine Bäumchen, die voller duftender Rosenblüten waren. Sie gingen ein Stück den Hügel hinauf, der im warmen Sonnenlicht lag, und setzten sich neben eines dieser Bäumchen. Er holte sein Taschenmesser heraus, schnitt ihr eine Blüte ab und überreichte sie ihr. Sie roch etwas lustlos daran und meinte: „Ich hätte aber gern das ganze Bäumchen." Er sah sie verdutzt an. „Wie, das ganze Bäumchen? Wir sind in einem öffentlichen Park." „Ach was, hast du vielleicht Angst?" „Und was willst du damit machen?" Sie verzog ihren roten Mund wie eine verwöhnte Prinzessin. „Ach, der macht sich bestimmt ganz gut neben meinem Spiegel, findest du nicht?"

Irgendetwas gefiel ihm an ihrem Ton nicht. Er zündete sich eine Zigarette an und zog nervös den Tabakrauch. Hatte sie den Blick des anderen Mädchens bemerkt und wollte sie ihn jetzt provozieren? „Na gut, wenn es dich glücklich macht", sagte er etwas mürrisch. „Aber dann müssen wir schnell nach Hause. Ich laufe nicht die ganze Zeit mit einen Rosenbaum durch die Gegend." Er setzte sein Messer an das Stämmchen und begann, es abzuschneiden. Irgendwie hatte er das Gefühl, als würde er etwas in seinem Inneren zerschneiden. Und da war er wieder der Schmerz in der Brust, den er schon fast vergessen hatte. Er nahm den Rosenstrauch und trug ihn wie eine Trophäe in seiner Hand. Sie gingen den Weg zurück.

Das andere Mädchen war nicht mehr zu sehen und Marietta schien erleichtert zu sein. „Lass uns bei dir was rauchen und etwas trinken. Ich habe Durst bekommen." Er kam sich etwas seltsam vor mit dem riesigen Rosenstrauch in der Hand und war froh, wieder in seinem Zimmer zu sein. Sie füllte eine große grüne Flasche mit Wasser und stellte das Bäumchen hinein. Ein wunderbarer Duft erfüllte auf einmal das kleine Zimmer. Sie legte sich vor den Spiegel und zog die Linien um ihre Augen mit ihrem Kajal nach. Das Erlebnis hatte ihn irgendwie verletzt. War das ihre Rache gewesen, dass er eine andere angesehen hatte?

Sie rauchten und hatten den Vorfall bald vergessen, als es läutete und Harry und Mi vor der Tür standen. Er begrüßte sie auf das Herzlichste und nahm Mi fest in die Arme. „Schön, dass du wieder da bist. Kommt rein. Wir bauen sowieso gerade einen." Sie betraten sein Zimmer und Mi war überrascht, als sie Marietta sah. Sie begrüßten sich mit einem Peace-Zeichen – der Gruß, den die Hippies untereinander austauschten. Mi war um einiges dünner und blasser geworden. Auch sie schien einen Schritt in Richtung Erwachsensein gemacht zu haben.

„Schön, dass du wieder da bist. Was ist passiert?" Er konnte seine Freude und seine Verwunderung kaum verbergen. „Meine Eltern sind total ausgerastet, als sie bemerkt haben, dass ich verschwunden bin. Sie haben alles versucht, um herauszubekommen, wo ich hin bin. Schließlich hat mein Bruder ihnen einen Hinweis gegeben und mein Vater ist sofort in die Schweiz gefahren. Zum Glück sind wir einen Tag zuvor schon nach Paris aufgebrochen und ich habe dann zu Hause angerufen, dass sie sich keine Sorgen zu machen brauchen. Doch mein Vater hat wegen des Abis enormen Druck aufgebaut und so bin ich doch wieder heimgekommen. Ich mache jetzt das Abi und gehe dann wieder zu ihm."

„Das hört sich ja ganz schön abenteuerlich an. Und wie war es in Paris?" „Da ist gerade politisch ganz schön viel los und alle drängen darauf, endlich eine neue solidarische Gesellschaft zu erfinden. Christian ist da vollkommen in seinem Element und er spricht auch gut Französisch. Irgendwie hatte ich das Gefühl, nur noch seine hübsche Begleitung zu sein. Aber ich liebe ihn, da kann man nichts machen." Er konnte ihr da nur zustimmen. „Ja, wo die Liebe hinfällt ..." Harry schmunzelte und sah dabei Marietta in die Augen. Die war gerade dabei, einen ihrer wundervollen Joints zu bauen und schwieg dazu.

Er legte Black Sabbath auf, eine der Platten, die Marietta mitgebracht hatte. „Ja, die Dinge ändern sich", sagte er etwas resigniert und dachte an die Zeit zurück, als sie noch wie Kinder zusammensaßen, um Musik zu machen. Mi hatte das Bild mit dem nackten Po und den roten Balken entdeckt. „Das könnte meinem Bruder gefallen", lachte sie. „*Würdest du es* mir verkaufen?" „Ja, gern", sagte er und verschwieg, dass er es eigentlich zum Verkaufen gemalt hatte.

Sie rauchten gemütlich und unterhielten sich über die angespannte politische Lage. „Die Demos werden immer mehr niedergeknüppelt", berichtete Mi, „und die Wohnungen der Studenten werden gewaltsam durchsucht." „In den Staaten sind sogar Demonstranten erschossen worden und die Anführer der Protestbewegung sitzen im Knast", sagte Harry. „Und da wollt ihr hin?" Marietta wirkte etwas verzweifelt. „Ich muss!" Harry wurde etwas lauter. „Meine Eltern leben dort, außerdem mag ich dieses verrückte Land." „Du glaubst wohl auch noch an die große Freiheit?" Mis Einwurf klang etwas zynisch. „Es ist einfach mehr Platz dort", erwiderte Harry. „Meine Eltern bauen gerade auf einem Stück Land, das so groß wie zehn Fußballfelder ist, und das zu einem Preis, wofür du dir hier nicht einmal eine Hundehütte bauen könntest. Sie haben Wälder und Wiesen und werden Kälber großziehen, ein echtes Paradies." „Dann wünsche ich euch viel Glück in eurem Paradies. Ich brauche auf jeden Fall die Stadt. Zum Grashalmezählen bin ich noch zu jung." Marietta sog noch einmal an ihrem Joint, bevor sie ihn auf einem Teller ausdrückte. Er fürchtete, dass sie recht hatte. Die Jugend braucht die Stadt und das Abenteuer.

Mi musste nach Hause, für das Abi lernen, und begann sich zu verabschieden. „Ich erzähl' meinem Bruder von deinem Bild;

er kann dich ja mal anrufen." „Ja klar, ich freue mich, bis bald." Er brachte sie zur Tür. Als er zurückkam, saßen Harry und Marietta sehr eng beieinander und sahen sich sein Buch über den Surrealismus an. „Wollt ihr noch einen Tee oder Kaffee?", fragte er und Marietta wollte Kaffee.

Er tat ihnen den Gefallen, denn sie hatten ja immerhin was zum Rauchen mitgebracht. Manchmal fragte er sich, wozu diese ganze Kifferei eigentlich gut sein sollte. War es nur Protest und der Wunsch, sich von den anderen, deren Leben ihnen so sinnlos vorkam, abzugrenzen? Oder war es dieser Zustand, einfach nur stoned zu sein? Nur sie, die Hippies, wussten, was „stoned" war, und sie waren es gern. Für die sogenannten „Normalen" waren sie rauschgiftsüchtig, was scheinbar das Übelste war, was man sein konnte. Doch immer mehr hatten sich bereits dieser Bewegung angeschlossen und jeder, der einigermaßen jung sein wollte, musste zumindest einmal an einem Joint gezogen haben. Selbst ein amerikanischer Präsident wird viele, viele Jahre später voll Stolz davon berichten und sagen: „Aber ich habe nicht inhaliert." Schade, dachte er sich, sonst hätte er vielleicht eine andere Politik gemacht.

Er fragte sich, wieso ein Zustand, der einen so friedlich stimmt und der so viel Kreativität hervorbringt, so viel Hass auslösen konnte. War es wirklich besser, seine Männlichkeit an irgendwelchen Feinden zu erproben, als einfach nur mit anderen im Bett zu liegen? „Aber wenn das alle machen würden, dann wären wir nur noch Affen auf den Bäumen", *hörte er seine Mama sagen.* „Ihr wohnt ja auch in Häusern, fahrt Autos und die elektrischen Anlagen eurer Bands verbrauchen ganz schön viel Strom." „Und wie viel Strom hat euer letzter Krieg verbraucht?", hörte er sich sagen und sie schwieg. Natürlich würde sich die Welt nicht von heute auf morgen verändern und es war sehr fraglich, ob sie bei ihrer Lebensweise überhaupt noch länger leben sollten. Aber ihr Herz erzählte eine andere Geschichte, von einer neuen, vollkommen anderen Welt, die es scheinbar auch schon einmal gegeben hatte. Dort wollten sie sich wiedertreffen. Ohne Krücken, und Marietta würde ihre Arme ausbreiten und wie ein Adler in den Himmel aufsteigen.

Harry schreckte ihn aus seinen Träumen. „Komm, lass uns Action machen. Wir fahren mit deinem Auto ein paarmal um den Mittleren Ring. Da fährt um diese Zeit kein Mensch mehr und Bullen sind um diese Zeit auch nicht mehr unterwegs." Marietta war einverstanden, denn es war schon zwei Uhr in der Früh – ihre Lieblingszeit. „Du kannst ja die Joints drehen", sagte er und sie standen auf und gingen hinunter auf die Straße.

Bis auf ein paar Betrunkene war niemand mehr zu sehen. Sie fuhren auf die Stadtautobahn. Marietta hatte sich auf dem Rücksitz bequem gemacht. Da sie nur zu ihrem Vergnügen unterwegs waren, hatten sie viel Spaß und erfreuten sich an den Lichtern der Großstadt. Wie gut, dass es Harry gab, der sie immer wieder in die sogenannte Wirklichkeit zurückholte. Marietta hatte einen Riesenspaß und drehte einen nach dem anderen.

Die Zeit war schnell vergessen und sie waren hier und noch ganz schön jung. Ja, eine Nebenwirkung der Drogen, war es wohl, dass man das Gefühl hatte, im Hier und Jetzt zu leben. Das Morgen war für sie zu einem recht unsicheren Faktor geworden. Nicht nur dass die sogenannten Systeme sich waffenstrotzend gegenüberstanden und sich sein kleines Land genau dazwischen befand, nein, man hatte auch begonnen, mithilfe des Glaubens an einen seltsam aussehenden Fortschritt alles zuzupflastern und die Luft und den Boden zu vergiften. Unter den jungen Frauen war man der Meinung, dass man in so eine Welt eigentlich keine Kinder setzen sollte.

„Sei froh, dass du nur einen Tripper hast", sagte Harry. „Schlimmer wäre es, wenn sie schwanger wäre." Er hatte natürlich recht, so war nun mal ihre Situation. Aber waren nicht immer schon große neue Ideen und Wahrheiten in so manchen Kellern und verdreckten Mansardenwohnungen ausgedacht worden? Er musste an die ersten Christen im alten Rom denken, die sich heimlich, von der Staatsmacht verfolgt, in dunklen Katakomben trafen, um den Versuch zu wagen, eine neue Idee von göttlicher Liebe und Frieden zu leben. Wurden sie nicht auch verfolgt und den Löwen zum Vergnügen der Mächtigen zum Fressen vorgeworfen? Zumindest hatte er so etwas in der Schule im Religionsunterricht gelernt. In Religion hatte er in den ersten Klassen immer eine Eins und er wollte immer ein Märtyrer werden. „Wenn du nicht aufpasst, wirst du es auch noch", hatte ihn Harry einmal ausgelacht, als er diese Geschichte erzählte. „Komm, lieber machen wir noch ein paar verrückte Sachen, und die Mädchen sind doch auch ganz nett." Ja, er hatte recht. Eigentlich wollte er nicht von Löwen gefressen oder in Glutöfen verbrannt werden. „Ich liege ehrlich gestanden auch lieber mit Marietta im Bett", sagte er schnell. „Sie wird nicht die Letzte sein", lachte Harry.

Er rätselte, warum ihm alles auf Trip viel lebendiger vorkam als in der „normalen" Wirklichkeit. Manchmal kam es ihm vor, als würde er aus einer verborgenen Quelle trinken, so wie er es gern als kleiner Junge getan hatte, wenn er erhitzt von einem Spiel plötzlich in einem geheimen Waldstück verschwand und das Wasser aufsuchte, das klar und rein aus dem Waldboden sprudelte. Damals schienen die Welten der Träume und die Wirklichkeit nicht voneinander getrennt zu sein und es war kein Problem, geschwind in eine andere Geschichte einzutauchen, von der die Erwachsenen scheinbar nichts mehr wussten. Was war Traum, was war Wirklichkeit? Vielleicht wurden sie von einer anderen Wirklichkeit geträumt.

Irgendwie hatte ihn die Liebesbeziehung mit Marietta von seinen philosophischen Betrachtungen entfernt. Er überlegte ernsthaft, ob er sein Mönchsdasein nicht wieder aufnehmen sollte. Doch als er wieder nach Hause kam und sie sah, verwarf er diese Gedanken sofort wieder. Sie in der Nähe zu wissen, sie berühren zu können und ihren Körper zu riechen, war so viel, dass er alles andere gern vergaß.

Langsam begannen sich die Tage zu gleichen. Der Sommer war nicht mehr fern und das Semester ging langsam zu Ende. Er war nun kein Teenager mehr und zu Hause lag eine Freundin, mit der er keinen Sex haben durfte.

Alle begannen, Urlaubspläne zu schmieden, und Harry, dem nichts Gescheites einfiel, bedrängte ihn, irgendeine Aktion zu unternehmen. „Wir sollten uns lieber noch einmal bei mir treffen und noch einmal einen Trip schlucken; wie findet ihr das?" Stella und Müsli standen in der Nähe und hatten die Ohren gespitzt. Müsli meinte sofort, das wäre eine gute Idee, und Stella wusste noch nicht so genau. „Was haltet ihr vom nächsten Wochenende?", wollte er wissen und sie waren einverstanden. „Müsli, das mit den Trips wird wieder bei dir hängen bleiben. Du hast doch die besten Beziehungen." „Okay, geht klar, ich glaube, es gibt gerade etwas Gutes."

Am nächsten Tag rief bereits der Bruder von Mi an und sie verabredeten sich für den späten Nachmittag. Marietta war gerade mal wieder weg und so stand ein schöner schlanker junger Mann mit fast schwarzen Haaren vor seiner Tür. Er hatte etwas Aristokratisches an sich und strahlte fast die gleiche selbstbewusste Strenge aus wie seine Schwester. Er schämte sich etwas für seine ärmliche Mansarde, doch schien es ihm zu gefallen.

Nachdem sie sich etwas über belanglose Dinge unterhalten hatten, fragte er: „Was möchtest du für dein Bild haben? Ich würde es gern erwerben, wenn du es mir gibst." „Mein Bruder hat mir bereits eines für hundertfünfzig Mark abgekauft. Es wäre schön, wenn ich wieder so viel bekommen könnte." Er überlegte kurz und wies auf seine finanzielle Lage als Student hin. So einigten sie sich auf hundertzwanzig. Er klemmte die Leinwand unter den Arm und verschwand.

Seine Freude war groß, denn diesmal war es ein echter Verkauf und er sah sich schon die steile Leiter des Erfolgs hinaufklettern. Immerhin konnte er eine Miete davon bezahlen und der anstehenden Party stand auch nichts mehr im Weg. Er hatte etwas getan, was ihm Freude machte, auch jemand anderem eine Freude gemacht und dafür das nötige Geld bekommen, das er dringend zum Überleben brauchte.

Ein wenig kam er sich wie eine Nutte vor, die ja irgendwie auch erst einmal etwas tat, was Spaß machte, und dafür Kohle bekam. Doch wie lange konnte so etwas gut gehen? Auch du wirst einmal alt und das kommt schneller, als man denkt, hatte man ihn einmal gewarnt. Doch davon wollte mit seinen gerade mal zwanzig Jahren nichts wissen. Diesmal würde das Fest anders sein. Sie hatten beschlossen, die ganze Wohnung zu benutzen, und jeder konnte tun, was ihm beliebte. Wer kommen wollte, sollte kommen und bleiben, so lange er wollte.

Er war gerade dabei, mit Jenny den Teig für wunderbare Kekse zuzubereiten, als Gandolf vor der Tür stand. Er würde einen Haschkaffee machen, so wie er es bei seinen Freunden in London gelernt hatte, und hatte wieder das beste Piece mitgebracht, das man sich vorstellen konnte. Dann kam Müsli mit den Trips „Purpel Haze", etwas ganz Feines, wie er versicherte. Außerdem hatte er Julia dabei, mit hennaroten Haaren und grünen Augen. Sie erinnerte ihn an ein wertvolles Schmuckstück aus Gold und Kupfer, mit zwei grünen Edelsteinen. Kurz darauf kamen noch Harry und Mi, die zum Glück noch etwas zum Trinken und Futtern dabeihatten. Auch Sabrina und ihr Freund waren da und hatten sich bereit erklärt, später etwas zu kochen. „Auf Trip? Meinst du, das das geht?", fragte er etwas zweifelnd. „Wir werden sehen, was alles geht", meinte Ramon, ihr Freund, und lächelte ihn an.

Die Kekse begannen bereits verführerisch zu duften und *Jenny* stellte den großen Teller in ihrem Zimmer auf den Boden. „Muss aber noch auskühlen", sagte sie schnell, als sie bereits die gierigen Blicke der Männer sah. Doch sie hatte Autorität und man traute ihr durchaus zu, dass sie ihnen auf die Finger klopfen würde. Jedenfalls war die Bude voll und man war gespannt, was geschehen würde. Diesmal würde alles anders werden, das spürte er genau. In jedem Zimmer saßen ein paar Leute, knabberten Kekse und waren am Rauchen.

Er sah Gandolf zu, wie er geschickt mit Töpfen hantierte und das in Milch erhitzte Dope in den Kaffee einrührte. Er füllte das Getränk in kleine Gläser und versah jedes mit einem Sahnehäubchen. Jeder hatte eine kleine grüne Pille bekommen, die er mit dem wundervoll würzigen Getränk hinunterspülte. Überall erklang psychedelische Musik und alle hatten es sich auf den Matratzen und Polstern bequem gemacht.

Wie immer war die erste Wirkung, dass man einen leichten feuchten Film auf der Haut zu spüren begann. Der Herzschlag hatte sich erhöht und die Pupillen waren stark vergrößert., was die anwesenden jungen Frauen noch schöner machte, als sie ohnehin schon waren. Ähnlich wie vor einer langen Reise in ein unbekanntes Land, oder vor dem ersten Date mit einer unbekannten Person verspürte man ein Kribbeln in der Bauchgegend.

Der Tee und die Kekse begannen als Erstes zu wirken, was zu einigen unmotivierten Lachanfällen der Anwesenden führte. Er fragte sich, woher diese Veränderungen eigentlich kamen, denn die gleichen Dinge, die noch vor Kurzem eine gewisse ernste Leblosigkeit ausdrückten, waren nun in ihrer Anordnung irgendwie komisch. Waren sie das auch schon vorher gewesen und hatte man es nur nicht bemerkt? Vielleicht befreiten einen die eingenommenen Substanzen nur von der Vorstellung, dass alles so erstarrt wichtig war. War das der Grund, warum Kinder immer so viel in Bewegung waren? Denn das, was sie sahen, war noch nicht erstarrt, sondern bereit sich zu verwandeln. Ein Stück Holz konnte sofort zu einem Schiff oder einem Flugzeug werden, um kurz darauf wieder als nutzlos weggeworfen zu werden.

Auch Musik war irgendwie nicht richtig festzumachen. Auch wenn man die gleiche Platte immer wieder und wieder hören konnte. Eher begann alles irgendwie in Fluss zu geraten und das Wasser, das man gerade daraus geschöpft hatte, war schon im nächsten Moment nicht mehr das gleiche. Auch wenn es immer noch Wasser war.

Der Trip begann zu wirken und sowohl die Umgebung, wie auch man selbst, begannen sich aufzulösen. Die Sehnsucht nach Bewegung und Erfahrung schien in allem vorhanden zu sein und bestand ihr eigener Körper nicht auch aus fließenden Kreisläufen? *Panta rhei*, alles fließt, hatte schon ein alter griechischer Philosoph festgestellt. Woher kam eigentlich diese Vorstellung, dass es etwas Festes, Konstantes geben würde, wo es doch allgemein bekannt war, dass alles, was war, auch einmal nicht sein würde? Nur die permanente Verwandlung schien irgendwie eine Konstante zu sein.

Noch waren sie jung und die Welt um sie herum war gerade im Begriff, immer mehr in Bewegung zu kommen. Die Autos wurden immer schneller und man konnte mit einem Flieger in kurzer Zeit irgendwo anders landen. Ja selbst mit einem Feuerstuhl auf einen anderen Planeten zu fliegen, stand kurz bevor. Je mehr der Trip zu wirken begann, desto weniger gelang es einem, etwas festzuhalten. Denn die Bewegung war ebenfalls mit einem Gefühl von Glück verbunden, das direkt in einen Raum führte, der gleichzeitig voll und leer war. Leer, weil der Raum keinerlei Grenzen kannte, auch kannte er keinen Unterschied zwischen Existenz und Nichtexistenz. Ja, im Grunde gab es nichts, was sich von irgendetwas unterschied. Das Getrennte war nur ein Bestandteil ihrer kleinen normalen Alltagswelt. Doch zum Glück war es so. Denn es tat gut, wieder hinaustauchen zu können und sich eine Zigarette anzuzünden. Es war nicht schwierig aufzustehen, doch kam einem der Körper nach all der Bewegung doch etwas steif und hölzern vor.

Er sah sich nach seinen Mitreisenden um und stellte fest, dass die meisten mit offenen Augen herumlagen und irgendwo waren. Zum Glück war immer einer in der Lage die Platten umzudrehen, denn die Musik war auf jeden Fall ein wichtiger Bestandteil des guten Gelingens dieser Reisen.

Julia war im Begriff sich aufzurichten und sah ihn mit ihren grünen Edelsteinen an, die dermaßen strahlten, dass sie ihn direkt in sein Herz trafen, um dort für einige Unruhe zu sorgen. War das Verlieben, dass man für einen Augenblick jemandem direkt in sein Herz sehen konnte? Jedenfalls war sie ein Wunder, das größte Wunder, das diese Welt hervorgebracht hatte.

Wo war eigentlich Marietta? Er stand auf und begab sich in Richtung seines Zimmers. Dort saß sie mit Harry und Mi, und sie war gerade dabei, einen Joint zu bauen. Sein Zimmer kam ihm fremd vor, wie ihre Krücken, doch war er froh, dass sie da war.

Nur ein paar Kerzen brannten, als Gandolf das Zimmer mit einer Kanne Tee betrat. „Immer zur rechten Zeit, der Zauberer", hörte er sich sagen. Doch kam ihm seine Stimme so fremd vor, als käme sie von einer Ecke seines Selbst, die er nicht war. Gandolf sah ihm eindringlich in die Augen. „Es wird wohl noch ein weiter Weg sein, um dort hinzugelangen", sagte er und auf einmal sah er Millionen von Bildern vor sich, die wohl das Leben waren, das vor ihm lag.

Doch schien das meiste bunt und froh zu sein, obwohl auch einige dunkle Dornen auszumachen waren. „Ja, wir haben noch einiges zu tun. Aber heute ist ein Fest und das wollen wir feiern." „Können wir uns auch verlaufen?", fragte er ihn. „Das können wir sicher", meinte Gandolf und strich sich über die wenigen Barthaare. „Aber das, was wir gefunden haben, wird uns wiederfinden, denn das ist unsere wahre Natur. Eines Tages wirst du dich an unsere Reisen erinnern und du wirst sehr froh darüber sein. Du hast also einen Grund zu feiern, denn du wirst froh sein, dass du jetzt so jung warst. Ich mach' uns mal ein Jillom." Das fanden sie erst einmal gut und er fasste Mariettas Füße an, um sie etwas zu wärmen, denn sie fühlten sich recht kalt an.

Da war sie wieder, die Liebe. Aber sie hatte sich verändert. Sie war ein Strom, der immer da war; man musste nur hineintauchen. War das die eigentliche Taufe? In den immerwährenden Fluss der Liebe zu tauchen und nie mehr zu vergessen, dass man selbst dieser Fluss war.

Auch wenn die Wirkung der Drogen langsam nachließ, so waren doch alle Wahrnehmungen über längere Zeit verändert. Biss man in eine Frucht, hatte man das Gefühl, noch niemals zuvor eine solche Frucht gegessen zu haben. Man konnte das Zerplatzen der einzelnen Zellen spüren, die ihre Duftstoffe freisetzten.

Was entging einem doch nicht alles mit dem blockierten Alltagsbewusstsein? Was würde es einem schon nützen, auf dem Mond zu stehen, wenn man nicht Kontakt mit dem Zustand Mond aufnahm? Ebenso könnte man auch in einem Fotostudio stehen, in einem Anzug, in dem man sich nicht bewegen konnte.

Die menschliche Wirklichkeit würde immer die menschliche Wirklichkeit bleiben, egal, wo man sich befand. Man musste schon den Mut aufbringen, in ein anderes Bewusstsein einzutauchen, um etwas Neues zu erfahren. Doch war dies auch nicht ohne Gefahr. Denn auch dort herrschen Gesetze von Ursache und Wirkung.

Nur die Liebe war ein scheinbar sicheres Boot. Scheinbar, weil sie sich gewissen Vorstellungen und Verhaltensweisen zu entziehen schien. Jede Form von Gewalt ließ sie sofort verschwinden, so wie auch jeglicher Besitzanspruch. Es war wie in der normalen

Welt. Hatte man erst das Gefühl entwickelt, dass einem jemand gehörte, hatte man bereits aufgehört, ihn zu lieben. Damit sich daraufhin nicht alles auflöst, begann man dann meistens damit, sich mit Ritualen zufriedenzugeben. Tauchte dann jemand anderer auf, der die Liebe wieder weckte, hatte man ein großes Problem. In gewisser Hinsicht lösten ihre Erfahrungen mit den Drogen das Problem erst einmal, denn sie fanden sich ja alle auf ihren Matratzen wieder und hatten nichts anderes außer sich selbst. Doch ließ bei dauerhafter Wiederholung die Wirkung immer mehr nach und jegliches Erhöhen der Dosis verschlimmerte dieses Problem.

Die weitere Nacht verlief zwar etwas chaotisch, aber ohne weitere Zwischenfälle. Irgendwann lag jeder mit jedem in einem Bett und schlief ein. Wie gut, dass sie alle da waren.

Die Dinge hatten sich verändert und der nahe Sommer verlangte nach Freiheit und Abenteuer. Dafür war auf jeden Fall Harry zuständig, der jederzeit und immer zu jeder Schandtat bereit war. In der Pause in der Schule – Stella war unterwegs um Zigaretten zu holen – nahm er ihn beiseite. „Ich hab' bei dir um die Ecke ein Wahnsinnsauto entdeckt, das so gut wie nichts kostet. Wir könnten damit ans Meer fahren. Was hältst du davon?" Er war etwas überrascht. „Aber du weißt doch, dass ich mit Marietta zusammenwohne und der Tripper ist auch fast ausgeheilt." „Eben, ich finde, etwas Abstand würde dir ganz guttun, oder willst du einen auf Ehemann machen? Dann ist Marietta allerdings nicht die Richtige. Da kann ich nur abraten. Die wird mit jedem pennen. Das kannst du mir glauben." Harry grinste über beide Ohren. „Wieso?", fragte er aufgebracht. „Hast du auch schon mit ihr gepennt?" Er schwieg. „Frauen sind auch nicht alles. Glaub mir, lass uns doch lieber Action machen. Du verkümmerst doch langsam."

Irgendwo hatte er recht. Zuhause hocken und warten, bis sie heimkam, war es irgendwie auch nicht. Wieder einmal hatte er den kleinen Jungen in ihm geweckt, der hinauswill, den Drachen töten und die bösen Feinde besiegen, um dann zu der angebeteten Prinzessin zurückzukehren, die ihm daraufhin huldvoll eine Nacht gewähren würde. „Dann lass uns losgehen und dein Wunderauto besichtigen."

Stella kam um die Ecke und sie rauchten noch gemeinsam. „Ihr seht nach einer Verschwörung aus", lachte sie. „Was habt ihr schon wieder ausgeheckt?" „Nichts", sagten beide fast gleichzeitig. Doch sie glaubte ihnen nicht. Die Sonne brannte vom Himmel und es war schon ganz schön trocken für diese Jahreszeit, als sie die staubige Hauptstraße überquerten, auf der Tag und Nacht schwere LKWs fuhren. Auf dem staubigen Schrottplatz standen einige Wagen zum Verkauf und wenn er ehrlich war, hatte er so gut wie keine Ahnung von Autos. Das war auf jeden Fall Harrys Metier. Der unterhielt sich bereits mit dem langhaarigen jungen Mann, der wohl die verstaubten Teile verkaufen sollte.

Sie gingen alle gemeinsam in eine Ecke, in der einige verrostete Wracks standen. Jetzt sah er ihn. Wie eine schöne junge Frau lachte er ihnen entgegen. „Das ist er", bestätigte der langhaarige Mann. Jetzt konnte er Harry verstehen. Es war ein kurzer, etwas bullig wirkender Sportwagen mit offenem Verdeck und roten Ledersitzen. So etwas hatte er noch nie gesehen. „Ein Skoda Sportwagen, davon wurden nicht sehr viele gebaut, eine echte Rarität." Harrys Begeisterung begann nun auch ihn zu erfassen. Auch er war dieser bulligen eleganten Sportlichkeit sofort verfallen. „Und das Schönste, sie kostet nur zweihundertfünfzig Mark. „Und wieso?", fragte er verblüfft. „Sie ist unten etwas durchgerostet und kriegt keinen TÜV mehr. Wir können also hier nicht damit herumfahren. Aber es gibt eine halblegale Lösung. Wir melden sie auf Zollnummer an. Vielleicht in die Türkei und fahren dann damit in Italien herum." „Du meinst, das geht?" „Na klar, das machen doch alle." „Also gut", sagte er. „Lasst uns erst einmal zu mir gehen, und in aller Ruhe darüber sprechen." Doch auch er hatte sich in das seltsame Auto etwas verliebt und sein Abenteuerherz pochte schon mächtig laut.

Marietta war nicht da und das war gut so. Sie setzten sich auf den Boden, drehten einen kleinen Joint und beratschlagten. „Ich kann auf jeden Fall die hundertfünfzig Mark von dem Bild einsetzen", begann er. „Aber den Rest musst du auftreiben und Geld für Sprit brauchen wir auch." „Sprit können wir auch klauen", sagte

Harry mit Überzeugung. „Aber wir müssen das Teil auch anmelden und versichern, das dürfte etwas schwieriger werden, denn wir sind beide nicht volljährig." Ja, das war ein Problem, sie waren noch nicht einundzwanzig. „Wir müssen Jenny fragen, ob sie das für uns macht, sonst fällt mir nichts ein." „Und wann soll es losgehen? Ich muss ja auch Marietta Bescheid geben. Die wird nicht so begeistert sein, oder?" „Ich glaube, sie wird froh sein, eine sturmfreie Bude zu haben, da mach dir mal keine Sorgen." „Gib mir schon mal den Hunderter, dann zahl ich es an. Vielleicht kann ich ihn ja noch etwas runter handeln, außerdem schau' ich, dass ich noch Kohle auftreiben kann, schließlich brauchen wir auch was zum Rauchen."

Sie hatten den Stein bereits angetreten und er begann zu rollen. *Like a rolling Stone.* Die Freiheit hatte die Oberhand gewonnen und der Liebe den Mittelfinger gezeigt. Wie weit würden sie kommen? Aber noch war es nicht so weit. Harry legte eine neue Version von „Summertime" auf den Plattenteller und sie hopsten vergnügt im Zimmer herum.

Der letzte Schultag hatte begonnen und noch einmal standen sie im Hof zusammen. Stella fuhr nach England zu ihrem Freund, dem Musiker, und Müsli hatte eine neue Liebe gefunden. Jenny hatte eingewilligt, das Auto auf ihren Namen anzumelden und er verabredete sich mit Harry zu einer Probefahrt.

Noch einmal lagen sie sich in den Armen und wünschten sich viel Glück. Wenn sie sich im Hebst wieder treffen würden, brach bereits ihr letztes Semester an und irgendwie waren ihre Gesichter ernster geworden. Bald würde ihre kleine Gemeinschaft auseinanderbrechen – doch davon wollten sie nichts wissen. *Forever Young* war doch ihr Motto und das wollten sie auf jeden Fall bleiben. Noch dachte keiner an eine Zeit danach und das war gut so.

Es war bereits später Nachmittag, als sie in der Sommerhitze den staubigen Schrottplatz erreichten. Freundlich sprang das alte Auto an und sie setzten sich hinein, Harry natürlich am Steuer. Als sie in die Hauptstraße einbogen, machte ihr Abenteuerherz einen Satz und sie sahen bereits das blaue Meer und die Bikini-Mädchen vor sich. Sie würden wie die Millionäre die Strandpromenaden entlangfahren, dunkle Sonnenbrillen auf der Nase und in den Strandbars köstliche Drinks mit schicken Frauen trinken.

Nur eines war blöd: Sie hatten fast kein Geld und er musste es noch Marietta beibringen. Sie fuhren auf die Autobahn und Harry trat aufs Gaspedal. 100, 110, 120, 130. Der Motor begann etwas zu wimmern, doch schließlich flog die kleine Bombe mit fast 140 Stundenkilometern dahin. „Wenn das mal gutgeht", dachte er im Stillen. Doch laut sagte er: „Das ist ja der Wahnsinn." Und sie kamen sich vor wie in einer Rakete zum Mars. „Einen Nachteil hat das Gefährt", rief Harry laut gegen den Fahrtwind, der ihnen um die Nase blies. „Die Schaltung ist genau seitenverkehrt, da musst du tierisch aufpassen." Und prompt schaltete Harry einen Gang zurück in die falsche Richtung, was das arme Getriebe mit einem schmerzhaften Gekreische bestätigte. Sie fuhren wieder zurück und stellten den Wagen wieder auf den alten Platz. Wieder einmal hatten sie eine gemeinsame Freundin. Eine Woche hatten sie sich noch Zeit gegeben, dann würde es losgehen.

Als sie noch einmal in sein Zimmer gingen, um etwas zu rauchen, lag Marietta in seinem Bett und lackierte sich gerade ihre Fingernägel, natürlich schwarz. Sie sah ihn etwas vorwurfsvoll an. „Und, was habt ihr wieder einmal ausgeheckt?" „Wir müssen ein Auto wegbringen", log Harry. „Aber wir sind in ein bis zwei Wochen wieder da, solange wirst du es ja ohne ihn aushalten." Sie schwieg und setzte eine gespielt traurige Miene auf. Man sah ihr an, dass sie bereits etwas im Schilde führte. „Ja, macht nur. Ihr Jungs müsst euch halt noch die Hörner abstoßen. Aber passt auf euch auf und treibt es nicht zu wild." „Weißt du", sagte er etwas zaghaft, „wir müssen halt ab und zu raus, uns die Welt um die Ohren schlagen, wie früher die Ritter. Wenn wir den Drachen getötet haben, kommen wir wieder, um uns die Wunden lecken zu lassen." Sie lachten noch alle einmal recht herzhaft und ein netter Joint machte die Runde.

Trotzdem hatte er irgendwie ein schlechtes Gewissen und das Gefühl, dass Harry ihn wieder in seine Welt hineingezogen hatte. Aber da er auch neugierig war, was geschehen würde und die

Sehnsucht nach Meer riesengroß war, hatte, wie immer mit seinem Freund, sein Abenteuerherz die Oberhand bekommen.

Die nächsten Tage schlichen etwas zäh dahin. Sie lagen lange im Bett und Marietta drehte nach dem Aufstehen erst einmal eine ihrer wunderschönen Tüten. Dann trank sie Kaffee, bevor sie es sich vor ihrem Spiegel gemütlich machte, um ihr junges schönes Gesicht interessanter zu machen. Immer noch sah er ihr fasziniert zu, wie sie mit einem kleinen Bürstchen ihre Wimpern schwarz einfärbte und mit dem Kajalstift ihre Augen schwarz umrandete. Doch am schönsten war es, ihr dabei zuzusehen, wie sie mit dem Lippenstift ihrem Kirschmund einen sinnlichen Ausdruck verlieh. Er würde ihre Weiblichkeit vermissen und eine leichte Furcht keimte in ihm auf, dass er sie verlieren könnte. Doch war es bereits zu spät, denn am nächsten Tag würden sie aufbrechen.

Spät am Abend kam noch Gandolf vorbei und bereitete ihnen ein makrobiotisches Mahl mit einem wunderbaren Drei-Jahres-Tee. Nachdem sie alle in Ruhe gespeist hatten, nahm er seinen Wildschweinzahn aus seiner großen Ledertasche und wickelte ihn vorsichtig aus. Noch einmal würde er seine Zeremonie mit ihnen abhalten. Sein Herz krampfte sich etwas zusammen bei dem Gedanken, wie sehr er dies alles vermissen würde.

Marietta legte noch einmal seine Lieblingsplatte von „Vanilla Fudge" auf. Als sein Lieblingsstück „Season of the witch" kam, reichte ihm Gandolf das Jillom zum Anrauchen und sah ihm dabei tief in die Augen. Er hob es über die Stirn, sprach sein „Om" und sog den bittersüßen Rauch tief in seine Lungen, als wäre es das letzte Mal in seinem ach so kurzen Leben. Dann reichte er es Marietta und ließ sich neben ihr auf die Polster fallen.

Ein paar Tränen der Liebe stiegen auf, quollen aus seinen Augen und er wusste, er würde sie nie vergessen. Denn was sie ihm gegeben hatte, wog mehr als die Schmerzen zwischen seinen Beinen, die er ruhig und stolz ertragen hatte. Die kindliche Königin des Schmerzes hatte ihn so viel gelehrt. Wenn er zurückkommen würde, würde es wohl nie mehr so werden, das wusste er genau.

Doch die Würfel waren gefallen, er musste weiter und immer weiter gehen, denn der Weg nach Mordor war noch sehr, sehr weit.

„Ich gehe eine Zeitlang nach England, zu meinen Freunden. Mal sehen, wie es weitergeht. Dann sehen wir uns wieder, alter Freund. Ich wünsche euch eine gute Reise." Als Gandolf gegangen war, legte er sich noch einmal zu ihr und hielt sie fest in seinen Armen. Hier wollte er bleiben, für immer und ewig. Ihren feinen jungen Körper riechen und an ihrer feuchten kleinen Pforte vorsichtig anklopfen, ob sie ihm Einlass gewährte. Sie waren bald eingeschlafen und er wünschte sich, es möge alles so bleiben wie es war. *Forever young.*

Als sie am frühen Nachmittag wieder erwachten, klopfte es fest an seine Wohnungstür. Harry stand frisch und stark davor. „Komm, wir müssen los, ich will abends in der Schweiz sein und dann fahren wir nachts über den Gotthardpass; das wird bestimmt cool." Er warf seinen Seesack ins Zimmer und setzte sich zu Marietta auf den Boden. „Ich mach' uns noch einen Kaffee", sagte er und zu Marietta: „Dreh uns doch noch einen Abschiedsjoint." Als er mit der Kanne zurückkam, war sie bereits fertig. Sie saßen noch einmal zusammen und Harry sagte etwas kleinlaut: „Ich bringe ihn schon wieder heil zurück."

Eines war ihm klar: Sie würde hier nicht allein herumsitzen und auf ihn warten. Er küsste sie noch ein letztes Mal auf ihren Kirschmund und zum ersten Mal sah er auch in ihrem Auge eine kleine Träne.

Schnell nahmen sie ihre Sachen und verließen die Wohnung. Er bemühte sich, nicht zurückzublicken. Fast rannten sie die steilen Holztreppen hinunter, immer ein paar Stufen auf einmal, um das muffige Treppenhaus möglichst schnell zu verlassen. Harry stieß die schwere Eingangstür auf und die staubige Nachmittaghitze brach über sie herein. Die nach Abgasen und Benzin stinkende Luft roch einwandfrei nach Freiheit. Sie warfen ihr Gepäck auf die äußerst schmale Rückbank und Harry startete den Motor, der sofort ansprang. Bald hatten sie den Stadtrand erreicht und ließen die überriechenden Fabriken der Vorstadt zurück.

„Macht es dir was aus wenn ich die gleiche Strecke fahre, die wir damals mit Mi gefahren sind?", fragte Harry. „Nein", antwortete er und konnte ihn gut verstehen. Was wusste er schon wirklich von seinem Freund? Sie waren ja schon öfter in die gleichen Frauen verliebt gewesen. „Hatte er sich vielleicht auf die Flucht vor zu vielen Gefühlen begeben und wollte er nur jemanden dabeihaben? Egal, der Fahrtwind des immer schneller werdenden Autos strich durch das offene Verdeck über ihre Köpfe. Was für ein Klischee, dachte er sich, denn sie fuhren direkt in die untergehende Sonne hinein. „Marlboro Country", lachte er und zündete eine Zigarette an.

Jetzt waren sie der betagten Maschine ausgeliefert. Würde sie sie wirklich an das Ziel ihrer Wünsche bringen? Zum Glück kannte die Straße nur eine Richtung – und die hieß „weiter, immer weiter". Die kleinen Dörfer mit ihren Äckern und Wiesen flogen an ihnen vorbei und wie durch ein Wunder waren sie auf einmal in einem Film. Sie waren in die Leinwand des Kinos hineingefahren und waren plötzlich die Hauptdarsteller geworden.

„Fahr jetzt du weiter", sagte sein Freund zu ihm und bog in einem Parkplatz ein. Mühsam quetschten sie sich aus den tief liegenden Ledersitzen und er schlug sich erst einmal in die Büsche. „Wir hätten Marietta mitnehmen sollen", sagte er, als er wieder zum Auto zurückkam. Sein Freund sah ihn fragend an: „Und wo hätten wir sie hinstecken sollen? Das Auto ist nur für zwei Leute." Er wagte nicht zu sagen, dass er sie vermisste und klemmte sich hinter das weiße Lenkrad. Jetzt ging es ihm etwas besser. Sein noch etwas verzagtes Herz machte einen Satz nach vorne, als er den Parkplatz verließ und die Beschleunigung unter seinem Hintern spürte. „Freedom is another word for nothing left to lose", erklang das Lied von Janis Joplin in seiner Brust.

Sie saßen in der Raumkapsel, die sie zu einem unbekannten Planeten bringen würde und es gab kein Zurück. Als sie die Schweizer Grenze erreichten, versank die Sonne dunkelrot hinter den Bergen, auf denen noch etwas weißer Winter hervorblitzte. Die Grenzbeamten schienen fasziniert von dem kleinen dicken Sportwagen. Denn so etwas hatten sie noch nie gesehen und ließen sie lachend passieren.

„Lass uns eine Kleinigkeit essen", sagte Harry und erst jetzt merkte er, wie hungrig er doch war. Sie hielten an einem Würstchenstand, verdrückten schnell welche und tranken eine große Flasche Cola dazu. „Ich würde gern nachts über den alten Gotthardpass fahren", meinte Harry. „Da ist garantiert kein Verkehr und ich würde gern die Nadelkurven voll ausfahren. Hinunter kannst dann du, wenn du willst." „Okay. Hört sich auf jeden Fall spannend an. Aber lass uns vorher noch etwas rauchen, sonst wird es langweilig." „Okay, wir fahren bis zum Anfang, das heißt, du *fährst, dann rauchen wir einen* und ich fahre dann rauf." Er setzte sich wieder hinter das Steuer und war froh, dass noch etwas dämmriges Licht alles um sie herum einhüllte, denn ganz im Dunkeln hatte er keine große Lust zu fahren.

Als sie am Fuße des Passes angekommen waren, hatte die Nacht bereits begonnen und sie hielten auf einem Parkplatz an, um sich etwas zu stärken. Die klare, kalte Bergluft traf ihre verkohlten Stadtlungen mit der Wucht eines klaren, kalten Wasserfalls. Irgendwo hinter den schwarzen Tannen hörte man das Rauschen eines Gebirgsbaches. Ein halber Mond ließ sie erahnen, was da vor ihnen lag. Eine riesige Wand aus starrem Fels ragte unüberwindlich vor ihnen auf. Darüber hatte man gewagt, eine Straße zu bauen? Ein Schauer lief ihm den Rücken hinab und er schlüpfte rasch in seine Jacke. „Da willst du jetzt noch rüber?" Er sah seinem Freund zweifelnd in die Augen, die etwas verschmitzt hinter seiner Nickelbrille hervorsahen. „Na klar, wenn, dann jetzt. Oder glaubst du, wir bekommen noch einmal so eine Chance?" Da hatte er natürlich recht, es würde sicher nicht noch einmal geschehen, das war eindeutig klar.

Sie setzten sich auf dem fast gänzlich im Dunkeln liegenden Parkplatz auf eine Bank und nahmen das kleine Piece, das ihnen Marietta zum Abschied geschenkt hatte. Er begann, einen Joint zu bauen. Harry hatte Orangensaft mitgebracht und nahm eine Packung Pillen aus seiner Jackentasche. „Das ist ‚AN 1', nimm ein paar, die brauchen wir, um wach zu bleiben. Das ist reiner Speed, die kannst du in jeder Apotheke kaufen, besser wie zehn Tassen Kaffee." „Vor allem muss man nicht dauernd pissen", lachte er und reichte seinem Freund den Joint zum Anzünden. Sie stopften sich noch ein paar Kekse in den Mund, gingen zurück zu ihrem Wagen und schlossen das Verdeck, denn es war schon recht kalt geworden.

Sein Freund setzte sich an das Steuer, schob den Sitz so weit zurück, wie es ging, und ihm wurde klar, dass er sich ein Rennen mit einem unbekannten Gegner liefern würde. „Schade, dass wir nicht zwei Autos haben", sagte Harry. „Mit dir würde ich gern ein Rennen fahren." Und schon trat Harry auf das Gaspedal. Das kleine Geschoss machte einen Satz nach vorne und in diesem Moment wusste er, was ihn erwartete. Er kauerte sich in den dick gepolsterten Ledersitz und schloss erst einmal die Augen. Noch stieg die Straße langsam an und so konnte Harry das bullige Gefährt mühelos auf über Hundert beschleunigen. Erst vor der ersten Kurve schaltete er zwei Gänge herunter, was ihm der alte Motor mit einem Aufheulen quittierte. Er riss das Steuer herum, um noch in der Kurve wieder zu beschleunigen. „Wenn du so weiterfährst, kommen wir nicht nach Italien", meinte er etwas kleinlaut. Harry lachte. „Wir müssen es nur bis ganz oben schaffen, runter können wir ihn rollen lassen."

Die Pillen fingen langsam zu wirken an und er wurde hellwach. Jetzt spürte auch er, wie das Adrenalin einschoss, und er überließ sich der Maschine und der unbekannten schwarzen Nacht. Die Felswände um ihn herum und die noch etwas weit entfernten hohen Berge waren in ein unwirkliches fahles Mondlicht getaucht und die Scheinwerfer bohrten sich an jeder Kurve in ein Nichts, von dem man nur erahnen konnte, dass die kleinste falsche Bewegung ihr Ende bewirken würde.

Er hatte sich irgendwie damit abgefunden und fing an, das Gefühl zu genießen, zwischen Leben und Tod zu balancieren. Es war dem Drogenrausch nicht unähnlich, nur dass man sich anschließend nicht einfach in ein Bett legen und eine Platte auflegen konnte. Jeder herabfallende Felsbrocken konnte bereits ihr physisches Dasein beenden. Immer wenn die schmale Straße in Richtung Berg ging, war er etwas erleichtert. Das versprach etwas Sicherheit, doch ging es danach wieder hinaus in Richtung Schlucht, denn auf diesem kurzen Stück liebte Harry es zu beschleunigen. Er fühlte sich vollkommen seinem Schicksal ausgeliefert.

Nur selten kam ihnen ein anderes Fahrzeug entgegen, dem er geschickt im letzten Moment auswich. Die Luft, die durch das geöffnete Seitenfenster strömte, wurde kälter und kälter und die ersten kleinen Flecken Schnee waren zu sehen. Wie lange sie bereits unterwegs waren, konnte er nicht mehr erahnen, doch eines spürte er deutlich: Sie hatten damit begonnen, die Angst vor dem Tod zu besiegen.

Endlich war die Passhöhe erreicht und er fuhr auf den Parkplatz. „Wir müssen den Motor auskühlen lassen", sagte sein Freund. „Sonst fliegt er uns noch um die Ohren." Sie stiegen aus und ein leichter Schimmer des heraufziehenden neuen Tages machte sich hinter dem hoch aufragenden Gebirgsmassiv bemerkbar. Sie stiegen aus und vertraten sich die steif gewordenen Beine. „Und, wie war ich?", fragte Harry ihn lachend. „Du hättest Rennfahrer werden sollen." „Das wollte ich auch, aber meine Mum war dagegen. Runter musst aber du fahren, ich bin langsam etwas müde. Ist noch was von dem Rauch-Piece von Marietta da?" „Ja, ein bisschen, lass uns erst einmal was rauchen." Sie kauerten wie zwei Verschwörer auf dem Boden und wussten, dass dieser Moment nie mehr wiederkehren würde. Jetzt, in der leichten Dämmerung konnte man bereits die hohen Berggipfel erkennen, in denen sich noch beachtlich viel Schnee verfangen hatte.

Gestärkt von etwas Rauch – und mit noch einigem Speed im Blutkreislauf – begaben sie sich wieder zu ihrem Auto und sein Freund öffnete wieder das Verdeck. „Ein wenig kalte Morgenluft wird uns nicht schaden", meinte dieser gut gelaunt und drückte ihm den Wagenschlüssel in die Hand. Nun war er an der Reihe und setzte sich auf den weichen Ledersitz, das weiße Steuerrad vor sich. Er musste den Sitz etwas nach vorne ziehen da er etwas kürzere Beine hatte.

Er atmete tief durch und ließ den Motor an. Als er den ersten Gang einlegen wollte, quittierte ihm das Getriebe es mit einem lauten Aufkreischen. „Du hast vergessen, dass die Schaltung spie-

gelverkehrt geht." Sein Freund grinste. „Gewöhnungsbedürftig",
sagte er schnell, legte den richtigen Gang ein und fuhr los.

Anders als beim Hinauffahren war jetzt eher das Bremsen ein
Problem, und die Bremsbeläge waren wohl auch nicht mehr die
besten. Doch konnte man auf den kurzen geraden Stücken den Wagen beträchtlich beschleunigen und er hatte vor, es seinem Freund
gleichzutun. Der lag lässig in seinem Sitz und zündete sich eine Zigarette an. Einwandfrei waren sie Filmstars in einem Abenteuer-
film, in dem jeder von ihnen einmal Regie führen würde.

Er konnte an dem Gesichtsausdruck seines Freundes erkennen,
dass es ihm nicht schnell genug ging und so bemühte er sich, das
Ganze etwas gefährlicher zu gestalten. Er schaltete jetzt schnell
nach jeder Kurve in den nächsten Gang und trat auf das Gas. Erst
ganz kurz vor der nächsten Kurve schaltete er einen Gang herunter,
um dann wieder schon in der halben Kurve wieder auf das Gaspedal zu treten, sodass es seinen Freund gegen die Wagentür drückte. Es schien ihm zu gefallen. Kurve um Kurve schraubten sich die
Serpentinen bergab, die geraden Strecken zur nächsten Kurve wurden immer länger und die Geschwindigkeit wurde immer höher.

Die kalte Bergluft wurde langsam wärmer und hatte ihre langen Haare bereits mächtig zerzaust. Der nahende Süden begann
sich bemerkbar zu machen und die Felsen zu ihren Seiten hatten
eine braune, verbrannte Färbung angenommen. Auch die Vege-
tation kam ihm etwas spärlicher vor. Es begann bereits anders zu
riechen, oder war es nur Einbildung?

Er hielt an einem kleinen Wasserfall und sie füllten die paar leeren Plastikwasserflaschen auf, die verstreut im Auto herumlagen. Sie
wuschen sich etwas den Staub von ihren Körpern und von der Wind-
schutzscheibe, denn sie mussten gleich die Grenze passieren. Wieder hatten sie Glück, denn wieder amüsierten sich die Grenzposten
über das seltsame bullige Auto, das sie noch nie zuvor gesehen hatten. Jetzt wusste er, warum sein Freund über die Schweiz nach Italien fahren wollte: Hier waren die Leute einfach noch etwas cooler.

Die ersten Zypressen und ein paar Palmen in Töpfen waren bereits zu sehen, als die Sonne hinter dem Bergrücken hervorkam

und es auf einmal richtig heiß wurde. Erschöpft von der Nacht hielt er an einer kleinen Bar, in der sie einen Cappuccino tranken. Am nächsten Parkplatz hielt er an und sie legten sich auf einer Wiese unter einen schattigen Baum, um etwas zu schlafen.

Die trockene Nachmittagshitze ließ sie aus einem traumlosen, komaähnlichen Schlaf erwachen. Sein Mund war vollkommen ausgetrocknet und die vielen Pillen hatten einen seltsamen Geschmack hinterlassen. Sie gingen zu einem nahegelegenen Brunnen, ließen sich das eiskalte Gebirgswasser über ihren Nacken fließen und rieben sich den Oberkörper damit ab. Auf der anderen Straßenseite sahen sie eine kleine Bar. „Wir brauchen unbedingt erst einmal einen Kaffee", sagte er.

Sie gingen hinüber und betraten den nicht allzu großen Raum. Auf einmal war alles anders. Das freundliche Fauchen der Kaffeemaschine, die dunkelhaarigen Gestalten hinter der blank polierten Bar, an der einige Arbeiter auf Barhockern saßen, und die wunderbare weiche Musik, untermalt von einer jungen Frauenstimme, der man sofort verfallen war. Was für eine schöne Sprache, dachte er und schämte sich etwas für das Raue seiner eigenen Sprache.

Sie bestellten zwei Cappuccini, die ihnen mit einigen sicheren Bewegungen rasch serviert wurden, als die Tür mit einem Schwung aufflog und eine dunkelblonde Schönheit mit feurigen braunen Augen den Raum betrat, die alle Blicke auf sich zog. Sie setzte sich neben seinen Freund und sah ihn von der Seite interessiert an. Sofort hatte er das Gefühl, dass er wohl lieber mit ihr weiterfahren würde, was er durchaus verstehen konnte. Etwas verzweifelt stellte er fest, dass sie zwar ähnliche Träume hatten, aber ob sie sich gleichzeitig erfüllen würden, war durchaus die Frage. Sie hatten eine Unterhaltung auf Englisch angefangen und wieder einmal kam er sich als drittes Rad am Wagen vor.

Harry wendete sich kurz an ihn: „Macht es dir etwas aus, wenn wir sie ein Stück mitnehmen? sie will auch ans Meer, um einen Freund zu besuchen." Er lachte. „Willst du uns nicht vorher etwas bekannt machen?" Jetzt erst schien sie ihn wahrzunehmen. „Buongiorno, come stai? Sono Gabriella." Er sah in ihre schelmischen

Augen und sagte seinen Namen. „Ah, che bello. Io sono Vittorio, Vittorio Emmanuele." Harry sah ihn verwundert an. „Wer zum Teufel ist Vittorio Emmanuele?", fragte er. „Das war der letzte König von Italien", rief er lachend, als er nun seinerseits etwas Eifersucht bei seinem Freund bemerkte.

Sie tranken noch zusammen einen Grappa und verließen mit dieser wundervollen Frau die kleine Bar. Irgendwie hatten sie das Gefühl, in diesem wunderbaren Land willkommen zu sein. Gabriella erinnerte ihn stark an seine große Liebe Rosaria, die er vor einigen Jahren getroffen hatte, als er noch mit seiner Mutter unterwegs gewesen war. Wie viele Lichtjahre waren seitdem vergangen, fragte er sich – und wieso war er jetzt eigentlich hier?

Er überließ ihr den Vordersitz und zwängte sich auf die enge Rückbank. Sie wollten noch unbedingt bis an das Meer fahren und bald erreichten sie die Autobahn. Der heiße, trockene Fahrtwind ließ Gabriellas Haare vor ihm flattern und wieder spürte er, dass eigentlich sie dieses wundervolle Land war. Denn dass dieses Land weiblich war, das war wohl klar.

Harry war glücklich, das kleine weiße Geschoss auf Touren zu bringen, und so flogen sie bald mit 140 Stundenkilometern durch die weite Landschaft. Sie hatten die letzten Hügel hinter sich gelassen und durchquerten eine einsame weite, ausgetrocknete Ebene, während am endlosen Horizont ein glutroter Sonnenball verschwand. Er begann zwischen den Taschen und Decken langsam einzudösen, hörte nur noch ihre weiche warme Stimme und versank in einem wundersamen Traum.

In seinem Traum war er an einem herrlichen Strand. Er lag nackt in dem sich endlos hinstreckenden schneeweißen Sand, der sich irgendwie lebendig anfühlte. Vor ihm erstreckte sich ein weites, türkis schimmerndes Meer, dessen sanfte weiße Wellen sich mit dem Sand zu vermischen schienen. Aus ihm entstieg langsam ein weibliches Wesen von fast unerträglicher Schönheit. Sie war nackt – und es war Gabriella. Das Lächeln, das ihren großen sinnlichen Mund umspielte, weckte eine fast unerträgliche Sehnsucht in ihm. Sie kam ohne zu zögern direkt auf ihn zu. Sie beugte sich über ihn und ihr feuchter blonder Lockenschopf umspülte sein heißes Gesicht. Nun spürte er ihre vollen Brüste und deren harte Brustwarzen auf seiner Brust und merkte, dass sich sein männliches Teil zwischen seinen braun gebrannten Schenkeln aufrichtete. All sein Wünschen und Wollen war nun dort und die Sehnsucht, aus der reinen Quelle zu trinken, hatte sein ganzes Sein ergriffen. Sie richtete sich auf, warf ihren Haarschopf zurück, öffnete ihre weiten warmen Schenkel und schob sein nun vollkommen hartes Glied in ihre endlose Weite ein. Nun begann sie auf ihm zu reiten, als wäre er ein ungezähmtes Tier, das man erst bändigen musste. Immer wieder hob sie sich, warf ihren Haarschopf zurück, um sich dann wieder auf ihn zu stürzen. Er war ihr vollkommen ausgeliefert und wusste, dass er es sein wollte. Nur deswegen lohnte es sich zu leben, dachte er sich kurz, um dann wieder vollkommen in ihr aufzugehen. Sie schien einem unbekannten Ziel entgegenzusteuern, das nun auch zu seinem Ziel wurde. Immer höher und wilder wurden ihre Bewegungen, begleitet von einem Stöhnen und Keuchen, das sie gleichzeitig zu beflügeln schien. Der hellblaue, weite Sommerhimmel verwandelte sich bei jedem Stoß in ein dunkleres Blau, um dann schnell wieder heller zu werden. Er hatte den Wunsch, dass sie nie zu einem Ende kommen und dass dieses erbarmungslose Spiel endlos sein möge. Doch schien es kein Halten mehr zu geben und mit einem gewaltigen Satz schoss sein männliches Magma in sie hinein, was sie mit einem wilden Aufschrei begrüßte. Der blaue Himmel über ihr war zu einem dunklen Nachthimmel geworden und ein endloses Meer aus Sternen umgab ihren dunkelblonden Lockenkopf, wie eine endlose weite Krone. Sie war die Königin der Nacht.

Sie hatten wohl beide geschrien, denn er war erwacht. Es war nun schon Nacht geworden und der kleine Wagen schraubte sich gerade einige Serpentinen bergab. Harry hatte die letzte Bergkette überquert und er sah bereits die Lichterkette der Städte und kleinen Dörfer, die das Meer säumten. Auch Gabriella war eingeschlafen. Als er in seine Jeans griff, fühlte sich alles warm und glitschig an. Ein Teil des Traumes war wohl Wirklichkeit geworden. Auch Gabriella war erwacht, rieb sich etwas die Augen und zündete sich eine Zigarette an. Sie sah ihn lächelnd an. Hatte auch sie geträumt?

Kurve um Kurve fuhren sie den Berg herunter und die kühle Bergluft begann nach Salz und Fisch zu riechen. Kurz darauf hatten sie das Meer erreicht, parkten an einem Strand und stiegen aus. Sie bedankten sich bei Harry für seine wundervolle Fahrt und kamen überein, sich etwas in den Sand zu legen, um noch zu schlafen. Harry hatte eine Decke ausgebreitet und lud Gabrilla ein, sich zu ihm zu legen. Sie sagte nicht nein und er legte sich etwas abseits in die Nähe eines nach Fisch und Diesel riechenden Fischerbootes und zündete sich eine Zigarette an.

Als er zu ihnen hinübersah, sah er, was sie taten. Offensichtlich waren sie am Bumsen. Wie immer schien er den Traum zu haben und sein Freund die Wirklichkeit. Als er sie, in sich verkeilt, stöhnen hörte, kam auch er noch einmal. Er freute sich, dass sein Freund einen Teil seiner Träume erfüllt bekommen hatte und schlief zufrieden ein.

Die ersten Motorengeräusche vorbeifahrender Vespas weckten ihn bald aus einem unruhigen Schlaf. Auch kamen bereits die ersten Fischer und einige Badegäste an den Strand. Offensichtlich war es nicht der Strand seiner Träume, denn überall lagen Müll und Plastikflaschen verstreut im dunklen, nach Fisch und Fäkalien riechenden Sand. Die Fischer mit ihren großen breiten Händen, dunklen Haaren und Bärten schienen sich über die am Boden liegenden, in Decken gehüllten Gestalten zu amüsieren. Vor allem die dunkelblonde junge Frau, die eng umschlungen bei seinem Freund lag, hatte ihr Interesse geweckt.

Er ging schnell zu ihnen um sie zu wecken. „Buongiorno", sagte er und stupste Gabriella in die Seite, die erschreckt hochfuhr. Sie blinzelte in die nun schon etwas heiß herab scheinende Morgensonne. „Buongiorno, Vittorio", entfuhr es ihren schönen vollen Lippen. Auch Harry hatte sich etwas aufgesetzt und rieb sich den Schmutz aus den Augen, bevor er seine Nickelbrille aufsetzte. „Shit, what are we doing here?" Auch er schien gerade aus einem tiefen Traum erwacht zu sein. Er sah Gabriella verwundert an, so als könnte er sich an nichts mehr erinnern. „It's better if we have a coffee first."

Gabriella war aufgestanden und versuchte, sich den Sand aus ihrer Hose zu klopfen. Jetzt merkte auch er, dass die kleinen Körner bereits überall die Macht übernommen hatten. Es schien hoffnungslos, sie schnell wieder los zu werden. Erst jetzt sah er ihren wundervoll geformten, weiblichen Körper und etwas in seiner Hose begann sich leicht zu regen. Sie warf ihm einen spöttischen Blick über ihre Schulter zu, während sein Freund die Decken zusammenrollte. Sie waren in ihrem Traum und Gabriella hatte sie dort hingebracht.

Sie waren dabei, sich komplett in sich selbst zu verwandeln, und alles, was vorher war, hatten sie vergessen. Es gab keine Zeit, denn Zeit entsteht aus der Vergangenheit und die hatten sie sofort vergessen, als sie ihr begegnet waren.

Gabriella zog es umgehend in die nächste Bar, wo sie sofort auf der Toilette verschwand. Wieder erfüllte die heiße Radiomusik, die Sprecherin, die alle, die ihr zuhörten, tief zu lieben schien und das Zischen und Fauchen der Kaffeemaschine das Geschehen. Ja, sie hatten die hohe Mauer des Gebirges überschritten und waren in einem seltsamen Traum gelandet. Oder war es die Wirklichkeit und das, was hinter ihnen lag, war der Traum? Sie würden es noch herausbekommen. Jedenfalls war Gabriella ihre Traumführerin. Nicht nur, dass sie sich in diesem seltsamen, so anderen Land auskannte, sie war die Einzige, die wirklich ein Ziel vor Augen hatte.

Als sie von der Toilette zurückkehrte, sah sie strahlend und wach aus. Sie setzte sich zwischen sie und erzählte in ihrem warmen, vollen Englisch, dass ihr Freund in einer Bar auf der Insel Elba arbeiteten würde und dass dies ihr Ziel war.

Sofort war ihnen klar, dass dies nun auch zu ihrem Ziel geworden war. Elba, war dies nicht eine magische Insel voller Kraft und Abenteuer, von der einst auch der große Napoleon aufgebrochen war, um die Welt zu erobern? „Sure, we want to go there too", log Harry schnell. „If you want, you can come with us." Sie strahlte, als hätte sie nichts anderes erwartet. „That's nice, I like your crazy car."

Sie tranken ihren Kaffee aus und aßen etwas Gebäck dazu. Als sie die kleinen Bar verließen, knallte ihnen bereits erbarmungslos die südliche Sommersonne entgegen. „What do you think, shall we go swimming somewhere?" Er versuchte mühsam, sein schon lange nicht mehr gebrauchtes Schulenglisch hervorzukramen. Gabriella schien einverstanden. „Let's look for a nice beach."

Nun konnte er wieder ein Stück fahren und die Frau seiner Träume saß neben ihm und lächelte ihm aufmunternd zu, indem sie sich ihre große dunkle Sonnenbrille auf ihre etwas runde Nase drückte. Überall waren jetzt Leute in Badesachen mit Standtaschen und Sonnenschirmen unterwegs. Er fuhr die etwas enge Straße, die fast direkt am Meer entlangführte. Ihr seltsames Gefährt und die schöne Frau an seiner Seite erregten durchaus Aufsehen und vor allem schöne dunkelhaarige junge Männer stießen einen Pfiff aus und so manches „Che bella!" war zu hören.

Ab und zu, wenn sie einen Ort verließen, konnte er den Wagen etwas beschleunigen, um kurz darauf wieder in ein Gewühl aus schrill hupenden Fahrzeugen und knatternden Vespas einzutauchen.

Harry hatte sich auf das zurückgeklappte Verdeck gesetzt, die Füße auf der Rückbank, und winkte den schönen Frauen zu, die in ihren knappen Bikinis vorbeiliefen. Das war es dann doch wohl, wonach er sich so gesehnt hatte.

Sie erreichten eine etwas felsigere Küste und fanden eine kleine Bucht, die etwas abseits lag. Er hielt in einer kleinen Parkbucht, von der ein schmaler Felsenpfad hinab zum Meer führte, das türkis zu ihnen hinauf schimmerte. Nur noch das sanfte, immer wiederkehrende Geräusch der Wellen, die weißen Schaum zurückließen, nachdem sie den hellen Sand geküsst hatten, um sich anschließend wieder etwas schüchtern zurückzuziehen, war zu hören. Sie schien von dieser Stelle gewusst zu haben und da niemand in der Nähe war, begann sie sich vollkommen ihrer Kleider zu entledigen und sich in das warme Meer zu begeben. Sie taten es ihr gleich und als auch sie ohne Kleider dastanden, drehte sie sich kurz um und sie konnten ihre wundervollen Brüste bewundern, die fast herausfordernd ihnen entgegen strahlten.

Sie liefen lachend schnell hinter ihr her und begannen, sie wie kleine Jungen zu bespritzen. Sie stürzte sich geschickt in die Fluten und war mit einigen schnellen Schwimmzügen rasch entschwunden. Er schwamm eine Runde und von Gabriella war kaum noch etwas zu sehen. Er ging zurück zum Stand und legte sich nackt auf sein Handtuch. Sein Freund war irgendwo in den Felsen verschwunden und suchte nach Muscheln.

Fast wäre er eingeschlafen. Das sanfte, immer wiederkehrende Geräusch der Wellen tat seine Wirkung, als er einen Schatten über sich spürte und kühle, salzige Tropfen auf ihn herabtropften. Gabriella hatte sich über ihn gebeugt und gab ihm einen süß-salzigen Kuss. Das Teil zwischen seinen Beinen begann sich zu regen, als ein Ruf seines Freundes sie aufschreckte. Er hatte einen Fisch gefangen. Schnell zogen sie sich wieder an. Sie würden abends eine Stelle suchen, um ein Essen zuzubereiten. Fast wäre sein Traum Wirklichkeit geworden.

Als sie aufbrachen, näherte sich bereits die Sonne dem Horizont. Jetzt fuhr wieder sein Freund. Seine Haut hatte sich gerötet, zu viel Sonne und das Salz auf der Haut begannen zu jucken. Unterwegs kauften sie sich einige Tomaten, Paprika, Kartoffeln und eine gute Flasche Wein. Es war schon fast dunkel, als sie einen abseits gelegenen Platz fanden, an dem sie ungestört ein kleines Feuer machen konnten. Nur einige alte Fischerboote und viel angeschwemmtes Holz waren um sie herum auszumachen.

Rasch hatten sie ein Feuer entfacht und sein Freund spießte den Fisch auf einen Draht, den er am Strand gefunden hatte. Gabriella hatte bereits den Wein geöffnet und nahm einen großen Schluck, bevor sie die Flasche weiterreichte.

Ein fast voller Mond war über dem ruhigen, fast wellenlosen Meer aufgetaucht, als sich ihnen eine kleine Gruppe junger Menschen – vom Feuer angelockt – näherte. Sie hatten ein großes Kofferradio dabei, aus dem heiße Rockmusik dröhnte. Gabriella forderte sie auf, sich zu ihnen zu setzen und sie waren erfreut, junge Leute aus einem anderen fernen Land kennenzulernen. Bald verschwand einer der Jungen, um kurz darauf mit Brot, Käse und zwei

Flaschen Wein aus dem nahegelegenen Dorf wiederzukommen. Einer der etwas älteren jungen Männer hatte sogar etwas zum Rauchen dabei, was alle sehr erfreute, und auf einmal war eine wundervolle Strandparty im Gange.

Gabriella fing mit zwei anderen Mädchen zu tanzen an. Nur die Umrisse ihrer Gestalten waren im Mondlicht zu sehen. Sie ließen ihre Hüften kreisen und warfen ihre Arme hoch über ihre Köpfe. Die jungen Männer sahen ihnen bewundernd zu, als sich Gabriella plötzlich ihrer Kleider entledigte und nackt über den Strand zum Meer lief, um bald darauf im warmen salzigen Wasser unterzutauchen. Jetzt bekamen sie Lust, es ihr nachzutun, und rissen sich ebenfalls ihre Kleider von den Körpern. Auch die zwei Mädchen aus dem Dorf standen auf einmal nackt vor ihnen. Er konnte im Dunklen erkennen, dass die Jungen bereits einen Steifen bekommen hatten, den sie etwas scheu mit ihren Händen zu verbergen hofften. Auch bei ihm gab es nun kein Halten mehr und er war froh, das schützende Nass zu erreichen. Sie lachten und spritzten sich an, wie es junge Menschen wohl zu allen Zeiten getan hatten.

Sie versuchten sich im Scherz zu berühren, wo sie gern berührt werden wollten, und bald vermischte sich der erste männliche Samen mit dem warmen salzigen Wasser. Nun sah er seinen Freund in enger Umarmung mit Gabriella, die sich im Wasser auf und ab bewegte. Die zwei Mädchen hatten sich ebenfalls eng umschlungen und begannen sich zu küssen, während zwei junge Männer sich an ihre steifen Glieder gefasst hatten und daran rieben. Nun spürte er das Feuer in sich aufsteigen und entleerte sich in die sanften Wellen. Die Fruchtbarkeit des endlos weiten Meeres hatte sie für einen Moment in den Arm genommen und von ihrer Last des ewigen Seins befreit.

Zufrieden torkelten sie wieder an den Strand, warfen ein paar herumliegende Bretter in das Feuer und schliefen bald zufrieden ein. Sie fühlten sich eins mit dem Land, mit den Menschen und mit der weiten, ewigen Natur, die selig auf ihre Kinder herab zu lächeln schien. Es waren wohl die alten Götter, die ihnen noch einmal begegnet waren und Gabriella schien mit ihnen im Bunde zu sein.

Als sie am nächsten Morgen erwachten, waren die Jugendlichen aus dem Dorf verschwunden. Nur die leeren Flaschen und Zigarettenschachteln, umgeben von Essensresten und den Gräten des abgenagten Fisches, erinnerten sie noch an die vergangene Nacht. Wieder fragte er sich, ob er alles nur geträumt hatte. Gabriella hatte sich aufgerichtet und sich eine Kippe in ihren prachtvollen roten Mund geschoben. Sie war ihre Führerin gewesen und sah sie mit wissenden braunen Augen an. Bald würden sich ihre Wege wieder trennen und der Schmerz über dieses Wissen schraubte sich bereits in ihre Herzen. Wie gern wären sie ihr bis an das Ende der Welt – falls es dies überhaupt gab – gefolgt. Sie begannen langsam den Müll zu beseitigen und stocherten noch etwas lustlos in der schwelenden Glut des Feuers. „Vi amo, ragazzi", flüsterte sie leise, und sie liebten sie auch.

Noch einmal liefen sie gemeinsam zum Meer, um darin zu schwimmen. Er wunderte sich, wie kräftig sie war, als er ihr zu sah, wie sie weit hinausschwamm. Sein Freund sah ihn etwas traurig an, seltsamerweise hatten sie sich schon wieder in die gleiche Frau verliebt, doch mit ihr geschlafen hatte wieder einmal nur Harry. Im Geheimen wusste er, dass es wohl noch lange so bleiben würde, denn der Traum war sein Begleiter. Doch würde er wohl seinen Traum nie wieder vergessen. „Come on, let's go", sagte Harry, als sie aus dem Wasser stieg und sich langsam abtrocknete. Nie hatte er so eine schöne starke Frau gesehen, die ihre Weiblichkeit wie eine prachtvolle Rüstung trug. Sie fühlten sich von all den Schmerzen vergangener Tage gereinigt und zum ersten Mal sah er, wie wunderbar doch dieses Leben war. Sie hatte ihnen für einen Moment die Augen geöffnet und er hoffte, sie würden sich nie mehr schließen.

Langsam schraubte sich der kleine Wagen über Hügel und kleine Berge, um dann wieder auf das funkelnde Blau des Meeres zu treffen. Alle Eile war verschwunden, denn sich von ihr zu trennen, schien ein recht fragwürdiges Ziel. Doch unausweichlich näherten sie sich der kleinen Hafenstadt, von der die Fähren auf die geheimnisvolle Insel gingen. Die Sonne war jetzt fast unerträglich heiß und – wie im Süden üblich – so gut wie keine Menschen auf den Straßen, nur einige etwas räudige Hunde lagen in den Schatten der Häuser. Schmutzig weiße Mietskasernen mit kleineren verwaschen rosafarbenen Häusern säumten jetzt die Straße, die beträchtliche Schlaglöcher aufwies. Auch ihr kleiner Wagen begann zu stottern. Eine eigenartige Einsamkeit hatte ihre kalte Hand auf ihre Herzen gelegt. Immer mehr prägten jetzt alte Fabriken und runde Gas- und Öltanks das Landschaftsbild. Auch Gabriella war etwas betäubt in ihren Sitz versunken, als würde sie sich etwas für ihr Land schämen. Auch der Hafen machte einen trostlosen Eindruck. Überall ragten Kräne in das nun bleigraue Blau des frühen Nachmittaghimmels. Seltsame Inschriften mit politischen Parolen und viele Hammer- und Sichelsymbole waren mit weißer Farbe an die Hauswände geschmiert. Die Traurigkeit, die sie ergriffen hatte, wich einer unbestimmten Wut. Er hoffte, dass ihr Geld noch für ein Ticket nach Elba reichen würde, denn hierbleiben zu müssen, wäre wohl der reinste Albtraum gewesen. Wie nah doch Wunschtraum und Albtraum beieinanderliegen, dachte er sich und war froh, dass sein Freund in seiner Nähe war.

„The name of this town is Piombino", sagte Gabriella, die ihren Frust spürte. „Die Bleierne", sagte Harry. In der Nähe gab es große Bleivorkommen, die wohl von hier aus verschifft wurden. „So sieht es auch aus", sagte er und eine gewisse Härte hatte sich in ihm breitgemacht.

Als sie das kleine Häuschen erreichten, in dem die Tickets verkauft wurden, stellten sie fest, dass sie noch ein paar Stunden warten mussten und das Geld nicht dafür reichen würde, das Auto mitzunehmen. Die Wirklichkeit hatte sie auf einmal voll im Griff und schien sie nicht mehr loslassen zu wollen. Lustlos gingen sie in eine Bar, in der einige Seeleute saßen, die sofort einen lauten Pfiff ausstießen, als sie Gabriella sahen. Sie verschwand wieder sofort auf der Toilette, während er sich mit seinem Freund einen Espresso und einen Grappa genehmigte.

Diesmal blieb sie länger verschwunden und als sie wiederkam, hatte sie sich vollkommen verwandelt. Alles Wilde und Hungrige war von ihr gewichen und vor ihnen stand eine gepflegte junge

Dame, das Haar hochgesteckt und die Augen und der Mund geschickt geschminkt. Sie hatte aus ihrem Beutel eine weiße Bluse und ein kurzes schwarzes Jäckchen hervorgezaubert. Dazu trug sie eine blitzsaubere weiße Jeans, die sich nach unten weit öffnete und ihren sehr weiblichen Po wundervoll zur Geltung brachte. Sie hatte sich für ihren Freund zurechtgemacht und schob ihre große Sonnenbrille über ihren Haarschopf. Die anwesenden Fischer stießen anerkennende Rufe aus: „Che bella!", was sie durchaus zu genießen schien.

Sie wussten, dass sie sie verloren hatten, aber sie hatten sie ja auch nicht besessen. Das Leben selbst hatte ihnen eine Gunst erwiesen und jetzt mussten sie selbst sehen, wie sie weiterkamen. Sie bestellten sich alle noch einen Toast und merkten auf einmal, wie hungrig sie doch waren. Sie waren junge Männer, hungrig nach Abenteuern und wussten wieder einmal nicht, wie es weitergehen sollte. Harry spielte bereits mit dem Gedanken, sich ebenfalls in dem kleinen Badeort einen Job zu suchen, doch ihm graute es davor, auch noch seinen Freund zu verlieren. „Willst du vielleicht eines Nachts von ihrem Freund niedergestochen werden?", fragte er Harry. „Die sind hier im Süden schnell bei der Sache, wenn es um ihre Frauen geht." Er sah es ein, hatte jedoch noch einen Einwand: „Aber wir haben so gut wie kein Geld mehr." „Uns wird schon noch etwas einfallen", sagte er schnell. „Wir haben es doch immer irgendwie hinbekommen." Auf einmal mussten sie an ihre kleinen Streiche in der Heimat denken und begannen zu lachen. Jetzt sah sie Gabriella verwundert an, denn sie hatte nichts verstanden und das war gut so.

Die Trennung lag bereits in der Luft, als sie die Fähre erreichten. Als er das große weiße Schiff betrat, fühlte er sich frei und erleichtert. Das kam schon eher seinem Traum näher, an Deck zu stehen, das wilde weite Meer im Blick. Ein immer stärker werdender Wind war aufgekommen und begann, die Haare zu durchwühlen. Das war es, dachte er sich. Das Schiff würde immer weiter und weiter fahren, über endlose Meere. Er würde an Deck schlafen, Gabriella im Arm halten und irgendwann, in unendlich langer Zeit, die Insel der Träume erreichen, auf der sich alle Wünsche erfüllen würden.

Das laute Horn des Schiffs blies zweimal einen dumpfen etwas schwermütigen Ton und sie legten ab. Ganz fern am Horizont konnte er einen Steifen etwas dunkleres Blau erkennen. Das ist sie wohl, die magische Insel, dachte er sich und breitete seine Arme weit aus. Das Bug des Schiffes hob und senkte sich, als würde sie eine riesige Mutter langsam in den Schlaf wiegen. Er legte sich auf seine Tasche und schlief ein.

Als er wieder aufwachte, hatte sich das Schiff der Insel bereits in Sichtweite genähert. Er stand auf und betrachtete die felsige Küste, die von der hellen Spätnachmittagssonne hell erleuchtet vor ihm lag. Man konnte bereits erste kleine weiße Häuser ausmachen und das Städtchen, in dem das Schiff anlegen sollte, war schon zum Greifen nah. Als er sich umsah, bemerkte er seinen Freund nah bei Gabriella stehen und in ein aufgeregtes Gespräch vertieft. Sie schien ihn von etwas überzeugen zu wollen, das er nicht einsehen wollte.

Das Schiff war bereits in den kleinen Hafen eingelaufen und interessiert sah er den Arbeitern dabei zu, wie sie sich die schweren Taue zuwarfen, die von dem am Hafen Stehenden geschickt um die eisernen Poller gelegt wurden. Eine gewisse Hektik war unter den Passagieren, die rasch ihre Gepäckstücke zusammensuchten, entstanden. Er packte seine Tasche und ging zu seinem Freund, der ihn etwas traurig anblickte. Er hatte sich verliebt, das war ihm anzusehen.

Jetzt hatten sie kein Auto mehr, fast kein Geld und die Frau ihrer Träume würde sie bald verlassen. Das Abenteuer konnte also beginnen. Gabriella nahm sie noch ein Stück in einem alten Taxi mit und sie stiegen am Rande des Städtchens, in dem ihr Freund lebte, aus. Sie rief ihnen noch ein herzhaftes „Ciao" entgegen und legte ihre Hand kurz an den Mund, um ihnen einen Luftkuss zuzuwerfen und brauste davon.

Jetzt waren sie allein auf einer staubigen Straße, von der sie nicht wussten, wohin sie führte. Einige dicke Agaven und große Kakteenbüsche säumten den Weg und das laute, herzzerreißende Zirpen der sich um einen Partner bemühenden Grillen war zu hören. „Komm", sagte er zu seinem Freund, der sich etwas verschämt eine kleine Träne aus dem Augenwinkel wischte. „Ich glaube, mir ist etwas ins Auge geflogen", sagte dieser rasch. Sie hängten sich ihre Taschen um die Schultern und gingen los.

Die staubige Straße bog bald in Richtung der hohen Berge ab und sie folgten einem schmalen Pfad, der steil an der felsigen Küste entlangzuführen schien. Schweigend ging er hinter seinem Freund her. Er wusste genau, was er fühlte, spürte er doch den gleichen Schmerz in seiner Brust. An einer Klippe, an der man das Brausen der Wellen tief unter ihnen hören konnte, blieb er stehen und blickte zurück. Weit entfernt konnte man das kleine Städtchen sehen, in dem nun Gabriella schon in den Armen ihres Freundes lag. Sie würden wohl irgendwann heiraten und süße kleine Kinder kriegen. Sie würde eine dieser etwas dicken italienischen Mamas werden, die ihren Mann, wenn er abends müde von der Arbeit heimkam, mit einem großen Topf Pasta erwartete. Würde sie dann noch manchmal an sie denken, oder war doch alles nur ein Traum gewesen?

„Möchtest du tauschen und dort im Restaurant Tische putzen, während sie mit ihrem Freund im Bett liegt?", fragte er. Sie lachten. Nein, dazu hatte er keinen Bock, und sie setzten sich an den Rand der Klippe und sahen auf das weite Meer, steckten sich eine Kippe zwischen die Lippen und spürten die grenzenlose Freiheit junger Männer in sich aufsteigen. War es nicht das, wozu sie eigentlich aufgebrochen waren?

„Wäre es nicht super, jetzt da hinaus zu segeln?", sprach sein Freund und deutete auf das unendliche Blau zu ihren Füßen, in dem sie weit entfernt ein kleines Segel ausmachen konnten. „Doch zuerst sollten wir einen Schlafplatz suchen. Die Sonne geht bald unter." Sie packten ihre Taschen und gingen den schmalen Pfad weiter. Die steile Felswand, an deren Ende das Meer toste, stieg immer steiler bergauf. Immer wieder bogen sie in eine Bucht ein, um dann wieder auf der anderen Seite anzulangen. Jetzt stellten sie fest, dass sie weder etwas zu trinken noch zu essen mitgenommen hatten. „Scheißliebe", sagte Harry. „Wir haben vor lauter Frau vergessen, etwas einzukaufen." „Ja, von Luft und Liebe kann man halt nur begrenzt leben", lachte er. „Vielleicht finden wir ein paar Früchte."

Die Sonne hatte bereits den Horizont erreicht, als sie auf einer Klippe ein kleines Gehöft bemerkten. „Sieh mal dort, vielleicht haben die etwas Futter für uns." Die Aussicht auf etwas Essbares beschleunigte ihre Schritte auf dem steinigen Weg, der von stacheligen Büschen, die nach südlichen Gewürzen dufteten, gesäumt war. Rasch nahmen sie die letzte Steigung und hasteten ein paar in den Felsen gehauene Stufen hinauf. Mitten im Gebüsch, unter einer zotteligen Dattelpalme stand ein einfaches Gehöft. Doch es wirkte etwas verlassen und die gelben Fensterläden und die Eingangstür waren fest verschlossen. Direkt auf der ins Meer hinausragenden Klippe stand noch eine Art Scheune, deren großes Tor nur angelehnt war. Sie sahen hinein und fanden neben allen möglichen Gerätschaften, die unbenutzt schienen, einen sehr einladend wirkenden Haufen Heu vor. „Na wenigsten haben wir was zum Pennen", sagte er fröhlich, denn die Müdigkeit hatte sie bereits am Wickel.

Er setzte sich auf den Felsvorsprung und bemerkte tief unter ihnen eine kleine Bucht, zu der ebenfalls ein Pfad führte. „Sieh mal, Harry, da können wir vielleicht morgen Fische fangen." „Der Platz ist wirklich traumhaft, ist doch besser, als in so einem blöden Touristenkaff zu sitzen." Harry sah ihn etwas zweifelnd an und er spürte, dass er wohl doch lieber bei Gabriella in einem Hotelbett liegen würde. „Vergiss sie. Da kommen noch andere." Aber auch er spürte die Sehnsucht. „Fuck, was zu rauchen wäre jetzt nicht schlecht. Schauen wir doch, ob wir in dem Haus noch was Essbares auftreiben können."

Als sie sich in der Dämmerung dem alten Haus näherten, sahen sie, dass dahinter ein riesiger Baum mit Aprikosen stand, dessen Früchte voll gereift waren und bereits den Boden bedeckten. „Das ist doch mal etwas, *fürs* Erste", lachte er und sie begannen sofort, sich die Münder und die Taschen vollzustopfen. Die Göttin sorgt für uns, dachte er für sich und eine tiefe Dankbarkeit breitete sich in ihm aus. Hatte die Göttin nicht auch Gabriella zu ihnen gesandt?

Harry war inzwischen damit beschäftigt, eine Tür in einem Nebengebäude aufzubrechen und hatte Erfolg. Stolz brachte er zwei Flaschen selbstgemachten Wein an. „Jetzt ist der Abend gerettet", rief Harry triumphierend und er musste ihm recht geben.

Sie saßen auf der Klippe, hörten dem tosenden Wellen zu, die sich in der kleinen steinigen Bucht brachen, und sahen in den unendlich weiten Sternenhimmel. „Weißt du, seit ich in Amerika war, habe ich einen vollkommen anderen Blick auf die alte Welt bekommen. Es ist hier alles so wunderschön, aber es kommt mir inzwischen vor wie eine Modelleisenbahn, wo alles so hübsch und ordentlich beisammen liegt." Er musste lachen. „Aber ich werde sie vermissen, und die wundervollen Frauen auch." „Wieso?", fragte er. „Sind die Frauen dort nicht auch wundervoll?" „Doch", sprach sein Freund. „Aber irgendwie anders. Sie sind nicht so geheimnisvoll wie hier, verstehst du, sie scheinen ihren Zauber etwas verloren zu haben, dafür kommen sie mir etwas freier vor."

Sie unterhielten sich weiter über Gott, die Welt und die Frauen, die sie bisher kennengelernt hatten, leerten vergnügt die Flasche sauren Weins, aßen Aprikosen und rauchten Zigaretten. „Ich bin entsetzlich müde", sagte er zu seinem Freund und stand auf. „Ich werde mich ins Heu legen." Sein Freund stand ebenfalls auf und sie gingen in die Scheune, die angenehm nach Heu roch. Sie schoben das schwere Eichenholztor, das aus seinen Angeln gebrochen war, von innen vor die Öffnung und verkeilten sie mit einem Holzbalken. „Damit uns niemand im Schlaf überraschen kann", meinte sein Freund. Sie streckten sich mit etwas Abstand auf dem warmen Heu aus und wünschten sich eine gute Nacht.

Es dauerte eine Weile, bis er einschlafen konnte. Zu viele Gedanken und Gefühle durchzogen sein Gemüt, als er plötzlich von leise murmelnden Stimmen geweckt wurde. Es folgte ein furchtbarer Knall, dem kurz darauf ein lauter Schrei seines Freundes folgte. Jemand hatte mit einem Tritt das Tor aufgetreten und es war mit Getöse auf ein Bein seines Freundes gefallen. Das Heu hatte den Sturz etwas gemindert, sodass sein Bein nicht ganz zerschmettert wurde, aber es hatte eine beträchtliche Wunde in sein Fleisch gerissen, die heftig zu bluten begann.

In der Öffnung standen zwei bedrohlich wirkende Gestalten, von denen nur die dunklen Umrisse zu sehen waren. Sie waren ebenfalls erschrocken und riefen ein paar Worte, die sich seltsamerweise deutsch anhörten. Er hatte sich bereits über seinen Freund gebeugt, der bemüht war, die fast zwanzig Zentimeter große Wunde mit einem Handtuch abzudrücken, um das Bluten zu stoppen.

„Seid ihr auch aus Deutschland?", fragte einer der wild aussehenden Gesellen, die augenscheinlich um einiges älter waren als sie. Harry hatte sich bereits den restlichen Wein über die Wunde gegossen und verzog sein Gesicht. „Was ist eigentlich los hier?", wollte er wissen. Die zwei Männer bedauerten das Missgeschick sehr und begannen, ihre Geschichte zu erzählen.

Sie waren auf der Flucht, hatten wohl in der Heimat beträchtliche Alimente Schulden angehäuft und waren nach Korsika geflohen, hatten dort wohl auch wieder Schwierigkeiten bekommen und ein kleines Segelboot geklaut, waren damit nach Elba gesegelt und in der Bucht unter ihnen gelandet. Nun wollten sie ebenfalls in der Scheune übernachten. Da sich das Tor nicht öffnen ließ, hatte es einer von ihnen mit einem Tritt versucht – was auch gelungen war. Dummerweise hatte sich sein Freund unter das Tor gelegt. Ein kleiner Fehler mit beträchtlicher Auswirkung.

Nachdem sie sich alle etwas von ihrem Schock erholt hatten und das Blut aus der Wunde nicht mehr zu sehr hervorschoss, beratschlagten sie, was zu tun sei. Sie hatten sich als Frank und Dieter vorgestellt. Dieter holte ein schon gehäutetes Kaninchen aus seinem schmutzigen Beutel. „Die Nacht ist noch lang", meinte Dieter. „Lasst uns ein Feuer machen und etwas essen." An Schlafen war jetzt sowieso nicht mehr zu denken und so begannen sie, jeder ein Stück Fleisch in die Flammen zu halten. Zum Glück hatten die beiden etwas Gras zum Rauchen dabei und die Stimmung begann sich wieder etwas zu heben.

„Du solltest morgen zum Doktor gehen", meinte Frank. Es sieht so aus, als müsste es genäht werden. Doch sein Freund biss die Zähne zusammen und meinte, er vertraue ganz auf die Selbstheilungskräfte der Natur, an die er fest glauben würde. „Ob du dich da nicht etwas überschätzt …", meinte Dieter und sie wechselten das Thema.

Irgendetwas hatte sie hier am Ende der Welt zusammengeführt und sie alle wussten nicht, wie es weitergehen sollte. Der Morgen begann schon langsam zu grauen, als sie endlich den ersten Bissen des zähen Fleischs in sich hineinstopfen konnten. Dieter hatte noch ein paar Flaschen des sauren Weins aus dem verlassenen Gehöft geholt und so kippten sie irgendwann betrunken in einen seltsamen Schlaf. Der Film, in dem sie steckten, hatte eine Wendung bekommen und nun schien der abenteuerlichere Teil Fahrt aufzunehmen. Aber deswegen waren sie ja auch hier.

Die Sonne war hinter dem hoch aufragenden Bergmassiv hervorgekommen, als sie wieder erwachten. Es war noch etwas Glut in der Feuerstelle und Frank hatte bereits einen Topf mit Wasser daraufgestellt. Harry besah sich seine Wunde, die zum Glück zu bluten aufgehört hatte. „Das sieht nicht gut aus", meinte Dieter, als er das bläulich-rosa schimmernde Fleisch besah. „Du solltest wirklich zum Arzt." „Leicht gesagt", erwiderte Harry. „Wir haben kein Geld mehr. Es langt nicht einmal für die Fähre. Aber wir haben doch ein Auto", sagte er. „Und ihr habt ein Boot. Wir könnten tauschen. Wir können an Land segeln und ihr bekommt das Auto."

Er wusste, dass das kein so gutes Geschäft war, aber es war eine Lösung. Er nahm seinen Freund beiseite und flüsterte: „Mit der Zollnummer können wir sowieso nicht herumfahren und das Boot können wir vielleicht verkaufen. Außerdem war es doch eh dein Traum zu segeln." Harry war einverstanden. Jetzt mussten sie es nur noch den zwei Männern schmackhaft machen. Frank und Dieter waren einverstanden. Die Aussicht, mit einen Sportwagen nach Rom zu düsen, hatte sie überzeugt.

Sie händigten ihnen die Fahrzeugpapiere und den Schlüssel aus und stiegen gemeinsam den steilen Pfad zum Meer hinab. Dort lag es. Unschuldig weiß, mit rotem Oberteil. Es war nicht sehr groß, gerade gut für zwei Leute. Doch wirkte es so frei und leicht auf ihn wie die Möwen, die über ihnen kreisten.

Sie hatten es den steinigen Strand der kleinen Bucht weit nach oben gezogen, denn die Wellen verursachten eine beträchtliche Brandung. Harry zog das weiße Segel nach oben und es kam ein großes F20 zum Vorschein. „Das sollten wir vielleicht entfernen", meinte Harry. „Das ist einfach zu deutlich, falls sie doch danach suchen." Sie setzten sich in die Gischt und trennten mit ihren Taschenmessern die aufgenähten Lettern heraus. Als sie das Segel wieder nach oben zogen, waren sie immer noch deutlich zu sehen, denn das Weiß unter der Schrift war um einiges weißer als das Segel. „Egal", sagte er, „wir haben sowieso keine Papiere dafür."

Er musste sich kurz daran erinnern, wie er als kleiner Junge ein kleines Boot selbst gebastelt hatte. Er hatte es damals an dem See in der Nähe des Hauses, in dem er wohnte, in das Wasser gesetzt und es aus den Augen verloren, als es munter davonschwamm. Er fuhr besorgt mit seinem Fahrrad auf das weit entfernte andere Ufer, wo es zu seiner Erleichterung nach einer Stunde wieder gelandet war. Beglückt hatte er es in seine kleinen Arme genommen und sich geschworen, es nie wieder auf eine so große Reise zu schicken. Denn in seinem Herzen hatte er darauf die weite Welt überquert und er hoffte, er würde eines Tages selbst damit auf die große Reise gehen.

Jetzt war es so weit. Er hatte auf dem Boot einen schwarzen Neoprenanzug gefunden, den er mit Stolz angezogen hatte. Für seinen Freund war noch eine schwarze Taucherjacke darauf. Sie verabschiedeten sich von den beiden, warfen ihre Taschen in das Boot und schoben es in die Brandung. Ein heftiger Wind peitschte ihnen entgegen. Kaum hatten sie das Boot über die ersten hohen Wellen geschoben, als es sich bereits mit Wasser füllte.

„Fuck", rief Harry, „die Lenzklappe ist offen." Er hatte noch nie etwas davon gehört, doch jetzt bemerkte auch er die kleine Klappe am Heck des Segelboots. Mit ihr konnte man das Spritzwasser, das sich während der Fahrt bildete, wieder ablassen. Der Sog, der während der Fahrt entstand, zog es wieder aus dem Schiff. Er hatte sie schnell geschlossen und während das Boot etwas Fahrt aufnahm, schöpfte er rasch mit einem kleinen Kindereimer das Wasser wieder heraus. Sein Freund, der segeln konnte, war der Kapitän und übernahm das Kommando. Ihm hatte er das Vorsegel anvertraut und er hielt stolz das Seil in seiner Hand.

Die Segel blähten sich und sie nahmen beträchtlich Fahrt auf. Das heimatliche Ufer war schnell außer Sichtweite und vor ihnen lag nun die endlose blaue Weite eines unbekannten Meeres. „Was hältst du davon, wenn wir nach Ibiza segeln?", lachte sein Freund, der seine Schmerzen bereits vergessen hatte. „Ich glaube, wir sollten zuerst zum Festland segeln und etwas Wasser und Essen holen" rief er laut, denn sie hatten nur eine große Flasche sauren Wein und eine Tasche voll Aprikosen dabei.

Die Wellen wurden immer höher und man konnte nur noch kurz sehen, wo man war, wenn man ihren Gipfel erreicht hatte. „Einem kleinen Boot kann nichts passieren", versuchte sein Freund ihn zu beruhigen. „Man fährt auf einer Seite hoch und dann auf der anderen wieder herunter. Man muss nur drauf achten, immer schräg zu den Wellen zu segeln."

Es war ein seltsames Gefühl, so komplett den Elementen ausgeliefert zu sein. Wie winzig klein sie doch waren, in Anbetracht der Wellen, die nun fast so hoch wie der Mast waren. Brav hielt er das Seil des Vorsegels in seinen Händen und legte sich dabei über den Rand des Boots, damit es nicht umschlagen konnte. Jetzt waren sie auf Gedeih und Verderb miteinander verbunden. Jeder Moment verlangte totale Konzentration. Hatten sie den Gipfel eines Wellenberges erreicht, blies der Sturm ihnen die Gischt des Wellenkamms ins Gesicht. Dazu brannte die erbarmungslose südliche Augustsonne. Harry hatte die Lappen, die er um seine Wunde gewickelt hatte, entfernt und sie dem Salzwasser ausgesetzt. „Meerwasser soll gut sein", scherzte Harry, und er bewunderte seinen Freund, der dies alles aushalten konnte. Denn er hatte ihn noch in keinem Moment jammern gehört. Ein Indianer kennt keinen Schmerz, dachte er, und er war ein Indianer.

Würden sie kentern, würde sie niemand finden, denn niemand hatte sie vermisst. War es das, was sie gesucht hatten? Nur sich selbst ausgeliefert zu sein? Furcht war nutzlos und so betrachteten sie es als Spiel, einmal kurz oben zu sein, um dann sofort wieder im Wellental zu verschwinden. Harry zeigte ihm, wie man das Seil einklemmen konnte, und er öffnete die Flasche und reichte sie ihm. Er nahm einen tiefen Schluck, doch löschte der Wein den Durst, der immer größer wurde, kaum.

Wie lange sie schon unterwegs waren, konnte er nicht mehr sagen, doch konnte man langsam, wenn man den Wellenberg erreicht hatte, einen dunklen Streifen am Horizont ausmachen. „Die Küste können wir nicht verfehlen", rief sein Freund. „Die ist lang genug." So gab er sich weiter der Berg- und Talfahrt hin. „Wie am Oktoberfest", lachte er. „Nur dass es dort nach drei Minuten vorbei ist."

Langsam näherte sich die Sonne dem Horizont und sie konnten am Ufer die ersten kleinen Häuser ausmachen. „Wenn die Sonne untergeht, sind wir dort." Harry klang zuversichtlich. „Magst du nicht mal das Steuer übernehmen? Ich würde mir gern eine Kippe anstecken." Er ließ das Vorsegel locker, das jetzt fröhlich im Wind flatterte, und sie tauschten die Plätze. Erst jetzt konnte er die volle Kraft des Windes spüren und es war durchaus etwas anderes, das Hauptsegel zu kontrollieren und dabei das Steuer festzuhalten. Zum Glück hatte der Sturm etwas nachgelassen und die Wellen begannen flacher zu werden. Harry hatte es sich gemütlich gemacht und versuchte, in der Gischt eine Zigarette anzuzünden. Irgendwie sah er aus wie Steve McQueen, als er von der Gefangeneninsel floh. Sie waren offensichtlich die Darsteller in ihrem eigenen Film und niemand würde „Cut!" rufen.

Als sie das rettende Ufer erreichten, war die Sonne bereits hinter dem Horizont verschwunden. Mit letzter Kraft zogen sie das Kunststoffboot möglichst weit an den Strand, obwohl jetzt am Abend der Wind fast vollkommen nachgelassen hatte und die Wellen nur noch leicht rauschten.

Als er die ersten Schritte ging, merkte er, dass er kaum mehr geradeaus laufen konnte. Das stundenlange Auf und Ab und die starke Sonne, die ihm auf den Kopf gebrannt hatte, zwangen ihn dazu, sich in den warmen Sand zu werfen. Doch auch jetzt im Liegen hob und senkte sich alles um ihn herum. Seine Finger krallten sich in den warmen Sand und eine Welle tiefer Dankbarkeit überwältigte ihn. Wie wertvoll diese Erde doch war, wenn man sie auch nur für eine kurze Zeit verlassen hatte.

Sie zogen sich ihre Neoprenanzüge aus und Harry wickelte sich ein feuchtes Handtuch über seine Wunde, die wie ein toter Fisch aussah. Sie legten ihr letztes Geld zusammen und sein Freund machte sich auf den Weg, um etwas Essbares aufzutreiben. Immer wieder hob und senkte sich alles und er begann zu frieren, obwohl es immer noch sehr warm war. Eine Art Schüttelfrost überkam ihn und er begann mit den Zähnen zu klappern. Ich bin krank, dachte er, denn kurz darauf wurde es ihm sehr heiß.

Zu allem Unglück machten sich in der Abenddämmerung auch noch Schwärme von Moskitos auf Futtersuche und sie schienen an ihm Gefallen gefunden zu haben. Die Arme und Beine, die nicht vom Anzug bedeckt worden waren, hatten eine knallrote Färbung angenommen, Sonnenbrand. Unvorstellbar, dass sie noch vor Kurzem nicht weit von hier mit Gabriella am Strand gelegen waren. Es kam ihm bereits wie Lichtjahre vor.

Harry kam mit einer großen Flasche Cola und ein paar belegten Panini zurück, und er erzählte ihm von seinem Schüttelfrost und Fieber. „Du hast einen Sonnenstich", sagte er. „Das ist morgen wieder vorbei. Schade, ich hab' gerade ein paar nette Mädchen kennengelernt; die eine könnte dir gefallen." Aber ihm war nicht nach Mädchen und nachdem sie etwas gegessen hatten, verließ ihn sein Freund wieder. „Sie bringen mir einen Verband", sagte er schnell und war in der Nacht verschwunden.

Jetzt lag er da, allein, verbrannt und zerstochen. Das Heben und Senken des Schiffs hatte es in sich und so wartete er auf den nächsten Fieberschub. Er bekam etwas Heimweh nach seinem grünen, kühlen Land, dem warmen Körper von Marietta, der Musik und Gandolf, der ihm jetzt mit einem schelmischen Blick ein Jillom machen würde.

Er war eingeschlafen, als er plötzlich merkte, dass ihm jemand eine Decke übergeworfen hatte. „Ich bin dort drüben", sagte sein Freund und deutete auf den Schatten einer jungen Frau. Er klapperte mit den Zähnen und wunderte sich, woher sein Freund so viel Kraft hatte.

Als er am Morgen wieder erwachte, begann sich der Stand bereits mit ausgeschlafenen Badegästen zu füllen. Sie waren an einem Campingplatz gelandet. Das muntere Geplapper und die alberne Betriebsamkeit kamen ihm äußerst seltsam vor. Offenbar war er ein Alien von einem anderen Stern, von irgendwo auf diesem fremden Planeten gelandet und musste sich erst an die seltsamen Gepflogenheiten dieser Spezies assimilieren. Unauffällig nahm er sein Handtuch und begab sich zu seinem Freund, der in den Armen einer etwas dicken blonden Frau lag. Sie blinzelten ihn an. „Das ist Susan aus Ohio. Sie ist mit ihrer Freundin auf Europatrip, und hat mir den Verband gebracht." „Das Fieber ist vorbei", sagte er. „Lass uns einen Kaffee trinken. Susan lädt uns ein", meinte Harry mit einem zufriedenen Grinsen. Sie warfen sich ihre Handtücher über die Schultern und waren auf einmal zwei der vielen Badegäste, die geschäftig ihr Theater „Urlaub" aufführten.

Sie gingen an die Strandbar, bestellten Cappuccino und hörten der wundervollen weichen Radiomusik zu. Sie waren wieder einmal angekommen. Es dauerte nicht lang, bis Susans Freundin in einem knapp sitzenden Bikini auftauchte. Sie war wesentlich schlanker und hatte lange dunkelbraune glatte Haare, die fast bis zu ihrem kaum verdeckten Po fielen. Ihre Haut war schon recht braun gebrannt und ihre Augen dunkelblau-grün.

„Das ist Daisy", sagte Susan voll Stolz und sie schüttelten ihre schmale, doch kräftige Hand und stellten sich ebenfalls vor. Bis auf, dass sie so gut wie kein Geld mehr hatten, schienen ein paar netten Urlaubstagen nichts mehr im Weg zu stehen. Harry nahm ihn kurz beiseite: „Wir müssen unsere Neoprenanzüge verkaufen, dann sind wir wieder flüssig." Er hatte nichts dagegen, und sie erzählten es Susan und Daisy, die sich kurz unterhielten, und sich bereit erklärten, es für sie zu erledigen; sie würden ein paar Leute kennen. Sie verschwanden und kamen kurz darauf mit dem Geld zurück. Endlich konnten sie sich wieder Zigaretten und etwas zum Essen kaufen und sogar die beiden Mädchen auf einen Drink einladen.

Sie waren fast im Paradies angekommen, nur die große Wunde am rechten Bein seines Freundes machte ihnen zu schaffen. Auch wenn er – tapfer, wie er war – es vollkommen zu ignorieren schien, hatte sie doch angefangen zu eitern und schillerte in allen Farben des Regenbogens. „Das wird schon", meinte er beherzt und seinem Gesicht war nicht das Geringste anzumerken. Auch die beiden jungen Frauen machten sich Sorgen. „We're not in a western movie", lachten sie und machten sich auf den Weg, um eine Salbe zu besorgen, was sein Freund mit einem ablehnenden Brummen quittierte.

Sie hatten es sich in der Nähe ihres Bootes bequem gemacht und spielten Urlaub, warfen mit Bällen, bespritzten sich mit Wasser und tollten wie kleine Kinder im weichen Sand herum. Nachts schliefen sie am Strand und die Mädchen blieben meistens noch lang bei ihnen, bevor sie auf dem Campingplatz verschwanden.

Doch der Tag ihrer Abreise war schnell gekommen. Sie wollten weiter nach Rom, der ewigen Stadt, und so saßen sie bei ihrem kleinen Schiff und berieten, was zu tun sei. „Du musst nach Hause", sagte er zu seinen Freund. „Deine Wunde sieht einfach nicht gut aus. Nach Ibiza mit einen geklauten Boot schaffen wir doch ohnehin nicht." Harry war nicht begeistert, doch wirkte auch er langsam etwas nachdenklich. Das versuchte er auszunutzen und schlug vor: „Was hältst du davon, wenn wir versuchen, das Boot zu verkaufen? Dann haben wir die Kosten wieder zurück und können mit dem Zug nach Hause fahren." „Du hast wohl Sehnsucht nach Marietta, aber die liegt bestimmt mit einem anderen in deinem Bett. Aber wenn du willst, *können wir es versuchen.*" Sie rissen sich zwei Pappen aus einem herumliegenden Karton und schrieben „IN VENDITA" und „FOR SALE" darauf. Darunter die gewünschte Summe, einmal in Dollar und einmal in Lire. „Eine Million, das hört sich doch ganz gut an", lachte sein Freund.

Sie gingen schwimmen und setzten sich in den Schatten des leicht im Wind flatternden Segels. Es dauerte nicht allzu lange, bis Interessenten vorbeikamen. Doch als sie erfuhren, dass sie keine Papiere für das Boot hatten, verloren sie rasch das Interesse. Die Tage schleppten sich dahin und die Wunde begann immer mehr zu eitern. Auch begann sich das ganze Bein an sich zu verfärben.

„Wir wollen noch einen letzten Versuch starten. Wir segeln nach La Spezia. Da ist ein ziemlich großer Hafen, vielleicht finden wir dort eher jemanden, hier sind doch fast nur Urlauber. Die können das Boot schlecht mit nach Hause nehmen." Er gab seinem

Freund recht und so brachen sie am nächsten Morgen auf. Der Wind war angenehm frisch und weit von dem Sturm entfernt, der sie von Elba an das Festland geweht hatte. Es war richtig schön, an der Küste entlang zu segeln. Jetzt waren sie bereits ein eingespieltes Team und jeder wusste, was zu tun war. Sie wechselten sich am Steuer ab und er hatte gelernt, mit den Elementen Wind und Wasser umzugehen.

Es war wieder einmal später Nachmittag, als sie in die Nähe des Hafens kamen. „Sieh mal!", sein Freund deutete auf die ruhig daliegende Wasserfläche. Die ganzen Tanker und Frachtschiffe warteten darauf, ihre Ware gelöscht zu bekommen. Auch die felsige Küstenlandschaft hatte sich verändert. Die Idylle der Badenden war einer Industrielandschaft gewichen. Auch konnte man neben einigen Türmen und Kasernen noch alte Bunker aus dem letzten Krieg ausmachen.

Er fühlte sich bedrückt und erregt zugleich. Würde sie die Küstenwache entdecken? War es überhaupt erlaubt, hier zu segeln – und dann noch mit einem geklauten Boot? Das Herz schlug ihnen bis zum Hals. Und an wen sollen sie sich wenden, um das Boot zu verkaufen? Und was dann? Nachts mit dem Geld durch den fremden Hafen zu laufen, war keine gute Idee. Das ganze Unterfangen erschien ihm auf einmal äußerst absurd. Wieder einmal eine typische Harry-Story, dachte er bei sich, als sie an einer schillernden Öllache vorbeikamen.

Der Wind hatte fast ganz nachgelassen und überall schwammen verrostete Schiffe herum. Sie waren auf dem Schiffschrottplatz angekommen. „Genau richtig", lachte sein Freund. „Unser Boot ist ja auch gebraucht."

Sie legten an einem alten Holzsteg an, der fast auf Masthöhe über ihnen aufragte. Alles wirkte verdreckt und verrostet und tote Fische trieben im ölverschmutzten Wasser. „Jetzt haben wir den Autoschrottplatz gegen einen Schiffschrottplatz getauscht." Sie mussten beide lachen und steckten sich eine Zigarette zwischen die Lippen. „Und hierher wolltest du Marietta mitnehmen? Keine gute Idee, oder?"

Sie kletterten eine verrostete alte Metallleiter empor, auf der nur noch Reste abgeblätterter Lackspuren zu sehen waren. Oben angekommen setzten sie sich auf den ölverschmierten Holzsteg und sahen ihr weißes kleines Schiff tief unter sich im verschmutzten Wasser dümpeln. „Meinst du wirklich, dass wir es hier zurücklassen sollen?", fragte er kleinlaut seinen Freund. „Erst müssen wir jemanden finden, der es haben will." Sein Freund schien wild entschlossen. Ihm brach fast das Herz, hatte er es doch etwas lieb gewonnen, und es hatte sie doch so weit hergetragen.

Die ganze Aktion kam ihm auf einmal äußerst absurd vor, als sich ihnen zwei finster aussehende Gestalten näherten. Ein Schwall harter italienischer Worte kam aus ihren bärtigen Mündern, von denen sie kein Wort verstanden. So also konnte diese Sprache auch klingen, dachte er sich. Harry versuchte es auf Englisch und hatte etwas Erfolg. Er hingegen saß etwas abseits und Harry schien in eine intensive Verhandlung mit den zwei nicht sehr vertrauenerweckenden Gestalten eingetreten zu sein.

Nach einiger Zeit standen sie auf, schüttelten sich die Hände und verschwanden. Er setzte sich zu ihm. „Also, mein Freund, sie kommen um Mitternacht", fing er an, „und sie würden es nehmen. Allerdings würden sie es mit einem halben Kilo Hasch eintauschen. Eigentlich ein gutes Geschäft, oder?" „Hört sich ziemlich scheiße an", erwiderte er. „Um Mitternacht hier auf solche Typen zu warten, die wahrscheinlich von der Mafia sind und uns wohl eher ein Messer in die Rippen stecken, als uns etwas zu geben, das findest du gut?" „Und was stellst du dir so vor?", Harry war etwas genervt. „Sollen wir wieder zurück auf den Campingplatz?" „Das Beste wäre es", sagte er etwas kleinlaut. „Ich habe kein gutes Gefühl bei so einer Sache. Und wie willst du das Hasch aus dem Hafen bringen? Der ist doch bestimmt rund um die Uhr bewacht." „Stimmt", sagte Harry, „daran habe ich nicht gedacht." „Na dann los, die Sonne geht bereits unter." Schnell kletterten sie die wackelige Eisenleiter wieder nach unten, setzten sich in ihr kleines Schiff, machten die Leinen los und stießen sich ab.

Er war glücklich, wieder in dem kleinen Boot zu sitzen, das ihm inzwischen schon recht ans Herz gewachsen war. Die Sonne war schon hinter dem Horizont verschwunden und leider hatte auch der Wind fast vollkommen nachgelassen. Langsam fuhren sie noch ein kurzes Stück aus dem Hafen, dann hörte der Wind vollkommen auf zu wehen. Um sie herum lagen einige alte Frachtschiffe, zwischen denen sie jetzt still dalagen. „Es hilft nichts, wir müssen rudern." Harry zeigte auf das große hölzerne Ruder, das wohl für solche Notfälle an Bord war. Es war ein fast hoffnungsloses Unterfangen. Sie kauerten sich auf die Seitenwand und wechselten sich ab, da immer einer das Steuer übernehmen musste. Sie hofften, wenigstens aus der Bucht zu kommen, die den Hafen bildete. „Wenn wir Glück haben, weht weiter draußen etwas Wind."

Sie kamen nur sehr langsam voran und ein Segelschiff ohne Wind ist eine etwas traurige Angelegenheit. Aber seine Hoffnung, diesen schrecklichen Hafen wieder zu verlassen, spornte ihn zu neuen Kräften an. Endlich, nachdem es nun schon fast vollkommen dunkel geworden war, kam eine leichte Brise auf und das Segel, das traurig schlaff herunterhing, begann sich zu straffen. Jetzt hatten sie allerdings ein neues Problem: die Dunkelheit. Zwar konnte man die Lichter der Schiffe, die den Hafen ansteuerten, sehen, doch ließ sich auf der weiten Wasserfläche der Abstand zu ihnen nicht mehr einschätzen. War es nun ein kleines Schiff, das schon ganz in ihrer Nähe war – oder ein großes, weit weg – man konnte es allenfalls vermuten. „Jetzt haben wir bald alles durch. Sturm und Flaute, Tag und Nacht, viel kann nicht mehr kommen." Sie lachten, denn sie hatten bereits das offene Meer erreicht und der Wind frischte merklich auf. Beherzt nahmen sie ihre Positionen ein und versuchten sich an den Lichtern, die die Küste säumten, zu orientieren. „Zum Glück kommt der Wind von der Seite und wir müssen nicht kreuzen, sonst würden wir zwei Tage brauchen", rief sein Freund. Er hatte nur noch den Wunsch, bald wieder den Campingplatz zu erreichen, sein Bedarf an Abenteuern war vorerst gedeckt.

Die Stunden vergingen ohne große Zwischenfälle, nur dann und wann kam ihnen ein großes Frachtschiff etwas näher oder war ein kleineres schon ganz nah. Er begann, eine Ahnung davon zu bekommen, was Segler auf den großen Weltmeeren vollbrachten, denn sie waren ja immer noch in der Nähe der Küste.

Langsam war schon ein schmaler grauer Schimmer hinter der Bergkette zu sehen, die das Land bildete, als Harry die schmale Einfahrt zu dem künstlichen Hafen, der aus aufgeschütteten Felsbrocken bestand, entdeckte. „Gleich haben wir es geschafft", rief er erfreut; „ich brauche unbedingt einen Kaffee." Sie fuhren durch die schmale Einfahrt, als die Sonne ihre ersten Strahlen auf den Sandstrand schickte. Mit einem schürfenden Geräusch legte ihr Boot am Strand an und sie zogen es ein Stück an Land. Sie torkelten mit letzter Kraft zu den Gebäuden am Eingang des Campingplatzes, auf dem es einen Kaffeeautomaten gab, und leerten einen Becher nach dem anderen. Er hatte ein wenig das Gefühl, seinem Freund einen ultimativen Trip versaut zu haben, legte sich mit letzter Kraft an den Strand und schlief ein.

Als er gegen Mittag wieder erwachte, sah er seinen Freund in einem Gespräch mit einem etwas älteren Mann in gepflegter Kleidung neben ihrem Boot stehen. Er stand auf und ging zu ihnen. Harry stellte ihn als den Besitzer des Platzes vor. „Mario ist an dem Boot interessiert und hat uns zweihundertfünfzig Mark dafür geboten. Aber er will unbedingt die genaue Adresse und Passnummer von einem von uns, falls sich die Polizei dafür interessieren sollte." Er nahm ihn beiseite. „Ich habe eine Idee, ich gebe ihm die Daten von meiner amerikanischen ID-Card, ich glaube nicht, dass dort irgendjemand Nachforschungen anstellen wird, wegen einer kleinen Segeljolle." Mario schien damit einverstanden und Harry zückte seine ID-Card, die der Mann genau studierte. Sie setzten einen Kaufvertrag auf und Mario gab ihnen das gewünschte Geld.

Jetzt waren sie auf einmal die Sorgen los und Mario lud sie noch auf einen Drink ein. „Na, die Unkosten haben wir wenigstens wieder drin, wir können mit dem Zug heimfahren und du kannst endlich zum Doktor." Sie gingen in ein Restaurant und schlugen sich die Bäuche mit Spaghetti voll. Danach fuhren sie mit dem Bus wieder nach La Spezia. Diesmal brauchten sie für die Strecke, die noch kurz zuvor eine halbe Weltreise gewesen war, nicht einmal eine Stunde. Sie bekamen ein Ticket für den Nachtzug nach Hause und würden am nächsten Morgen wieder in ihren Betten liegen.

Obwohl er ziemlich erschöpft war, tat es ihm leid. So weiterzuleben, erschien ihm auf einmal durchaus verlockend und der Wunsch, es wieder und wieder zu tun, würde ihn nie mehr ganz verlassen. Er dachte an Marietta, die wohl nie so unterwegs sein konnte und kam sich schäbig vor. Hatte sie auf ihn gewartet oder lag sie bereits mit einem anderen im Bett?

Endlich saßen sie in einem Abteil. Wieder einmal war es kurz vor Mitternacht – hatten sie jemals eine Nacht durchgeschlafen? Auch wie viel Zeit sie wirklich unterwegs gewesen waren, hatte er irgendwie vergessen. Es erschien ihm wie eine kleine Ewigkeit. Was bedeutet Zeit überhaupt, wenn man noch so jung war? Wie Kinder hatten sie sich in die Welt geworfen und wussten nie, was als Nächstes passieren würde. Die Welt war bunt und voller Lust und Gefahren. Noch hatten sie nicht damit begonnen vernünftig zu sein, sie wussten, dass das eines Tages kommen würde und dass sie dann etwas sehr Wertvolles verlieren würden.

Einmal hatte er seinen Freund gefragt: „Warum machen wir eigentlich dauernd solche Sachen?" Der hatte gelacht und geantwortet: „Damit wir unseren Enkelkindern einmal Geschichten erzählen können." Auch wenn er nicht daran glauben konnte, einmal Kinder zu haben, so hatte er doch seinen Freund verstanden. Nur das, was man getan hatte, würde einmal zählen und die größere Last würde das sein, das man ausgelassen hatte.

Sie zogen die Sitze aus und streckten die Beine zueinander, denn jetzt waren sie wirklich zu Freunden geworden. Das immer wiederkehrende Rumpeln der Schienenschwellen wiegte sie bald in einen tiefen Schlaf, der nur zweimal von den Passkontrollen unterbrochen wurde. Er war ein anderer geworden und dafür war er seinem Freund sehr dankbar. Er hatte einen merkwürdigen Traum, in dem er durch einen wunderschönen Park ging. Die Bäume und Sträucher standen in voller Blüte und der Gesang und das Zwitschern der Vögel erfüllten den weiten Raum. Weit in der Ferne war ein kleines verträumtes Schlösschen auszumachen und dorthin wollte er unbedingt gehen. Sein Blick schweifte seitwärts über eine Wiese voller seltsamer Blumen, die ihm freundlich zuzulächeln schienen. Überall flatterten Schmetterlinge und andere Insekten. Da sah er *sie*. Sie stand unter einem Baum, der voll mit rosa und lila Blüten übersät war. Sie hatte ein kleines wertvolles Buch in ihren schlanken Händen und als er in ihr Gesicht sah, durchfuhr ihn ein bittersüßer Schmerz. Es war das Gesicht der Madonna von Leonardo da Vinci, in das er sich schon als Knabe verliebt hatte. Ihre hellbraunen Augen blickten ihn wissend an. Das regenbogenfarbige Licht, das sie umgab, war das endlose, ewige Licht der Weisheit. Ihr zarter Mund öffnete sich leicht zu einem Lächeln und sie sprach nur ein Wort: „Komm."

Er erwachte und sah zum Zugfenster hinaus. Sie fuhren gerade in den Bahnhof der großen Stadt ein, die seine geworden war. Sein Freund war bereits aufgestanden, stand am offenen Fenster des Gangs und rauchte seine letzte Zigarette. Der Fahrtwind hatte sein braunes glattes Haar zerzaust und seine Gesichtszüge waren etwas härter geworden, so schien es ihm. Wie ein Indianer, dachte er und bewunderte ihn sehr. Er drehte sich zu ihm hin und lachte. „Mit dir kann man Pferde stehlen." Er kam sich vor, als hätte er ihm einen Orden an die Brust geheftet.

Sie stiegen aus, gingen zu einem Kiosk und kauften sich Zigaretten. Camel ohne Filter natürlich, und sie tranken eine Tasse Kaffee. „Ich werde gleich heimfahren", sagte sein Freund, „und noch heute zum Arzt gehen, das verspreche ich dir." Sie nahmen sich in den Arm und drückten sich. „See you later, Alligator."

Als er an der Straßenbahnhaltestelle stand und auf die Tram wartete, merkte er, dass er ein Fremder geworden war. War er nicht dort, auf dem wilden brausenden Meer zu Hause gewesen – nur den Elementen ausgeliefert und doch sich eins und stark fühlend? Er hatte vergessen, was er hier eigentlich sollte. Er fuhr zu dem alten Mietshaus, in dem er wohnte, und alles schien irgendwie leer und verlassen, und die Augustsonne brannte in die grauen stinkenden Straßen. Er öffnete die schwere Eingangstür und ging langsam die knarrende Holztreppe hinauf, als würde er sich vor etwas fürchten, öffnete die Tür zu seiner Wohnung und trat ein. Der Geruch von faulen Mülltüten schlug ihm entgegen und überall lagen verkrustetes Geschirr und faulige Essensreste herum. Sein Herz krampfte sich zusammen. War sie hier?

Vorsichtig öffnete er die Tür zu seinem Zimmer. Sein Freund hatte recht behalten, da lag sie in den Armen eines jungen Mannes in seinem Bett und fünf weitere junge Männer hatten es sich gemütlich gemacht und fauchten ihn an. „Hey, lass uns schlafen, Alter, hier ist schon alles belegt." Jetzt stieg ihm die Galle in die Kehle und er fauchte zurück: „Das ist zufällig mein Zimmer und wenn ihr nicht sofort alle verschwindet, werfe ich euch zum Fenster hinaus."

Auch Marietta war aufgeschreckt und sah ihn etwas verzweifelt an. „Es ist nicht so, wie du denkst", sagte sie schnell. „Die hatten nichts zu pennen und du warst nicht da, da habe ich sie halt hier übernachten lassen." Er konnte nicht mehr aus seinem Zorn zurück und schrie sie jetzt alle an, sie sollen verschwinden, er müsse sich von der Reise erholen. Verletzt sah er auf das verdreckte Bett und den herumliegenden Müll, doch noch schlimmer war, dass er bemerkte, dass seine Liebe erloschen war.

Noch einmal forderte er alle auf zu verschwinden und sie packten ihre Sachen. Marietta schloss sich ihnen an und als sie an ihm vorbei humpelte, rief sie ihm das Wort „Spießer" zu. Er merkte, dass sie recht hatte und würde es sich sein Leben lang nicht verzeihen. Jetzt hatte er sie verloren und das tat weh. Er warf sich auf seine Matratze, die noch etwas nach ihr roch, und brach in Tränen aus.

Nachdem er sich etwas ausgeheult hatte, ging er in die nächste Bäckerei und kaufte sich zehn frische Brötchen, ein großes Stück Butter und ein Glas Erdbeermarmelade, ging wieder in sein leeres Zimmer und begann, eine nach der anderen zu verschlingen. So etwas wie Trost begann ihn zu erfüllen.

Später rief sein Freund Harry an. Der Arzt hatte ihm gesagt, er hätte keinen Tag länger warten dürfen, dann hätte man sein Bein abnehmen müssen. Er war froh, dass er doch das Richtige gemacht hatte und sie wieder sicher zu Hause waren. Er erzählte ihm die Geschichte von Marietta. „Das hab' ich dir doch gesagt. Sie nimmt es nicht so genau mit der Liebe, sie ist halt eine echte Hippiefrau.

Mach dir nichts draus, übrigens ist Mi auch wieder da, war wohl doch nicht so das Wahre mit ihrem Revolutionär."

Am Abend kam Gandolf vorbei; er war von seinen Freunden aus England zurückgekehrt und hatte etwas Besonderes zu rauchen dabei. Es tat gut, ihm seine neuesten Abenteuer zu erzählen. Er sah ihn lange über seine Nickelbrille hinweg an. „Du glaubst, das war schon Mordor", lachte Gandolf. „Aber ich kann dir versichern, das kommt erst noch. Das war allenfalls ein kleines Training, aber du hast schon mal daran gerochen, das ist gut so." Sie rauchten etwas und der kleine Raum begann sich wieder langsam mit Leben zu füllen. Noch kämpfte der Schmerz in seiner Brust mit der neu erworbenen Zuversicht. Das Leben würde weitergehen und Freiheit war ja ebenfalls ein hohes Gut.

Die nächsten Tage verbrachte er damit, sein Zimmer zu säubern; alles erinnerte noch an sie. Ihren großen Spiegel stellte er in eine Ecke und legte ein dunkles Tuch darüber. War das wirklich der Preis für ihren Trip in die Freiheit – dass er ihre Liebe verloren hatte? Sie rief an, sie würde vorbeikommen, um ihre Sachen mit einem Freund abzuholen. Sie hatte in der Nähe eine Wohnung gefunden, die ihr Vater – der froh war, dass sie nicht mehr bei ihm wohnte – bezahlen würde. Sie war jetzt auch wieder frei und er war froh darüber. Sie kam mit ihrem Freund, der vermutlich auch der Alte war. Sie packten ihre Sachen zusammen und er klemmte sich den großen Spiegel unter den Arm. „Komm mich doch mal besuchen", sagte sie zum Abschied und gab ihm einen zarten Kuss auf die Wange.

Etwas war zu Ende gegangen und langsam öffnete sich ein neues Tor. Die Ferien würden zu Ende gehen und das letzte Semester würde anbrechen. Zum Glück hatten sie noch den Rauch und langsam würden seine Freunde wieder eintrudeln. Er beschloss, ein paar Tage zu seiner Mama zu fahren, um die Wunden zu lecken. Sein kleines Auto sprang wider Erwarten sofort an, doch noch lange würde er das Toktok ihrer Krücken vermissen und, wenn er ehrlich war, würde er sie sein ganzes Leben lang nicht mehr vergessen.

Er strich durch die Wälder seiner Kindheit, suchte nach den geheimen Quellen, aus denen er als kleiner Junge getrunken hatte und stand noch einmal am Strand des Sees, an dem er damals mit seinem Schulfreund von der großen, weiten Welt geträumt hatte. War es nicht erst gestern gewesen?

Er setzte sich an sein Klavier und spielte ein paar Lieder in D-Moll. Nein, es gab keinen Weg mehr zurück. Er würde seinem Freund nach Amerika folgen und vielleicht nie mehr wiederkommen. Noch waren seine Traumwelt und seine Wirklichkeit nicht so weit voneinander entfernt. Noch war er nicht erwachsen. Er hatte an der Freiheit und an der Liebe gekostet und diesen Geschmack würde er nicht mehr vergessen, das war ihm klar. Er wollte mehr davon.

Als er seine Mutter zum Abschied in den Arm nahm, sah er die Tränen in ihren Augen. Wie immer segnete sie ihn mit drei kleinen Kreuzen und er sah die Sorgen, die sie sich machte, in ihrem Gesicht.

Als er dann wieder in seinem Zimmer zurück war, mit frischer Wäsche und einem Kuchen in seinem Gepäck, fühlte er zum ersten Mal Einsamkeit. Zum Glück dauerte es nicht lang, das Türschloss klapperte und Marvin und Jenny waren wieder da. Sie hatten auf Kreta ihren Hippietraum gelebt, bis das Militär das Gelände geräumt hatte. In Griechenland herrschten die Obristen, und fast alle Künstler waren bereits geflohen. Sie waren wohl keine großen Freunde der jungen nackten Leute, die glaubten, das Paradies gefunden zu haben. Doch sahen die beiden gesund und braun gebrannt aus und er war froh, dass sie wieder da waren. „Übrigens zieht bald eine Pianistin in das Durchgangszimmer ein. Sie heißt Dora und studiert an der Musikhochschule." Er war überrascht. „Wie bekommt sie denn ein Klavier hier rauf?", fragte er und freute sich auf eine Abwechslung.

Die Sommerferien gingen zu Ende und wenn er sich wirklich auf etwas freute, so war es wohl Stella.

Eines Tages machte er sich auf den Weg zu Marietta, die nicht sehr weit entfernt ihr Quartier bezogen hatte. Er hatte vorher angerufen und sie sagte, dass er ruhig vorbeikommen könne. Mit etwas klopfendem Herzen läutete er an der Klingel neben dem Plastikschild, an dem ihr Name stand. Der elektrische Türöffner gab ein Summen von sich und er öffnete die etwas modernere Glastür. Sie hatte sich verbessert, denn in dieser Gegend eine eigene Wohnung, in einem modernen Haus zu haben, war schon etwas.

Irgendwie freute er sich, sie wiederzusehen, auch wenn er nicht so recht wusste, was er sagen sollte. Er läutete nochmals an der Wohnungstür, die im zweiten Stock lag, und vernahm Gelächter und Schritte, die sich der Tür näherten. Sie wurde mit einem Ruck aufgerissen und vor ihm stand ein nackter, langhaariger Mann mit einem noch halb erregten Glied. Er erschrak etwas und versuchte, nicht verlegen zu wirken. „Gut, dass du kommst", sagte der Mann lachend; „wir sind schon die ganze Zeit am *Vögeln* und ich kann schon nicht mehr. Wenn du willst, kannst du weitermachen." Als er an ihm vorbei in die Wohnung blickte, sah er sie nackt auf einer Matratze liegen und ihm zuwinken. „Komm doch rein", rief sie. „Du musst auch nicht ficken, wir können auch was rauchen, wenn du willst." Er trat ein und setzte sich zu ihr auf den Boden.

Sie war jetzt die Königin in ihrem Reich und sie war gewillt zu tun, was sie tun wollte. Doch der Spießer in ihm hatte gesiegt und, statt dass er sich ebenfalls nackt auszog und sie sich beide glücklich machten, zog sich ihr Freund schnell etwas an. Sie legte eine neue Platte von den „Doors" auf und begann damit, einen ihrer wundervollen Joints zu bauen. Nein, sie konnte man nicht besitzen und auch wenn sie auf Krücken ging, so war sie doch ganz sie selbst und frei. Sie rauchten noch alle zusammen und er war froh zu wissen, dass sie ihren Platz gefunden hatte. Wieder beschlich ihn das Gefühl, dass nicht sie die Behinderte war, sondern er und seine Flucht in ein Abenteuer mit seinem Freund Harry war eben eine Flucht gewesen, um der Wirklichkeit in das klare graugrüne Auge zu sehen.

Er sah ihr an, dass sie ihn für einen Feigling hielt und er schämte sich dafür. Wie mutig sie doch war. Er ging wieder und trat noch recht benebelt auf die graue Straße. Ein paar Ecken weiter und er stand vor dem kleinen Park, in dem er noch gestern, oder vor einer Ewigkeit, mit ihr gegangen war und an die große Liebe geglaubt hatte. *Über eine* Steintreppe ging er in den Park hinein. Alles war inzwischen etwas vertrocknet und dem saftigen Grün war ein Grüngelb gefolgt. Die Wiese hob sich kaum von dem staubigen Kiesweg ab. Er kam an einem bescheidenen Brunnen vorbei, der lustlos vor sich hin plätscherte. Als er sich etwas aufrichtete und seinen Blick schweifen ließ, sah er *sie*.

Sie lehnte aufrecht an einen Baumstamm und hatte ein wertvolles Buch in ihren schmalen Händen. Sie ließ es etwas sinken und sah ihm direkt in die Augen und lächelte. Es traf ihn wie ein Schwert und er hatte das Gefühl, aus einem tiefen Traum erwacht zu sein. Es sah so aus, als hätte sie auf ihn gewartet. Sie stieß sich leicht von dem Baumstamm ab und ging einige Schritte auf ihn zu. Er konnte nicht anders und tat es ebenso.

Als sie sich gegenüberstanden, berührte sie ihn leicht an der Schulter und fragte leise: „Wie heißt du?" Er nannte seinen Namen und sie bat ihn, doch ein Stück mit ihr zu gehen, sie müsse ohnehin nach Hause und das wäre in den Hochhäusern am Ende des Parks. Sie hieß Antoinette, nach der französischen Königin Marie Antoinette, doch alle nannten sie Toni und sie war aus Berlin. Doch als sich ihre Eltern trennten, zog ihre Mama in seine Stadt. Sie war Studienrätin und Toni hatte gerade ihr Abitur gemacht und ging zur Uni. Sie hatte Germanistik und Romanistik belegt und war unheimlich gescheit.

Außerdem war sie wunderbar anzusehen. Schlank gewachsen, von einer edlen Gestalt und fast so groß wie er. Ihre braunen Lockenhaare fielen über ein Madonnengesicht, das trotz seiner Schönheit von einer lehrerhaften Strenge war. Sie würde wohl ebenfalls eines Tages an einer Universität lehren, das sah man ihr an.

Er hatte sich Hals über Kopf in sie verliebt und das wohl schon, als er sie zum ersten Mal gesehen hatte.

Er war froh, dass er ihr erzählen konnte, dass er Künstler werden wollte wie sein Vater, und sie berührte kurz seine Hand. Einwandfrei war sie einem Traum entsprungen und er konnte es nicht fassen, dass dieser Wirklichkeit werden konnte. Ein wenig begann er sich seines etwas ungepflegten Äußeren zu schämen, doch war es vielleicht gerade das, was ihr gefallen hatte, denn sie hörten beide die gleiche Musik und geraucht hatte sie wohl auch schon. Am Ende des Parks – man konnte die neu erbauten Hochhäuser bereits sehen – verabschiedeten sie sich und tauschten ihre Telefonnummern aus.

Wie in Trance lief er durch den Park zurück. Nichts war mehr, wie es vorher war, denn er dachte nur noch an sie. Zu Hause warf er sich auf seine alte Matratze und konnte an nichts anderes mehr denken. Er musste sie wiedersehen.

Die Schule hatte wieder begonnen und somit der letzte Abschnitt ihrer gemeinsamen Jahre. Wie immer trafen sie sich auf dem Hof. Harry war guter Dinge, denn er hatte sein Bein noch, und Müsli war gerade noch einer ungewollten Schwangerschaft seiner Freundin entronnen. Stella strahlte wie ein Honigkuchenpferd – sie hatte eine gute Zeit mit Mel verbracht und war mit seiner Band auf einem großen Festival auf der Isle of Man gewesen. „Fast wie Woodstock", lachte sie fröhlich. Wie immer ging die Sonne auf, wenn man in ihr helles Gesicht mit den strahlenden hellblauen Augen sah.

Sie alle wollten noch nicht so recht glauben, dass es das letzte Schuljahr war und sie das Schicksal bald auseinandertreiben würde. Es tat gut, nach all der vielen Freiheit wieder ein paar Aufgaben gestellt zu bekommen. Die Zeit würde vergehen und ihre Jugend wohl auch. Aber daran denken junge Menschen zum Glück nicht, sonst würde wohl bald die Erde aufhören sich zu drehen. Der „Summer of Love" ging langsam zu Ende und jeder von ihnen hatte ihn wohl anders erlebt. Unweigerlich mussten sie wohl erwachsen werden.

Eines Tages kam Stella in Schwarz mit einer Platte von Jimi Hendrix in ihren Händen, die sie an ihre Brust gedrückt hielt. Die Tränen flossen über ihr blasses Gesicht. Ihr großer Held war gestorben, sie konnte es nicht begreifen. Und er würde nicht der letzte sein. Sie waren keine Kerzen gewesen, sondern Wunderkerzen, wie sie an den Weihnachtsbäumen ihrer Kindheit gehangen hatten. Sie brannten anders, viel heller, wie die Sterne am Himmel und verlöschten rasch. Würde es ihnen genauso ergehen?

Auch die Ersten der Freunde von Freunden waren auf einmal verschwunden. Der Tod war näher, als sie dachten, und in gewisser Weise waren sie sogar in ihn verliebt.

Dora, die Pianistin, hatte etwas Neues in seine WG gebracht. Sie hatte es sogar vollbracht, einen Konzertflügel in ihr kleines Mansardenzimmer zu stellen, und hatte gerade noch so viel Platz, eine Matratze zum Schlafen darunter zu legen. Jetzt wachten sie mit Fingerübungen auf, die manchmal in ein Konzert übergingen. Wenn sie nicht da war, setzte er sich davor und spielte frei darauf los, versank in Töne und Klänge, die so laut und stark waren, dass er das Gefühl hatte, das die Töne über die Dächer hinausflogen – hin zu *ihr*. Denn alles, was er jetzt unternahm, tat er für sie. Auch wenn er es nicht wusste.

Wie immer trafen sie sich an den Wochenenden zu einem Trip und um zu rauchen. Müsli hatte ein Buch über natürliche Drogen gefunden und ihn gebeten, ihm Tollkirschen mitzubringen. Sie entdeckten die verbotenen Früchte und benahmen sich wie unfolgsame Kinder. Warum war der Fliegenpilz verboten, wenn man doch damit fliegen konnte? Hatte man deswegen die Hexen verbrannt, die sich eine Flugsalbe zwischen die Beine geschmiert hatten, um zu den magischen Orten zu fliegen, um eins zu werden mit den Kräften einer ewig fruchtbaren Erde? Müsli hatte die Tollkirschen getrocknet und versuchte sie in einer Pfeife zu rauchen. Allerdings wurde es ihm davon eher schlecht und er bekam Angst, einen Herzanfall zu bekommen.

Sie schluckten und probierten fast alles, was jemand anschleppte. Nur Heroin und Kokain waren ein absolutes Tabu, so wie Alkohol. Er war zwar nicht verboten, aber er kam aus einer anderen Welt, der sie den Rücken gekehrt hatten. Es ging auch nicht um Rausch, dazu taugten die Trips nicht. Es ging um eine neue, andere Erfahrung, die wohl gar nicht so neu war und eigentlich zu allen Kulturen gehört hatte. Doch blieben diese Erfahrungen wohl nur besonderen Menschen zugänglich und waren meistens in irgendwelche Riten und Zeremonien eingebunden.

Die Droge Alkohol kam immer mehr in Mode und führte sie anfangs noch in einen dionysischen Rausch, der dazu führte, alle anerzogenen Hemmungen fallen zu lassen. Er wurde immer mehr zum Mittel, um das innewohnende Spirituelle zu vergessen. Man begann irgendwie zu verblöden. Das zeigte sich vor allem darin, dass alles Streben immer mehr auf den eigenen Vorteil ausgerichtet war. Man verlor sozusagen immer mehr das große Ganze aus den Augen. Aus Kathedralen wurden Banken und Kaufhäuser und des eigenen Vorteils willen begann man damit, eine niemandem gehörende Welt in ein dreckiges Schlachtfeld zu verwandeln.

Doch, wie auch immer, jede neue Generation, die diesen Planeten betrat, musste ihre ihnen zugewiesene Aufgabe erfüllen. Welche Hindernisse und Felsbrocken man ihnen auch in den Weg legen würde, sie hatten die Aufgabe, sie beiseite zu räumen und zu zertrümmern.

Jedenfalls war durch Dora, die Pianistin, ziemlich viel Musik und Kultur bei ihnen eingezogen, denn sie studierte bei dem damals hoch im Kurs stehenden Friedrich Gulda, der auch in der klassischen Musik Welt neue Wege zu gehen bereit war. Wenn er nachmittags aus seiner kleinen Schule kam, traf er sich mit Toni, die von der nahegelegenen Universität kam. Sie hatten fast den gleichen Heimweg. Es tat gut, mit einer so intelligenten jungen Frau von Welt zu reden. Sie sprach fließend Englisch und Französisch und er kam sich sehr oft etwas dumm vor, mit seiner Mittleren Reife. Doch liebte sie, was er sagte und seine weiten Ausführungen in die Welt der Religion und Philosophie. Vielleicht spürte sie auch, dass es ihm nicht um angelerntes Wissen ging, sondern um echte Fragen der Existenz. Natürlich hatten sie Sartre und Camus gelesen – und sie selbstverständlich im französischen Original. Ganz im Gegensatz zu ihm hatte sie es wohl sogar verstanden.

Jedenfalls lud sie ihn eines Tages zu sich nach Hause auf einen Tee ein. Er fieberte diesem Tag entgegen und kam sich etwas schäbig vor in seiner Hippiekluft. Doch zum Glück hatte er noch ein etwas abgeschabtes Jackett und ein sauberes T-Shirt. Er wusch sich mindestens dreimal und putzte sich die Zähne. Dann schnappte er sich eine kleine Mappe mit Zeichnungen, die er ihr zeigen wollte, und eilte mit großen Sprüngen die schäbige Holztreppe seines immer noch nach altem Grünkohl riechenden Mietshauses hinunter.

Als er durch den spätsommerlichen Park eilte, begann sein Herz immer schneller zu pochen. Alles um ihn herum hatte an Wichtigkeit verloren. Er bemerkte nicht einmal die spielenden Kinder, die sich auf dem runden Karussell drehten, und auch nicht die Spaziergänger, die ihm mit ihren Hunden entgegenkamen. Auch die Sonne, die heiß auf die nun schon ausgetrockneten Wiesen schien, spürte er kaum, denn es gab nur noch sie, die Madonna mit dem wohlgeformten Mund und dem geheimnisvollen Lächeln dahinter.

Kurze Zeit später stand er vor dem riesigen Wohnblock und studierte das mit unzähligen Namen versehene Klingelbrett. Die ersten Schweißtropfen standen bereits auf seiner Stirn, als er ihren Namen nicht gleich fand. Sie hatte ihm gesagt, in welchem Stock ihre Wohnung lag. War es der fünfte oder der sechste? Er hatte es vergessen. Endlich hatte er ihn entdeckt, es war im sechsten Stock. Als er die Klingel drückte, meldete sich eine tiefe weibliche Stimme. „Ist die Toni da?", fragte er etwas schüchtern, denn bestimmt war es ihre Mutter dort oben. Mit einem lauten Summen öffnete sich die Tür. Das Hochhaus war noch ganz neu. Alles glänzte sauber und es roch nach frischer Seife. Er stieg in den Aufzug, drückte den Knopf und bemühte sich, den coolen Mann von Welt zu zeigen. Hatte sie ihrer Mutter etwas von ihm erzählt? Vielleicht dass er Künstler werden wollte? Das würde zumindest seine etwas verblichene Kleidung entschuldigen. Wie viele Männer hatten sie schon besucht? Bestimmt war er nicht der erste und einzige.

Er ging langsam den langen Gang mit den vielen Türen entlang und suchte ihren Namen. Jetzt stand er davor und drückte mit etwas feuchten Fingern die Klingel. Er hörte ein paar Worte wie: „Geh du", und die Tür öffnete sich.

Er konnte es nicht glauben, sie stand wirklich vor ihm, warf ihren braunen Lockenkopf leicht zurück, lächelte ihr Madonnenlächeln und sagte: „Hi, komm rein." Ein Wunder war geschehen. Es musste einen Gott geben, denn nie hätte er gedacht, dass so etwas möglich werden würde.

Er betrat eine große Wohnung, an deren Ende eine stattliche Dame stand und ihn vorsichtig musterte. Als sie ihn in Augenschein genommen hatte, lächelte sie und kam näher, um ihm die Hand zu geben. Sie verschwand wieder und Toni ging mit ihm zu einer halb geöffneten Tür. Sie drückte sie ganz auf und ließ ihn eintreten.

Er war vollkommen überrascht, in einem winzig kleinen Zimmer zu sein, in dem alles in einem blendenden Weiß gehalten war. Zum ersten Mal in seinem Leben hatte er ein Mädchenzimmer betreten. Unter einem Fenster, das in einen endlosen blauen Himmel wies und von weißen Spitzenvorhängen gesäumt war, stand ein kleiner Tisch mit einer kleinen weißen Tischdecke, auf der eine helle Schale mit ein paar Früchten stand. Davor stand ein schmaler antiker Sessel, auf dem ein weißes Spitzenkissen lag. Mit einer zarten Bewegung ihrer schmalen Hände lud sie ihn ein sich zu setzten. Sofort hatte er das Gefühl, er würde etwas beschmutzen.

Sie setzte sich auf ihr schmales Bett, das ebenfalls mit einer weißen wertvollen Decke bedeckt war. Sie hatte einen hübschen Faltenrock angezogen, in der eine helle Spitzenbluse steckte. Um ihre schmalen wunderschönen Schultern hatte sie einen hellblauen Seidenschal gelegt. Sein Herz fiel vor ihr auf die Knie, denn so etwas Schönes hatte er bisher nur in seinen Träumen – wenn überhaupt je – gesehen. Sie sah ihn mit ihren warmen hellbraunen Augen freundlich an. Spürte sie seine Liebe, fragte er sich. Sie erhob sich und legte eine Platte von Georges Moustaki auf. „Ich mache uns mal einen Tee", sagte sie leise. „Magst du auch einen Earl Grey?" Er würde alles nehmen aus ihren schmalen Händen, die zu küssen er sich nicht traute. „Ja, gern", flüsterte er und sie verschwand.

Es dauerte nicht lange, dann kam sie mit einem Tablett wieder, auf dem eine hübsche altmodische Kanne, zwei ebensolche Tassen und ein Schälchen mit Keksen stand. Sie setzte es auf dem kleinen Tischchen ab und schenkte ihm etwas goldenen Tee ein. Er konnte sich nicht satt sehen an ihren anmutigen Bewegungen. Einwandfrei hatte sie etwas Französisches an sich und sie wirkte wie eine Königin auf ihn.

Sie legte eine Platte von Bob Dylan auf, den sie liebte. Er merkte, dass er etwas eifersüchtig wurde, denn sie verstand jedes Wort von seiner Poesie, während er hauptsächlich die musikalische Botschaft verstand. Sie unterhielten sich über Kunst und Musik und als er erzählte, dass er auch einmal Klavier gelernt hatte, sah er, dass er sie für ihn einnahm. Hatte sie auch sich etwas in den schmächtigen Hippie mit den großen braunen Augen und den schön geschwungenen vollen Lippen verliebt? Er dachte nicht darüber nach, denn er wusste, dass er sich total in sie verliebt hatte. Aber es war ganz anders als jemals zuvor. Sie kam aus einer anderen Welt. Einer Welt voller Bildung und Kultur. Oder gab es da noch eine andere Toni?

Manchmal, als sie zufällig zugleich nach einem Keks griffen, berührten sich ihre Hände fast zufällig und sie sahen sich kurz in die Augen. Wie lange saßen sie schon da, hörten Musik und rauchten etwas? Das kannte sie schon, auch wenn sie es etwas hinter ihrer guten Erziehung verbarg.

Die Sonne war bereits untergegangen, als es kurz an der Tür klopfte. Ihre Mutter öffnete die Tür einen Spalt. „Wollt ihr nicht etwas essen?", fragte sie lächelnd. Sie hatten ganz darauf vergessen. Toni stand auf. „Ich mach' uns schnell was", sagte sie und verschwand erneut. Sie kam mit einigen Scheiben gebackenem Toast, die mit Gurkenscheiben und etwas falschem Kaviar belegt waren. Einwandfrei war es das Beste, was er jemals gegessen hatte und den Geschmack würde er nie wieder vergessen.

Sie hatte eine Kerze angezündet und sie verspeisten gemeinsam das bescheidene Mahl. Die Nacht war bereits hereingebrochen und das riesige Hochhaus wurde langsam still. Nur aus der Küche am Ende des Ganges waren noch ein paar Geräusche zu hören. Ihre Mama schien noch etwas aufzuräumen, bevor sie ins Bett ging. Wenn er ehrlich war, fand er alles viel aufregender als die Geschichte mit den Dieben auf der weit entfernten Insel.

Sein Herz pochte bis zum Hals, als er sie fragte, ob er nicht hierbleiben könne. Sie sah ihn mit ihren warmen hellbraunen Madonnen Augen freundlich an. „Ich glaube, das wird ziemlich eng", meinte sie mit einem kurzen Lachen. „Aber ich muss morgen früh zur

Uni." Er erwiderte, dass er ebenfalls zur Schule müsse und überlegte kurz, ob er sich nicht höflich verabschieden sollte. Aber sie schien ihn festzuhalten und sagte: „Aber keinen Sex, die Mama schläft nebenan; und dafür habe ich auch jemanden, aber davon weiß sie nichts."

Er war fast erleichtert, denn wenn er an seine letzten Erfahrungen dachte, so war er doch etwas vorbelastet. „Na gut", sagte sie. „Bleib hier, dann gehen wir Zähne putzen." Er hatte keine Zahnbürste dabei, doch fand sie zum Glück noch eine unbenutzte. Eines stand fest, er liebte sie immer mehr. Bei ihr wollte er für immer bleiben, mit ihr morgens aufwachen, sie würde Kaffee kochen und vielleicht sonntags ein Ei. Irgendwann würden ein paar Kinder da sein, die hoffentlich aussahen wie sie. Vielleicht ein kleines Mädchen, das so gescheit war wie sie und eine Brille trug.

„Komm", sagte sie und sie gingen wieder in ihr kleines schmales Zimmer. Sie zog sich ihren hübschen Faltenrock aus und legte ihn sorgfältig über den Stuhl. Statt ihrer Bluse, unter der er einen schönen BH ausmachen konnte, zog sie ein großes weites T-Shirt an. Er fragte sie, ob er seine etwas dreckige Jeans ausziehen dürfe, und sie sagte natürlich ja.

Das schmale Bett war einwandfrei nicht für zwei Leute gedacht und man hatte die Wahl, eng beisammen zu liegen oder hinauszufallen. Es war so wunderbar, ihren warmen Körper zu spüren und ihren Duft einzuatmen, der wie ein Wald aus unzähligen Blütenblättern roch. Es gab doch ein Paradies, dachte er sich, und das war zweifelsohne hier und jetzt.

Wenn er mit seiner Brust ihren Rücken berührte, legte er vorsichtig seine Hand auf ihre schmale Hüfte. Wenn sie sich drehten – was sie nur gemeinsam tun konnten –, dann legte sie ihre schmale warme Hand auf seine Schulter. Als sie endlich einschlafen konnten, begannen die ersten Vögel bereits zu zwitschern. Jetzt, da er sich zu entspannen begann, fühlte er, dass etwas zwischen seinen Beinen hart zu werden begann und er drückte es an ihren wunderbaren Po. Ihr schien es zu gefallen – oder schlief sie schon? Langsam begann er sich an ihr zu reiben; er wollte nicht, dass sie erwachte – oder war sie schon wach? Es dauerte nicht lange und seine milchig weiße Flüssigkeit ergoss sich in seine Unterhose. Aus ihrem Mund war kurz ein leises Stöhnen zu vernehmen gewesen – oder hatte er sich getäuscht?

Endlich versank er in einen kurzen tiefen Schlaf, als es wenig später an der Tür klopfte. Es war ihre Mutter. „Mädchen! Aufstehen!", rief sie mit frischer Stimme und schien nicht sonderlich überrascht zu sein, ihn in ihrem Bett vorzufinden. Ja, sie waren eben aus Berlin, da galten andere Regeln, zum Glück. Sie hatte eine Kanne Kaffee gebraut, die sie ihnen in ihr Zimmer stellte, dann kamen wenig später etwas Toast, Butter und Marmelade.

Das war also das normale Leben, das er schon fast vergessen hatte. War es nicht das, wonach er sich immer gesehnt hatte? Normalität? Er bereute fast, ein Hippie geworden zu sein und Künstler werden zu wollen. Aber hätte sie ihn sonst in ihr kleines Bett gelassen? Sie zogen sich an und sie verschwand im Bad. Er trank genüsslich den heißen Kaffee und wünschte sich, dass die Zeit stehen bleiben würde.

Sie gingen noch gemeinsam durch den Park, wo sich dann ihre Wege trennten. Er ging noch kurz in sein Zimmer, das ihm auf einmal so anders vorkam. Wieder hatte sich alles verändert, doch war er auch neugierig, wie es weitergehen würde. In seiner kleinen Schule war ein Vortrag angesagt worden. Ein berühmter Designer namens Luigi Colani, der mit dem Leiter der Schule befreundet war, würde ihnen etwas über die Formensprache der Zukunft erzählen. Der Saal war bis auf den letzten Platz gefüllt, als ein Mann mit wildem, leicht ergrautem Haarschopf die kleine Bühne betrat. Alle begannen aufmerksam zuzuhören, als er ihnen etwas über eine Zukunft, die etwas von Sience Fiction hatte, erzählte. Alles sollte runder werden: die Häuser, die Fahrzeuge und das Inventar. Die Bilder der Modelle, die er mitgebracht hatte, waren offensichtlich aus einer anderen Welt. Das Material würde hauptsächlich aus einer Art Kunststoff sein, den man wohl irgendwann in entfernter Zukunft sogar in riesigen Druckmaschinen herstellen konnte. Er führte sie in eine andere Welt, die von einem anderen Planeten zu sein schien. Alles schien im Fluss zu sein, es gab keine Ecken und Kanten mehr, denn die gerade Linie führe den Geist in eine vollkommen verkehrte Richtung und würde dauerhaften Schaden an den menschlichen Wesen anrichten. „Denn wo, meine Damen und Herren, gibt es bitte in der Natur eine Gerade."

Er hatte sie in seinen Bann gezogen und sein Freund Harry war vor allem von den Formen seiner Automobile angetan. Im Schulhof standen sie wieder zusammen und unterhielten sich begeistert über eine neue Welt, die sie wohl noch erleben und vielleicht mitgestalten konnten. Er, der um einiges älter war als sie, hatte ihnen Mut gemacht und sie waren sich alle einig, dass die Zukunft runder und vor allem auch weiblicher werden müsse. Hatte nicht das Starre und Gerade die Welt an den Abgrund geführt? Denn ihre Erfahrung mit den LSD-Trips hatte sie in eine Welt geführt, in der es offensichtlich nichts Starres und Gerades gab. Alles war dort in Bewegung, ja, jede Bewegung schien von dort zu kommen und jeder Versuch, etwas festhalten zu wollen, führte unweigerlich in eine Art vorgestellter Hölle. Ja, das war ihre Zeit. Alles sollte runder und weicher werden, auch die gedachten und vorgestellten Grenzen wollten sie einreißen.

Auch die Kunst war im Begriff, sich vollkommen in etwas anderes zu verwandeln, und bei der Musik, die die ihre war, hatte es schon lange begonnen. Ja, sie waren bereit dazu, ihren bescheidenen Beitrag für die in ihren Herzen bereits existierende Zukunft zu leisten. Würden sie es schaffen? Er wusste es nicht, doch hatten sie wieder etwas Hoffnung bekommen.

Sie verabredeten sich wieder dazu, einen Trip zu nehmen und die ersten Blätter fielen bereits von den Bäumen. Die neue Regentin seines Herzens war nun *sie* dort drüben, in dem neuen Hochhaus, hoch oben in ihrem weißen Nest. Ein Engel aus einer anderen Zeit. War dieser Engel herabgestiegen, um ihn vor dem Niedergang zu retten, den er bereits zu ahnen begann? Doch auch sie, die Schaumgeborene, hatte wohl ihre dunkle Seite. Er wusste, dass sie nachts oft verschwand und zu einem Mann ging, der wohl viel älter als sie war. Sie war nicht die reine Madonna aus Leonardos Bild, oder doch?

Was wusste er schon von den Frauen? Nichts. Hatte er ihrer Mutter gefallen, weil er noch so unschuldig aussah? War es Rainer W. F., der in ihrer Nähe wohnte, und wer war er für sie überhaupt? Genoss sie es nur, von ihm angehimmelt zu werden, während der andere sie zur Frau machte? Würde es immer so sein, dass er verliebt war, während andere mit ihnen vögelten? War irgendetwas falsch mit ihm? Doch egal, was sie oder er anstellten, er konnte sie nicht mehr aus seinem Herzen verbannen, denn er dachte fast andauernd an sie.

Zum Glück gab es seinen Freund Harry, der ihn immer wieder aus seinen Tagträumen riss. So fuhren sie diesmal zu viert, Gandolf war auch dabei, an einem der letzten warmen Tage zu dem großen See, an dem für ihn alles begonnen hatte. Diesmal wollten sie dort abends einen LSD-Trip nehmen. Sie hatten ein paar Packungen Kekse und einige Flaschen Getränke mitgenommen und landeten an einem Schilf bewachsenen einsamen Ufer, an dem nur noch ein Bootshaus stand. Harry schien die Stelle zu kennen. Er war wohl als Junge einige Male hier gewesen. Es gab einen Holzsteg, der in das Wasser führte und einen kleinen Strand, an dem viele leere Süßwassermuscheln lagen. Die Sonne würde über der weiten, stillen Wasserfläche genau gegenüber untergehen und dann würden sie es tun.

Noch alberten sie herum, rauchten Joints und legten ihre Körper in die warme Spätsommersonne. Niemand war weit und breit zu sehen oder zu hören. Nur das sanfte Plätschern kleiner Wellen. Ein paar Möwen kreisten über ihnen und schienen sie zu beobachten. Zum Glück waren um diese Jahreszeit nicht mehr viele Stechmücken unterwegs und eine tiefe Stille kam über sie. Das Wasser war schon recht kühl, und niemand hatte Lust zu schwimmen. Harry hatte inzwischen das Bootshaus inspiziert, und festgestellt, dass dort ein kleines Paddelboot aus Holz nur festgebunden war. „Damit können wir später herumfahren", meinte er auf seine spitzbübische Art.

Gandolf hatte eine Decke ausgebreitet und begann mit seiner Zeremonie. Sie würden das Jillom rauchen und dann den Trip einwerfen. Ein roter Ball war am Horizont dabei, im Wasser zu verschwinden, zumindest sah es so aus, denn in Wirklichkeit saßen sie auf einer riesigen Kugel, die sich langsam in einem unendlich weiten leeren Universum drehte. Alles wirkte etwas wie eine kitschige Postkarte, auf der nur das blonde Mädchen in einem roten Bikini fehlte.

Das Jillom ging ein paar Runden von Mund zu Mund und wurde anschließend von Gandolf sorgfältig gereinigt und sicher verstaut. Jeder bekam nun eine kleine Pille und schluckte sie mit etwas Orangensaft herunter. Wie immer setzte sofort eine erwartungsvolle, leicht fiebrige Stimmung ein, denn nie wusste man genau, was einen erwarten würde. Doch inzwischen waren sie ja schon „Profis" und hatten das Gefühl, mit jeder Situation fertig werden zu können. Es war vollkommen anders, in der Natur, unter freiem Himmel auf Trip zu kommen als zu Hause. Man konnte sich nicht ganz in einen Zustand fallen lassen, was in seinen eigenen vier Wänden, unterstützt von der Musik, die sie liebten, sehr leichtgefallen war. Man musste weiterhin wachsam sein, denn die Natur war unberechenbar.

Erst saßen sie eine Zeitlang nur da, und spürten die Veränderung ihrer Wahrnehmung. Der eigene Körper schien auch noch etwas anderes zu sein als das, was sie bisher gewohnt waren. Alle Atome in den lebendigen Zellen waren offenbar in Bewegung. Überhaupt schien es keine Grenzen zwischen dem Innen und dem Außen zu geben, denn offenbar bestand der eigene Körper und der Körper der Erde aus demselben pulsierenden Material.

Wenn sie sich beobachteten, so benahmen sie sich eigentlich wie kleine Kinder, die vorsichtig die Welt um sie herum abtasteten. Sehen, Hören, Schmecken und Fühlen gingen formlos ineinander über. War dies das ursprüngliche Erlebnis, wenn man diesen Planeten betrat, und hatte man es nur verlernt und gelernt alles, was eins war, beständig zu zergliedern? Die Vögel, Fische und Insekten, die um sie herum existierten, schienen dieses Problem nicht zu kennen. Zumindest waren sie das, was sie waren, voll und ganz. Dieser Zustand, der sehr angenehm war – zumindest solange man einen jungen, gesunden Körper besaß –, begann von ihnen Besitz zu ergreifen.

Müsli stellte als Erster fest, dass es eigentlich sehr warm war und begann sich auszuziehen. Er streckte die Füße ins Wasser. „Kommt", rief er lachend, „es ist total warm." Er sprang hinein und planschte wie ein kleines Kind. „Super, wirklich, kommt auch, wie in der Badewanne." Jetzt merkten auch sie, dass es wirklich warm wie in der Südsee geworden war; auch der Nachthimmel hatte eine warme, helle Färbung angenommen, und schien ein seltsames Licht auszustrahlen.

Das gleiche warme Licht schien aus ihren Körpern zu kommen. Sie begannen eins mit der Umgebung zu werden – oder waren sie es immer schon gewesen und hatten es nur vorübergehend vergessen? War das Einssein die Illusion oder das Getrenntsein? Aber die Frage stellt sich nicht, wenn man im Einssein glücklich ist. Auch die Zeit, so wie sie es kannten, existierte nicht, und wenn einer anfing, auf die Uhr zu sehen, so konnte er sicher sein, einen Lacherfolg bei seinen Freunden zu erzielen. Überhaupt machten alle Bemühungen, sich nach alten Strukturen zu verhalten, einen äußerst grotesken – wenn nicht komischen – Eindruck, der sie immer wieder zum Lachen brachte.

Nach und nach zogen sie sich alle aus und sprangen in das wunderbar warme Wasser, das ihre Körper wie ein weiches warmes Meer umhüllte. Nur Gandolf hatte eine andere Form für sich gefunden und sah dem Treiben mit einem verschmitzten Gesichtsausdruck zu. Sie alberten herum, bespritzten sich gegenseitig. Harry war unter dem Holzsteg hindurch getaucht und war im Bootshaus verschwunden.

Er besah Müslis jungen Körper, und freute sich über seine blonden Schamhaare, unter denen sich etwas leicht zu heben schien. Ein seltsamer fordernder Geruch erfüllte nun alles, und er schien ein Bestandteil von allen existierenden Formen zu sein, die sie umgaben. Er ging langsam an Land, denn auch bei ihm war etwas in Bewegung geraten. Er trocknete sich langsam ab und zog sich wieder an.

Inzwischen hatte Harry das kleine Boot befreit und kam damit angerudert. Harry und Boot waren wohl eine Einheit. Er lag inzwischen auf dem Rücken und besah sich den Sternenhimmel. Seltsamerweise schienen die unendlich vielen Sterne auch in ihm zu sein. Alles drehte und kreiste beständig umeinander, überall war Bewegung und der leere Raum, in dem alles geschah, war gleichzeitig die Mutter, die alles hervorgebracht hatte. Sie waren eins und hatten es nur vergessen gehabt.

Eine tiefe Dankbarkeit und Liebe erfüllte nun sein Herz und er war froh auf, dieser seltsamen Welt zu sein. Er war erstaunt, wie schön seine Freunde waren, ein Licht ging von ihnen aus. Müsli hatte sich ein Tuch um die Hüften gebunden und begann, einen kleinen Joint zu drehen. Wie jung er doch war, mit seinen blonden Locken, die bis auf seine nackten Schultern fielen. Gandolf war aufgestanden, und bewunderte die bunten feuchten Kiesel, die am Ufer lagen. „Sie sehen aus wie Diamanten", rief er bewundernd. Er sah eine Ewigkeit einer Schnecke zu, die beständig auf ihn zugekrochen kam. Wie wundervoll sie doch war, und sie sah ihm direkt in die Augen.

Sie rauchten zusammen und Harry lud ihn ein, hinaus auf den See zu fahren, der nun im ersten fahlen Licht des heraufziehenden Morgens glatt vor ihnen lag. Ein kühler Lufthauch erfasste ihn. War das die „Wirklichkeit", die sich ihnen langsam zu nähern begann? Sie setzten sich in das Boot und Gandolf gab ihn einen sanften Stoß. Geräuschlos glitten sie in eine endlose, leere Weite. Rasch hatten sie sich vom Ufer entfernt und er hörte nur noch das leise Plätschern der Paddel seines Freundes, der hinter ihm saß.

Eine Stille, die so groß war wie der endlos weite See, erfüllte seine Seele. „Hab keine Angst", schien ihm eine Stimme zu zurufen, „Wir sind bei dir und werden dich nie verlassen." War sie weiblich?

Plötzlich senkte sich eine Wolke auf sie herab; woher sie gekommen war, wussten sie nicht, sie war auf einmal da. Sie konnten nicht mehr sehen, wo sie waren. Alles war auf einmal milchig weiß. In welche Richtung sie auch sahen, alles war gleich. Oben, unten, seitwärts, es gab keinen Unterschied. Sie hatten jegliche Orientierung verloren und sahen sich erstaunt an. „Wo sind wir?", fragte er seinen Freund. „Ach, das ist nur der Nebel, der sich bildet, bevor die Sonne aufgeht."

Sie hörten eine leise Stimme aus einer Richtung rufen: „Hier her, hier her." Immer wieder, Harry begann, in diese Richtung zu fahren, und sie bemerkten in der Ferne ein kleines Licht, das sich ständig hin und her bewegte. Auf einmal lichtete sich der dichte Nebel, und sie sahen Gandolf, der eine alte Eisenbahnerlaterne hin und her schwenkte. Er hatte sie wieder in den sicheren Hafen gelockt, und sie vielen sich alle lachend um den Hals.

Die ersten Sonnenstrahlen begannen sich einen Weg durch das Schilf zu bahnen; und sie beschlossen zusammenzupacken, bevor jemand kam. Harry verstaute das Boot, wieder da, wo es herkam. „Das war doch cool, oder?", fragte Harry in die Runde, und sie stimmten alle überein, dass es cool gewesen war.

Sie fuhren ein Stück und hielten nochmals an einem „normalen" Badestrand an, an dem bereits die ersten Badegäste eingetroffen waren. Es tat gut nach dieser Nacht, normale Menschen bei ihren normalen Tätigkeiten zu beobachten. Väter, die bepackt mit kleinen Eimern und Schaufeln mit ihren Kindern an den sandigen Strand gingen, und junge Mütter, die in der Zwischenzeit ein Picknick herrichteten. Sie hatten ihre Badehosen angezogen und fielen nicht weiter auf. Ein paar Jugendliche, die noch die letzten warmen Tage genossen und zum Schwimmen gingen. Sehr lobenswert.

Sie gingen zum Strand und streckten die Füße in das Wasser, das ihnen auf einmal recht kalt vorkam. Er und sein Freund Harry schwammen ein Stück hinaus, während Gandolf und Müsli zurück zu den Decken gingen. Was für ein Glück, dachte er, dass es diese „normale" Welt gab, auch wenn sie ihm etwas langweilig vorkam. Kaum war man wieder in der Normalität angekommen, schien man das, was vorher geschehen war, vollkommen zu vergessen zu haben – so, wie man spätestens beim Frühstück seine Träume vergessen hatte.

Bald stiegen sie wieder in ihr Auto und fuhren in die große Stadt zurück, um sich richtig auszuschlafen. Wie immer konnte man schon von Weitem, wenn man sich der großen Stadt näherte, eine dicke dreckig braune Wolke darüber ausmachen. Auch die Stadt schien ein ineinander verwobenes Ganzes zu bilden, in dem wohl jeder seine Aufgabe zu erfüllen hatte, doch näherte man sich ihr oder fuhr gar hinein, überkam einen das unbestimmte Gefühl eines katastrophalen Durcheinanders. Sie machte den Eindruck einer riesigen Baustelle, die wohl nie fertig werden sollte. War noch vor Kurzem das sanfte Plätschern der Wellen das einzige Geräusch gewesen, so stürzten jetzt die Geräusche unzähliger Maschinen über einem zusammen.

Da man keine Chance hatte, dem zu entgehen, begann man, sich in sich selbst zu verkriechen. Oder man ging nach Hause, um eine Platte aufzulegen und sie auf volle Lautstärke zu drehen. Man lebte in diesen neuen Städten in einer Art Maschine und musste höllisch aufpassen, nicht zu einem Zahnrädchen zu werden.

Sie gingen hinauf in sein Zimmer unter dem Dach, sein „Wolken-Kuckucks-Heim" und legten sich jeder in eine Ecke, rauchten noch einen Joint und schliefen ein. Etwas später erwachten sie von einem höllischen Getöse, das sich aber bald als Musik herausstellte. Dora hatte angefangen, ein Klavierkonzert auf ihrem Flügel einzuüben. Harry und Müsli wurde es bald zu viel und sie gingen nach Hause, um sich richtig auszuschlafen.

Nur Gandolf war geblieben. Sie saßen da und tranken etwas heißen Mu-Tee. Er erzählte ihm, wie er sich Sorgen gemacht hatte, als sie in dem undurchdringlichen Nebel verschwunden waren. „Es sah aus wie im Bermudadreieck, als hätte etwas euch abgeholt. Ihr wart wirklich vollkommen verschwunden, ja sogar der See war auf einmal weg." „Vielleicht hast du recht, denn ich kann mich an nichts mehr erinnern, erst als wir deine Stimme gehört haben, wussten wir wieder, wo wir sind, aber Harry meinte, es würde sich öfters vor Sonnenaufgang so ein Nebel bilden." Gandolf sah ihn durchdringend über seine Brille hinweg an. „In den alten Mythen stand so ein Nebel für eine andere Dimension, auch nach Avalon musste man mit einem Boot, und die Insel mit dem sagenumwobenen Schloss lag in einem dichten Nebel versteckt." Er lachte. „Ja, vielleicht waren wir dort, und können uns nur nicht daran erinnern." „Vielleicht haben sie euch den Trank des Vergessens verabreicht – so etwas wirkt immer." „Na jedenfalls hast du uns wieder zurückgeholt, vielen Dank also."

Wie belanglos griff Gandolf nach einem Buch, das achtlos neben seiner Matratze lag. Es war das Tibetanische Totenbuch, das er schon fast vergessen hatte. „Hast du es schon ausprobiert?", fragte er ihn und schlug es auf. „Ich glaube nicht, dass man das allein machen kann, denn, so viel ich mitgekriegt habe, sollte jemand lesen, während die anderen die Erfahrungen machen." „Sollen wir es einmal ausprobieren?" Gandolf schien gewillt, dieses ultimative Abenteuer einzugehen, denn welches Abenteuer konnte schon größer sein, als über die Grenze des Todes zu gehen? „Okay", sagte er bemüht lässig, „vielleicht Anfang November, da ist es sowieso schon etwas ruhiger. Du kannst dich ja umhören, ob noch jemand mitmachen möchte." Irgendwie hatte er leicht zu schwitzen begonnen. „Na, da haben wir ja noch etwas Zeit", meinte Gandolf und stand auf. „Ich geh' auch nach Hause, muss mich ausschlafen, bis bald", sagte Gandolf und verschwand.

Er nahm sich das schmale Taschenbuch mit dem modernen Einband und betrachtete es noch einmal eingehend. Immerhin hatten es zwei renommierte Harvardprofessoren verfasst, wovon der eine die alten Kulturen des Fernen Ostens studiert hatte und darüber Vorlesungen hielt. Trotzdem wurde ihm etwas mulmig, als er die ersten Seiten lies. Der Vorleser sollte jemand sein, der diese Reise schon einmal gemacht hatte und nur eine Art Beobachter war, der aufpasste, dass von außen alles gesichert war und nichts Unvorhergesehenes passieren konnte. Na gut, sagte er sich, wieder eine Hürde, die zu nehmen war. Und stand da nicht, dass das Schlimmste, was einem geschehen konnte, war, dass man der Gleiche wie zuvor sein würde? Na, schöne Aussichten, dachte er sich, und schloss das Buch vorsichtig wieder. Dora hatte aufgehört, auf ihrem Flügel herumzuhämmern. Und er schlief erschöpft ein.

Madonna, in der Form von Toni, hatte Geburtstag. Wie Marietta war sie seltsamerweise ebenfalls vom Sternzeichen Waage, was bei ihm, dem Zwilling, für eine angenehme Ausgeglichenheit sorgte. Nachdem sie den Nachmittag zu Hause feiern würde, wollte sie noch gegen Abend bei ihm vorbeischauen. Wie immer begann er fieberhaft, das kleine Zimmer zu säubern. Er stellte erst etwas hierhin, dann wieder dahin, hängte die Bilder wieder gerade und ein Tuch über die schon recht abgewetzte Raufasertapete. Auch hatte er noch schnell etwas zum Rauchen und einen großen Blumenstrauß besorgt.

Angesichts des bevorstehenden Besuchs einer Königin kam ihm jetzt alles furchtbar arm und schmutzig vor. Jetzt wäre er gern jemand anderes gewesen. Vielleicht ein Student der Architektur, mit großen Visionen und einer bedeutenden Karriere vor sich. Er würde ihr dann bald ein wunderschönes weißes Haus am Meer bauen, mit einem blauen Swimmingpool davor. Sie würde morgens aufstehen, und sich erst mal in einem schicken Bikini an den Rand setzen, um dann ihren braun gebrannten Körper hineingleiten zu lassen. Er würde Geld wie Heu haben und ihr einen teuren Sportwagen kaufen.

Die Klingel riss ihn aus seinen Träumen, er sah auf die Uhr, es war schon Abend geworden. Er betätigte den Türöffner und trat in das halbdunkle Treppenhaus. Diesmal war kein Klicken von Krücken zu hören, sondern geschwind näherte sich die schlanke junge Frau. Wie schön sie doch war, er konnte es immer noch nicht glauben, dass sie da war.

„Hi", begrüßte er sie und nahm sie in den Arm, „schön, dass du da bist." Sie hatte in einem Körbchen noch etwas Kuchen mitgebracht, und er setzte sofort Wasser für einen Tee auf. „Earl Grey, magst du doch gern, stimmt doch, oder?" Sie nickte und lächelte, und ein Mundwinkel rutschte dabei etwas nach unten, was er überaus liebte. Sie trat in sein Zimmer, in dem er ein paar Kerzen angezündet hatte, und sah sich etwas verwundert um. „Es ist hübsch bei dir", meinte sie und ließ sich erschöpft auf seine Matratze fallen. Er hatte ihr den Blumenstrauß und ein Buch über die Malerei der Renaissance überreicht, über das sie sich sehr freute. Er konnte sich nicht sattsehen an ihrer Schönheit, ihren anmutigen Bewegungen, wenn sie die Teetasse zum Mund führte.

Er musste sich zu ihr setzen und ihr einen Kuss geben. Sie sah ihn mit ihren warmen hellbraunen Augen etwas verwundert an. War er nicht vielleicht auch ihr Prinz, der irgendwo unerreichbar fern in einem Turmzimmer auf die Erlösung wartete? Doch küsste sie ihn vorsichtig zurück und legte ihren schlanken Arm um seine Schulter. Jetzt wurde er etwas mutiger und drückte sie auf die herumliegenden Kissen. Sie lachte leicht, doch ließ sie ihn gewähren.

Seine Künstlerhände begannen, sie zu erforschen, und schoben sich vorsichtig in ihre Bluse. Sie sah leicht schräg nach unten, um zu sehen, was er da tat. Jetzt schoben sie sich unter ihren Rücken und versuchten, den Verschluss von ihrem hübschen BH zu lösen. Es war aussichtslos und sie setzte sich kurz auf, um es für ihn zu tun. Wie zwei wunderbare Blüten lagen sie nun vor ihm, ihre zarten jungen Brüste, sodass er sofort in eine Art Trance verfiel. Auch ihre Hände hatten sein Hemd aufgeknöpft und beschäftigten sich mit seinem Oberkörper. Hin und wieder berührten sich ihre Lippen und er spürte das Elektrisierende ihrer Spucke.

Jetzt merkte er, dass es kein Zurück mehr gab, und begann, den Knopf ihrer Jeans zu öffnen und den Reißverschluss langsam nach unten zu ziehen. Ein dünnes weißes Höschen kam zum Vorschein, unter dessen seidigem Stoff sich etwas Dunkleres abzeichnete. Seine Hand glitt vorsichtig hinein und ein himmlischer Duft begann sich überallhin auszubreiten. So musste der Himmel riechen, dachte er, und fand eine kleine warme Spalte. Sie sah ihn verdutzt an, denn er hatte ihren Schatz gefunden. Jetzt spürte er, dass ihm seine Hose zu eng geworden war, denn etwas Kleines war zu etwas Größerem herangewachsen. Er zog an ihrer Hose, doch griff sie nun selbst danach und zog sie aus. Auch er zog sich jetzt seine Hose aus und erstaunt lagen sie jetzt halb nackt in dem nur mit Kerzen erleuchteten kleinen Zimmer.

Er legte sich halb auf sie, und begann etwas ungeschickt, sein steifes Teil in ihre kleine Grotte zu stecken. Er hatte es am Eingang platziert und sah ihr in die Augen, die sich wohl immer noch etwas wunderten, was er da tat. Er tat einen festen Stoß und ein heißer Schmerz machte sich bei ihm dort unten bemerkbar. Seine Vorhaut war gerissen, denn er hatte nicht gewusst, dass er unter der bei Jungen oft vorkommenden „Phimose" gelitten hatte, bei der die Vorhaut an die Eichel gewachsen war. Ein kleiner

Strom hellen Blutes floss über ihre weißen Schenkel und tropfte auf die Matratze.

Erstaunt sah sie ihn an. „Ich habe nicht gewusst, dass Männer auch beim ersten Mal bluten", sagte sie erstaunt und wohl auch etwas erleichtert. Er begann sich etwas zu schämen, doch strich sie ihm sanft und etwas mütterlich über seine Wunde. „Ich hole ein feuchtes Tuch", sagte sie und verschwand. Gerade noch konnte er kurz ihren wunderschönen Po in der Jeans verschwinden sehen. Als sie wiederkam, wischte sie ihm das Blut von seinen Beinen und sah ihm in die Augen. „Das hättest du dir von einem Arzt machen lassen sollen, aber vielleicht ist es so auch ganz gut." Wie klug sie doch war, und seine Liebe zu ihr wurde größer und größer. „Dann habe ich dir wohl deinen Geburtstag versaut", sagte er etwas geknickt. Sie lachte. „Aber nein, ich finde das recht interessant, und du hast mein Bild von Männern wohl ziemlich verändert, vielleicht ist diese Art von Liebe für uns noch nicht vorgesehen. Jedenfalls musst du es dir erst einmal ausheilen."

Wieder hatte er einen Versuch gewagt, und wieder musste er ein paar Wochen leiden. Was für ein Preis. Er hätte doch Mönch werden sollen. Er drehte für sie beide einen Joint und legte „It's a Beautiful Day" auf. Die Schmerzen ließen bald nach und sie blieb die Nacht bei ihm, wofür er sehr dankbar war.

Einige Tage später kam Gandolf bei ihm vorbei, und er erzählte ihm von seinem neuen Leiden und dem Missgeschick, das ihm widerfahren war. Wie schon so oft sah er ihn etwas verschmitzt über seine runde Nickelbrille an. „Vielleicht liegt es gerade nicht auf deinem Weg, eine Frau zu lieben und Kinder zu bekommen. Ich glaube, du hast vorher noch etwas anderes zu erledigen." „Aber ich liebe sie über alles", erwiderte er etwas kleinlaut. „Du bist verliebt", sagte er, „und das wirst du noch öfters sein, aber das ist noch nicht die Liebe." „Aber ich habe versagt!", rief er. „In deinen Augen magst du versagt haben", Gandolf sprach nun ganz leise, „aber in ihren Augen nicht, denn du hast ihr Herz gewonnen, und ihre Liebe wird dich noch lange begleiten, und diese Liebe wirst du noch brauchen bei deinen Fahrten, glaube mir, es wird das Licht sein in so manchen dunklen Stunden, die noch kommen werden."

Und er fing an, Frodos Geschichte zu erzählen, der schon schwer verwundet im Sterben lag, und von einer wunderbaren Elbenkönigin gerettet wurde, die ihm, als er wieder genesen war, das Licht „Earendil" in einer kleinen Flasche geschenkt hatte, ohne dem er seine Aufgabe wohl nicht zu Ende bringen konnte. Er hatte sich hingelegt, den Worten seines Freundes sorgsam zugehört und war dabei eingeschlafen.

Er träumte davon, dass er in seiner kleinen Höhle bleiben würde; er würde verträumte Bilder malen, und nette Menschen würden kommen, die Bilder lieben und ihm etwas Geld dalassen, damit er weitermachen könne. Ab und zu würden seine Freunde und ein nettes Mädchen kommen, das bei ihm schlafen würde, und er wäre zufrieden und glücklich, denn das wollte er unbedingt sein.

Ein brausendes Geräusch, gleich einem wilden Sturm, riss ihn aus seinen Träumen. Dora hatte angefangen, Beethoven auf ihrem Flügel zu üben; und er überlegte, Toni anzurufen, denn er hatte große Sehnsucht nach ihr.

Gandolf hatte recht behalten, denn wo immer er jetzt hinging, und egal, was er tat, sie war immer mit ihm. Ihre unendliche Weisheit und das warme Licht ihrer Liebe hatten von ihm gänzlich Besitz ergriffen. Ja, wenn er etwas sprach, so war es, als hätte er aus einer frischen Quelle getrunken, denn ihre Weisheit schien wie ein nie versiegender Fluss alles an ihm und in ihm zu durchdringen. Ihm war, als wären ihm kleine Flügel gewachsen; sie kratzten und juckten noch etwas, aber er konnte sie schon deutlich spüren.

Wenn er durch die dunklen, nebeligen Straßen der Stadt ging, sah er nur noch sie. Sie war in den Gesichtern der Menschen, die ihm begegneten, ebenso wie in den Geräuschen und Gerüchen, die ihm noch vor Kurzem so schal vorgekommen waren. Denn als sie ihm das Blut von seinen Schenkeln gewischt und ihre warmen braunen Augen bis zu dem Grund seiner Seele geblickt hatten, da hatte sie auch den bitteren Rest seiner Angst weggewischt. Wieder hatte er dort unten eine Wunde, doch diesmal würde sie verheilen. Denn sie hatte ihn befreit.

Jetzt trafen sie sich wie von einer Last befreit in ihrem kleinen schneeweißen Mädchenzimmer, unterhielten sich oft bis tief in die Nacht über die Fragen ihrer Zeit. Sie übersetzte für ihn die wundervollen, poetischen Texte der Lieder von Bob Dylan, und wenn er sie dabei ansah, wollte er nichts anderes mehr als dasitzen und ihr zuhören. Wenn sie dann eine Platte auflegte mit Chansons von George Brassens oder Juliette Gréco, wuchs sie über sich hinaus und ihre Seelen flogen hoch über die Dächer, wie auf einem Bild von Marc Chagall, in das entfernte Paris, nach dem sie sich so sehr sehnte.

Wenn sie ihm aus einem Asterix-Band – was sie natürlich auf Französisch konnte – vorlas und die Worte „Asteeriechs" und „Obeeliechs" so wundervoll anders aussprach und er dabei ihren schönen Mund beobachtete, dessen einer Mundwinkel sich immer leicht senkte, da hätte er weinen können vor Freude und Liebe. Auch wenn sie in manchen Nächten zu einem anderen Mann ging, diese Liebe konnte ihm keiner nehmen.

Wenn er dann manchmal bei ihr in ihrem schmalen Bett schlafen durfte, dann liebten sich ihre jungen Seelen in einem anderen, fernen Land, in einer anderen Zeit. Kannten sie sich etwa von früher, in einem anderen Leben und hatten die Sehnsucht gehabt sich wiederzusehen. Er wusste es nicht. Doch eines wusste er, ihr Bild und ihre Liebe würden ihn wohl sein Leben lang begleiten. In ihrer Nähe war er zu jemand anderem geworden.

Er begann, die Lust am Bekifftsein zu verlieren, und begann sich zu fragen, was er eigentlich daran fand. All die Erfahrungen mit Drogen, waren sie nicht vielleicht doch schädlich, wie die „Normalen" behaupteten? Schon gab es die ersten Toten, im Bekanntenkreis, die sich den „goldenen Schuss" gesetzt hatten. Immer mehr Dealer landeten für ein paar Jahre im Gefängnis und einige wurden von ihren Eltern in die Psychiatrie geschickt, da sie für diese Gesellschaft untauglich geworden waren.

Das Blatt begann sich zu wenden und der „Summer of Love" neigte sich seinem Ende entgegen. War alles nur ein Traum aus Haschischwolken gewesen? Der Krieg in Vietnam ging seinem Höhepunkt entgegen und immer mehr Bomben und Panzer wurden eingesetzt. Man hatte begonnen, die gesamte Natur zu vergiften und die Bäume von ihrem Laub zu befreien, um den darunter lebenden „Feind" endlich sehen zu können. Denn alle, die dem westlichen Traum vom immerwährenden Glück, vom ewigen Konsum in Freiheit widersprachen, waren wohl die größten Feinde.

Die großen Konzerne, die emsig Waffen produzierten, rieben sich die Hände, denn sie waren ja die „Guten". Sie, die den Traum von Frieden und Selbstbestimmung träumten, waren die Bösen. Er begann langsam zu erwachen und als er sich vorsichtig die Augen rieb, um auf die „Wirklichkeit" zu schauen, begann ihm, und vielen seiner Altersgenossen, schlecht zu werden.

Effektiv hatte man die Wahl, aus dem Fenster zu springen oder bei dem ganzen Irrsinn mitzumachen. Ein Mädchen war im Drogenrausch aus dem Fenster im dritten Stock gesprungen und soll vorher noch gerufen haben: „Ich bin doch ein Vogel!" Das Thema wurde begierig von der Presse aufgegriffen, denn endlich konnte man den Schuldigen ausmachen, es war das Teufelszeug „Drogen", das die jungen Leute in den sicheren Drogentod trieb. Da war es schon besser, sie an die Front zu schicken, denn da konnten sie wenigstens vorher noch andere umbringen. Dort wurden sie übrigens sogar vom Staat mit Drogen versorgt, denn das Töten sollte ja Spaß machen.

Dass das Mädchen schwanger war und keinen Ausweg mehr sah, in dieser verlogenen Gesellschaft, davon wurde leider nichts geschrieben. Was für ein krankes Irrenhaus, dachte er sich in seiner kleinen Mönchszelle und wollte am liebsten zum fernen Himalaja aufbrechen, um dort in einer Höhle über das unsägliche Leid der menschlichen Existenz zu meditieren.

Doch noch ging er in die Schule, und sie hatten eine neue Aufgabe bekommen. Sie hatten fast ein halbes Jahr Zeit für eine „Diplomarbeit". Sie sollten ein neues Produkt auf den Markt bringen. Welches, war ihnen überlassen. Der zu veranschlagende „Etat" war auf 250.000 DM beschränkt. Davon sollten auch die Kosten von Zeitungsannoncen und ein Clip im Fernsehen bestritten werden. Bei diesem Betrag wurde ihm erst einmal fast etwas schlecht, denn dafür konnte man sich in dieser Zeit schon einiges leisten.

Verzweifelt sah er Stella an, die im Gegensatz zu ihm leuchtende Augen bekommen hatte. Kein Wunder, dachte er sich, war ihr Vater doch Direktor einer Bank. Er stand auf und setzte sich zu ihr. Wie immer fühlte er sich in ihrer Nähe wohl und sicher. Sie wusste, dass er der etwas Kreativere war, und sie die Praktischere. Sie beratschlagten, ob es vielleicht sinnvoll wäre, sich zusammenzutun. „Wollen wir gemeinsam eine Strategie entwickeln?", fragte er sie. Sie fand die Idee großartig. „Dann lass uns doch den Lehrer fragen, ob wir das machen können." Sie war inzwischen Feuer und Flamme bei diesem Gedanken und auch ihm schien eine große Last vom Herzen zu fallen. Ihr Lehrer fand die Idee auch gut. „Das fördert die Teamfähigkeit, ein wichtiges Element in diesem Beruf." Er war auf einen Schlag glücklich, denn die Aussicht, viel Zeit mit Stella zu verbringen, ließ alles wieder in einem rosa Licht erscheinen. Die Welt war wieder rund und drehte sich weiter. Sie liefen sofort los, in den Drugstore, um sich bei einer Gauloises und einer Cola den Kopf zu zerbrechen. Jetzt hatten sie ein gemeinsames Ziel vor Augen, und mussten sich vertrauen – und das war gut so.

Es war Herbst geworden und der kalte Wind, der nun durch die grauen Straßen pfiff, kam auch wieder durch sein zerbrochenes Fenster unter dem Dach. Gandolf war vorbeigekommen. Er hatte Wasser aufgesetzt, um einen wundervollen Mu-Tee zuzubereiten. Dieser magische Tee war von einer schwer zu beschreibenden Süße, und man hatte das Gefühl, in eine andere Zeit versetzt zu sein. Er kam aus einem Land, das es wohl schon lange nicht mehr gab. Doch rief er die Erinnerung an Frauen in wundervoll bestickten seidenen Gewändern wach, die ihren stolzen Kriegern nach gewonnener Schlacht mit anmutigen Bewegungen den Tee einschenkten. Gandolf hatte die schlichte braune tönerne Teekanne bis zum Rand angefüllt, und schenkte ihm etwas von der dunkelgelben Flüssigkeit in eine kleine braune Teeschale ein.

„Wir müssen einen Schritt gehen", sprach er mit einer etwas sorgenvollen Stimme. „Die Zeit ist reif." Ein leichter Schauer lief ihm den Rücken herunter. „Du meinst, wir sollten die Reise wagen?", fragte er etwas zaudernd. „Ja", sagte Gandolf, „ich habe die Sterne befragt, und sie stehen in einer Woche günstig." Er nahm das schmale Taschenbuch und legte es auf das bestickte Tuch, auf dem er seine Zeremonie anfing.

„Leider habe ich niemanden gefunden, der die Reise in das Land der Toten wagen möchte, so müssen wir es wohl allein tun. „Aber einer, der sich dort auskennt, sollte doch dabei sein und den Text lesen", warf er ein und war etwas blass um die Nase geworden. Wir sollten das Los entscheiden lassen, wer von uns beiden den Leser macht, oder erklärst du dich bereit dazu?" Er versuchte, den Kloß in seiner Magengegend zu verdrängen, und atmete tief durch. „Der Tod ist mir seit meiner Kindheit sehr vertraut und bisher ein treuer Begleiter gewesen, ich werde es tun." Gandolf schien erleichtert und sah ihm fest in die Augen. „Du musst den Weg allein gehen, aber ich werde da sein und aufpassen, dass nichts passiert; ich gehe mit dir, aber den letzten Schritt musst du selber gehen."

Er schlug das Buch auf und las etwas über die Vorbereitungen vor. „Wir sollten darauf achten, dass dein Zimmer so leer wie möglich ist. Das, was noch drinnen ist, sollten wir mit weißen Tüchern verhängen. Ferner brauchen wir etwas Obst und ein paar Kekse, und natürlich etwas Tee. Ein paar Kerzen sind ebenfalls wichtig, und wir sollten bequeme Kleidung anziehen. Am besten ziehst du dein Mönchsgewand an. Das hast du doch sowieso gern." Er machte eine Pause und bat ihn darum, das fertige Jillom anzuzünden.

Er nahm zwei Streichhölzer und rieb sie an. Eine große Flamme stieg empor, die er sofort über den gut gefüllten Wildschweinzahn hielt. Gandolf begann, mit einem tiefem Zug die Flamme in den ausgehöhlten dunkelgelben Zahn zu ziehen. Ein zischendes Knistern entstand, und seinem Mund entstieg eine große Wolke weißen Rauchs, die er am Ende in einen Rauchring enden ließ. Wie immer war er tief beeindruckt, was sein guter Freund so alles konnte.

Als sie aufgeraucht hatten, kramte er langsam in seiner Manteltasche und brachte seine Maultrommel zum Vorschein. Er setzte sie an die Lippen und ein seltsamer Klang, dem Ruf eines seltenen

Tieres nicht unähnlich, drang durch das Zimmer. Er nahm die billige Gitarre, die in der Ecke stand und der eine Saite gerissen war, und versuchte seinen Freund, den Magier, zu begleiten. Ihre beiden Träume begannen sich zu verbinden und durch das zerbrochene Fenster über die Dächer zu fliegen. Die Zeit war gekommen, das spürte nun auch er, und es war gut so.

Er hatte auch seinen Freund Harry zu der geplanten Reise eingeladen, doch dieser war ausgerechnet an diesem Tag verhindert. Überhaupt waren an diesem Tag alle seine Freunde mit etwas anderem beschäftigt und hatten auf einmal keine Zeit. Zum ersten Mal hatten sie keine große Lust auf einen Trip und mussten auf einmal zu ihren Eltern oder hatten etwas anderes Wichtigeres zu tun. Na gut, sagte er sich, und begann damit, sein Zimmer auszuräumen. Zum Glück hatte er nicht viel und das, was er hatte, stellte er an eine Wand und warf ein weißes Bettlaken darüber.

Er sah sich um, es sollte ja nichts den Geist ablenken und ihn dazu veranlassen, doch an der alten Existenz kleben zu bleiben. Er fragte sich, ob die vielen Schmutzflecken, die seine Tapete zierten, den Geist auch ablenken könnten. Doch kam er zu dem Schluss, dass sie wohl nicht unbedingt dazu beitragen würden, an seiner physischen Existenz zu haften.

Etwas verzweifelt bemerkte er die Blumen, die er einst für Marietta an die Raufasertapete gemalt hatte. Die musste er unbedingt verdecken, denn die könnten den Geist unbedingt in eine Falle locken. Er nahm zwei kleine Nägel und nagelte einen halbwegs weißen Kopfkissenbezug darüber. Jetzt sah es schon besser aus, nur der dreckige graue, dünne Teppichboden störte irgendwie. Er kam sich vor wie in einer ärmlichen Leichenhalle – kein Ort, an dem man gern verweilen möchte. Er stellte die kleine Seifenkiste, die er als Tisch benutzte, in die Mitte des Raumes und legte das letzte gelblich weiße Tuch drüber. Ich komme mir jetzt schon tot vor, dachte er, als es an der Tür klopfte.

Gandolf war gekommen. Auch er wirkte etwas fahrig, angeblich hatten ihn einige Polizisten vom RD in Zivil verfolgt. Er hatte einige Haken schlagen müssen und war noch etwas außer Atem.

Er hatte die Trips – reines Acid – dabei und auch noch etwas Gutes zum Rauchen aufgetrieben. Auf jeden Fall wollten sie noch warten, bis es vollkommen dunkel geworden war. Also er ging in die Küche, um Wasser, für einen Mu-Tee aufzusetzen.

Als er mit der Kanne dampfenden Tee, der einen seltsam fremden, süßlichen Geruch verströmte, das Zimmer betrat, hatte bereits das Ende der Dämmerung eingesetzt. Auf dem kleinen Tischchen brannte eine dicke weiße Kerze und warf gespenstische Schatten auf die aufgehängten Bettlaken. Gandolf hatte bereits mit den Vorbereitungen für seine geheimnisvolle Zeremonie begonnen. Sie wollten noch in aller Ruhe etwas rauchen und dann die kleine weiße Pille, die so unendlich viel Kraft besaß, zu sich nehmen. In einer Schale lagen ein paar Früchte und daneben auf einem Teller einige Kekse, die wohl Gandolfs Mutter gebacken hatte. Es war vollkommen ruhig geworden, nur ganz weit entfernt konnte man noch leise das Geräusch vorbeifahrender Autos vernehmen.

Während Gandolf noch mit andächtigen Bewegungen das tat, was er am liebsten tat, nahm er langsam das Buch in seine Hand, die bereits etwas feucht geworden war. Auch auf seiner jungen Stirn hatten sich ein paar winzig kleine Tropfen gebildet, und sein Herz begann sich etwas zusammenzukrampfen. Es gab kein Zurück mehr. Doch was würde geschehen?

Er schlug die erste Seite auf und begann, das Buch an die Kerze haltend, zu lesen. Der Reisende sollte wohl der Tatsache gewahr werden, dass er nun alles, einschließlich seines Körpers, verlassen würde. Es würde eine Reise ohne Wiederkehr sein, doch sollte man nicht trauern, denn man würde nur das treffen, was man wirklich war. So weit, so gut, dachte er, doch was würde geschehen, wenn man bei so einer Erfahrung seinen Körper nicht mehr finden würde? Lag er dann wirklich tot in irgendeiner Ecke?

Gandolf war fertig geworden, und überreichte ihm mit einer kleinen Verbeugung und einem verschmitzten Lächeln den silberbeschlagenen Wildschweinzahn. „Om Namah Shivaya", rief dieser und er antwortete ebenso: „Om Namah Shivaya – auf ein gutes Gelingen." Er nahm das schon etwas nach Teer duftende Tuch in seine schmalen Künstlerhände, legte das Jillom hinein, und hob es kurz über seine Stirn, um es dann in seine zusammengelegten Hände zu tun, sodass der Raum zwischen Daumen und Zeigefinger eine Öffnung bildeten, auf die er seinen Mund drückte.

Er wartete, bis Gandolf die zwei Streichhölzer angezündet hatte und sie an die Öffnung des Zahnes hielt. Mit einem tiefen Atemzug sog er nun den bittersüßen Rauch in seine Lunge, bis in die Spitzen. Zum Glück musste er nicht mehr husten – wie bei den ersten paar Malen –, denn das wäre kein gutes Vorzeichen gewesen.

Nachdem der heilige Zahn einige Male hin und her gegangen war, legte Gandolf ihn bedächtig auf das Tuch an seiner Seite. „Dann können wir beginnen, wenn du so weit bist", meinte er. Er hatte sich kerzengerade hingesetzt und begann, eine väterliche Strenge auszustrahlen. Er gab ihm die kleine Pille in seine geöffnete rechte Hand und schenkte ihm und sich eine Schale Mu-Tee ein. Sie hatten sich gegenübergesetzt und sahen sich in die Augen, dann hoben sie auch die kleine Pille über die Stirn, legten sie auf die Zunge und spülten sie mit dem nur noch warmen Tee hinunter. Jetzt begann die Phase des Wartens, wie er sie ja nun schon so oft erlebt hatte.

Er versuchte sich zu entspannen, denn nie wusste man genau, wann und wie stark etwas anfangen würde. Doch schon nach kurzer Zeit spürte er eine angenehme Wärme in seinem Bauch aufsteigen. Nein, er hatte keine Angst, vor nichts und niemand. Das kann ja heiter werden, dachte er sich, auf Trip lesen, dachte er sich und begann, das Buch in die Hand zu nehmen. „Soll ich anfangen?", fragte er leise und sah Gandolf an, der im Licht der Kerze etwas unheimlich aussah. „Wenn du magst", erwiderte dieser. „Was immer auch geschehen mag, ich bin hier und werde nicht gehen, du kannst dich auf mich verlassen."

Jetzt spürte er deutlich eine Kraft, die zugleich Freude war, in sich aufsteigen. Als er das Buch aufschlug und die erste Seite des Textes vor sich sah, hatte es sich bereits in etwas anderes verwandelt. Klar und deutlich, wie in Stein gemeißelt, lag es nun vor ihm. So also sieht die Wahrheit aus, dachte er sich und fing zu lesen an.

„O Edelgeborener, höre gut zu", fing er an. Das hört sich ja schon mal ganz gut an, dachte er. Denn, dass er edel geboren war, hatte er schon immer gewusst. Seltsam, er hatte das Gefühl, dass nicht er es war, der da zu lesen anfing, denn er war eigentlich der, der zuhörte.

„Deine letzte Reise hat begonnen, werde gewahr, dass du nun alles, was zu dir zu gehören schien, verlassen musst." Sofort spürte er, wie sich alle seine Kräfte, die in seinem Körper verstreut waren, versammelten und zu einer Kraft im Zentrum seiner selbst wurden.

Er hatte das Gefühl einer unendlichen Erleichterung. Er las von den Schlacken seines Selbst, die nun keinerlei Bedeutung mehr haben würden. Gleichzeitig sah er Dinge, die Dornen und rostigen Nägeln glichen, aus sich verschwinden. Nun wurde er darauf hingewiesen, dass ein Licht, das wohl sehr stark war, auf ihn zukommen würde, und er nicht erschrecken solle, da er selbst dieses Licht war. „O Edelgeborener", hörte er noch weit entfernt seine Stimme, „fürchte dich nicht, denn alles, dem du nun begegnen wirst, ist ein Aspekt deines Selbst. Ein unendlicher Raum begann sich nun zu öffnen. Alles, was jemals gewesen war und sein würde, war dort in reiner klarer Form und Gestalt. Nun wurde er darauf hingewiesen, nicht an diesen Phänomenen festzuhalten, denn sie hätten keine wirkliche Existenz.

Es wurde heller und heller, und das Licht, das er nun sah – nein, spürte und hörte –, war selbst die Existenz, die keinen Anfang und kein Ende hatte. Er sah Welten kommen und gehen. Ja ganze Galaxien waren auf einmal da und schon wieder verschwunden. Zeit gab es nicht. Er sah Götter kommen und gehen, doch nichts schien der Existenz, die alles erfüllte, eine Bedeutung zu geben. Das „Ich bin, der ich bin" schien in allem zu sein, ohne sich wirklich damit zu vermischen. Das Licht wurde stärker und stärker, doch war es nicht nur Licht, es war auch alles, was man als Mensch jemals gesucht hatte, in reiner und ursprünglicher Form. Etwas hielt ihn fest, wie ein Geliebter seine Geliebte festhalten würde, nie würde er verloren gehen, denn es gab kein Getrenntsein in dieser Existenz.

Nun hatte er das Gefühl, als würde er etwas hinab geleitet und sanft abgesetzt, und sah sich in seinem kleinen Zimmer sitzen, immer noch mit einem kleinen Buch in der Hand. Er fühlte eine große Liebe in seinem Herzen und begann weiterzulesen. „O Edelgeborener, höre gut zu, du konntest nicht länger dort verweilen, da dich der Wunsch nach Existenz hinabgeführt hat. Doch werden wir dir jetzt den Ort deiner Sehnsucht zeigen." Sofort sah er sich in wieder in einem endlos weiten Raum, getaucht in ein warmes rotes Licht, das gleichzeitig endlose, ewige Liebe war. Sein Herz erfüllte sich und er spürte Tränen der Liebe über seine Wangen laufen. Unzählige Wesen schienen sich hier aufzuhalten und alle waren erfüllt von endloser Liebe und Zuneigung zueinander. Im Zentrum dieses wunderbaren Geschehens saß jemand – oder unendlich viele – auf einem Thron und all die Liebe, die auch warmes rotes Licht war, hatte dort ihren Anfang. Man schien ihn dort hin zu geleiten. Gleichzeitig spürte er, je näher er kam, dass die Liebe in seinem eigenen Herzen war. Ja, er selbst war diese Liebe.

Er hörte seine Stimme lesen, dass dies der Buddha Amitabha sei, zu dem sich alle Existenzen hingezogen fühlen. Ein Gesicht sah ihm lange freundlich in die Augen, und er schien es zu kennen, und das Gesicht kannte ihn.

Nun wurde er darauf hingewiesen, dass er diesen Ort wieder verlassen müsse, da er noch einiges zu tun habe. Nun wurden ihm die verschiedenen Tore zu den niederen Existenzen gezeigt, zu denen sich die einzelnen Seelen je nach Wunsch und Veranlagung hingezogen fühlen. Man solle sich davor hüten, diesen trüben Lichtern zu folgen, doch war es wohl schon zu spät. Er hatte das Gefühl, durch einen Kanal, einer Röhre, gleich nach unten geschickt zu werden und sah sich in seinem Zimmer wieder.

Es begann bereits zu dämmern, die Kerze war am Erlöschen und sein Freund Gandolf war eingeschlafen. Sofort kam ihm alles Erlebte wie ein Traum vor, aus dem er nun langsam zu erwachen schien. Er streckte seine Knochen und versuchte, seinen steif geworden Körper wieder zu bewegen. Seltsamerweise stand sein Penis auch ziemlich steif und fordernd ab, und drückte in seiner Hose. Er musste dringend pinkeln. Er klappte das Buch zu und stand auf – was ihm nicht auf Anhieb gelang, denn die Beine und Füße waren eingeschlafen. Etwas in ihm schien sich zu verabschieden und ihm viel Glück zu wünschen. Er begab sich auf das kleine, schmale Klo und war froh, seine Blase erleichtern zu können.

Dann ging er zurück in sein Zimmer, wo Gandolf selig schnarchte, und zündete sich eine Zigarette an. Er goss sich etwas von dem inzwischen kalt gewordenen Tee ein und aß eine Banane und eine Orange, die so wunderbar schmeckten, als hätte er noch nie zuvor welche gegessen. Er legte sich auf seine Matratze, zog die Decke, die seine Mutter für ihn gestrickt hatte, über seinen schmalen jungen Körper, öffnete seine Hose und rieb noch etwas an seinem kleinen Drachen, bis die wundervolle, nach Leben duftende Flüssigkeit hervorquoll, und war bald eingeschlafen.

Er hatte einen seltsamen Traum: Er fuhr mit einem großen runden dunkelroten Automobil durch eine wunderbare Sommerlandschaft. Auf den hohen Hügeln, an denen er vorbeifuhr, standen kleine Schlösser und Burgen, die ihm fröhlich zuzuwinken schienen. Die Luft war glasklar, und sein Herz war von großer Liebe und Sehnsucht erfüllt. Etwas schien ihn anzuziehen, und bald sah er, was es war. Auf einem wunderschönen Hügel, der mit blühenden Bäumen bewachsen war, stand ein strahlend weißes Gebäude mit roten, goldverzierten Säulen. Es war nicht sonderlich groß, und auch nicht sehr hoch. Doch als er es sah, wusste er, dass er dorthin wollte.

Er hielt am Fuße des Hügels an und begann, einen schmalen Weg nach oben zu gehen. Je höher er kam, desto mehr nahm er einen wunderbaren Duft wahr, der von diesem eigenartigen Gebäude auszugehen schien.

Bald erreichte er eine kleine Plattform, von der nur noch einige Stufen zu dem Tempel führten. Auf dieser Plattform standen viele junge Menschen, bunt angezogen wie Hippies, in Jeans und bunten Hemden. Die überaus glücklichen Frauen hatten schöne, schlichte Gewänder an und schienen auf ihn gewartet zu haben. Kinder tollten herum und waren mit allerlei Spielen beschäftigt.

Er hatte das Gefühl, endlich nach einer langen beschwerlichen Reise angekommen zu sein. Er wurde gedrückt und umarmt, und alle kannten seinen Namen. Auch ihm kamen sie bekannt vor und er hatte das Gefühl, seine überaus große Familie wiedergefunden zu haben. Nun ertönte ein Gong und alle bewegten sich zum Eingang des Gebäudes. Es wurden die Schuhe ausgezogen und er betrat einen fröhlich geschmückten hellen Raum, an dessen Ende ein Thron errichtet war. Überall lagen kleine bunte Decken und Kissen herum, und die Menschen begannen sich bequem hinzusetzen.

Er saß zwischen zwei jungen Frauen, die ihn anlächelten. Vor ihm hatte es sich eine junge Familie mit ihren zwei verschmusten Kindern bequem gemacht. Noch nie zuvor hatte er sich so wohl und so zu Hause gefühlt. Es wurde etwas Rauchwerk angezündet und ein etwas älterer Mann mit verschmitzten Gesichtszügen in einem dunkelroten, etwas verblichenen Gewand betrat, umringt von einigen Gestalten in etwas devoter Haltung, den Raum. Sofort begannen alle auf zu stehen. Als der Mann sich auf seinen Thron gesetzt hatte – nicht, ohne dabei eine witzige Bemerkung zu machen –, begannen sich die im Raum befindlichen Personen zu verneigen.

Jetzt sah er genauer hin und erkannte den Mann – es war das Gesicht, das er auf seinem Trip als Buddha Amitabha gesehen hatte. Und als er auf Englisch zu sprechen begann, verwandelte sich der Raum in eine endlose, lebendige Weite voller Liebe und Heiterkeit. Seine Worte waren voller Weisheit und Tiefe, als würden sie aus einem anderen Raum, der klar und weit war, kommen. Trotzdem erzählte er beständig kleine Witze und Anekdoten, sodass die am Boden sitzenden Zuhörer beständig am Lachen waren. Am Ende der Rede wurde noch ein seltsames Ritual mit Klingeln und Glocken abgehalten. Dann betraten noch einige wunderschöne junge Frauen den Saal, um Schalen mit Süßigkeiten, leckeren Kuchen, Obst und Keksen zu verteilen. Zwei edel aussehende junge Männer gingen herum und tropften jedem eine rötliche Flüssigkeit aus einer silbernen Karaffe in die hohle Hand, die er, als er an der Reihe war, begierig in sich hineinsaugte. Der Trank erfüllte ihn mit neuer Kraft und Hoffnung, und er wachte auf.

Gandolf war ebenfalls aufgewacht, hatte bereits etwas Tee gekocht und war dabei, ein Jillom vorzubereiten. Als er ihm von seinem Traum erzählte, sah er ihm lange in die Augen. „Dann wird das wohl das Ziel deiner vielen Reisen sein", meinte er nachdenklich.

Er hatte eine Hürde genommen und fühlte sich stark, denn er hatte das Reich der Toten betreten, und war heil und gestärkt zurückgekehrt. Nie hätte er sich träumen lassen, dass er sich einst als Mann mittleren Alters wirklich zu diesem Tempel aufmachen würde und dort zu Füßen seines Lamas viele Jahre verbringen würde. Doch was er dort lernen würde, war nicht das Sterben, sondern das Leben.

Er war auf einmal voller Kraft und neuer Ideen. Das Produkt, für das er seine Diplomarbeit gemeinsam mit Stella machen wollte, sollte eine neue Kondensmilch sein. Er dachte sich, dass dies wohl ein Produkt sei, über das sich wohl jeder freuen würde, wenn es gut war – und hübsch anzusehen. Auch ein Name war ihm eingefallen: „Edelmilch."

Voller Tatendrang und Freude stand er am Montag auf und lief in seine kleine Schule. Fast war er zu früh da und wartete ungeduldig – eine Zigarette nach der anderen rauchend – auf seine gute Freundin. Da kam sie um die Ecke und sofort ging auch die Sonne in seinem Herzen auf. „Stella", rief er und lief auf sie zu, „ich hab' eine Idee! Was hältst du von Kondensmilch?" Sie sah ihn erstaunt an und fing zu lachen an. „Hey", sagte sie. „Das finde ich großartig, denn ich habe an etwas Ähnliches gedacht." Er nahm sie in den Arm und drückte sie ganz fest. Ja, er liebte sie, so wie man die Sonne an einem kühlen Tag liebt oder eine dicke Kugel Eiscreme an einem heißen. Er war so glücklich, dass es sie gab und dass er mit ihr zusammenarbeiten durfte. „Wir treffen uns nach der Schule noch im Drugstore", rief sie ihm zu und er freute sich schon darauf.

Da saßen sie nun, eine kleine geheime Verschwörung. Sie hatte sich eine ihrer dünnen Zigaretten gedreht und sie hing etwas schräg in ihrem Mundwinkel. Er zückte seine Streichholzschachtel und gab ihr Feuer. Eine dampfende Tasse Cappuccino stand vor ihnen auf dem runden Marmortisch und sie sahen sich tief in die Augen. „Wie wollen wir vorgehen?" Stella machte den Anfang. Er überlegte kurz und ihm fiel auf, dass man bei ihrem Anblick sowieso nur auf Milch kommen konnte. „Wir brauchen eine Farbe, die sich durch das ganze Konzept zieht", sagte er. „Was hältst du von Weiß und Orange, denn es sollte schon frisch und fröhlich aussehen, wenn es morgens auf dem Tisch steht." Sie tat einen tiefen Zug aus ihrer Zigarette und lächelte. „Das kann ich mir gut vorstellen", erwiderte sie. „Als Erstes sollten wir die Banderole um die Dose entwerfen, denn die Dose selbst können wir, glaube ich, nicht verändern." Er lachte. „Vielleicht sollten wir rechteckige machen, die ließen sich besser stapeln." Nun lachten sie beide. Er legte seine Hand auf ihre und konnte sein Glück, in ihrer Nähe zu sein, immer noch nicht begreifen. „Wir haben noch unendlich viel Zeit", sagte er leise, „aber ich kümmere mich mal um das Design und du könntest ja den Schriftzug übernehmen." Sie erklärte sich einverstanden, als die Tür des Cafés aufging und Harry hereinkam.

Er schien nicht sonderlich begeistert davon zu sein, sie so eng zusammensitzen zu sehen. Gerade noch konnte er Stella ins Ohr flüstern: „Das bleibt aber unser Geheimnis", als er sich einen Stuhl heranzog und sich zu ihnen setzte. Sofort wechselte das Thema und er erzählte von seinen Ideen, was er alles im Land der unbegrenzten Möglichkeiten anstellen wollte. Stella war sofort in seinen Bann gezogen und er saß auf einmal etwas im Abseits. Ja, er würde wohl bald Millionär werden, mit einer eigenen Firma, und sich eine schicke Villa am Meer bauen, und eine Zwölf-Meter-Yacht dazu.

Stellas Augen hatten zu leuchten begonnen, und er konnte spüren, dass sie das auch gern tun würde. Denn auch sie hatte Lust auf das Land der großen Freiheit bekommen. „Wir können dich doch beide dort besuchen", warf er ein. Stella sah ihn traurig an. „Ich glaube, mein Papa würde es nicht erlauben", warf sie ein. „Erlauben, erlauben …" Harry war ärgerlich aufgesprungen. „Wir werden alle nächstes Jahr einundzwanzig, da hat uns niemand mehr irgendetwas zu erlauben." „Aber Kohle brauch' ich schon, und die wird er mir nicht geben." Beim Thema „Kohle" waren sie nun alle wieder etwas schweigsam geworden. „Na ja", sagte er, „ich muss mir auch einen Job für das Ticket suchen, sonst kann ich auch nicht rüber."

Eins stand auf jeden Fall jetzt schon fest: Erwachsenwerden könnte ganz schön scheiße werden, aber noch war es nicht so weit. „Kommt", sagte er, „lasst uns noch zu mir gehen, und was rauchen und Musik hören." Sie erklärten sich einverstanden, standen auf und stapften in den grauen Novemberabend.

Jetzt, da er die Reise in das Reich des Todes überstanden hatte, fühlte er sich stark und frei. Was konnte ihm jetzt noch geschehen, da er heil und unversehrt wiedergekommen war? Er hatte die Liebe und das Vertrauen von zwei wundervollen Frauen gewonnen, und begann, eine riesige Freude an sich und seinem Körper zu entdecken. War dieser menschliche Körper nicht ein wundervolles Geschenk? Er konnte riechen, schmecken, sehen und hören, und das, was er zwischen seinen Beinen fühlte, gefiel ihm sehr. Er hatte damit begonnen, die Welt um ihn herum mit anderen Augen zu betrachten. Die Menschen, denen er jetzt auf der Straße begegnete, fingen oft zu lächeln an, und er begann hinter den oft schmerzverhärteten Masken eine liebende Seele zu entdecken.

Ja, er war verliebt, das war klar, und hatte die rosarote Brille aller Verliebten auf. Aber er hatte auch erfahren, dass diese Liebe in jeder Existenz war. Ja, jegliche Existenz war die Liebe, sie hatten es nur vergessen. Jetzt freute er sich darauf, mit seinem Freund hinaus in die weite Welt zu ziehen, endlose Wüsten zu durchstreifen und den Ring der Macht in einem Feuerberg zu zerstören. Denn wer brauchte schon die Macht, wenn er die Liebe gefunden hatte?

Die nächsten Wochen verbrachte er damit, zu Füßen seiner Madonna Toni zu sitzen und ihren Worten zu lauschen. Wenn sie ab und zu etwas auf Französisch sagte – und sich dabei ihr linker Mundwinkel leicht nach unten senkte –, öffnete sich die Kammer seines Herzens und ein wunderschöner Vogel breitete seine Schwingen aus, um sich mit dem wundervollen blauen Vogel ihrer Liebe zu vereinen. Sie schwangen sich aus dem kleinen Fenster ihres winzigen Mädchenzimmers, hinaus über die Dächer, an den Wolken vorbei und verschwanden im dunklen Blau des endlos weiten Himmel.

Zu Hause setzte er sich – wenn Dora nicht da war – an ihren Flügel und begann zu spielen. Seine Finger begannen über die Tasten zu fliegen, und er fragte nicht wohin, sie wollten. Ganze Symphonien entstanden und vergingen wieder. Er war froh darüber, dass man die Töne nicht einsperren konnte. Dann setzte er sich an seinen kleinen Schreibtisch und legte eine Platte von Juliette Gréco auf und dachte an Stella, und wie er mit ihr diese große Aufgabe meistern würde. Wie gut, dass es sie gab. Ab und zu fuhr er zu ihr, in die alte Villa, am Rande des Schlosses, und sie schmiedeten Pläne, waren schon die Inhaber einer bedeutenden Werbeagentur, und die Chefs bedeutender Firmen lagen ihnen zu Füssen.

Sie schliefen dann in einem Bett, fest aneinandergedrückt, und der Himmel war so nah. Auch bei seiner Madonna durfte er im Bett schlafen. Wenn sie dann noch spät abends eine Platte von Bob Dylan auflegte und dann die Kerze auf ihrem Tischchen mit der weißen Spitzentischdecke auspustete, stiegen ihm die Tränen der Freude und Liebe in die Augen. Ja, und jetzt hatte er begriffen, dass sich dieser wundervolle blaue Planet nur dafür drehte.

Immer öfter fing er, wenn er in der Schule war, zu lachen an, und die Fröhlichkeit schien ansteckend zu sein. Aber sie waren ja auch noch so überaus jung. Wenn er zu Hause war, kamen seine Freunde und sie rauchten und lachten und hörten ihre wundervolle Musik, die aus einer anderen Welt und aus einer anderen Zeit zu kommen schien. Waren sie vielleicht auch aus einer anderen Zeit und hatten sich hier verabredet, um gemeinsam einen Joint zu rauchen und zu lachen? Es schien so.

So machte ihm der Winter nicht viel aus, denn Verliebte kennen weder Winter noch Sommer. Sie kennen nur sich und das geliebte Du. Auch die Zeit war eine andere geworden, und der Gedanke, bald in eine andere Welt aufzubrechen, begann alles zu verändern. Wie wertvoll und schön, doch alles war, wenn man wusste, dass man es bald verlassen würde.

Die Wintertage flogen vorbei, und noch nie zuvor hatte er sich so gesund und stark gefühlt. Die Zeit schien keinerlei Bedeutung mehr für ihn zu haben. Eines Abends besuchte ihn mal wieder sein treuer Freund Gandolf. Sie hatten sich einen Tee gekocht und saßen sich bei dem Schein einer Kerze gegenüber. Er hatte sein wunderschönes goldbesticktes Tuch ausgebreitet und alle Gegenstände für seine Zeremonie sorgfältig daraufgelegt.

ine fast greifbare Stille hatte sich im ganzen Raum ausgebreitet, als er ihn mit ernsthafter Miene über seine Nickelbrille hinweg ansah und mit ruhiger Stimme zu reden begann. „Du machst einen glücklichen und zufriedenen Eindruck zur Zeit", begann er seine Rede. „Du hast die Liebe gefunden und scheinst dir zu überlegen, ob du nicht ein geborgenes, zufriedenes Familienleben führen möchtest, stimmt doch, oder?" Er fühlte sich – wie schon so oft – von seinem Freund durchschaut. „Ja", erwiderte er und fühlte sich etwas unwohl dabei, „du weißt, dass ich am liebsten zu Hause sitzen möchte, schöne Bilder malen – und eine liebe Frau könnte dabei wohl nicht schaden. „So, so." Sein Freund strich sich über den etwas dürftigen Bartwuchs. „Du meinst den Traum, den irgendwann alle Männer träumen."

Es war eine Pause entstanden und Gandolf begann damit, den Tabak der erwärmten Zigaretten mit etwas Dope zu verreiben. „Ich kann dir aber eines verraten", wieder blickte er ihn mit seinen warmen grauen Augen an, die bis auf den Grund seiner Seele zu blicken schienen, „es ist nicht dein Traum, es ist der Traum der Natur; und da du ein Kind dieser Erde bist, musst du diesen Traum der Fortpflanzung träumen. Aber ist es wirklich dein Traum?"

Ihm war etwas mulmig geworden, und er rutschte auf seinen Kissen hin und her. „Du scheinst gut über mich Bescheid zu wissen, dann kannst du mir bestimmt auch sagen, was denn eigentlich mein wirklicher Traum ist." Gandolf begann zu lachen und stopfte die fertige Mischung in seinen Wildschweinzahn. „Ich glaube, das musst du selbst herausfinden, aber soviel ich weiß, willst du doch sowieso mit Harry zu einer Reise in das Unbekannte aufbrechen." Er fühlte sich ertappt, da war es wieder, dieses unruhige Pochen in seiner Brust.

Gandolf reichte ihm den Zahn und zündete zwei Streichhölzer an, um das Jillom, das er in seinen Händen hielt, anzuzünden. „Es ist nicht allen ein ruhiges und friedliches Leben beschert", sagte er leise; „auch wenn sie es sich wünschen, manche müssen auch eine Aufgabe erfüllen. Und wie ich das sehe, ist deine Reise wohl auch deine Aufgabe."

Jetzt, wo Gandolf dies aussprach, fühlte er sich doch etwas unwohl. Was wollte sein Freund, der Magier, eigentlich von ihm? Er hatte einen tiefen Zug getan und merkte, dass er sich in jemanden anderen zu verwandeln schien. War er wirklich Frodo, der sein geschütztes Auenland verlassen musste, um dort am Ende der Welt den Ring der Macht zu zerstören? Wie sollte er das überhaupt bewerkstelligen, wenn er nicht einmal einen Ring besaß?

Er rappelte sich auf und legte „Atom Heart Mother" von Pink Floyd auf. In seinem Inneren entspann sich ein Traum von endlos weiten Wüsten und unerbittlicher Hitze. Ein furchtbarer Durst hatte seinen Hals ausgetrocknet, und er schien des Öfteren dem Tod nur knapp zu entrinnen. Doch irgendetwas schien ihn dabei zu halten, und trotz allem hatte er das Gefühl, dass ihm nichts geschehen könne.

Er ließ sich auf die Matratze fallen und lauschte der wundervollen Musik, die aus einer weit entfernten Galaxie bis an sein Ohr gedrungen war. Es schien durchaus alles möglich zu sein in dieser außergewöhnlichen Zeit, in die er da hineingeboren worden war. Nicht nur die Drogen hatten ihn verändert, die ganze Welt schien im Wandel zu sein. Die ersten Menschen waren auf einem anderen Planeten gelandet und hatten wirklich begriffen, dass die Erde eine empfindliche, wunderschöne kleine Kugel in einer unendlichen leeren Weite war, in der es wohl auch unzählige andere Möglichkeiten der Existenz gab. Eine neue Möglichkeit der KommuniJennyon begann ein neues Zeitalter einzuläuten, bald würde man in Sekundenschnelle mit jedem auf diesem Planeten in Kontakt treten können – auch wenn dieser Gedanke noch vielfach belächelt wurde. Doch wie immer, wenn etwas Neues, Junges begann, fühlte sich das Alte in seiner Existenz bedroht.

Die absurde Vorstellung, man könne andere mit Gewalt dazu bewegen, endlich glücklich zu werden, scheiterte an der Tatsache, dass es, wenn man die Kinder seines Nachbarn tötete und deren Hütte niederbrannte, es wohl erschwerte, von diesem geliebt zu werden. „All you need is Love" war der Weckruf in die neue Zeit gewesen, doch nun standen sich zwei bis an die Zähne bewaffnete Machtblöcke gegen über. Und keiner wollte nur einen kleinen Schritt weichen. Dazwischen lag sein kleines geteiltes Land und drohte ein zweites Mal in Schutt und Asche gelegt zu werden. Die „Wunderwaffe", die von dem „Großen Diktator" seines Landes nicht mehr fertiggestellt worden war, hatte jetzt schon jedes Land, was etwas auf sich zu halten schien.

Doch langsam verbreitete sich die Ansicht, dass wenn alle Erde verbrannt und verseucht ist und kein Lebewesen mehr existierte, vielleicht auch nichts gewonnen war. Doch leider ließ sich mit teuren Waffen, die von der meist armen, arbeitenden Bevölkerung auch noch selbst bezahlt wurde, das beste Geschäft machen. Es war das Geschäft mit der Angst. Bevor du mir die Hand abschlägst, schlage ich dir lieber den Kopf ab, so war wohl schon immer das Motto, seit Anbeginn der Zeit gewesen.

Das Wort eines unbekannten Gottes, weit weg hinter weißen Wolken, falls es ihn überhaupt gab, was immer mehr „aufgeklärte Leute" bezweifelten. „Du sollst nicht töten" wurde sorgfältig in goldbestickte Tücher gewickelt und in heiligen Schreinen verschlossen. Dann konnte man beruhigt wieder hinausgehen, zum Maschinengewehr greifen und den bösen Feind abknallen. Seltsamerweise war immer der andere der Böse und nie man selbst. Immer mehr junge Leute fanden das gar nicht gut und hatten – vor allem wenn sie auch noch Kinder bekamen – keine Lust darauf, in einer atomaren Giftwolke zu verdampfen. Doch schien man ihnen ihren Widerstand übelzunehmen, denn sie bedrohten den über alles schwebenden Gott, der da hieß: „Macht und Geld."

Doch er hatte eigentlich andere Sorgen, denn der alte Kühlschrank ihrer kleinen WG war meist leer, und das Gleiche war es mit ihren Geldbörsen. Wenn er sich daran erinnern müsste, was er so in dieser Zeit gegessen hatte, würde ihm nur wenig einfallen. Meistens waren es wohl Nudeln und Reis, mit Zwiebeln, die nicht viel kosteten.

Konnte man wirklich von Luft und Liebe leben, wie sie es wohl des Öfteren höhnisch vernahmen? Fast schien es so, auch wenn sie alle etwas unterernährt und abgemagert waren. Twiggy war zum Topmodel geworden, weil sie nur noch aus Haut und Knochen bestand. Überhaupt schien es fast so, als wäre Armut eine Modeerscheinung.

Nur Krieg schien langsam aus der Mode zu kommen, war man ja noch damit beschäftigt, die Trümmer des letzten wegzukehren. Doch er musste sich jetzt mit Kondensmilch beschäftigen, die würde ja vielleicht sogar den bevorstehenden Atomkrieg überdauern. Man könnte sich ja einen Bunker graben, und tausend Kondensmilch Dosen mit hineinnehmen, dann könnte man durchaus einige Zeit damit überleben.

Das Gute an der „Diplomarbeit" waren die Besuche bei seiner Freundin Stella. So hatten sie beide einen Vorwand zusammenzuglucken, und rauchten ihre kleinen Joints, die sie so wunderbar herstellen konnte. Sie lagen dann auf ihrer sauberen hellen Matratze in ihrem riesigen Zimmer mit den hohen weißen Wänden, mit Blick über eine weite Hügellandschaft, die sich irgendwo im Nichts verlief.

Sie waren dann Königin und ihr Ritter, der von dem Kampf mit dem Drachen endlich heimgekehrt war, und nun um ihre Minne warb. Sie schenkte ihm dann mit einem Lächeln etwas Tee aus einer weißen Teekanne ein und brachte ihm ein Stück Kuchen, den ihre Mutter gebacken hatte. Das war doch der Himmel auf Erden. Wenn sie dann ihre hellblonden glatten Haare aus ihrem ovalen blassen Gesicht strich, und ihn mit ihren hellblauen Augen warm ansah, da wollte er nichts mehr, nur noch bleiben. Doch meistens musste er dann wieder irgendwann hinaus, in den kalten Winter, der dann gar nicht mehr so kalt war.

In seinem kleinen Mansardenzimmer, durch das immer noch der kalte Winterwind pfiff und das er mit einem elektrischen Heizlüfter notdürftig zu erwärmen suchte, fanden sich fast jeden Tag seine Freunde ein und brachten immer etwas zu rauchen und manchmal auch etwas zu essen mit. Doch am wichtigsten waren ihre warmen Herzen, die sie immer dabeihatten, und so war er nicht der ärmste Mann der Welt, sondern der reichste. Denn stand nicht irgendwo in der Bibel: „Und hast du alle Güter dieser Welt, aber die Liebe nicht, so hast du doch nichts?" Doch von der hatten sie einiges in dieser seltsamen Zeit des Aufbruchs.

Ruhig gingen die Winterwochen vorbei, und sie waren hauptsächlich mit ihrer Arbeit für die Schule beschäftigt. Er hatte die Idee, drei Dosen in einer Pappschachtel zu verpacken. Sie sollte sechseckig sein, das sah interessant aus, und man konnte es leicht im Supermarktregal stapeln. Ein erstes „Multipack" sozusagen. Auch der orange Rand, der die weiße Banderole zierte, machte sich recht schick. Stella hatte Freude an seinen Entwürfen und hatte einen schönen Schriftzug in einer rundlichen Jugendstilschrift beigesteuert. Sie war nun dabei, eine Anzeige für eine bedeutende Illustrierte zu entwerfen. Natürlich sollten darauf eine glückliche junge Familie in einem schönen hellen Zimmer an einem gut gedeckten Frühstückstisch abgebildet werden. Sie hatte auch die Recherchen über die Kosten übernommen, wofür er sehr dankbar war. Manchmal überlegten sie sich, wenn alles vorbei war, eine kleine eigene Werbeagentur aufzumachen.

Doch der Hippie, der er immer noch war, schien diesen Ideen im Weg zu stehen. Was war es eigentlich, was sie da so unverhofft gepackt hatte und nicht mehr loszulassen schien? War es nur die Idee von einer anderen, besseren Welt, von der wohl jede junge Generation bisher geträumt hatte? Waren nicht alle diese Träume bisher in einem bitteren Krieg geendet? Das wollten sie auf keinen Fall, denn davon hatte sein Land in gewisser Weise genug, auch wenn sich die alten Kräfte wieder überall festgekrallt hatten.

Sie würden wohl Kompromisse eingehen müssen und hoffen, dass der Keim, den sie gepflanzt hatten, eines fernen Tages wieder aufgehen würde. Wieso hatte ihnen eine Zeitlang diese seltsame Droge, die sie auf der ganzen Welt auf einmal eingenommen hatten, die Türen in eine andere Welt geöffnet? Sie waren mehr hineingestolpert als hineingegangen – so, wie man in eine Liebesgeschichte hineinfällt und kaum Zeit dafür hat sich zu wundern, wieso plötzlich alles so anders geworden war. Man war eben drinnen oder eben draußen, und die die draußen waren wussten meistens nicht, was denn plötzlich so anders war mit dem anderen, denn bei ihnen hatte sich ja nichts geändert. Allerdings begann bereits die Hexenjagd auf sie. Hingen ihre Ideale auch noch so hoch, so waren sie doch drogensüchtige Kriminelle.

Allerdings begann sich in den Künsten und im Film eine gewisse Einsicht breitzumachen, dass die Wirklichkeit manchmal eine ganz andere war. Sie gingen alle in den Film „Bonnie and Clyde", in dem ein verrücktes Pärchen von einer bösen Tat in die nächste stolperte. Sie hatten wirklich in dem großen Land der Freiheit gelebt und sich scheinbar diese auch genommen. Alle liebten natürlich die beiden, und als sie am Ende von den Polizisten niedergemäht wurden, und die Kugeln der Maschinengewehre ihre jungen Leiber zerfetzten, trauerten sie um die beiden und verachteten die Polizisten, die dies getan hatten. Das war wohl das Schicksal, wenn man sich zu sehr nach der vielgepriesenen Freiheit sehnte.

War man wirklich frei, wenn man still alle Regeln einhielt, den Mund hielt und alles so machte, wie es die anderen machten? Doch stützten sich die so Moralischen auf die einigen wenigen, die selbst unter Androhung der Todesstrafe Widerstand geleistet hatten. Dann waren sie auf einmal alle im Widerstand gewesen, Und die, die sie gerade noch bespuckt hatten, waren auf einmal wieder ihre Freunde.

Eines spürten sie ganz tief in ihrem Inneren: Sie mussten irgendwie weitermachen. Das, was sie erfahren hatten, konnten sie nicht wieder verraten, aber sie würden sich arrangieren müssen und dabei ein schlechtes Gewissen bekommen, oder untergehen. Es würde die Zeit kommen, da werden sie die beneiden, die sich rechtzeitig verabschiedet hatten.

Seit seiner Reise mit Gandolf in das Reich des Todes fühlte er sich kräftig und gesund. Doch merkte er auch zugleich, dass die Dinge um ihn herum langsam an Bedeutung verloren. Oder lag es vielleicht daran, dass zuletzt sein Plan, den alten Kontinent zu verlassen, endgültig feststand? Langsam begann er sich innerlich zu verabschieden. Würde er überhaupt jemals wiederkehren? Er wusste es nicht. Doch war es noch lange nicht so weit und das war gut so.

Müsli, sein Freund, den er etwas vernachlässigt hatte, lud ihn zu sich nach Hause ein. Er wollte ihm unbedingt Schachfiguren zeigen, die er aus „Fimo", einer plastikähnlichen Knetmasse, hergestellt hatte. Es waren seine berühmten „Kopffüßler" geworden, die da fröhlich in Pink und Lila vor ihm auf dem Schachbrett standen. Er hatte, wenn er von den Trips herunterkam und morgens die Straße betrat, die Menschen, denen er begegnete, so wahrgenommen. Sie waren ihm anscheinend von der Schulter abwärts wie nicht vorhanden erschienen. Er hatte wohl recht und es war wirklich so. Die sogenannte Vernunft und das „logische" Denken hatten alles andere, was einen ganzen Menschen ausmachte, verdrängt.

Müsli, dessen Leidenschaft es war, mit jungen Frauen ins Bett zu gehen, hatte es schon bald bemerkt. Liebe und Sexualität waren zu einem unliebsamen Anhängsel geworden, das man am liebsten nur im Geheimen hinter seinen vier Wänden auslebte. Das Nackte diente allenfalls dazu, irgendetwas zu verkaufen, und die Liebe war meistens zu einem kitschigen Ladenhüter verkommen, den man etwas verschämt wie Schmuddelware anpries. Zwar ließ sie sich gut an einsame Hausfrauen verkaufen, die den ganzen Tag in ihren Wohnungen zu Hause hocken mussten, doch an sie glauben tat wohl keiner.

Sex begann zu einer Art Leistungssport zu werden, was vor allen Dingen die männlichen Individuen betraf. Sie mussten immer und überall „können" und die Frau zum Orgasmus bringen. Dazu wurden „Aufklärungsfilme" gedreht, die einem zeigten, wie das so zu funktionieren hatte. Alles im allem schien das Ganze in einer Sackgasse zu enden, und nur wenige „Profis" hatten offensichtlich ihren Spaß daran. Es war immer noch leichter, jemandem ein Messer in den Rücken zu stoßen, als ihn zu umarmen. Gewaltexzesse aller Art waren die „Straßenfeger" dieser Zeit.

Die männliche Vergewaltigungsmentalität war trotz zweier verlorener Kriege nicht aus den Köpfen und Herzen verschwunden. Die Welt stand wieder einmal waffenstarrend am Abgrund, und sie begannen eine Partie Schach, mit rosa und pink „Kopffüßlern". Natürlich gewann Müsli, denn der hatte auf diesem Gebiet definitiv mehr Erfahrung. Er war ein tapferer Kämpfer für die Befreiung der Liebe und Sexualität, und die Mädchen liebten ihn sehr. Wie gern hätte er mit ihm getauscht. Doch war wohl sein Weg ein anderer, und er sollte noch herausfinden, wohin er wohl führen würde.

Langsam spürte er, wie ihm alles zu eng wurde. Er kam sich vor wie eine verpuppte Raupe, die langsam zu merken begann, dass sie eigentlich ein Schmetterling war. Oft rannte er einfach nur durch die grauen, kalten winterlichen Straßen, seinen Gedanken folgend, die ihn hoch hinausführten zu den weisen Menschen dieser Erde, die er in den Büchern getroffen hatte. Er wollte einer von ihnen werden. Einfach nur da itzen, umgeben von einer kleinen Schar von Freunden, die ihm freudig zuhörten, wenn er etwas Gescheites in seine Worte zu packen versuchte.

Aber war es nicht bereits so? Er war so glücklich, wenn seine Freunde kamen, mit ihm redeten, und sie zusammen etwas Musik machten. Er liebte sie alle, auch wenn sie so verschieden waren. Jeder verkörperte etwas, das ihm zu fehlen schien. Gandolf, der großgewachsene Schlanke, der durch die Welt streifte, um mit immer wieder neuen Erkenntnissen und Geschenken aus fernen Welten bei ihm aufzutauchen. Er verfügte wohl über ein Wissen aus alten Zeiten, in denen noch weise Zauberer die Geschicke der Menschen steuerten, nicht ohne sie dabei in ihrem Treiben, das ihm etwas fremd zu bleiben schien, zu lieben.

Da war Harry, sein bester Freund, der sich in allen Künsten, die ein Mann so beherrschen musste, gut auskannte. Er konnte Tennis spielen, segeln, reiten, liebte Hunde und die Mädchen, kannte sich mit Maschinen aus und war immer zu einem Abenteuer bereit. Obendrein sah er auch noch sehr gut aus.

Last but not least, sein Freund Müsli, der kleine Fröhliche, den er sehr gern hatte. In ihn verliebten sich die Mädchen schnell, doch war er ihnen meistens bald überdrüssig, und die Jagd nach neuen erotischen Abenteuern machte ihm außerordentlich viel Spaß. Ihn beneidete er fast am meisten, denn der lockere Umgang mit Sexualität war ihm nicht gegeben.

Doch wenn sie alle zusammen waren, fühlte er sich ganz und frei. Wie glücklich er doch damals war, würde er wohl erst im Alter begreifen, denn jede Zeit hat ihre eigene Geschwindigkeit und die Dinge, die zu bewältigen sind.

Das neue Unbekannte warf bereits seine ersten Strahlen in sein kleines Zimmerchen und ein leichter Ruf war in seinem Inneren zu spüren. Ach, könnte er nicht einfach hierbleiben? Alles würde so weitergehen wie bisher, er würde Bilder malen und vorne auf dem großen Boulevard, wo abends die Künstler standen, verkaufen. Nachts würde er mit einem Mädchen im Bett liegen und sie würden frei und voll von Liebe sein. Warum sollte er alles aufgeben für ein vages Abenteuer? Nein, er konnte nicht hierbleiben, das spürte er genau, zu sehr hatte es in seiner Brust bereits zu pochen begonnen. Die Welt war so viel mehr als seine vier Wände in dieser etwas verklemmten Stadt. Da draußen, in weiter Ferne gab es noch etwas anderes, das ihn immer deutlicher zu locken schien.

Langsam begann es wärmer zu werden, und der graue, schmutzige Stadtschnee verwandelte sich in kleine Rinnsale, die in vergitterten Löchern in der Straße verschwanden. Nein, so wollte er nicht enden, in irgendeinem Büro, sich den Hintern platt sitzen, bis das Leben vorüber war. Die Welt war viel zu groß und bunt dafür. Außerdem wusste man nicht so genau, wie lange sie noch so sein würde, wie sie gerade war. Noch hatte sie ihre Unschuld nicht ganz verloren, aber es schien so, als würden seine Erdenmitbewohner alles daransetzen, ihr diese zu rauben.

So war er eigentlich froh darüber, nicht in die Vergangenheit zu reisen wie die meisten seiner Hippiefreunde, die Richtung Osten aufgebrochen waren. Er wollte in die Zukunft, und die verkörperte kein Land mehr als das große Land der unbegrenzten Möglichkeiten. Er begann sich darauf zu freuen, wie sich wohl Freiheit in Wirklichkeit anfühlen würde, doch konnte er sie bereits langsam in weiter Ferne riechen. Sie hatte einen leicht bitteren Beigeschmack nach Metall. Trotzdem spürte er langsam, dass er Flügel bekommen könnte, auch wenn es erst zwischen seinen Schulterblättern zu jucken begann. Langsam verstand er auch seinen Freund Harry und warum dieser sich so dreist in jedes Abenteuer stürzte. Er hatte die ganze Zeit gewusst, dass er diesen alten Kontinent verlassen würde. Und wie alle zuvor, die diesem Erdteil den Rücken gekehrt hatten, weil sie die stickige Enge nicht mehr ertrugen, und es versuchen wollten, ihren Traum von Glück und Freiheit Wirklichkeit werden zu lassen, hatte er sie bereits in seinem Inneren vernommen. Einwandfrei hatte er ihn mit diesem Virus infiziert. Zugleich merkte er, dass man ihn ernster nahm, seit er den Entschluss gefasst hatte, dies zu tun. Vielleicht lag es aber auch nur daran, dass er älter geworden war.

Er würde im frühen Sommer einundzwanzig Jahre alt werden, also „volljährig" in seiner Zeit, und nachdem er die Diplomarbeit zu Ende gebracht hatte, einen Job annehmen, um sich das Flugticket und etwas Geld für dort zu verdienen. Er hatte etwas in einer Papierfabrik des kleinen Städtchens gefunden, in dem er aufgewachsen war. Doch war es noch nicht so weit, und die ersten warmen Frühlingstage zogen ins Land.

Er hatte damit angefangen, seine Freunde und Freundinnen seiner Mama vorzustellen, und nahm sie einen nach dem anderen an den Wochenenden, an denen sie keine Trips nahmen, mit in das kleine verschlafene Städtchen.

Sie beäugte sie alle etwas vorsichtig und wurde zur charmanten jungen Frau, wenn er mit seinen männlichen Freunden auftauchte. Vor allem Gandolf, der auch seine Mutter sehr liebte, war begeistert, und sie von ihm. Er wurde bekocht und bedient, wie sie es wohl auch mit seinem Vater getan hatte, und dann mit ihm und seinen Bruder. Wie sehr sie sie wohl vermisste, ihre Jungen, die schon so früh davongeflogen waren?

Bei Harry war sie etwas vorsichtiger, vielleicht weil sie schon wusste, dass er ihn ihr wegnehmen würde. Bei den Mädchen war es noch schlimmer. Sie wurden wohl danach beurteilt, ob sie gut genug für ihn waren. Doch begann er sich immer etwas für die Enge des kleinen Hauses, das er in seinem Inneren so ganz anders in Erinnerung hatte, zu schämen. Nur auf die Bilder seines verstorbenen Vaters war er mächtig stolz und darauf, dass er der Sohn eines Künstlers war.

Seltsamerweise kam seine Mutter wohl zu dem Schluss, dass er nicht gut genug für sie war. Stella, die nicht nur hübsch, sondern auch überaus intelligent war, hatte wohl den Makel, wohlhabender Eltern, während Toni einfach viel zu gescheit für ihn war. Sie studierte, sprach fließend mehrere Sprachen und hatte die Frechheit, auch noch wunderschön zu sein. Das konnte in den Augen seiner geliebten Mama einfach nicht gut gehen und vielleicht hatte sie auch recht damit.

Immer war er etwas traurig, wenn sie gemeinsam wieder in die große Stadt zurückfuhren, als hätte er etwas falsch gemacht. Ach, wäre das Haus doch nur größer gewesen, und sein Vater, der inzwischen ein berühmter Kunstmaler geworden war, hätte sie, die jungen Frauen in den Arm genommen, und sie davon überzeugt, was für ein wunderbarer Sohn er doch ist. Er hätte Abitur gehabt und wäre auf die Akademie gegangen. Würde diese Wunde, die ihm das Schicksal beigebracht hatte, jemals verheilen?

Er war froh, wieder im Zug zu sitzen, und sie steckten sich eine Zigarette in den Mundwinkel. Sie verwandelten sich wieder in die Hippies, die sie nun mal waren. Wie alle Eltern in dieser Zeit wusste auch seine Mutter nicht wirklich, was sie da im Geheimen taten. Und das war gut so. Noch nie hatte sich wohl eine Generation so weit von ihren Eltern entfernt. Er wusste nur eines ganz sicher: Er musste die Spinnweben des Kokons, der ihn umgab, endgültig abstreifen, sonst würde er niemals fliegen lernen.

Das Leben ging fröhlich weiter, und er liebte die Nachmittage, an denen er mit seiner Madonna durch den langsam wieder erblühenden Park ging. Sie fassten sich an den Händen, und wenn sich beim Gehen ihre Hüften und Schultern leicht berührten, dann spürte er das andere Glück. Es raunte von Zweisamkeit und dem zarten Glück der Liebe. Von Geborgenheit und frischen Brötchen am sorgsam gedeckten Frühstückstisch, auf dem sie einen kleinen Frühlingsblumenstrauß gestellt hatte. Die Vögel zwitscherten aufgeregt und hatten damit begonnen, ihre Nester zu bauen.

Auch mit Stella im Drugstore zu sitzen bei einer Cola oder einem Kaffee, war wundervoll. Sie führten dann wichtige Gespräche über ihre Arbeit und waren bereits die Manager einer großen Werbeagentur, die Aufträge in Millionenhöhe bekamen, und die äußerst wichtig waren. Wie froh er war, dass sie keine große Angst vor Geld zu haben schien, es war einfach etwas, das man benutzen konnte, um etwas in Gang zu setzen und zu bewirken. Er lernte, dass es nur Zahlen waren, die erst ihren Wert dadurch bekamen, was man damit tat. Doch genau darin lag irgendwie eine gewisse Falle. Konnte man dann gewissenlos alle Aufträge annehmen? Oder nur die, die etwas Positives bewirkten? Und was war überhaupt positiv?

Eines hatten sie bereits begriffen: Der immer größere Konsum würde zu einer bedenklichen Sackgasse werden. Immer mehr Fabriken und immer mehr Autos würden die Luft verschlechtern, wie es schon jetzt in den Städten der Fall war. Es würden immer größere Abfallberge entstehen, denn das, was man schnell einkaufte, würde ebenso schnell wieder weggeworfen. Die Rohstoffe, die man für all die unzähligen Maschinen benötigte, würden unwiederbringlich von diesem Planeten verschwinden und standen für nachfolgende Generationen nicht mehr zu Verfügung.

Und konnte man bedenkenlos Werbung für Waffen machen? Oder für Firmen, die Waffen herstellten, wenn man wusste, dass diese irgendwo ein Kind oder deren Mutter töten würde? Je mehr er sich in diese Materie hinein vertiefte, desto misstrauischer begann er das ganze Spiel zu betrachten. Wie gut, dass sie sich mit Kondensmilch beschäftigten, da schien erst einmal nicht viel falsch daran zu sein, es sei denn, man würde sich fragen, warum man sich überhaupt Milch in den Kaffee kippen musste.

Zum Glück konnte man, nachdem man sich den Kopf zerbrochen hatte, heimgehen und mit seinen Freunden gemütlich einen Joint rauchen. Dann spürte er tief in seinem Inneren, dass er diesen Beruf, den er da erlernte, nie ausüben würde.

Das Erwachsenwerden war nicht mehr aufzuhalten, und am Ende der Schulzeit, die nun schon deutlich am Horizont zu erkennen war, winkte bereits der „Vater Staat" mit einem Einberufungsbefehl. Doch er hatte nicht vor, sich von irgendjemandem etwas befehlen zu lassen. Der Abenteuerwert, die Zeit mit nach Schweiß riechenden jungen Männern in engen Kojen zu verbringen, war doch äußerst gering. Vielleicht würden sie Verwendung für ihn finden, Panzer und Kampfjets mit Tarnfarbe zu bemalen, aber wenn er ehrlich war, fehlte ihm inzwischen jegliches Feindbild. Der Vietnamkrieg steuerte seinem Höhepunkt entgegen, und das große Land der unbegrenzten Freiheit karrte immer größere Mengen an Material und junge Männer an die „Front". Dort konnten sie in Hängematten liegen und unbegrenzt Hamburger in sich hineinfressen. Auch für genügend Nachschub an Marihuana und Bier war gesorgt. Kleine Vietnamesinnen gab es ebenfalls genug, die für ein paar lausige Dollar die Beine breitmachten, um damit ihre Familien über die Runden zu bringen.

Für alles war gesorgt; wäre da nicht dieser blöde Tod, der ab und zu vorbeischaute. Aber der kam wohl viel öfters bei den Feinden vorbei, die, klein und zäh, tapfer ihr armes Land verteidigten. Die Freiheit schien an ihre Grenzen zu stoßen, und die Erkenntnis, dass mit dem Tod das Ende der Freiheit, diesen wundervollen Planeten bewohnen zu dürfen, erst einmal ein Ende gefunden hatte.

In seinem Land begann sich ein gewisser Widerstand zu entwickeln, und für die meisten jungen Männer, die nicht dem Vaterland dienen wollten, blieb nur der Ausweg nach Berlin, in der Deutschland kein eigenes Militär stationieren durfte. Er hatte sich für eine Studienreise nach Amerika zurückstellen lassen und hoffte, einen Ausweg aus diesem Dilemma zu finden. Er fragte sich, warum Künstler, Musiker und Schriftsteller, die vielleicht zu etwas anderem geboren waren als strammzustehen, nicht einfach ihrem inneren Weg folgen konnten und auf diese Weise einen Beitrag für die Entwicklung der Geschichte leisten konnten.

Beteten sie nicht einen extremen Außenseiter an, der für seine Wahrheit sogar den Tod auf sich genommen hatte? Aber es war ja wohl besser, es sich unter dem Kreuz gemütlich einzurichten, als seinen Worten zu folgen. Auch die belehrenden Worte seiner Mutter, man müsse die Welt nehmen, wie sie ist, und sich eben nach der „Decke" strecken, trösteten ihn nicht. Er war kein „Rebell", das wusste er, aber so ganz seine wahre Natur verleugnen, konnte er eben auch nicht. Schließlich lebte er ja in einem „freien" Land, in dem schon wieder jeder so ziemlich machen konnte, was er wollte, wenn es nur Geld einbrachte – und das Geschäft mit Waffen war wohl für alle Beteiligten, einschließlich dem geliebten Vater Staat, ein großer Segen. Denn Kriege würde es wohl immer geben. Wen interessierten schon ermordete Kinder und vergewaltigte Mütter? Sie waren eben der Kollateralschaden, den der Kampf für eine große Idee so mit sich brachte.

Ja, große Ideen hatten sie wohl alle in dieser seltsamen Zeit, doch hatte sich auch ganz nebenbei und unbemerkt der kleine Löwenzahn durch den dicken schwarzen Asphalt gebohrt. Zwischenzeitlich war es Frühling geworden. Die Arbeit mit Stella hatte Formen angenommen, und sie waren guter Dinge, das begehrte Diplom zu bekommen. Er konnte sich total auf sie verlassen, und das tat verdammt gut. Er war immer noch in seine Königin verliebt und verbrachte jede mögliche Zeit mit ihr. Die mit Gurkenscheiben belegten Toastbrote waren immer noch das Köstlichste, was er jemals gegessen hatte, und sie zu sehen, war das Schönste auf dieser seltsamen Welt.

Trotzdem überkam ihn ab und zu eine heftige Unruhe, denn es war nicht zu leugnen, dass dem Ganzen wohl bald ein Ende gesetzt war. Sie war mit ihrer Mama in den Osterferien nach Florenz gefahren, und so flatterten bunte Kärtchen ins Haus, auf denen mit ihrer wunderschönen, runden Handschrift allerlei Liebes stand.

Sie hatten ein Kloster besichtigt, das wertvolle Fresken besaß, und gegenüber, nicht weit entfernt, war ein Kloster für Frauen. Sie hatte sich wohl überlegt, ob sie sich schon damals kannten, und sich als junger Mönch und junge Nonne verliebt hatten. Sie konnten sich nur heimlich treffen, und ihre Liebe war groß, doch ohne Hoffnung. Wie immer hatte sie wohl den Nagel auf den Kopf getroffen, und er musste ein paar Tränen hinunterschlucken, als er die Zeilen las.

Er wünschte sich so sehr, mit ihr eine Zukunft zu haben, doch hatte sie wohl recht. Ob sie auf ihn warten würde, bis er von seinen Reisen zurückkommen würde – bepackt mit Gold und edlen Steinen, die er ihr dann zu Füßen legen würde, wie es früher der Brauch war? Er würde dann um ihre Hand anhalten und vor ihr niederknien. Sie würde sich zu ihm hinunterbeugen, ihn mit Tränen in den Augen aufrichten, ihn an sich drücken und ihn herzhaft auf den Mund küssen. Doch wahrscheinlich hatte sie recht, ihre Liebe blühte nur im Verborgenen, in geheimnisvollen Gärten, die nach Rosen dufteten und in denen ein zarter Brunnen vor sich hin plätscherte. Nun wusste er, dass er sie alle verlassen würde, und es brach ihm fast das Herz. Tat Liebe eigentlich immer so weh, fragte er sich. Doch dass die Rosen Dornen hatten, das hatte er bereits gelernt.

Harry kam nun öfters bei ihm vorbei und erzählte ihm von seinen Plänen in der Neuen Welt. Seine Eltern hatten ein Stück Land in Connecticut erworben. Ein paar Wiesen und ein Stück Wald in einer hügeligen Landschaft, dessen Klima dem der alten Heimat nicht unähnlich war. Sie hatten damit begonnen, sich ein Haus zu bauen, und wenn er kommen würde, wäre es wohl fertig. Sein Gesicht füllte sich dann mit Leben, wenn er davon erzählte, und die Wangen röteten sich etwas. Er freute sich sehr, wieder mit seiner Familie zusammen zu sein, denn sie waren jetzt schon eine ganze Weile getrennt. Ein seltsames Gefühl überkam ihn bei dem Gedanken.

Er hatte seinen Freund immer für sich allein erlebt. Sie hatten Abenteuer bestanden, gingen auf die gleiche Schule und waren sogar in die gleiche Frau verliebt gewesen. Doch was wusste er eigentlich wirklich von ihm? Nie hatte er jemanden von seinen Leuten getroffen. Dass er eine jüngere Schwester hatte, das wusste er, und sein Vater erfand und konstruierte wohl irgendwelche Maschinen. Hatten sie überhaupt etwas gemein, und waren sie nicht Konkurrenten um das Herz von Stella gewesen? Doch hatte er ihn immer wieder in irgendwelche Abenteuer gelockt, die sie wohl stärker verbunden hatte, als er angenommen hatte. Und wie stand es eigentlich um seinen Traum vom großen Abenteuer, den wohl alle jungen Männer irgendwann träumen? War es nicht die immer wiederkehrende alte Geschichte, dass der junge Mann hinausziehen musste, um den Drachen zu erlegen, um dann heimzukehren und die Gunst seiner geliebten Frau zu gewinnen? Waren es noch die alten Bilder seiner Kindheit, die nun sein Herz in Schwingung brachten? War es nicht dieses Land, in das er sich sehnte, das Land von Onkel Donald und Daisy Duck, und würden sie vielleicht den reichen Onkel Dagobert treffen, um mit ihm seltsame Reisen zu unternehmen, in denen sie nur mit knapper Not den Ungeheuern dieser Welt entrinnen würden? Ja, es gab nur einmal in seinem Leben die Gelegenheit dorthin zu gelangen, und die war eben gekommen – und er würde es tun.

Sein Herz fing wild zu klopfen an, wenn er daran dachte. Wie viele hatten schon vor ihm diesen Wunsch gehabt, das große Meer zu überwinden? Denn dort, weit in der Ferne, lag da nicht das Paradies? Waren dort nicht alle Menschen gleich und gut zueinander? Waren sie nicht endlich frei? Das war es also, was ihm bei seinem Freund so gefiel: Er Liebte die Freiheit über alles. In seiner Nähe hatte er immer gespürt, dass diese Freiheit wirklich war, und nicht nur ein dumpfes Versprechen, das immer nur ein Traum bleiben sollte. Mit ihm war Freiheit eine Wirklichkeit, wie Licht und Wärme der Sonne, an der man sich auch nicht irgendwann erfreuen konnte, wenn sie eben jetzt schien. Er hatte ihn immer wieder herausgerissen aus seiner Bequemlichkeit und ihm gezeigt, dass man alles, was man nicht jetzt tat, wohl niemals tun würde.

Er fragte sich, wieso sein Freund in allen Situationen so gleich geblieben war. Nie hatte er ihn jammern gehört, nicht über Schmerzen und nicht über irgendwelche Missgeschicke. Seit er ihn kennengelernt hatte, war er immer gleich, eben Harry, sein Freund, der eben auch etwas anders war, so wie sie alle, die das Schicksal auf dieser seltsamen Schule zusammengebracht hatte. Zum Glück hatten sie etwas zu rauchen, und das machte sie immer wieder zu anderen, die zusammen lachten und zusammen fühlten. Ja, sie hatten Glück gehabt, sich dort zu treffen in dieser anderen eigenartigen Zeit, von der nur die etwas wussten, die darin lebten. Sie hatten bereits einige unmögliche Dinge getan, und das hatte sie stark gemacht, und nun stand das neue, große Unbekannte vor ihnen, auch wenn es wieder einmal für ihn unbekannter war als für seinen Freund. Doch noch waren einige Dinge zu erledigen, und das „Morgen" hatte für sie keine allzu große Bedeutung.

Es gab noch einen Schulausflug zur „documenta" nach Kassel. Da stand er nun vor der Kunst seiner Zeit und fühlte sich klein, unbedeutend und schwach. Die Kunst, so wie er sie noch in seinem Herzen trug, war bereits tot. Erschlagen von riesigen Installationen aus Neon und Metall. Pompös hatte die „Neue Zeit" zugeschlagen. Die Diktatur aus Macht und Geld hatte die kleine Nische „Freiheit" erobert. Die „neue" Kunst hatte wohl nur noch in den neuen Tempeln der Macht Platz. Vielleicht fand sich auch jemand, der zu viel Geld hatte und bereit war, sich eine Skulptur aus Schrott in das Schlafzimmer zu stellen. Beeindruckend war auch eine riesige Halle, die mit Tausend Granitblöcken in menschlicher Größe angefüllt war. Das waren wohl die neuen Menschen die da tot und unbeweglich dalagen, erschlagen von dem neuen Reichtum, der wohl zum neuen Gott geworden war. Eine bedrückende Stille umgab diese Blöcke, sie würden wohl noch Tausende von Jahren bestehen, wenn sie, die kleinen schwachen menschlichen Wesen, schon längst vergangen waren.

Der Künstler, der wohl inzwischen zu den wichtigsten dieser Zeit gehörte, hatte die Kunst in eine andere Dimension gebracht. Es war ihm wohl das Wichtigste, eine Tat mit seinen vielen Anhängern zu vollbringen, die ihn wie einen Gott verehrten. „Jeder ist ein Künstler" war sein Credo, und er hatte wohl recht, auch wenn es wohl noch so lange, wie diese Granitblöcke bestehen würden, dauern würde, bis sie dies begriffen hatten.

Ja, nicht nur, dass jeder ein Künstler war, er war auch ein unwiederbringliches unbezahlbares Kunstwerk. Doch diese Erkenntnis war wohl eher noch in der alten Kunst anzutreffen. Auf einmal spürte er, dass er wohl auch nie ein solcher „Künstler" werden wollte. Zwar konnte er denjenigen gut verstehen, der mit einem Messer die unschuldige weiße Leinwand aufgeschlitzt hatte, doch tat es ihm auch weh, wenn er dran dachte, dass er einen Tag nichts zu essen hatte, um sich so eine Leinwand leisten zu können. Auch die Bilder und Skulpturen aus sorgfältig eingeschlagenen Zimmermannsnägeln gefielen ihm. Hatte nicht auch sie auf ihren Trips entdeckt, dass alles Kunst war, wenn sich der blockierte Geist zu öffnen begann?

Trotzdem war er froh, wieder an die frische Luft zu kommen. Wenn er ehrlich war, fühlte er sich erschlagen von dieser „Kunst", die eigentlich keine mehr war und die es sich wohl zur Aufgabe gemacht hatte, die Kunst zu verspotten. Es erinnerte ihn eher an die Kunst des Faschismus oder des Kommunismus, der bereit war, alles Schöne einer dubiosen Idee zu opfern.

Sein Blick schweifte über die grünen Hügel mit den blühenden Bäumen und zu seiner Freundin Stella, die sich gerade eine ihrer selbstgedrehten dünnen Zigaretten in den Mund steckte. War dieser Moment jemals zu bezahlen? Und mit wie viel, sollte er dann kosten. Ja, alle waren Künstler, aber nicht alle konnten sehen, und mit dem Herzen sowieso nicht. Das war also Armut: nicht mit dem Herzen sehen zu können.

Trotzdem tat es gut, hier gewesen zu sein und einen Blick in eine andere Welt werfen zu können, aber es würde wohl nie zu seiner Welt werden, denn zu sehr liebte er die Freiheit – und die hatte er auch hier nicht gefunden. Er fragte sich, wo und wann er sie wohl finden würde, wo hielt sie sich versteckt, hinter welchen unüberwindlichen Gebirgen oder Meeren und Wüsten? Er hatte angefangen, sie zu suchen, und noch war er jung genug, daran zu glauben, sie eines Tages zu finden.

Er nahm Stella in den Arm und drückte sie fest an sich. Sie roch so wundervoll nach Leben und Milch und Hoffnung. Jetzt war er froh, nur auf diese kleine unbedeutende Schule gegangen zu sein, denn er hatte sie getroffen und ihn, seinen Freund, denn sie hatten sich ihre Jugend und ihre Schmerzen geteilt, und nie hatten sie einen Augenblick die Hoffnung verloren. Eine tiefe Dankbarkeit hatte ihn ergriffen, als sie wieder in den Bus nach Hause stiegen und in die Nacht hineinfuhren.

Noch trafen sie sich bei ihm, um zu rauchen und Musik zu machen, aber dass es bald ein Ende haben würde, war nicht mehr zu leugnen. Mi hatte ein Medizinstudium angefangen und würde wohl Ärztin werden wie ihre Eltern; sie würde nach Berlin gehen, um sich um arme Drogensüchtige zu kümmern. Gandolf hatte eine Lehre als Schriftsetzer begonnen und würde noch lange daran arbeiten, wer er nun wirklich war. Müsli würde sich mit seinem besten Teil eine angenehme Zukunft erschaffen und weiterhin das tun, was er am liebsten tat: bumsen. Er war wohl der Glücklichste von ihnen. Toni ging fleißig an die Uni und war bald die Beste in ihren Fächern. Marvin würde sich von seiner Jenny trennen und einen gescheiten Beruf erlernen, heiraten und Kinder kriegen. Ebenso Jenny, der man die zukünftige Mutter bereits ansah. Stella würde einen netten Amerikaner aus Kalifornien kennenlernen und auswandern.

Doch wussten sie zum Glück noch nichts davon in seiner kleinen Mansarde ohne Heizung. Denn das wahre Glück der Jugend war, dass man weder von der Vergangenheit noch von der Zukunft etwas wusste. Doch genau das schien sich langsam zu ändern. „Trau keinem über dreißig" war das Motto seiner Zeit gewesen, doch er hatte das Gefühl, dass man schon keinem über zweiundzwanzig mehr trauen konnte. Waren nicht schon alle „Helden" seiner Zeit bereits von dem großen Drachen „Geld" gefressen worden und hatten sich bereits im Verdauungstrakt gemütlich eingerichtet? Wohin mit den Millionen, fragten sich die Heroen der Popmusik, denn alles verkiffen und versaufen, das konnten auch sie nicht. Jetzt hatten sie ja auf einmal alles, die dicken Autos und Flugzeuge, die großen Villen und Schlösser, und einige würden sogar noch einen Orden bekommen. Auf die großartige Idee, etwas für ihre verarmten Anhänger zu tun, kamen sie leider nicht, die konnten allein schauen, wie sie aus der Scheiße wieder rauskamen.

Trotz alledem hatten sie eine neue Zeit eingeläutet, und das mit Pauken und Trompeten, die den Posaunen von Jericho in nichts nachstanden. Die Mauern waren eingestürzt, auch wenn es die meisten noch nicht begriffen hatten. Die meisten hatten sich auf die Reise in den Osten begeben, um das Heil zu Füßen alter weiser Männer zu suchen. Sie wollten plötzlich „Heilige" werden und sich von den Sünden ihrer Jugend wieder reinigen.

Zum Glück gab es seinen Freund Harry, der damit wenig anfangen konnte, und ihn davon überzeugt hatte, dass man Freiheit durchaus auch leben konnte. Doch hatte diese Art von Freiheit einen leicht bitteren Beigeschmack des Todes. Viel Zeit war ihm jetzt nicht mehr geblieben. Er musste noch mit Stella die Diplomarbeit fertig machen und die Prüfung bestehen. Dann noch einen

Monat lang in der Papierfabrik arbeiten, das Ticket und das Visum besorgen und sein kleines Zimmer ausräumen. Ein Glück war, dass er eigentlich so gut wie nichts besaß. Die bitterere Erkenntnis war, dass er auch fast alle seine Träume aufgeben musste. Wollte er nicht vor Kurzem noch Maler werden und dort vorne an der Straße Bilder verkaufen? Ein nettes Mädchen finden, mit der man Pferde stehlen konnte, und mit alten VW-Bussen durch die Lande ziehen?

Eines Abends, der Sommer war schon recht nah, besuchte ihn noch einmal sein Freund Gandolf, um eine seiner Zeremonien abzuhalten. Noch einmal reichte er ihm still seinen vom Nikotin und Teer eingefärbten Wildschweinzahn. Tief atmete er den nach dunklem Wald schmeckenden Rauch ein und blies eine große Wolke blauen Rauch in das Zimmer. Dann reichte er das Jillom seinem Freund, nicht ohne es zuvor an seine Stirn gehalten zu haben. Er sah ihm zu, wie er mit ein paar schnellen Zügen die Glut darin entfachte und eine ebenso große Wolke ausstieß, die er allerdings mit ein paar Rauchringen verzierte. Wie immer breitete sich eine heitere Gelassenheit aus, und er legte eine seiner Lieblingsplatten von „King Crimson" auf.

Da waren sie auf einmal wieder, die großen weiten Hallen mit den wunderschönen weiblichen Märchengestalten und die langhaarigen Helden mit ihren stolzen Waffen, die in all ihren Schlachten das Lachen nicht verlernt hatten. Und als der junge König mit seiner Königin den Thron bestieg, und sich die riesige Halle mit einem warmen Licht, das der Morgenröte glich, erfüllte, da erfasste ihn eine solche Liebe, dass er auf seine schmutzige Matratze fiel und bitterlich weinte.

Das war es also, was sie einst verloren hatten und was sie wiederzufinden hofften, denn die Hoffnung in ihren Herzen war noch nicht gestorben. Er richtete sich wieder auf und trocknete sich die Tränen ab. Gandolf sah ihm liebevoll in die Augen und sprach: „Nun gut, mein Freund, jetzt hast du noch einmal dein Ziel gesehen und jetzt weißt du, was zu tun ist. Hab keine Angst, denn was immer auch geschieht, du hast einen treuen Freund an deiner Seite, der dich nie im Stich lassen wird. Und auch ich werde da sein, wenn du eines Tages wiederkehren wirst. Denn auch ich bin dein

Freund, und werde es immer bleiben." Jetzt erst begriff er, wie viele Wunder bereits hier in dieser winzigen Mansarde am Ende der Welt geschehen waren.

Gandolf war aufgestanden, um in der kleinen Küche, die am Gang lag, eine seiner wundervollen Mahlzeiten zuzubereiten. Der Duft von erwärmtem Sesamöl verbreitete sich in der ganzen Wohnung. Als Gandolf mit einer geschickten Bewegung das geschnittene Gemüse und etwas Fleisch hineintat, da spürte er, dass sie sich wohl schon seit ewigen Zeiten kannten und wohl so schon oft an Feuern gemeinsam gesessen hatten. Es waren die Zeiten, als noch Drachen flogen und auf ihren ungeheuren Schätzen saßen. Als die angebeteten Frauen noch die Kräfte von Engeln und Zauberinnen hatten und für das Wohl der Menschen sorgten, die ihnen anvertraut waren. Die Zeit, als die Elemente noch nah verwandt waren und noch nicht der Illusion der Trennung anheimgefallen waren. Doch hatten sie wohl beschlossen, diesen Weg zu gehen, der in die Dunkelheit führte, um einst wieder zu neuen Leben zu erwachen. Sie würden sich schütteln, und alles, was gewesen war, als bösen Traum betrachten, und erneut würden die Hallen und Tempel entstehen. Und alles, was war, würde wieder sein – noch größer und noch schöner, als es jemals war. Doch diesmal würde es für immer sein.

Gandolf hatte, während er seinen Träumen nachgehangen war, bereits ein Festmahl bereitet. Vor ihm standen nun duftender Reis und einige Schüsseln mit köstlichen Zutaten. Er hatte zwei wertvolle Schalen aus Porzellan auf den Boden gestellt und daneben fein säuberlich die geschnitzten und reich verzierten Stäbchen gelegt. Er stand auf und legte eine Platte des großen indischen Sitarmeisters „Ravi Shankar" auf. Sie begannen zu speisen, nicht ohne dazu von dem göttlichen, magischen Mu-Tee zu trinken. Er wusste, dass es wohl das letzte Mal sein würde, dass sie hier so zusammensitzen würden, und er war seinem Freund und dem Schicksal, das sie hier zusammengebracht hatte, unendlich dankbar.

Die Arbeit an der Kondensmilch war nun fast abgeschlossen, und er besuchte noch einmal seine Freundin. Noch ein letztes Mal ging er mit ihr den schmalen Weg nach oben zu der alten Villa. Wieder spürte er deutlich, dass etwas zu Ende ging. Sie lagen auf ihrem großen weißen Wollteppich und hatten alle ihre Arbeiten vor sich ausgebreitet. Stella hatte alles sorgsam in durchsichtige Folien verpackt, und alles war schön und fröhlich anzusehen. Nun mussten sie nur noch die Strategie vorbereiten, mit der sie vorgehen wollten. Welche Anzeige zu welchem Zeitpunkt in welcher Zeitung zu schalten war, und was für Kosten sie dafür berechnen mussten.

Er sah ihr dabei zu, wie sie einen kleinen Joint drehte und ihn auf dem Bauch liegend anzündete. Er würde sie nie vergessen, das wusste er genau, so sehr war sie ihm ans Herz gewachsen. Ihre glatten hellblonden Haare und ihre hellblauen Augen, die einen so wissenden Ausdruck hatten. Ja, er liebte sie, und er wäre gern für immer da liegen geblieben und hätte sie gern einfach nur angesehen und ihr zugehört, wie sie ihm ihre finanziellen Kalkulationen näherbrachte. Zum Glück hielt der Rauch, den sie gierig einsogen, etwas die Zeit an, und einen kurzen Moment hatte er das Gefühl von Ewigkeit.

„Was hast du gerade gesagt?", unterbrach er ihren Redefluss. „Zuerst sollten wir im ‚Stern' eine Anzeige schalten", sagte sie. „Das ist zwar etwas teuer, aber wir erreichen ein ziemlich großes Publikum, das auch noch einigermaßen intelligent zu sein scheint." Sie begann mit einer Rechnung, was wann wohl wie viel kosten würde, und er sah endlose Zahlenreihen an sich vorüberziehen. Jetzt war sie ganz die Tochter ihres Bankdirektor-Vaters. Wie froh er war, dass er dies nicht auch noch machen musste, denn von Geschäften verstand er überhaupt nichts.

Sie war kurz verschwunden, um einen Kaffee zu kochen, und er sah noch einmal aus ihrem Mädchenzimmer über die weite hügelige Landschaft. Sie war eine kleine Frau von Welt und schon viel gereist. Wie lange würde sie es wohl aushalten in dieser kleinen, verschlafenen Stadt? Er konnte schon jetzt spüren, dass ihr Herz viel zu groß war für diese Enge.

Sie hatte mit dem Ellenbogen die große weiß lackierte Tür aufgedrückt, und stand mit dem Tablett, auf dem auch ein paar Stücke Kuchen lagen, in der Tür. Er lief zu ihr, um es ihr abzunehmen, und stellte es auf den Boden, inmitten der orange-weißen Umschläge, auf denen das Wort „Edelmilch" immer wieder zu sehen war. Ein klein wenig war er schon stolz darauf, seine Idee jetzt in einem solchen Zustand wieder zu treffen. Am liebsten hätte er sie jetzt auf den Mund geküsst, so froh war er, dass es sie gab. Sie saßen noch lange zusammen, überlegten eine Strategie nach der anderen, verwarfen manche, um dann doch wieder etwas Gemeinsames zu finden.

Es war schon dunkel geworden, als sie beim Schein einer Kerze endlich zu einem Ende kamen. Er hatte keine Lust mehr, nach Hause zu fahren, und fragte sie, ob er noch einmal bei ihr schlafen könne. Sie sah ihn lachend an. „Na klar", meinte sie nur kurz, „aber zuvor rauchen wir noch etwas." Sie legte eine Platte von „Jethro Tull" auf und schickte sich an, einen ihrer sauberen kleinen Joints zu drehen. Auch darin war sie irgendwie perfekt, und wenn er Jahre später an sie dachte, dann dachte er immer, sie wäre es gewesen, mit der er gerne sein Leben verbracht hätte. Sie legten sich auf ihr sauberes weißes Bett, und er schmiegte sich an sie. Ihr schien es zu gefallen. Sie schoben ihre Beine ineinander, und er konnte nicht anders, als sie auf den Mund zu küssen. Sie schmeckte mindestens nach „Edelmilch" und noch viel mehr. Als er begann, seine Hand unter ihr T-Shirt zu stecken, hatte sie nichts dagegen und machte sich an seinem Hosenknopf zu schaffen. Nun zogen sie sich beide ihre Jeans aus und begannen damit, sich aneinander zu reiben. Ein wundervoller Duft begann von ihrem geheimnisvollen Ort zu kommen, und er begann, seine Hand in ihr weißes Höschen zu stecken. Dort war sie also, die all selig machende Grotte, das Ziel jeglicher Pilgerschaft. Er steckte seinen Finger hinein und war verwundert, wie angenehm feucht und warm es dort war. Sie hatte inzwischen ihrerseits etwas bei ihm ertastet, das nun hart und groß von seinem Körper abstand, als wolle es die Welt erobern. „Lass es uns mit der Hand machen", flüsterte sie ihm leise ins Ohr, „ich glaube, ich habe vergessen, die Pille zu nehmen. Und wir haben kein Kondom." Nach seinen letzten Erfahrungen war er ganz froh darüber, und sie begannen sich zu entdecken und zu reiben, wurden einmal heftiger, um dann wieder etwas langsamer zu werden. Sie begann ihren Unterleib nach oben zu drücken, als erwartete sie von dort etwas, das bitte bald kommen möge. Ihre Hand begann nun fester und fester seinen harten Schwanz zu umfassen, und ihn ihrem Verlangen anzupassen. Jetzt begann sie mit einem leisen Stöhnen, und als er es vernahm, konnte er nicht mehr an sich halten, und die warme milchige Flüssigkeit ergoss sich auf ihre Schenkel und in ihr weißes Bett.

Auch sie war gekommen und sah ihm belustigt ins Gesicht. „Warum haben wir das nicht öfter getan?", fragte sie lächelnd, und er konnte ihr keine Antwort geben, außer: „Das hätten wir tun sollen." Sie hatte ein paar Papiertücher geholt und begann, alles abzuwischen. „Ich glaube, ich mach' uns noch einen Tee", sagte sie lächelnd und verschwand. Als sie wiederkam und ihm eine heiße Tasse Kräutertee in die Hand drückte, legte er seinen Kopf auf ihren Schoß, von dem immer noch ein geheimnisvoller Duft aufstieg. „Ja, warum haben wir das nicht öfter gemacht?" – das fand er auch.

Viel Zeit war nicht mehr. Als Erstes musste er zur amerikanischen Botschaft, ein Visum beantragen. Ein seltsames Unterfangen in einer Zeit, wo seine Gleichgesinnten sich allenfalls zu einer Demo dort einfanden. Er machte sich einigermaßen hübsch, kämmte sich die Haare und zog saubere Klamotten an. Eine weiße Leinenhose und einen weißen Pulli, darüber ein rehbraunes Jackett. Jetzt war er der zukünftige Werbeleiter, der frisch von der Schule die Welt entdecken wollte. Noch einmal sah er die Papiere durch, die er mitbringen sollte. Die Einladung von Harrys Eltern, ein polizeiliches Führungszeugnis, sein Sparbuch mit genug Geld – was er sich allerdings erst hatte leihen müssen – und natürlich seinen neuen Pass. Er hatte einen Termin ausgemacht und lief los.

Das Herz klopfte ihm bis zum Hals, als er um die Ecke bog und das moderne Gebäude mit dem Sternenbanner vor sich sah. Überall waren Absperrgitter aufgestellt, auch wenn es im Moment recht ruhig war. Hier waren sie also, die verhassten Feinde, die Imperialisten, die die Welt in Angst und Schrecken hielten. Der dunkelhäutige Mann, der in einem Wachhäuschen saß und dem er sein

Anliegen vortrug, ließ ihn mühelos mit einem Lächeln passieren. Sofort spürte er, dass er den Boden eines anderen Landes betreten hatte. War es Feindesland? Er betrat etwas schüchtern das mit viel Glas und Stahl gebaute helle Gebäude und wurde von einer jungen Dame im Minirock begrüßt. Irgendwie gefiel sie ihm, denn sie hatte etwas Freches, Unbekümmertes an sich und sprach ihn in perfektem Deutsch an, das allerdings einen etwas an Micky Maus erinnernden Akzent hatte.

Trotzdem fühlte er sich nicht so fremd, wie er gedacht hatte. Waren die vielen Träume von dem großen, weiten fernen Land vielleicht doch Wirklichkeit? Jedenfalls hatte er neue Hoffnung geschöpft, und sie brachte ihn zu einem Raum, vor dem er noch kurz warten sollte. Bald öffnete sich die Tür, und ein junger Mann in Jeans bat ihn hereinzukommen und sich zu setzen. Der Mann hinter dem Schreibtisch, vor dem er Platz genommen hatte, wirkte etwas schroffer, und er sah in durchdringende graue Augen. Das sind sie also, die Sieger, dachte er kurz bei sich und war bemüht, keine Angst zu zeigen.

„What do you want in the United States?", fragte er geradeaus, ohne Umschweife. „Warum wollen Sie in die USA?", wiederholte er den Satz in seiner Sprache, und er war froh, nicht Englisch reden zu müssen. So begann er die Geschichte der Familie seines Freundes zu erzählen, die ausgewandert war, weil sie sein Land einfach nicht mehr ertragen hatten, und er jetzt unbedingt seinen Freund, mit dem er drei Jahre auf die gleiche Schule gegangen war, besuchen wollten, da sie gemeinsam dieses wundervolle Land erkunden wollten.

Die Minen der zwei Männer, von denen sich der Jüngere Notizen zu machen schien, hatten sich deutlich aufgehellt. Ja, das war auch die Geschichte ihrer Vorfahren, die es ebenfalls nicht mehr ausgehalten hatten in dieser beschränkten Enge. Aus was für Gründen auch immer waren sie dem grauen Einerlei entflohen und hatten sich in das Abenteuer der Ungewissheit gestürzt. Dazu brauchte man jedenfalls Mut, das war klar, und das war es wohl, was diese Menschen dort auf der anderen Seite ausmachte.

Der große Mann mit den grauen Augen, die nun etwas Wärme bekommen hatten, war aufgestanden und schüttelte ihm die Hand. „Okay, then you are welcome", verkündete er und drückte einen mehrfarbigen Stempel in seinen Pass. Er hatte ein Visum für ein ganzes Jahr bekommen. Erleichtert war er aufgesprungen und wäre gern der jungen, kessen Frau im Minirock um den Hals gefallen. Er kam sich auf einmal leicht wie ein Vogel vor, und jetzt wusste er, dass er bald dort hinfliegen würde.

Harry und er unterhielten sich aufgeregt über das, was nun vor ihnen lag. „Du musst auf jeden Fall mit ‚Icelantic Airlines' fliegen, die dauert zwar etwas länger, aber sie ist bei Weitem die billigste, da kostet dich das Ticket nach New York unter vierhundert Mark, das einzig Blöde ist, dass du mit dem Zug nach Luxemburg fahren musst, und das dauert fast genauso lange wie der Flug." Sie mussten lachen. „Wahrscheinlich fährt noch eine Dampflok." Sie begannen wie Schulkinder zu kichern, und er merkte, in was für einem zurückgebliebenen Land sie doch eigentlich immer noch lebten. Fast alles, was den neuen Fortschritt ausmachte, kam ja inzwischen von der anderen Seite des Großen Teiches. Jetzt erinnerte er sich daran, wie er als kleiner Junge mit seinem ersten Transistorradio unter der Bettdecke an dem kleinen Rädchen, mit dem man die Sender einstellen konnte, fieberhaft nach dem Sender AFN gesucht hatte, um der Stimme, die so anders klang, durch das Rauschen und Knistern zu lauschen, als käme sie aus einer fernen Galaxie. Auf einmal war diese Galaxie zum Greifen nah.

Sie betraten einen hellen Raum, an dessen Wänden bunte Bilder von fernen Stränden an blauen Meeren hingen, an denen sich hohe Palmen fast über das Meer zu biegen schienen. Unter einem Plakat, auf dem riesige Wolkenkratzer zu sehen waren, saß hinter einem metallenen Schreibtisch ein junger Mann, der in etwa in ihrem Alter sein durfte. Sein Freund schien ihn bereits zu kennen. „Das ist Peter", stellte er ihn vor. Sie unterhielten sich über dies und das, als ihm ein seltsames Gerät auffiel, das einem Fernseher ähnelte. Peter war unentwegt damit beschäftigt, dort hineinzusehen und etwas in eine Tastatur zu tippen, die sich darunter befand. „Was ist das?", fragte er seinen Freund. Peter lachte: „Ach das, das ist das Allerneueste aus den USA, ein Computer, damit kannst du Daten verschicken und empfangen, überall hin, zu jedem, der so ein Gerät besitzt. Das ist die Zukunft, und wir sind das erste Reisebüro in der Stadt, das so etwas hat." Vielleicht war das Land, in das er fahren wollte, doch aus einer anderen Galaxie, dachte er sich kurz. Peter tippte etwas in die Tasten hinein und holte ein Ticket aus seiner Schublade. „Also du fliegst am 20. JMarvin um 22 Uhr von Luxemburg los, hast eine Zwischenlandung in Reykjavík auf Island, und bist am nächsten Tag um 9 Uhr morgens in New York, wo dich hoffentlich Harry abholen wird. Das Ticket muss noch bestätigt werden, du kannst es morgen abholen." Er legte das Geld, das er von seiner Tante bekommen hatte, auf den Tisch, und sie gingen wieder hinaus auf die Straße, die auf einmal eine andere geworden war. Denn wenn man diesen Schritt gegangen war, dann wusste man, dass es kein Zurück mehr gab.

Er hatte nur einen Hinflug gebucht – „a trip with no return". Die Zeit, die bisher eine fast endlose war, begann sich auf seltsame Weise zu verdichten, und auf einen bestimmten Punkt zuzulaufen – „the Point of no return".

Er hatte jetzt noch zwei Wochen Zeit bis zur Abschlussprüfung, musste noch sein Zimmer ausräumen und in der Fabrik sein Geld verdienen – und dann, was würde dann geschehen? Würde er jemals wieder zurückkommen? Er wusste es nicht. Doch eines wusste er, er würde seine Freunde und Freundinnen niemals wieder vergessen, die ihm so zur Seite gestanden waren.

Es tat einwandfrei weh, sich von den wenigen liebgewonnenen Dingen zu trennen, die ihn umgaben. Die Bücher und seine Arbeiten würde er wieder zurück in das Zimmer seiner Kindheit bringen. Das war fast das Schmerzlichste. Sein Harmonium schenkte er Dora, der Pianistin; sie würde es als Andenken eine Zeitlang aufbewahren. Die anderen Instrumente bekamen und seine Platten bekam sein Freund Müsli, nur Gandolf wollte unbedingt die von „King Crimson".

Irgendwie kam es ihm so vor, als würde etwas in ihm sterben, denn jedes kleine Ding hatte so seine Geschichte. Dort hatte Marietta gesessen; und unter einer Matratze fand er noch ein kleines Fläschchen schwarzen Nagellack. Wie lange war das doch schon alles her, oder war es erst gestern gewesen?

Was konnte man schon mitnehmen auf so eine lange Reise, von der man so gar nicht wusste, ob man wiederkehren würde. Ein paar Klamotten, eine zweite Jeans, etwas zum Zähneputzen, ein oder zwei Handtücher. Auf jeden Fall wollte er sein weißes Meerschaum-Jillom, das ihm Gandolf geschenkt hatte, dabeihaben. Er sah es sich noch einmal genau an. Es sah so unschuldig und rein aus, und war ganz leicht. Es würde ein Zeichen der Verbindung sein, auch wenn er es kaum benutzt hatte. Sorgfältig wickelte er es in den dünnen bunten indischen Seidenschal, und steckte es in die Hosentasche. Würden sie es bei der Einreise finden, konnte das einige Schwierigkeiten hervorrufen. Aber er wollte auch ein Rauch-Piece und ein paar „Trips" mitnehmen – das konnte wirklich Ärger machen.

Den kleinen Schreibtisch und den schönen alten Wiener Kaffeehaussessel schenkte er Marietta, die ihn gut gebrauchen konnte, denn ihre Wohnung war immer noch leer. Noch einmal trafen sie sich und saßen zusammen. Auch Mi war gekommen, und auch Toni saß etwas traurig und unscheinbar in einer Ecke. Gandolf hatte noch einmal einen starken Hasch-Tee gebraut, doch schien keine rechte Stimmung aufzukommen. Nur Harry schien sich zu freuen und machte den Eindruck, als hätte er schon wieder eine seiner Untaten ausgeheckt.

Sie unterhielten sich eine Zeitlang über Gott und die Welt und noch einmal trugen sie ihre Gedanken und Sehnsüchte in weite unbestimmte Fernen, als ihn Mi dazu aufforderte, sich doch noch einmal an das alte Harmonium zu setzen. Auch sie hatte bereits ihre weiße Blockflöte aus ihrer Tasche hervorgekramt und begann bereits, eine etwas traurige Melodie anzustimmen. Noch einmal betätigte er die schnaufenden Blasebälge und legte einen Dur-Akkord auf, der ihm allerdings sofort etwas zu fröhlich vorkam. Doch blieb er dabei, denn er wollte das Traurige aus sich und dem Zimmer vertreiben.

Harry nahm die zerkratzte Gitarre, auf der immer noch eine Saite fehlte, und klopfte darauf herum. Müsli hatte die kleine Bongo zwischen die Beine geklemmt und schlug ab und zu mit einem Finger darauf. Doch erst als Gandolf seine Maultrommel ausgepackt hatte und sie im Rhythmus anzuschlagen begann, kam etwas Stimmung auf. Toni hatte zu summen angefangen. Langsam und etwas schwerfällig begann sich ihr Schiff noch einmal zu heben. Es schwankte noch, als wäre es zu schwer geworden, um abzuheben, doch dann gelang es doch. Der Rhythmus wurde wilder und wilder und aus dem Nachbarzimmer war auf einmal der Flügel zu hören, auf dem sie eine einfache Melodie spielte. Marvin war in sein Zimmer gegangen und saß hinter seinem Schlagzeug und wirbelte wild mit seinen Stöcken darauf herum. Die ganze Wohnung war auf einmal Musik, und das Leben war schön. Es dauerte bis in die Nacht hinein, bis das Schiff wieder zur Landung ansetzte. Die unbeschwerte Zeit der Jugend war zu Ende, das wussten sie wohl jetzt, doch war er dankbar, dass er sie gehabt hatte.

Eigentlich war soweit alles okay und die Dinge nahmen ihren Lauf. Doch wie schon so oft sorgte sein Freund Harry für eine Überraschung. Es war Freitagabend, als er etwas außer Atem bei ihm anklopfte. Er hatte gerade noch einmal seine Diplomarbeit vor sich auf dem Boden ausgebreitet, um noch nach letzten kleinen Fehlern zu suchen, die zu beheben waren, als er in sein Zimmer stolperte. Er setzte sich auf die verbliebene Matratze, ohne sich die Schuhe auszuziehen, und begann damit, einen Joint zu drehen.

Irgendetwas stimmte nicht, das merkte er sofort. „Was ist los, du wirkst so aufgeregt", fragte er ihn. Er, der die Coolness in Person war, zündete sich nervös seinen Joint an. Ein paar kleine Schweißperlen hatten sich auf seiner Stirn gebildet. „Morgen Früh geht ein Flieger nach Andalusien, und du musst mitfliegen." „Was?! Du spinnst wohl", entfuhr es ihm und er war aufgesprungen, nicht ohne vorher noch am Joint zu ziehen. „Du weißt aber schon, dass ich in einer Woche Abschlussprüfung habe, und mit Stella gemeinsam eine Diplomarbeit erarbeitet habe. Wie kommst du überhaupt auf so eine Schnapsidee?" „Es ist Folgendes", er versuchte krampfhaft ruhig zu bleiben, „du kannst dich doch noch an Peter erinnern, aus dem Reisebüro." Er nickte. „Der hat eine Methode herausgefunden, wie er über den neuen Computer eine Reise buchen kann, ohne zu bezahlen, und die hat er jetzt gebucht." „Und was geht mich das an? Du kannst hinfahren, wohin du möchtest." Zum ersten Mal spürte er, dass er auf seinen Freund ärgerlich wurde. „Das Problem ist, er hat sie für vier Personen gebucht – und eine davon bist du." „Wie ich?", er konnte es nicht fassen. Was war das schon wieder für eine blöde Idee? Harry bemühte sich ruhig und freundlich zu erscheinen. „Das läuft so: Morgen Früh geht der Flieger nach Malaga, von dort aus mit dem Bus nach Torremolinos in ein modernes Hochhaus direkt am Strand. Er hat ein Appartement gebucht, mit Blick auf das Meer, und drei Zimmern und Küche, nur für das Futter müssen wir selbst sorgen. Übrigens fährt Gerda, eine junge Frau, mit, die sich bereit erklärt hat, mit uns allen zu bumsen." „Du weißt genau, dass ich nicht wegkann, ich kann Stella nicht im Stich lassen, wir haben jetzt drei Monate an der Arbeit gesessen." „Mann, Alter", fing Harry von Neuem an, „die kommt schon allein zurecht, und soviel ich weiß, willst du den Beruf sowieso nicht ausüben." „Das mag schon sein", räumte er ein, „doch stehe ich normalerweise zu meinem Wort. Ihr müsst also ohne mich fahren. Und wie lange soll der Spaß dauern?", fragte er ärgerlich. „Vier Wochen." „Wie? Vier Wochen? Ich dachte, du fliegst nach Amerika, um alles vorzubereiten." „Ich fliege dann sofort weiter und mach' alles klar, wenn du kommst."

Er hatte das eigenartige Gefühl, dass sich sein Freund um die Abschlussprüfung drücken wollte. Wieso fielen ihm immer dann so eigenartige Dinge ein, wenn er etwas mit einem Mädchen hatte? „Ihr müsst das allein checken, ich habe Stella mein Wort gegeben, das reicht." Doch Harry ließ nicht locker, immer wieder erzählte er, dass es ohne ihn nicht klappen würde, denn die Tickets wären schon ausgestellt. Immer wieder begann er auf ihn einzureden, appellierte an ihre Freundschaft, und er dürfe ihn nicht im Stich lassen.

Es war nun schon weit nach Mitternacht und in ein paar Stunden würde der Flieger ohne ihn fliegen, das wusste er genau. „Ich mach' das nicht", war seine letzte Antwort und er schob seinen Freund auf den Gang und zu Tür, öffnete sie und drängte ihn hinaus. Er ging wieder zurück in sein Zimmer und versuchte zu schlafen, doch heimlich spürte er, dass sein Freund ihn wieder einmal mit einem Virus infiziert hatte. Vielleicht sollte er wirklich alles hinknallen und das Leben eben so nehmen, wie es kam. Was spielten schon Ehrlichkeit und Treue für eine Rolle in dieser Zeit, in der es doch nur um den eigenen Vorteil ging? War das nicht vielleicht die eigentliche Prüfung, dass man keine Rücksicht mehr auf andere nahm?

Gerade wollte er einschlafen, als es an sein kleines Mansardenfenster klopfte. Das konnte doch nicht wahr sein, dachte er sich, als er seinen Freund draußen auf dem Dach sitzen sah. Am liebsten hätte er ihn dort sitzen gelassen, doch als er sein trauriges Gesicht sah, öffnete er das Fenster und Harry zwängte sich mühsam durch. „Du musst mitkommen", sagte er und auf einmal merkte er, dass sein Freund wieder einmal gewonnen hatte. „Wie viel Zeit haben wir noch?", fragte er ihn. „Noch etwas über zwei Stunden", war die knappe Antwort. „Dann mach' ich uns erst mal einen Kaffee", sprach er, und verzog sich in die Küche.

Er würde Stella anrufen müssen, dass die Sachen bei ihm im Zimmer liegen würden, und dass er es vielleicht schaffen würde, rechtzeitig wieder zurück zu sein, obwohl er nicht daran glaubte. Harry war eine ständige Herausforderung für ihn gewesen, und er begriff, dass „Freiheit" für ihn wohl darin bestand, immer das zu tun, was man am wenigsten von ihm erwartete. Doch er würde den alten Kontinent verlassen, nach dem Motto „nach mir die Sintflut". Aber wie war es für die, die das nicht konnten?

Sie tranken jetzt gemütlich einen Kaffee, und Harry drehte noch einen. Er stopfte ein paar Sachen in eine Tasche, nahm seinen Pass und das wenige Geld, das er besaß. Sie stiegen in ein Taxi, das Harry bezahlte, und fuhren zum Flughafen, wo sie bereits von Peter und Gerda erwartet wurden. Er kam sich wieder einmal wie in einem Traum vor. Wie konnte das geschehen, war er nicht gerade noch zu Hause gesessen, um endlich mal alles richtig zu machen, und jetzt stand er am Flughafen, bei dem sie noch vor Kurzem über den Zaun geklettert waren, und waren dabei, in einen Jet zu steigen.

Sein Herz klopfte bis zum Hals, denn bis auf einen kurzen Alpenrundflug mit einer Militärmaschine, als er siebzehn war, hatte er noch nie zuvor in einem Flugzeug gesessen. Die Sonne war gerade dabei, über den Horizont zu kommen, als die Triebwerke ansprangen und die Maschine von der Rollbahn abhob. Cool, dachte er sich, denn er hatte alles früher hinter sich gelassen, als er erwartet hatte. Wieder einmal hatte es sein Freund geschafft, ihn aus seiner Bahn zu werfen. Er hatte noch früh am Morgen mit Stella telefoniert, die vollkommen schlaftrunken so gar nicht verstand, was da jetzt vor sich ging. Zum Glück hatte sie nicht gefragt, warum er dies tat, denn er hätte sowieso keine Antwort darauf gewusst.

Wieso schmiss er drei Jahre Studium so einfach in den Müll und die Liebe seiner besten Freundin dazu? Natürlich hatte sein Freund Harry die Schuld daran, der ihn so lange beackert hatte, bis er aufgegeben hatte. Aber den letzten Schritt, nachzugeben, hatte er selbst getan. Denn das Abenteurerherz in seiner Brust hatte wieder einmal gesiegt. Das war offensichtlich seine Schwachstelle, die sein Freund schamlos ausnutzte. Der Reiz aller Vernunft zum Trotz, einfach auszubrechen und den gewohnten Strukturen ein Schnippchen zu schlagen. Die Stewardess servierte einen kleinen Drink, und er fing an, die Welt aus einer anderen Perspektive zu betrachten. Sie waren abgehoben, und die Probleme lagen irgendwo dort unten zwischen den winzigen Häusern und ihren Gärten.

„Und, bereust du es schon?", fragte ihn Harry mit einem spöttischen Gesichtsausdruck. Er dachte an Stella dort weit unten, die jetzt vielleicht gerade aufgestanden war und wohl etwas traurig war. „Ich habe Stella im Stich gelassen, das ist das Problem", erwiderte er. „Die kommt auch ohne dich klar, das kannst du mir glauben, und das Diplom wird sie auch bekommen, ihr wart doch so gut wie fertig." Vielleicht hatte sein Freund ja recht, doch Schuldgefühle zu haben, saß so fest in ihm drin, denn die hatte man ihm ordentlich tief in seine Kinderseele gepflanzt. Wieso war sein Freund eigentlich so frei davon? Lag es an der geheimnisvollen Schule, die er besucht hatte und wofür er ihn so beneidete? Konnte man Kinder auch so erziehen, dass sie sich ganz frei in dieser Welt bewegen konnten? Ohne Scham und ohne Furcht. Es schien so.

Er sah aus dem Fenster und konnte bereits in der Ferne das blaue Meer schimmern sehen, als ihnen eine kleine Mahlzeit gereicht wurde. Was für ein Luxus, dachte er sich, so sollte man leben, hierhin und dorthin fliegen, von hübschen Stewardessen in Miniröcken bedient werden und jeden Tag an einem anderen fernen Ort dieser wundervollen Erde herauskommen. Nun begann er sich Greta anzusehen, die neben Peter saß und ihn ebenfalls zu betrachten schien. Sie war nicht sonderlich hübsch und schon etwas älter. Mit ihr würde er bestimmt keinen Sex haben, dachte er sich – und wieso kamen die überhaupt auf so eigenartige Ideen? Ach, dachte er sich, sie ging vielleicht auf den Strich und die Urlaubsreise war die Bezahlung. Na egal. Doch kam ihm das alles etwas seltsam vor. Auf was hatte er sich da überhaupt eingelassen? Und lief da nicht im Hintergrund eine ganz andere Geschichte ab, und er war nur das brave Kaninchen, das zur Tarnung diente?

Sie hatten bereits die Pyrenäen hinter sich gelassen, auf denen immer noch glitzernder Schnee zu sehen war, als sie sich bereits ihrem Ziel näherten, und das Flugzeug zur Landung ansetzte. Der Pilot hatte butterweich aufgesetzt, und alle Passagiere begannen, erleichtert Beifall zu klatschen. Als sie die Maschine verließen, war es bereits Mittag, und es traf sie eine Hitze, als wären sie gegen eine Wand gelaufen. Der Asphalt der Landebahn begann bereits an ihren Turnschuhen zu kleben, als sie schnell in die Halle liefen, um ihr Gepäck abzuholen und durch die strenge Passkontrolle zu gelangen.

Sie wurden grimmig beäugt, und überall waren Soldaten zu sehen, die ebenfalls einen düsteren Eindruck hinterließen. „Hier herrscht eine Militärdiktatur unter General Franco, der ein Freund unseres geliebten Führers war", bemerkte Peter etwas zynisch. Ihm war nicht sonderlich wohl bei ihrem Anblick, denn immerhin hatten sie etwas zum Rauchen dabei, und dafür stand hier bestimmt noch fast die Todesstrafe. Zum Glück wurden sie von einem Reiseleiter erwartet, der eine kleine Gruppe Touristen in einen überhitzten Bus zwängte.

In kürzester Zeit waren sie nass geschwitzt, und sie begannen, sich bereits ihre Sachen vom Leib zu reißen. Aus dem Radio dudelten laut ein paar seltsame Schlager, die von einer rauen Männerstimme unterbrochen wurden. Überhaupt schien das hier ein ganz schön männliches Land zu sein. Sie zündeten sich lässig eine Zigarette ohne Filter an, und er wusste, dass es kein Zurück mehr gab. Sie fuhren an leeren Sandstränden vorbei, an deren Rändern riesige Agavenbäume und Gebüsche aus Löffelkakteen wuchsen. Dahinter blinkte hin und wieder ein sanftes blaues Meer hindurch. Kleine flache weiße Häuser mit schwarzen Hunden davor, die träge im Schatten dösten, verbreiteten einen unwirklichen, einsamen Eindruck. Er musste an die Bilder von Salvator Dalí denken, die genau diese Stimmung wiedergaben.

Die Zeit schien hier einwandfrei stehen geblieben zu sein. Für einen Moment hatte er das Bild vor Augen, als hier die befreundete Nation der großen Freiheit eine Wasserstoffbombe verloren hatte. War das hier gewesen? Es sah alles danach aus.

Eine etwas zerzauste Windmühle erinnerte an Don Quijote und seinen Freund Sancho Pansa. War jetzt er mit seinem Freund dabei, diese zu werden, und wenn ja, wer war wer? Hatte nicht auch er die ganze Zeit gegen Windmühlen gekämpft? Die Ideale einer längst vergangenen Zeit in den immer wehenden Wind, der vom Meer her blies, zu halten, bis sie zerschlissen von den Flügeln der Mühlen herabhingen. Torremolinos, der Turm der Mühlen. Wie bezeichnend, dachte er bei sich. Der Bus, der sich durch einige Schlaglöcher kämpfen musste, bog noch einmal um eine weite Kurve, und auf einmal standen sie vor einem riesigen Wolkenkratzer, der hier nicht so recht hinzugehören schien.

„Wir sind da." Der junge Reiseleiter war denkbar darum bemüht, eine gute Laune zu verbreiten. General Franco bemühte sich sichtbar darum, einige Touristen in das total verarmte und vom Bürgerkrieg gebeutelte Land zu holen. Vielleicht hatte auch ein amerikanischer Investor die Chance auf das große Geld erkannt, denn

Platz schien es hier genug zu geben. Kaum konnte er sich vorstellen, dass es hier in einigen Jahren nur noch so aussehen würde.

Sie stiegen aus und stapften über einen mit Betonplatten ausgelegten Platz, auf den der Wind, der vom Meer her blies, einigen Sand geweht hatte. Es war immer noch „Siesta", was diese eigenartige Stimmung erklärte, denn wie jeder weiß, sind mittags nur die Hunde und die Deutschen auf der Straße.

Sie betraten die Empfangshalle des modernen, gerade erst erbauten gläsernen Turmes, und eine verschlafene junge Frau begrüßte sie etwas genervt, da sie ihren Mittagsschlaf gestört hatten. Ihnen wurden die Schlüssel zu ihrem Appartement ausgehändigt und sie fuhren mit dem Aufzug in den achten Stock und betraten eine riesige Dreizimmerwohnung. Alles war modern in einem etwas fremden Stil eingerichtet. Sie machten sich etwas über die vielen Teller, Tassen und Gläser lustig, denn, so wie es aussah, hatten sie alle zu wenig Geld dabei, um hier zu tafeln. Er kam sich einwandfrei fehl am Platz vor, und der Einzige, der hier wirklich hineinpasste, waren Peter und die junge Frau, der es gut zu gefallen schien.

Doch die Aussicht von dem Balkon, der zum Meer hinausging, spendete etwas Hoffnung. Mit etwas Fantasie konnte man sich einbilden, bis nach Afrika zu sehen. Dorthin zog es sein Herz, doch würde es noch ein halbes Leben dauern, bis er diesen Schritt wagen würde, doch das ist eine andere Geschichte.

Da saßen sie nun in diesem Turm aus Beton und Glas, der wie eine unwirkliche Erscheinung in einer unfruchtbaren Wüste aus Sand und vertrockneten Feldern stand. Er ließ seinen Blick hinaus auf das weite hellblaue Meer schweifen, und eine salzige feuchte Brise fuhr in seine Haare. Ja, er liebte das Meer und den Strand, und wäre jetzt gern mit Stella dort unten in den Dünen gelegen, nackt in der heißen Sonne. Stella würde in ihrer Hippietasche kramen und ein Stück Brot und etwas Käse hervorholen; sie würden eine billige Flasche Rotwein aufmachen, und sie würde einen ihrer wundervollen kleinen Joints drehen. Dann würden sie sich küssen. Sie würde nach Salz schmecken, und ihr schöner Busen wäre voll von warmem Sand. „An was denkst du?", fragte ihn sein Freund.

„Ach nichts", sagte er leise; „lasst uns doch an den Stand gehen." Sie packten ihre Handtücher und Badehosen ein und fuhren mit dem Aufzug wieder hinunter in die Normalität. Die Hitze traf sie wieder wie eine Keule auf den Hinterkopf. Der Ort bestand aus ein paar verwinkelten Gassen mit flachen weißen Häusern, vor denen jetzt neben dem etwas krank aussehenden Hunden nun auch schon einige alte Frauen auf Korbstühlen saßen. Ferner gab es noch einige kleinere Pensionen und zum Glück auch einen Supermarkt. „Wir sollten noch etwas einkaufen", meinte Peter, „wir brauchen auch noch Sonnencreme und etwas zu essen und zu trinken."

Ein paar wenige Touristen schlenderten gelangweilt durch die langen Gänge, in denen es seltsamerweise fast nichts zu kaufen gab. Die Sonnencreme war fast dreimal so teuer wie zu Hause, und die Hoffnung auf viel frisches Obst und Gemüse würde schnell getrübt, da es fast nur ein paar verschrumpelte Tomaten und einige schon etwas ältere Orangen gab. Sie deckten sich mit dem Nötigsten ein und schlenderten an den etwas entfernt liegenden Strand. Zwischen den dürren Gräsern und den lila Blüten einer in üppigen Mengen vorkommenden Kakteenart lagen vereinzelt Plastiktüten und jede Menge Klopapier. Auch etliche leere Weinflaschen waren auszumachen, und es roch leicht nach Verwesung.

Auch das Meer lud irgendwie nicht gerade zum Schwimmen ein, jede Menge grüngelber schleimiger Seetang, zwischen dem sich einige tote Quallen befanden, versperrte ihnen den Weg in das seichte Wasser. Trotzdem zogen sie sich ihre Badesachen an und liefen hinaus zu den Wellen, die sich in endloser Gleichmut gemächlich an das Land drängten. Zum Schwimmen war das Meer zu weit entfernt, doch konnte man sich hineinsetzen und sich von den sanften Wellen streicheln lassen. Am Ufer sah er einige Fischer etwas ratlos bei ihren Booten stehen. Noch nie zuvor war hier jemand auf die Idee gekommen, freiwillig in das salzige Wasser zu gehen. Für sie war es ein gefährlicher Arbeitsplatz, der wohl schon in jeder Familie ein Opfer gefordert hatte. Trotz alledem begann sich eine tiefe Ruhe in ihnen auszubreiten, was durchaus auch den gleichförmigen Geräuschen der Wellen zuzuschreiben war. Eine

Zeitlang lagen sie noch in der Sonne und ließen sich vom warmen Wind trocknen.

„Ich hab' einen tierischen Hunger." Greta, die bisher nicht viel gesagt hatte, ließ sich lautstark vernehmen. Sie stimmten fast im Chor ein und gingen wieder hinauf in ihre Luxuswohnung, um etwas zu kochen. Sie hatten einen Berg Spaghetti mit Dosentomatensoße gekocht und noch einen ganz passablen Salat dazu. Auch zwei große Flaschen Wein, die neben Zigaretten und Schnaps so ziemlich das Billigste waren, durften nicht fehlen.

Peter war bemüht, ein guter Gastgeber zu sein, und er hatte auch das Gefühl, bei ihm zu Hause zu sein. Denn offensichtlich stammte er, genau wie sein Freund Harry, aus besseren Verhältnissen. Wie langweilig, dachte er sich, und war froh, in eine Künstlerfamilie hineingeboren worden zu sein. Peter würde wohl mit Greta im Schlafzimmer pennen, und er und Harry hatten jeweils ein eigenes kleines, das wohl für Kinder gedacht war. Er war froh, endlich in seinem Bett zu liegen und das Unbegreifliche dieses Geschehens zu begreifen.

Wieso lag er jetzt plötzlich hier, ein paar Tausend Kilometer entfernt, in einem Hochhaus aus Beton und Glas? Er hatte drei Jahre harter Arbeit an der Schule einfach für das hier in den Sand gesetzt und eine wertvolle Freundschaft zu einer jungen Frau, die er liebte, ebenso. Es konnte nicht wahr sein. Doch wenn er ehrlich war, so war das Leben, das er bisher geführt hatte sowieso zu Ende gegangen. Sie hatten die Mansardenwohnung gekündigt bekommen, die Schule ging zu Ende und wie es mit Schulfreunden so ist, würde man sich vielleicht noch ein paarmal treffen und sich dann aus den Augen verlieren. Von weit in der Ferne hörte er das Meer sanft rauschen und war bald eingeschlafen.

Als sie am nächsten Morgen langsam alle in die Gänge kamen, stand die Sonne bereits hoch am Himmel, der das unerbittliche Blau des immerwährenden Südens besaß. Sie legten ihr Geld zusammen und stellten fest, dass es wohl nicht für lang halten würde. Greta erklärte sich bereit, mit Peter ein Frühstück einzukaufen, während Harry sich an den großen Esstisch setzte, um einen Joint zu drehen. Die zwei zogen noch kurz daran und verschwanden. Er begann, den Tisch zu decken. Es gab Teller für dies und das, und die unterschiedlichsten Gläser und Tassen. Alles kam ihm furchtbar übertrieben vor, war er doch an das Einfachste und Notwendigste gewöhnt.

Nach fast einer Stunde kamen die beiden schwer bepackt wieder. Sie hatten fast all ihr Geld in ein üppiges Frühstück investiert, denn wenigstens einmal wollten sie standesgemäß leben, so wie es andere wohl andauernd konnten. Es gab Wurst und Schinken, Eier und Käse, frische Brötchen und Butter, Marmelade und Früchte. Auch ein paar Flaschen Orangensaft hatten sie aufgetrieben, und scheinbar hatte der Supermarkt morgens eine größere Auswahl. Auch eine Stange Zigaretten lag auf dem Tisch, und alles sah irgendwie nach Wohlstand aus. „Na wenigstens einmal können wir es uns gut gehen lassen", lachte Peter und Greta nickte zufrieden. Er fragte sich, was sie wohl machen würden, wenn sie wirklich kein Geld mehr hatten. Es tat gut, sich die Bäuche vollzuschlagen mit dem Gefühl, dass es vielleicht das erste und letzte üppige Frühstück gewesen sein konnte.

Greta, die glücklich und zufrieden wirkte, meldete sich zu Wort: „Wenn einer von euch mit mir bumsen möchte, kann er das tun, ich warte im Schlafzimmer." Harry ließ sich nicht zweimal bitten und war kurz darauf ebenfalls verschwunden. Nach einer halben Stunde, in der sie dem Stöhnen zugehört hatten, war er an der Reihe, doch verspürte er keine Lust, aber ging er trotzdem in ihr Schlafzimmer. Sie sah zweifellos glücklich aus, und er fragte sie, ob es ihr etwas ausmachen würde, wenn er sich einfach nur neben sie legen würde. Sie sah ihn etwas verdutzt an. „Nein, natürlich nicht", erwiderte sie, und er legte sich einfach neben sie auf das zerwühlte Bett. Er zündete sich eine Zigarette an und gab ihr auch eine.

Er begann, ihr von seiner ersten Liebe zu erzählen und der Geschlechtskrankheit, die er sich dabei eingehandelt hatte. Sie hörte erstaunt zu und begann zu lachen. Dann erzählte sie ihm von ihrem ersten Mal. Ihr Onkel hatte sie wohl vergewaltigt, als sie vierzehn war, und ein paar Tränen liefen ihr über die Wangen. Sie legte ihren Kopf auf seine Brust, und sie lagen eine Zeitlang nur da und lauschten dem Wind und dem Meer.

Langsam begann er zu verstehen, wie es den Frauen in dieser verlogenen Gesellschaft ging. Auch sie war auf der Suche nach Liebe und Freiheit, und hatte sich zu dieser Reise überreden lassen. Er gab ihr einen Kuss und verließ wieder das Schlafzimmer, nicht ohne das Gefühl, wieder etwas versäumt zu haben. Doch hoffte auch er noch auf die große Liebe, die Frau, die ihm alles sein würde und für die es sich ganz und gar zu leben lohnte. Vielleicht war es aber auch nur ein Vorwand, nicht mutig genug zu sein.

Harry saß mit Peter am Tisch, und sie spielten Karten und rauchten einen Joint. Er hatte das Gefühl, dass sein Freund ihn wohl nie richtig verstehen konnte. „Na, wie war es?", fragte er etwas zynisch. „Ganz okay", erwiderte er. „Dann brechen wir auf und schauen mal, was es gibt in diesem kleinen Dorf." Greta wollte nicht mitkommen, und so verließen sie zu dritt das Hotel auf der Suche nach irgendwas. Die Sonne brannte erbarmungslos in die schmalen Gassen des kleinen Städtchens. Sie fanden eine dunkle Bar und tranken ein Cervesa, das in kleinen Gläsern serviert wurde. Aus einem Radio ertönte Gitarrenmusik, und sie spürten langsam den Zigeuner in sich.

„Wir bräuchten ein Pferd", meinte Harry trocken. „Oder ein Motorrad", fiel Peter ein. „Ein Auto ginge auch zur Not", Harry war nicht mehr zu halten bei dem Gedanken, ein Fahrzeug zu besitzen. „Vielleicht gibt es irgendwo welche zu mieten." Er sprach den finster dreinblickenden Mann hinter dem Tresen an. Zum Glück konnte er einige Brocken Englisch und kam nach einiger Zeit dahinter, was er wollte. „Yes", meinte er trocken und beschrieb ihnen einen Weg zu einem Haus, in dem wohl jemand Autos vermietete.

Sie machten sich auf den Weg, und standen kurz darauf vor einem weißen Haus mit grün gestrichenen Türen, vor dem einige etwas ramponierte Fahrzeuge standen. Auf ihr Klopfen öffnete ein junger Mann mit langen Haaren, der ihnen durchaus sympathisch vorkam. Er sprach auch ein ganz gutes Englisch und zeigte ihnen zwei Fahrzeuge, die zu haben waren. Es waren ein etwas neuerer Fiat 850, und ein älterer Fiat 600, der etwas größer war als seine kleine „Knutschkugel", die schon vor längerer Zeit den Geist aufgegeben hatte. Harry und Peter erkundigten sich nach den Kosten, und waren überrascht, dass es verhältnismäßig günstig war.

Nach einigem Hin und Her waren sie sich einig und versprachen, am nächsten Tag in der Früh vorbeizukommen. „Und wer soll das bezahlen?", warf er ein und dachte dabei an seine ziemlich leere Brieftasche. „Wir müssen Greta fragen. Ich glaube, sie ist die Einzige, die noch Geld hat. Dafür machen wir einen Ausflug in die Berge in ein berühmtes Städtchen namens Ronda, das man scheinbar unbedingt gesehen haben muss, das kostet eben etwas." Peter war eben ein Geschäftsmann. „Und wieso nehmen wir zwei Autos?", wollte er wissen. „Ich möchte mit dir ein Rennen fahren", erwiderte Harry und sah ihn herausfordernd von der Seite her an. „Meinst du das ernst?", rief er laut. „Und was bekommt der Gewinner?" „Der wird in Ronda zum Essen eingeladen und darf noch mal mit Greta bumsen." Na gut, dachte er sich, „Ich nehme aber den Fiat 600, wenn es recht ist." Harry war es recht, denn das andere Auto war stärker, und er sah sich bereits als Sieger.

Greta war mit ihren Plänen einverstanden und erklärte sich bereit, die Kosten zu übernehmen. Sie verbrachten noch einen ruhigen Abend bei einer Flasche Wein und etwas Rauch, und er legte sich bald in seinem Zimmer auf das Bett und sah an die Decke. Wieso konnte das Leben solche Haken schlagen, dachte er sich, und wie kam er überhaupt hierher. Auch mit dem Satz seiner Kindheit „Der Mensch denkt, und Gott lenkt" konnte er wenig anfangen, denn er hätte auch nein sagen können, schon beim ersten Mal, als ihn sein Freund überredete, an den großen See zu fahren und seinen ersten Joint zu rauchen. Wie anders wäre sein Leben wohl verlaufen. Er wäre wohl friedlich in einem hellen, freundlichen Büro gelandet, wo ihm am Morgen eine liebevolle Sekretärin einen Kaffee gekocht hätte. Zu Hause hätte eine nette Frau auf ihn gewartet und das leckere Essen wäre bereits auf dem liebevoll gedeckten Tisch gestanden. Die Abenteuer hätten im Kino stattgefunden, in das sie samstags gegangen wären. Er träumte weiter von einem Leben, das wohl jetzt endgültig außer Reichweite geraten war.

Aber hatte nicht sein Herz wild zu pochen begonnen, als ihm sein Freund vorschlug, etwas Verrücktes zu tun? Musste man wirklich die gerade Straße verlassen, um in den Dschungel zu gelangen, in dem die Ungeheuer hausten? Vielleicht waren ja auch die vielen Märchen schuld, die ihm noch sein Vater an seinem Kinderbett vorgelesen hatte. Wurden nicht dort aus Kröten Prinzen, und Rapunzel lies nur für den tapfersten Jüngling ihr Haar herunter. Dornröschen war nur bereit, ihr Röschen zu verschenken, wenn der Jüngling den Fluch der Dornenhecke besiegt hatte. Die Gedanken an seine Kindheit und das ferne Rauschen des Meeres ließen ihn einschlafen.

Sie waren früh aufgestanden und hatten sich gleich auf den Weg zu dem Haus des jungen Typen gemacht, der die alten Autos vermietete. Nun stand eine ältere dickliche Frau, die ganz in Schwarz gekleidet war, in der Tür und blickte sie finster an. Nachdem sie den Papierkram erledigt hatten, wurden ihnen die Schlüssel ausgehändigt, und sie stiegen ein. Greta hatte sich entschlossen, bei ihm mitzufahren. „Bei dir fühle ich mich sicherer", meinte sie nur etwas trocken und er war froh darüber, denn auch er fühlte sich bei ihr sicher.

Eine Zeitlang fuhren sie an den leeren Stränden entlang, das Meer war zu weit weg, um kurz darin zu schwimmen. Nur ab und zu sah man einige Hütten und Fischerboote, die an Land gezogen waren. Ein paar zerzauste Palmen standen am Straßenrand, und alles machte einen äußerst ärmlichen Eindruck, doch gerade das gefiel ihm – zumindest der Maler in ihm fühlte sich angeregt. Wenig Farben, harte Linien, alles sehr auf das Wesentliche reduziert. Die äußere Härte schien dem Mann in ihm zu gefallen, und er merkte, dass er bereit zu dem Stierkampf war, zu dem ihn sein Freund herausgefordert hatte. Nach kurzer Zeit erreichten sie die Abzweigung, und ein schief stehendes verrostetes Blechschild, auf dem in blauen Lettern „Ronda 60 Km" stand, ließ sie anhalten. Noch einmal stiegen sie alle aus, um sich die Beine zu vertreten.

Harry sah ihn herausfordernd an. Er war kein Gegner für ihn, das konnte man seinem Gesichtsausdruck entnehmen. War es das, was er suchte, ihn zu demütigen? Oder ging es nur darum, ihm seine

Grenzen aufzuzeigen? „Ich lasse dir fünf Minuten Vorsprung, weil du ja das schwächere Auto hast, doch dann wird es ernst." Peter und sein Freund schienen sich nicht mehr einzukriegen vor Lachen, und er spürte etwas Wut und jede Menge Adrenalin in sich aufsteigen. Er zündete sich noch eine Winston an, und sie reichten sich noch einmal die Hand. Auf einmal war es wieder so weit. Wie schon so oft mit seinem Freund waren sie auf einmal nicht mehr die Betrachter der Welt, sondern ein Bestandteil davon. Sie waren wieder die Darsteller in ihrem eigenen Film, und niemand außer dem Leben selbst würde plötzlich „Cut" rufen.

Er stieg ein, ohne sich anzuschnallen, denn Sicherheit gab es zu dieser Zeit noch nicht. Greta setzte sich ihre große Sonnenbrille auf und steckte sich eine Kippe in den Mundwinkel. Er stellte fest, dass er sie doch mochte. „Na dann los", sagte er zu ihr und startete den Motor. Ungewohnt war für ihn, sofort das Gaspedal durchzutreten und wie ein gehetztes Tier davonzurasen. Eigentlich war er eher der Typ, der sich gemütlich alles ansah und gern anhielt, um die Landschaft um ihn herum zu genießen. Jetzt flogen die kleinen weißen Häuser an ihnen vorbei, und er musste auf die von Schlaglöchern übersäte schmale Straße achten, die sich bald, nach einer kurzen geraden Strecke, steil nach oben zu winden begann. Zum Glück waren noch so gut wie keine anderen Fahrzeuge unterwegs; nur ab und zu überholten sie ein paar Eselskarren, mit denen die Bauern auf ihre kargen terrassenförmigen Äcker fuhren. Die Straße ging direkt in eine Schlucht über, in der um diese Jahreszeit ein fast ausgetrockneter Bach floss. Doch hatte er wenig Zeit, sich die bizarre Landschaft anzusehen, und versuchte so in die Kurven zu gehen, wie es ihm sein Freund am Gotthardpass gezeigt hatte. Erst kurz vor der Kehre den zweiten Gang einlegen und dann bereits in der Kurve wieder beschleunigen.

Greta sah ihn bewundernd von der Seite an und steckte ihm eine angezündete Zigarette in den Mund. Er war froh, dass sie da war, und wunderte sich, wieso Frauen so eine Sicherheit ausstrahlten. Oder bildete er sich das nur ein? Langsam wurde es zur Gewohnheit – in die Kurve hinein und mit Schwung und manchmal mit quietschenden Reifen wieder hinaus.

Hinter ihm war kein Fahrzeug zu sehen, und er begann sich bereits in Sicherheit zu wiegen, als er auf einmal Harrys Fahrzeug um die Kurve schießen sah. Ein Adrenalinschub durchfuhr seinen Körper, und er begann sich sofort steif aufzurichten. Es dauerte nur wenige Minuten, und sie klebten bereits an seiner Stoßstange. Sofort trat er das Gaspedal bis zum Boden durch. Doch nun merkte er spürbar, dass sein Fahrzeug weniger PS hatte. Zum Glück war die Straße so schmal, dass sein Freund es nicht schaffte an ihm vorbeizukommen. Immer wenn er einen Versuch wagte, ließ er ihn einfach nicht vorbei. Kilometer um Kilometer spielten sie dieses Spiel, und im Rückspiegel sah er, dass sein Freund immer genervter wurde.

Sie hatten wohl bereits zwei Drittel der Strecke geschafft, und das enge Tal fing an sich etwas zu weiten, als vor ihm ein mit Melonen vollbeladener LKW, der eine schwarze Rauchfahne mit Dieselabgasen hinter sich herzog, die Straße versperrte. An ein Vorbeikommen war nicht mehr zu denken, und er musste lachen. „Das Rennen scheint erst einmal vorbei zu sein", sprach er schmunzelnd zu Greta, die ebenfalls zu lachen begann. „So, wie es aussieht, gibt es wohl keinen Sieger." „Warten wir es ab", sagte er. „Noch bin ja ich vorne. Die schwarzen Rußwolken vernebelten ihm die Sicht, doch musste er eng hinter dem Laster fahren, sonst hätte sich sein Freund bei der erstbesten Gelegenheit in die kleine Lücke geschoben.

Er hatte inzwischen Gefallen an dem Spiel gefunden, das ihn etwas an die Sandkastenspiele als kleiner Junge erinnerte, als er mit seinem damaligen Freund mit kleinen Autos die selbst in den Sand gebauten Straßen hinunter fetzte, und sie in ausgedachte Gräben fuhren und sich überschlugen. Das durfte er jetzt nicht, denn Greta saß neben ihm.

Er fing sich bereits etwas zu langweilen an, als er durch die Rußwolke sah, dass rechts von dem LKW der Hang etwas ausgeschürft worden war. Vielleicht, um im Notfall ein entgegenkommendes Fahrzeug vorbeizulassen. Blitzschnell erkannte er eine Chance. Er trat voll auf das Gaspedal und fuhr rechts an dem recht langsamen Fahrzeug vorbei. Sein kleiner Wagen lag schräg und er fürchtete, unter den LKW zu rutschen; außerdem bemerkte er, dass die notdürftige Ausweichstelle nicht sehr lang war. Doch war es bereits zu spät, denn Harry hatte sich bereits an seine Fersen geheftet. Würde er jetzt abrupt auf seine Bremse treten, käme es unweigerlich zum Crash. So gab er noch den letzten Tropfen Gas und schob sich in letzter Sekunde vor den LKW, der sofort auf die Hupe drückte und sich furchtbar aufzuregen schien.

Jetzt sah er, dass es sein Freund nicht geschafft hatte, auch vorbeizukommen. Er hatte ihn abgehängt. Greta klopfte ihm anerkennend auf die Schulter. „Super gemacht", strahlte sie und zündete ihm eine Zigarette an. Das Tal begann sich zu öffnen, und frische Bergluft strömte durch die geöffneten Fenster. In der Ferne konnten sie bereits die ersten weißen Steinhäuser der kleinen Bergstadt ausmachen, und er freute sich bereits auf das versprochene Essen. Bald erreichten sie einen größeren Parkplatz am Rande der Stadt. Sie stiegen aus und genossen eine wunderbare Aussicht über die Bergkette der Sierra Nevada. Ganz weit weg, fast nicht mehr sichtbar war noch ein hellblauer Streifen Meer zu erahnen.

Nach einiger Zeit sah er den beladenen LKW mühsam um die letzte Kurve schleichen, dahinter zwei vollkommen genervte junge Männer, denen noch etwas Ruß an der schweißnassen Stirne klebte. Sie hielten neben ihnen ihr Auto an, und Greta packte seinen Arm und hielt ihn in die Höhe. „The winner is …", und sie rief laut seinen Namen. Harry streckte ihm sportlich seine Hand entgegen. „Gut gemacht", sagte er, als hätte er eine Prüfung bestanden. Wollte er wirklich nur wissen, wie er sich in solchen Situationen verhielt, bevor er mit ihm durch die Staaten reisen wollte? Nur Peter meinte: „Wenn ich gefahren wäre, hätten wir gewonnen." Er war einwandfrei ein Angeber.

Sie gingen in ein Restaurant, von dessen Terrasse man einen wunderbaren Ausblick genießen konnte, und er ließ es sich schmecken. Das andalusische Städtchen lag wie ein Adlernest an die Felsen geschmiegt in der heißen Mittagssonne, die hier hoch oben durchaus etwas erträglicher war. In seiner Brust hatte sich etwas männlicher Stolz breitgemacht, denn er hatte wider Erwarten den

Stier besiegt. Das Wahrzeichen dieser kleinen Stadt war wohl die Brücke, die eine steile Schlucht überspannte. Sie gingen die schmale Straße entlang, die über sie führte, und standen nun in der Mitte, um über die niedrige Steinmauer zu sehen, die sie begrenzte. Tief unter sich sah man den Fluss, an dem sie entlanggefahren waren. Bestimmt rauschte dort im Winter einiges an Wasser in das Tal Richtung Meer. Doch jetzt im Sommer war nur ein Rinnsal auszumachen, an dessen Ufer einiges an Plastikmüll herumlag. Der Fortschritt hatte also auch hier schon stattgefunden. Bestimmt standen auch hier bald die ersten großen Hotels, und das Städtchen, das noch so verschlafen belebt schien, als würde bald Don Quijote auf der Suche nach seiner geliebten Dulcinea vorbeikommen, würde nur noch Kulisse für die vielen Wohlstandstouristen sein, denen es bei sich einfach zu langweilig geworden war. Doch zum Glück war die Zeit ein Fluss, und jede neue Generation brachte auch neue Wünsche in die Welt, die es für sie zu erobern galt.

Sie stiegen wieder in ihre Fahrzeuge, doch hatte er keine Lust mehr zu fahren und überließ das Steuer gern Greta. Alle Anspannung war von ihm gewichen. Er schob den Sitz soweit es ging nach hinten, und zündete sich eine Zigarette an. Endlich konnte er die Landschaft genießen und atmete die frische Bergluft durch die geöffneten Fenster ein. Falls er hier leben müsste, dachte er sich, würde er auch in die Berge ziehen, vielleicht in eine kleinen Hütte, mit ein paar Schafen und Ziegen. Kurve um Kurve ging es nun langsam bergab, und zum Glück fuhr Greta recht vorsichtig.

Er dachte an Stella, die nun allein über ihrer Arbeit saß, und kam sich auf einmal recht schäbig vor. Trotzdem fühlte er einen Schmerz in seiner Brust, doch wegfahren hieß immer, irgendwen zurückzulassen. Er begann einen geheimen Plan zu schmieden. Er wusste, dass jede Woche ein Flugzeug seiner Airline wieder zurück in seine Stadt flog. So weit er sich auch gerade entfernt fühlte, so wusste er doch, dass es mit dem Flugzeug nur ein paar Stunden waren. Vielleicht konnte er seinen Flug vorverlegen und es doch noch zur Prüfung schaffen. Er beschloss seinen Freund nichts von seinen Plänen zu erzählen.

Greta überließ ihm wieder das Steuer, und sie begannen sich noch einmal ein kleines Gefecht zu liefern, das diesmal Harry gewann. Jetzt war auch er wieder glücklich, und als sie an das Meer kamen, fuhren sie mit Schwung einfach auf den fest wirkenden Sand, fast bis die ersten Wellen die Reifen umspülten. Sie zogen sich aus und stürzten sich in die schäumenden salzigen Wellen. Das Leben war wundervoll, und es tat gut, so jung zu sein. Sie fuhren wieder los.

Zumindest fuhr sein Freund los, denn er hatte wohl zu viel Gas gegeben, und einer der Hinterreifen grub sich sofort in den weichen Sand ein. Vergeblich versuchte er wieder herauszukommen, doch jeder Versuch endete mit einem tieferen Rutsch. Schon reichte der Sand bis an den Auspuff. Harry und Peter waren schnell herbeigekommen und schoben kräftig an. Doch alles war vergeblich, er hatte etwas Treibsand erwischt. Nun war guter Rat teuer. Er sah sich verzweifelt um. Nicht weit entfernt sah er einige Fischer, die mit ihren Netzen beschäftigt waren. Er nahm all seinen Mut zusammen und ging zu ihnen. Sie hatten das Drama bereits bemerkt und sich wohl etwas lustig darüber gemacht. Touristen halt, die glauben, sie sind überall zu Hause. Er bat sie mit Händen und Füßen, ihm aus der Patsche zu helfen. „Hola hombre!" Ein kräftiger Mann mit schwarzem Schnauzbart willigte ein und drei starke Männer machten sich auf den Weg. Sie lachten und hatten eine sehr einfache Lösung parat. Mit vereinten Kräften hoben sie das Auto an und trugen es einfach zur Straße. Jetzt hatte er zum ersten Mal das Gefühl, in dem Land zu sein. Sie fuhren los, und die Fischer winkten ihnen noch eine Zeitlang nach. Auf einmal war er sehr dankbar, dass alles gut gegangen war, und er Greta unverletzt nach Hause bringen konnte. Der Tag neigte sich zu Ende, als sie die Wagen wieder ablieferten. Diesmal hatte er doch Lust, die Nacht mit Greta zu verbringen.

Am nächsten Tag traf er den jungen Reiseleiter im Eingangsraum des Hotels. Da gerade niemand in der Nähe war, trug er ihm sein Anliegen vor. Er müsse dringend eher zurückfliegen, seine Mutter wäre krank geworden und bräuchte dringend seine Hilfe. Er flehte ihn fast an, und der Reiseleiter versprach zu sehen, was er tun könne, wenn ein Platz frei wäre im Flugzeug, könne er es vielleicht tun. Er hatte neue Hoffnung geschöpft, er würde vielleicht seine Freundin Stella doch nicht ganz enttäuschen, so hoffte er.

Greta ging wieder ihre eigenen Wege, und so trieben sie sich den ganzen Tag zu dritt in der Gegend herum. Sie waren mit dem Bus bis zur nächsten Stadt gefahren, hatten sich dort herumgetrieben, den spanischen Mädchen nachgeschaut und sogar noch etwas zum Rauchen aufgetrieben. Jetzt war es schon fast dunkel, und als sie wieder zurückfahren wollten, mussten sie feststellen, dass der letzte Bus schon abgefahren war. So machten sie sich zu Fuß auf den Weg, das dreißig Kilometer entfernte Hotel zu erreichen. Vielleicht würde sie ja auch ein Auto mitnehmen. Doch keines der spärlich vorbeifahrenden Autos war geneigt, drei wild aussehende junge Männer in sein Auto einsteigen zu lassen. So gingen sie die Straße entlang, erzählten sich Witze und lachten viel. Er fand das Gehen wesentlich angenehmer als das Autofahren. Sie waren jetzt auch keine Konkurrenten mehr, sondern hatten ein gemeinsames Ziel vor Augen: endlich heimzukommen und in ihren Betten liegen zu können.

Nach etwa einer Stunde Fußmarsch sahen sie in einer schmalen Seitenstraße unter einer schiefen Straßenlaterne ein finsteres Gebäude mit roter Neonschrift: „BAR". Harry und Peter schien sie magisch anzuziehen, und so bogen sie in die Seitenstraße ein. Ein Schwarm Motten und Moskitos umschwärmte das trübe Licht der Laterne und aus dem fast gänzlich im Dunkeln liegenden, heruntergekommenen Gebäude drang laute Rockmusik. Vom Meer her – dessen Nähe man noch riechen konnte, denn es roch überall nach Fisch – wehte eine angenehme kühle Brise.

Harry ließ sich vernehmen: „Ich habe einfach keine Lust mehr zu Fuß weiterzugehen." Sein Blick war auf ein altes schweres Motorrad gefallen, das an eine verstaubte und zerzauste Palme gelehnt war. Peter, der ebenfalls begierig das Motorrad in Augenschein genommen hatte, erwiderte: „Hast du gesehen, der Schlüssel steckt."

„Das nehmen wir." Harry war fest entschlossen. „Ich nehme es, Peter schiebt an und du gehst dann ein Stück voran, und springst dann auf." Er war nicht sehr begeistert von dieser Idee, und bat sie, davon abzulassen. „Es sind doch nur noch zehn Kilometer und es ist erst zwei Uhr morgens." „Das schaffen wir noch locker." Doch hatten sich die zwei bereits in ihrer Idee festgebissen und schritten zur Tat. Er war ein gutes Stück vorausgelaufen und stand an der finsteren staubigen Straße, als plötzlich ein Schrei ertönte, der von einem dumpfen Krachen begleitet wurde. Jetzt sah er seine beiden Freunde angerannt kommen, als wäre ihnen der Teufel auf den Fersen, und das war er auch. Sie hatten ihn schon fast erreicht, als er die finsteren Gestalten bemerkte, die ihnen folgten. Im blassen Mondlicht konnte er gerade noch die Messer aufblitzen sehen, die sie bereits gezogen hatten. Blitzschnell hatte er die Situation begriffen. Und jede Menge Adrenalin ergoss sich in seine Blutbahn. Noch nie zuvor in seinem Leben war er so schnell gelaufen, denn er wusste, dass er um sein Leben lief. Er rannte Richtung Meer, an dessen Strand jede Menge Felsbrocken lagen. Er rannte und sprang, als würde ihn eine Hand über die Felsen heben. Im Dunkeln konnte er seine Freunde ausmachen, die in die gleiche Richtung liefen. Zumindest konnten die Spanier ihnen dorthin nicht mit dem Motorrad nachfahren. Die Schreie hatten nachgelassen, denn den Männern, die ihnen gefolgt waren, war die Lust, an dem unwegsamen mit Dornen und Kakteen überwucherten Gelände weiter Jagd auf sie zu machen, vergangen. Sie brauchten ja nur an der Straße auf sie zu warten, um sie dann in Ruhe abzuschlachten. Sie hatten sich hinter einem Felsen versteckt, und ihr Atem keuchte in kurzen Abschnitten aus ihren jungen Lungen. Harry kramte aus seiner Jackentasche eine zerbeulte Schachtel „Winston" hervor und sie steckten sich erst einmal eine an.

„Was ist passiert?", fragte er. „Ich hatte gerade das Motorrad in der Hand, und wir wollten es anschieben, doch sprang es nicht gleich an, da stand schon der Spanier in der Tür und hatte sofort sein Messer gezückt. Ich ließ das Motorrad fallen, und den Rest weißt du ja." Ja, den Rest wusste er, und er hielt die beiden langsam für total bescheuert. „Jetzt haben wir Feinde hier, ihr Dummies, und wahrscheinlich auch noch die Polizei am Hals, für gar nichts, ganz toll." Jetzt blieb ihnen nichts anderes übrig, als im Schutz der Dunkelheit an der Straße entlang zu schleichen, und bei jedem Fahrzeug, das sich ihnen näherte, schnell in den Büschen zu verschwinden. Als sich der erste Schimmer des neuen Tages am Horizont bemerkbar machte, erreichten sie verschwitzt und zerkratzt endlich das Hotel. Sie schlichen vorsichtig nach oben und sanken restlos erschöpft in die Betten. Noch nie hatte er sich so kaputt gefühlt, und er fürchtete, dass es nicht das letzte Mal war, wenn er weiterhin mit seinem Freund unterwegs sein würde.

Die nächsten zwei Tage lagen sie alle nur am Strand, und fürchteten, dass sie der Spanier angezeigt hatte, und jeden Moment die Guardia Civil auftauchen würde. Doch schienen sie Glück zu haben. Dann schlangen sie schnell die mitgebrachten Dosen mit etwas Brot, das sie brav immer bezahlten, in sich hinein. So war er erleichtert, als er am Abend des zweiten Tages auf den jungen Reiseleiter traf, und er ihn beiseitenahm. „Sie haben Glück", er strahlte ihn an, „Sie können Sonntagnacht zurückfliegen, eine Maschine fliegt fast leer nach München, da sie dort bereits am frühen Vormittag neue Touristen aufnehmen muss. Ich habe Ihr Ticket bereits umbuchen können, sie müssen nur um Mitternacht in Malaga am Flughafen sein." Er machte einen innerlichen Luftsprung und wäre ihm gern um den Hals gefallen. Da hatte doch ein ziemlich dicker Schutzengel viel Arbeit geleistet, denn hier begann die Geschichte bereits ziemlich unangenehm zu werden. Er musste nur noch einen Tag überstehen und dann gegen Mittag mit dem Bus zum Flughafen fahren. So wie es aussah, würde er mit Stella die Prüfung machen, und er hätte tanzen können vor Freude, sie wiederzusehen.

Er erzählte die Geschichte seinen Freunden, die erst einmal etwas verdutzt aus der Wäsche schauten. Doch gab es nichts mehr zu ändern, und er würde das tun, was er von Anfang an vorgehabt hatte: die Schule gut zu Ende bringen. Als er am nächsten Tag endlich im Flieger saß – es war bereits weit nach Mitternacht –, strahlte er vor Glück, als hätte er bereits seine erste Prüfung bestanden. Als der Pilot endlich die Triebwerke anließ, und der Jet in den dunkelblauen Nachthimmel startete, liefen ihm ein paar Tränen über seine schmalen, braungebrannten Wangen, und er sank in den weichen Sitz und schlief ein. Erst als die Stewardess ihn aufforderte, den Sicherheitsgurt anzulegen, wachte er wieder auf.

Kurz darauf setzte die Maschine weich auf, und er stieg in einen sonnigen kühlen frühen Morgen aus. Es war kurz vor sieben, und um neun musste er an der Schule sein. Schnell rannte er zur nächsten Busstation, wo zum Glück gleich einer in die Stadt fuhr. Das letzte Stück rannte er nach Hause, die Treppen hoch, stürmte in sein Zimmer, um sich etwas Sauberes anzuziehen.

Marvin und Jenny waren erwacht und sahen ihn erstaunt an. Schnell erzählte er ihnen seine kleine Geschichte, und Jenny war aufgesprungen, um ihn noch einen Kaffee zu kochen, während Marvin sich daran machte, einen Joint zu drehen. Er trank noch rasch eine Tasse Kaffee und zog ein paarmal an dem Joint. Dann packte er noch einige Sachen, die Stella vergessen hatte, und rief sie an. Doch war nur ihre Mutter dran, sie war schon unterwegs.

Jetzt lief er zur Schule – es war bereits viertel vor neun –, und als er um die Ecke bog und in den Schulhof rannte, sah er sie stehen und lief auf sie zu. Sie sah ihn an, als hätte sie nichts anderes von ihm erwartet. „Zeit wird es", meinte sie kurz, und als er ihr in die himmelblauen Augen sah, musste er sie in den Arm nehmen. Sie roch einwandfrei nach „Edelmilch". „Ich hab' alles fertig gemacht, lasst uns noch eine Zigarette rauchen und dann reingehen; wir kommen bald dran." Was war sie doch für eine wundervolle Frau. Ein Fels in der Brandung, sie war es, die die Schule zu etwas Besonderem gemacht hatte, und auf einmal wusste er, dass er sie wohl bis zum Ende seiner Tage lieben würde.

Da saßen sie nun und mussten noch etwas warten. Die Steinle und Napoleon waren noch vor ihnen dran. Noch einmal steckten sie die Köpfe zusammen und beratschlagten, wie sie vorgehen sollten. War es das letzte Mal, dass er so ihre Nähe spüren würde? Am liebsten hätte er sie auf ihren weichen Mund geküsst, sie in den Arm genommen und nicht mehr losgelassen.

Jetzt waren sie an der Reihe. Sie betraten den Raum, der nicht allzu groß war, und hinter einem länglichen grauen Tisch saßen ihre zwei

Lehrer, die ihm auch bei der Aufnahme gegenübergesessen hatten. So schließen sich die Kreise, dachte er kurz. Herr Baum war aufgestanden und gab ihnen die Hand, während Condula gelassen sitzen blieb und ihn musterte. „Das ist aber schön, dass ihr ein Team gebildet habt, das heißt schon mal, dass ihr teamfähig seid, was in dieser Branche sehr von Vorteil ist." Condula nickte und lächelte etwas, wobei er auf einem Blatt Papier herumkritzelte. „Na dann, legt mal los."

Stella, die fein säuberlich alles vorbereitet hatte, begann mit ihrem Vortrag. Erstaunt hörte er ihr zu, wie sie mit den Zahlen jonglierte und nie einen Zweifel daran ließ, dass sie alles bis ins kleinste Detail durchdacht hatte. Dann kam er an die Reihe und erzählte etwas über den Namen, den er sich ausgedacht hatte und dass er die neu entstandene Mittelschicht ansprechen sollte und ihnen das Gefühl geben wollte, etwas Besonderes am Tisch stehen zu haben. Auch seine Idee von einer Dreierpackung, die dann im Preis etwas günstiger anzubieten war, schien zu begeistern. Nun erwähnte er noch die Farben, die er ausgewählt hatte – weiß, orange – und die Schrift in Gold, die einerseits Fröhlichkeit und andererseits auch einen gewissen Wert vermitteln sollte. Er genoss es, bei seinem Vortrag liebevoll von Stella betrachtet zu werden.

Sie hatten alles auf dem Tisch ausgebreitet und Herr Baum strahlte über das ganze Gesicht, denn es waren ja seine Schüler, die jetzt hier saßen und die er auch mit so weit gebracht hatte. War es nicht der ganze Stolz eines Lehrers, am Erfolg seiner Schüler beteiligt zu sein? Auch Condula schien etwas beeindruckt, auch wenn er es sich nicht anmerken ließ. Doch schien er die Veränderung bemerkt zu haben, die der junge Mann vor ihm durchgemacht hatte. Saß jetzt nicht er hier, braun gebrannt, noch das salzige Meer in den Haaren, so wie er ihn, seinen Lehrer immer bewundert und beneidet hatte, wenn er braungebrannt aus dem Flugzeug, von Ibiza kommend, die Schule betrat, und alle jungen Männer der Schule gern wie er gewesen wären. Nun war er fast wie er, frisch aus dem Flugzeug kommend, mal kurz zur Prüfung erscheinend, eine coole Frau an der Seite. Sie hatten einen Eindruck hinterlassen, das war erst einmal das Wichtigste.

Stella war bereits aufgestanden und hatte den Raum verlassen, als er es sich nicht verkneifen konnte, etwas zu sagen, von dem er später nie so recht wusste, ob er es nicht bereuen würde. Er streckte seine Hand Herrn Condula entgegen und sprach: „Sie können Stella und mir das Diplom geben, meine Mutter würde es sehr freuen, doch verspreche ich Ihnen, dass ich diesen Beruf nie ausüben werde." Beide schienen etwas verdutzt und er verließ stolz den kleinen Raum.

Einige Tage später bekamen sie ihre Zeugnisse und nur sie beide auch das Diplom. Stella fiel ihm um den Hals und gab ihm einen dicken Kuss. Mehr Lohn brauche ich nicht, dachte er bei sich. Er sah sich sein Zeugnis, das recht gut war, an und las eine Bemerkung, die dick über allem prangte. „Sehr eigenwillig, aber immer mit Sinn für die Realität." Damit konnte er leben und er war sogar ein wenig stolz auf sich.

Die Schule war zu Ende, und ihre kleine Gruppe begann auseinanderzufallen. Er verschenkte die letzten Sachen aus seinem Zimmer, das eine Zeitlang das ganze Universum gewesen war. Die Hippiezeit hatte ihren Höhepunkt bereits überschritten, obwohl es die meisten überhaupt nicht zu bemerken schienen. Immer mehr junge Menschen zogen von zu Hause weg, um sich lieber mit Gleichgesinnten auf alten Matratzen herumzudrücken und einen Joint zu rauchen. Doch er musste aufbrechen zu einer Reise ins Unbekannte.

Er packte seine Bücher und ein paar Kleider in eine große Tasche und zog aufs Land, um seine Arbeit anzutreten. Jetzt, wo er wieder in seinem alten Kinderzimmer lag, von wo er einst aufgebrochen war, um ein Hippie zu werden, kam ihm alles, was er erlebt hatte, wie ein Traum vor. War er der, der noch vor Kurzem im Kreis seiner Freunde die Galaxien durchstreift hatte, oder der schmächtige, aber kräftige junge Mann, der wieder bei seiner immer noch gut aussehenden Mutter am Mittagstisch saß und ihre köstliche Gemüsesuppe löffelte? Er liebte sie, das war klar, doch keine Frau würde man wohl mehr enttäuschen als seine Mutter, die immer alles gegeben hatte und so gut wie nichts dafür bekam. Würde er wiederkommen, von seiner großen Fahrt und ihr schöne teure Kleider und Schmuck zu Füßen legen? Sie glaubte wohl nicht daran und betete jeden Abend, dass ihm nur nichts zustoßen möge. Doch was für Kinder wohl am schwersten zu ertragen ist, sind wohl Mütter, die sich dauernd Sorgen machten.

Er hatte einen Ferienjob in der großen Papierfabrik gefunden, die wie ein Krake das kleine mittelalterliche Städtchen, das auf einem Hügel lag, umschloss. Die Fabrik war fast so groß wie die kleine Stadt. Natürlich war sie immer präsent gewesen in seiner Kindheit, denn der alles überragende riesige Schornstein hatte immer Wolken von bitterem Schwefel ausgestoßen, die seinen kleinen Kinderlungen den Atem genommen hatten. Doch schien man sie sich immer wegzuwünschen, aus diesem wildromantischen Flusstal, in dem sich noch eine alte Zeit zu verstecken schien. Doch der neue Staudamm, von dessen Mauer man die Fabrik gut beobachten konnte, hatte viele gute Geister vertrieben, die jetzt der neuen Zeit gewichen waren. Wie oft war er an dieser steilen Mauer aus Beton gestanden, von der tief unten gefährlich das in Form gepresste Wasser rauschte und die ihm Angst machte? Wie einfach wäre es gewesen, sich dort hinabzustürzen und der Qual der frühen Pubertät zu entfliehen, in der man auf einmal niemandem mehr etwas recht machen konnte.

Jetzt schritt er frohen Mutes, bepackt mit ein paar Broten, den Weg hinunter, der immer auch Schulweg gewesen war, dann wieder hinauf durch das Städtchen und wieder hinunter, wo der Bahnhof lag, der ihn in die Freiheit und in ein anderes Leben geführt hatte. Doch jetzt bog er rechts ab und gelangte bald an das riesige Gittertor, durch das man das Fabrikgelände betrat.

Es war wie eine Stadt aus einer anderen Zeit oder von einem anderen Planeten. Auch wenn er inzwischen mit der neu entstandenen Industrielandschaft vertraut war – bestand doch ein Drittel der großen Stadt daraus –, so überraschten ihn doch die riesigen Ausmaße dieser Gebäude. Der Schornstein, der wohl einen Durchmesser von zwanzig Metern hatte, ragte wohl achtzig Meter in den Himmel, der hier nicht mehr blau, sondern grau zu sein schien. Riesige Berge aus gefällten und entrindeten Baumstämmen, die teilweise in Wasserbecken lagen und zu einem Brei zerrieben wurden, umsäumten das Gelände, das der einst wilde Fluss vor Millionen Jahren geschaffen hatte. Der Lärm des geschäftigen Treibens erfüllte das ganze Tal, und er wunderte sich, dass man außerhalb fast nichts gehört hatte. Er hatte eine andere Welt betreten, das war die „Wirklichkeit", vor der man ihm gewarnt hatte. „Wenn du nicht fleißig lernst, dann landest du noch in der Papierfabrik." Nun war er also hier, und fand alles recht aufregend und spannend.

Er wurde in eine der Hallen geschickt und zog seinen blauen Arbeitskittel an, den er noch aus seiner Lehrzeit hatte. Jetzt wurde er in die Halle geführt, in der er arbeiten sollte. Ein ohrenbetäubender Lärm und eine fast unerträgliche, schwüle, feuchte Hitze schlugen ihm entgegen. Eine Maschine von etwa achtzig Metern Länge und zehn Metern Höhe lag wie ein gefangenes Tier, von hohen fensterlosen Betonwänden eingebettet, am Boden. Das war surreale Kunst, und doch viel mehr als das, denn es war Wirklichkeit. Hier wurde das Papier hergestellt, auf das Revolutionäre ihr Pamphlet schrieben und die Zeitungen ihre Hetze darüber. Von hier kam das Papier für die Zeitungen, die der brave Bürger täglich auf dem Tisch haben musste, und der Zeichenblock, auf dem er seine ersten Versuche im Aktzeichnen gewagt hatte.

Der junge Mann, der ihn zu seinem Arbeitsplatz führen sollte, schrie ihm ins Ohr. Die Maschine lief ununterbrochen Tag und Nacht, nur einmal in der Woche wurde sie zur Reinigung abgeschaltet. Immer waren Arbeiter unterwegs, um sie zu warten, nachzusehen, ob genug Schmiermittel vorhanden war und sich nichts in den Hunderten von Walzen verfing. Sie gingen an das Ende der Maschine, wo das Papier in einer unvorstellbaren Geschwindigkeit auf riesige Rollen von zehn Metern Breite gewickelt wurde.

Er brachte ihn zu einem kleinen Tisch, in einer Nische, in der ein drahtiger Mann mittleren Alters stand und gemütlich einen Kaffee trank. Ihm wurde er als sein neuer Mitarbeiter vorgestellt, und er gab ihm die Hand. Er hieß Josef und hatte eine Frau, zwei kleine Kinder und eine kleine Landwirtschaft, von der man in dieser neuen, modernen Zeit nicht mehr leben konnte. Er war froh, eine Stelle als Schichtarbeiter gefunden zu haben, da er sich so wenigstens ab und zu um seine Tiere und sein Land kümmern konnte.

Wieder war er der „Wirklichkeit ein Stück nähergekommen. Ihr Job war es, die Papierbahnen, die von einem davorstehenden Steuermann kontrolliert wurden und ab und zu mit einem ohrenbetäubenden Knall und Rattern rissen, wieder anzukleben. Dies musste im Laufschritt geschehen, da eine Minute ein paar Kilometer Papier bedeuteten. Hier war Zeit wirklich Geld, und nicht nur ein dummer Spruch. Ihm gefiel sein neuer Arbeitsplatz sehr und wieder überkam ihn das Gefühl, das er schon lange vermisst hatte. Er hatte einen sicheren Arbeitsplatz und würde Geld, das er für seine Reise brauchte, verdienen. Die Arbeitszeit war in drei Schichten eingeteilt; er hatte mit der Nachmittagsschicht begonnen, die von 14 bis 22 Uhr ging. In der riesigen Halle, in die so gut wie kein Tageslicht einfiel, und die nur von einem trüben Neonlicht erhellt wurde, spielte es allerdings keine große Rolle, welche Tageszeit es gerade war.

Er hatte es sich gerade etwas gemütlich gemacht und sich eine Zigarette angezündet, als ihn zum ersten Mal der ohrenbetäubende Knall, der wie ein Kanonenschuss die Halle kurz erzittern ließ, aufschreckte. Sofort rannten sie los, um aus den Walzen, die der Pilot zum Stehen gebracht hatte, die zerknüllten Papierfetzen zu entfernen. Dann zogen sie rasch, jeder an einer Seite ziehend, an der oberen Rolle, um das oben zerrissene Teil der Papierrolle wieder mit der unteren zu verbinden. Dies musste einerseits schnell und andererseits sehr vorsichtig geschehen, da sie beim Anfahren der Maschine auf keinen Fall wieder reißen durfte. Wenn dies erledigt war und sie die Reste des zerfetzten Papiers beseitigt hatten, hatten sie wieder für unbestimmte Zeit Pause. Diese Mischung aus Sicherheit und Gefahr, Ruhe und Achtsamkeit gefiel ihm irgendwie. Auch das laute, gleichmäßig brummende Geräusch der riesigen Maschine, die nach Fett und Öl roch, hatte durchaus etwas Beruhigendes. Sie war die Herrscherin eines seltsamen Reiches und alle, die sich um sie herum bewegten, waren eindeutig ihre Sklaven. Selbst der Direktor, den alle für den König hielten, war vollkommen von ihr abhängig. Er fühlte sich frei, denn er wusste, dass er nur kurz in dieser Welt verweilen würde. Doch war er tief in seinem Herzen dankbar, dies tun zu dürfen.

Er hatte sich gerade etwas in eine herumliegende Zeitung vertieft, in der über das ausschweifende Sexualleben in einer Berliner Kommune berichtet wurde, als der nächste Knall ertönte. Jetzt war er bereits in seinen Bewegungen etwas sicherer, und sie hatten zügig ihre Arbeit erledigt, was seinen Kollegen durchaus ein leichtes Lächeln auf die harten Lippen zauberte.

Nach etwa zwei Stunden hatte er seine Thermoskanne ausgepackt und schenkte ihnen beiden etwas Kaffee ein. Sie boten sich gegenseitig Zigaretten an und waren bald gute Kameraden geworden. Sie waren Soldaten an der Arbeitsfront, auf Gedeih und Verderb auf einander angewiesen. Die Zeit schlich nun ruhig vor sich hin, und der Zeiger der Uhr schien sich kaum zu bewegen. Es war nun schon später Abend, als endlich die zwei Männer der nächsten Schicht eintrafen. Jetzt merkte er erst, wie müde er schon war, und als er das große Tor zur „Anderswelt" wieder durchschritt, nicht ohne seine Arbeitskarte am Automaten zu stempeln, war es bereits dunkel geworden.

Er durchschritt das nun fast gänzlich im Dunkeln liegende kleine Städtchen, das ihm nun wie eine Kulisse aus einem etwas schäbigen Märchenfilm vorkam. Die Welt seiner Kindheit, in der die kleinen Stadthäuser und die große Barockkirche, die der heiligen Jungfrau Maria geweiht war, und in der er noch an Heilige und Wunder geglaubt hatte, begann sich endgültig auf zu lösen, denn er hatte die wahre Königin dieser Welt gefunden.

Als er das kleine Haus betrat, war es schon ganz still. Er öffnete leise die Tür, und der wundervolle Duft nach guter reiner Frau, und frischen Kuchen erfüllte sein Herz. Leise ging er in sein Zimmer, und auf dem strahlend weisen frischen Bett, lag fein säuberlich gebügelt sein Schlafanzug. Das Bild der Madonna von Raffael lächelte sanft auf ihn herab, wie es es die ganze Zeit seiner Kindheit getan hatte. Er war noch einmal heimgekommen, und er fürchtete, dass es wohl langsam für lange Zeit zum letzten Mal sein würde. War nicht das das richtige Leben. Müde von der Arbeit nach Hause zu kommen, und in die Arme einer guten Frau zu sinken, die nach Nachtcreme und Kuchen roch. Er hatte sich noch etwas gesäubert, seine Zähne geputzt und sank in das saubere Bett; bald darauf war er eingeschlafen.

Als er aufwachte, war seine Mutter bereits in der Küche zugange. Das leise Klappern von Geschirr und der Duft frisch gebrauten Kaffees hatte ihn wachgeküsst. Als er die Küche betrat, in die morgens immer die Sonne einfiel, bemerkte er doch die Anstrengung des ersten Arbeitstages in seinen Knochen. Seine Mutter lächelte ihn freundlich an, und er hatte das Gefühl, etwas in ihrer Achtung gestiegen zu sein. War nicht ihr Vater, den er nie kennengelernt hatte auch ein einfacher Arbeiter gewesen? Sie war noch unter ärmsten Bedingungen in einem kleinen Holzhaus im Wald aufgewachsen mit vielen Tieren um sich, die ihr Vater, wenn er sie verwundet im Wald fand, wieder aufpäppelte. Oft hatte sie, fast mit Tränen in den Augen davon erzählt, dass sie auf dem stundenlangen Schulweg, den sie im Sommer barfuß ging, eine Ziege begleitete und auf sie aufpasste. Der Krieg hatte sie mit seinem Vater zusammengebracht, der schon um einiges älter war und schon als junger Mann von gerade mal achtzehn Jahren bereits einen Krieg hinter sich hatte. Sie mussten wohl sehr verliebt ineinander gewesen sein, denn jetzt, wo er nicht mehr da war, weinte sie oft bitterlich. So war er aufgewachsen, mit dem Gefühl, dass Liebe wohl immer auch Schmerz bedeuten würde, denn immer würde man das, was man am meisten liebte, wohl verlassen.

Doch jetzt strahlte sie über das ganze immer noch jugendliche schöne Gesicht. Sie hatte bereits ein Frühstück vorbereitet, und er ließ es sich schmecken. Er erzählte ihr von der Fabrik, und den Maschinen, und der spannenden Tätigkeit dort, und sie hörte interessiert zu. Zum ersten Mal hatte er seit Langem das Gefühl, dass sie Anteil an seinem Leben nahm. Er spürte, wie sehr sie es sich wünschte, dass es so bleiben möge. Er würde von der Arbeit heimkommen, und sie würde mit dem duftenden Essen auf ihn warten, ihm die Wäsche waschen, die dann frisch und ordentlich bereitliegen würde. Er würde für sie auf seinem Klavier spielen, und sie würde hinter ihn treten und ihm „Wie schön" ins Ohr flüstern.

Doch die Tage waren gezählt, das wussten sie beide. Er würde bald seine Tasche packen und über das große Meer verschwinden, wie er es als kleiner Junge in seinem Zimmer auf den Bauch liegend geträumt hatte. „Time goes by", ein wehmütiges Lied von den „Stones", das er immer sehr gemocht hatte, klang in ihm nach. Erst viel später, im Alter, würde er verstehen lernen, was das Wort „mutterseelenallein" bedeutet. Denn wer kann sich schon einsamer fühlen als eine Mutter, die dieses Leben erst möglich gemacht hatte, um dann eines Tages für immer verlassen zu werden. Doch hatte er ja noch einen Bruder, den sie noch mehr liebte, denn er war ihr erstes Kind gewesen, und sie hatte ihn unter den Bomben und Maschinengewehrsalven gerade noch sicher in ein anderes Land bringen können. Sie hatte ihm das Leben geschenkt, und er ihres gerettet, da selbst in dieser furchtbaren Zeit die Soldaten davor zurückschreckten, eine junge Frau mit einem Baby auf dem Arm zu vergewaltigen – obwohl sie es wohl gern getan hätten.

Er hatte noch etwas Zeit und ging zu dem in der Nähe liegenden Stausee. Hier am Ufer hatten sie gemeinsam mit seinem Freund von den fernen Welten geträumt. Hier hatten sie sich in den angeketteten Kahn gesetzt und ihn immer ein Stück hinausgeschoben, bis er wie ein gefangenes Tier wieder zurückschnellte. Doch in ihren Träumen waren sie weit weg. Mit Onkel Donald steckten sie in der Sargassosee fest, aus deren Schlingpflanzen es kein Entrinnen gab. Hier saßen sie am Ufer und kämpften mit Revolvern, die aus Stöckchen waren, gegen feindlich Ureinwohner, die ihnen ihren Skalp nehmen wollten. Die Welt da draußen war recht klein, doch die Welt in ihrem Inneren unendlich weit und groß.

Es wurde Zeit zurückzugehen; er würde noch etwas essen, sich kurz hinlegen und den sanften Geräuschen in der Küche zuhören, um dann wieder zu ihr zu gehen und sie zu fragen, ob er das Geschirr abtrocknen könne. Sie würde es wie meistens verneinen und ihm sagen, er solle sich lieber noch etwas hinlegen, denn er müsse ja gleich in die Arbeit. Sie hatte ihm noch eine Thermoskanne Kaffee bereitet und ein paar Brote, und sie gab ihm noch einen Kuss auf die Stirn mit auf den Weg.

Wieder ging er los in ein anderes Leben. Er trat auf die Straße und zündete sich eine Zigarette an. Denn er hatte damit begonnen, ein Mann zu werden. Jetzt hatte er sich bereits an sein neues Leben gewöhnt und langsam begann er die riesige feuchtwarme Maschine zu lieben, die beständig sicher vor sich hin arbeitete und dabei Unmengen an teurem Motoröl verspeiste. Er war nun einer ihrer Diener, der sie beobachtete und jederzeit, wenn sie es verlangte, aufsprang. Doch war sie eine gütige Herrscherin, und die meiste Zeit saßen sie da, tranken Kaffee und unterhielten sich über Gott und die Welt – sofern es das Tosen der Maschine zuließ. Wenn die riesigen Papierrollen fertig gerollt waren, wurden sie von einem Gabelstapler abgeholt, und für einen Moment trat etwas Ruhe ein. Dann mussten sie eine neue Papprolle einlegen und das Papier daran festkleben. Der Steuermann fuhr das gewaltige Teil wieder an, und sie warteten auf die nächste Panne. Er fand diese Abwechslung von Ruhe und Anspannung großartig.

Auch dass er das Gefühl für die Tageszeiten langsam verlor, gefiel ihm sehr. Dies wurde noch durch die Nachtschicht intensiviert, die um zehn Uhr abends begann. Zum Glück hatte er schon einige Erfahrung in durchgemachten Nächten, doch statt mit einem Mädchen oder seinen Freunden, würde er die Nacht jetzt mit ihr, der großen Königin, verbringen, die unentwegt aus Wald Zeitungen herstellte.

Hatte er noch vor ein paar Jahren im stillen Wald gesessen und den Geräuschen der kräftigen Natur gelauscht, um dann darüber Gedichte zu schreiben, so schien sie ihm jetzt das letzte Gefühl daran aus seinem Innersten zu saugen. Er wurde langsam leerer und leerer, nur noch die immerwährenden Walzen und Zahnräder waren noch wichtig. Ja, sie waren alle von ihr abhängig. Sie ernährte die Arbeiter, die um sie herum huschten, so wie sie die überall auf die neuesten Nachrichten wartenden Bürger mit nach Druckerschwärze riechenden Zeitungen versorgte, ohne die sie nicht mehr leben konnten. Ein Kreislauf hatte sich für ihn geschlossen.

Der Baumstumpf, über den er einst ein Gedicht geschrieben hatte – „Der Zierde des Lebens beraubt" –, und das Papier, worauf er es dann gedruckt hatte, waren eins geworden. Es gab kein Innen und Außen mehr, und auch kein Gut oder Schlecht, nur die Maschine hatte noch Bestand und sie würde sie in eine bessere, angenehmere Zukunft führen. Ihm fiel das Lied von Pink Floyd ein: „Welcome to the Machine".

Es tat gut, zu einer Zeit nach Hause zu gehen und ins Bett zu fallen, zu der seine Mitmenschen schlafen gingen. Er hatte das Gefühl, dem ganzen normalen Wahnsinn ein Schnippchen geschlagen zu haben. Doch nie würde er sein Leben hier verbringen wollen, doch er spürte, dass seine große Reise bereits begonnen hatte. Langsam kam er sich vor wie in einem Rausch. Vor allen Dingen das Nachtswachbleiben hatte eine berauschende Wirkung auf ihn. Immer wenn er Gefahr lief, etwas wegzutreten, tat ihm die Maschine den Gefallen und eine Bahn riss. Der Knall ließ keine Kompromisse zu. Sie mussten aufspringen und losrennen, ihre Arbeit tun, um dann wieder, eine Zigarette rauchend, auf den nächsten Knall zu warten. Manchmal dauerte es länger, manchmal war es kürzer, doch konnte man gewiss sein, dass er kam. Noch nie hatte er sich mehr über die Ablösung, die kurz vor sechs eintraf, gefreut, als zu dieser Zeit. Er hätte bedenkenlos jedem der Arbeiter um den Hals fallen können. Jetzt traf die vergangene Nacht auf den kommenden Tag. Die Dämmerung war bereits in vollem Gange, und die Vögel hatten ihren Tag schon längst begonnen.

Als er heimkam, hatte seine Mutter bereits mit ihrem Morgenritual begonnen. Er begab sich rasch in sein Zimmer, schloss die hölzernen Fensterläden und die Vorhänge – denn Licht konnte er gerade nicht gebrauchen –, und sackte in einen traumlosen Schlaf.

Die Tage flossen dahin, es gab kein Wochenende. Die nächste Schicht war eine Frühschicht, der noch eine Nachmittagsschicht folgte. Nur noch einige Tage, dann würde er sich seinen Seesack über die Schultern werfen, seiner Mama noch einen dicken Kuss geben. Sie würde ihm drei kleine Kreuzzeichen auf die Stirn zeichnen und ihn segnen. Wie immer würde er ihren Segen spüren und kurz dankbar sein. Doch wie man als junger Mann schnell den Kuss seiner Mutter wieder abwischen würde, so würde er auch rasch wieder den Segen abwischen. Doch den Glauben daran hatte er nie mehr ganz verloren.

Der Tag war gekommen, und er konnte den Schmerz in ihrer Brust spüren. Auch die Tränen, die sie mühsam zurückhielt, bemerkte er, und er schluckte ein paarmal, damit die Welle der Trauer nicht über ihn hereinbrechen würde. Doch wie oft hatten sie sich schon so verabschiedet, denn der Abschied war wohl der ständige Begleiter jeder Mutter. Zügig schritt er voran in Richtung Bahnhof und bemühte sich, nicht zurückzublicken. Leise konnte er noch in seiner Brust das alte Kinderlied vernehmen – „Hänschen klein ging allein in die weite Welt hinein, Stock und Hut steh'n ihm gut, ist gar wohlgemut."

Er setzte sich in den Zug in Richtung der großen Stadt, die nun zu seiner geworden war. Er fühlte keine Trauer und sah noch einmal hinaus auf die Landschaft seiner Kindheit. Auch an der Fabrik fuhr er noch einmal vorbei, doch die Tore waren wieder verschlossen. Das riesige Ungetüm würde ihm weiter fremd bleiben so wie das Städtchen darüber, das wie ein gemaltes Bild aus einer anderen Zeit darüber thronte. Nein, es war keine Heimat, und tief in seinem Inneren wusste er, dass er wohl nie eine haben würde. Er war froh, wieder in der großen Stadt zu sein, in der sie alle herumrannten, als gehörten sie zusammen, und doch keiner den anderen kannte. Er löste das Zugticket nach Luxemburg und würde wohl einmal in Frankfurt umsteigen müssen.

Jetzt, da er das Ticket in der Tasche hatte, begann sein Herz doch auf einmal wieder wild zu pochen. Tat er das wirklich, was er gerade tat oder war doch alles nur Einbildung? Eine junge Frau im Minirock zog seine Blicke auf sich. Sie hatten lange blonde Haare. Nein, es war nicht Stella. Was sie wohl gerade tat? Er kaufte sich eine dicke Zeitung und ging zu einem Kiosk, um noch eine Zigarette zu rauchen und einen Kaffee dazu zu trinken. Der Zeiger der Bahnhofsuhr schien sich nicht bewegen zu wollen. Doch endlich war es so weit. Langsam ging er zum Bahnsteig und suchte nach dem richtigen Waggon. Als er ihn gefunden hatte, ging er hinein und setzte sich in sein Abteil – Raucher natürlich. Es roch nach kaltem Tabak und Desinfektionsmittel. Er öffnete das Fenster und sah noch einmal hinaus. Hatte er wirklich die letzten Jahre hier gelebt? Es kam ihm alles auf einmal wie ein Traum vor. Es würde noch lange dauern, bis er sich an diese Geschichten würde erinnern können. Doch jetzt fing eine neue an, das wusste er.

Das Abteil war leer, was ihm sehr behagte. Er zog den Sitz etwas nach vorn und streckte seine Beine aus, nahm die Zeitung, mit der er sich immer sehr intellektuell und erwachsen vorkam, schlug sie auf und zündete sich eine Zigarette an. Camel ohne Filter. Der Krieg in Vietnam und das Wettrüsten waren in vollem Gange. Ein großer Teil der Bevölkerung war damit beschäftigt, Waffen und andere Rüstungsgüter herzustellen. Die Wirtschaft blühte, und nur ein paar vereinzelte Spinner fanden das nicht gut. Er gehörte nicht mehr zu ihnen.

Er sah aus dem Fenster. Wie ordentlich und sauber doch sein Land aussah. Jeder Grashalm schien gezählt und katalogisiert zu sein. Ja, Ordnung war hier das höchste Gut, das sah man sofort. Am Horizont konnte er die Kühltürme eines Atomkraftwerks ausmachen. Auch dieses stand ordentlich und sauber in der Landschaft. Nur ein paar Kühen schien dies egal zu sein, und sie kackten unverdrossen auf die ordentlich eingezäunte Wiese.

Die Zeitung roch frisch nach Druckfarbe, und das Papier fühlte sich gut an in seinen Händen. Ob Gandolf in so einer Druckerei arbeitete, fragte er sich. Seit er wusste, dass er diesen Kontinent verlassen würde, hatte sich etwas in seinem Inneren verändert. Er sah die Dinge irgendwie klarer und etwas teilnahmsloser als sonst. Das Neue hatte bereits von ihm Besitz ergriffen, auch wenn er nicht wusste, was das Neue war. Doch eines wusste er bereits, wenn er aus dem Fenster sah: Das hier war auf jeden Fall das Alte.

Der Zug fuhr nun das Rheintal entlang. Zum ersten Mal sah er die Weinberge und die vielen Schlösser und Burgen. Hier lagen sie noch versteckt, die alten Mythen und Sagen, auf die er noch in seiner Kindheit gelauscht hatte. Auch die Straße und der dahineilende Zug hatten sie noch nicht ganz vertrieben. Auf einmal sah er sich wieder an seinem schwarzen Klavier sitzen, mit bangem Herzen ein Stück aus alter Zeit einüben, das er seiner Lehrerin vorspielen musste. Ihre Lehrerin war noch eine Schülerin von Klara Schumann gewesen, fiel ihm ein. Nein, er wollte unbedingt weg, in eine andere Welt, in der es das alles nicht mehr gab – oder gab es das dort auch? Vielleicht verstärkt sogar in den Erinnerungen derer, die ihre Heimat verlassen hatten.

Doch er sehnte sich nach dem Westen, dem Traum des jungen Teenagers vom Wilden Westen, und der großen unbegrenzten Freiheit, die nie aufhören würde, so groß war sie, und alles würde in ihr möglich sein. Er fasste an seine Socken, in denen er ein Piece Hasch versteckt hatte. Auch ein paar Trips hatte er mitgenommen und das Buch von O. Leary, dem Harvardprofessor, denn er wollte noch einmal mit seinem Freund das Tor des Todes durchschreiten. Hoffentlich würden sie beim Zoll nichts finden, denn er wusste, dass das schnell das Ende seiner Reise bedeuten könnte. Doch irgendwie gab ihm diese Tat auch Kraft. Sie hatten bereits die Grenze passiert, und der Zug hielt in einem netten Städtchen an. Er war in einem der kleinsten Länder angekommen und ließ sich mit einem Taxi zu dem nicht sehr weit entfernten Flughafen fahren. Die Sonne war bereits am Untergehen, als er ihn erreichte.

Er war überrascht. Er schien nur aus einer kleinen, etwas baufällige Hütte zu bestehen, und auf der schmalen Rollbahn stand nur ein einziges Flugzeug. Er traute seinen Augen kaum, es war das gleiche, in dem er vor einiger Zeit mit seinem Freund gesessen war, als sie nachts über den Zaun des Flughafens geklettert waren. Vier große Motoren mit Propellern hingen stolz an den Tragflächen, und in der Dämmerung konnte er noch zwei große, ineinander verschnörkelte R ausmachen. Die Motoren waren eindeutig von Rolls Royce. Stolz ließ seine Brust etwas anschwellen. Ja, er war wer, nur wer, das wusste er nicht so genau. Er war eindeutig zu früh da, aber besser als spät, dachte er sich.

Der Warteraum war etwa so groß wie ein Klassenzimmer, doch statt Schulbänken und Tischen standen, wie in einem alten Kino, Sitzreihen mit Klappstühlen hintereinander aufgereiht. Statt der Leinwand hatten sie ein riesiges Schaufenster angebracht, und man konnte von seinem etwas verschlissenen Kinosessel hinaus auf die Landebahn und auf das wundervolle alte Flugzeug blicken. Es sah aus wie in dem Film „Casablanca" in der Szene, in der sich Humphrey Bogart von seinem Mädchen verabschiedete. „Sieh mir in die Augen, Kleines." Doch wo war sein Mädchen, das er gern zum Abschied geküsst hätte? Man sollte sich nicht verabschieden, ohne von seinem Mädchen noch einmal geküsst zu werden. Doch er war ja frei und brach auf in eine neue Welt und eigentlich wollte er nichts mitnehmen, außer seine Freiheit.

Hinter den Kinosesseln war eine kleine Bar aufgebaut. Von dort holte er sich einen Kaffee und sah hinaus. Einige Arbeiter schritten um das nur spärlich erleuchtete Rollfeld, klopften einmal hier und einmal da und zogen einen langen Schlauch heran. Sie begannen damit, die Maschine zu betanken. Nach und nach trudelten einige andere Reisende ein, meistens junge Leute aus verschiedenen Nationen. Im Moment war es wohl die günstigste Variante, über den Teich zu kommen. So wie es aussah, bestand die ganze Fluglinie aus drei Flugzeugen, von denen wohl zwei meistens unterwegs waren. Das dritte wohl als Ersatz, wenn eines der beiden einmal ausfallen sollte.

„Icelantic Airlines" aus Island, einer Insel irgendwo im kalten Norden, auf der noch seltsame Dinge geschehen sollten. Unter dicken Eisschichten gab es Vulkane, die Feuer spuckten, und meterhohe heiße Wasserfontänen in den Himmel sprühten. Außerdem sollten dort noch Trolle und Waldgeister ihr Unwesen treiben. Nachdem, was er schon alles erlebt hatte, schien es ihm durchaus möglich, dass dort hoch im Norden die Geisterwelt noch mit den Elementen verbunden war.

Langsam begann es etwas hektisch zu werden, und der kleine Schalter hatte geöffnet. Sie mussten ihr Gepäck aufgeben, noch etwas unterschreiben und ihre Pässe vorzeigen. Die junge Dame hinter dem Schalter lächelte ihm aufmunternd zu. Sie war blond und kräftig, und in ihren Eisblauen Augen blitzte ein eigenartiges Licht. Bestimmt war sie von dieser magischen Insel dort im Atlantik, umtost von haushohen Wellen, in die sich nur todesmutige hinauswagten, um Fische zu fangen. Sein Herz begann wieder unruhig zu pochen. Würden sie abstürzen und dort im eiskalten Meer versinken, gleich hinter der Titanic, oder an einem Vulkan zerschellen, der gerade ausbrach, als das Flugzeug über ihn flog?

Es war nun schon fast Mitternacht, und einige Arbeiter hatten eine Treppe herangezogen. Die Piloten waren bereits eingestiegen und die riesigen Propeller begannen sich zu bewegen. Mit einem Knall sprangen sie an, und ein angenehmes Getöse ließ die Scheiben des Warteraumes erzittern. Nun wurden sie auf die Rollbahn hinausgeleitet, und die blonde Frau ließ sie einsteigen.

Verwundert sah er in den Innenraum. So war er schon einmal in der Tür gestanden, erinnerte er sich. Die gleichen roten Ledersitze und der gleiche Geruch. Nur diesmal war alles in ein warmes Licht getaucht. Die Maschine war nur halb besetzt, und er sank müde in einen wundervoll bequemen Ledersitz und zündete sich eine Zigarette an. So war er schon einmal gesessen, damals mit seinem Freund, und sie hatten von der großen Reise geträumt. Jetzt war es Wirklichkeit geworden.

Der Autor

Frodo B. Marks wurde an einem heißen Sommer-
tag an einem grünen Fluss geboren. Als er ein
seltsames Summen hörte, näherte er sich vorsichtig
einer Lichtung im nahegelegenen dichten Laub-
wald. Zu seiner Überraschung sah er ein golden
schimmerndes kleines Raumschiff. Eine Luke
hatte sich geöffnet und eine seltsam aussehende
weibliche Person in einem silbern schimmernden
enganliegenden Anzug war ausgestiegen und
trat lächelnd auf ihn zu. Sie hielt einen Stift in der
Hand, der golden schimmerte. Mit einem frohen
Lachen drückte sie ihm den Stift in die Hand und
sprach: „Schreib! Und hör nicht auf damit, bis
ich dich wieder hier abhole." Er nahm den Stift
dankend entgegen. Kurz darauf war alles wieder
verschwunden und er fragte sich, ob er nicht geträumt hatte. Doch hielt er in seinen Händen einen
golden schimmernden Stift. Seitdem schreibt er
jeden Tag – denn er weiß, dass, wenn er aufhört
damit, er diesen Planeten verlassen muss.

Der Verlag

*Wer aufhört
besser zu werden,
hat aufgehört
gut zu sein!*

Basierend auf diesem Motto ist es dem novum Verlag
ein Anliegen, neue Manuskripte aufzuspüren, zu ver-
öffentlichen und deren Autoren langfristig zu fördern.
Mittlerweile gilt der 1997 gegründete und mehrfach
prämierte Verlag als Spezialist für Neuautoren in
Deutschland, Österreich und der Schweiz.

**Für jedes neue Manuskript wird innerhalb
weniger Wochen eine kostenfreie, unverbind-
liche Lektorats-Prüfung erstellt.**

Weitere Informationen zum Verlag und
seinen Büchern finden Sie im Internet unter:

w w w . n o v u m v e r l a g . c o m

Bewerten
Sie dieses Buch
auf unserer
Homepage!

w w w . n o v u m v e r l a g . c o m

novum ▲ VERLAG FÜR NEUAUTOREN

Frodo B. Marks

Trip – Eine Reise nach Amerika

ISBN 978-3-99131-835-4
384 Seiten

Von einem Abenteuer ins nächste. Immer dabei: ein Joint und sein guter Freund Harry. Vor ihnen ein Meer aus unendlichen Möglichkeiten. In Amerika erleben sie dessen „grenzenlose Freiheit" und wollen der Wahrheit über das Erwachsensein ein wenig näherkommen.